裁判文书说理指南

论证结构图式与AI应用基础

刘树德　杨贝　主编

LEGAL ARGUMENTATION GUIDE
FOR JUDICIAL DOCUMENTS
STRUCTURAL MODELS &
AI IMPLEMENTATION BASICS

北京大学出版社
PEKING UNIVERSITY PRESS

图书在版编目(CIP)数据

裁判文书说理指南：论证结构图式与 AI 应用基础 / 刘树德，杨贝主编. -- 北京：北京大学出版社，2025. 7. -- ISBN 978-7-301-36367-6

Ⅰ. D926.134

中国国家版本馆 CIP 数据核字第 2025981GH3 号

书　名	裁判文书说理指南——论证结构图式与 AI 应用基础 CAIPAN WENSHU SHUOLI ZHINAN ——LUNZHENG JIEGOU TUSHI YU AI YINGYONG JICHU
著作责任者	刘树德　杨贝　主编
策划编辑	陆建华
责任编辑	陆飞雁　费悦
标准书号	ISBN 978-7-301-36367-6
出版发行	北京大学出版社
地　　址	北京市海淀区成府路 205 号　100871
网　　址	http://www.pup.cn　http://www.yandayuanzhao.com
电子邮箱	编辑部 yandayuanzhao@pup.cn　总编室 zpup@pup.cn
新浪微博	@北京大学出版社　@北大出版社燕大元照法律图书
电　　话	邮购部 010-62752015　发行部 010-62750672　编辑部 010-62117788
印刷者	天津中印联印务有限公司
经销者	新华书店
	730 毫米×980 毫米　16 开本　30.25 印张　494 千字 2025 年 7 月第 1 版　2025 年 7 月第 1 次印刷
定　　价	89.00 元

未经许可，不得以任何方式复制或抄袭本书之部分或全部内容。

版权所有，侵权必究

举报电话：010-62752024　电子邮箱：fd@pup.cn

图书如有印装质量问题，请与出版部联系，电话：010-62756370

作者简介
ABOUT THE AUTHOR

刘树德

现任最高人民法院中国应用法学研究所副所长,审判员(法官),法学博士。2000年至今,先后在最高人民法院刑一庭、刑二庭、研究室、司改办、审管办、法研所从事刑事审判、司法解释起草、司法调查研究、司法改革、审判管理和法学研究工作;2004—2005年、2012年先后被借调到中央司法体制改革领导小组办公室工作。现兼任湘潭大学教授、博士生导师。出版专著《宪政维度的刑法思考》(荣获首届"钱端升法学研究成果奖"三等奖)、《实践刑法学》《政治刑法学》《司法改革:小问题与大方向》(荣获第一届"方德法治研究奖"二等奖)、《裁判文书说理原论》(荣获第四届"方德法治研究奖"三等奖)等三十余部;合著《刑法分则专题研究》《规则如何提炼》《贪污贿赂罪类案裁判规则与适用》《侵犯财产罪类案裁判规则与适用》等十余部;合编《注释刑法全书》《类案检索实用指南》等;先后在《法学研究》《中国法学》《中国应用法学》等刊物发表论文一百七十余篇。

杨 贝

对外经济贸易大学法学院教授,司法裁判研究中心主任,主要研究法律方法、裁判文书说理,代表作有《裁判文书说理的规范与方法》。

"库网融合"背景下的类案检索与裁判说理(代序)

1982 年制定、2018 年修正的《宪法》第五条第一、二款规定:"中华人民共和国实行依法治国,建设社会主义法治国家。国家维护社会主义法制的统一和尊严。"最高人民法院历来高度重视法律适用统一工作,力图通过高质效的司法审判来切实履行"维护社会主义法制的统一和尊严"的宪法职责。为此,最高人民法院按照中央司法体制机制改革部署,及时制发了有关法律适用统一的一系列非司法解释类审判业务规范性文件,例如,2010 年 11 月 26 日最高人民法院公布施行的《关于案例指导工作的规定》(法发〔2010〕51 号),标志着具有中国特色的案例指导制度正式成为我国社会主义司法制度的重要组成部分;2020 年 7 月 31 日施行的《关于统一法律适用加强类案检索的指导意见(试行)》(法发〔2020〕24 号);2020 年 9 月 14 日施行的《关于完善统一法律适用标准工作机制的意见》(法发〔2020〕35 号);2021 年 12 月 1 日施行的《最高人民法院统一法律适用工作实施办法》(法〔2021〕289 号);等等。如果说这些规范性文件均直接载明立制的主要目的之一就是促进法律适用统一的话[①],那么 2018 年 6 月 13 日施行的《关于加强和规范裁判文书释法说理的指导意见》(法发〔2018〕10 号,以下简称《释法说理指导意见》)则是间接地蕴含着促进法律适用统一的制度目的。近年来,最高人民法院在既有审判实践经验的基础上守正创新,继续推出法律适用统一方面的改革性举措和创新性机制,例如,2023 年 6 月 25 日下发的《关于印发〈法答

---

① 例如,《关于案例指导工作的规定》帽段规定:"为总结审判经验,统一法律适用,提高审判质量,维护司法公正……";《关于统一法律适用加强类案检索的指导意见(试行)》帽段规定:"为统一法律适用,提升司法公信力……";《关于完善统一法律适用标准工作机制的意见》帽段规定:"为统一法律适用标准,保证公正司法,提高司法公信力,加快推进审判体系和审判能力现代化……";《最高人民法院统一法律适用工作实施办法》帽段规定:"为进一步规范最高人民法院统一法律适用工作,确保法律统一正确实施,维护司法公正、提升司法公信力……";等等。

网使用管理办法〉的通知》,2023年8月29日下发的《关于建设人民法院案例库的通知》①,2023年11月21日下发的《关于加快推进人民法院案例库建设的通知》(法〔2023〕209号),2024年5月8日实施的《人民法院案例库建设运行工作规程》(法〔2024〕92号),等等。此处立足"库网融合"这一新背景就进一步做深做实裁判文书说理谈些粗浅意见,旨在更好地助推法律适用统一和严格公正司法。

裁判文书说理既是一个涉及国家宪法、法律实施乃至法治建设的大问题,又是一个被最高人民法院司法改革方案②乃至中央司法改革顶层设计③所关注的"难"题。鉴于裁判文书说理改革是"深化依法治国实践和提升国家治理能力的基础工程""展示法院公正形象的载体工程""提高司法产品质量和审判效率的优化工程""推进司法公开的升华工程""改善人民群众公平正义获得感的民生工程"④,最高人民法院于2018年6月1日公布了《释法说理指导意见》。该《释法说理指导意见》的出台及施行,无论是在促发学术界对裁判文书说理展开理论研究⑤,还是在提升实务界的裁判文书说理能力与水平方面⑥,均取得了积极、良好的效果⑦。但从促推

---

① 《关于建设人民法院案例库的通知》(法〔2023〕141号),系针对各省、自治区、直辖市高级人民法院,解放军军事法院,新疆维吾尔自治区高级人民法院生产建设兵团分院下发,其有附件1《人民法院案例库参考案例编写体例》(人民法院案例库参考案例的体例主要包括编号、标题、副标题、关键词、基本案情、裁判理由、裁判要旨、关联索引八个部分)、附件2《参考案例样式》及模板。《关于建设人民法院案例库的通知》(法〔2023〕142号),系针对本院各单位下发,其有附件1《人民法院案例库参考案例编写体例》、附件2《参考案例样式》及模板。

② 例如,1999年10月20日公布的《人民法院五年改革纲要》(法发〔1999〕28号)规定"加快裁判文书的改革步伐,提高裁判文书的质量。改革的重点是加强对质证中有争议证据的分析、认证,增强判决的说理性"。

③ 例如,2013年11月12日通过的《中共中央关于全面深化改革若干重大问题的决定》提出"增强法律文书说理性,推动公开法院生效裁判文书"。

④ 参见李少平:《新时代裁判文书释法说理改革的功能定位及重点聚焦》,载最高人民法院司法改革领导小组办公室编:《最高人民法院关于加强和规范裁判文书释法说理的指导意见理解与适用》,中国法制出版社2018年版,"序言"第2—5页。

⑤ 据不完全统计,自2018年6月1日发布至2024年7月31日,《中国法学》《法学研究》等24种法学C刊引用《释法说理指导意见》的论文共计264篇,《中国应用法学》《河北法学》等22种法学C扩刊引用《释法说理指导意见》的论文270篇,两者合计共534篇论文援引了该《释法说理指导意见》。

⑥ 2018年至2024年,最高人民法院连续开展了六届全国法院"百篇优秀裁判文书"评选活动,全国各级法院共推荐了3700篇文书参与评选,其中刑事类文书811篇,民事类文书2144篇,行政类文书540篇,赔偿类文书91篇,执行类文书114篇。在获奖裁判文书中,刑事类文书139篇,民事类文书228篇,行政类文书85篇,赔偿类文书19篇,执行类文书19篇。在获奖裁判文书中,60篇文书来自最高人民法院,262篇来自高级人民法院,216篇来自中级人民法院,62篇来自基层人民法院。

⑦ 有学者认为,《释法说理指导意见》对裁判文书说理改革提出了全方位和具体化的要求和指引,具有里程碑意义。参见侯学宾:《裁判文书不说理的制度逻辑》,载《四川大学学报(哲学社会科学版)》2024年第4期。

"库网"实质性融合建设和发展来说,仍需要我们着力和下功夫做好以下几方面工作。

一、立足"以制度建设为主线"理念抓紧出台辅助配套规范

基于主客观多种因素的考虑,《释法说理指导意见》仅对裁判文书说理的目的与价值、内容与原则、类型划分、繁简分流、样式要求、规范援引、辅助论据、表达方式、语言规范、评价机制、保障机制等作出较为宏观的总则性规定,而未对刑事裁判文书说理、民事裁判文书说理、行政裁判文书说理作出更为具体的规定。[①] 不过,《释法说理指导意见》第二十条规定:"各级人民法院可以根据本指导意见,结合实际制定刑事、民事、行政、国家赔偿、执行等裁判文书释法说理的实施细则。"显然,作为宏观性、指导性、总则性的《释法说理指导意见》的落地见效,既需要抓紧制定出台刑事、民事、行政、国家赔偿、执行等裁判文书释法说理指南,还需要出台一系列辅助性的、配套性的制度规范文件[②]。例如,《释法说理指导意见》第十一条规定:"制作裁判文书应当遵循《人民法院民事裁判文书制作规范》《民事申请再审诉讼文书样式》《涉外商事海事裁判文书写作规范》《人民法院破产程序法律文书样式(试行)》《民事简易程序诉讼文书样式(试行)》《人民法院刑事诉讼文书样式》《行政诉讼文书样式(试行)》《人民法院国家赔偿案件文书样式》等规定的技术规范标准,但是可以根据案件情况合理调整事实认定和说理部分的体例结构。"其中,《法院刑事诉讼文书样式(样本)》是最高人民法院于1999年4月30日为适应经1996年3月17日第八届全国人民代表大会第四次会议《关于修改〈中华人民共和国刑事诉讼法〉的决定》第一次修正后的《刑事诉讼法》的实施需要而发布。尽管最高人民法院又补充了《刑事判决书(一审公诉案件适用普通程序审理"被告人认罪案件"用)》的判决书样式,后于2009年10月发布了《一审未成年人刑事案件适用普通程序的刑事判决书样式和一审未成年人刑事公诉案件适用简易程序的刑事判决书样式》,但此后《刑事诉讼法》又先后经2012年3月14日第十一届全国人民代表大会第五次会议《关于修改〈中华人民共和国刑事诉讼法〉的决定》第二次

[①] 参见刘树德:《无理不成"书":裁判文书说理23讲》,中国检察出版社2020年版,第352—356页。

[②] 有学者立足分析处于组织结构和制度环境中的法官为何不愿或者不敢进行裁判文书说理的基础上提出了裁判文书说理改革的完善建议,例如,裁判文书说理的评价机制需要细化、激励机制需要重塑等,参见侯学宾:《裁判文书不说理的制度逻辑》,载《四川大学学报(哲学社会科学版)》2024年第4期。

修正、2018年10月26日第十三届全国人民代表大会常务委员会第六次会议《关于修改〈中华人民共和国刑事诉讼法〉的决定》第三次修正，使得前述《人民法院刑事诉讼文书样式》已经远远不能满足刑事司法审判实践的需要，亟待重新制定统一的《人民法院刑事诉讼文书样式》。又如，《释法说理指导意见》第十三条规定："除依据法律法规、司法解释的规定外，法官可以运用下列论据论证裁判理由，以提高裁判结论的正当性和可接受性：……法理及通行学术观点……"学术研究和司法实践对下列这些问题尚未取得共识：如何界定与区分"法理"和"法律学说"（即通行学术观点）；"法理"是客观的，"法律学说"是主观的，还是两者兼具主观性与客观性；"法理"是何种意义上的法律渊源①，在何种情形下可作为裁判依据②；裁判文书援引法律学说要遵循哪些原则、确立哪些运用标准，遵循哪些程序、采行哪些方法、可否援引域外法律学说③、可否采用脚注等，均不乏分歧与争论。④ 同样，《释法说理指导意见》第十三条规定法官可以运用"最高人民法院发布的指导性案例"来论证裁判理由，但是个案裁判文书在援引指导性案例的具体内容、方式、位置（即作为裁判理由出现在"本院认为"中，还是作为裁判依据出现在"依照……"中⑤）等方面均存有不同做法。⑥ 这些均需要最高人民法院出台细化的文件来加以统一规范。再如，为更好地适应案例指导制度的发展与完善，学者

---

① 参见雷磊：《重构"法的渊源"范畴》，载《中国社会科学》2021年第6期；雷磊：《"法的渊源"意味着什么？》，中国政法大学出版社2021年版，第13—20页；孙光宁：《社会主义核心价值观的法源地位及其作用提升》，载《中国法学》2022年第2期；雷磊：《社会主义核心价值观融入司法裁判的方法论反思》，载《法学研究》2023年第1期；孙海波：《社会一般道德的法源地位及其功能》，载《国家检察官学院学报》2023年第1期；刘树德：《"裁判依据"与"裁判理由"的法理再辨——以社会主义核心价值观的法源定位为中心》，载《政治与法律》2023年第8期。

② 参见焦宝乾、李诗瑶：《主观抑或客观：法理与学说性质的比较研究》，载《法治现代化研究》2024年第4期。

③ 有学者认为，援引域外法律学说进行个案裁判说理必须谨慎，参见梁健：《刑事裁判中法律学说的运用困境及其解决路径》，载《中国法学》2024年第4期；司法实践中有个案援引德国刑法学家汉斯·韦尔策尔关于间接故意与有认识过错区分的观点来论证被告人的主观故意，参见北京市第一中级人民法院（2015）一中刑终字第1797号刑事附带民事裁定书。

④ 参见刘树德、王坤：《裁判文书援引法律学说说理的价值证成与规则建构》，载《湖湘法学评论》2022年第2期；梁健：《刑事裁判中法律学说的运用困境及其解决路径》，载《中国法学》2024年第4期。

⑤ 参见胡云腾：《关于参照指导性案例的几个问题》，载《人民法院报》2018年8月1日，第5版；刘树德：《"裁判依据"与"裁判理由"的法理之辨及其实践样态——以裁判效力为中心的考察》，载《法治现代化研究》2020年第3期。

⑥ 参见刘树德、刘贝：《司法裁判文书援引指导性案例裁判要点的"叙事"模式》，载《西南政法大学学报》2023年第1期；马光泽：《指导性案例司法适用如何说理——原则建构与实践反思》，载张志铭主编：《师大法学》（2022年第1辑），法律出版社2023年版，第51—69页。

区分候选指导性案例的案件与普通案件分别调整设计裁判文书样式的建议①无疑具有借鉴意义,即指导性案例候选案件裁判文书样式:(1)关键词;(2)裁判要点;(3)案号;(4)基本案情(包括当事人简况、案件发生的简要情况和已经过的诉讼程序);(5)当事人的诉讼请求或上诉请求及相应理由;(6)对方当事人的答辩意见及相应理由;(7)法院认定的案件事实;(8)案件争点;(9)法官对自己法律意见的正面论证(包括事实依据和规范依据);(10)法官对当事方法律意见的回应(赞同可简单回应,反驳须从事实和规范两方面进行充分说理);(11)判决结果;(12)附件:证据列表;裁判依据原文等。普通案件裁判文书样式:(1)案号;(2)基本案情(包括当事人简况、案件发生的简要情况和已经过的诉讼程序);(3)当事人的诉讼请求或上诉请求及相应理由;(4)对方当事人的答辩意见及相应理由;(5)法院认定的案件事实;(6)法律适用("本院认为"部分);(7)判决结果;(8)附件:证据列表;裁判依据原文等。

二、立足符合司法规律的审判管理理念抓紧制定科学的量化标准

《释法说理指导意见》第十八条规定:"最高人民法院建立符合裁判文书释法说理规律的统一裁判文书质量评估体系和评价机制,定期组织裁判文书释法说理评查活动,评选发布全国性的优秀裁判文书,通报批评瑕疵裁判文书,并作为监督指导地方各级人民法院审判工作的重要内容。"第十九条规定:"地方各级人民法院应当将裁判文书释法说理作为裁判文书质量评查的重要内容,纳入年度常规性工作之中,推动建立第三方开展裁判文书质量评价活动。"这些规定的目的与意图在于通过建立科学的评估体系与评价/评查机制,改变既往偏于定性和"估堆"式评价做法,采用兼顾定量与定性、"可感"式评价做法,从而更好地激励和促进法官裁判说理。

从既有的公开文献来看,学术界和实务界只是间或进行过裁判文书说理的小样本实证分析,例如,某院以 2010 年 10 月至 2011 年 9 月共 97 份刑事判决书为研究样本,经实证分析量刑说理得出:这些样本中,附加刑完全不说理的判决书占比 64.95%;63 份并处罚金的文书均没有对并处罚金进行量刑说理;4 份判处缓刑的文书记载了缓刑理由,但过于抽象和简单,普遍缺乏对被告人人格等具体个人情况的反映;量刑说理方式缺乏个案特色,常常套用相同的文字对被告人的量刑情节进行简单描述和论

---

① 参见李红海:《案例指导制度的未来与司法治理能力》,载《中外法学》2018 年第 2 期。

证,缺乏针对性,给人"千案一面"的感觉;量刑心证过程和计算方法不够透明与公开等。① 显然,类似于这样的小样本实证分析,一方面,其得出的结论(例如,长时间段内裁判文书说理质量升降水平)究竟有多大代表性(立足于全国法院某时间段的全部或者某领域全部裁判文书)不无疑问;另一方面,对所面对的裁判说理现状的形成原因及其影响机理的分析亦更多地停留在简单的"原因素描"或者简化的"结论或者论断"之上,尚缺乏基于大数据实证分析的严谨推理过程(例如,因变量与自变量之间的影响关系,各种影响因素的原因力大小,等等)。例如,基层法院法官案件较多、工作压力大,没有足够的时间用于判决书的精细说理,审级较高的法院包括最高人民法院亦因办案任务重而影响其对下级法院审判工作的指导,进而给审判质量(包括说理)带来消极影响;判决书说理质量尚未纳入法官绩效考核范围,远没有像主审结案数、改判发还案件数、再审案件数、引发信访次数等指标那样受到关注;受司法外部环境尤其是"信访不信法"的群体心理等因素的影响,法官愿意采取"少说为佳"的保守策略或者仅在审理报告中予以详说;判决书不载明文书制作者、不反映少数意见等惯常做法有碍法官个体说理积极性的发挥②;相比于"三阶层"犯罪论体系及其思维而言,"四要件"犯罪构成理论及其思维不利于刑事裁判文书的精致化说理③;最高人民法院相关部门下发的刑事裁判文书样式及其结构安排,亦存在不便于说理、易重复说理之处,需要作出相应的调整④;司法责任制转型阶段部分员额法官独立履职能力(包括文书制作和写作

---

① 参见李琴:《刑事判决书量刑说理问题实证研究——以 D 法院 97 份刑事判决书为样本》,载《中国刑事法杂志》2012 年第 6 期。
② 美国法院判决书,a.除极少数外,都由撰写判决书的个人署名,而不是审判庭署名;b.多数意见、并存意见、反对意见并存的制度,激励法官们的竞争和对抗,更愿意表现说理才华和能力,更需花时间和精力去加强论证来提升判决对包括异议法官在内受众的说服力。参见苏力:《判决书的背后》,载《法学研究》2001 年第 3 期。
③ "德国波恩州法院关于哈逊姆·马斯洛依故意杀人未遂案的判决书"(参见冯军主编:《比较刑法研究》,中国人民大学出版社 2007 年版,第 443—454 页),首先是对定罪量刑的宣告,之后便是判决理由的详细阐释,具体分为"被告人背景调查——客观行为事实——主观心理事实——证据认定——法律评价(定罪)——法律评价(量刑)——司法处遇——诉讼费用承担",环环相扣,细致而严密,严格遵循"事实判断先于价值判断、客观判断先于主观判断、形式判断先于实质判断、定型判断先于个别判断"的逻辑思维[参见孙智超:《中德两国判决书制作风格初探》,载陈兴良主编:《刑事法评论》(第 33 卷),北京大学出版社 2013 年版,第 291—301 页]。该判决书的定罪说理部分,具体运用德国三阶层犯罪构成要件体系理论,层次分明,论证严密,说理透彻。
④ 参见刘树德:《无理不成"书":裁判文书说理 23 讲》,中国检察出版社 2020 年版,第 19—52 页;另见最高人民法院司法改革领导小组办公室编:《最高人民法院关于加强和规范裁判文书释法说理的指导意见理解与适用》,中国法制出版社 2018 年版,第 170—193 页。

能力)尚有欠缺、绝大部分文书不再实行行政式逐级审核把关,也致使说理质量有所下降;等等。①

随着大数据、人工智能、云存储等信息技术的面世和人民法院信息化建设的逐步推进,我们确实有必要研究制定科学的裁判文书说理质量指标体系,并选取较长时间段的全样本或者大样本,借助大数据和人工智能等技术手段,针对前述"原因"或者"因素"与裁判文书说理之间的"原因力"大小、较长时间段内的裁判文书说理质量的变化态势等进行科学的实证分析,进而得出更为透视化的量化评估报告和更加准确的实证结论,亦即让大数据回答:裁判文书说理有无进步、有多少进步、哪些领域(例如刑事、民事、商事、知识产权、行政等)或者环节(证据审查判断、认定事实、适用法律、行使自由裁量权等)有进步,哪些因素或者原因制约着以及在多大程度上制约着裁判文书说理的进步。

三、立足系统集成理念抓紧促推做实"库网"一体融合建设

随着国家经济社会形势的日益发展、法治中国建设实践的深入推进,人民群众对司法有了越来越多的新需求与新期待,人民法院面临的办案任务,无论是数量、时限抑或质量,均变得越来越具有挑战性和压力感。为此,最高人民法院积极地通过制发相关规范性文件、推出有关改革性举措等加以应对,其中就包括裁判文书说理以及与之相关的系列规范性文件和机制性改革举措,例如,(1)2014年1月1日施行的《关于人民法院在互联网公布裁判文书的规定》(法释〔2013〕26号);(2)2016年10月1日施行的《关于人民法院在互联网公布裁判文书的规定》(法释〔2016〕19号);(3)2020年7月15日发布的《关于统一法律适用加强类案检索的指导意见(试行)》(法发〔2020〕24号);(4)2021年1月19日发布的《关于深入推进社会主义核心价值观融入裁判文书释法说理的指导意见》(法〔2021〕21号);(5)2013年7月1日中国裁判文书网上线,等等。

当下为社会各界所广泛关注的相关新举措是"一库一网",即人民法院案例库和"法答网"建设。建立人民法院案例库主要是基于以下几点考虑:(1)案例统筹、分类管理不到位等,一定程度上影响了案例功能的充分发挥;(2)指导性案例编选周期长、总

---

① 参见刘树德等:《刑事裁判文书说理》,人民法院出版社2022年版,"导论"第2页。

量相对有限,难以充分满足实践的需求;(3)其他案例的编写、审核缺乏统一的标准和程序,质量和权威性没有得到充分保障,甚至还存在同案不同判的现象,既困扰司法审判,亦影响社会各界学法用法;(4)各类案例的编发尚存在覆盖面有限、系统性不足的突出问题,远不能满足司法实践的需求。在最高人民法院相继下发多个通知的基础上,经过各级法院的共同努力,最高人民法院最终于2024年2月27日召开新闻发布会,宣布人民法院案例库正式上线并向社会开放。首批入库案例3711篇,包括刑事案例1453篇,占比39.15%,民事案例1643篇,占比44.27%,行政案例405篇,占比10.91%,国家赔偿案例23篇,占比0.62%,执行案例187篇,占比5.04%。①

相比于目前我国既有的法律数据库,人民法院案例库具有以下几个突出特点:(1)收录的是经最高人民法院审核认为对类案具有参考示范价值的权威案例,包括指导性案例②和参考案例,进一步提升案例的检索精度、认可程度、指导力度和应用广度,最大限度发挥案例的实用效能,更好地服务司法审判、公众学法、学者科研和律师办案。(2)入库的参考案例需经过最高人民法院统一审核把关,且属于对类案办理具有参考示范价值的权威案例,并将逐步覆盖各类案由和罪名、各种疑难复杂法律适用问题,能够给法官办案提供更加权威、更加规范、更加全面的指引。(3)人民法院案例库收录的参考案例体例规范、要素齐全、便于检索,不仅为广大司法法律界人士提供更加精准、权威的办案参考和研究素材,也有效回应人民群众对更深层次司法公开的现实需求。(4)法官在审理案件时必须检索查阅人民法院案例库,参考入库的同类案例作出裁判。

最高人民法院于2024年4月29日公布的《人民法院案例库建设运行工作规程》(法〔2024〕92号,以下简称《案例库工作规程》)第十九条规定:"各级人民法院审理案件时,应当检索人民法院案例库,严格依照法律和司法解释、规范性文件,并参考入库类似案例作出裁判。"第二十一条规定:"各级人民法院审理案件时参考入库类似案例的,可以将类似案例的裁判理由、裁判要旨作为本案裁判考量、理由参引,但不作为裁判依据。公诉机关、当事人及其辩护人、诉讼代理人等提交入库案例作为控(诉)辩理

---

① 截至2025年6月23日,人民法院案例库共收录案例4923篇,包括刑事案例1884篇,占比38%,民事案例2092篇,占比43%,行政案例546篇,占比11%,国家赔偿案例49篇,占比1%,执行案例352篇,占比7%。

② 截至2025年6月23日,最高人民法院发布的指导性案例共计261个,最高人民检察院发布的指导性案例共计237个。

由的,人民法院应当在裁判文书说理中予以回应。"第二十二条规定:"各级人民法院应当将参考入库案例作出裁判的情况作为案件质量评查内容。"这些规定从以下方面为类案检索制度进行了"赋能""加持"和"背书",必将直接或者间接地促进《释法说理指导意见》的落地见效①:一是扩大了"应当参照"的案例范围,即从原有的指导性案例扩大到人民法院案例库的参考案例。无论是2015年5月13日施行的《〈关于案例指导工作的规定〉实施细则》(法〔2015〕130号)第十条规定的"各级人民法院审理类似案件参照指导性案例的,应当将指导性案例作为裁判理由引述,但不作为裁判依据引用",还是《释法说理指导意见》第十三条规定的"除依据法律法规、司法解释的规定外,法官可以运用下列论据论证裁判理由,以提高裁判结论的正当性和可接受性:最高人民法院发布的指导性案例……",抑或2020年7月15日制发的《关于统一法律适用加强类案检索的指导意见(试行)》(法发〔2020〕24号)第九条规定的"检索到的类案为指导性案例的,人民法院应当参照作出裁判,但与新的法律、行政法规、司法解释相冲突或者为新的指导性案例所取代的除外。检索到其他类案的,人民法院可以作为作出裁判的参考"和第十条规定的"公诉机关、案件当事人及其辩护人、诉讼代理人等提交指导性案例作为控(诉)辩理由的,人民法院应当在裁判文书说理中回应是否参照并说明理由;提交其他类案作为控(诉)辩理由的,人民法院可以通过释明等方式予以回应"。以上均限定于指导性案例,而《案例库工作规程》则包括人民法院案例库的指导性案例和参考案例。二是扩大了"质量评查内容",即不仅将参照指导性案例作出裁判的情况纳入案件质量评查内容,同时还把参照人民法院案例库参考案例作出裁判的情况纳入案件质量评查内容。三是调整了类案检索的顺序。《关于统一法律适用加强类案检索的指导意见(试行)》第四条规定:"类案检索范围一般包括:(一)最高人民法院发布的指导性案例;(二)最高人民法院发布的典型案例及裁判生效的案件;(三)本省(自治区、直辖市)高级人民法院发布的参考性案例及裁判生效的案件;(四)上一级人民法院及本院裁判生效的案件。除指导性案例以外,优先检索近三年的案例或者案件;已经在前一顺序中检索到类案的,可以不再进行检索。"显然,《案例库工作规程》在形式上提

---

① 按照德国法学家克里勒(Kriele)的观点,之所以赋予判决先例以推定的拘束力,是基于下列主要理由,即 a.统一法律适用;b.保持法律见解之连续性;c.提高裁判结果之可预见性;d.平等权的要求;e.诉讼经济的要求;f.减轻法院在说理上的业务负担;g.尊重经验,以比较温和而保守地求取进步。转引自黄茂荣:《法学方法与现代民法》(增订七版),纮基印刷有限公司2021年版,第673页。其中,德国法学家克里勒的第六个观点对判决先例与裁判说理关系的论述很有见地。

升了人民法院案例库中参考案例的"效力"属性,即处于指导性案例①与最高人民法院发布的其他典型案例及生效裁判案件之间,进而检索类案的顺序宜调整为:(一)最高人民法院发布的指导性案例;(二)人民法院案例库的参考案例;(三)最高人民法院发布的典型案例及裁判生效的案件;(四)本省(自治区、直辖市)高级人民法院发布的参考性案例及裁判生效的案件;(五)上一级人民法院及本院裁判生效的案件。

四、立足"以实践为导向"理念抓紧健全完善高效的互动机制

2024年7月18日,党的二十届三中全会通过的《中共中央关于进一步全面深化改革推进中国式现代化的决定》(以下简称《推进现代化的决定》)第九部分"完善中国特色社会主义法治体系"第三十六条"完善推进法治社会建设机制"中提出,"改进法治宣传教育,完善以实践为导向的法学院校教育培养机制"。可以说,《推进现代化的决定》的这一内容改变了既往司法改革文件②仅关注司法改革而不涉及法学教育,法学教育文件③仅关注法学教育而不涉及司法改革的"各说各话""双轨互不交集"的局面。我们曾于2024年7月7日在新疆维吾尔自治区图木舒克市召开的全国政法院校"立格联盟"第十三届高峰论坛上建议,"立格联盟"要抓住这一有利时机,充分调研论证,从法学教育与司法改革有机结合、密切互动的视角提出合理化的政策性建议。此后,我们在为《法理》④撰写"法外因素入法的方法论回应"专辑导引之际,再次呼吁学术界与实务界立足当下法治中国建设的伟大实践,聚焦作为"司法理性的终极表征"⑤的裁判文书和"让人民群众感受到公平正义"的司法个案,共同发力与促进"以实践为导向的法

---

① 指导性案例的效力因有《人民法院组织法》相关条款的规定依据以及需经最高人民法院专业审判委员会或者审判委员会讨论通过等系列的程序环节而生成,明显高于人民法院案例库的参考案例。如何从法理上看待指导性案例与人民法院案例库中的参考案例的关系,值得进一步研究。参见刘树德、孙海波主编:《类案检索实用指南》(第二版),北京大学出版社2024年版,第397—404页。

② 例如,1999年10月20日发布的《人民法院五年改革纲要》,2004年制定的《关于司法体制和工作机制改革的初步意见》,2005年10月26日发布的《人民法院第二个五年改革纲要(2004—2008)》,2009年3月17日发布的《人民法院第三个五年改革纲要(2009—2013)》,2015年2月4日发布的《最高人民法院关于全面深化人民法院改革的意见——人民法院第四个五年改革纲要(2014—2018)》,2015年修订的《关于深化检察改革的意见》,等等。参见刘树德:《司法改革:深水区与细理går》,法律出版社2015年版,第298页以下。

③ 例如,中共中央办公厅、国务院办公厅2023年2月联合发布的《关于加强新时代法学教育和法学理论研究的意见》。

④ 《法理》系由中国政法大学舒国滢教授主编,商务印书馆出版的连续出版物。

⑤ 参见龙宗智:《裁判文书是司法理性的终极表征》,载刘树德:《裁判文书说理原论》,法律出版社2023年版,序言二。

学院校教育培养机制"的健全与完善，进而助推以高质量的司法审判产品支撑与保障中国式现代化。

《推进现代化的决定》"完善以实践为导向的法学院校教育培养机制"的决策部署无疑为学术理论界和法律实务界提出了一项值得深入研究和广泛探讨的重要课题。在此仅从裁判文书释法说理切入提出几点建议：一是要重视成文法体系下判例法思维的培养与训练。尽管从司法实践来看，成文法系法官和判例法系法官办理具体案件时的裁判思维与推理模式均存在系列相同点，但亦呈现出诸多差异处。① 尽管我国已经建立了具有中国特色的案例指导制度，但目前案例教学法的欠缺和法官陌生于判例法思维及判例制度运行的知识技能（例如，先例规则的提炼技术、类似案件的区别技术、先例规避技术、先例否决技术等），使得目前法官不愿用、不会用、用不好指导性案例来进行释法说理。② 二是要借鉴德国编纂法律评注的做法。编纂法律评注是促进学术界与实务界交流、形成法学共识与法律通说的重要平台与方式。随着国内留德法科生群体的壮大和《民法典》的出台，我国的法律评注编纂活动已经呈现出良好发展的势态。③ 我们参与的《注释刑法全书》和《注释刑法小全书》④较为系统且全面地收录了立法沿革、立法解释与立法解释性文件、条文说明，以及司法解释与非司法解释类审判业务规范性文件、各类案例（指导性案例、公报案例与参考案例）的裁判要旨，同时在脚注部分引用了市面上刑法教科书的观点，相当翔实地呈现了我国刑法在立法、司法以及学说这三方面的样貌，三者之间既有呼应，又适当保持距离（确保观点有明确的出处），从而实现学术与实践之间的遥相呼应。必须承认的是，在体系化程度以及撰写格式等方面，两书和德国市面上的刑法评注仍有相当的距离。⑤ 无疑，裁判说理质量的高低势必影响指导性案例的生成，进而关乎指导性案例的裁判要旨或者裁判规则的提炼，最终亦会影响一个国家或者地区法律

---

① 参见刘树德、孙海波主编：《类案检索实用指南》（第二版），北京大学出版社2024年版，第2—27页。
② 参见马光泽：《指导性案例司法适用如何说理——原则建构与实践反思》，载张志铭主编：《师大法学》（2022年第1辑），法律出版社2023年版，第51—69页。
③ 例如，朱庆育、高圣平总编的《中国民法典评注·条文选注》（共4册）。另外，中国人民大学出版社、商务印书馆近年来亦出版了民法典评注出版物。
④ 参见陈兴良、刘树德、王芳凯编：《注释刑法全书》，北京大学出版社2022年版；陈兴良、刘树德、王芳凯编：《注释刑法小全书》，北京大学出版社2024年版。
⑤ 参见陈兴良、刘树德、王芳凯：《刑法注释：在理论与实践更深融贯中促进司法公正》，载《检察日报》2024年8月27日，第3版。

评注的质量水平。三是要强化运用法理及通行学术观点进行释法说理。正如有学者所言,"法律学说的创立和发展,必须紧贴司法实践、服务司法实践,以现实问题为导向,以解决现实问题为己任,以引领社会主义核心价值观为目标",同时,"刑事司法实践要更加倚重法律学说的论证支持,以提高释法说理的能力与裁判水平,并反向推动法律学说的创新发展",从而"继续强化法律学说与司法实践的双向互动、双向奔赴"。① 只有学术界与实务界双方建立了高效的互动机制与沟通平台,方能"建构具有实践导向、符合功能主义要求的刑法教义学",确保"刑法教义学的实践性越强,其可验证性及可信度就会越高"②,进而更好地指导刑事法官运用刑法教义学的通说进行释法说理,更多地产出"伟大判决"③。四是学术界和实务界双向发力助推法学/法律方法论研究。"方法论是一套正当化司法裁判的学说,它最主要的工作就是使我们的价值判断尽可能地可视化、客观化、可操作","方法论是一种达致'善良和衡平'的技艺","方法论研究对于司法实务而言能够提升其理性说理与论证能力"④,"方法论的功能在于弥合事实与规范之间的隔阂,从而尽可能地限制法官在弥合隔阂过程中的恣意活动,保证法律适用的有序与合理"⑤,但是,"在目前的法学教育和司法实践中,法官大多缺少对法律方法、法律解释和法律推理等的深入认知和系统培训,他们的理解仍停留在'法学教科书'的阶段,而并未内化为自身的知识体系和话语体系"⑥。显然,要改变这种状况,无疑需要学术界和实务界在既有法学方法论研究

---

① 参见梁健:《刑事裁判中法律学说的运用困境及其解决路径》,载《中国法学》2024年第4期。
② 参见周光权:《刑法教义学的实践导向》,载《中国法律评论》2022年第4期。
③ 需指出的是,"有时,一个糟糕的说理带来的教益并不比优秀的说理少"(赵廉慧:《中国信托法》,高等教育出版社2024年版,前言 II)。例如,针对广东省佛山市顺德区何某涉嫌危险驾驶罪一案无罪判决[(2020)粤0606刑初2648号刑事判决书],就存在不同的评价:一是被自媒体称为"史上最伟大判决书""最杰出判决书"(参见陈欢欢、洪金云:《刑辩人法律文书写作的启发——从顺德法院无罪判决谈起》,载微信公众号"尚权刑事辩护学苑",2024年6月20日);二是被认为系"错误判决"(该份判决书基本的法理错误,在于混淆危险犯与具体危险犯的基本概念,参见《争鸣:"火遍全网醉驾无罪判决书"存在基本法理错误》,载微信公众号"微言法谈",2024年7月8日)。
④ 参见雷磊:《时代棱镜中的法学方法论》,北京大学出版社2024年版,第312—314页。
⑤ 参见〔奥〕弗朗茨·比德林斯基、彼得·比德林斯基:《法学方法论入门》,吕思远译,中国政法大学出版社2024年版,"导读"第7页。
⑥ 参见刘峥:《论社会主义核心价值观融入裁判文书释法说理的理论基础和完善路径》,载《中国应用法学》2022年第2期。

成绩的基础上,总结分析和把脉其尚存在的不足①,共同双向发力促推法学/法律方法论研究迈上新台阶和提升法学方法论指导司法实践的影响力。

基于"严格公正司法是人民法院的主责主业"②的工作指导思想,张军院长在较短时间内多次强调了裁判文书释法说理。例如,(1)2024 年 8 月 19 日至 21 日率调研组赴四川法院调研期间强调,"必须深化落实和完善司法责任制……要加强裁判文书释法说理,把裁判文书作为普法的素材和接受监督的载体,为社会提供优质'司法产品'";(2)2024 年 8 月 27 日至 29 日率调研组赴湖北法院调研期间强调,"坚持中国特色社会主义法治道路,做实符合司法规律的审判管理……要围绕落实和完善司法责任制,重点强化院庭长审判监督职责和法官释法说理职责,把案件公正高效审理好,让人民群众感到公平正义就在身边";(3)2024 年 8 月 30 日在最高人民法院党组理论学习中心组(扩大)集体学习研讨时强调,"深化司法改革……要加强裁判文书释法说理,深化和规范司法公开,主动接受各方面监督";(4)2024 年 9 月 9 日张军院长在国家法官学院 2024 年秋季开学典礼上又专门做了"深入践行习近平法治思想,加强释法说理,提升司法公信"的精彩授课。立足于此,在我们看来,裁判文书释法说理作为人民法院依法独立行使审判权而最终产出优质"司法产品"的核心所在,无疑需要继往开来、守正创新,多维度多路径地确保《释法说理指导意见》的落地见效,从而促进法律适用统一、提升司法公信,最大限度地实现法律效果、政治效果和社会效果的有机统一,切实让人民群众在每一个司法案件中感受到公平正义。

---

① 有学者总结当下法学方法论研究尚存在以下不足:a.方法论研究的精致化和深耕化程度仍有不足;b.方法论研究的整体发展脉络有待澄清;c.对方法论研究中的"道"与"术"的关系正视不够;d.方法论研究成果对司法实务部门的影响有待提高。参见雷磊:《时代棱镜中的法学方法论》,北京大学出版社 2024 年版,第 310—314 页。

② 参见张军院长在 2024 年 8 月 30 日最高人民法院党组理论学习中心组(扩大)围绕"融会贯通做实党的二十届三中全会精神,深入践行习近平法治思想,更好把进一步全面深化改革的决策部署落到实处"集体学习研讨时的讲话。同理,2024 年 8 月 27 日至 29 日最高人民检察院应勇检察长率调研组在海南调研期间提出,"检察机关的主责主业是法律监督,履行职责的基本方式是办案,要让检察工作进一步回归到高质效办案这个本职、本源上来","检察履职的三大法宝是严格依法、实事求是、遵循规律",参见《让检察工作进一步回归到高质效办案本职本源上来》,载《检察日报》2024 年 9 月 2 日,第 1 版。

前　言

自 2018 年最高人民法院发布《释法说理指导意见》以来，裁判文书说理的重要意义不言而喻。与法律界在思想上的高度重视相对应的，却是操作层面上方法指引的缺失。在撰写裁判文书的过程中，法官们最常思考的是：要不要说？该怎么说？最令法官们不解的是，为什么满腔热忱写下的裁判文书却没有赢得预想中的认可？可以说，裁判文书说理既是一个涉及国家宪法、法律实施乃至法治建设的大问题，又是一个被最高人民法院司法改革纲要乃至中央司法改革顶层设计方案所关注的"难"题。针对实践中的普遍问题，笔者根据《释法说理指导意见》中有关裁判文书说理的基本要求，精心选取了百余篇具有典型意义的裁判文书，其中不乏最高人民法院发布的指导性案例、典型案例，通过重构各文书说理思路的结构图，以可视化的形式呈现文书的说理过程，并以此为基础评析各文书说理的得失。结构化重现不只为裁判文书说理评价提供可计算的客观依据，还将为未来的智慧说理提供可借鉴的底层算法。

一、为什么用结构图？

根据《释法说理指导意见》第十六条至第十九条之规定，裁判文书说理是考核法官业绩的重要指标，最高人民法院将通过奖励优秀裁判文书，通报瑕疵裁判文书的方式监督指导各级人民法院的裁判文书说理。据此，裁判文书说理的评价势在必行，实践中也已成为法院的重要考核指标。裁判文书说理的评价标准就是裁判文书说理的风向标、指南针。制定清晰、合理、明确的评价方案，不仅能够正向激励法官积极说理，还可以通过优秀说理文书的评选，为法官说理提供良好示范。

现有的裁判文书评价思路大体可以归为质性评价与量化评价两种。总体而言，质性评价方案注重个案的特殊性，但评价结论不具有可比性，即很难将对一案的评价与对另一案的评价进行对比。量化评价方案关注普遍的评价标准，评价结果以具体的数值体现,使各案的评价结论可以进行比较。这两种评价思路各有利弊,但若要实现说理评价的普遍化、常态化,则非量化评价不可。就裁判文书说理而言,量化评价可以帮助我们直观地了解判决书的论证质量。更为重要的是,量化标准的引入,可以突破个案的屏障,使裁判文书说理具有可比性。说理不是全有或全无的问题,而是一个程度概念。因此,数字化的表达方式更适合描述说理状况。

目前,各级法院的说理评价主要用评审表进行量化评价,通常根据司法系统的规范性文件拟定评价标准,以百分制评价各裁判文书的说理水平。例如,笔者曾根据《释法说理指导意见》拟定裁判文书说理评审表如下:

主题	评分项	分值
整体印象	思路清晰	5
	争议总结准确	5
	回应全面、充分	10
	理由类型丰富	5
	用词准确、严谨	5
事实说理	事实清楚	5
	证据明确	5
	证据的证明力分析	10
	事理分析	10
法律释明	法律依据列举完整清晰	5
	法律释义准确、充分	10
法律与事实的适应性	构成要件完整	10
	要件事实的论述充分	10
	重点突出、繁简适当	5
总分		100

与本书采用的结构图模式相比,评审表模式操作便捷,且能根据个案的特殊性在分值区间内灵活调整,因此应用广泛。评审表模式的不足在于,不能准确地指出裁判文书具体存在的问题。以上表的评分项为例,"证据的证明力分析""事理分析"都是对证据、事理的说理给出整体评价,不能确定究竟是哪项证据分析不足,哪项事理分析不够。

相比之下,结构图模式可以直观、精准地指出问题所在。如下图所示：

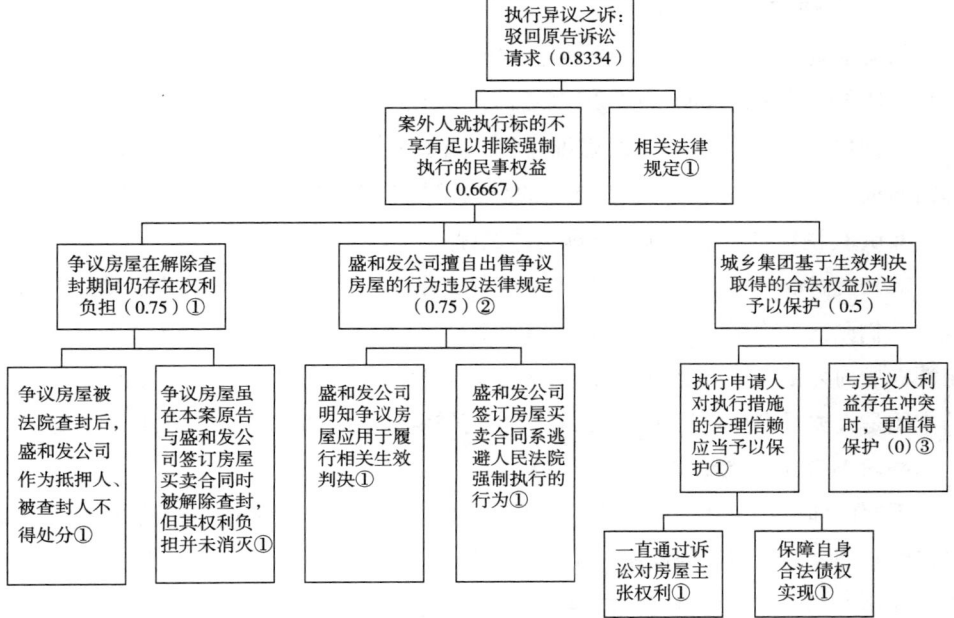

图1 某二审案件说理结构图

失分情况说明：

①论述不详：被执行人对已经解除查封的房屋仍不得擅自处分,是因为其上设有抵押权,法院对涉及抵押的事实和法律依据均未进行着重说理(原《物权法》第一百九十一条第二款)；

②未列明法条："违反法律规定"未指明《房地产管理法》第三十八条第(二)项；

③论述不详：对利益衡量的法律论证不足或论证路径错误(未提及《最高人民法院关于人民法院办理执行异议和复议案件若干问题的规定》第二十九条)。

值得一提的是,在智慧司法的背景下,结构图模式更容易与人工智能对接。国外研究者已在法律论证的评价与运用领域取得重大突破。近三十年来,研究者已经以图尔敏模型(TAS)等较为成熟的论证模型为原型,设计了人工智能处理的系统软件。这些研究直接推动了人工智能在法律论证领域的应用,使得裁判文书说理的定性、定量分析成为现实。

二、什么是结构图？

结构本质上是人们在思维层面对事物组成元素的重组。二维空间关系图能够帮助我们清晰地认识论证的结构。① 以结构图的形式重现裁判文书的说理思路,可以直观、清晰地看到法官给出理由的思维过程。当前关于裁判文书说理的基本共识,为结构图的拟定提供了坚实的基础。本书的结构图基于以下共识:

共识1:说理是一个不断给出理由的过程

裁判文书说理是指法官就自己在裁判文书中的判断给出理由的活动。一般而言,"我们归诸理由的,是那种在非心理学意义上'推动'(bewegen)论辩参与者采取肯定性立场的力量"②。好的理由就体现在它能够使有争议的主张获得可接受性。③ 理由的本质是人类对世界的认识,大多属于观点,需要被证成,即需要进一步的理由支持。

共识2:理由存在结构层次

不同的理由在说理结构中的位置不一。根据这些理由距离最终结论的远近,我们可以将它们划分为不同的层次。位于同一层次,支持同一论断的理由为平行理由;位于不同层次,支持同一论断,存在递进关系的理由为纵向理由。

共识3:说理存在终点

就理想状态而言,每一个论断的得出都应当有理由支持。但这样一种设定不免陷入明希豪森的三重困境:无穷论证、循环论证与戛然而止。④ 在第一重困境下,说理将永无休止地继续下去,这不符合司法活动的效率原则;在第二重困境下,之前出现过的结论成为后续论证的理由,从而陷入循环论证,这不符合理性原则,也容易为法官擅权提供便利。因此,我们不得不在某一特定时刻人为地中断论证。这虽然可以被视为第三重困境,但只要终止的节点选取得当,仍符合理性思维。换言之,如果出现的理由属于终局理由,则说理可以到此结束。终局理由可以分为确定的终局理由与推定的终局

---

① 参见〔美〕欧文·M.柯匹、卡尔·科恩:《逻辑学导论(第11版)》,张建军、潘天群等译,中国人民大学出版社2007年版,第14页。
② 〔德〕哈贝马斯:《在事实与规范之间:关于法律和民主法治国的商谈理论》,童世骏译,生活·读书·新知三联书店2014年版,第278页。
③ 参见〔德〕哈贝马斯:《在事实与规范之间:关于法律和民主法治国的商谈理论》,童世骏译,生活·读书·新知三联书店2014年版,第279页。
④ 有关论证困境的论述参见舒国滢:《走出"明希豪森困境"》,载〔德〕罗伯特·阿列克西:《法律论证理论——作为法律证立理论的理性论辩理论》,舒国滢译,中国法制出版社2002年版。

理由。确定的终局理由主要包括法律的明文规定、自然规律(定理)以及双方共同认可的证据、事实四种。推定的终局理由主要包括生效法律文件确认的事实、众所周知的事实、常识、常理、权威意见、主流意见等。① 由此,在结构图中最后出场的理由,应当为终局理由。

三、结构图怎么用？

结构化处理是实现裁判文书说理可计算的关键一步。通过为理由的证明力以及上下级理由的支持关系赋值,判决的证成程度即裁判文书的说理水平可以经由层层推导计算得出。如图1所示,位于结构图上一层级的论断(理由)就是由支持该论断的平行理由的证明力×该理由对该论断的支持力度之和÷平行理由数。②

鉴于理由的赋值与计算方式仍在完善之中,本书并未对收录的裁判文书进行评分,只是对裁判文书中提及的理由进行整理,以更直观的形式再现法官的说理思路。对于个别裁判文书中存在的说理问题,在结构图中用序号标示,并在结构图下端用文字说明。

随着赋值、计算方案的成熟,可以预见,在不远的将来我们能够实现裁判文书说理的智能评分,或者至少是智能辅助评分,本书的结构图分析或可为法官们了解裁判文书说理的规律,避开说理领域常见的风险提供参考。更为重要的是,本书采用的说理评价标准未来有可能转化为人工智能的底层算法,成为未来智慧说理的底层逻辑。

---

① 参见杨贝:《裁判文书说理的规范与方法》,法律出版社2022年版,第56—58页。
② 平行理由是指在结构图中位于同一层级,且支持同一论断的理由。

凡 例

1.《最高人民法院关于适用〈中华人民共和国刑事诉讼法〉的解释》简称为《刑诉法解释》*；

2.《最高人民法院关于适用〈中华人民共和国民事诉讼法〉的解释》简称为《民诉法解释》；

3.《最高人民法院关于加强和规范裁判文书释法说理的指导意见》简称为《释法说理指导意见》；

4.《最高人民法院关于审理环境民事公益诉讼案件适用法律若干问题的解释》简称为《环境公益诉讼司法解释》

5.《关于深入推进社会主义核心价值观融入裁判文书释法说理的指导意见》简称为《核心价值观释法说理意见》；

6.《最高人民法院关于民事诉讼证据的若干规定》简称为《民事诉讼证据规定》；

7.《最高人民法院关于审理人身损害赔偿案件适用法律若干问题的解释》简称为《人身损害赔偿解释》；

8.《最高人民法院关于审理破坏野生动物资源刑事案件具体应用法律若干问题的解释》简称为《破坏野生动物资源案件的解释》；

9.《最高人民法院关于审理名誉权案件若干问题的解答》简称为《名誉权案件解答》；

10.《最高人民法院、最高人民检察院关于办理侵犯公民个人信息刑事案件适用法律若干问题的解释》简称为《侵犯公民个人信息适用法律的解释》；

11.《全国法院毒品犯罪审判工作座谈会纪要》简称为《武汉会议纪要》；

---

* 本书中的规范性法律文件，均适用案发时的规定，不再标记具体年份。

12.《全国法院毒品案件审判工作会议纪要》简称为《昆明会议纪要》;

13.《最高人民法院关于适用〈中华人民共和国公司法〉若干问题的规定(二)》简称为《公司法解释(二)》;

14.《最高人民法院关于适用〈中华人民共和国公司法〉若干问题的规定(四)》简称为《公司法解释(四)》;

15.《最高人民法院关于适用〈中华人民共和国民法典〉有关担保制度的解释》简称为《民法典担保制度解释》;

16.《最高人民法院关于审理证券市场因虚假陈述引发的民事赔偿案件的若干规定》简称为《旧虚假陈述赔偿规定》;

17.《最高人民法院关于审理证券市场虚假陈述侵权民事赔偿案件的若干规定》简称为《新虚假陈述赔偿规定》;

18.《人民检察院刑事诉讼规则》简称为《高检规则》;

19.《最高人民法院关于适用〈中华人民共和国婚姻法〉若干问题的解释(二)》简称为《婚姻法司法解释(二)》;

20.《人力资源和社会保障部关于执行〈工伤保险条例〉若干问题的意见》简称为《工伤保险条例意见》。

目录 CONTENTS

第一章　证据审查判断说理　　001

第一节　证据的采信　　002
1. 昆明哦客商贸有限公司、熊志民诉余晓平、徐颖、李长友等股东资格确认纠纷案　　003
2. 徐平阳诉光大证券股份有限公司期货内幕交易责任纠纷案　　005
3. 被告人肖伟章诈骗案　　009

第二节　证据的证明力　　011
4. 被告人胡正贵以危险方法危害公共安全案　　012
5. 赵敏诉黄晓兰等名誉权纠纷上诉案　　016
6. 北京市朝阳区自然之友环境研究所等诉中国电建集团昆明勘测设计研究院有限公司环境污染责任纠纷案　　018
7. 冯立生诉国家机关事务管理局房屋拆迁补偿合同纠纷案　　022
8. 郭某1等诉郭某3等房屋买卖合同纠纷案　　025
9. 被告人任勋过失致人死亡案　　027

第三节　证明责任的分配　　030
10. 王嵩棠诉沈阳市和平区金水蓝湾天沐温泉度假酒店财产损害赔偿纠纷案　　031
11. 覃秋丽诉中国建设银行股份有限公司深圳益民支行借记卡纠纷、金融借款合同纠纷案　　033
12. 顾华骏、黄梅香等55326名投资者诉康美药业股份有限公司等证券虚假

陈述责任纠纷案　　　　　　　　　　　　　　　　　　　036

　　13. 于蓓琼诉沈国凯等赠与合同纠纷案　　　　　　　　039

第四节　证明标准的确定　　　　　　　　　　　　　　041

　　14. 中日友好医院与时伟超医疗损害责任纠纷案　　　　042

　　15. 被告人聂树斌故意杀人、强奸妇女再审案　　　　　045

　　16. 被告人张玉环故意杀人案　　　　　　　　　　　　048

第二章　事实认定说理　　　　　　　　　　　　　　　051

第一节　证据事实的建构　　　　　　　　　　　　　　052

　　17. 被告人王平组织、领导黑社会性质组织案　　　　　053

　　18. 被告人李子民等职务侵占、非国家工作人员受贿案　055

　　19. 被告人邓威等诈骗案　　　　　　　　　　　　　　058

　　20. 李坚毅、深圳市远程智能设备有限公司专利权权属纠纷案　061

第二节　裁判事实的认定　　　　　　　　　　　　　　064

　　21. 被告人刘某抢劫案　　　　　　　　　　　　　　　065

　　22. 被告人黄凯等诈骗、非国家工作人员受贿案　　　　068

　　23. 被告人安冬兆盗窃案　　　　　　　　　　　　　　071

　　24. 孟凡德诉中国道教协会劳动争议案　　　　　　　　074

　　25. 体娱（北京）文化传媒股份有限公司、中超联赛有限责任公司等滥用
　　　　市场支配地位纠纷案　　　　　　　　　　　　　　077

　　26. 被告人王某、谢某福非法收购、运输、出售珍贵、濒危野生动物案　080

　　27. 被告人胡阿弟走私、贩卖毒品案　　　　　　　　　083

第三章　法律适用说理　　　　　　　　　　　　　　　087

第一节　法律规则的适用　　　　　　　　　　　　　　088

　　28. 林方清与常熟市凯莱实业有限公司公司解散纠纷案　089

29. 中车金证投资有限公司、江苏保千里视像科技集团股份有限公司证券
虚假陈述责任纠纷案 092
30. 李芝林诉中华人民共和国司法部信息公开案 096
31. 被告人张纪伟、金鑫危险驾驶案 098
32. 李某某等诉中安科股份有限公司等证券虚假陈述责任纠纷案 101
33. 李岑等诉上海熊猫互娱文化有限公司其他合同纠纷案 104
34. 北京新画面影业有限公司诉窦骁表演合同纠纷案 108
35. 苏州蜗牛数字科技股份有限公司诉成都天象互动科技有限公司、
北京爱奇艺科技有限公司著作权侵权纠纷案 111
36. 上诉人高光与被上诉人三亚天通国际酒店有限公司、海南博超房地产
开发有限公司、三亚南海岸旅游服务有限公司、北京天时房地产开发
有限公司第三人撤销之诉案 114
37. 被告人陈乐林妨害公务案 116
38. 沈战备诉如东嘉木园茶庄买卖合同纠纷案 119
39. 马田田、南通户浩网络科技有限公司合同纠纷案 123
40. 张灵芝、北京市自行车运动协会等与康涛、潘佩锋等生命权、健康权、
身体权纠纷案 126
41. 被告人贾圣培等危害珍贵、濒危野生动物案 128

第二节 法律原则的适用 131

42. 北京百度网讯科技有限公司诉青岛奥商网络技术有限公司等不正当
竞争纠纷案 131
43. 闫佳琳诉浙江喜来登度假村有限公司平等就业权纠纷案 137
44. 徐工集团工程机械股份有限公司诉成都川交工贸有限责任公司等买卖
合同纠纷案 140
45. 强静延诉曹务波股权转让纠纷案 143
46. 康成投资(中国)有限公司诉赤壁市新店镇大润发平价超市侵害商标权
及不正当竞争纠纷案 146
47. 饶国礼诉某物资供应站等房屋租赁合同纠纷案 149
48. 上海××××××有限公司(A公司)诉上海××××××有限公司(B公司)、

上海×× 律师事务所（律所）其他合同纠纷案　　152

49. 被告人余金平交通肇事案　　156

50. 广东加多宝饮料食品有限公司与广州王老吉大健康产业有限公司擅自使用知名商品特有包装装潢纠纷案　　158

第四章　援引法外因素说理　　163

第一节　习惯　　164

51. 刘某诉罗某婚约财产纠纷案　　165

第二节　情理　　167

52. 王秋容诉厦门安宝医院有限公司医疗服务合同纠纷案　　168

53. 蒋劲夫诉天津唐人影视股份有限公司合同纠纷案　　171

54. 被告人闫现朋盗窃案　　174

55. 韩文强诉北京市海淀区人力资源和社会保障局工伤认定纠纷案　　177

56. 中卫市神风快运有限公司诉张某2劳动争议纠纷案　　181

57. 俞明诉宁夏医科大学总医院医疗损害责任纠纷案　　184

58. 内黄县中豫电力部件有限公司诉内黄县人力资源和社会保障局劳动和社会保障行政管理纠纷案　　188

第三节　法律学说　　191

59. 刘广明诉张家港人民政府行政复议案　　191

60. 被告人李某1以危险方法危害公共安全案　　194

第四节　社会后果　　197

61. 丁某一、李某等诉合肥市第四人民医院医疗服务合同纠纷案　　198

62. 江苏苏醇酒业有限公司及关联公司实质合并破产重整案　　200

63. 楼彦熙诉北京微梦创科网络技术有限公司等肖像权纠纷案　　203

第五节　社会主义核心价值观　　205

64. 柳芳诉张莲莲等生命权、身体权、健康权纠纷案　　206

65. 锐捷网络股份有限公司诉福州乐捷电子科技有限公司其他合同、准合同

纠纷案 208

第五章　说理的基本方法　213

第一节　法律解释　214

66. 钟汝更诉夏文成、梁德财动产质权纠纷案　215
67. 渤海财产保险股份有限公司天津分公司诉杨滨等机动车交通事故责任
　　纠纷案　218
68. 孙德斌诉上海教育出版社有限公司著作权侵权纠纷案　221
69. 北京搜狐新动力信息技术有限公司诉马筱楠劳动争议案　224
70. 杨建祥诉蒂森电梯有限公司北京分公司劳动争议案　227
71. 中国平安财产保险股份有限公司江苏分公司诉江苏镇江安装集团有限
　　公司保险人代位求偿权纠纷案　230
72. 闻巍等侵犯公民个人信息案　234
73. 江苏万德力电缆有限公司诉淮安西区人力资源开发有限公司沭阳分公司、
　　淮安西区人力资源开发有限公司追偿权纠纷案　236
74. 央视国际网络有限公司诉暴风集团股份有限公司侵害著作权纠纷案　240
75. 成都金创盟科技有限公司诉成都爱华康复医院有限公司拍卖合同纠纷案　243
76. 甘露诉暨南大学开除学籍决定案　246
77. 牟某某虐待案　249

第二节　法律推理　252

78. 被告人李某侵犯公民个人信息刑事附带民事公益诉讼案　252
79. 蒋海燕、曾英诉覃维邱、苏燕弟生命权纠纷案　254
80. 北京大学诉邹恒甫名誉权纠纷案　257
81. 范外楼诉小米科技有限责任公司产品责任纠纷　260
82. 中国农业银行股份有限公司北京海淀支行诉谭月英、王保梅侵权责任
　　纠纷案　263
83. 王山与万得信息技术股份有限公司竞业限制纠纷案　265

84. 北京当当网信息技术有限公司诉高某某劳动争议案　　269

第三节　法的续造　　272

85. 范之懿等诉重庆龙赢市政建设有限公司等侵权责任纠纷案　　272

86. 倪某与徐某某、李某某探望权纠纷案　　275

87. 江某诉刘暖曦生命权、身体权、健康权纠纷案　　278

88. 中信银行股份有限公司东莞分行诉陈志华等金融借款合同纠纷案　　282

89. 李晓艳诉北京智能研选科技有限公司劳动争议纠纷案　　285

90. 武汉市武昌城市环境建设有限公司与国通信托有限责任公司等申请执行人执行异议之诉纠纷　　288

91. 北京银行股份有限公司建国支行等诉天津金吉房地产开发有限责任公司金融借款合同纠纷　　291

92. 罗某甲、谢某某诉陈某监护权纠纷案　　295

第四节　指导性案例　　297

93. 谷阳、杜永华诉崇川区辉田日用品超市生命权、健康权、身体权纠纷案　　298

第六章　说理的辅助方法　　303

第一节　可视化　　304

94. 海口一木海洋之家水产品有限公司、欧玉叶等危害珍贵、濒危野生动物刑附民公益诉讼案　　304

95. 琼瑶《梅花烙》与于正《宫锁连城》知识产权纠纷案　　309

第二节　法官后语　　314

96. 李某1诉雷某1等生命权、健康权、身体权纠纷案　　314

97. 罗某诉中央电视台名誉权纠纷案　　317

98. 孟洋洋交通肇事案　　319

99. 沈某诉王某1离婚纠纷案　　322

100. 被告人于德水盗窃案　　324

附 录 328

《最高人民法院关于加强和规范裁判文书释法说理的指导意见》 328
《关于深入推进社会主义核心价值观融入裁判文书释法说理的指导意见》 331
《最高人民法院关于印发〈人民法院民事裁判文书制作规范〉〈民事诉讼
　　文书样式〉的通知》(节选) 334
《最高人民法院办公厅关于实施〈法院刑事诉讼文书样式〉若干问题的解答》 347
《行政诉讼文书样式(试行)》(节选) 359
《最高人民法院办公厅关于印发〈人民法院国家赔偿案件文书样式〉的通知》 402

后 记 449

第一章

证据审查判断说理

《释法说理指导意见》第四条规定:"裁判文书中对证据的认定,应当结合诉讼各方举证质证以及法庭调查核实证据等情况,根据证据规则,运用逻辑推理和经验法则,必要时使用推定和司法认知等方法,围绕证据的关联性、合法性和真实性进行全面、客观、公正的审查判断,阐明证据采纳和采信的理由。"第五条规定:"刑事被告人及其辩护人提出排除非法证据申请的,裁判文书应当说明是否对证据收集的合法性进行调查、证据是否排除及其理由。民事、行政案件涉及举证责任分配或者证明标准争议的,裁判文书应当说明理由。"可见,证据说理应当围绕证据的合法性、真实性、关联性展开,针对证据证明力有无和证明力大小,对证据进行审核判断,并结合举证责任等分析论证整体证据是否达到法定证明标准。针对诉讼各方有异议的证据,应当说明认证结果及其理由;未予采信的证据,应当说明不予采纳的理由。证据审查判断说理的重点主要包括:(1)关于"举证""质证"和法庭"调查核实证据"的情况;(2)关于运用证据规则和司法证明方法的情况;(3)关于审查判断证据的情况,包括证据能力和证明力的审查判断两个方面;(4)裁判文书阐明是否采纳证据及其理由;(5)关于"非法证据排除"的说理要求;(6)关于"举证责任分配或证明标准争议"的说理要求。

第一节　证据的采信

作为案件事实的基石,证据能否被采信往往决定案件的胜负。因此,诉讼双方对于法官就证据是否采信给出的理由尤为重视。针对诉讼各方有异议的证据,应当说明认证结果及其理由;未予采信的证据,应当说明不予采纳的理由。实践中,如果证据问题不是核心争议,法官针对证据展开的说理普遍薄弱。这种情形在民事审判中尚可理解,因为民事案件侧重对证据整体的通盘考量,对单一证据的证明力往往不会过多论及。这一情形在刑事审判中较为普遍但却值得重视,对于看不到卷宗的一般公众而言,这样的证据说理难以起到说服效果。

1. 昆明哦客商贸有限公司、熊志民诉余晓平、徐颖、李长友等股东资格确认纠纷案*

一、案情简介

（一）基本案情

2014年11月3日，上诉人（原审原告）熊志民、昆明哦客商贸有限公司（以下简称"哦客公司"）向被上诉人（原审被告）余晓平、徐颖借款800万元用于景德镇市鸿荣房地产开发有限公司（以下简称"鸿荣公司"）项目。借款到期后，上诉人不能如期还款，被上诉人向上诉人提出还可以继续借款，并同意待鸿荣公司销售房屋回款后再偿还其借款及利息，但前提是要求将鸿荣公司的股权过户给被上诉人作为借款担保。于是，依据双方的口头约定，2014年12月2日，上诉人分别与被上诉人余晓平、徐颖签订了《股权转让协议》，并办理了股权过户登记，但上诉人仍然行使公司股东权利。被上诉人（原审第三人）李长友先后通过自己账户或者他人账户又向上诉人提供借款6529.4万元。

原告诉至江西省景德镇市中级人民法院，请求：（1）确认熊志民对鸿荣公司享有49%的股权，判令余晓平向熊志民返还鸿荣公司49%的股权并办理相关工商变更登记；（2）确认哦客公司对鸿荣公司享有51%的股权，判令徐颖向哦客公司返还鸿荣公司51%的股权并办理相关工商变更登记。一审判决驳回其全部诉讼请求；二审法院江西省高级人民法院改判：（1）撤销初审判决；（2）确认熊志民享有鸿荣公司49%的股权，哦客公司享有鸿荣公司51%的股权；（3）驳回熊志民、哦客公司其他诉讼请求。

（二）主要争议

二审法院将争议焦点概括为：

1. 案涉《股权转让协议》的性质应当如何认定；
2. 上诉人确认其股权并办理工商登记的请求是否成立。

二、说理思路

首先，法院认定《股权转让协议》的性质为股权让与担保，理由包括：（1）根据上诉人提供的借条、录音文件以及证人证言，可以认定股权转让各方之间存在债权债务关

---

* 源自（2020）赣民终294号民事判决书。

系;被上诉人称案涉钱款用于股权转让、投资补偿款以及上诉人的报酬,但无客观证据证明、未对公司资产进行评估,且被上诉人的记载与客观情况相矛盾,因此不能成立;(2)根据各方的沟通情况以及《股权转让协议》的实际履行情况,股权转让双方具有担保的意思表示,而非真实的转让股权;(3)让与担保是基于当事人意思表示的新型担保,是否具有物权效力不影响当事人合意的效力。

其次,法院认定上诉人分别享有鸿荣公司49%和51%的股权,但不支持上诉人办理工商变更登记的请求,理由如下:(1)股权的转让应当以当事人的真实意思和事实为基础,股权的真实权利人应当得到保护;(2)股权已经登记在被上诉人名下,被上诉人有充分途径保护自身的担保权利,确认上诉人为真实股东不会对此造成影响;(3)双方约定债务清偿完毕才能将股权登记变更回上诉人名下,如今条件尚未成就,此时变更股权登记会导致债权失去保障。

最后,确认上诉人分别享有49%、51%的股权,对变更工商登记的请求不予支持。

三、论证结构图

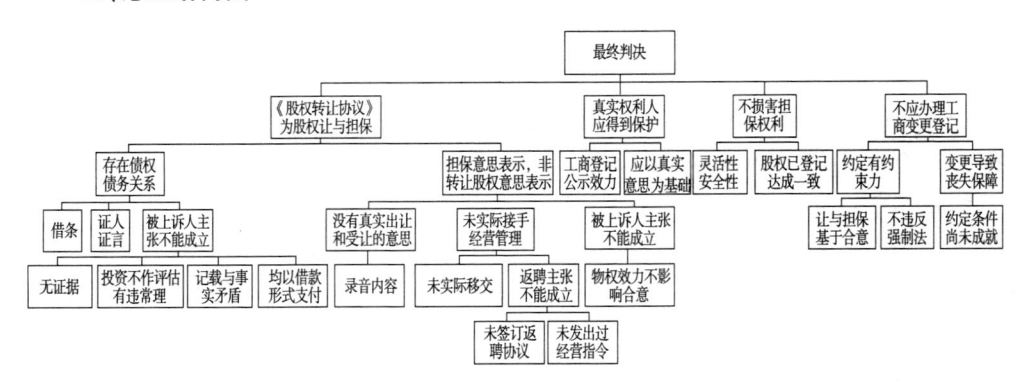

```
                                    最终判决
           ┌──────────────┬──────────────┬──────────────┐
    《股权转让协议》      真实权利人        不损害担        不应办理工
     为股权让与担保        应当得到保护     保权利          商变更登记
      ┌────┬────┐      ┌────┬────┐     ┌────┬────┐    ┌────┬────┐
   存在债权  担保意思表示,非 工商登记 应以真实  灵活性  股权已登记 约定有约  变更导致
   债务关系  转让股权意思表示 公示效力 意思为基础 安全性  达成一致    束力      丧失保障
   ┌──┬──┐  ┌────┬────┐           ┌────┬────┐        ┌────┬────┐
  借条 证人  没有真实出让 未实际接手            被上诉人主张     让与担保 不违反  约定条件
      证言  和受让的意思 经营管理              不能成立         基于合意 强制法  尚未成就
   ┌──┬──┬──┐ ┌────┬────┐           ┌────┬────┐
  无证据 投资不作评估 记载与事 均以借款 录音内容 未实际移交    返聘主张  物权效力不影
        有违常理    实矛盾   形式支付                  不能成立  响合意
                                           ┌────┬────┐
                                          未签订返 未发出过
                                          聘协议  经营指令
```

四、说理评析

从上诉人的诉讼请求和被上诉人的答辩情况来看,本案的争议焦点在于如何确定当事人的真实意思表示,进而对案涉《股权转让协议》的性质进行认定。经过双方当事人的质证,二审法院首先根据关联性标准,对上诉人以及被上诉人提供的证据作出采信/不予采信的评析。本判决书展现了证据的取舍过程,为后续基本事实的认定打下基础。在对案件事实进行归纳时,本判决书围绕争议焦点逐步开展对相关证据的认证和梳理,进而对双方当事人提出的主张进行认定。文书全面列举了当事人提出的借条、

录音文件以及证人证言等证据,对当事人的每一主张均作出有针对性的正面回应,透彻阐述案涉证据能否对当事人的主张形成佐证,从不同的角度对双方的真实意思表示进行推定,对相关事实进行认定。例如,针对股权转让的各方是否存在债权债务关系这一问题,法院对案涉借条的真实性予以认可,根据客观证据和常理对被上诉人提出的主张逐一进行反驳。首先,被上诉人未能提供可靠的证据证明案涉款项包含股权转让、投资补偿、报酬以及项目投资款等事项,且未能说明款项分别对应哪项资产、如何计算得来以及如何商谈达成一致;其次,被上诉人提供的款项明细存在诸多矛盾之处,被上诉人声称的三笔报酬中,其中一笔同时被记载为前期投资补偿款,且被上诉人在二审中的表述为"分两笔支付",而非明细中显示的三笔;最后,被上诉人也未能对采用借款方式支付项目投资款作出合理说明并提供依据。综上,对被上诉人关于案涉款项用途的主张不予认可,应当根据上诉人提供的借条记载认定为借款。

本案系最高人民法院的公报案例。本案二审法院并未仅从形式上对案涉协议的性质进行简单认定,而是根据双方当事人提交的证据,从当事人之间债权债务担保的真实意思表示入手,综合考虑当事人之间资金往来的实际目的,撤销了一审法院对《股权转让协议》作出错误性质认定的判决,对股权让与担保的性质及认定标准进行解释说明。虽然被上诉人享有股权外观,但结合当事人之间的债权债务关系和真实的意思表示,将合同性质认定为股权让与担保。本案这一审理思路的厘清,为整个裁判理由的论述奠定了基础,进而得出是否支持控辩双方主张的结论,使社会公众在阅读裁判文书时体会到法官的思辨过程,对于实践中人民法院审理相关案件具有很强的借鉴意义。

2. 徐平阳诉光大证券股份有限公司期货内幕交易责任纠纷案*

一、案情简介

(一)基本案情

2013年8月16日11时05分,光大证券股份有限公司(以下简称"光大证券")在进行ETF套利交易时,因程序错误,其使用的策略交易系统以234亿元的巨量资金申

---

* 源自(2015)沪高民五(商)终字第61号民事判决书。

购 180ETF 成份股,实际成交 72.7 亿元。巨量申购和成交可能对投资者的判断产生重大影响,从而对沪深 300 指数、180ETF、50ETF 和股指期货合约的价格产生重大影响。根据《证券法》的规定,上述信息构成内幕信息。光大证券得知此内幕信息后没有马上公开,而是在当日 13 时开市后卖出期货以对冲风险、规避损失。完成此操作之后,光大证券才于 14 时公布内幕信息。一审法院认定光大证券实施了内幕交易行为,且具有主观过错,与原告的经济损失具有因果关系。原告徐平阳与被告光大证券皆不服一审判决,上诉至上海市高级人民法院。

(二)主要争议

二审法院将争议焦点概括为:

1.光大证券是否存在内幕交易行为;

2.光大证券是否具有主观过错;

3.原告的经济损失与光大证券的内幕交易行为是否存在因果关系;

4.原告具体经济损失的认定。

二、说理思路

对于第一个争点,即光大证券是否存在内幕交易行为。一审法院查明如下事实:证监会对光大证券的内幕交易作出行政处罚决定。与光大证券同为被行政处罚对象的杨剑波针对此处罚决定向法院提起行政诉讼,相关法院审理后认为被诉行政处罚认定事实清楚、程序合法,驳回了杨剑波的诉请。一审法院认为上述行政及司法认定具有约束力,据此认定光大证券存在内幕交易行为。二审法院引用了《证券法》第七十五条关于国务院证券监督机构认定相应内幕信息的规定,强化说理。

第二个争点是光大证券是否具有主观过错。对此,一审法院从两个方面分析,客观上,光大证券有足够的时间通过媒体平台披露信息;主观上,光大证券在明知错单交易已经发生的情况下并没有马上披露。二审法院从光大证券的专业资质角度出发,认为其应当知道并理解相应的法律规范,即其应当明知错单交易可能对相关市场产生重大影响。

第三个争点是原告的经济损失与光大证券的内幕交易行为是否存在因果关系。一审法院认为证券市场中的因果关系不同于传统的民事因果关系,投资者几乎不可能提供证据证明对方存在内幕交易行为,内幕交易惩罚制度因此被架空,不符合立法本意。我国法律法规及司法解释并未对此作出具体规定，但与此最相类似的《旧虚假陈述赔偿规定》(已失效)第十八条对因果关系作出规定。因此，法院在认定内幕交易与投资者损失的因果关系方面，亦应采用推定因果关系的做法。

第四个争点为原告具体经济损失的认定。一审法院认为，在内幕交易引起投资者具体经济损失的计算方面，由于我国目前尚无相关规定，应当由人民法院根据内幕交易所涉及交易品种的特点、市场的状况，参照类似的国内外规定予以酌情认定。由于股指期货交易次数频繁等因素，一审法院认为应当采用简便计算原则来认定原告的损失额。

三、论证结构图

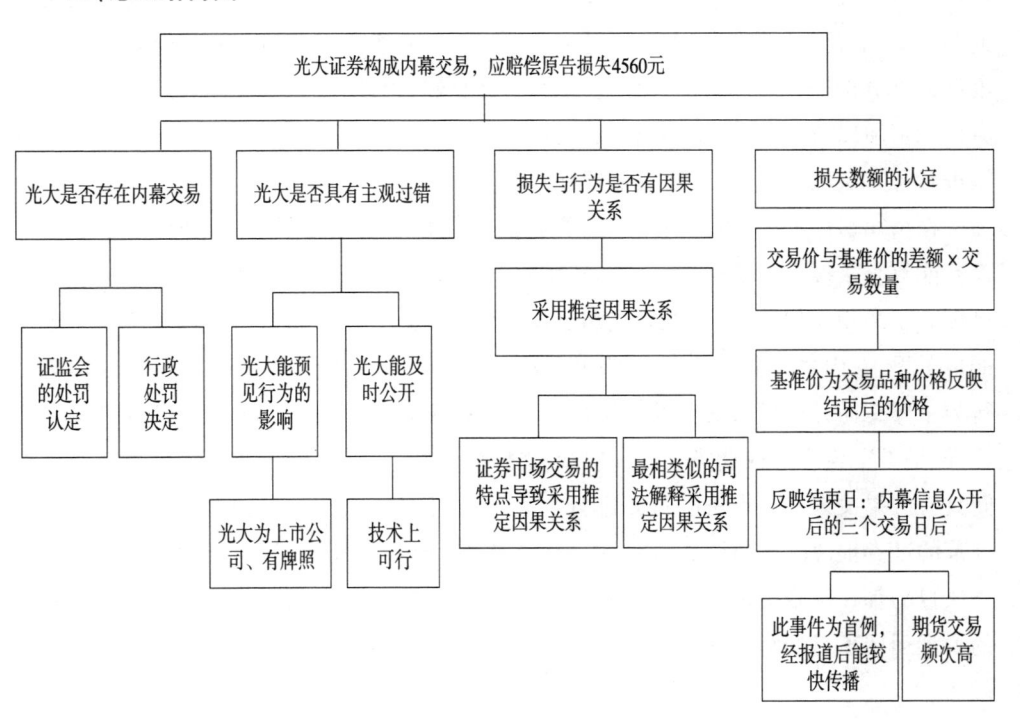

```
                光大证券构成内幕交易，应赔偿原告损失4560元
   ┌──────────────┬──────────────────┬──────────────┬──────────────┐
光大是否存在内幕交易  光大是否具有主观过错  损失与行为是否有因果关系  损失数额的认定
   │                │                  │                │
 ┌─┴─┐          ┌───┴───┐           采用推定因果关系    交易价与基准价的差额×交易数量
证监会 行政    光大能预  光大能及         │                │
的处罚 处罚    见行为的  时公开     ┌─────┴─────┐       基准价为交易品种价格反映结束后的价格
认定   决定    影响              证券市场交易的  最相类似的司         │
               │      │          特点导致采用推  法解释采用推    反映结束日：内幕信息公开后的三个交易日后
           光大为上市  技术上      定因果关系      定因果关系           │
           公司、有牌照 可行                                    ┌─────┴─────┐
                                                          此事件为首例，  期货交易
                                                          经报道后能较    频次高
                                                          快传播
```

四、说理评析

在争议总结上,一审和二审法院均概括简明,而且争点归纳具有逻辑性、层层递进,即将被告光大证券是否要承担非法内幕交易行为的民事责任这一问题,拆解为三个递进的层次。首先分析光大证券的行为是否构成非法内幕交易;其次分析光大证券是否具有主观过错;最后分析光大证券的行为与原告的损失是否存在因果关系。

在事实认定上,该判决书有两个方面较为出彩。其一,一、二审法院的证据审查判断论述充分。虽然《民诉法解释》将司法认定规定为免证事实,但是一审法院在采信司法认定的同时,仍在判决书中对司法认定的内容作了阐述,而不是武断地直接引用,让当事人以及其他判决文书的阅读者能够理解其事实认定的合理合法性,增强了判决书的信服力和可读性。其二,在分析光大证券是否具有主观过错时,一、二审法院从多角度展开充分论证。一审法院从客观和主观方面展开论证,二审法院则通过光大证券的身份和资质以及其行为,用客观印证主观,认定其具有主观过错,亦对是否存在主观过错进行了有层次的说理,说理清晰且有逻辑。

在法律适用上,本案援引法律条文正确。尤其是在论证因果关系时,一审法院在没有能够直接援引的法律规定和司法解释的情况下,根据期货市场交易的特点,合理地援引了最相类似的《旧虚假陈述赔偿规定》。具体而言,在内幕信息具有价格敏感性的情况下,在内幕交易行为人实施内幕交易行为期间,如果投资者从事了与内幕交易行为主要交易方向相反的证券交易行为,而且投资者买卖的是与内幕信息直接关联的证券、证券衍生产品或期货合约,最终遭受损失,则应当认定内幕交易与投资者损失之间具有因果关系。二审法院对此进行了确认,并且进一步说明理由,即该司法解释所规范的证券虚假陈述与证券、期货内幕交易都属于证券、期货侵权行为的范畴,两者的立法目的都在于维护市场交易制度的公开性和公平性,两者具有一定的相似性。此处的说理运用了目的解释的方法,从保护投资者的立法本意出发,采用推定因果关系的做法。

3. 被告人肖伟章诈骗案*

一、案情简介

（一）基本案情

广东省兴宁市人民检察院指控称：2011年3月16日，被告人肖伟章自称是从香港特别行政区来送货的陈姓司机，在兴宁市区伙同一老年男子和一中年男子利用7排电子元件设局骗取被害人罗美芬人民币7万元。该事实有被害人罗美芬的陈述及辨认笔录、证人袁怡的证言及辨认笔录、银行监控视频等证据证实，因此应以诈骗罪对被告人肖伟章定罪处罚。被告人肖伟章辩称其没有作案动机和时间，承认曾与家人到案涉银行办理过业务，但否认其是监控视频中的嫌疑人，请求法院查明事实，还其清白。其辩护人认为公诉机关指控肖伟章犯诈骗罪事实不清，证据不足，应当依法宣告无罪。兴宁市人民法院于2013年10月25日作出（2013）梅兴法刑初字第153号刑事判决，认定肖伟章犯诈骗罪，判处有期徒刑三年六个月，并处罚金人民币2万元；责令退赔违法所得人民币7万元。

宣判后，肖伟章不服，提出上诉。广东省梅州市中级人民法院于2013年12月13日作出（2013）梅中法刑终字第160号刑事裁定，以本案关键证据，即监控视频中出现的犯罪嫌疑人图像未作鉴定比对，原判认定事实不清、证据不足为由，撤销原判，发回重审。兴宁市人民法院经重新开庭审理，于2014年6月9日作出（2014）梅兴法刑重字第1号刑事判决，结果与一审判决相同。肖伟章再次上诉。梅州市中级人民法院于2014年12月2日作出（2014）梅中法刑终字第81号刑事裁定，以原审没有通知本案关键证人袁怡出庭作证，违反法律规定的诉讼程序，可能影响公正审判为由，裁定撤销原判，发回重审。兴宁市人民法院经再次开庭审理，于2015年6月16日作出（2015）梅兴法刑重字第1号刑事判决，结果仍与原一审判决相同。肖伟章仍不服，再次提出上诉。梅州市中级人民法院于2015年9月18日作出（2015）梅中法刑终字第110号刑事裁定，驳回上诉，维持原判。上述裁判生效后，肖伟章仍然不服，向梅州市中级人民法院提出申诉，被驳回后，又继续向广东省高级人民法院提出申诉。广东省高级人民法院于2021年5月26日作出（2020）粤刑再7号刑事判决：撤销原审判决、裁定，宣告原审

---

* 源自（2020）粤刑再7号刑事判决书。

被告人肖伟章无罪。

（二）主要争议

肖伟章是否实施了诈骗行为。

二、说理思路

广东省高级人民法院对本案的各种证据进行了较为深入的分析，认为被害人陈述及辨认结果和证人袁怡辨认结果的真实性存疑，被告人的陈述和辩解难以证伪，而其他物证、书证、侦查过程证据、证人证言、专家意见或与指控事实之间的关联性不强或与其证明方向相反，难以与被告人陈述相互印证，形成完整的证据链条。综上，根据《刑事诉讼法》和《刑诉法解释》的相关规定，法院认为由于定罪证据没有达到事实清楚、证据确实、充分的证明要求，不能排除被害人错误指认、证人错误指证的合理怀疑，因而撤销原判，宣告被告人肖伟章无罪。

三、论证结构图

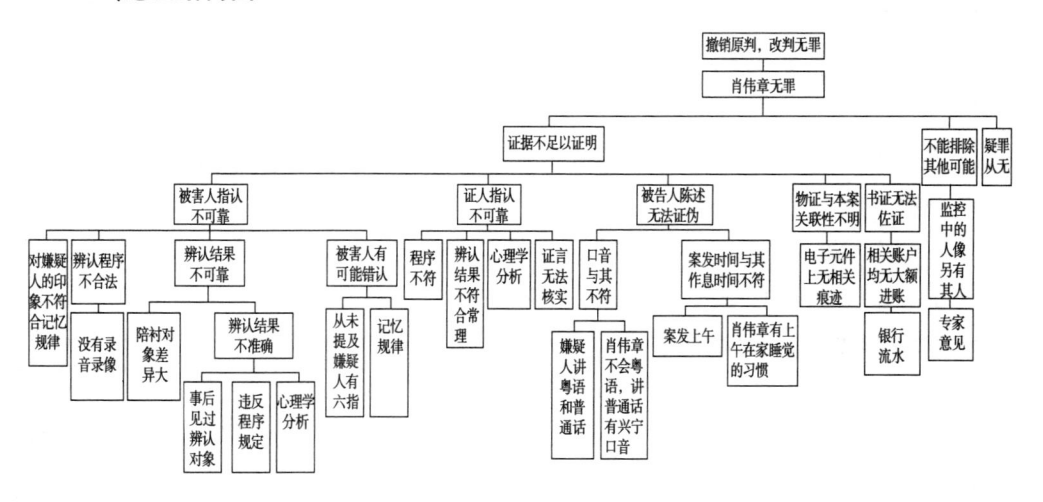

[论证结构图]

四、说理评析

由于本案事实疑点较多，因而本篇裁判文书将重点放在证据采信的说理上。我们可以看到，证据分析在上述结构图中占据绝大部分，法官采用了丰富的论据对被害人陈述、证人证言、被告人陈述及辩解、物证和书证的证明力进行了较为深入的分析。比如法官在对证人证言的证明力进行说理时，除认定程序不符合辨认程序规定外，还运用刑事证据心理学的研究来证明关键证人袁怡存在误将肖伟章指认为犯罪嫌疑人的可能性，进一步削弱了证人证言的证明力，因此证人证言不能作为定案的根据。

在分析被害人存在错认的可能性时，法官提到了一个新获的调查信息——肖伟章左手有六指。被害人与犯罪嫌疑人在案发当日长时间近距离接触，但在描述犯罪嫌疑人的体貌特征时，被害人却从未提及他的这一特征。根据心理学记忆规律，法官认为不能排除被害人误将肖伟章当作犯罪嫌疑人的合理怀疑。

虽然被害人陈述和证人证言是本案的重要证据，但如上所述，它们的真实性都存疑，并且法官认为物证电子元件与本案的关联性不明，而书证和专家意见的证明方向与指控犯罪事实相反，因而全案证据无法形成完整的证据链，难以在证明逻辑上形成闭环，没有达到定罪所需的证明标准。

广东省高级人民法院在对各类证据进行客观、全面的分析后，仍无法排除合理怀疑，根据《刑事诉讼法》的相关规定，法院得出指控事实不清、证据不足，指控罪名无法成立的结论。这一案件的判决充分体现了审判人员对疑罪从无原则的坚守，也展现出其对证据规则以及其他社科知识的运用能力，裁判文书中所运用的证据审查和分析方法对其他刑事案件的办理具有较高的参考价值。

第二节　证据的证明力

法官对单一证据证明力的认定可以围绕以下方面展开说理：证据是否为原件、原物；证据与本案事实的关联程度；与其他证据是否具有印证关系；证人是否出庭作证；证人与当事人有无利害关系；等等。关于数个证据对同一事实的证明力，则以证据法学界关于证据证明力的共识为理由，诉讼各方对同一事实提出不同证据，但都不足以否定对方证据的，法官应当结合案件情况判断。在民事诉讼中，要判断一方提供证据的证明力是否明显大于另一方，对证明力较大的证据予以确认；在刑事诉讼中，则须排除合理怀疑。对于书证、物证、视听资料等不同类型的证据，其审查判断的侧重点应有不同。

4. 被告人胡正贵以危险方法危害公共安全案*

一、案情简介

（一）基本案情

2020年4月17日凌晨，被告人胡正贵与朋友在兴仁市东湖一酒吧喝酒。酒后胡正贵驾驶小型汽车载其朋友到另一处烤鱼店继续喝酒。喝酒结束后，胡正贵拿出钥匙欲开车，被其朋友郭某1阻止，郭某1帮胡正贵开车，在车上时劝告胡正贵以后不要开车出来喝酒。郭某1按照胡正贵的要求开车到兴仁市长兴路长兴花园南门入口处后离开。3时39分，胡正贵开动车辆沿长兴路往文化路方向行驶，在里仁广场南门处道路上冲撞前方同向行走的被害人毛某1、王某1，王某1弹起撞到被害人胡某1停放在道路右边的小型轿车，致该车受损，毛某1、王某1当场死亡。胡正贵未停车查看，继续驾车行驶到鑫华路，碰撞路边的垃圾箱，又撞到前方同向行驶的李某1及其驾驶的二轮摩托车，造成李某1右侧颞顶骨骨折并构成轻伤二级。李某1的摩托车被撞失控后撞到被害人万某1停放在道路右侧的小型越野客车。胡正贵继续驾车驶入农机路，左转闯红灯驶入环城南路，车辆冲上道路右侧道牙，碰撞路边建筑垃圾，致车辆轮胎损坏。胡正贵继续驾车往红井田方向行驶到环城南路中段时，车辆撞上左侧道牙，撞断路灯杆，又失控滑到道路右侧冲上道牙撞击行道树，车辆撞击道牙弹起的碎石击中被害人安某1停放在路外坝子里的轻型封闭式货车。胡正贵所驾车辆因多次撞击而严重损坏被迫停下，当地群众将胡正贵从车中救出，公安民警接目击群众报警后到事故现场将处于意识模糊状态的胡正贵带到公安机关。

经鉴定，胡正贵的血液酒精含量为202.04mg/100mL，其驾驶轿车碰撞毛某1、王某1时的速度不低于92.8km/h，碰撞李某1时的速度约为42.9km/h，碰撞路灯杆时的速度约为102.9km/h，行驶全程区间平均行驶速度约为47.4km/h。胡正贵的亲属代为赔偿胡正贵造成的经济损失共计1589645.33元，取得被害人及被害人亲属的谅解。

一审法院认为胡正贵的行为构成以危险方法危害公共安全罪且造成严重后果，判处无期徒刑，剥夺政治权利终身。

---

* 源自(2020)黔23刑初37号刑事判决书。

（二）主要争议

本案的争议焦点主要集中在两个方面：

1.胡正贵是否构成以危险方法危害公共安全罪；

2.对胡正贵如何量刑。

二、说理思路

在定罪方面，一审法院根据书证、鉴定意见、勘验、辨认等笔录、证人证言、被告人供述与辩解等证据，认定被告人胡正贵无视交通法规，醉酒后驾驶机动车在城区路段行驶，并有严重超速和闯红灯的交通违法行为，连续撞击行人和公私财物，直至车辆受损被迫停下，主观上放任其行为对公共安全的严重危害，客观上亦已实际危害公共安全，造成二人死亡、一人轻伤、公私财物受损的严重后果，其行为已构成以危险方法危害公共安全罪。

在量刑方面，一审法院认定胡正贵虽具有坦白、其亲属积极赔偿取得被害人方谅解等从轻处罚情节，但胡正贵漠视交通法规和他人劝阻两次酒后驾驶，后果严重，犯罪情节恶劣，社会危害和社会影响极大，辩护人提出的十五年以下有期徒刑的量刑建议过轻，法院不予采纳，公诉机关提出的量刑建议适当，予以采纳。

针对辩护人提出的被害人毛某1、王某1在道路上行走被撞击死亡，存在过错的辩护意见，一审法院认为因毛某1、王某1的行为与胡正贵的行为相比明显较轻，不属于刑法意义上的过错，只能酌情考虑。

针对辩护人所提胡正贵身患精神疾病，自制力和控制力较差的辩护意见，一审法院从两个方面予以评析：第一，胡正贵作案时意识清楚，处于精神疾病缓解期，有完全刑事责任能力。第二，根据原因自由行为理论，胡正贵对自己酒后可能陷入精神障碍和行为失控的状态有充分明确的认识，却不听他人劝告两次大量饮酒至严重醉酒状态，虽然其患精神疾病值得同情，但若本案与其精神疾病有关，其主观恶性更为恶劣。法院综合认为，不能以其身患精神疾病为由从轻处罚。

针对辩护人提出的郭某1出于好意驾车将胡正贵送到长兴花园门口，但之后未帮助联系家人，也未采取合理方式安置胡正贵，自行离开导致胡正贵在严重醉酒情况下驾驶车辆发生本案的辩护意见，法院认为郭某1已经进行了合理劝阻及帮助，胡正贵漠视交通法规又不听他人劝阻导致本案发生，不能推责于他人，法院不予采纳。

三、论证结构图

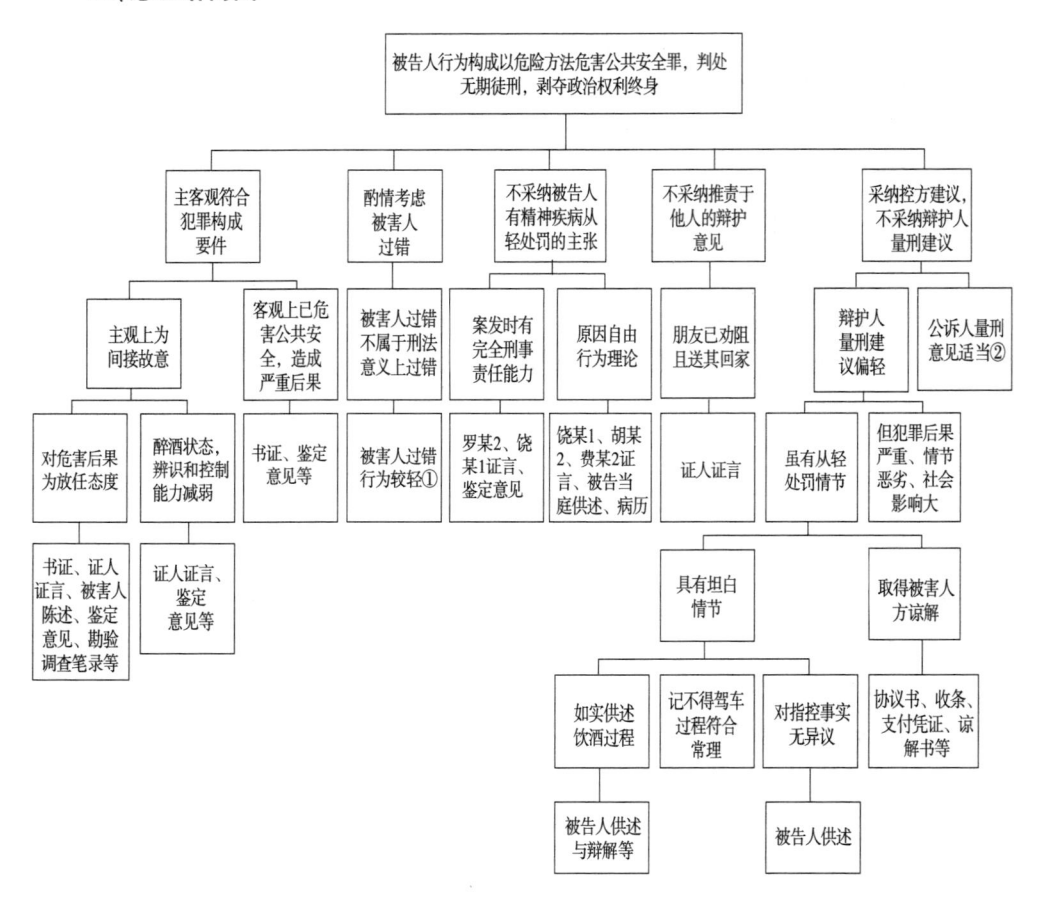

```
                        被告人行为构成以危险方法危害公共安全罪,判处
                                 无期徒刑,剥夺政治权利终身
        ┌──────────────┬──────────────┬──────────────┬──────────────┬──────────────┐
    主客观符合        酌情考虑        不采纳被告人      不采纳推责于      采纳控方建议,
    犯罪构成          被害人          有精神疾病从      他人的辩护        不采纳辩护人
    要件              过错            轻处罚的主张      意见              量刑建议
    ┌────┬────┐      ┌────┐          ┌────┐          ┌────┐          ┌────┬────┐
  主观上为  客观上已危  被害人过错    案发时有      原因自由    朋友已劝阻  辩护人      公诉人量刑
  间接故意  害公共安,  不属于刑法    完全刑事      行为理论    且送其回家  量刑建      意见适当②
            造成严重    意义上过错    责任能力                              议偏轻
            后果
  ┌──┬──┐  ┌──┐      ┌──┐        ┌──┐        ┌──┐        ┌──┐       ┌──┐        ┌──┐
 对危害果  醉酒状态,  书证、鉴定  被害人过错   罗某2、饶   饶某1、胡某  证人证言    虽有从轻    但犯罪后果
 为放任态  辨识和控制  意见等      行为较轻①   某1证言、   2、费某2证              处罚情节    严重、情节
 度        能力减弱                            鉴定意见    言、被告当                          恶劣、社会
                                                          庭供述、病历                        影响大
  ┌──┐    ┌──┐                                                        ┌──┐        ┌──┐
 书证、证  证人证言、                                                  具有坦白    取得被害人
 人证言、  鉴定意见等                                                  情节        方谅解
 被害人陈
 述、鉴定
 意见、勘
 验调查笔
 录等
                                                            ┌────┬────┬────┐      ┌──┐
                                                          如实供述  记不得驾车  对指控事实  协议书、收条、
                                                          饮酒过程  过程符合    无异议      支付凭证、谅
                                                                    常理                    解书等
                                                            ┌──┐              ┌──┐
                                                          被告人供述            被告人供述
                                                          与辩解等
```

[点评]

①②两处均未进行事实说理论证,不能作为终局理由。

四、说理评析

本案件认定事实清楚,阐述案情准确。在定罪方面不存在大的争议,但是在量刑方面,控辩双方争议较大。辩护人建议在有期徒刑十五年以下量刑,公诉机关建议判处无期徒刑,剥夺政治权利终身。一审法院积极回应被告人辩解和辩护人意见,全面评析影响量刑的诸多情节,又对被告人辩解和辩护人意见逐一回应,量刑说理充分。

（一）法院事实认定清楚，为定罪说理奠定了基础

法院按照证据类型对证据进行归纳编排，并在各类证据中优先列出关联性较强的证据。详写被告人供述和辩解、鉴定意见等证据，略写其他与认定事实关系不大的证据。精心编排证据体例，使得证据能够井然有序的呈现，为案件事实的认定打下坚实基础。此外，法院判决并未简单照搬起诉书指控事实，而是基于检察机关指控的犯罪事实，依职权查明被告人闯红灯、严重超速行驶等重要关联事实，真正贯彻了以审判为中心的诉讼制度改革的要求。正是基于对证据的详细梳理，在明确案件事实的基础上，法院从主客观角度对被告人的行为构成以危险方法危害公共安全罪进行了说理。

（二）法院综合考量各种量刑情节，对辩方的量刑意见进行积极回应

法院综合考量被告人具有坦白、取得被害人谅解等从轻情节，对被告人辩解和辩护人意见逐一予以回应。尤其是针对辩护人所主张的被告人身患精神疾病，自制力和控制力较差的辩护意见，法院结合案件证据和原因自由行为理论进行评析，充分说明为何不采纳辩护人的意见。裁判文书量刑说理基本符合《人民法院量刑程序指导意见（试行）》的要求。该意见规定裁判文书说理一般应当包括以下内容：(1)已经查明的量刑事实及其对量刑的影响；(2)是否采纳控辩双方的量刑意见及其理由；(3)法院的量刑理由和法律依据。法院重点分析了各种量刑情节、是否采纳控辩双方的量刑意见及其理由。鉴于量刑系本案的核心争议，若法院能就量刑说明理由，将会使量刑说理更加充分。综上，法院量刑时充分考虑各种量刑情节，根据案件的全部犯罪事实以及量刑情节的不同，依法确定量刑情节，确保了罪责刑相适应。

（三）法院坚持正确的量刑方法，使得量刑结果兼具合法性和社会可接受性

量刑是一门规范适用的艺术，需要法官综合运用量刑原则、方法等进行自由裁量，使量刑结果兼具合法性和可接受性。本案法院坚持"以定性分析为主，定量分析为辅"的量刑方法，明确被告人犯罪后果严重、情节恶劣、社会危害和社会影响极大。在定性分析的基础上进行权衡，被告人虽有坦白、取得被害人方谅解等从轻情节，但相较于其严重的社会危害性，这些酌定从轻情节微乎其微。法院在定性分析的基础上，对社会危害极大的犯罪在确定从宽幅度时从严把握的精神，贯彻了宽严相济的刑事政策，做到该宽则宽，当严则严，宽严相济，罚当其罪，确保裁判法律效果和社会效果的统一。

5. 赵敏诉黄晓兰等名誉权纠纷上诉案*

一、案情简介

（一）基本案情

本案上诉人（原审被告）赵敏曾在被上诉人（原审原告）黄晓兰开的美容店做祛斑项目，后于2017年1月17日16时许，赵敏陪同另一业主徐某来到美容店。黄晓兰为顾客做美容，赵敏坐在沙发上询问黄晓兰之前其在该美容店祛斑的事情，后赵敏与黄晓兰因美容服务问题发生口角，赵敏推翻店内物品后想离开，黄晓兰不让其离开，两人遂扭打在一起。事发后，赵敏在两个人数众多的微信群中发布侮辱黄晓兰的文字和图片。黄晓兰和北京兰世达光电科技有限公司（以下简称"兰世达公司"）共同作为原告以侵害名誉权为由起诉赵敏，一审法院作出了赵敏向黄晓兰赔礼道歉、赔偿经济损失和精神抚慰金的判决，赵敏上诉至二审法院，二审法院亦支持一审法院的判决，驳回了赵敏的上诉请求。

（二）主要争议

二审法院认为本案争议焦点如下：

1.赵敏是否侵犯了黄晓兰、兰世达公司的名誉权；

2.兰世达公司是否存在经济损失以及是否应当被赔偿。

二、说理思路

二审法院根据上诉人的诉讼请求对相关事实和法律适用进行了审查。首先，对于赵敏上诉的第一个主张——赵敏不存在侵害黄晓兰和兰世达公司名誉权的行为，二审法院依据名誉权侵害的要件和一审法院查明的证据，认定赵敏的行为构成侵害原告的名誉权。侵权的构成要件有：(1)存在侵权行为；(2)行为人主观上有过错；(3)造成名誉权损害的后果；(4)行为人的行为与后果之间存在因果关系。二审法院结合事实，阐述了(1)(2)(3)这三个要件。其次，关于赵敏上诉称兰世达公司没有经济损失，二审法院根据兰世达公司的客户范围与微信群成员范围重合的因素，得出赵敏的不当言论

---

* 源自（2018）京03民终725号民事判决书。

势必对兰世达公司的经营造成不良影响的结论。最后，虽然赵敏对微信电子证据和证人证言不予认可，但其并未提供证据证明，二审法院根据谁主张谁举证的原则，对其上诉理由不予采信。

三、论证结构图

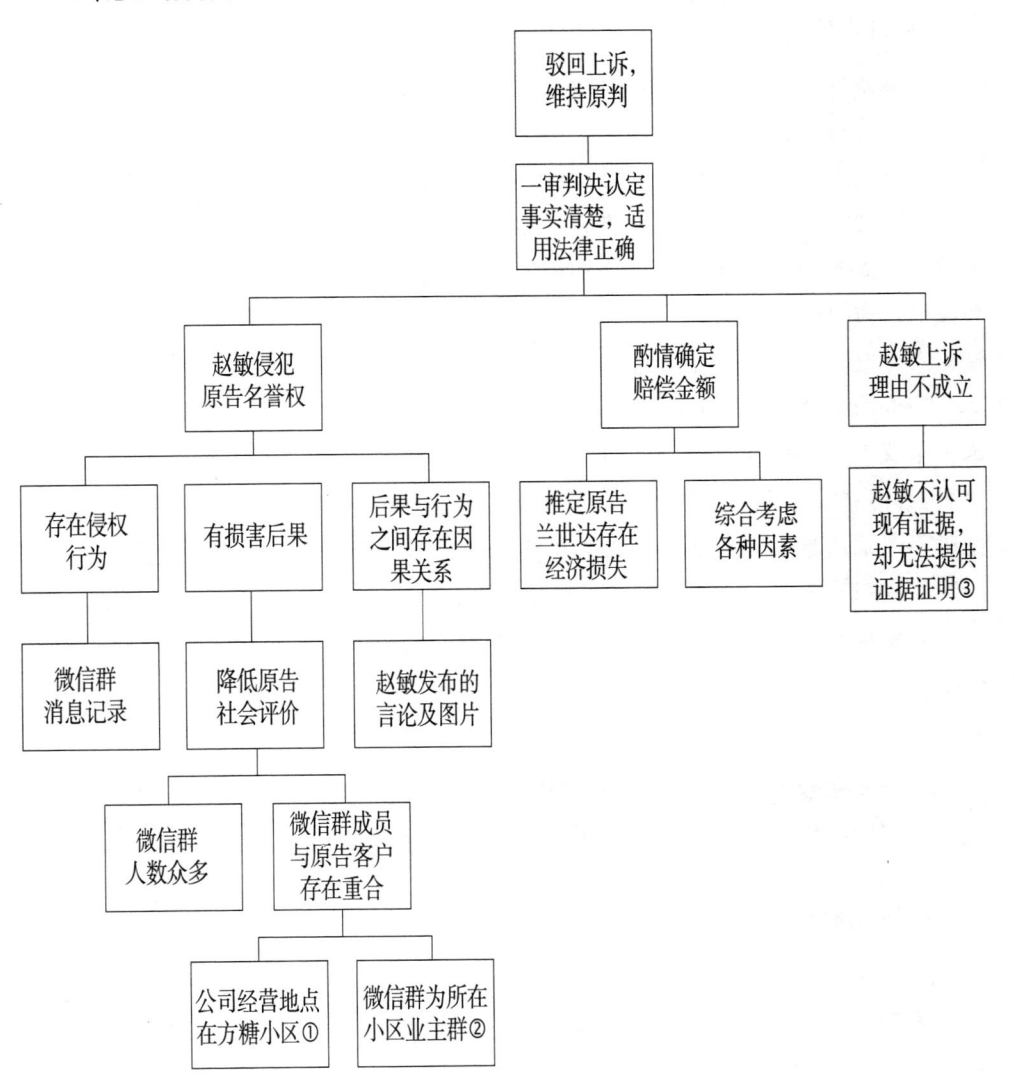

```
                          ┌─────────────┐
                          │ 驳回上诉，   │
                          │ 维持原判     │
                          └──────┬──────┘
                                 │
                    ┌────────────┴────────────┐
                    │ 一审判决认定事实清楚，   │
                    │ 适用法律正确             │
                    └────────────┬────────────┘
         ┌───────────────────────┼───────────────────────┐
         │                       │                       │
  ┌──────┴──────┐         ┌──────┴──────┐         ┌──────┴──────┐
  │ 赵敏侵犯     │         │ 酌情确定     │         │ 赵敏上诉     │
  │ 原告名誉权   │         │ 赔偿金额     │         │ 理由不成立   │
  └──────┬──────┘         └──────┬──────┘         └──────┬──────┘
         │                       │                       │
   ┌─────┼─────┐           ┌─────┴─────┐                │
   │     │     │           │           │                │
┌──┴──┐┌─┴──┐┌─┴───┐   ┌───┴───┐  ┌────┴───┐      ┌────┴────┐
│存在 ││有损││后果与││   │推定原告│  │综合考虑│      │赵敏不认可│
│侵权 ││害后││行为之││   │兰世达存│  │各种因素│      │现有证据，│
│行为 ││果  ││间存在││   │在经济损│  │        │      │却无法提供│
│     ││    ││因果关││   │失      │  │        │      │证据证明③│
│     ││    ││系    ││   │        │  │        │      │         │
└──┬──┘└─┬──┘└─┬───┘   └───────┘  └────────┘      └─────────┘
   │     │     │
┌──┴──┐┌─┴────┐┌─┴────┐
│微信群││降低原││赵敏发│
│消息记││告社会││布的言│
│录    ││评价  ││论及图│
│      ││      ││片    │
└─────┘└─┬────┘└──────┘
          │
     ┌────┴─────┐
     │          │
  ┌──┴──┐  ┌────┴────┐
  │微信群│  │微信群成员│
  │人数众│  │与原告客户│
  │多    │  │存在重合  │
  └─────┘  └────┬────┘
           ┌────┴─────┐
        ┌──┴──┐   ┌───┴───┐
        │公司经│   │微信群为│
        │营地点│   │所在小区│
        │在方糖│   │业主群② │
        │小区① │   │        │
        └─────┘   └───────┘
```

[点评]

①②二审法院直接采用了一审法院的理由——微信群成员与兰世达公司客户存在重合,但并没有进一步说明为何采用此理由,恐难使上诉人信服。

③说理过于简单。

四、说理评析

本案系最高人民法院发布的第143号指导案例,二审判决简明扼要地回应了上诉人的上诉请求和上诉理由,条理清晰,语言流畅,但说理较为简单,仍有可完善之处。

二审判决相较于一审判决的优点在于其在每一项争议焦点说理之前都列明了相关的法律规定,使得法学专业和非法学专业人士都能迅速了解作出判决的法律依据。这种法律依据+事实说理分析的表述模式,非常简明扼要。二审法院在关于行为人存在侵权行为的说理中,能够高度概括案件事实,并将案件事实与构成要件相结合,说理凝练而有力。

二审法院判决有如下待完善之处:(1)对于认定兰世达公司是否存在经济损失这一争议点,二审法院直接采用了一审法院的理由——微信群成员与兰世达公司客户重合,但并没有进一步说明为何采用此理由,恐难使上诉人信服。(2)二审法院在论述不予采信赵敏不认可电子证据和证人证言的上诉理由时,说理过于简单,没有提及《民事诉讼法》规定的"谁主张谁举证"原则,容易影响上诉人或其他缺乏法律知识的民众对判决理由的充分理解和信服,未能充分起到定分止争和释法说理的作用。

6. 北京市朝阳区自然之友环境研究所等诉中国电建集团昆明勘测设计研究院有限公司环境污染责任纠纷案*

一、案情简介

(一)基本案情

戛洒江一级水电站工程由中国水电顾问集团新平开发有限公司(以下简称"新平

---

* 源自(2020)云民终824号民事判决书。

公司")开发建设,中国电建集团昆明勘测设计研究院有限公司(以下简称"昆明设计院")是该工程总承包方及受托编制《云南省红河(元江)干流戛洒江一级水电站环境影响报告书》(以下简称《环境影响报告书》)的技术单位。戛洒江一级水电站采用堤坝式开发,最大坝高175.5米,水库正常蓄水位675米,淹没区域涉及红河上游的戛洒江、石羊江及支流绿汁江、小江河。水库淹没影响和建设征地涉及新平县和双柏县8个乡(镇)。该项目建设自2011年至2014年分别取得了国家发展改革委、原国土资源部、生态环境部等多个相关主管部门关于用地、环评、建设等的批复和同意。2017年7月21日,生态环境部办公厅向新平公司发出《责成后评价函》,责成新平公司就该项目建设开展环境影响后评价,采取改进措施,并报生态环境部备案。后评价工作完成前,不得蓄水发电。后新平公司主动停止了对戛洒江一级水电站建设项目的施工,停建至今。按工程进度,戛洒江一级水电站建设项目现已完成三通一平工程并修建了导流洞。

  北京市朝阳区自然之友环境研究所(以下简称"自然之友")向昆明市中级人民法院起诉,请求判令新平公司及昆明设计院共同消除戛洒江一级水电站建设对绿孔雀、陈氏苏铁等珍稀物种以及各类生物与原始季雨林共同构成的完整生态系统的侵害危险,立即停止该水电站建设,不得截流蓄水,不得对该水电站淹没区内的植被进行砍伐等,并请求判令新平公司与昆明设计院共同承担自然之友在本案中为维护公共利益而支出的合理费用。

  一审法院基于新平公司提交的《环境影响报告书》、自然之友提交的陈氏苏铁照片以及相关证人证言等证据,从多角度分析了该项目对绿孔雀、陈氏苏铁等国家重点保护动植物的影响,并对自然之友为本案支出的费用进行了确认。基于认定的事实,一审法院判令新平公司立即停止基于现有环境影响评价下的戛洒江一级水电站建设项目,并明确对该水电站的后续处理待新平公司完成环境影响后评价、提出改进措施并报生态环境部备案后,由相关行政主管部门视具体情况依法作出决定。此外,判令新平公司向自然之友支付因诉讼而发生的合理费用8万元。宣判后,自然之友以戛洒江一级水电站应当永久性停建为由,新平公司以水电站已经停建且划入生态红线,应当驳回自然之友的诉讼请求为由,分别提起上诉。

（二）主要争议

二审法院将争议焦点概括为：

1.戛洒江一级水电站是否应当永久性停建；

2.昆明设计院是否应当承担连带责任；

3.自然之友主张的费用是否应当得到支持。

二、说理思路

针对第一个争议焦点，二审法院根据《环境影响评价法》第二十七条，认定生态环境部办公厅向新平公司发出的《责成后评价函》符合法律规定。对原审判决在已经出现重大风险的情况下，综合考虑预防性措施的必要性，判令新平公司立即停止现有情况下戛洒江一级水电站的项目建设，不得截留蓄水、不得对淹没区内的植被进行砍伐，待完成环境影响后评价并备案后由行政主管部门作出决定的结论予以肯定。同时进一步明确，新平公司目前处于停建状态，绿孔雀生态栖息地面临的重大风险已经得到有效的控制。戛洒江一级水电站是否永久性停建应在新平公司完成环境影响后评价后，由相关行政主管部门视具体情况依法作出决定。因此，对于自然之友的该上诉主张和新平公司的上诉请求均不予支持。

针对第二个争议焦点，二审法院认为环评报告的制作方如何采用相关材料进行评价并作出结论，依赖于制作方的认知水平、评判标准以及环评技术发展程度等一系列主客观因素。结合本案《环境影响报告书》所参考资料，其内容与结论的作出并无唯一、对应、直接且必然的关联。最终认定自然之友主张由新平公司与昆明设计院共同承担侵权责任的请求并无事实基础，不予支持。

针对第三个争议焦点，二审法院根据《环境公益诉讼司法解释》第二十二条，认为原审判决在综合考虑自然之友所提交证据之间的对应性、关联性及社会公益组织为诉讼支出费用的合理性等因素后，酌定支持自然之友8万元的主张并无不当，应予维持。此外，针对新平公司认为生态破坏类纠纷不同于环境污染类纠纷，应当适用一般归责原则的观点，由于生态破坏与环境污染具备相同侵权实质，且该观点与《环境保护法》的规定不符，不予采纳。

三、论证结构图

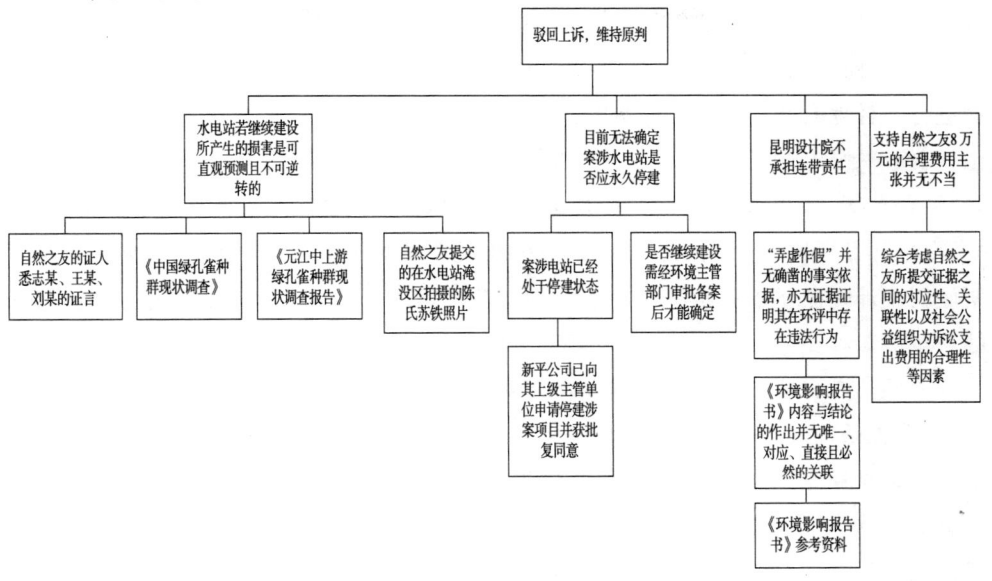

```
                                    驳回上诉，维持原判
                                           │
        ┌──────────────────────┬──────────────────────┬──────────────────────┐
  水电站若继续建设      目前无法确定          昆明设计院不          支持自然之友8万
  所产生的损害是可      案涉水电站是          承担连带责任          元的合理费用主
  直观预测且不可逆      否应永久停建                                张并无不当
  转的
     │                        │                      │                      │
 ┌───┼───┬───┬───┐      ┌────┴────┐         ┌───┬───┬───┐
自然之友的证人 《中国绿孔雀种《元江中上游 自然之友提交  案涉电站已经  是否继续建设  "弄虚作假"并  综合考虑自然之
悉志某、王某、 群现状调查》 绿孔雀种群现 的在水电站淹  处于停建状态  需经环境主管  无确凿的事实依 友所提交证据
刘某的证言              状调查报告》 没区拍摄的陈               部门审批备案  据，亦无证据证 之间的对应性、
                                    氏苏铁照片                 后才能确定    明其在环评中存 关联性以及社会
                                                                            在违法行为     公益组织为诉讼
                                           │                        │       支出费用的合理
                                    新平公司已向                   《环境影响报告 性等因素
                                    其上级主管单                   书》内容与结论
                                    位申请停建涉                   的作出并无唯一、
                                    案项目并获批                   对应、直接且必
                                    复同意                         然的关联
                                                                        │
                                                                  《环境影响报告
                                                                  书》参考资料
```

四、说理评析

本案一审法院结合当事人提供的证据，有针对性地从案涉水电站项目建设有关情况、该项目对绿孔雀和陈氏苏铁的影响情况、云南省生态保护红线范围划定情况等几个方面详细阐述了案件事实。基于对案件事实的分析，依据相关法律规定对案件作出判决。二审法院在肯定原审法院事实认定的基础上，将当事人各方众多上诉请求精确归纳为"戛洒江一级水电站是否应当永久性停建""昆明设计院是否应当承担连带责任""自然之友主张的费用是否应当得到支持"三个争议焦点，并逐点进行剖析，逐一回应了当事人的上诉请求，同时清晰列明了所适用的法律规范。最终对原审判决给予肯定，判决驳回上诉，维持原判。

在事实梳理方面，对于稍显复杂的案情，一审法院按照当事人的诉讼请求分点进行了有针对性的详细认定。对于当事人提供的证据，法院分别进行了细致地分析调查，并根据不同证据的不同证明力作出了相应的事实认定。二审法院经审理确认原审判决认定的基本事实有相应的证据予以证明，同时对自然之友在二审中产生的费用进行了补充认定，做到了事实认定无遗漏。在法律法规适用方面，两审法院均列明了判决所依据的法律规定：一审法院适用的法律规定有《环境公益诉讼司法解释》第一条和第八条等；二审法院适用的法律规定有《环境公益诉讼司法解释》第一条和第二十二条、《环境保护法》第五条以及《环境影响评价法》第二十七条等。两审法院均做到了裁判说理于法有据。

此外,对于昆明设计院是否应当承担连带责任这一争议焦点,二审法院以一般经验进行了合理的推理,认为环评报告的制作方如何采用相关材料进行评价并作出结论,依赖于制作方的认知水平、评判标准以及环评技术发展程度等一系列主客观因素,结合本案《环境影响报告书》所参考的资料来看,其内容与结论的作出也无唯一、对应、直接且必然的关联。因此,自然之友的相关主张并无确凿的事实依据,亦无证据证明昆明设计院在环评中具有违法行为,对其相关请求未予支持。其推理符合社会公众的一般认知以及环评报告者的工作经验。

值得一提的是,二审法院在确认本案属于预防性环境公益诉讼后,强调了《环境保护法》第五条确立的"保护优先,预防为主"原则,抓住"重大风险"这一预防性公益诉讼的核心要素,基于案涉水电站继续建设所产生的损害是可直观预测且不可逆转这一事实,肯定了原审法院判令新平公司立即停止现有情况下戛洒江一级水电站的项目建设这一结论。同时,并未一味强调风险预防而支持自然之友判令案涉水电站项目永久停建的请求,而是紧扣案件的具体事实,在案涉水电站项目已经处于停建、尚无法确定是否应永久性停建的情况下,判决驳回自然之友的上诉请求。

作为最高人民法院确定的指导性案例,本案判决书逻辑清晰、说理充分。其不仅使社会公众在阅读本篇判决书时能够清晰把握说理结构,理解法官的判决思路,同时对类似案件的裁判说理在写作格式、用语和说理方面均有不少可借鉴之处。

7. 冯立生诉国家机关事务管理局房屋拆迁补偿合同纠纷案*

一、案情简介

(一)基本案情

2012年1月19日,本案上诉人(原审被告)国家机关事务管理局(以下简称"国管局")与被上诉人(原审原告)冯立生签订《北京市城市房屋拆迁置换补偿协议》。该协议约定:国管局在西城区府右街西侧实施中央国家机关用地拆迁工程,需要拆除冯立

---

* 源自(2021)京02民再205号民事判决书。

生在拆迁范围内西安门大街 40 号内的所有房屋。为补偿,国管局提供房屋予以置换,置换房屋位于北京市东城区安定门大街×××号,建筑面积 356.56 平方米(以产权证标明面积为准)。协议签订后双方均实际履行。冯立生取得×××号房屋及房屋所有权证,证载面积为 356.56 平方米。冯立生在装修过程中发现房屋面积比约定的面积少,故诉请判令国管局进行实物补偿并支付相关违约金。在一审中,经冯立生申请、双方当事人同意,一审法院委托北京市房地产勘察测绘所对房屋面积进行测绘,结论为建筑面积是 323.70 平方米,比证载面积少 32.86 平方米。一审法院经双方当事人同意对同地段房屋进行询价,为每平方米 20 余万元。一审法院判决国管局向冯立生提供相应位置面积不少于 32.86 平方米的商业用房,若国管局未履行上述义务,则应按每平方米 20 万元支付房屋差价补偿款。判决生效后,一审法院经审委会讨论后,决定再审本案。再审一审中,冯立生变更诉讼请求,要求判令国管局按照每平方米 20 万元的标准一次性赔偿其 657.2 万元。西城区法院再审后作出判决:撤销原一审判决,判令国管局向冯立生支付面积差额赔偿款 657.2 万元。国管局不服判决,遂提起上诉。

(二)主要争议

1.本案是否应当作为民事诉讼案件审理;

2.国管局是否应当赔偿冯立生面积差额损失;

3.再审一审确定的赔偿金额是否恰当;

4.本案是否应当追加原产权人杨致强及北京市规划和自然资源委员会东城分局作为当事人参加诉讼。

二、说理思路

二审法院详细梳理了案件事实,围绕当事人的上诉请求,归纳出上述四个争议焦点,其中本案核心争点为:国管局是否应当赔偿冯立生面积差额损失。

针对程序问题。二审法院首先明确,双方当事人均以平等的民事主体身份签订并履行涉案协议,故涉案协议不属于行政协议,本案应依民事诉讼程序审理。二审法院继而指出本案系房屋拆迁补偿合同纠纷,不存在真实的房屋买卖关系,因此原产权人杨致强及非民事主体北京市规划和自然资源委员会东城分局不应被追加为本案的当事人。

针对核心事实问题。二审法院分别就国管局应否赔偿冯立生面积差额损失,以及再审一审确定的赔偿金额是否恰当展开说理论述。其一,二审法院围绕现有证据对再审一审法院认定的事实予以确认，即依据双方均认可的鉴定意见及本案现有证据，涉案房屋的实际测绘面积与证载面积不符，且根据公文书证推定真实原则，北京市房地产勘察测绘所出具的鉴定意见足以推翻产权证明关于房屋面积的记载，并不违反优势证据原则，而国管局提出的再审一审法院适用错误的法条，其援引目的也非解决本案实体争议，因此不存在适用法律错误的问题。其二，针对赔偿金额，二审法院指出，原审法院询价程序无误，且国管局上诉期间也未再次申请价格鉴定，故西城区法院综合各因素酌定的赔偿金额并未超出合理范围。

综上，再审一审法院所作判决，无程序及实体错误，有事实和法律依据，二审法院遂予以维持。

三、论证结构图

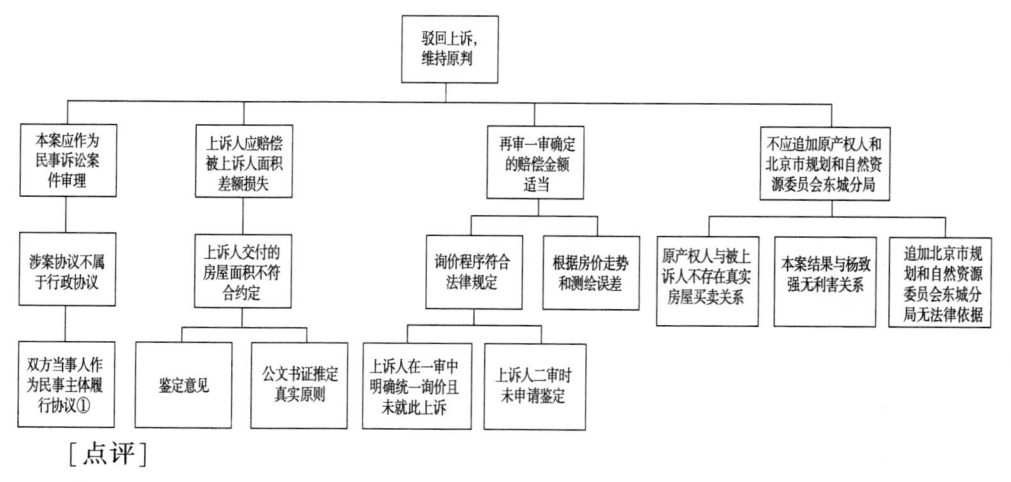

[论证结构图：驳回上诉，维持原判。下分四个分支：1.本案应作为民事诉讼案件审理——涉案协议不属于行政协议——双方当事人作为民事主体履行协议①；2.上诉人应赔偿被上诉人面积差额损失——上诉人交付的房屋面积不符合约定——鉴定意见、公文书证推定真实原则；3.再审一审确定的赔偿金额适当——询价程序符合法律规定（上诉人在一审中明确统一询价且未就此上诉）、根据房价走势和测绘误差（上诉人二审时未申请鉴定）；4.不应追加原产权人和北京市规划和自然资源委员会东城分局——原产权人与被上诉人不存在真实房屋买卖关系、本案结果与杨致强无利害关系、追加北京市规划和自然资源委员会东城分局无法律依据]

[点评]

①对论断的说理不够充分。

四、说理评析

二审法院的判决书格式规范、形式完整，判决书主文语言流畅，其对本案较为复杂的审理过程及审理程序梳理清晰，对案件事实的描述详略得当，完整地概括了双方当事人的诉辩主张，并有针对性地回应了当事人的上诉意见，相较于再审一审的判决书，二审判决书争点归纳更为明确突出，说理逻辑清楚，论证较为充分。

本判决书的亮点主要在于，其对鉴定意见和不动产权证的证据优先效力进行判定时，能正面回应上诉人"有违优势证据原则"的上诉理由,准确运用民诉证据规则,作出清晰明确的说理论断。具体而言,二审法院在回应该问题时,首先明确西城区法院委托测绘机构对房屋实际面积开展鉴定系为查明案件事实,依冯立生委托而进行,并无不当。同时指出该认定旨在判断当事人履行合同义务是否符合约定这一民事法律事实,不涉及对国家机关行政行为效力的判断,且证载面积变化的或然性不应对本案民事法律事实的确定产生影响,再次明示本案的民事案件性质。在此基础上,二审法院准确适用公文书证推定真实原则,综合鉴定意见的专业性、鉴定程序的规范性、双方当事人对鉴定意见的态度(包括一审中双方当事人对鉴定程序及意见无异议;再审一审时国管局虽有异议,但未申请再鉴定),推定该鉴定意见足以推翻不动产权证对房屋面积的记载,于法有据,说理较为充分。此外,鉴于本案涉及不动产证载面积尚未办理变更登记的情形,判决书最后特意说明,产权人冯立生应及时向相关部门申请变更登记,相关部门应根据房屋实际状况依法予以处理,这体现出二审法院对裁判文书指引作用的关注,该说明有利于维护交易秩序、防止利益失衡。

纵观本判决书的说理过程,二审法院对上诉人请求的回应全面、重点突出,对证据规则的应用准确熟练,具有一定的指导意义。

8. 郭某1等诉郭某3等房屋买卖合同纠纷案*

一、案情简介

（一）基本案情

本案是一起房屋买卖合同纠纷案,涉及四个当事人,即郭某1、郭某2、郭某3、郭某4。郭某1是郭某2的女儿,郭某3和郭某4是郭某2的兄弟姐妹。案涉房屋原登记在郭某2的父亲郭某5名下,郭某5于2017年去世。郭某2和郭某1主张,郭某5在2005年将案涉房屋以26万元的价格卖给郭某1,并签订了房屋买卖协议,但该协议上的签名是郭某2代替郭某5所签。郭某3和郭某4主张,该协议无效,因为没有郭某5的真实意思表示,也没有支付房款,而且案涉房屋是郭某5和其已故妻子的夫妻共同财产,应由四个子女共同继承。一审法院认定该房屋买卖协议无效,驳回了郭某1和郭某2的抗辩,郭某1和郭某2不服,提起上诉。

---

* 源自(2023)京01民终4139号民事判决书。

二审经审理查明的事实与一审查明的事实一致,适用法律正确,故判决驳回上诉,维持原判。

(二)主要争议

二审法院将争议焦点概括为:

房屋买卖协议的效力,即是否存在郭某5的真实意思表示,是否支付了房款,是否符合法律规定。

二、说理思路

法官针对核心争议展开说理,分析房屋买卖协议的效力。本案中,郭某2和郭某1主张的房屋买卖协议,未经郭某5签字,而是由郭某2代替签字,且未提交证据证明郭某5的口头委托,也未提交证据证明房款的支付,故不能认定该协议是郭某5和郭某1的真实意思表示,也不符合法律规定,应属于无效合同,不具有法律效力。

综合以上分析可得出如下结论,即一审法院认定房屋买卖协议无效的判决正确,郭某1和郭某2的上诉请求不能成立,应予驳回,维持原判。

三、论证结构图

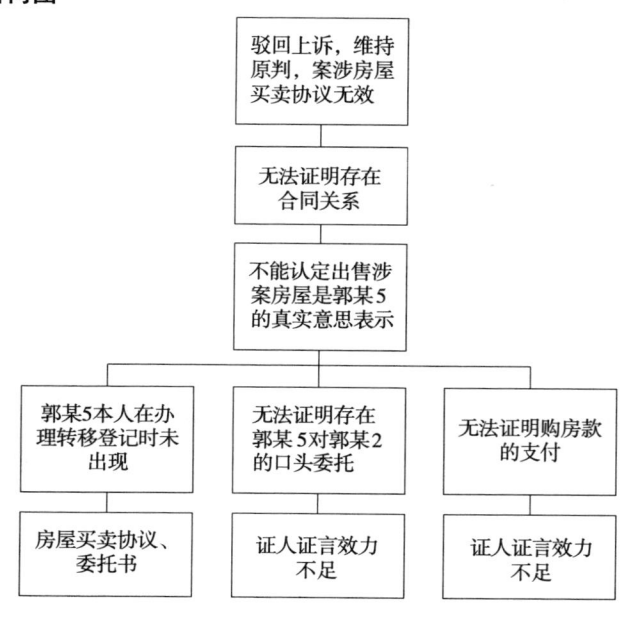

```
          驳回上诉,维持
          原判,案涉房屋
          买卖协议无效
                │
          无法证明存在
            合同关系
                │
          不能认定出售涉
          案房屋是郭某5
          的真实意思表示
    ┌───────────┼───────────┐
郭某5本人在办    无法证明存在    无法证明购房款
理转移登记时未   郭某5对郭某2    的支付
    出现         的口头委托
    │              │              │
房屋买卖协议、   证人证言效力    证人证言效力
  委托书           不足            不足
```

四、说理评析

本案的争议焦点主要在于房屋买卖协议的效力,而不是案涉房屋的所有权。因为即使案涉房屋是郭某5的个人财产,也不能推定郭某5有意将其出售给郭某1,而应以是否存在有效的房屋买卖合同为判断依据。因此,一审法院和二审法院都正确地将重点放在了房屋买卖协议的效力上,而不是房屋的所有权上。

从逻辑角度看,该案的说理具有严密性和连贯性,没有出现逻辑谬误或自相矛盾的情况。一审法院和二审法院都按照事实-法律-结论的顺序进行论证,避免了跳跃性和片面性。同时,该案的说理也考虑了不同的可能性和反驳意见,对各方当事人的主张和证据都进行了审查和评价,避免了偏颇和武断。

从证据角度看,该案的说理具有充分性和客观性,一审法院和二审法院都根据法律规定和司法解释,对各方当事人提交的证据进行了真实性、关联性和合法性的审查。对于不能证明当事人主张的证据,予以排除或不予采信;对于能证明当事人主张的证据,予以确认或采纳。同时,该案的说理也考虑了证据的证明力大小和效力,对于直接证据和间接证据,原始证据和衍生证据,有形证据和无形证据,都进行了区分和比较,避免了混淆和偏重。

综上所述,该案的说理质量较高,具有说服力和公正性。本案的争议焦点也体现了房屋买卖合同的法律特点和要求,对类似案件的审理有一定的参考价值和借鉴意义。

9. 被告人任勋过失致人死亡案*

一、案件简介

(一)基本案情

2018年10月16日16时许,原审被告人任勋驾驶牌照号为津MZ××××的红色马自达牌小型轿车,行驶至天津市和平区建设路与烟台道交口北侧汇融大厦地下停车场入口通道时,与躺卧在此处的被害人张某1发生碰撞,致其死亡。经司法鉴定,津MZ×××

---

* 源自(2020)津01刑终471号民事判决书。

×号小型轿车前保险杠左侧下沿及车体底部与被害人张某1身体发生接触；小型轿车与被害人张某1身体发生碰撞接触时，被害人张某1处于躺卧状态；小型轿车碰撞前的行驶速度介于11～14km/h之间。经法医鉴定，被害人张某1系被机动车碾压致创伤性休克死亡。任勋系民生银行天津分行河东支行的员工，事发时前往民生银行天津分行交送材料，事发地点系民生银行天津分行内部使用停车场入口通道，该通道系机动车单向驶入车道。民生银行天津分行委托民生（林芝）物业管理有限公司天津分公司负责管理，此停车场只供单位内部员工使用，不允许社会车辆通行。

原审法院将本案认定为意外事件，被告人任勋不构成过失致人死亡罪，公诉机关的指控不能成立。天津市和平区人民检察院提起抗诉，天津市第一中级人民法院维持原判。

（二）主要争议

二审法院将本案的争议焦点归纳为：

1.原审被告人任勋在案发时是否足以预见案件后果以及是否对被害人死亡的结果承担刑事责任；

2.原审法院是否存在程序违法的问题。

二、说理思路

关于原审被告人任勋在案发时是否足以预见案件后果以及是否对被害人死亡结果承担刑事责任。（1）被害人张某1无故躺卧在民生银行专用地下车库通道内，客观上超出了社会一般成员的预见范围。（2）侦查实验是在较为理想的预设条件下作出，客观上对原审被告人的预见能力存在估计不足的可能。（3）案发地点环境具有一定特殊性，客观上降低了原审被告人的预见条件和预见能力。（4）鉴于本案客观上系机动车驾驶过程中发生的交通事故，与交通肇事罪的罪状、责任及主、客观方面较为类似，故在认定原审被告人是否构成过失致人死亡罪时，可以参照交通肇事罪的相关规定处理。

关于抗诉机关提出的原审法院存在程序违法的问题。本案一审庭审期间，人民陪审员对诉讼代理人的发问方式给予适当提醒，属于合议庭引导庭审的正常范畴，符合相关法定程序。

三、论证结构图

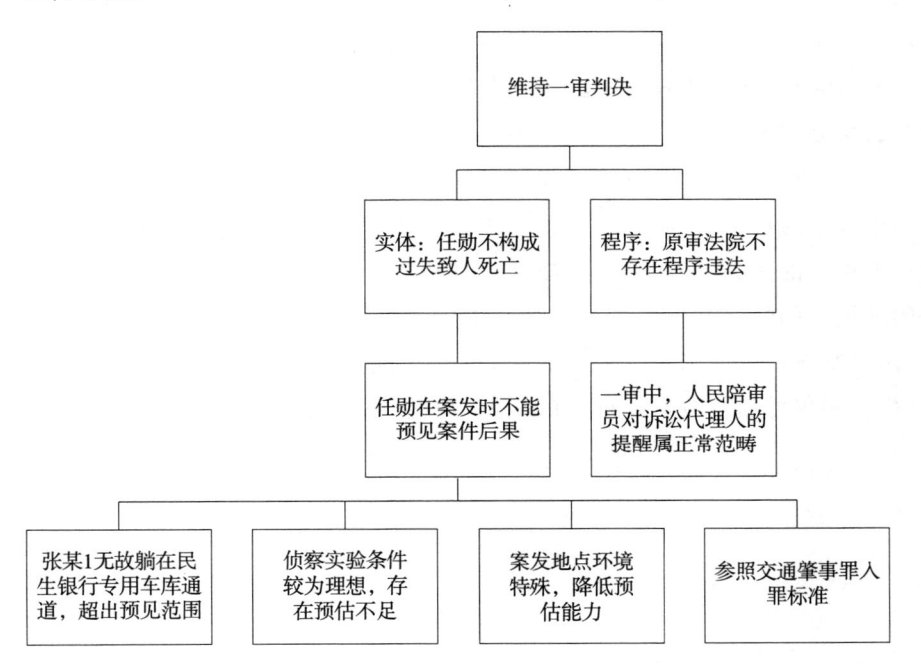

```
                    ┌─────────────┐
                    │ 维持一审判决 │
                    └──────┬──────┘
              ┌────────────┴────────────┐
     ┌────────┴────────┐       ┌────────┴────────┐
     │ 实体：任勋不构成 │       │ 程序：原审法院不 │
     │   过失致人死亡   │       │   存在程序违法   │
     └────────┬────────┘       └────────┬────────┘
     ┌────────┴────────┐       ┌────────┴────────┐
     │ 任勋在案发时不能 │       │ 一审中，人民陪审 │
     │   预见案件后果   │       │ 员对诉讼代理人的 │
     │                  │       │  提醒属正常范畴  │
     └────────┬────────┘       └──────────────────┘
  ┌──────┬────┴─────┬──────────┐
┌─┴──┐ ┌─┴──┐ ┌────┴───┐ ┌────┴───┐
│张某1│ │侦察│ │案发地点│ │参照交通│
│无故│ │实验│ │环境特殊│ │肇事罪入│
│躺在│ │条件│ │，降低预│ │罪标准  │
│民生│ │较为│ │估能力  │ │        │
│银行│ │理想│ │        │ │        │
│专用│ │，存│ │        │ │        │
│车库│ │在预│ │        │ │        │
│通道│ │估不│ │        │ │        │
│，超│ │足  │ │        │ │        │
│出预│ │    │ │        │ │        │
│见范│ │    │ │        │ │        │
│围  │ │    │ │        │ │        │
└────┘ └────┘ └────────┘ └────────┘
```

四、说理评析

预见能力是区分过失犯罪与非罪的关键点，二审法院将任勋在案发时是否足以预见案件后果作为最重要的争议焦点无疑是正确的。二审法院围绕该点，以证据事实建构为基准，从张某1行为能力正常且无故躺卧、案发地系民生银行专用车库通道、案发地点昏暗等多个角度对案发后果超出预见范围进行说理，令人信服。

在法律适用上，二审法院认为，本案客观上系机动车驾驶过程中发生的交通事故，与交通肇事罪的罪状、责任及主客观方面较为类似，故参照了处理交通肇事罪的相关要求与精神。

在本案的证据事实建构中，二审法院没有完全采纳公安机关作出的侦察实验笔录。公安机关所作侦查实验在尚不能查明被害人实际躺卧的具体姿势时便以被害人呈平躺状态为前提进行判定，且侦查人员在已经提前预知车辆前方有障碍物的情况下只会更为聚焦和关注车辆前方地面,不能客观地还原案件真实情况。二审法院依据《刑诉法解释》第一百零七条不将侦查实验笔录作为定案的根据,不仅于法有依,还谨慎建构了证据事实。

在司法实践中,如果不能严格把握好罪与非罪的界限,将会使许多不具有相当社会危害性和主观恶性的行为入刑。当然,刑法的无罪判决并不必然免除民法上的侵权责任,无罪宣判并不一定使被害人及家属救济无门,只会让法律的适用更加精准。通过本篇裁判文书,我们可以窥视二审法院的态度,即对于过失犯罪构成要件中的注意义务,应当严格把握其边界和规范对象,不宜过分扩大注意义务的适用范围并以此随意降低过失犯罪的入罪门槛。这样深度诠释部门法规则本身、规则背后的原则及其社会意义后作出的裁判,无疑可以更好地发挥法的教育意义,不仅可以规范司法机关的裁判,更能使公民得以明晰行为的边界而不必惶惶。

第三节　证明责任的分配

证明责任是指,当作为裁判基础的法律要件事实在诉讼中处于真伪不明的状态时,一方当事人因此而承担的诉讼上的不利后果。民事诉讼证明责任分配一般贯彻"谁主张,谁举证"原则,同时还有证明责任的转移、证明责任的倒置、证明责任的司法裁量等特殊规则。《释法说理指导意见》第五条规定,"民事、行政案件涉及举证责任分配或者证明标准争议的,裁判文书应当说明理由"。实践中的问题是,在法律没有明确规定时,哪些事实是诉讼请求所依据的事实并不明确,需要法官针对个案进行判断。行政诉讼中,证据论证主要围绕被诉行政行为合法性展开,证明责任分配原则是"被告负举证责任"。行政诉讼的原告也要承担一定的证明责任,在不作为、行政赔偿案件中,原告应当提供曾经提交过申请、自己遭受损害的证据。

10. 王嵩棠诉沈阳市和平区金水蓝湾天沐温泉度假酒店财产损害赔偿纠纷案*

一、案情简介

（一）基本案情

2020年3月26日，原告王嵩棠和其女友到被告金水蓝湾天沐温泉度假酒店（以下简称"金水蓝湾酒店"）洗浴。洗浴结束后，原告向被告金水蓝湾酒店工作人员反映其手机丢失，并要求提供监控录像。酒店工作人员称为保护消费者隐私，除了在大厅等公共区域外，更衣室内不安装监控设备，故无法提供相关线索。随后，原告拨打110报警，沈阳市公安局和平分局太原街派出所受理了该案，但至今没有找到犯罪嫌疑人。

原告认为，手机在酒店服务人员的眼下丢失从而造成财产损失，被告金水蓝湾酒店应负有管理缺失的责任，请求依法判决被告金水蓝湾酒店赔偿原告购买案涉手机的经济损失10899元。被告认为，其设置的透明柜并非用于存放手机等贵重物品。酒店在大堂、更衣柜等公共区域设置了明显的提示和警示标志，尽到了相应的安全保障及提示义务。原告王嵩棠未能按酒店要求将贵重物品存放在指定的保险柜，且无法证明其携带案涉手机、将案涉手机放入透明柜，并锁好柜门等一系列事实，无法证明案涉手机在被告酒店丢失。因此，请求法院依法驳回原告王嵩棠的诉讼请求。一审法院判决驳回原告王嵩棠的诉讼请求。原告上诉，二审法院判决驳回上诉，维持原判。

（二）主要争议

1.原告王嵩棠的苹果牌手机是否被其带入被告金水蓝湾酒店以及该手机是否在被告金水蓝湾酒店丢失；

2.原告王嵩棠的手机损失是否应由被告金水蓝湾酒店给予赔偿。

二、说理思路

一审法院的说理思路如下：首先，根据《民事诉讼法》第六十四条第一款以及《民诉法解释》第九十条的规定，在作出判决前，当事人未能提供证据或者证据不足以证明其主张事实的，由负有举证证明责任的当事人承担不利的后果。本案中，原告王嵩棠主张其携带苹果牌手机进入被告金水蓝湾酒店消费，并在其将上述手机放入保管箱后丢

---

* 源自（2020）辽0102民初4892号民事判决书、（2020）辽01民终11377号民事判决书。

失。从原告提供的证据以及酒店监控视频资料中，无法辨别原告王嵩棠所携带手机的基本信息，也无法获取关于原告所述手机在保管箱内丢失的直接证据，故不足以对其主张的事实加以佐证，无法支持原告的诉讼请求。二审法院在一审法院事实认定的基础上，根据《侵权责任法》(已失效)第三十七条的规定，认定经营者作为安全保障义务人只有在有过错且能够防止或者制止损害的范围内承担相应的补充赔偿责任。金水蓝湾酒店已举证证明在显著位置张贴提示，免费提供寄存贵重物品的保险柜，证明其已经在合理范围内尽到了安全保障及提示义务。故原告的上诉主张缺乏事实及法律依据，判决驳回上诉，维持原判。

三、论证结构图

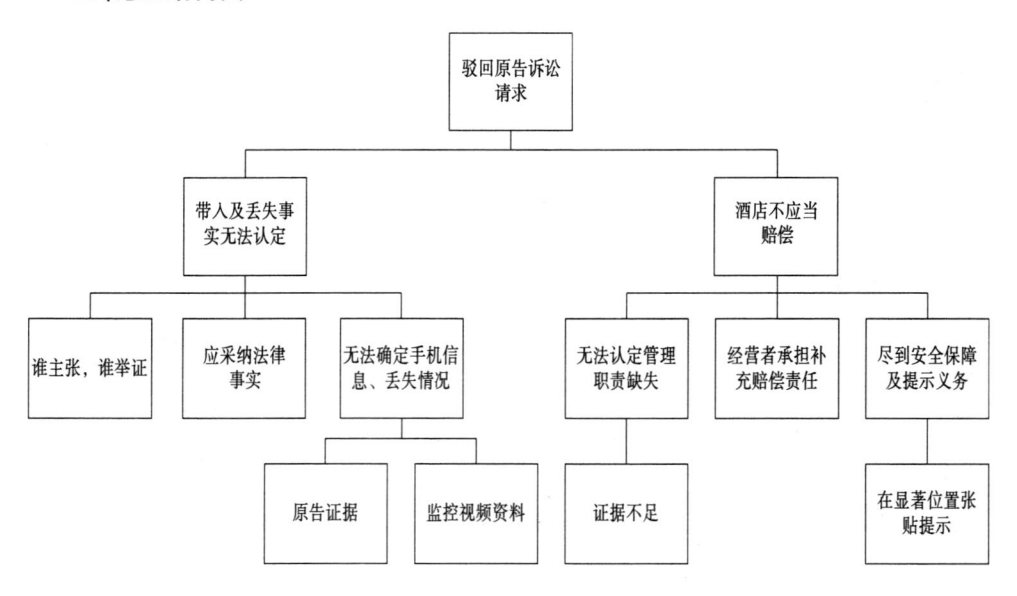

```
                    驳回原告诉讼
                        请求
         ┌──────────────────┴──────────────────┐
    带入及丢失事                              酒店不应当
    实无法认定                                  赔偿
   ┌──────┬──────┬──────┐              ┌──────┬──────┬──────┐
 谁主张，  应采纳法律  无法确定手机信         无法认定管理  经营者承担补  尽到安全保障
 谁举证      事实      息、丢失情况          职责缺失    充赔偿责任   及提示义务
                    ┌──────┴──────┐                              │
                  原告证据      监控视频资料    证据不足         在显著位置张
                                                                  贴提示
```

四、说理评析

本案的案情并不复杂。一审法官在认真梳理案件事实及当事人诉辩意见后，按照问题之间的逻辑关系，将焦点问题概括为原告的手机是否被带入酒店、是否在酒店丢失，以及原告的损失是否应当由被告赔偿。一审法院首先将论证重点集中在事实认定上。法律事实以证据事实为基础，此时，证据法规则的运用往往会起到至关重要的作用。一审法官在对法律事实的认定标准作出界定时说，真实发现固然是诉讼法的一个

重要目标,但却并非唯一目标,它必须在一定范围内向其他更重要的目标让步……当法的价值发生冲突之时,正义与秩序应当作为判断取舍的最高标准,人的朴素情感因素及客观损害结果则均不能充当起此项判定的标准和基础。

根据《民事诉讼法》及其司法解释确立的"谁主张,谁举证"原则,当事人对自己提出的主张,有责任提供证据。这条原则贯穿了本案审理的全过程。原告主张其将苹果手机带入酒店且丢失,其中待证明的事项包括:(1)该手机是否是原告所称的苹果手机;(2)该手机是否被带入酒店;(3)该手机是否在酒店内丢失。在对双方提供的证据进行梳理后,一审法官认为,在现有证据下,基于民事案件的证据审查规则,本院对以上待证事实均难以作出认定。二审法官在以上事实认定的基础上,从被告酒店即经营者安全保障义务的角度出发,进行了补充论证。酒店提供的证据表明,其已在合理范围内尽到了安全保障及提示义务。由此,进一步排除了酒店的补充赔偿责任。

本案判决充分运用证据法规则,清晰地界定了双方当事人各自的权利义务范围,对证据的采信以及法律事实的认定具有普遍的指导意义。

11. 覃秋丽诉中国建设银行股份有限公司深圳益民支行借记卡纠纷、金融借款合同纠纷案*

一、案情简介

（一）基本案情

原告是澳门特别行政区居民,平时在澳门特别行政区生活和工作。原告于2013年10月17日在被告中国建设银行股份有限公司深圳益民支行(以下简称"建设银行益民支行")开立卡号为62×××11××××的龙卡通储蓄卡,此后三年多将自己辛苦赚取的薪资存在此卡中,截至2017年3月30日卡内尚有存款人民币150277.93元。2017年4月3日下午5时许,原告通过珠海拱北柜员机查询发现卡内余额仅剩人民币8836.5元,原告立即拨打建行客服电话×××查询,才得知此卡在2017年3月31日至2017年4月3日被人在澳大利亚新南威尔士、悉尼、墨尔本等地盗刷(4月5日打印交易明细才知道被盗刷42笔,共计人民币141441.41元),原告立即紧急挂失并前往珠海拱北派出所报

---

* 源自(2018)粤0391民初256号民事判决书。

案,但被告知该案的管辖地是原告住所地以及银行卡开户行所在地的派出所。由于2017年4月3日至4日正是清明假期,原告于4月3日当晚前往澳门特别行政区司法警察局报案,于4月5日前往被告营业厅打印涉案银行卡交易明细并前往深圳市公安局福强派出所报案。原告素来遵纪守法,有正当职业。涉案银行卡一直由原告本人自行保管,从未离身。2017年3月31日至2017年4月3日期间原告本人也一直在澳门特别行政区,从未去过澳大利亚。该42笔消费显然是伪卡交易,期间原告从未收到被告任何的电话或短信通知。基于上述事实,原告认为被告未尽到安全管理义务,应当偿还原告全部存款人民币141441.41元及按照中国银行同期存款利率计算的利息。原告与被告交涉至今,被告仍拒绝偿还存款。

(二)主要争议

一审法院将争议焦点概括为:

1.涉案银行卡在澳大利亚等地被刷取的人民币141441.41元是否为伪卡交易;

2.建设银行益民支行是否尽到充分的资金安全保障义务;

3.覃秋丽未订付费短信通知服务对涉案损失应否承担部分责任;

4.建设银行益民支行应如何承担责任。

二、说理思路

首先,法院推定涉案银行卡在澳大利亚等地被刷取的人民币141441.41元为伪卡交易。原告提交的证据已初步形成一个完整的逻辑链条,可以认定涉案交易发生时原告持有真卡,涉案交易为伪卡交易。虽然被告主张存在原告将银行卡交予他人、泄露密码,涉案交易为真卡交易,报警时持有伪卡的可能性,但并未提供相应证据予以证明,所以应承担举证不能的不利法律后果。

其次,法院分析在伪卡交易的情形下,银行卡密码和信息泄露的原因存在持卡人未妥善保管和银行未尽到安全保障义务两种可能。法院认为,根据《民事诉讼证据规定》第七条,应由被告承担举证责任,但被告并没有提供相关证据,所以法院不认可其主张。实践中发生的大量借记卡被盗刷的案例以及本案犯罪嫌疑人使用伪卡进行相关交易的事实,说明银行的借记卡和交易系统存在技术缺陷,因此认定被告未尽到安全保障义务。

再次,法院从银行的短信通知是否具有免责效力、本案覃秋丽是否采取了适当措施防止损失扩大以及短信通知服务是否具有防止损失扩大的功能三个方面分析,得出覃秋丽不应因其未订购付费短信通知服务而对涉案损失承担责任的结论。

最后,法院分析了损失产生的原因和双方的过错程度,通过利益衡量,认为银行应当承担全部赔偿责任。

三、论证结构图

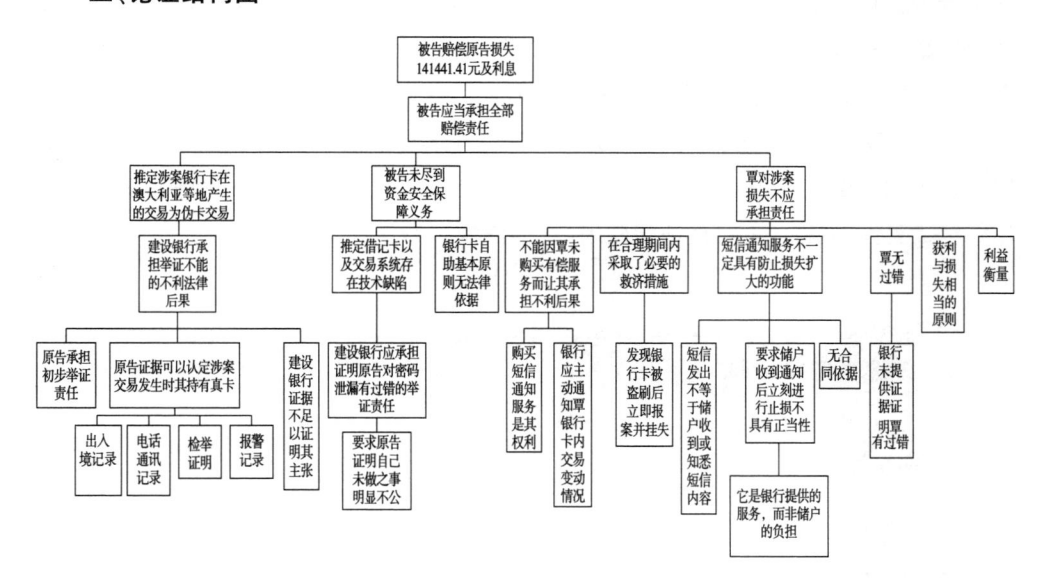

```
                           被告赔偿原告损失
                          141441.41元及利息
                                │
                          被告应当承担全部
                              赔偿责任
    ┌─────────────────────┬─────────────────────┬─────────────────────┐
推定涉案银行           被告未尽到               覃对涉案
卡在澳大利亚等地产生    资金安全保              损失不应
的交易为伪卡交易       障义务                   承担责任
    │                    │                      │
建设银行承担         推定借记卡以   银行卡自   不能因覃未   在合理期内   短信通知服务不一   覃无   获利   利益
举证不能的           及交易系统存   助基本原   购买有偿    采取了必要   定具有防止损失扩   过错   与损   衡量
不利法律后果         在技术缺陷    则无法律   务而让其承   的救济措施   大的功能              失相   的原
                                依据      担不利后果                                        当的   则
┌────┬──────┐        │         │         ┌────┬──┐    ┌──────┬────┐    ┌──────┬────┐    │    原则    │
原告承担  原告证据可以   建设银行   建设银行应承   购买   银行   发现银   短信   要求储户    无合   银行   
初步举证  认定涉案交易   承担证明   担证明原告对   短信   应主   行卡被   发出   收到通知   同依据  未提
责任     发生时其持有   自己未做   密码泄漏有过   通知   动通   盗刷后   不等   后立刻进          供证
         真卡         之事明显   错的举证责任   服务   知覃   立即报   于储   行止损           据证
                      不公                   是其   银行   案并挂失  户收             具有正当性         明覃
                                            权利   卡内                 到或                              有过错
┌──┬──┬──┬──┐                                      交易                 知悉
出入 电话 检举 报警                                   变动                 短信
境记 通讯 证明 记录                                   情况                 内容
录   记录                                                                它是银行提供的
                                                                        服务,而非储户
                                                                           的负担
```

四、说理评析

本案一审判决书格式规范、逻辑清晰,对于举证责任的分配和损害赔偿责任的承担进行了详尽的说理,明确回应了当事人的主张,适用法律正确,是一篇优秀的裁判文书。

在银行卡伪造盗刷纠纷中,由于客观事实难以明确,举证责任分配极其重要,其中主要涉及证明银行卡真伪和密码泄露的过错方这两方面的举证责任。而本案判决时,《最高人民法院关于审理银行卡民事纠纷案件若干问题的规定》尚未出台,我国法律对于该类案件举证责任的分配并无明确规定,单纯适用谁主张谁举证这一基本原则会对储户施加过重的举证责任,不符合实质正义的要求。因此本案法官按照司法实践的惯常做法,借助《民事诉讼证据规定》第七条的规定行使自由裁量权。鉴于双方在专业水平、技术能力和经济实力上的实质不平等,银行较原告"具有更强的举证能力,处于举证途径、资源更占优势的一方",因此法官选择对储户进行倾斜保护。

在本案中，法官从不同的利益层次进行衡量，以当事人的具体利益为起点，考虑到双方的"经济实力和专业水平"，法官倾向于保护弱者；而从群体利益来看，法院认为"银行所提出的金融生态安全并不比广大储户的合法权益更具优越性"。法官以结果为取向，认为从长远来看，在本案中保护储户的利益并不会危害金融安全，甚至可以倒逼银行推进相关技术更新换代，采取相关措施提高金融安全，更加积极履行其合同义务，可以"从根本上有效防范损失发生，提高金融安全，更有利于社会的稳定和实质正义的实现"，进而实现社会整体利益的最大化。

本篇判决书对于建设银行益民支行是否应当承担责任、应当如何承担责任，以及原告是否应当承担责任进行了深入而透彻地说理，通过利益衡量的方法增强了判决结论的可接受性，取得了良好的法律效果与社会效果。

12. 顾华骏、黄梅香等 55326 名投资者诉康美药业股份有限公司等证券虚假陈述责任纠纷案*

一、案情简介

（一）基本案情

康美药业股份有限公司（以下简称"康美药业"）披露的《2016 年年度报告》《2017 年年度报告》《2018 年半年度报告》存在财务信息造假问题，于 2018 年 10 月 15 日晚开始，被各类媒体先后曝光。2018 年 12 月 29 日，康美药业发布《康美药业股份有限公司关于收到中国证券监督管理委员会立案调查通知的公告》，证监会开始对此事立案调查。2019 年 8 月 17 日，康美药业公告称该公司及相关当事人收到证监会的《行政处罚及市场禁入事先告知书》（处罚字〔2019〕119 号），证监会已查明康美药业涉嫌财务报表造假，并告知拟处罚决定。2020 年 5 月 15 日，康美药业公告称公司收到证监会《行政处罚决定书》（〔2020〕24 号），与之前发布的《行政处罚及市场禁入事先告知书》内容一致。2021 年 2 月 18 日，证监会作出《行政处罚决定书》（〔2021〕11 号），对审计单位正中珠江作出相应处罚。2020 年 12 月 31 日，原告顾华骏、刘淑君等 11 名投资者，向一审法院提起本案诉讼，请求判令康美药业赔偿其投资差额损失等多项损失。法院采

---

* 源自（2020）粤 01 民初 2171 号民事判决书。

取特别代表人诉讼程序,并最终判令康美药业偿还投资者投资差额损失 2458928544 元及相应的佣金、印花税、利息损失,其他相关人员承担相应的连带责任。

(二)主要争议

一审法院认为本案争议焦点如下:

1.案涉虚假陈述行为的认定;

2.原告投资损失与案涉虚假陈述行为之间有无因果关系;

3.各被告赔偿责任的认定。

二、说理思路

该裁判文书的说理思路为梳理案件事实,归纳争议焦点,逐一回应争议焦点后得出裁判结果。该文书在陈述案件事实时,采用分模块叙述的方式,分为案涉信息披露行为的相关事实、各被告受到行政处罚的相关事实、本案诉讼情况,有条理地呈现了一件既经过行政处罚又处于诉讼状态的复杂案件的事实。然后,该文书将本案的争议焦点进行归纳并回应,得出最后的裁判结论。

三、论证结构图

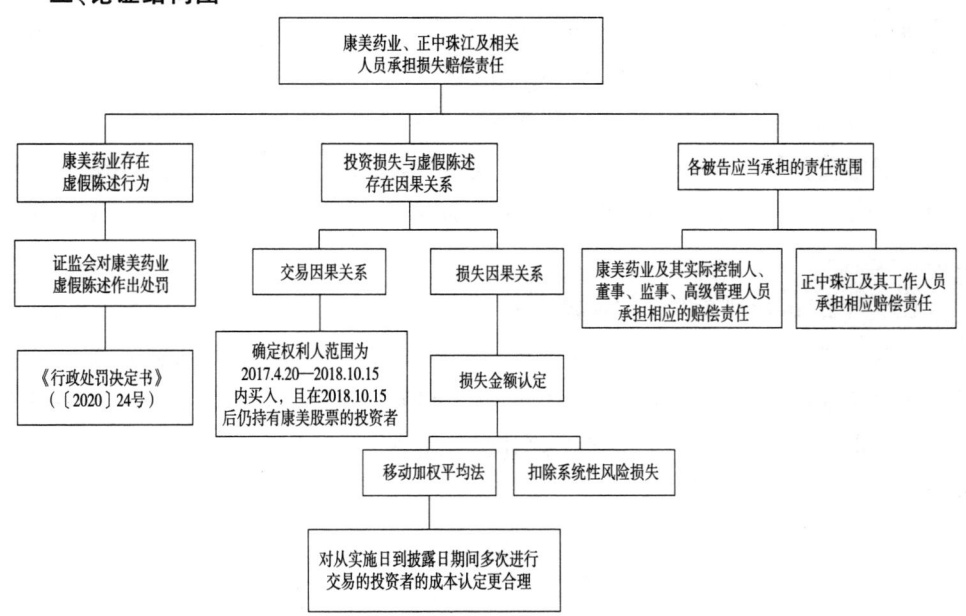

```
                    康美药业、正中珠江及相关
                    人员承担损失赔偿责任
    ┌─────────────────────┼─────────────────────┐
康美药业存在           投资损失与虚假陈述            各被告应当承担的责任范围
虚假陈述行为            存在因果关系
    │              ┌──────┴──────┐         ┌──────────┴──────────┐
证监会对康美药业      交易因果关系   损失因果关系   康美药业及其实际控制人、   正中珠江及其工作人员
虚假陈述作出处罚                              董事、监事、高级管理人员    承担相应赔偿责任
    │                  │           │        承担相应的赔偿责任
《行政处罚决定书》    确定权利人范围为      │
([2020]24号)      2017.4.20—2018.10.15  损失金额认定
                   内买入,且在2018.10.15      │
                   后仍持有康美股票的投资者   ┌──┴──┐
                                        移动加权平均法  扣除系统性风险损失
                                            │
                                        对从实施日到披露日期间多次进行
                                        交易的投资者的成本认定更合理
```

四、说理评析

本案判决书简明扼要地梳理了案件事实,归纳了案件争议焦点,并在争议焦点论证过程中逐一回应了当事人的异议,让裁判文书更好地发挥其定分止争的作用,但证据事实构建说理方面仍有不足之处。

对于第二个争议焦点——投资损失与虚假陈述行为的因果关系,该文书说理将其分解为两个步骤——交易因果关系与损失因果关系。先论证原告的交易与虚假陈述行为之间是否存在因果关系,即交易因果关系,由此确定本案权利人的范围。然后论证原告的投资损失与虚假陈述行为之间是否存在因果关系,即损失因果关系。对于损失范围的论证,该文书采取了先正向计算损失金额再反向扣除无关的系统性风险损失的说理思路。对于如何正向计算损失数额,法院认可了测算机构投保基金采取的移动加权平均法,并合理回应了康美药业对计算方法提出的异议。由于没有相关的法律法规明确规定投资损失测算方法的选择,其属于法院的自由裁量范围。对于如何计算系统性风险,法院认可了测算机构采用的对比指数和测算方法,最后根据测算情况除去损失金额在扣除系统风险后为 0 或者负数的 3289 名投资者后,共计 52037 名投资者有损失。另外,由于部分被告提出扣除非系统性风险的请求,该文书也对此进行了回应说理。法院不予扣除非系统性风险的理由有二,一是无法律依据,二是被告并未举证证明何种事件应当作为非系统性风险,也未证明该事件独立于虚假陈述行为对康美药业股价产生消极影响。

对于第三个争议焦点——各被告赔偿责任的认定,该文书主要通过引用法律的明文规定,再结合案件事实进行说理论证,分别判定了康美药业和正中珠江及其相关人员的责任。

总体来看,该裁判文书说理逻辑清晰、文字流畅。首先,对于繁杂的案件事实,能够分模块阐述,读者能够快速厘清案件事实。其次,案件争议焦点归纳精准,争点之间的逻辑顺序合理,先认定存在违法行为,再认定损失与违法行为的关系。最后,确认各个人员的责任范围。主要的说理不足之处是对违法行为的认定,仅有行政机关的行政处罚结果作为证据来构建事实。

13. 干蓓琼诉沈国凯等赠与合同纠纷案*

一、案情简介

(一)基本案情

上诉人(一审原告)为干蓓琼,被上诉人(一审被告)包括沈国凯、林玲和武汉斗鱼网络科技有限公司(以下简称"斗鱼公司")。沈国凯在 2016 年 3 月至 2019 年 2 月期间在斗鱼平台进行充值和打赏行为,干蓓琼认为沈国凯在斗鱼平台上对主播林玲的打赏行为构成无效赠与,侵犯了其对夫妻共同财产的处分权,请求法院确认打赏行为无效并要求林玲和斗鱼公司共同返还打赏金额人民币 913559 元。一审法院驳回了干蓓琼的全部诉讼请求,认为沈国凯的充值和打赏行为不构成赠与,而是网络服务合同的一部分,且未超出夫妻共同财产处分权范围。干蓓琼不服一审判决,上诉至二审法院,请求撤销一审判决,改判支持其一审的全部诉讼请求。二审法院驳回上诉,维持原判。

(二)主要争议

二审法院认为本案的争议焦点为:

1.沈国凯的打赏行为是否构成赠与;

2.沈国凯的充值、打赏行为是否超出夫妻共同财产处分权范围;

3.是否存在违背公序良俗的事实。

二、说理思路

二审法院针对问题焦点逐一展开说理,说理思路主要包括以下几个方面:

首先,关于打赏行为的定性。二审法院认为沈国凯的打赏行为使用的是虚拟道具,这些虚拟道具是斗鱼平台的数据信息衍生物,沈国凯通过充值获得虚拟道具并享受了增值服务,因此打赏行为具有消费性质,不符合赠与合同的无偿性、单务性的特征。

其次,关于夫妻共同财产处分权的界定。二审法院指出,沈国凯作为具有完全民事行为能力的成年人,其充值行为是小额、多次、长期的,网络服务提供者无义务审查

---

* 源自(2020)沪 02 民终 9826 号民事判决书。

其婚姻状况或取得配偶同意。同时，干蓓琼作为配偶，对家庭财产有管理责任，但在长达三年的时间里未察觉财产变动，因此沈国凯的行为未超出夫妻共同财产处分权的范围。

最后，关于公序良俗原则的适用。二审法院认为，没有证据表明沈国凯、林玲及斗鱼公司的行为违反公序良俗。林玲作为主播，其直播内容和互动没有违法或违反道德，斗鱼公司作为平台提供者也没有怠于监管的迹象。

三、论证结构图

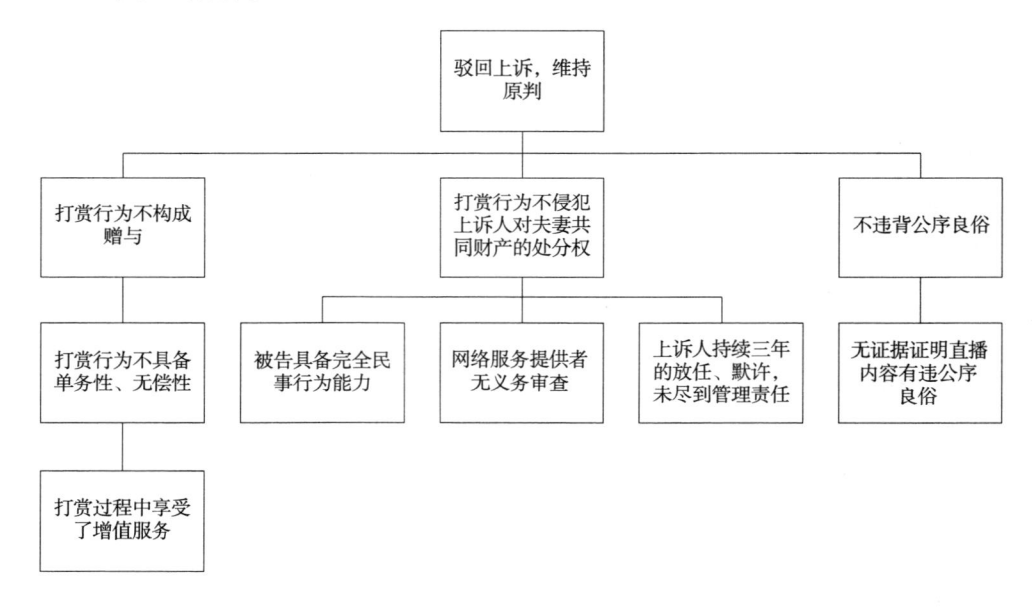

```
                        驳回上诉，维持原判
         ┌──────────────────┼──────────────────┐
    打赏行为不            打赏行为不侵犯            不违背公序良俗
    构成赠与              上诉人对夫妻共
                         同财产的处分权
         │         ┌──────────┼──────────┐              │
    打赏行为不具备   被告具备完全民   网络服务提供者   上诉人持续三年   无证据证明直播
    单务性、无偿性   事行为能力      无义务审查       的放任、默许，   内容有违公序
                                                  未尽到管理责任   良俗
         │
    打赏过程中享受
    了增值服务
```

四、说理评析

从说理逻辑来看，该文书展现出了较为严密的逻辑性。法院先对案件的基本事实进行了详细梳理，然后逐一分析争议焦点，每个争议焦点下又细分为对各方当事人主张的评述和法院的观点，使得整个说理过程条理清晰、逻辑连贯。特别是在对打赏行为是否构成赠与的分析中，法院不仅考虑了行为本身的性质，还结合当事人的行为模式、充值打赏的过程以及相关合同的内容，体现了对案件细节的深入挖掘和全面考量。

在用词方面，该文书表现出了专业性和准确性。法律术语的使用恰当，表述清晰,既体现了法律文书的权威性,也保证了内容易于理解。法院在分析中使用了诸如"单务性""无偿性"等专业词汇,确保了法律概念的准确传达。

在对事实和证据的梳理论证上,二审法院展现了较高水平。法院不仅对一审中查明的事实进行复述,还对相关证据重新进行审视和评估,确保了判决的准确性和公正性。特别是在对沈国凯充值打赏行为的分析中,法院不仅关注了行为本身,还考虑了行为背后的动机和目的,以及这些行为对夫妻共同财产的影响,体现了对案件事实全面、深入的理解和把握。相比于一审法院,二审法院在文书中更加注重对争议焦点的深入分析和说理,使得判决更具说服力。同时,二审法院在文书中也更加明确地指出了一审判决中的不足之处,并在此基础上进行了补充和完善,体现出对法律适用和事实认定的审慎态度。

然而,尽管该文书在多方面表现出色,但仍有可改进之处。例如,在解释法律概念时,法院可以更加详细和深入,以帮助当事人和公众更好地理解判决的依据。此外,对于一些复杂的法律问题,法院在文书中可以提供更多的背景信息和相关的法律规定,以增强判决的透明度和公信力。

总体而言,该文书在格式、逻辑、用词、事实梳理等方面均表现出较高的水平,展现了法院在审理案件中的专业性和严谨性。法院通过深入分析和全面论证,为案件的公正判决提供了坚实基础。

第四节　证明标准的确定

证明标准是指法院在诉讼中认定案件事实所要达到的证明程度。《民事诉讼法》和《行政诉讼法》均没有关于证明标准的明确规定,但在相关条款中有所涉及,间接体现出"证据确实充分"的要求。《民事诉讼证据规定》第七十三条的规定表明,我国在司法解释中确认了民事诉讼"优势证据"的标准。《民诉法解释》第一百零八条的规定表明,我国在司法解释中,结合举证责任,确认了民事诉讼"高度盖然性"的证明标准。在进行裁判文书说理时,法官应当对案件适用何种证明标准、是否符合该证明标准及原因进行论述。

14. 中日友好医院与时伟超医疗损害责任纠纷案*

一、案情简介

（一）基本案情

关某患肌萎缩侧索硬化（ALS）疾病，在 2018 年 5 月 4 日至 2018 年 9 月 26 日间，曾六次入住中日友好医院进行诊断和治疗。关某与时某系夫妻关系，二人育有一子时伟超。关某以医疗损害责任纠纷为由将中日友好医院起诉至一审法院，诉讼过程中，关某于 2020 年 8 月 1 日去世，时伟超为关某唯一继承人。

关某去世后，时伟超参加诉讼，申请鉴定中日友好医院对关某的诊疗行为有无过错，以及该过错与关某的死亡后果之间是否存在因果关系及原因力大小。2021 年 3 月 26 日，中天司法鉴定中心出具《司法鉴定意见书》，鉴定意见为：中日友好医院对关某的诊疗行为中存在过错，过错与关某的死亡后果无因果关系，但不利于患者生存期的延长，医疗过错导致患者损害后果（生存期）的原因力大小为次要。一审法院结合关某自身的疾病情况、中日友好医院医疗行为的过错程度以及给关某造成的损害后果等，确定中日友好医院承担 25% 的赔偿责任。二审法院根据中日友好医院的过错诊疗行为对损害后果发生的原因力大小，对中日友好医院的原因力比例进行认定，关某少存活的 3 年与死亡赔偿金最长计算年限 20 年的比例为 15%，在此基础上，按照 40% 以下的原因力大小，酌定中日友好医院对关某的死亡承担 5% 的赔偿责任。

（二）主要争议

中日友好医院的过错诊疗行为与患者关某的死亡是否具有因果关系及其原因力大小。

二、说理思路

对于本案争议焦点问题，二审法官分析如下：首先，构成医疗损害责任须同时具备患者的损害后果、医疗机构的过错医疗行为、损害后果与过错医疗行为之间具有因果关系三个要件。在医疗损害责任纠纷案件中，判断过错医疗行为与损害后果之间是否具有因果关系在很大程度上依赖于司法鉴定意见，但其并不必然作为法院判断因果关

---

* 源自（2021）京 03 民终 16350 号民事判决书。

系的唯一依据,法院应当在鉴定结论的基础上依法综合评判违法诊疗行为的可归责性及其责任程度。

本案中,法院认为,中日友好医院对关某所患疾病存在鉴别诊断不充分的过错,其过错诊疗行为降低了关某及时接受治疗以延长生存期的机率,而增加了关某因延误诊断治疗缩短生存期的可能性,且事实上造成关某于确诊 2 年后死亡,其生存期短于一般的 ALS 患者的后果。因此,可以认定中日友好医院的过错诊疗行为是关某早于一般 ALS 患者死亡这一损害后果发生的适当条件,二者之间具有相当因果关系,中日友好医院应当对关某的死亡承担医疗损害赔偿责任。

关于因果关系的比例,本案中,应综合考虑 ALS 的病理、关某相较于一般 ALS 患者减少的生命年限、鉴定机构对中日友好医院诊疗行为的鉴定分析等因素,确定中日友好医院的过错诊疗行为对于损害后果发生的原因力大小,从而认定中日友好医院的原因力比例。具体而言,相较于一般 ALS 患者存活的较长期限 5 年,关某于确诊 ALS 2 年后去世,二者的生存期相差 3 年;法律规定的死亡赔偿金的计算年限最长为 20 年,关某少存活的 3 年与死亡赔偿金最长计算年限 20 年的比例为 15%;参考鉴定意见认为中日友好医院的医疗过错导致患者损害后果(影响生存期限)的原因力大小为次要,次要责任比例的上限为 40%,故本院在前述 15% 比例的基础上,按照 40% 以下的原因力大小酌定中日友好医院对关某的死亡承担 5% 的赔偿责任。

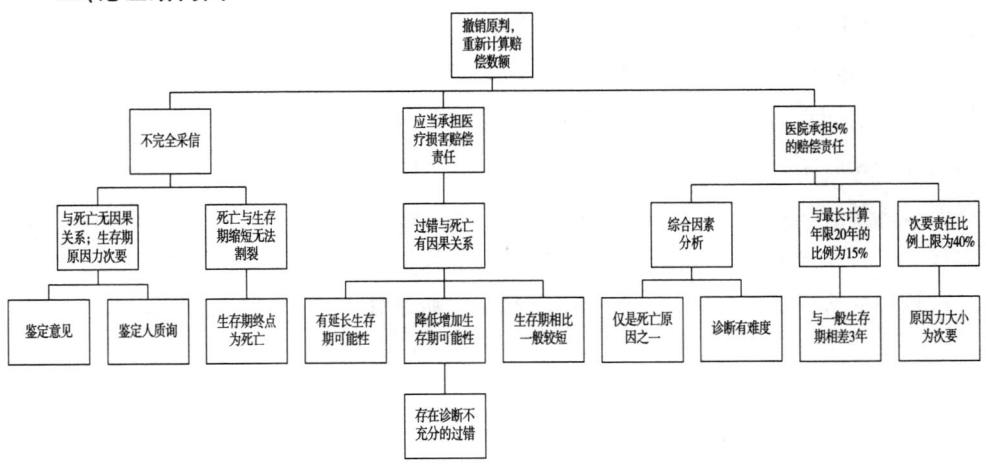

三、论证结构图

四、说理评析

在判决书的写作过程中,法官需要根据案件的实际情况,找到明确的法律依据,即确切的请求权基础。在本案中,原告提出了明确的权利请求,即依法判令中日友好医院对关某的死亡结果进行赔偿。因此,法官裁判的第一步就是确定患者在诊疗活动中受到损害时,医疗机构及其医务人员应当在何种情况下承担赔偿责任。二审法院在判决书中开宗明义,直接点明构成医疗损害责任必须同时具备患者的损害后果、医疗机构的过错医疗行为、损害后果与过错医疗行为具有因果关系三个要件。由于医院的过错以及患者受到损害(已经去世)的事实已经无须证明,因此,本案的争议焦点就集中在医院的过错与关某的死亡后果之间有无因果关系及原因力大小的问题上。

在医疗损害责任纠纷案件中,判断过错医疗行为与损害后果之间是否具有因果关系在很大程度上依赖于司法鉴定意见。本案说理思路的独特之处在于,在认可鉴定意见作为一种专业性医学证据的同时,并不将其作为法院判断因果关系的唯一依据,而是在鉴定结论的基础上,结合本案的具体情况进行分析。在证据采信的过程中,法院综合全案事实情况,对鉴定意见中的因果关系认定和应当运用在本案中对因果关系作出界定的标准进行了区分,得出医院的过错诊疗行为与关某提前死亡的损害结果之间具有相当因果关系的结论。同时指出一审法院在裁判说理过程中存在的逻辑问题。若法官对鉴定意见完全采信,即认定医院的过错诊疗行为与关某的死亡无关,则不应对时伟超主张的死亡赔偿金与丧葬费予以支持。本案在部分采信鉴定意见的基础上,综合分析认定中日友好医院的过错诊疗行为与关某死亡的损害后果之间存在因果关系,并确定相关责任程度,更符合现行法律规定及法理逻辑。此外,在确定医院的过错与关某的死亡后果之间具有因果关系的基础上,法院对原因力大小的认定过程也值得关注。相较于一审法院直接在鉴定意见认定的次要责任比例范围内判决中日友好医院对关某的死亡承担25%的赔偿责任,二审法院在认定过程中加入了基础比例,即先计算出关某寿命减少的年限与死亡赔偿金最长计算年限的比例,在此基础上叠加医院应承担的次要责任比例,做到了条理清楚、准确分明,整篇文书逻辑缜密、清晰有序。

15. 被告人聂树斌故意杀人、强奸妇女再审案*

一、案件简介

（一）基本案情

1994年8月5日17时许，河北省石家庄市液压件厂女工康某1（被害人，殁年36岁）下班骑车离厂。8月10日上午，康某1父亲康某2向公安机关报案称其女儿失踪。同日下午，康某2和康某1的同事余某某等人在石家庄市郊区孔寨村西玉米地边发现了被杂草掩埋的康某1的连衣裙和内裤。8月11日上午，康某1的尸体在孔寨村西玉米地里被发现。同日下午，侦查机关对康某1的尸体进行了检验。10月1日聂树斌因为涉嫌强奸、杀害康某1被刑事拘留；10月9日，聂树斌被批准逮捕。12月6日，石家庄市人民检察院向石家庄中院提起公诉，指控被告人聂树斌犯故意杀人罪、强奸妇女罪。石家庄中院于1995年3月15日依法作出一审判决，认定聂树斌强奸、杀害康某1，以故意杀人罪判处聂树斌死刑，剥夺政治权利终身，以强奸妇女罪判处聂树斌死刑，剥夺政治权利终身，数罪并罚，决定执行死刑，剥夺政治权利终身。聂树斌不服一审判决，提起上诉，河北省高院于4月25日作出终审判决，认定原审认定的事实正确，对故意杀人罪量刑适当，但对强奸妇女罪量刑过重，遂维持一审判决中关于故意杀人罪的定罪量刑，撤销一审判决中对强奸妇女罪的量刑部分，判决聂树斌强奸妇女罪，判处有期徒刑十五年，数罪并罚，决定执行死刑，剥夺政治权利终身。同时，根据最高人民法院授权，河北省高院核准该死刑判决。同年4月27日，聂树斌被执行死刑。

2005年，河南警方抓获犯罪嫌疑人王书金，王书金供认强奸、杀害多名妇女，其中包括1994年石家庄西郊玉米地的被害人，其供述与聂树斌案高度吻合。2014年12月12日，最高人民法院指令山东省高级人民法院复查聂树斌案。2016年6月，山东省高级人民法院经过复查后认为聂树斌故意杀人罪、强奸妇女罪证据不确实、不充分，建议最高人民法院依照审判监督程序重新审理。最高人民法院经审查，同意山东省高院的意见，于2016年6月6日决定依照审判监督程序，提审聂树斌案。

（二）主要争议

本案的争议焦点为：原审法院作出的判决是否事实清楚、证据充分。

---

* 源自（2016）最高法刑再3号刑事判决书。

二、说理思路

再审法院围绕争议焦点展开如下说理：

1.原审认定，石家庄市公安局郊区分局在侦破此案时，仅根据群众反映离案发现场约2公里的石家庄市电化厂平房宿舍区有一个公共厕所，有一名骑蓝色山地车的男青年常在附近闲转，就将聂树斌抓获，原审卷宗也没有记载是何人反映的证据，也没有组织群众对聂树斌辨认的证据，更没有群众反映的那名男青年与康某1被害案存在关联的证据。

2.从聂树斌1994年9月23日18时许被抓获，到9月28日卷内出现第一份有罪供述笔录，共有5天时间，原审卷宗内没有这期间的讯问笔录，导致聂树斌讯问笔录的完整性、真实性受到严重影响，且缺失的笔录可能包含对聂树斌有利的意见。

3.聂树斌曾经供述自己本来想不说，后在办案人员"劝说和帮助下说清整个过程"，不能排除这些供述系刑讯逼供、指供、诱供形成，合法性和真实性存在疑问。且聂树斌的有罪供述说法不一、前后矛盾，供述偷拿花上衣的情节因证人证言而变化，侦查机关讯问过程明显具有指供倾向。

4.从1994年8月11日发现康某1尸体到同年9月底聂树斌认罪，即从案发到破案50天内，办案机关收集的重要证人的证言，无一入卷，全部缺失，不合常理。且关键证人侯某某后来对关于与康某1最后见面时间的证言作出重大改变，直接影响对康某1死亡时间和聂树斌作案时间等基本事实的认定，导致在案证人证言的真实性和证明力受到严重影响。

5.本案复查和再审期间，申诉人及其代理人提出，聂树斌所在车间有一份考勤表，该考勤表可以证明聂树斌在1994年8月5日是否上班，没有考勤表就不能认定聂树斌有作案时间，虽然这张对聂树斌有利的考勤表不一定被办案机关有意隐匿，但考勤表的缺失，导致认定聂树斌有无作案时间失去原始书证支持，对聂树斌不利。

6.原审认定，聂树斌于1994年8月5日将康某1强奸、杀害。聂树斌并没有供述出作案的具体日期，而其对作案时间的供述在葛某某对其进行批评后的第二天和受到批评的当天之间不断变化，前后存在多次反复。原审对此的认定证据不确实、不充分。

7.现场勘查笔录记载，在康某1尸体颈部缠绕着一件短袖花上衣，原审将其认定为聂树斌故意杀人的作案工具。花上衣来源不清，现场提取的花上衣与让聂树斌辨认、随案移送的花上衣是否同一存疑,聂树斌供述偷花上衣的动机不合常理,原审判决认定花上衣系作案工具存在重大疑问。

8.康某1遇害时间不明,原审认定康某1系窒息死亡的证据不确实、不充分;且康某1死因不具有确定性,原审判决所采信的尸体检验报告证明力不足。

9.聂树斌归案后被违法采取强制措施、现场勘查违反法律规定,原办案程序的严重缺陷,使得指认、辨认笔录不具有证明力。

三、论证结构图

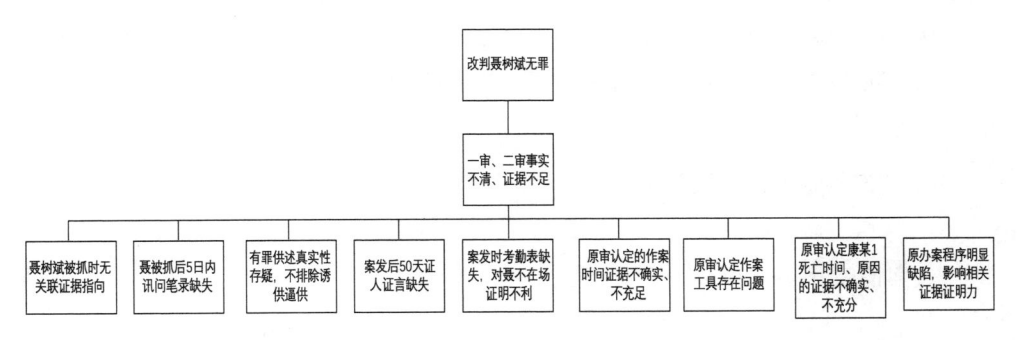

```
                            改判聂树斌无罪
                                 │
                          一审、二审事实
                          不清、证据不足
  ┌──────┬──────┬──────┬──────┬──────┬──────┬──────┬──────┐
聂树斌被  聂被抓后  有罪供述  案发后50天  案发时考  原审认定  原审认定  原审认定  原办案程
抓时无关  5日内讯   真实性存  证人证言   勤表缺失  的作案时  作案工具  康某1死  序明显缺
联证据指  问笔录缺  疑,不排   缺失       ,对聂不  间证据不  存在问题  亡时间、  陷,影响
向        失        除诱供逼              在场证明  确实、不            原因的证  相关证据
                    供                    不利      充足                据不确实  证明力
                                                                        、不充分
```

四、说理评析

在刑事诉讼的规则中,法院认定是否有罪,首先需要有满足客观性、关联性、合法性的证据,再判断该证据能否作为定案的依据,再通过判断在案证据是否达到了证明标准,从而得出相应结论。

在本案中,我们可以发现,原审法院主要通过聂树斌的有罪供述认定聂树斌犯故意杀人罪、强奸妇女罪,这份有罪供述囊括了案发时间、被害人遇害时间、作案工具和杀人行为,但被告人供述这一言词证据十分脆弱,在作为定案依据时要受到非法证据排除原则的限制,即使该供述因为不存在《刑事诉讼法》及其司法解释中的非法原因而成为本案的在案证据,它也仍然因为其内容本身前后矛盾而显证明力薄弱。本案其他在案证据,如原审认定被害人死亡时间和原因的证据、作案时间的证据等,同样不确实、不充分,证明力弱。本案中也没有可以单独、直接证明案件主要事实的证据,也即直接证据。仅凭间接证据定案需要各证据查证属实、相互印证、形成完整证据链、足以排除合理怀疑、推理符合逻辑和经验,综合本案的在案证据,不能达到确实、充分的证明标准,不能认定聂树斌犯故意杀人罪、强奸妇女罪。

再审法院通过对在案证据逐一认定,排除非法证据后,对在案证据的证明力进行相应的说理,最后综合全案判断是否达到证明标准,彰显出法律,特别是程序法的科学与严谨。与之对比的是原审法院、检察院以及公安机关,存在忽视办案程序的过错。我们对公安机关违法采取强制措施、现场勘查违反法律规定,以及检察院未良好履行存疑不起诉的职责先按下不表,公正司法是维护社会公平正义的最后一道防线,也是法治的生命线,是人民群众感知依法治国的尺子,原审法院本应科学地审查本案证据、判断各证据的证明力,最后判断是否达到证明标准,但因为在司法过程中没有遵循程序法的规则、没有规范审判,从而造成冤假错案。再审法院的判决对各证据证明力逐一说明,令人信服,这也说明了,只有规范的判决才能发扬程序法惩罚犯罪的同时保障人权的精神。

16. 被告人张玉环故意杀人案*

一、案情简介

(一)基本案情

1993年10月24日,江西省南昌市进贤县凰岭乡张家村两名男童失踪,一名6岁、一名4岁,男童失踪后其伯父向当地警方报警,次日两名孩子的遗体从村附近的下马塘水库被打捞出来。法医鉴定两名男童非溺水死亡,而是被人掐死和勒死后抛尸水库。经过警方走访调查,在男童伯父报案后的第三天,两名男童的邻居——当时只有26岁的张玉环被认定具有重大犯罪嫌疑,被警方带走调查。1995年1月,南昌市中级人民法院一审认定张玉环犯故意杀人罪,判处死刑,缓期二年执行。张玉环提出上诉。

六年后的2001年,江西省高级人民法院以事实不清、证据不足为由,将案件发回重审。当年11月,南昌市中级人民法院就张玉环故意杀人案再审开庭,维持一审原判。江西省高级人民法院作出终审判决,驳回上诉,张玉环继续回到南昌监狱服刑。此后,张玉环及其亲属、代理人持续申诉。

2019年3月1日,江西省高级人民法院作出再审决定。2020年7月9日,该案公开开庭再审。法庭上,江西省人民检察院出庭的检察员认为,原审裁判认定张玉环实

---

* 源自(2019)赣刑再3号刑事判决书。

施犯罪行为的事实不清、证据不足,建议法院依法改判张玉环无罪。对张玉环及其辩护人、江西省人民检察院提出的应当改判张玉环无罪的意见,江西省高级人民法院予以采纳。

2020年8月4日,江西省高级人民法院作出判决,宣告张玉环无罪。

(二)主要争议

本案再审判决主要针对被告人再审申请的理由、原审认定的物证证明力、张玉环有罪供述的真实性等方面进行分析论证。

二、说理思路

再审判决确认了原审判决中证人证言、法医鉴定和公安勘察笔录能够相互印证的事实,但认为原审认定张玉环杀死两小孩的事实不清、证据不足。

第一,在案物证(麻袋、麻绳)与本案或张玉环缺乏关联。第二,原审认定被害人张某荣将张玉环手背抓伤出血,缺乏证据证明。本案没有证据证明张某荣的手指甲中存有张玉环的血液、皮肉等生物样本。第三,原审认定的第一作案现场缺乏痕迹物证证明,除张玉环有罪供述外,没有证据证明张玉环哥哥的房间是第一作案现场。第四,张玉环的供述缺乏稳定性,两次供述在杀人地点、作案工具、作案过程等方面存在明显矛盾,且存在先证后供的情况,其有罪供述真实性存疑,不能作为定案的根据。

三、论证结构图

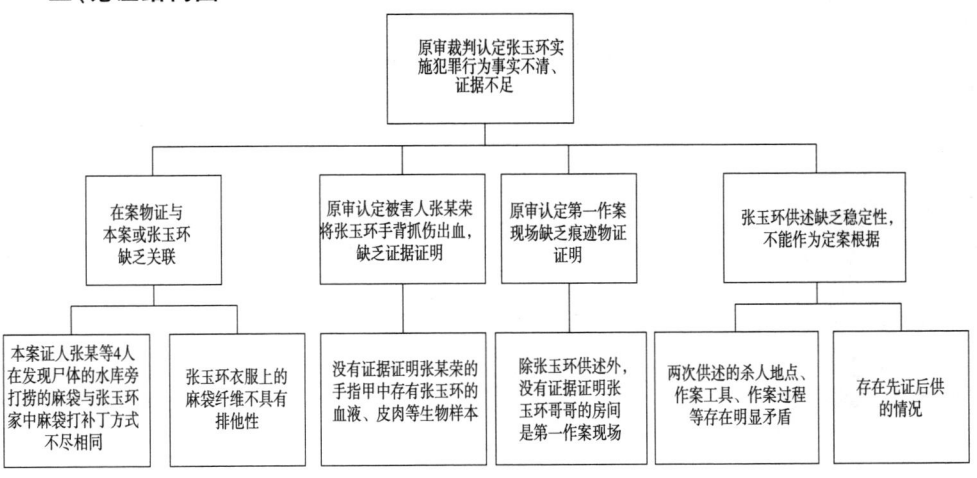

```
                原审裁判认定张玉环实
                施犯罪行为事实不清、
                      证据不足
    ┌──────────────┬──────────────┬──────────────┬──────────────┐
  在案物证与      原审认定被害人张某荣   原审认定第一作案     张玉环供述缺乏稳定性,
  本案或张玉环    将张玉环手背抓伤出血,  现场缺乏痕迹物证     不能作为定案根据
    缺乏关联        缺乏证据证明              证明
    │                   │                    │                    │
    │                   │                    │              ┌─────┴─────┐
本案证人张某等4人    没有证据证明张某荣的    除张玉环供述外,    两次供述的杀人地点、  存在先证后供
在发现尸体的水库旁   手指甲中存有张玉环的   没有证据证明张       作案工具、作案过程    的情况
打捞的麻袋与张玉环   血液、皮肉等生物样本   玉环哥哥的房间       等存在明显矛盾
家中麻袋打补丁方式                         是第一作案现场
不尽相同
    
    张玉环衣服上的
    麻袋纤维不具有
      排他性
```

四、说理评析

本案判决的亮点在于将"疑罪从无"原则落实到司法裁判中。疑罪从无,是指在刑事诉讼中,当证据不足以证明被告人有罪时,应当判决被告人无罪。这一原则体现了对人权的尊重和保护,强调在司法审判过程中,应当首先保护无辜者的权利,避免因为证据不足或程序不公而造成冤假错案。2019年4月,最高人民检察院检察长张军在政法领导干部专题研讨班作报告时表示,可捕可不捕的不捕、可诉可不诉的不诉、疑罪从无,这样的检察观念必须牢固树立;2020年5月,"疑罪从无"也写入最高人民检察院工作报告,最高人民检察院检察委员会讨论"张志超强奸案",认为原起诉、裁判证据不足,按照疑罪从无原则,支持山东省检察机关提出改判无罪意见。与绝不纵容犯罪相比,疑罪从无是正义与安全的平衡。本案论证过程中,法官首先筛选原审判决中的定罪证据,进而说明定罪证据不足的情况,围绕被告人再审申请的理由、原审认定的物证证明力、张玉环有罪供述的真实性等方面给予回应,最终宣告张玉环无罪,保障了疑罪案件中被告人的基本人权。

第二章

事实认定说理

《释法说理指导意见》第六条规定:"裁判文书应当结合庭审举证、质证、法庭辩论以及法庭调查核实证据等情况,重点针对裁判认定的事实或者事实争点进行释法说理。依据间接证据认定事实时,应当围绕间接证据之间是否存在印证关系、是否能够形成完整的证明体系等进行说理。采用推定方法认定事实时,应当说明推定启动的原因、反驳的事实和理由,阐释裁断的形成过程。"在建构法律事实的过程中,证据事实与裁判事实的建构都离不开说理。证据事实是人们基于证据作出的关于案件的陈述,准确地说,系由对证据的描述出发经由合理推导形成的对事实的陈述。证据事实的说理主要涉及两个方面:一是关于证据是否采信的说理,二是基于证据作出有限推理以得出证据事实的说理。本书从证据、证据事实、裁判事实三个层面阐述关于事实的说理,并不意味着法官在认定事实时必须沿循这三个层面。事实上,前两个层面的说理更多是侦查人员、检察官、律师要关注的,此处论及旨在提醒法官就事实进行说理时,应该清晰认识到这是三个层面的问题,进而明确相应的说理义务。裁判事实可以分为程序性裁判事实与实体性裁判事实。就程序性裁判事实而言,其建构要旨是依据程序法律规范,否定案件事实产生实质法律意义的可能性,法官只需要点出涉案行为不由法律调整、案件存在程序问题(如超出诉讼时效、原判决遗漏当事人)等就可以,而不需就此进行深入论证。

第一节 证据事实的建构

从语言学的角度来看,证据事实的建构过程其实是一个经由对证据的描述(可称为基始陈述)推导出对案件事实的描述的过程,是一个从基始陈述的命题推导出陈述整个案件事实的命题体系的过程。基于案件事实的程序性与规范性,对诉讼证明标准的认识必须转换为建构证据事实这一言语行为的规范,成为建构证据事实应遵循的准则。首先,可还原至基始陈述;其次,有限的推理;最后,克制、避免价值判断尤其是法律评价。具体而言,证据事实具有两个特性:描述性与可验证性。就描述性而言,证据事实应当以对证据的外显信息的描述为主,这意味着描述证据的命题与证据之间没有任何假设。就可验证性而言,证据事实必须能被还原出不可动摇、不可定义的基始陈述。此外,建构证据事实的准则应当在兼采客观真实论与法律真实论之长的同时,借鉴语言学的视角与方法。

17. 被告人王平组织、领导黑社会性质组织案[*]

一、案情简介

（一）基本案情

1995 年至 2001 年间,被告人王平组织、领导黑社会性质组织,严重危害当地经济、社会管理秩序,社会影响极坏,社会危害极大。王平组织、领导的黑社会性质组织实施故意伤害 5 起,致二人死亡、三人重伤、一人轻伤,犯罪性质恶劣,后果和罪行极其严重;另实施了聚众斗殴、敲诈勒索、寻衅滋事、开设赌场等犯罪行为,且王平为领导者,既有亲自组织、策划、参与的,也有组织成员为维护其及组织利益而实施并得到其认可或默许的,应当按照其组织、领导的黑社会性质组织所犯的全部罪行处罚。对其所犯数罪,应并罚。本院经复核,核准王平死刑。

（二）主要争议

该案的主要争议焦点:

1.定罪方面:王平是否犯组织、领导黑社会性质组织罪、故意杀人罪、故意伤害罪、聚众斗殴罪、敲诈勒索罪、寻衅滋事罪、赌博罪;

2.量刑方面:王平是否应当被处以死刑立即执行。

二、说理思路

最高人民法院裁定书对本案采取的说理思路主要为先分列各个罪名对应的事实,再在事实后附上相关证据。论证主要罪名——"组织、领导黑社会性质组织罪"的成立。先按照时间顺序叙述被告人王平在 1995 年至 1997 年间组织、领导黑社会

---

[*] 源自(2021)最高法刑核 82017945 号刑事裁定书。

性质组织的事实行为,然后依照法律规定的黑社会性质组织的特征进行总结归纳,将事实与法律规定相结合进行说理。例如,"通过有组织地实施故意伤害、聚众斗殴、敲诈勒索、寻衅滋事、开设赌场等多起违法犯罪活动,逐步形成以王平为组织者、领导者,以辛忠、涂信福、舒本忠、熊良勇、许其贵、叶正敏为骨干成员,以蒲茂涛、鲁友森、张崇安、陈治平、曾维富、母兴有、王晓腾、陈超、刘福林等人为一般参加者的犯罪组织,成员先后共计 40 余人。该组织成员人数较多,有明确的组织者、领导者,骨干成员固定,组织结构严密,组织层级分明"。此处说理即将案件的具体事实与黑社会性质组织的法律特征相结合,认定王平确实实施了组织、领导黑社会性质组织的行为。说明事实以后,罗列相关证据予以印证。其他罪名也采取同样的说理思路,不再赘述。

三、论证结构图

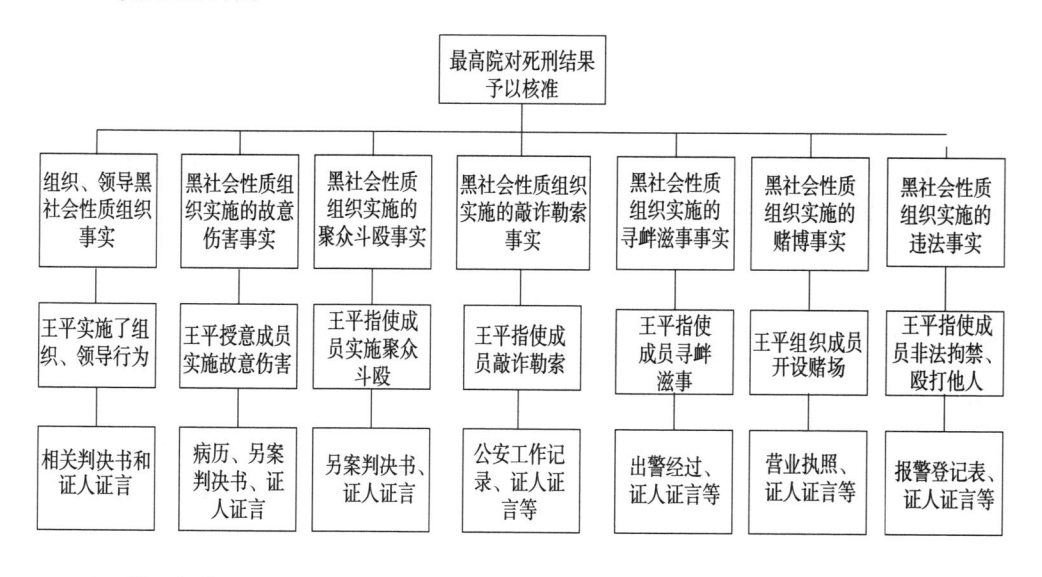

```
                        最高院对死刑结果
                          予以核准
    ┌──────────┬──────────┬──────────┬──────────┬──────────┬──────────┬──────────┐
  组织、领导黑   黑社会性质组   黑社会性质组   黑社会性质组   黑社会性质组   黑社会性质组   黑社会性质组
  社会性质组织   织实施的故意   织实施的聚众   织实施的敲诈   织实施的寻衅   织实施的赌博   织实施的违法
      事实        伤害事实       斗殴事实      勒索事实      滋事事实        事实         事实
      │            │            │            │            │            │            │
  王平实施了组   王平授意成员   王平指使成员   王平指使成员   王平指使成员   王平组织成员   王平指使成
  织、领导行为   实施故意伤害   实施聚众斗殴   敲诈勒索      寻衅滋事       开设赌场      员非法拘禁、
                                                                                       殴打他人
      │            │            │            │            │            │            │
  相关判决书和   病历、另案     另案判决书、   公安工作记     出警经过、    营业执照、    报警登记表、
  证人证言       判决书、证     证人证言       录、证人证     证人证言等   证人证言等   证人证言等
                 人证言                        言等
```

四、说理评析

我国采用死刑复核的制度,体现了我国对死刑适用的严肃与谨慎。本案系重庆市高级人民法院发布的 2021 年度十大典型案例之一。定罪方面,该死刑复核裁定书从王平的客观行为和主观恶性两方面进行分析,客观上王平的行为符合相应的犯

罪客观构成要件,主观上王平的主观恶性极大,其为了逃避法律的惩罚潜逃境外十余年。量刑方面,该复核裁定书对各个罪名依法量刑,并对法定刑升格情节进行了说明。

在事实认定上,该复核裁定书做到了事实与法律规定相结合,用语规范、准确精炼、详略得当。例如,在认定王平实施了"组织、领导黑社会性质组织罪"上,采用事实行为+法律规定的模式,将王平的行为与每一个黑社会性质组织的特征联系起来,严密地论证其行为符合法律规定的罪名。王平纠集40余人,而且规定"小弟要听从大哥的安排""部分成员要统一着装"等,对应了"成员人数较多、有明确的组织者和领导者、骨干成员固定、组织结构严密、组织层级分明"的黑社会性质组织的特征。王平还组织成员实施垄断成渝高速客运业务、开设赌场等违法犯罪活动攫取巨额经济利益,对应"具有较强经济实力"的黑社会性质组织特征。该组织为了树立组织及组织者、领导者的非法权威,维护组织的非法利益,有组织地实施了故意伤害、敲诈勒索、聚众斗殴、寻衅滋事等犯罪活动,以及非法拘禁、扰乱成渝高速客运线路等违法活动。这些行为对应"通过实施违法犯罪活动,称霸一方,严重破坏经济、社会生活秩序"的特征。事实和特征一一对应,将法律规定融入事实阐述中,既保留了事实部分叙述的流畅性,也做到了论证清晰、合法合理,尽可能让普通民众和法律工作者都能看懂并认可判决书的说理,达到以案释法的良好效果。

18. 被告人李子民等职务侵占、非国家工作人员受贿案*

一、案情简介

(一)基本案情

李建民是海南赛格国际信托投资公司(以下简称"海南赛格公司")的法定代表人,于2000年被刑事拘留,此后海南赛格公司成立由其胞弟李健文与副总经理吕小青等人组成的临时经营班子。2006年1月该公司依法进入破产清算程序。杭州西湖高

---

* (2021)琼刑终112号刑事判决书。

尔夫乡村俱乐部有限公司(以下简称"杭州高尔夫公司")于1994年10月由海南赛格公司发起设立,股东为海南赛格公司及其全资子公司。起初由李建民任法定代表人兼董事长总经理,李子民任副总经理,至2000年2月法定代表人、董事长变更为李子民。1997年至2007年期间,被告人李子民、李建民等人共谋,非法占有海南赛格公司及其关联公司所有的杭州高尔夫公司的100%股权,其行为构成职务侵占罪。吕小青为李子民等人谋取利益,后以多种名义收受李子民好处费共计232万元,数额巨大,其行为构成非国家工作人员受贿罪。一审法院查明以上事实并作出相应判决,李子民、李建民和吕小青不服,提起上诉。二审法院经审理查明的事实与一审法院查明的事实一致,二审法院认为一审适用法律正确,量刑适当,故判决驳回上诉,维持原判。

(二)主要争议

二审法院将争议焦点总结为:

1. 检察机关在作出不起诉决定后,又提起公诉,程序是否违法;
2. 杭州高尔夫公司所有权变动情况;
3. 能否认定"恶意对账";
4. 杭州高尔夫公司的股权转让、变更是否合法。

二、说理思路

本案一审法院采取抽丝剥茧的说理方式,首先逐一厘清各方当事人之间的关系,然后大体上以时间为序述明李建民等人为蚕食海南赛格公司及其关联公司占有的杭州高尔夫公司100%股权而进行的一系列盘根错节的经济活动,进而定罪量刑。上诉人以其行为的性质是正常商业行为、检察院再次起诉程序违法为由提出上诉,二审法院对程序上的合法性作出回应之后,在全面审查案件事实的基础上,透过当事人进行的一系列看似合法的商业操作,抓住了杭州高尔夫公司股权转让、变更这一核心法律关系重构案件事实,首先,指明杭州高尔夫公司的股东由海南赛格公司及其关联公司变动为李子民、李建民控制的杭州未名公司;其次,论述了股权变动不仅未按照法定程序进行,而且杭州未名公司并未支付任何对价,鉴于此,股权变动的行为损害了海南赛格公司及其债权人的利益;最后,通过李建民等人知情且其行为是为己牟利等事实,证明李建民等人构成共同故意犯罪。

三、论证结构图

```
                                    驳回上诉,维持原判
         ┌──────────────────────┬──────────────────────┐
   市检察院提出公        一审认定事实、            一审量刑适当
   诉的程序合法①       适用法律正确        ┌──────────┬──────────┬──────────┐
         │                  │          李子民等人共同   侵占数额巨大,  一审根据行为人的
   区检察院原不起      李子民等人构成    构成职务侵占罪   情节特别严重   作用和获利量刑
   诉决定错误          职务侵占罪的共
                       同犯罪
                ┌──────────────┴──────────────┐
         李子民等人非法                    李子民、李建民
         占有海南赛格公                    构成共同犯罪
         司的重大资产
     ┌──────┬──────┬──────┐         ┌──────────┬──────────┐
  海南赛格公司  股权转移没有支  股权转移未按法   李子民利用李建民  股权变动不合法
  持有的杭州高  付任何对价     定程序进行      恶意对账形成的巨
  尔夫公司股权                              额债务承继地进行
  被李子民等人占有                          了股权剥离
  ┌────┬────┐                      ┌────┐  ┌────┬────┬────┐
  杭州高尔夫公司  案发后杭州高尔夫公     李建民、李子民  李建民等擅自签  李建民等故意避  股权变动损害了
  的股权原为海南  司的股权被李子民等     为恶意对账     订股权抵债权的  开股权变动的法  海南赛格公司的
  赛格公司所有    实际控制的杭州未名                  协议          定程序          利益
                  公司占有
                                      李建民与李子民虚
                                      假对账造成海南赛
                                      格公司巨额债务
```

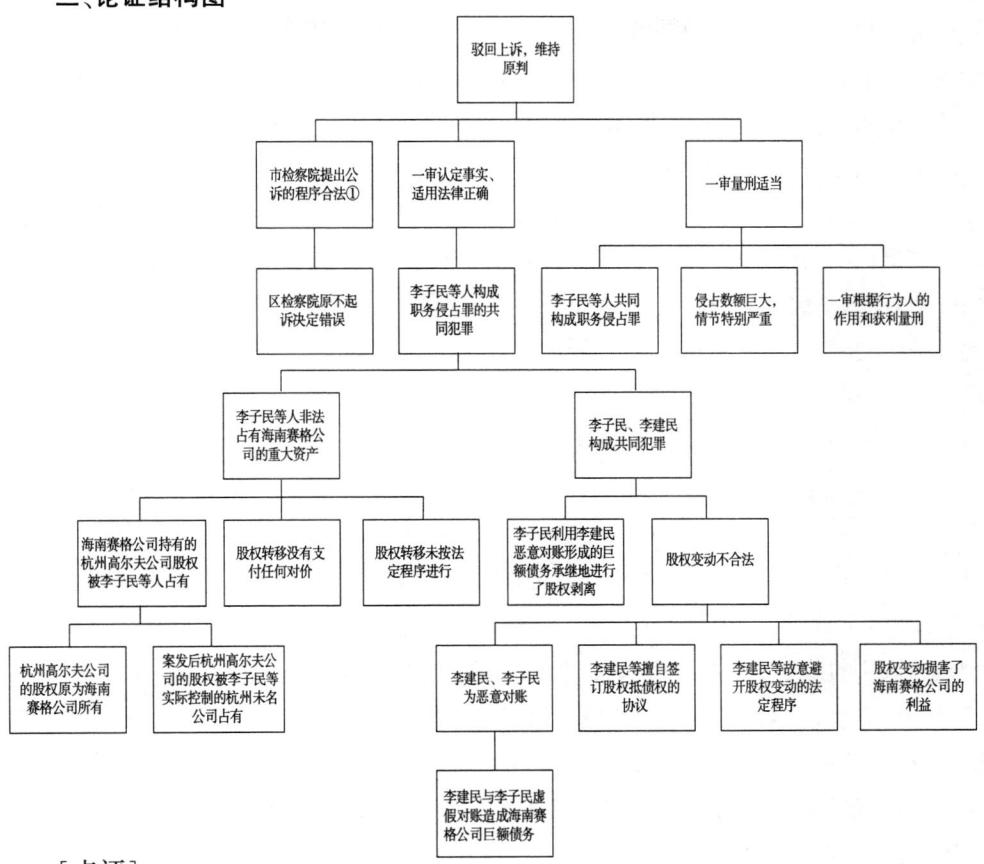

[点评]

① 未列明《高检规则》第四百二十四条。

四、说理评析

刑事诉讼法要求刑事案件二审时不仅要对上诉人的上诉请求进行回应,而且要对案件进行全面审查。本案二审的审判人员首先回应了上诉人提出的程序异议;然后在认定犯罪时抓住杭州高尔夫公司的股权异常变动这一情况,指出上诉人李子民等人将海南赛格公司及其关联公司占有的杭州高尔夫公司的100%股权逐步剥离,并转移至李子民等人控制的杭州未名公司的行为在程序上违法,且杭州未名公司并未支付任何对价,由此证明杭州高尔夫公司的股权变动并不合法。对于上诉人提出的股权转让是

为了公司的利益,其没有主观恶性的主张,二审审判人员从李子民等人故意绕开股权转让法定程序,海南赛格公司对杭州高尔夫公司负担的巨额债务是通过恶意对账形成的虚假债务,将海南赛格公司持有的杭州高尔夫公司的股权剥离损害了海南赛格公司及其债权人利益等多个方面进行了全面的驳斥,说理过程逻辑严密且层层递进。

  本案是经济类犯罪,案情错综复杂,民刑交织,仅是厘清各方操作仍然会使案情看起来扑朔迷离,而且由于多个法律关系的交叉,裁判文书说理时难免会面临重复的问题。二审法院的说理亮点是,对案件事实进行解构分析,透过当事人复杂且看似合法的行为表象,围绕本案的核心法律关系——杭州高尔夫公司的股权变动,重新建构了案件事实,并通过证明股权变动不合法、李子民等人有共同犯罪故意,充分论证了李子民等人存在利用职权非法占有海南赛格公司巨额资产的行为。这种说理方式使得裁判文书看起来清晰明了,且说服力强。

  但二审裁判文书在说理上存在三个问题:一是关于侵占杭州高尔夫公司48%股权的说理,法官仅指出李子民等人非法占有海南赛格公司及其关联公司持有的杭州高尔夫公司48%的股权,但未讲明这一过程是通过收购海南华兴公司,从而占有海南华兴公司持有的杭州高尔夫公司股权完成的,导致说理论证过程有"跳跃"之感。二是关于争议焦点"恶意对账"的说理中存在笔误,第二处的"最终形成海南赛格公司欠杭州高尔夫公司107276290.82元的虚假债务"应为"擅自处置了海南赛格公司的重大资产"。三是在引用法律条文上存在问题,只指出"根据法律规定""根据《人民检察院刑事诉讼规则》的相关规定"而没有列出具体的法律规范和/或具体条文。虽然二审裁判文书存在一些瑕疵,但总体而言,瑕不掩瑜,在经济犯罪领域的裁判文书写作上依然具有很强的借鉴意义。

19. 被告人邓威等诈骗案[*]

一、案情简介

(一)基本案情

2020年3月至4月,邓威、李芳先后纠集李勇换、廖琼、吕昭辉、彭丽华等人,并分别给每人发放1至3部预先安装好微信软件的手机,要求使用发放手机中冒用他人身

---

[*] (2021)湘05刑终107号刑事判决书。

份信息注册的微信账号添加微信好友进行聊天,并取得好友的信任。2020年3月24日,吕小奴在"嘉禾影视客服"(身份不明,未到案)上线的安排下,负责"摩芋汽车众筹平台"的日常管理维护,为在该平台上注册的会员账户进行虚假充值及获利;邓威要求李勇换、廖琼等人向微信好友推广"摩芋汽车众筹平台",虚构该平台是安徽摩芋汽车有限服务公司旗下的二手车交易平台,让投资人对公司定价的二手车进行众筹,将高于定价卖出的利润按投资比例分给投资人。各被告人让微信好友下载安装摩芋汽车平台、注册会员,并将所有投资人分别拉到10个微信群内,在微信群内发送虚假的汽车众筹资料、充值情况与获利截图,引诱微信好友投资众筹二手车,承诺3日至15日后有5%的保底收益,并可以发展为县级代理、市级代理、省级代理而获得更多收益。其中各被告人的分工如下:邓威负责租赁场地,纠集廖琼等7人负责诈骗活动;吕小奴负责"摩芋汽车众筹平台"的操作管理、充值、提现、控制平台周期、管理平台账户、维护平台的正常运营,并在微信群内发布虚假的汽车众筹资料、充值情况以及获利截图,骗取各被害人的信任,引诱被害人在平台进行注册投资;李芳负责租赁场地,纠集被告人李勇换等5人从事诈骗活动等。一审法院认为,上述被告人以非法占有为目的,采取虚构事实、隐瞒真相的方式,利用电信网络引诱他人进行虚假二手车众筹投资,骗取他人财物1157157.37元,数额特别巨大,其行为均已构成诈骗罪。在共同犯罪中,被告人邓威、吕小奴、李芳起主要作用,系主犯;被告人李勇换等人为从犯。一审判决:(1)被告人邓威犯诈骗罪,判处有期徒刑十一年,并处罚金人民币2万元;(2)被告人吕小奴犯诈骗罪,判处有期徒刑十年六个月,并处罚金人民币2万元;(3)被告人李芳犯诈骗罪,判处有期徒刑九年,并处罚金人民币2万元,其余被告人判处有期徒刑三年至五年,并处罚金。邓威等人均提出上诉。

(二)主要争议

二审法官将主要争议归结如下:

1.本案被告是否构成诈骗罪;

2.本案被告是否构成共同犯罪;

3.对自首、认罪认罚等量刑情节的考量;

4.犯罪物品的处理。

二、说理思路

二审法院针对被告人上诉的理由,从案件性质,诈骗数额,主犯、从犯、胁从犯问题,邓威是否具有立功情节,认罪认罚从宽处罚问题,量刑,犯罪物品的处理七个方面进行了全方位的回应与说理。首先对于案件的定性,二审法院对各上诉人的理由逐一回应,通过对诈骗罪的犯罪构成要件进行详细解释,并与案件事实相互印证,进而驳回上诉人的请求;对于诈骗数额,二审法院运用共同犯罪的学说,反驳了上诉人只对自己骗取的数额负责的请求;对于主犯、从犯的问题,二审法院从一审在案证据出发,认为邓威等3人在其上线指挥下有组织有预谋地开展犯罪活动,系主犯无误。

三、论证结构图

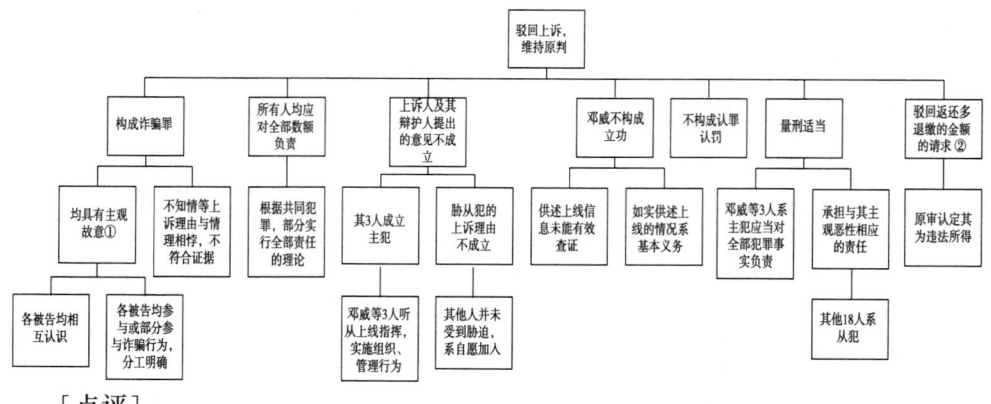

```
                                      驳回上诉,维持原判
        ┌──────┬──────┬──────┬──────┬──────┬──────┐
      构成    所有人均应   上诉人及其    邓威不   不构成   量刑   驳回返还多
      诈骗罪  对全部数额  辩护人提出的  构成     认罪    适当    退缴的金额
              负责       意见不成立   立功     认罚           的请求②
     ┌──┬──┐         ┌──┬──┐        ┌──┬──┐              
   均具  不知情等  根据共同   其3人  胁从犯的  供述上线  如实供述  邓威等3人  承担与其主  原审认定其
   有主  上诉理由  犯罪、部   成立   上诉理由  信息未能  上线的情  系主犯应   观恶性相应  为违法所得
   观故  与情理相  分实行全   主犯   不成立   有效查证  况系基本  当对全部   的责任
   意①  悖,不符   部责任的                          义务     犯罪事实
         合证据    理论                                      负责
   ┌──┐ ┌──┐                ┌──┐ ┌──┐                         ┌──┐
   各被  各被告均  邓威等3    其他人并              其他18人
   告均  参与或部  人听从上   未受到胁              系从犯
   相互  分参与诈  线指挥,   迫,系自
   认识  骗行为,   实施组织、 愿加入
         分工明确  管理行为
```

[点评]

①"相互认识"和"均具有主观故意",关联性不足。

②仅以一审法院认定其为非法所得为由驳回被告人的退赃申请,理由不充分。

四、说理评析

本案中,被告人的犯罪事实清楚,证据确实充分。其中,本案的难点在于如何回应众多上诉人的上诉意见。本案中,各被告人均以不同理由提出上诉,二审法院在法律适用和量刑的过程中,秉承司法公正,坚持罚当其罪,从犯罪构成、责任承担和刑罚适用方面层层剖析,逐一作出回应。尤其是对案件性质、诈骗数额、共同犯罪这三个方面予以详细说明。其一,关于案件性质,二审法院剖析了诈骗罪的犯罪构成,认为各"被告人多系同学、熟人和朋友,均参与或者部分参与上述行为,分工明确,密切协作,知道或者应当知道上述行为系诈骗犯罪行为,均具有非法占有他人财物的动机和目的,均具有实施共同诈骗犯罪的主观故意和客观行为,符合诈骗罪的构成要件,且主观上明知他人利用网络进行诈骗的行为,直接积极实施或者参与帮助实施具体的诈骗犯罪行为,其行为系共同诈骗犯罪行为",要件说理完整、充分、明确。其二,关于诈骗金额,二审法院采取了共同犯罪"部分实行,全部负责"的学说,简明有力地回应了上诉人及其辩护人的上诉意见,即共同犯罪不能将不同被告人割裂开来进行评价,避免了机械适用刑法的情况。此外,二审法院驳回被告人退缴申请的理由不够充分。被告人主动退赃及公安机关扣押相关资金数额超出在案证据所认定的诈骗金额,二审法院以一审法院已经认定所超出金额为非法所得为由驳回上诉人要求退还超出金额的请求。一审法院认定超出金额为非法所得,二审法院应当对此进行说理释明。二审法院直接沿用一审判决的做法有违上诉人的审级利益,造成本案说理的不足。

就本判决书而言,难能可贵之处在于对上诉意见和辩护意见予以充分回应。对于辩护人、上诉人的意见回应不充分,是目前刑事判决书说理存在的普遍现象。根据《释法说理指导意见》的相关规定,刑事判决书在释法说理时,应当进一步对各方意见进行回应,充分尊重被告人、上诉人的诉权。因此,本判决书在回应上诉人及其辩护人方面,具有借鉴意义。

20. 李坚毅、深圳市远程智能设备有限公司专利权权属纠纷案[*]

一、案件简介

(一)基本案情

再审申请人李坚毅(一审被告、二审上诉人)于 2012 年 9 月 24 日入职再审被申请人深圳市卫邦科技有限公司(以下简称"卫邦公司",一审原告、二审被上诉人)并于 2013 年 4 月离职,期间担任生产制造总监,从事研发部门的具体工作。卫邦公司成立于 2002 年,经营范围包括医院静脉配液系列机器人产品及配液中心相关配套

---

[*] 源自(2019)最高法民申 6342 号民事判决书。

设备的研发、制造、销售及售后服务。李坚毅在2010年2月至2016年7月期间先后申请了60余项涉及医疗设备、方法及系统的专利,其中44项专利是在李坚毅入职卫邦公司前申请,且有多项专利涉及自动配药装置。

再审申请人深圳市远程智能设备有限公司(以下简称"远程公司",一审被告、二审上诉人)成立于2011年7月11日,李坚毅为该公司的法定代表人及股东(李坚毅的出资比例为85%)。李坚毅于2016年1月22日申请将讼争专利(发明专利,专利号为CN201310293690.×,发明名称为"静脉用药自动配制设备和摆动型转盘式配药装置",发明人为李坚毅)转让给远程公司。卫邦公司主张讼争专利属于李坚毅从卫邦公司离职一年内作出的、与李坚毅在卫邦公司承担的本职工作或者分配的任务有关的发明创造,专利权应归属于卫邦公司。一审支持原告的诉讼请求,二审驳回上诉人的请求并维持原判。

(二)主要争议

再审法院将争议焦点概括为:涉案专利是否属于李坚毅在卫邦公司工作期间的职务发明创造。

二、说理思路

再审法院认为,本案的核心争议是,涉案专利是否属于《专利法》第六条及《专利法实施细则》第十二条第一款第(三)项规定的"职务发明创造",并从以下四个方面分析论述。

首先,论述李坚毅在卫邦公司承担的本职工作或分配的任务与涉案专利技术密切相关,论据有以下三点:第一,李坚毅于卫邦公司任职期间担任生产制造总监,从事配药设备和配药装置的研发管理等工作;第二,李坚毅在卫邦公司任职期间,在采购申请表、多份与涉案专利技术密切相关的技术图纸审核栏处签字;第三,李坚毅多次参与卫邦公司内部与用药自动配药设备和配药装置技术研发有关的会议及讨论、测试工作。

其次,论述涉案专利与李坚毅在卫邦公司承担的本职工作或分配的任务密切相关,论据有以下几点:第一,将涉案专利与卫邦公司的CN102847473专利(以下简称"473")相比,二者解决的技术问题、发明目的、技术效果基本一致,技术方案高度关联;第二,卫邦公司提供的与李坚毅的本职工作有关的涉及与涉案专利密切相关的部件的图纸,在"审核"栏处均有李坚毅的签字;第三,在李坚毅与卫邦公司有关工作人员的往来电子邮件中，讨论的内容直接涉及与涉案专利技术方案密切相关的研发活动。

再次，论述卫邦公司在静脉用药自动配制设备领域的技术研发是持续进行的，主要依据为：卫邦公司的经营范围及其多项专利均涉及自动配药装置，并在李坚毅入职前已有 44 项专利。

最后，论述李坚毅、远程公司不能对涉案专利的研发过程或者技术来源作出合理的解释，理由有两点：第一，涉案专利技术方案复杂、研发难度大，李坚毅在离职卫邦公司后不到 3 个月，即以个人名义单独申请涉案专利，不符合常理；第二，李坚毅最早于 2013 年 7 月 12 日申请了涉案专利以及 201320416724.5 号实用新型专利，在此之前李坚毅不具备独立研发涉案专利技术方案的知识水平和能力。

三、论证结构图

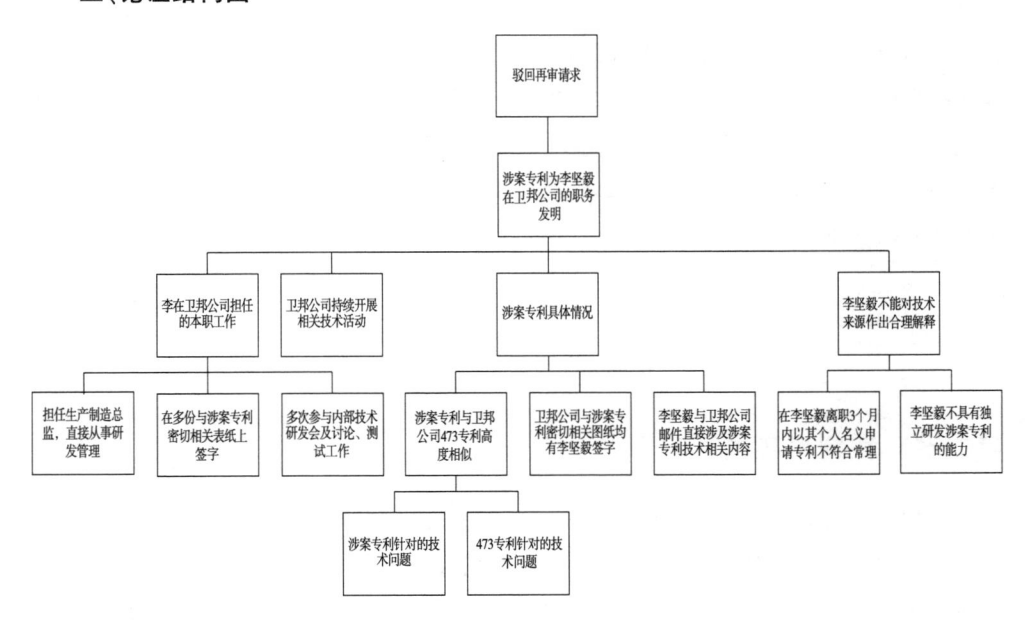

```
                          驳回再审请求
                               │
                  涉案专利为李坚毅在卫邦公司的职务发明
     ┌──────────────┬──────────────┬──────────────┐
  李在卫邦公司担任   卫邦公司持续开展      涉案专利具体情况       李坚毅不能对技术
   的本职工作        相关技术活动                                来源作出合理解释
     │                │                │                        │
  ┌──┴──┐          ┌──┴──┐      ┌──────┼──────┬──────┐      ┌──┴──┐
担任生产  在多份与涉案专   多次参与内部技  涉案专利与卫邦   卫邦公司与涉案   李坚毅与卫邦公司    在李坚毅离职3个月   李坚毅不具有独
制造总监， 利密切相关表纸上  术研发会及讨论、  公司473专利高   专利密切相关图纸均  邮件直接涉及涉案    内以其个人名义申    立研发涉案专利
直接从事研  签字          测试工作       度相似         有李坚毅签字      专利技术相关内容    请专利不符合常理    的能力
发管理
                                   ┌───┴───┐
                              涉案专利针对   473专利针对的
                              的技术问题     技术问题
```

四、说理评析

由于再审申请人和被申请人均提交了新证据，再审法院对此进行了新一轮的证据采信与事实认定。再审法院筛选出与本案关联性不高的新证据，使得案件事实认定清晰。在说理环节，再审法院在每一个论点下都结合了对具体证据采信与否的结论与理由，构建了本案的具体事实，令人信服。再审法院对本案事实的建构十分细致，针对

四个重点事实内容,即李坚毅在卫邦公司的本职工作、涉案专利的具体情况、卫邦公司相关的技术工作以及李坚毅能否对技术来源作出合理解释,进行了详细地分析与阐明,在每一项论点下都详尽地说明了相应的事实,使得说理充分、可靠。再审法院穿破各个证据的表象,揭示案件本质——李坚毅在卫邦公司任职期间承担的本职工作或分配的任务,其能够直接接触、控制、获取卫邦公司内部与用药自动配制设备和配药装置技术研发密切相关的技术信息,且这些信息并非本领域普通的知识、经验或技能,事实认定清晰。

再审法院的法律适用准确。本案的争议焦点在于涉案专利是否符合《专利法》及《专利法实施细则》中的"职务发明创造",再审法院不仅建构了清晰的事实,还依据《专利法》和知识产权类法律保护的内核,进行了利益平衡。再审法院指出,发明创造是复杂的智力劳动,离不开必要的资金、技术和研发人员等资源的投入或支持,并承担相应的风险。在涉及与离职员工有关的职务发明创造的认定时,既要维护原单位对确属职务发明创造的科学技术成果享有的合法权利,鼓励和支持创新驱动发展,同时也不宜不适当地限制研发人员的正常流动,或者限制研发人员在新单位合法参与或开展新的技术研发活动。再审法院对本案的审理,非常好地实现了二者的利益平衡,具有很好的参考意义。

第二节 裁判事实的认定

裁判事实是法官在生效法律文书中确认的案件事实,是法官判决的依据。裁判事实的建构问题主要是裁判事实的论证问题,其核心问题是论证案件事实与法律规范之间的适应性。裁判事实可以分为程序性裁判事实与实体性裁判事实即实质裁判事实。裁判事实建构的重点在于实质裁判事实的论证,实质裁判事实的说理需要遵循以下三个准则:其一,合法。这里主要是强调裁判事实与具体的法律规范之间的对应性。其二,合理。裁判事实的证成不同于以令人信服为目标的证明或检验,合理是令人信服的重要基准。其三,整体融贯。从叙述的角度看,裁判事实应当是一个完整自洽、没有漏洞的故事。

21. 被告人刘某抢劫案*

一、案情简介

（一）基本案情

1999年8月18日，成某的丈夫冉智勇伙同他人盗窃刘某电焊门市部的电焊设备（价值5383元）。刘某报案后，公安机关立案侦查。在公安机关侦查期间，刘某于2000年1月7日到成某、冉智勇租住的院内，以冉智勇偷了他的东西为由，要拉走成某收购的废品抵偿其损失。当时冉智勇不在现场，成某上前阻拦，刘某打了成某两耳光，拉走成某所称价值1074.2元的废品（未经价格鉴定），变卖得款630元。2000年6月18日，阿克塞县人民法院以盗窃罪判处冉智勇有期徒刑一年，缓刑一年，并处罚金1200元，赔偿刘某经济损失2586.20元。同年10月16日，刘某被阿克塞县人民法院以抢劫罪判处有期徒刑三年。宣判后，刘某提出上诉。甘肃省酒泉市中级人民法院于2000年12月7日作出裁定，驳回上诉，维持原判。上诉判决、裁定生效后，刘某向甘肃省高级人民法院提出申诉，申诉遭到驳回后，刘某向最高人民法院申诉。最高人民法院于2019年7月5日作出再审决定，指令甘肃省高级人民法院再审。甘肃省高级人民法院再审认为，本案认定原审被告人刘某因成某丈夫冉智勇盗窃其财物，使用暴力拉走成某所收购废品的事实清楚，证据确实充分，但综合全案证据和具体情节，原审被告人刘某的行为不具备抢劫罪的构成要件，且情节显著轻微，不应当认定为犯罪。因此，判决撤销原判，改判刘某无罪。

（二）主要争议

再审法院围绕以下争议焦点展开论证：

1. 被告人刘某是否构成抢劫罪；
2. 被告人刘某是否构成犯罪。

二、说理思路

其一，再审法院先从抢劫罪的构成要件入手，认为刘某虽然使用暴力，强行拉

---

* 源自（2021）甘刑再2号刑事判决书。

走成某所收购废品,但综合全案情节分析,刘某不具有非法占有他人财物的目的。首先,从案件起因来看,刘某拉走废品是出于抵偿因冉智勇盗窃行为而造成之损失的目的,而非为了非法占有成某的财物。其次,废品属于冉智勇和成某的夫妻共同财产,冉智勇负有返还赔偿刘某被盗财物的义务。再次,刘某拉走的财物价值并未超过自己的损失。最后,刘某变卖废品所得均用于家庭基本生活开支。综合以上情形,刘某不具有非法占有他人财物的目的,因此不符合抢劫罪的构成要件,不构成抢劫罪。其二,对于刘某的行为是否构成犯罪,法院认为,刘某财物被盗,其使用暴力强行拉走废品的行为违法,应承担相应的违法责任。但从刘某的行为后果来看,其行为属于轻微暴力,并未造成成某身体伤害,其拉走的废品也未对成某的家庭生活造成实质性损害。因此,从具体情节来看,刘某的违法行为显著轻微,危害不大,未达到应予刑事处罚的程度,不应认定为犯罪。综上,再审改判原审被告人刘某无罪。

三、论证结构图

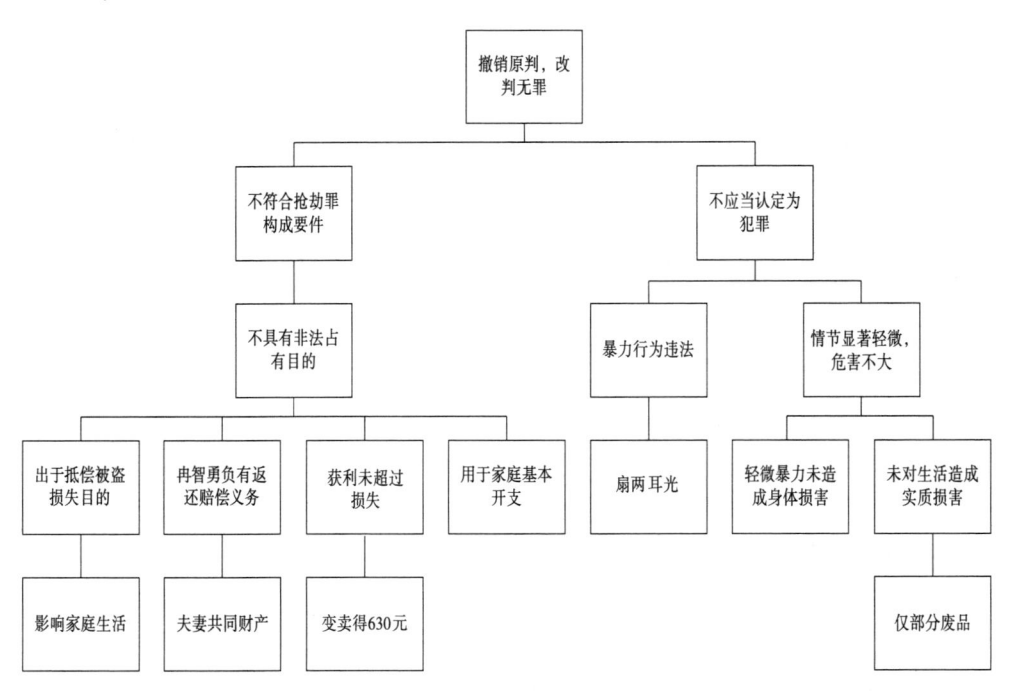

四、说理评析

本案中,各级审判法院对"被告人刘某是否构成抢劫罪"的争议较大。再审法院根据被告人刘某的犯罪行为和主观目的,综合全案证据和具体情节,主要集中于对非法占有目的的分析,从刘某的行为是否构成抢劫罪以及是否构成犯罪两点进行梳理,逐渐厘清犯罪构成,得出与一审、二审法院截然不同的结论。

在审判过程中,要形成正确的裁判,首先要对事实进行准确的认定。但由于对法律的理解各有侧重,客观事实的清楚并不意味着法律层面上的准确无误,即使做到事实上的无异议,也可能得出截然不同的法律评价。此时就需要法官根据犯罪的客观方面、犯罪嫌疑人的主观目的和犯罪情节的轻重,准确区分罪与非罪、此罪与彼罪的界限。在本案中,对被告人刘某主观目的的判断是作出裁判的关键。法官从案件起因、受害人义务、拉走财物的价值以及变卖废品所得钱款的去向四个方面入手,对刘某是否具有非法占有他人财物的目的进行全面分析,在得出否定结论后,认定刘某的行为不满足抢劫罪的构成要件,因此判定刘某的行为不构成抢劫罪。将看似相互区分的事件当作整体来考虑,是对行为作出正确评价的前提。在本案中,被告人刘某使用暴力,强行拉走成某财物的事实清楚。在对刘某的行为进行认定时,再审法院与前两审法院最大的不同在于,其系基于整体性的视角,将刘某抢走成某财物的行为与刘某先前被盗的事实结合在一起,充分考虑了前后事件的相关性,否定了刘某非法占有的目的,从而得出了不同的评价。如果单纯对刘某在后的行为进行认定,则无法对其目的和行为后果作出充分的评价,也就无法得出合理的裁判结果。

再审法院简明扼要地概括了一审、二审法院的事实认定和法律适用过程,对案件无争议的事实和证据进行简单的陈述和罗列,重点回应案件争议的焦点问题,做到了说理繁简得当。争议焦点分析层次清晰明了、结构规范严谨、语言准确简明。在具体分析法律适用的时候全面、明确地回应了本案争议的焦点问题,使得重点更加突出、分析更有针对性、条理更加清晰,从而得出令人信服的裁判理据,充分体现了裁判结果的公正性,对公众具有普遍的指导意义。

22. 被告人黄凯等诈骗、非国家工作人员受贿案*

一、案情简介

（一）基本案情

被告人黄凯自2007年8月始任北京市朝阳区金盏乡曹各庄村党支部书记，其间曾任北京市朝阳区金盏乡城乡一体化领导小组下设的金盏乡金融园区拆迁腾退工作办公室后勤保障组负责人；自2010年4月始任北京市朝阳区金盏乡东村党支部书记。2009年7月，北京市朝阳区金盏乡启动城乡一体化拆迁腾退工作。时任金盏乡曹各庄村党支部书记的黄凯为骗取拆迁腾退补偿款，征得董文彬的同意后，在董文彬所租地块上违规抢建彩钢板简易房，共计2669平方米。后黄凯在协助拆迁公司、评估公司入户调查过程中，指使拆迁公司、评估公司工作人员虚增非宅拆迁面积至5810平方米，虚增树木至48720棵，虚构树木种类为果树。董文彬在明知是虚假的单位基本情况调查表、非住宅房屋拆迁估价结果报告附件、非住宅腾退货币补偿协议上签字，骗取拆迁腾退补偿款共计1442.38万元。而董文彬所租赁土地上树木实际应得补偿金额为240万元，按照租赁合同中约定与金盏乡曹各庄村四六分成，曹各庄村经济合作社应得96万元，董文彬应得144万元。按照黄凯、董文彬二人的约定，董文彬实际分得腾退补偿款400万元，除去其应得的144万元，实际非法获利256万元。黄凯获得1042.38万元，除去曹各庄村应得的96万元，其余的946.38万元为非法所得。2008年至2014年，被告人黄凯利用担任北京市朝阳区金盏乡曹各庄村党支部书记、北京市朝阳区金盏乡东村党支部书记的职务便利，为他人在承揽乡村建设工程、申请拆除违章建筑补偿、土地租赁等事项提供帮助，多次收受周某等人给予的钱款共计人民币130万元。2018年4月24日，被告人黄凯被北京市朝阳区监察委员会留置；2018年5月22日，上诉人董文彬经北京市朝阳区监察委员会工作人员电话通知，到办案机关接受调查。案发后，被告人黄凯亲属退缴1172.38万元，上诉人董文彬亲属退缴256万元，案外人退缴99.586万元。

一审法院作出如下判决：(1)被告人黄凯犯贪污罪，判处有期徒刑十一年，罚金50万元；犯非国家工作人员受贿罪，判处有期徒刑五年；决定执行有期徒刑十二年，罚金

---

* 源自(2019)京刑终115号民事判决书。

50万元。(2)被告人董文彬犯贪污罪,判处有期徒刑三年,罚金20万元。(3)在案扣押钱款中的13019660元发还北京市土地整理储备中心朝阳分中心,96万元发还北京市朝阳区金盏乡曹各庄村村民委员会,130万元予以没收。

董文彬的上诉理由为:其认罪悔罪,但一审量刑过重。黄凯提出以下辩护意见:(1)其骗取拆迁款的事实应构成职务侵占罪;(2)其受贿的部分款项确有用于村集体事务。北京市人民检察院检察员的出庭意见为:一审程序合法,认定黄凯贪污99.586万元和非国家工作人员受贿130万元的事实清楚,证据确实充分,适用法律正确;但认定黄凯、董文彬共同骗取拆迁腾退补偿款1202.38万元构成贪污罪,属于适用法律错误,应认定为诈骗罪。建议二审法院对全案依法改判。最终二审法院判决:黄凯犯诈骗罪,判处有期徒刑十一年,并处罚金20万元;犯非国家工作人员受贿罪,判处有期徒刑五年;决定执行有期徒刑十二年,并处罚金20万元。董文彬犯诈骗罪,判处有期徒刑三年,缓刑五年,并处罚金6万元。

(二)主要争议

二审法院总结的争议焦点为:黄凯、董文彬建设、分配困难住房并获取拆迁补偿款的全部事实构成何种罪名。

二、说理思路

二审法院围绕滥用职权罪、贪污罪和职务侵占罪这三个罪名,二审时检察机关认定黄凯、董文彬骗取拆迁腾退补偿款1202.38万元的事实构成诈骗罪,而非贪污罪以及上诉人董文彬的上诉意见展开论述。第一,对于是否构成滥用职权罪,一审法院、检察机关及二审法院均认为不构成滥用职权罪。第二,黄凯帮助他人非法获取99.586万元的事实是否构成贪污罪,二审法院认为,首先,被告人黄凯不负责或者协助政府管理征地拆迁的补偿费用,不具备主管、管理、经手拆迁补偿款的职务便利,只是单纯帮助他人提供虚假材料的行为,不适用《全国人民代表大会常务委员会关于〈中华人民共和国刑法〉第九十三条第二款的解释》(以下简称《〈刑法〉第九十三条的解释》);其次,出具宅基地确认单不过是对黄凯这一违规越权行为的书面认可,并不具有行政管理工作的属性;最后,被告人黄凯的违规行为本身不会造成国家拆迁补偿款的损失。第三,关于二审检察机关提出黄凯骗取拆迁腾退补偿款1202.38万元的事实应当构成诈骗罪而非贪污罪的出庭意见,二审法院支持二审检察机关认定其行为构成诈骗罪的意见,但根据上诉不加刑的原则,在检察机关未提出抗诉的情况下,即使诈骗罪的数额特别巨大的量刑标准高于贪污罪,二审法院在依法改变罪名的情况下仍不得加重刑罚。综上,二审法院认为,被告人黄凯因帮助他人非法获取99.586万元的行为不构成贪污罪,但其行为导致本应属于村集体经济组织的巨额拆迁腾退补偿费最终归属于个人,符合职务侵占罪的构成要件,应当认定为职务侵占罪。但根据上诉不加刑的原则,对于该起事实,在一审法院未予认定、检察机关未抗诉的情况下,二审法院对于该起事实不予认定。第四,支持一审法院认定的黄凯收受他人钱款的行为在性质上应认定为非国家工作人员受贿罪。第五,对于董文彬的辩护人提出的一审法院同案不同判的问题,二审法院根据查明的事实认定一审法院判决存在明显不当,因此予以改判。

三、论证结构图

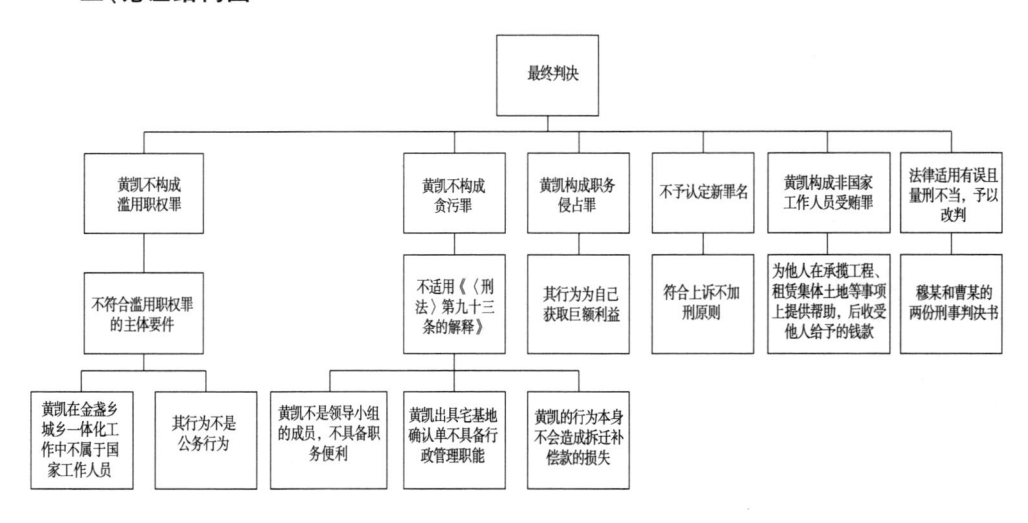

```
                             ┌──────────┐
                             │ 最终判决  │
                             └─────┬────┘
   ┌──────────┬──────────┬─────────┼─────────┬──────────┬──────────┐
┌──┴───┐  ┌──┴───┐  ┌──┴───┐  ┌──┴───┐  ┌──┴───┐  ┌──┴────┐
│黄凯不 │  │黄凯不 │  │黄凯构 │  │不予认 │  │黄凯构成│  │法律适用│
│构成滥 │  │构成贪 │  │成职务 │  │定新罪 │  │非国家工│  │有误且量│
│用职权 │  │污罪   │  │侵占罪 │  │名     │  │作人员受│  │刑不当,│
│罪     │  │       │  │       │  │       │  │贿罪    │  │予以改判│
└──┬───┘  └──┬───┘  └──┬───┘  └──┬───┘  └──┬────┘  └──┬────┘
┌──┴───┐  ┌──┴───┐  ┌──┴───┐  ┌──┴───┐  ┌──┴────┐  ┌──┴────┐
│不符合 │  │不适用 │  │其行为 │  │符合上 │  │为他人在│  │穆某和曹│
│滥用职 │  │《〈刑 │  │为自己 │  │诉不加 │  │承揽工程、│ │某的两份│
│权罪的 │  │法〉第 │  │获取巨 │  │刑原则 │  │租赁集体│  │刑事判决│
│主体要 │  │九十三 │  │额利益 │  │       │  │土地等事│  │书      │
│件     │  │条的解 │  │       │  │       │  │项上提供│  │        │
│       │  │释》   │  │       │  │       │  │帮助,后 │  │        │
│       │  │       │  │       │  │       │  │收受他人│  │        │
│       │  │       │  │       │  │       │  │给予的钱│  │        │
│       │  │       │  │       │  │       │  │款      │  │        │
└──┬───┘  └──┬───┘  └──────┘  └──────┘  └───────┘  └───────┘
┌──┴─┬──┐  ┌──┴─┬──┬──┐
│黄凯│其│  │黄凯│黄凯│黄凯│
│在金│行│  │不是│出具│的行│
│盏乡│为│  │领导│宅基│为本│
│城乡│不│  │小组│地确│身不│
│一体│是│  │的成│认单│会造│
│化工│公│  │员,不│不具│成拆│
│作中│务│  │具备│备行│迁补│
│不属│行│  │职务│政管│偿款│
│于国│为│  │便利│理职│的损│
│家工│  │  │    │能  │失  │
│作人│  │  │    │    │    │
│员  │  │  │    │    │    │
└────┴──┘  └────┴────┴────┘
```

四、说理评析

本案二审判决书格式规范,语言规范,逻辑清晰,案件争议焦点归纳准确,并且从犯罪构成各个方面详尽、准确地论述了本案被告人的罪与非罪,有力地回应了控、辩、一审法院的意见。

二审法院经审查认为本案的关键问题在于,原公诉机关和一审法院对被告人黄凯建设、分配困难住房并获取拆迁补偿款的全部事实的定性,由于获利主体的差异被不同评价,即将黄凯擅自决定为情人分配困难住房、出具宅基地确认单并获取拆迁补偿款的事实指控为贪污罪,而将黄凯擅自决定为非特定关系人分配困难住房、出具宅基地确认单并获取拆迁补偿款的事实指控为滥用职权罪。

对于滥用职权罪的论述,二审法院从犯罪构成的主体要件进行论述,事实认定清楚,各方均无异议。对于是否构成贪污罪,二审法院对于被告人是否是国家工作人员,应当结合案件的具体事实进行实际认定,不能机械地适用《〈刑法〉第九十三条的解释》,并且通过对《村民委员会组织法》的解释,进一步论证了被告人出具确认单的行为恰恰是利用被告人作为村党支部书记管理村集体事务的职权行为,因此不具备行政管理的属性。此外,该行为本身并不能直接导致拆迁款的损失。上述三点充分论述了被告人的行为性质,从而在犯罪构成方面否定了被告人构成贪污罪的主体要件,对类案具有良好的示范作用。对于是否构成职务侵占罪,二审法院的论述思路与上述两个罪名的论述思路一致,不再赘述。

另外,本判决书的另一大亮点在于对同案同判问题的回应。北京市朝阳区人民法院的刑事判决书显示,穆某作为国家机关工作人员,且是本案被告人黄凯的上级领导,其违反规定对自家院落按两个被拆迁腾退户进行拆迁补偿,非法获取拆迁补偿款601万元,被司法机关认定为滥用职权罪并适用缓刑。本案被告人黄凯作为穆某的下级单位工作人员,同样存在非法获取拆迁补偿款的行为,却被司法机关认定构成贪污罪,并判处有期徒刑十一年。一审法院对部分犯罪事实的法律适用有误且量刑不当,二审法院敢于在二审中依据类案对一审法院的判决进行改判,对于法院今后审理类似案件在适用法律和规范量刑上具有借鉴意义。

23. 被告人安冬兆盗窃案*

一、案情简介

(一)基本案情

本案上诉人(原审被告人)安冬兆,原公诉机关北京市丰台区人民检察院。2010年至2014年4月1日间,安冬兆在北京市丰台区马家堡路西马场南里二区24号楼底商

---

* 源自(2022)京02刑终52号刑事裁定书。

经营梭边鱼火锅店。安冬兆伙同董维靖(另案起诉)在该饭店内,通过在民用天然气管道打孔等方式私接天然气管道并使用天然气。2014 年 9 月 1 日至 2016 年 4 月 1 日间,安冬兆在将上述火锅店转让给洪波后,继续伙同董维靖收取燃气费获利。丰台区人民检察院就此对安冬兆提起诉讼,一审法院经审理判定安冬兆的行为构成盗窃罪,依法予以处罚。安冬兆不服判决,提起上诉。

(二)主要争议

二审法院认为本案争议焦点如下:

1.上诉人安冬兆是否具有盗窃天然气的主观故意;

2.上诉人安冬兆是否应对洪波经营饭店期间的天然气被盗窃数额负责;

3.如何确定犯罪数额;

4.本案是否已过追诉时效。

二、说理思路

二审法院根据控辩双方的意见,结合在案证据,明确了本案的四大争议焦点。首先,就本案中上诉人是否构成盗窃罪的核心问题,即其是否具有盗窃的主观故意予以回应。二审法院在零口供的情况下,根据安冬兆具有经营餐饮行业的经历、未向燃气公司报装等行为、盗用燃气的持续时间及犯罪结果等因素综合推定上诉人具有盗窃天然气的主观故意。其次,在明确安冬兆构成盗窃罪后,二审法院进一步就其应负责的时间范围及犯罪数额予以回应。法院根据在案证据,认定安冬兆在转让饭店后仍有盗窃天然气的故意,应对该段时间内被盗天然气的数额负责。但由于在本案中安冬兆盗窃天然气的数量无法精准计算,二审法院选取与本案相似情况下的价格作为基准进行计算,从而认定了上诉人的犯罪金额。最后,针对本案是否已过追诉时效这一问题,二审法院根据《刑法》第八十七条、第八十九条的规定,并结合在案证据,阐明安冬兆的盗窃行为持续至 2016 年,本案未超出法律规定的追诉时效。故驳回上诉,维持原判。

三、论证结构图

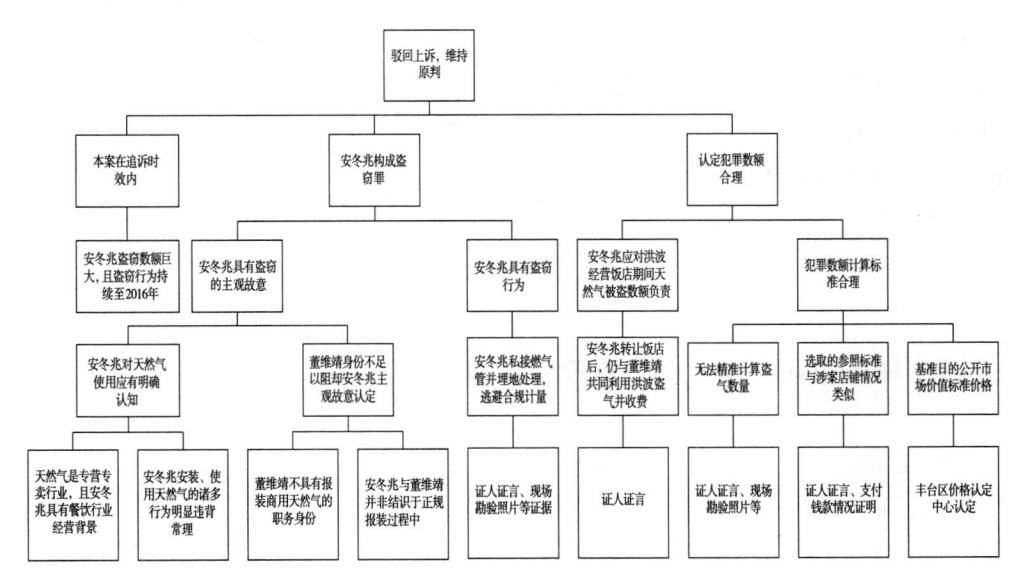

```
                           驳回上诉，维持
                              原判
         ┌────────────────────┼────────────────────┐
    本案在追诉时             安冬兆构成盗              认定犯罪数额
      效内                    窃罪                     合理
         │           ┌────────┴────────┐      ┌────────┼────────┐
   安冬兆盗窃数额   安冬兆具有盗窃    安冬兆具有盗窃  安冬兆应对洪波  犯罪数额计算标
   巨大，且安冬    的主观故意         行为        经营饭店期间天   准合理
   窃行为持                                    然气被盗数额负责
   续至2016年
         │           │               │              │        ┌────┼────┐
   安冬兆对天然气  董维靖身份不足    安冬兆私接燃气  安冬兆转让饭店  无法精准计算盗  选取的参照标准  基准日的公开市
   使用应有明确   以阻却安冬兆主    管并埋地处理，  后，仍与董维   气数量         与涉案店铺情况  场价值标准价格
   认知         观故意认定        逃避合规计量    靖共同利用洪波                 类似
                                              盗气并收费
    ┌────┐     ┌────┐   ┌────┐     │              │              │              │
  天然气是专营专  安冬兆安装、使  董维靖不具有报  安冬兆与董维靖  证人证言、现场  证人证言       证人证言、现场  证人证言、支付  丰台区价格认定
  卖行业，且安冬  用天然气的诸多  装商用天然气的  并非结识于正规  勘验照片等证据              勘验照片等     钱款情况证明   中心认定
  兆具有餐饮行业  行为明显违背   职务身份       报装过程中
  经营背景      常理
```

四、说理评析

本案二审判决书格式规范、形式完整，判决主文语言流畅、用词准确，二审法院对控辩双方的主张进行了简明概括，对新提交的证据进行了审查，争点归纳准确且富有逻辑，重点突出、回应充分。

本案二审法院的说理亮点主要有以下两点：

第一，在上诉人否认犯罪故意、缺乏口供的情况下，二审法院结合在案证据，充分挖掘具体案情，以安冬兆具有餐饮经营背景为突破口，推定其明知天然气的使用规范。由于天然气的使用属于餐饮经营的重要支出成本和消防安全的重点领域，为合法合规地开展餐饮经营活动，通常情况下，餐饮经营者理应知晓天然气的使用规范，因此，这一基于职业特殊性的推定具有一定合理性。基于此，法院进一步指明安冬兆未向燃气公司报装、通气前未检查评估、未收取缴费发票等行为有违常理，并结合安装人员董维靖不具有报装商用天然气的职务身份，以及二人并非在正规报装程序中结识的情况，认定安冬兆具有盗窃天然气的主观故意，考量因素充分，逻辑链条完整。

第二,由于被告人逃避合规安装,具体盗窃数额无法按常规方式精确计量,在此情况下,二审法院未沿用传统的审判思路,即按情节严重程度认定盗窃数额的方式,而是肯定了一审法院采用的计量标准及计量方法,从具体的案件事实出发,在各要素均相似的情况下选取基准价格,以确定犯罪数额。此种认定方式突破了以往司法实践中面对该类情况退而求其次的审判思路,更加直观、明确,具有一定创新性,对标准选取的阐释亦能提高判决的可接受性。

总体来说,本判决书说理层次清晰,说理透彻,深入浅出,为缺乏客观证据准确证明犯罪故意及犯罪数额的类案提供了指引,具有一定的创新性和推广性。

24. 孟凡德诉中国道教协会劳动争议案*

一、案情简介

(一) 基本案情

孟凡德于 1990 年由湖北省蒲圻县迁来北京市,常住人口登记卡载明其职业为道士。中国道教协会住所为北京市西城区西便门外白云观内,业务主管单位名称为国家宗教事务局。北京白云观管理委员会于 2021 年 8 月 5 日向北京市西城区人力资源公共服务中心出具函件,载明"兹有孟凡德在 1987 年 1 月 1 日来北京白云观工作,于 1999 年 12 月 24 日因工作关系离开北京白云观,其间户口于 1990 年 7 月 15 日由原户籍地湖北省蒲圻县转入北京白云观,落户北京白云观集体户口,至今一直没有迁出,特此证明"。中国道教协会于 2021 年 8 月 3 日向月坛派出所出具的介绍信载明"兹有户籍在我会集体户口名下孟凡德道长到贵处更新本人《常住人口登记卡》,请予办理为盼"。孟凡德曾向北京市西城区劳动人事争议仲裁委员申请劳动仲裁,认为中国道教协会未依法缴纳社会保险的行为严重侵害其合法权益,遭到驳回。孟凡德不认可仲裁裁决,遂起诉至人民法院,要求确认双方于 1987 年 1 月 1 日至 1999 年 12 月 24 日期间存在劳动关系。一审法院驳回孟凡德的诉讼请求,孟凡德提起上诉。

(二) 主要争议

孟凡德与中国道教协会在 1987 年 1 月 1 日至 1999 年 12 月 24 日期间是否存在劳

---

* 源自 (2022) 京 02 民终 110030 号民事判决书。

动关系。

二、说理思路

对于本案的争议焦点,二审法官参照《劳动和社会保障部关于确立劳动关系有关事项的通知》的相关规定,从劳动关系的人身从属性、经济从属性和组织从属性三个特征逐项进行分析。

第一,关于人身从属性,孟凡德曾在白云观挂单,接受中国道教协会和白云观日常管理,形式上与中国道教协会形成了一定程度的人身从属关系。从本质上看,教义教规不同于劳动法意义上的规章制度,其目的是开展宗教活动,而不是法人营利。一方面,孟凡德挂单入住白云观的目的应为修行,而非赚取劳动报酬;另一方面,白云观作为宗教活动场所,是为道士修行提供的必要场所及便利条件,亦非提供劳动就业机会。双方在本质上是以信仰为纽带建立的从属关系,而非以利益关系为纽带建立的从属关系,因此不构成用人单位与劳动者之间的关系。

第二,关于经济从属性,孟凡德以白云观曾向其发放工资为由主张双方存在劳动关系。根据《宗教事务条例》"各宗教坚持独立自主自办的原则"的规定,白云观依据自治、自养的宗教政策向挂单道士发放一定生活费用,属于宗教"自治、自养"的范畴。双方事先未就劳动报酬进行过任何约定,白云观向孟凡德发放的单费并不是为了购买孟凡德的劳动价值,而是其提供的日常修行与生活条件的一部分。孟凡德所进行的宗教活动是修行的一部分,其本质不是为获取报酬而从事的劳动。因此,孟凡德在挂单期间获取的单费不能认定为法律意义上的劳动报酬。

第三,关于组织从属性,孟凡德在白云观挂单,根据白云观的安排从事宗教活动,在形式上建立了组织从属关系。从本质上看,孟凡德从事的有组织的宗教活动的内容,均具有鲜明的宗教属性,这些核心的宗教事务与维护宫观日常运转的辅助事务不同,不可能通过购买劳动力资源来完成,不可能具有劳动属性。因此,孟凡德从事的值殿、经乐团等活动在本质上不属于劳动。综上所述,孟凡德与中国道教协会之间不存在劳动关系。

三、论证结构图

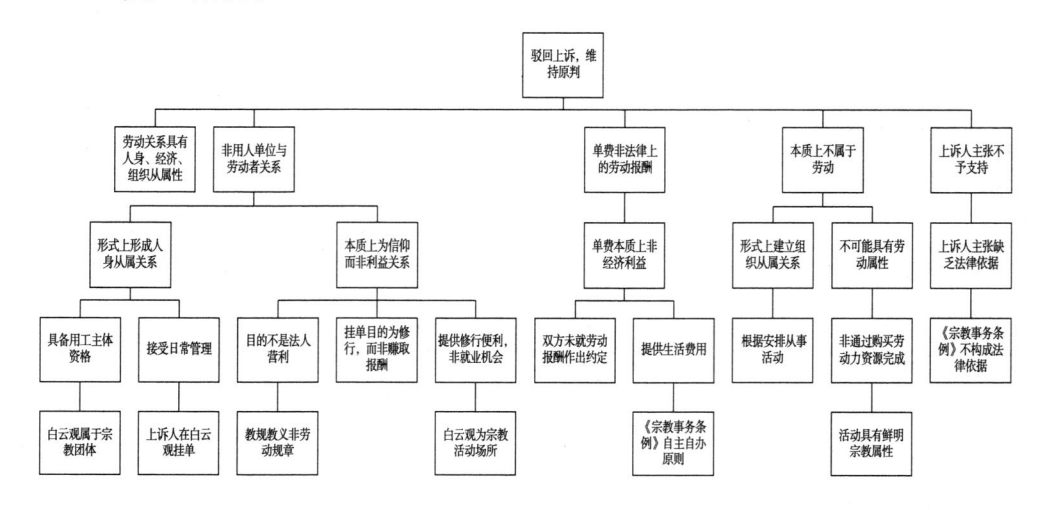

```
                                    驳回上诉，维持原判
         ┌──────────────┬──────────────┬──────────────┬──────────────┐
   劳动关系具有        非用人单位与      单费非法律上      本质上不属于      上诉人主张不
   人身、经济、        劳动者关系        的劳动报酬        劳动            予支持
   组织从属性
     ┌────┴────┐        ┌────┴────┐      ┌──┴──┐        ┌──┴──┐         │
  形式上形成人   本质上为信仰    单费本质上非   形式上建立组    不可能具有劳    上诉人主张缺
  身从属关系    而非利益关系    经济利益      织从属关系      动属性        乏法律依据
   ┌──┴──┐    ┌──┴──┐      ┌──┴──┐      │           │           │
 具备用工 接受日常  目的不是法人  挂单目的为修  提供修行便利， 双方未就劳动  提供生活费用  根据安排从事  非通过购买劳  《宗教事务条
 主体资格 管理    营利         行，而非赚取  非就业机会    报酬作出约定              活动         动力资源完成  例》不构成法
                             报酬                                                                      律依据
   │      │       │           │           │            │            │            │            │            │
 白云观属  上诉人在  教规教义非    白云观为宗             《宗教事务条              活动具有鲜明
 于宗教团  白云观挂  劳动规章     教活动场所             例》自主办                宗教属性
 体       单                                           原则
```

四、说理评析

从属性是劳动关系的基本特征，司法中是否存在劳动关系多借助从属性判断。我国法律并未明确解释何为从属性，我国司法界对于从属性也并未形成统一认识。不同的工作岗位之间存在较大差异，劳动关系亦会表现出不同特征。在对劳动关系进行认定时，尤其是涉及非典型劳动关系时，应当对从属性因素进行深层次分析。

本案争议焦点清楚，关于孟凡德与中国道教协会之间是否构成劳动关系，二审法官正是从劳动从属性项下的人身从属性、经济从属性和组织从属性分别展开论证。区别于一般"大前提—小前提—结论"的三段式论证结构，该篇文书的最大亮点在于并非仅从形式上对从属性进行判定，而是透过表象，从宗教事务的本质出发，深入探究从事宗教活动人员与宗教场所之间的关系，进而将其与劳动关系区别开来。具体而言，孟凡德所从事的宗教活动具有鲜明的宗教属性，进行活动的目的并非获取报酬，而是构成其修行的一部分，在本质上与中国道教协会形成了以信仰而非经济利益为纽带的从属关系。该文书在结构上完整地体现了法官的内心确认和逻辑推理过程，彰显规则，弘扬理性，在个案中开拓出具有一定独创性的解释路径，为依法处理此类纠纷提供了范例。

25. 体娱（北京）文化传媒股份有限公司、中超联赛有限责任公司等滥用市场支配地位纠纷案*

一、案件简介

（一）基本案情

中国足球协会于2013年3月5日出具授权书，授权被上诉人中超联赛有限责任公司（以下简称"中超公司"，原审被告）代理开发经营中超联赛的电视、广播、互联网及各种多媒体版权及其他权利。该授权为中国足球协会对中超联赛资源代理开发经营的唯一授权。

2016年，中超公司公开招标2017年至2019年中超联赛官方图片合作机构，被上诉人上海映脉文化传播有限公司（以下简称"映脉公司"，原审被告）中标，取得了有关图片的独家经营权，负责赛事图片拍摄、制作、编辑，官方活动图片拍摄、制作、编辑，销售中超联赛的图片版权。上诉人体娱（北京）文化传媒股份有限公司（以下简称"体娱公司"，原审原告）参与此次招标但未中标。

体娱公司向上海知识产权法院提起诉讼，主张中超公司将中超联赛图片经营权独家授予映脉公司的行为构成滥用市场支配地位，请求判令停止垄断行为、赔偿经济损失。一审法院认为，现有证据不能证明中超公司、映脉公司具有市场支配地位，且两公司从事被诉行为具有正当理由，故判决驳回体娱公司的诉讼请求。体娱公司不服，提起上诉。最高人民法院二审判决驳回上诉，维持原判。

（二）主要争议

法院将本案的争议焦点归纳为：

1.中超公司、映脉公司经营中超联赛图片的权利属性；

2.本案相关市场的界定；

3.中超公司、映脉公司是否具有市场支配地位；

4.中超公司、映脉公司是否实施了滥用市场支配地位的行为；

5.体娱公司所称损失的认定。

---

* 源自（2021）最高法知民终1790号民事判决书。

二、说理思路

法院围绕上述争议焦点进行了说理:

1.关于中超公司、映脉公司经营中超联赛图片的权利属性。

中国足球协会根据法律的授权和政府的委托,管理全国足球事务,其享有的赛事商业权利主要是基于其组织赛事而产生的以财产利益为主要内容的民事权益。虽然目前法律并没有专门规定,但其作为赛事组织者可以约定其赛事资源权利的独占性、排他性,中国足球协会独家授权中超公司行使足球赛事商业权利,中超公司又部分转授权映脉公司独家行使其中赛事图片的经营权,均是行使民事权利的体现,并未超出其排他性权利的范围,不属于行使足球赛事管理职能,不涉及行政垄断的问题。

2.关于本案相关市场的界定。

界定相关市场总体上需要考虑时间、商品和地域三个要素。原审法院从商品、地域因素出发将相关市场分别界定为中超联赛图片商品市场、中国大陆地域市场。二审法院进一步分析时间因素:中超联赛期间主要媒体客户的体育频道版块均设有中超联赛专栏,竞相报道该赛事,中超联赛图片对于中国主要媒体用户而言是不可替代的。故本案相关市场为中国大陆中超联赛期间该赛事图片市场。

3.关于中超公司、映脉公司是否具有市场支配地位。

根据《反垄断法》第十七条第二款的规定,中国足球协会是全国唯一能够组织和管理全国性足球赛事的组织,其将全国性足球赛事经营独家授权给中超公司,中超公司相应取得独家经营权;中超公司又将其中赛事的图片经营独家授权给映脉公司,映脉公司相应在中超联赛图片相关市场取得独家经营权。

根据《反垄断法》第十九条第一款第(二)项和第二款的规定,中超公司在中超联赛经营市场、映脉公司在中超联赛图片经营市场都有100%的市场份额,应当推定具有市场支配地位。中超公司、映脉公司否认上述推定,但其并未提供证据予以证明。

根据《反垄断法》第十八条规定的六项因素进行综合分析,也同样可以认定中超公司、映脉公司具有市场支配地位。

4.关于中超公司、映脉公司是否实施了滥用市场支配地位的行为。

(1)关于中超联赛图片经营权独家授予环节。第一,经营权授予本身一般具有合法性。中国足球协会依法取得独占经营全国性足球赛事的垄断地位,用户原本只能与中国足球协会交易该赛事图片,这种对交易供方的唯一性限定是基于体育法的规定,具有法律依据而不存在没有正当理由的问题。中国足球协会决定独家授权给中超公司对外经营,中超公司又独家授权给映脉公司,用户因此只能直接与映脉公司交易,这与用户原本只能与中国足球协会交易没有本质区别。第二,经营权独家授予具有合理性。相比于授权多家经营,独家授权经营有其应有的优势,如可以避免因数个经销商在需要事先投入成本进行广告宣传、建设必要设施时相互推诿、相互观望以及事后"搭便车"等消极因素,其基于授权双方的信任程度而体现为授权方具有较充分的自主选择空间等。赛事资源经营权独家授予是国际、国内体育领域的普遍性做法。第三,涉案中超联赛图片经营权授予过程具有竞争性。在中超公司授权环节,进行招标投标,体娱公司竞标失败,映脉公司竞标成功,这体现了公平竞争,应予以维护。映脉公司竞标成功后,仍然在一定程度上与其他经营者存在潜在竞争。如果映脉公司不能完成预期经营目标,则不排除中超公司考虑解除合同,再行招标。(2)关于中超联赛图片独家(商业)销售环节。中超联赛图片用户(需求方)只能向映脉公司购买,这是基于原始经营权人中国足球协会依法享有专有权(垄断经营权)通过授权相应传导的结果,符合法律规定且有合理性。

5.损失认定。

鉴于体娱公司关于中超公司、映脉公司从事垄断行为的主张不能成立,没有必要进一步认定体娱公司所称损失。

三、论证结构图

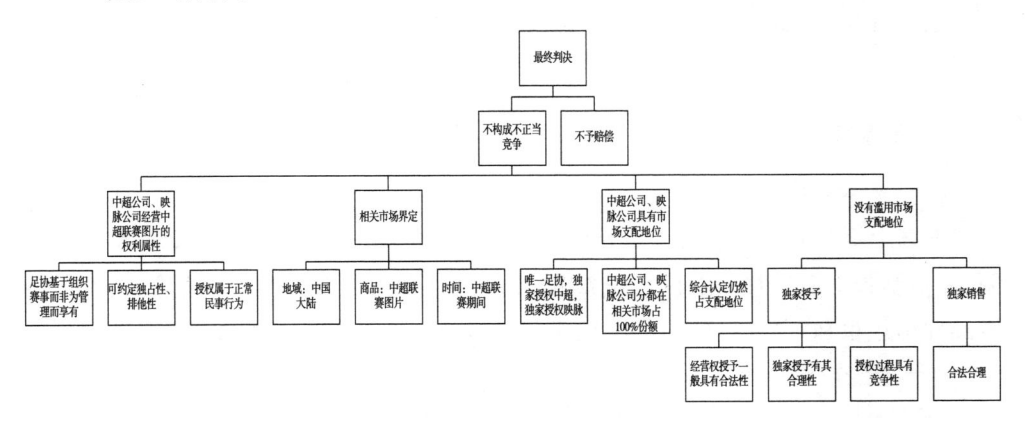

四、说理评析

在本篇裁判文书中，二审法院通过判断中超公司、映脉公司经营中超联赛图片的权利属性、相关市场、是否具有支配地位和是否滥用市场支配地位，以反垄断法律规则为分析框架层层深入，阐明了中超公司、映脉公司并无不正当竞争，说理充分。

顾名思义，不正当竞争的核心就是"不正当"和"竞争"。二审法院的判决厘清了"不正当"竞争行为和正常授权行为的界限，充分阐释了权利的排他性或者排他性权利本身并不是反垄断法预防和制止的对象，排他性权利的不正当行使才可能成为反垄断法预防和制止的对象。这是本篇裁判文书的指导意义之一。二审法院还充分论证了中超公司、映脉公司取得及行使权利的竞争性，也即中超公司通过公开招标的方式选择授权映脉公司独家经营，体现了市场竞争，中标之后的经营也具有潜在的竞争性；中超联赛图片用户只能向映脉公司购买该赛事图片，系基于原始经营权人中国足球协会依法享有的经营权并通过授权形成的结果，符合法律规定且具有合理性。二审法院还在裁判文书中写道，体娱公司应当接受这种竞争的结果，而不应在竞争失败后再以他人排除、限制竞争为由试图否定或者推翻经过公平竞争行为而形成的竞争结果，这肯定了招标投标的公平性，维护了公平竞争的结果。同时，这一环节的说理还厘清了"即便占有市场支配地位，也不一定违反反垄断法"的论证逻辑，这也是本篇裁判文书的指导意义之一。

26. 被告人王某、谢某福非法收购、运输、出售珍贵、濒危野生动物案*

一、案情简介

（一）基本案情

本案上诉人（原审被告人）王某，原公诉机关广东省深圳市宝安区人民检察院，原审被告人谢某福。上诉人王某自 2014 年 4 月起非法收购、繁殖珍贵、濒危的鹦鹉并出售牟利。2016 年 4 月初，王某将其孵化的 2 只小太阳鹦鹉以每只 500 元的

---

* 源自(2017)粤 03 刑终 1098 号刑事判决书。

价格卖给原审被告人谢某福。2016年5月10日，公安机关在广东省深圳市宝安区沙井街道花卉世界谢某福经营的某福水族馆中查获10只鹦鹉（包含上述2只鹦鹉）。同年5月17日，公安机关在宝安区石岩街道麻布新村某某号301房王某的租住处查获45只珍贵、濒危的鹦鹉。后宝安区人民检察院就谢某福、王某犯非法收购、出售珍贵、濒危野生动物罪提起指控。经审理，宝安区人民法院判决谢某福犯非法收购珍贵、濒危野生动物罪，判处有期徒刑一年六个月，缓刑二年，并处罚金3000元；王某犯非法出售珍贵、濒危野生动物罪，判处有期徒刑五年，并处罚金3000元。宣判后，王某不服，提起上诉。

（二）主要争议

本案二审法院将争议焦点归纳为：

1.王某是否犯非法收购、出售珍贵、濒危野生动物罪；

2.一审法院对王某的量刑是否适当。

二、说理思路

本案二审法院综合分析在案证据，针对上诉人王某的上诉理由及检辩双方意见，对争议焦点作出回应。首先，二审法院明确一审法院法律适用正确，《破坏野生动物资源案件的解释》符合我国《立法法》的相关规定，具有无可争辩的法律效力，大前提适用无误。其次，二审法院结合本案书证、物证及刑事诉讼法有关瑕疵证据的规定，对程序问题作出回应，即本案物证收集过程虽有瑕疵，但侦查机关均可作出合理解释，并不足以排除证据效力。再次，二审法院结合鉴定意见、视听资料及上诉人供述对案件事实作出认定，即王某承认学习过野生动物相关知识，知晓所购买、驯养的鹦鹉属于国家保护的珍贵野生动物品种，且曾在58同城、QQ群中以发帖和发广告的方式出售鹦鹉，具有非法收购、售卖的事实和主观故意。此外，根据有专业知识的人的证言可知，人工繁育野生动物侵害动物福利，不利于物种及生态环境保护，故王某犯非法收购、出售珍贵、濒危野生动物罪。最后，二审法院基于上述事实，指出王某收购、出售涉案鹦鹉因意志以外的原因而未得逞，属犯罪未遂；涉案鹦鹉系人工驯养繁殖，社会危害性相对较小，且王某自愿认罪，故认为原判对王某量刑过重，并依法予以纠正。

三、论证结构图

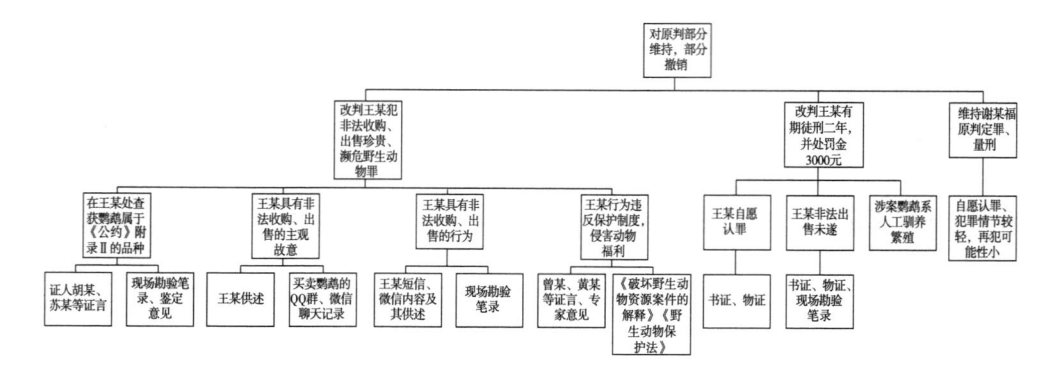

```
                                    对原判部分
                                    维持,部分
                                     撤销
         ┌──────────────────────────────┼──────────────────────────┐
    改判王某犯                                改判王某有              维持谢某福
    非法收购、                               期徒刑二年,              原审判定罪、
    出售珍贵、                               并处罚金                  量刑
    濒危野生动                                3000元
      物罪
 ┌────┬────┬────┬────┐              ┌────┬────┬────┐           │
在王某处查  王某具有非  王某具有非  王某行为违   王某自愿  王某非法出  涉案鹦鹉系   自愿认罪、
获鹦鹉属于  法收购、出  法收购、   反保护制度、  认罪     售未遂    人工驯养     犯罪情节较
《公约》附   售的主观    出售的    侵害动物                        繁殖          轻,再犯可
录Ⅱ的品种   故意        行为      福利                                          能性小
   │        │           │         │            │        │                    
证人胡某、 现场勘验笔  王某供述  买卖鹦鹉的  王某短信、 现场勘验  曾某、黄某  《破坏野生  书证、物证  书证、物证、
苏某等证言 录、鉴定            QQ群、微信  微信内容及  笔录     等证言、专  动物资源案件               现场勘验
           意见                聊天记录    其供述              家意见     的解释》《野              笔录
                                                                         生动物保
                                                                         护法》
```

四、说理评析

"万物各得其和以生,各得其养以成",生物多样性是地球生命共同体的血脉与根基。近年来,为深入践行习近平生态文明思想和习近平法治思想,我国愈加重视生物多样性的司法保护工作。本案是曾经引起全国关注的"金刚鹦鹉案",本案文书入选最高人民法院发布的第二届"百篇优秀裁判文书"。作为保护珍贵、濒危野生动物的刑事案件,二审法院能够围绕控辩双方意见、结合在案证据作出合理、有效的事实认定和证据说理,值得肯定。

本案在案证据丰富,包含物证、书证、证人证言、现场勘验检查笔录、鉴定意见、视听资料、上诉人及原审被告人的供述与辩解等。值得注意的是,本案证人有华南野生动物物种鉴定中心、深圳野生动物园动物管理部、深圳市野生动物救护中心等单位以及具有职业、专业知识的人,其证言为案件事实的认定奠定了专业基础。但同时,数量较大的证据材料亦给事实认定带来一定挑战。面对大量在案证据,二审法院能够将上述争点具体拆分为涉案鹦鹉是否属于《濒危野生动植物种国际贸易公约》(以下简称《公约》)附录Ⅰ、Ⅱ规定的珍贵、濒危野生动物,王某是否具有收购或出售涉案鹦鹉的故意和行为,人工繁育并出售涉案鹦鹉是否危害生态环境及生物多样性几个方面,并通过质证、认证与证据分类,有针对性地展开事实认定说理,使得证据事实的整体建构更加清晰明了,权威性和信服力更加突出。比如,二审法院结合多位具有专业背景的证人证言以及专家鉴定报告,指明涉案鹦鹉虽为人工选育,但仍具有该鹦鹉物种的生物学特征,不应因此认定为人工变异种而排除在《公约》附录之外,仍属于国家保护的珍贵野生动物。又如,二审法院通过恢复王某手机删除的短信、微信内容,并综合王某的多次供述,认定王某明显具有收购和出售涉案鹦鹉的故意,且已实施出售行为。二审法院对案件事实细致、充分的认定,为作出可接受性更高的判决奠定了坚实基础。此外,本案释法说理的另一大亮点在于,法院对控辩双方提出的程序问题和实体问题均作出直接回应,说理完整、全面。美中不足的是,未能在判决书中明确归纳本案的争议焦点。

总体而言,本篇判决书为面对大量证据材料时如何作出清晰明了的事实认定说理提供了有益借鉴,对王某量刑过重的纠正亦体现了人民法院积极贯彻宽严相济的刑事政策,传递出司法的力度与温度。

27. 被告人胡阿弟走私、贩卖毒品案*

一、案情简介

（一）基本案情

氯巴占、喜保宁、雷帕霉素系境外销售药品,用于治疗癫痫病。根据我国相关药品管理规定,未经国家药品管理部门的许可,该三种药品均不得在国内销售。其中,氯巴占系国家管制的二类精神药品。被告人胡阿弟的女儿患有先天性癫痫病,可以通过服用喜保宁治疗。2019年5月,胡阿弟开始通过境外代购人员"Tsc涛子/tscljz"购买喜保宁,逐渐形成了较为稳定的购买渠道。购药过程中,胡阿弟结识了与自己有相同需求的患儿家长。为方便病友交流,胡阿弟建立了"电宝宝的希望*痉挛癫痫群"和"电宝宝坚守希望*结节硬化群"两个微信群,群成员曾分别达到198人和417人,胡阿弟在群中的昵称分别为"风吹沙""铁马冰河"。在此期间,胡阿弟了解到病友对氯巴占和雷帕霉素也有需求。2019年5月至2021年7月,胡阿弟未经许可,通过"Luigi Pan-意大利/luigmilano"等境外人员邮购多个国家和地区生产的氯巴占、喜保宁、雷帕霉素,部分药品由患儿家属接收后转寄给胡阿弟,胡阿弟将药品加价向群内成员销售,并通过微信、支付宝结算药款。

---

* 源自(2021)豫0122刑初665号刑事判决书。

2021年7月3日,公安机关发现胡阿弟从境外走私氯巴占等药品入境的线索,并查扣了中牟县居民李燕为胡阿弟代收的从境外购进的氯巴占30盒。同年7月4日,胡阿弟在安徽省望江县被公安机关传唤到案。根据其供述,公安机关另查扣了其购买的氯巴占125盒、喜保宁132盒、雷帕霉素18盒。经审计,胡阿弟从境外购买氯巴占、喜保宁、雷帕霉素共计支出123.86万余元,向202名微信群成员销售药品总金额为50.41万余元。

（二）主要争议

1.被告人胡阿弟的行为是否构成走私、贩卖毒品罪；

2.被告人胡阿弟的行为是否构成非法经营罪；

3.被告人的量刑问题。

二、说理思路

针对争议焦点,法院分别进行了说理论证：

1.被告人胡阿弟不构成走私、贩卖毒品罪。主要理由：(1)胡阿弟不具有走私、贩卖毒品的故意,其销售目的是治疗疾病而非作为毒品的替代品。(2)涉案氯巴占的去向限于胡阿弟所建微信群内的病友。(3)胡阿弟两年多时间销售氯巴占所获利润有限。故涉案氯巴占应当认定为药品而非毒品。

2.被告人胡阿弟的行为构成非法经营罪。主要理由：(1)氯巴占由国家实行特殊管理、定点经营,喜保宁、雷帕霉素系尚未获准在国内销售的境外药品,胡阿弟的行为客观上扰乱了药品市场管理秩序。(2)不属于司法解释规定的"不以营利为目的实施带有自救、互助性质的生产、进口、销售药品的行为"。

3.被告人胡阿弟犯罪情节轻微,依法可免予刑事处罚。主要理由：(1)所购药品用于治疗癫痫病患者,与单纯以牟利为目的的非法经营行为相比,主观恶性较小。(2)未造成药品滥用和对他人生命健康的实际损害,社会危害性较小。(3)胡阿弟在本案之前无违法犯罪记录,且具有一定的认罪悔罪表现。

三、论证结构图

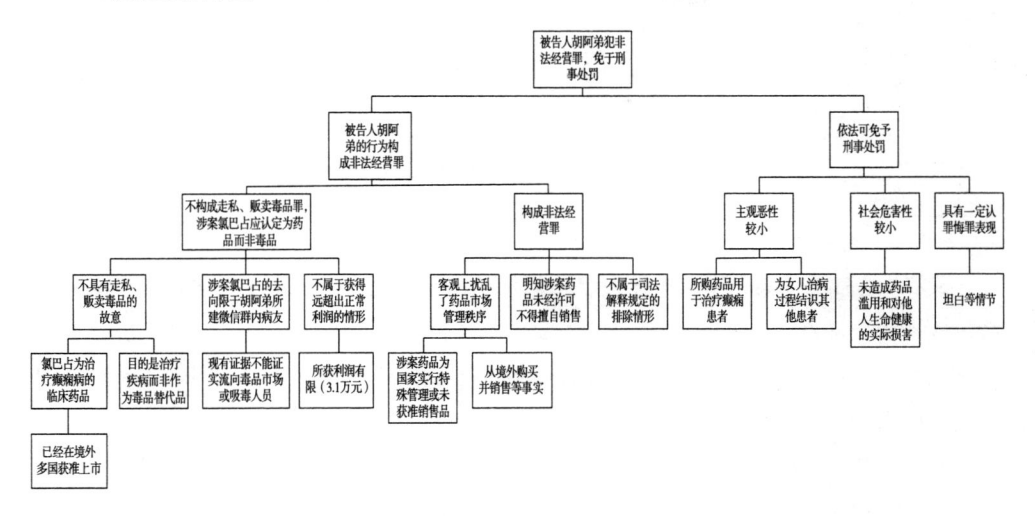

[论证结构图：被告人胡阿弟犯非法经营罪，免于刑事处罚

- 被告人胡阿弟的行为构成非法经营罪
  - 不构成走私、贩卖毒品罪，涉案氯巴占应认定为药品而非毒品
    - 不具有走私、贩卖毒品的故意
      - 氯巴占为治疗癫痫病的临床药品
        - 已经在境外多国获准上市
    - 涉案氯巴占的去向限于胡阿弟所建微信群内病友
      - 目的是治疗疾病而非作为毒品替代品
    - 不属于获得远超出正常利润的情形
      - 现有证据不能证实流向毒品市场或吸毒人员
      - 所获利润有限（3.1万元）
  - 构成非法经营罪
    - 客观上扰乱了药品市场管理秩序
      - 涉案药品为国家实行特殊管理且未获准销售
    - 明知涉案药品未经许可不得擅自销售
      - 从境外购买并销售等事实
    - 不属于司法解释规定的排除情形
- 依法可免予刑事处罚
  - 主观恶性较小
    - 所购药品用于治疗癫痫患者
      - 为女儿治病过程结识其他患者
  - 社会危害性较小
    - 未造成药品滥用和对他人生命健康的实际损害
  - 具有一定认罪悔罪表现
    - 坦白等情节]

四、说理评析

本案涉及罕见癫痫病患者"用药难"的问题，从这个意义上是翻版的"药神案"。而如何区分精神药品与毒品，如何解释走私、贩卖毒品罪中的"毒品"，则是本案法官的重点论证对象。

本案说理逻辑严密，深入浅出，说理透彻，实现了法律效果、政治效果和社会效果的统一，对同类案件的裁判具有较强的指导意义。本案再次确定了精神药品的双重属性，法官认为，认定走私、贩卖国家管制的精神药品的行为构成走私、贩卖毒品罪，应当符合以下三个条件：一是行为人明知走私、贩卖的是国家管制的精神药品；二是基于将其作为毒品的替代品而非治疗所需药品的目的；三是去向为毒品市场或吸食毒品群体，且获取远超正常经营药品所能获得的利润。法官在认定精神药品属性时采纳了《武汉会议纪要》的相关观点。

关于精神药品的双重属性，我国立法与相关文件规定如下图所示：

```
┌─────────────┐     ┌──────────────────┐   ┌────────────────────┐   ┌────────────────────┐
│             │     │ 1997《刑法》第347条：│   │2014年《武汉会议纪要》：│   │2023年《昆明会议纪要》：│
│             │     │   未涉及药品属性     │   │行为人出于医疗目的，   │   │正当目的，具有合法用途 │
│  精神药品    │     │                  │   │违反有关药品管理的国家规│   │的麻醉、精神药品，不构 │
│ "毒品/药品"  ├─────┤                  │   │定非法售卖，定非法经营 │   │成毒品犯罪           │
│   双重属性   │     └──────────────────┘   └────────────────────┘   └────────────────────┘
│             │     ┌──────────────────┐   ┌────────────────────┐
│             │     │2007年《禁毒法》，毒 │   │2015年《武汉纪要的理 │
│             ├─────┤品定义但书：根据医疗、│   │解与适用》，明确麻醉、│
└─────────────┘     │教学、科研的需要，   │   │精神药品的双重属性   │
                    │     依法可以       │   │                    │
                    └──────────────────┘   └────────────────────┘
```

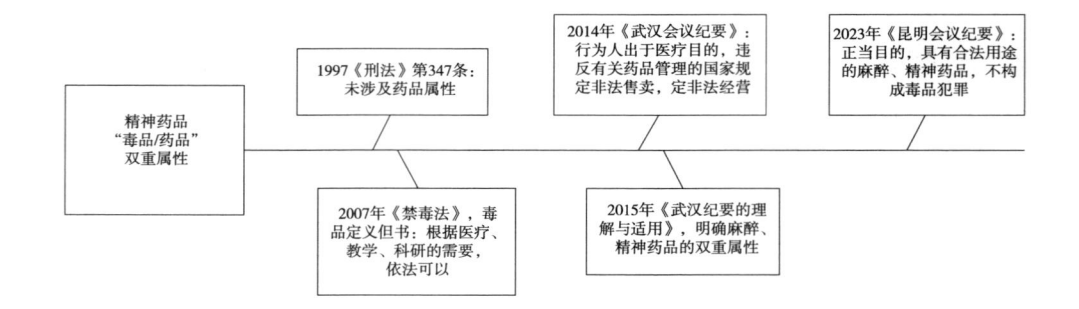

武汉"绝命毒师案"与本案有一定相似性：2005年起，华中科技大学化学与化工学院副教授张正波和大学同学杨朝辉设立武汉凯门化学有限公司，生产产品包括"3,4-亚甲二氧基甲卡西酮"等产品，全部销往英、美等国家和地区。2013年，"3,4-亚甲二氧基甲卡西酮"被列为国家管制的一类精神药品后，其继续生产销售，2014年被查获。4名被告人一审被判犯走私、贩卖、运输、制造毒品罪，张正波被判无期徒刑。后湖北省高级人民法院裁定发回重审，法院仍认为其行为构成走私、贩卖、运输、制造毒品罪。而2023年5月10日湖北省高级人民法院作出的终审判决显示，其采纳了辩护人关于该案4名上诉人均不构成走私、贩卖、运输、制造毒品罪的辩护意见，改判4人为非法经营罪，分别判刑八年到十三年不等。

该案法官采取了《昆明会议纪要》观点，明确说明：精神药品具有双重属性，无论通过合法销售渠道还是非法销售渠道流通，只要被患者正常使用发挥疗效作用，就属于药品；只有脱离管制被吸毒人员滥用的，才属于毒品。因此，列入《精神药品品种目录》的精神药品并不等同于毒品。而由于无法查明是否流入毒品市场，应当作出有利于被告人的认定。此说理与本案法官之论证有异曲同工之妙。

第三章

法律适用说理

由于案件事实常常不能与法律规范完全直接对应,将事实与规范对应起来的过程,即法律适用的过程需要说理。法律说理的方法主要运用于建构大前提的过程中。大前提的建构就是指准备好可适用的法律规范,它不仅包括发现法律规范、选择法律规范、确定规范含义等多项工作,还涉及解决法律冲突、填补法律漏洞等工作。在有多个法律规范可适用的情形下,法律人需要仔细甄别应予适用的规范,并就规范冲突提出解决方案。在法律应予规定而未予规定的情形下,应运用类推等方法对法律漏洞进行填补。在确定了法律规范之后,法律人还应对规范的含义进行解释,以使其能与具体的案件事实相对应。在这一过程中,不论是为什么选择某个法律规范,还是为什么对某个规范作某种理解,抑或是为什么认定存在法律漏洞等,都需要说理。

必须指出的是,大前提的建构是一项永续存在的工作,不会随着立法的不断完善、判例的日益丰富而消失。法律的一般性、滞后性、语义模糊性、有限理性等局限性决定了作出法律判断时往往需要建构大前提。譬如,法律中存在大量不确定的法律概念,如"情节严重""影响恶劣""公共利益"等。这些概念指向不明,但它们正是凭借其不够清晰的含义发挥作用,从而化解、缓和法律与现实相龃龉的情形。法律的一般性、滞后性、语义模糊性、有限理性等往往是它与生俱来且不可克服的缺陷,只要这些缺陷不能根除,大前提的建构就始终有必要,说理就必须及时跟进。大前提的建构是一个依循法律方法,综合运用各种素材的过程,而方法与素材的适用都必须合乎逻辑。本章主要讨论法律规则与法律原则的适用说理。

第一节　法律规则的适用

法律规则适用的理想情形是点到即可,亦即法官在裁判文书中列明裁判依据即可完成说理义务。但一般、抽象的法律规则与特殊、具体的案件事实之间缺乏直接对应性,这使得法官必须通过将规则具体化的方式来完成事实与规范的适应,且必须就该适应过程中的每一个判断给出理由。

28. 林方清与常熟市凯莱实业有限公司公司解散纠纷案*

一、案情简介

（一）基本案情

常熟市凯莱实业有限公司(以下简称"凯莱公司")成立于2002年1月,林方清(原告)与戴小明(被告)系该公司股东,各占50%的股份,戴小明任公司法定代表人及执行董事,林方清任公司总经理兼公司监事。2006年起,林方清与戴小明两人之间的矛盾逐渐显现。同年5月9日,林方清提议并通知召开股东会,由于戴小明认为林方清没有召集会议的权利,会议未能召开。同年林方清多次委托律师向凯莱公司和戴小明发函称,因股东权益受到严重侵害,林方清作为享有公司股东会二分之一表决权的股东,已按公司章程规定的程序表决并通过了解散凯莱公司的决议,要求戴小明提供凯莱公司的财务账册等资料,并对凯莱公司进行清算。戴小明回函称,林方清作出的股东会决议没有合法依据,戴小明不同意解散公司,并要求林方清交出公司财务资料。林方清再次向凯莱公司和戴小明发函,要求凯莱公司和戴小明提供公司财务账册等供其查阅、分配公司收入、解散公司。从2006年6月1日至2009年,凯莱公司从未召开过股东会。林方清于2009年年末向江苏省苏州市中级人民法院起诉请求解散凯莱公司。

江苏省苏州市中级人民法院于2009年12月8日驳回林方清的诉讼请求。林方清不服一审判决,提起上诉。

（二）主要争议

二审法院将争议焦点概括为：凯莱公司的经营管理是否已发生严重困难。

二、说理思路

法院针对本案的争议焦点展开了以下三个方面的说理：

首先,凯莱公司的经营管理已发生严重困难。根据《公司法》第一百八十三条和

---

* 源自(2010)苏商终字第0043号民事判决书。

《公司法解释(二)》第一条的规定,判断公司的经营管理是否出现严重困难,应当从公司的股东会、董事会或执行董事及监事会或监事的运行现状进行综合分析。本案中,凯莱公司仅有戴小明与林方清两名股东,两人各占50%的股份,凯莱公司章程规定"股东会的决议须经代表二分之一以上表决权的股东通过",且各方当事人一致认可该"二分之一以上"不包括本数。因此,只要两名股东的意见存有分歧、互不配合,就无法形成有效的表决,显然影响公司的运营。凯莱公司已持续4年未召开过股东会,无法形成有效的股东会决议,也就无法通过股东会决议的方式管理公司,股东会机制已经失灵。执行董事戴小明作为互有矛盾的两名股东之一,其管理公司的行为,已无法贯彻股东会的决议。林方清作为公司监事不能正常行使监事职权,无法发挥监督作用。由于凯莱公司的内部机制已无法正常运行、无法对公司的经营作出决策,即使尚未处于亏损状况,也不能改变该公司的经营管理已发生严重困难的事实。

其次,由于凯莱公司的内部运营机制早已失灵,林方清的股东权、监事权长期处于无法行使的状态,其投资凯莱公司的目的无法实现,利益受到重大损失,且长期以来凯莱公司的僵局无法通过其他途径解决。《公司法解释(二)》第五条明确规定了"当事人不能协商一致使公司存续的,人民法院应当及时判决"。本案中,林方清在提起公司解散诉讼之前,已试图通过其他途径化解与戴小明之间的矛盾,江苏常熟服装城管理委员会(以下简称"服装城管委会")也曾组织双方当事人进行调解,但双方仍不能达成一致意见。两审法院也基于慎用司法手段强制解散公司的考虑,积极进行调解,但均未成功。

最后,林方清持有凯莱公司50%的股份,也符合公司法关于提起公司解散诉讼的股东须持有公司10%以上股份的条件。

综上所述,凯莱公司已符合《公司法》及《公司法解释(二)》所规定的股东提起解散公司之诉的条件。二审法院从充分保护股东合法权益,合理规范公司治理结构,促进市场经济健康有序发展的角度出发,依法判决解散凯莱公司。

三、论证结构图

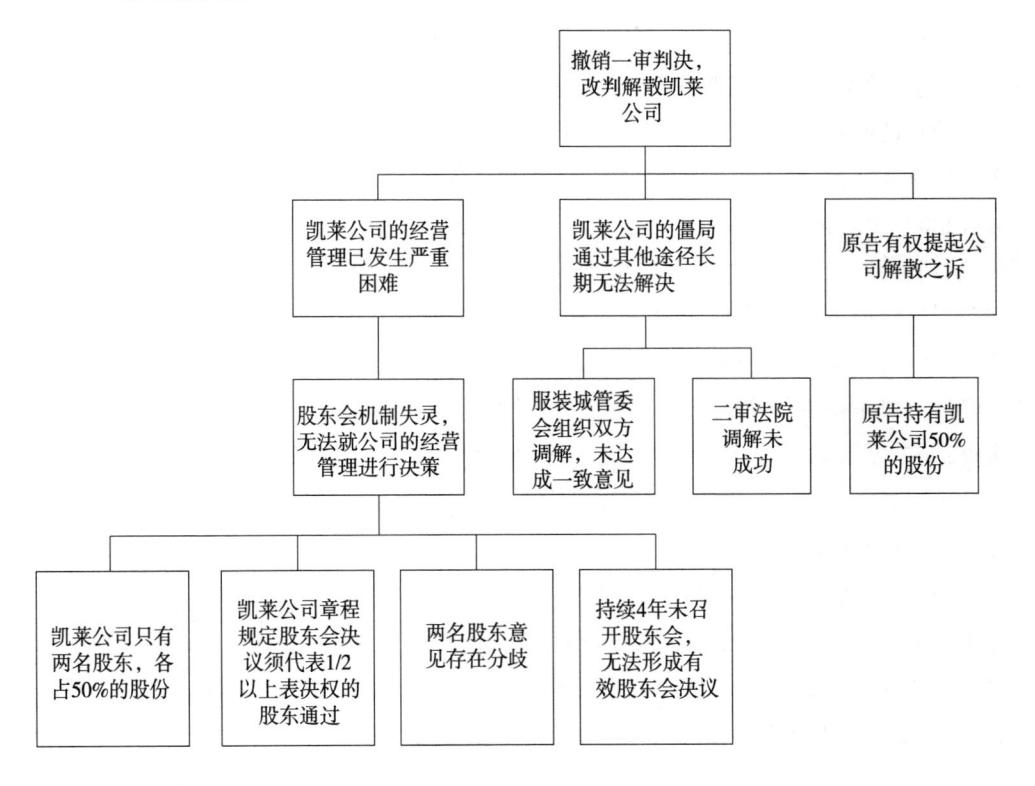

```
                        ┌─────────────────┐
                        │ 撤销一审判决，  │
                        │ 改判解散凯莱    │
                        │ 公司            │
                        └────────┬────────┘
           ┌─────────────────────┼─────────────────────┐
           ▼                     ▼                     ▼
  ┌──────────────┐      ┌──────────────┐      ┌──────────────┐
  │ 凯莱公司的经 │      │ 凯莱公司的僵局│      │ 原告有权提起公│
  │ 营管理已发生 │      │ 通过其他途径长│      │ 司解散之诉   │
  │ 严重困难     │      │ 期无法解决   │      │              │
  └──────┬───────┘      └──────┬───────┘      └──────┬───────┘
         │                ┌────┼────┐                 │
         ▼                ▼         ▼                 ▼
  ┌──────────────┐ ┌──────────┐┌──────────┐  ┌──────────────┐
  │ 股东会机制失灵│ │服装城管委││二审法院  │  │原告持有凯    │
  │，无法就公司的│ │会组织双方││调解未    │  │莱公司50%     │
  │经营管理进行决│ │调解，未达││成功      │  │的股份        │
  │策            │ │成一致意见││          │  │              │
  └──────┬───────┘ └──────────┘└──────────┘  └──────────────┘
   ┌─────┼──────┬──────────┬──────────┐
   ▼     ▼      ▼          ▼          ▼
┌──────┐┌──────────┐┌──────────┐┌──────────┐
│凯莱公││凯莱公司章程││两名股东意││持续4年未召│
│司只有││规定股东会决││见存在分歧││开股东会，│
│两名股││议须代表1/2 ││          ││无法形成有│
│东，各││以上表决权的││          ││效股东会决│
│占50%的││股东通过   ││          ││议        │
│股份  ││           ││          ││          │
└──────┘└──────────┘└──────────┘└──────────┘
```

四、说理评析

本案于 2012 年 4 月 9 日入选最高人民法院第二批指导案例，理由在于本判决书正确地理解了《公司法》第一百八十三条及《公司法解释(二)》第一条等规定的精神，对涉案公司的经营状态、是否符合公司僵局的特征等作出正确认定，明确了依法判断公司经营管理是否发生严重困难及股东请求解散公司的条件。对于依法妥善处理公司僵局的有关问题，充分保护股东合法权益，规范公司治理结构，促进市场经济健康发展具有积极的指导意义。① 从法官说理的角度看，本判决书在法律规则的释明方面亦颇具亮点。

本案是一起股东提起的公司解散之诉，二审法院首先通过梳理双方提供的证据简

---

① 参见陈龙业、最高人民法院案例指导工作办公室：《〈林方清诉常熟市凯莱实业有限公司、戴小明公司解散纠纷案〉的理解与参照》，载《人民司法》2014 年第 6 期。

明清晰地提炼了案件事实,然后基于认定的案件事实和双方的诉求和答辩情况将争议焦点概括为涉案公司的经营管理是否已发生严重困难。针对该争议焦点,法院从以下三个方面逐步分析论证:首先,二审法院对《公司法》第一百八十三条和《公司法解释(二)》第一条作了详细的释明和运用,指出判断公司的经营管理是否出现严重困难,应当从公司的股东会、董事会或执行董事及监事会或监事的运行现状进行综合分析,应将侧重点放在公司管理方面,如股东会机制失灵、无法就公司的经营管理进行决策等,而非片面理解为公司缺乏资金、严重亏损等经营性困难。然后结合具体的案件事实,运用演绎推理,认定涉案公司经营管理已经出现严重困难。其次,二审法院指出涉案公司已经处于僵局状态,原告股东也已经试图采取其他途径化解公司矛盾但未成功。可以看出法院在判断是否要强制解散公司时,遵循了其他救济方法穷尽原则,即考虑到了股东是否曾试图采取其他救济手段。因为不是所有公司僵局都不可逆转和化解,如果可以通过协商或者其他方式化解矛盾,就不必采取釜底抽薪的方式直接解散公司。二审法院的第二层论述符合《公司法》的精神和目的。最后,法院非常严谨地论证了原告股东是否有资格提起公司解散之诉。

综上,本判决书制作规范,认定案件事实清楚,叙述客观全面,证据采信恰当,适用法律正确;语言简练流畅,争议焦点总结准确,法律逻辑思维缜密,说理全面、清晰,说服力强。其中对法律规则的释明部分体现了法官对法律的熟练运用。该判决生效后,对其他法院正确判定公司是否存在解散事由有很强的借鉴意义。

29. 中车金证投资有限公司、江苏保千里视像科技集团股份有限公司证券虚假陈述责任纠纷案[*]

一、案情简介

(一)基本案情

上市公司江苏中达新材料集团股份有限公司(以下简称"中达股份公司")因破产重整,于2014年10月30日披露深圳保千里电子公司(以下简称"保千里电子公司")及庄敏等收购中达股份公司的收购《报告书(草案)》,其中包括银信资产评估有限公司(以下简

---

[*] 源自(2019)粤民终2080号民事判决书。

称"银信评估公司")对保千里电子公司的估值为28.83亿元。随后,中达股份公司股东大会通过重大资产重组决议,中达股份公司更名为江苏保千里视像科技集团股份有限公司(以下简称"保千里公司")。在保千里公司公告《非公开发行股票预案》后,中车金证投资有限公司(以下简称"中车公司")与保千里公司签订《股份认购协议》,中车公司以每股14.86元的价格认购保千里公司非公开发行股份中的13383604股股票,锁定期12个月。中车公司决策参与保千里公司非公开发行股票之前,进行了专业投资分析和研究,并形成了《可行性研究报告》。《可行性研究报告》显示,保千里公司业绩增长较快,未来成长空间很大,智能驾驶概念的股票在市场上也比较受追捧,预计定增发价会比较接近保千里公司的市价,故决定认购保千里公司的非公开发行股票。

2016年12月29日,保千里公司公告称,公司涉嫌违法违规,被证监会立案调查。2017年8月9日,证监会作出《行政处罚决定书》,认定保千里公司在中达股份公司破产重整过程中进行重组资产评估时,保千里电子公司向银信评估公司提供了两类9份虚假的意向性协议,虚假协议致使评估值虚增较大,对保千里公司处以行政处罚。针对保千里公司的虚假陈述行为,中车公司向深圳中院提起诉讼,请求判令保千里公司赔偿其投资损失,庄敏等十一人承担连带赔偿责任。

深圳中院判决保千里公司向中车公司赔偿投资差额损失20570599.35元等;庄敏、陈海昌、庄明、蒋俊杰承担连带赔偿责任;驳回中车公司的其他诉讼请求。中车公司、保千里公司以及陈海昌不服,向广东高院提起上诉。广东高院作出二审判决:驳回上诉,维持原判。

(二)主要争议

二审法院认为,本案争议焦点如下:

1.中车公司作为原告提起证券虚假陈述侵权之诉是否主体适格;

2.保千里公司是否应当因其虚假陈述的侵权行为承担赔偿责任;

3.陈海昌等七名董事是否应当承担连带赔偿责任。

二、说理思路

法院针对三项争议逐一展开分析论述。

根据法律规定判断出法律保护的对象是证券市场的不特定投资者,排除了本案中原告适用2003年2月1日施行的《旧虚假陈述赔偿规定》提出侵权之诉的依据。但根据《证券法》和《合同法》(已失效)的相关规定,原告可以提起普通侵权之诉。

根据普通侵权责任构成要件来对虚假陈述的侵权责任进行认定。首先根据虚假协议以及证监会的《行政处罚决定书》认定保千里公司的虚假陈述行为主观上存在过错、客观上具有违法性;然后对因果关系进行拆分,分别对交易因果关系和损失因果关系进行了认定。在交易因果关系的认定上,法院并不认为作为机构投资者的中车公司当然负有更高的注意义务,并且增加对举证责任的分析,认定虚假的意向性协议对市场预期有明显影响,因此认定中车公司认购保千里公司的非公开发行股票系受到保千里公司虚假陈述行为的影响,具有因果关系;在损失因果关系的认定上,保千里公司的虚假陈述行为会推高公司股票交易价格,最终推高中车公司的申购报价及认购价格。一旦虚假陈述行为被揭露,其股价将随之下跌,从而对中车公司造成损失。因此,虚假陈述行为与中车公司的损失之间亦具有因果关系。

在论述保千里公司董事的责任时,首先认定陈海昌等四人操纵上市公司进行虚假陈述,存在明显故意,构成共同侵权,因此应当承担连带赔偿责任;之后对董爱平等七名董事的责任进行认定,受到行政处罚并不必然推定其存在过错且应承担相应赔偿责任,结合其董事身份,对于虚假陈述行为的注意义务应适当降低,认定其已经履行了作为董事的勤勉义务,因此并不存在过错,无需承担民事赔偿责任。

三、论证结构图

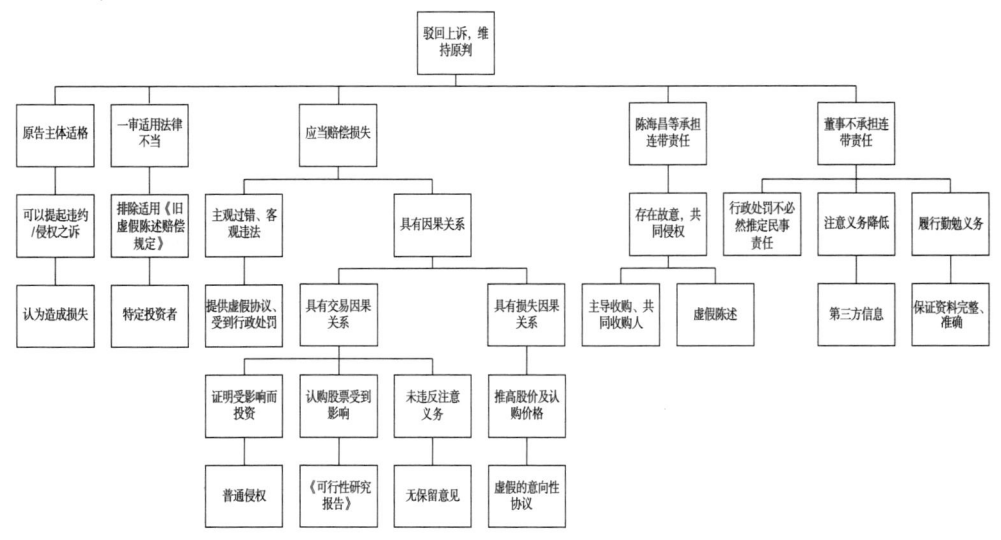

```
                          驳回上诉,维持原判
     ┌──────────┬──────────────┬──────────────┬──────────────┐
  原告主体适格  一审适用法律   应当赔偿损失   陈海昌等承担   董事不承担连
                  不当                         连带责任       带责任
     │            │              │              │              │
  可以提起违约  排除适用《旧   ┌──┴──┐        存在故意,共   ┌──┴──┐
  /侵权之诉    虚假陈述赔偿   主观过错、 具有因果关系  同侵权     行政处罚不必 注意义务降低  履行勤勉义务
              规定》         客观违法                          然推定民事
     │            │              │      │                      责任
  认为造成损失  特定投资者   提供虚假协议、┌──┴──┐           │              │              │
                            受到行政处罚 具有交易因 具有损失因 主导收购、共 虚假陈述    第三方信息   保证资料完整、
                                         果关系   果关系     同收购人                                准确
                                            │        │
                                         ┌──┼──┐   推高股价及认
                                     证明受影响而 认购股票受到 未违反注意  购价格
                                        投资      影响       义务
                                            │        │           │
                                         普通侵权  《可行性研究  无保留意见  虚假的意向性
                                                   报告》                    协议
```

四、说理评析

2022年1月22日施行的《新虚假陈述赔偿规定》，取代了《旧虚假陈述赔偿规定》。《旧虚假陈述赔偿规定》中规定，对于符合一定条件的投资者，可以直接推定其损失与虚假陈述之间存在因果关系，减轻了投资者的举证责任，但随着我国证券市场的迅速发展，由于对因果关系的认定并未进行明确区分，其设置的前置性程序也经常被认为缺乏法律上的根据，《旧虚假陈述赔偿规定》逐渐无法满足司法实践的要求。在此基础上，《新虚假陈述赔偿规定》对《旧虚假陈述赔偿规定》中存在的问题一一作出回应，区分了交易因果关系和损失因果关系，对诱空型虚假陈述因果关系推定作出安排，同时取消了前置性程序的要求，排除行政处罚、刑事裁判为某个案件受理的前提，回归了民事诉讼的本质。

在对核心争议焦点进行汇总之后，法官围绕三个焦点问题展开逻辑清晰、层次鲜明的分点论述。作为裁判的大前提，法律规范的适用是审判过程的重中之重。首先，在可以直接适用现行法律解决的问题上（原告主体是否适格），二审法院严格按照《证券法》和《合同法》（已失效）对原告资格进行确认，同时纠正了一审法院的法律依据错误，认为本案属于普通的侵权纠纷，展现了法律规则运用的严谨性和严密性。对于不能直接应用于本案的法律规定，法官在论述过程中对法律背后的理论基础进行详细阐述，从而作出了富有创新性且具有指导意义的判决。其次，在对第二个争议焦点的说理上，法官从普通侵权损害赔偿责任的构成要件入手，使上下文得以衔接，从而引出对因果关系的拆解和剖析。由于法律并没有对此类问题作出详细规定，法官首先采取较大篇幅对双方的举证责任以及投资者的注意义务进行说明，随后根据本案的具体情况，认定两种因果关系均成立，最终判断保千里公司的虚假陈述行为与中车公司的损失之间具有因果关系。最后，在对相关个人是否应当对赔偿费用承担连带责任的问题上，法官根据《证券法》第六十九条的规定，依据不同责任人相应的归责原则和其实施的行为对责任进行严格划分；且基于行政处罚和民事侵权责任的法律依据及判断标准的差异，对直接责任人员的民事责任进行单独认定，认为其充分履行了作为董事的勤勉义务，因此并无过错，无需承担民事赔偿责任。

作为二审案件，本案文书着重强化了释法说理，进一步提炼出证券虚假陈述纠纷中的认定标准和裁判依据,对类似案件的审理具有积极的指导和参考意义。本案的特殊之处在于,相关虚假陈述行为及损害后果均发生在《新虚假陈述赔偿规定》颁布之前。在《旧虚假陈述赔偿规定》没有区分交易因果关系和损失因果关系时,本案在判决中主动作出了区分;同时在前置性程序尚未取消时,即作出证券虚假陈述中行政处罚和民事侵权责任的法律依据不同,判断标准亦存在差异的论断,因此认为受到行政处罚并不必然意味着承担相应的民事赔偿责任,属于在现有法律框架内对存在的问题进行了有益的探索。

30. 李芝林诉中华人民共和国司法部信息公开案*

一、案情简介

（一）基本案情

上诉人李芝林于 2019 年 9 月 7 日向司法部提交信息公开申请,要求司法部公开 2019 年国家统一法律职业资格考试真题及答案,司法部于 9 月 9 日收悉并于 11 月 4 日作出〔2019〕263 号《政府信息公开告知书》(以下简称"被诉告知书"),此告知书的主要内容为司法部根据《国家司法考试保密工作规定》(司发通〔2008〕142 号)第四条第三款和《政府信息公开条例》第三十六条第(三)项的规定拒绝了信息公开的请求。司法部经审查认为国家统一法律职业资格考试真题及答案属于《国家司法考试保密工作规定》第四条第三款规定的工作秘密,未经司法部批准不得公开。并且 2019 年 5 月 24 日发布的《中华人民共和国司法部公告》(第 5 号)(以下简称《2019 年国家统一法律职业资格考试公告》)明确,2019 年国家统一法律职业资格考试不公布试题及参考答案。李芝林不服上述被诉告知书,向一审法院起诉,请求撤销被诉告知书;判令司法部不公开国家统一法律职业资格考试真题及答案违法;并附带审查《国家司法考试保密工作规定》第四条第三款及《2019 年国家统一法律职业资格考试公告》第六条第(三)项的合法性。一审法院经审理认为司法部不予公开考试真题及答案符合法律规定,李芝林的诉讼请求缺乏事实根据和法律依据,不予支持。二审法院对一审法院认定的事实予以确认。

* 源自(2020)京 03 行初 23 号行政判决书。

(二)主要争议

1.《国家司法考试保密工作规定》第四条第三款的合法性;

2.《2019年国家统一法律职业资格考试公告》第六条第(三)项的合法性;

3.被诉告知书的合法性,即司法部不予公开国家统一法律职业资格考试真题及参考答案是否合法。

二、说理思路

对于第一个争点——《国家司法考试保密工作规定》第四条第三款的合法性,一审法院主要从其制定目的合法性、内容合法性、制定程序合法性三个角度进行论证。对于第二个争点——《2019年国家统一法律职业资格考试公告》第六条第(三)项的合法性,一审法院从制定的权限、内容合法性、程序合法性三个角度进行论证。对于第三个争点——被诉告知书的合法性,由于上述规定和公告是作出被诉告知书这一行政行为的法律依据,该依据经审查具有合法性,加之司法部作出被诉告知书的过程符合《政府信息公开条例》关于答复期限和程序的相关规定,程序合法,一审法院最终认定了被诉告知书的合法性。

三、论证结构图

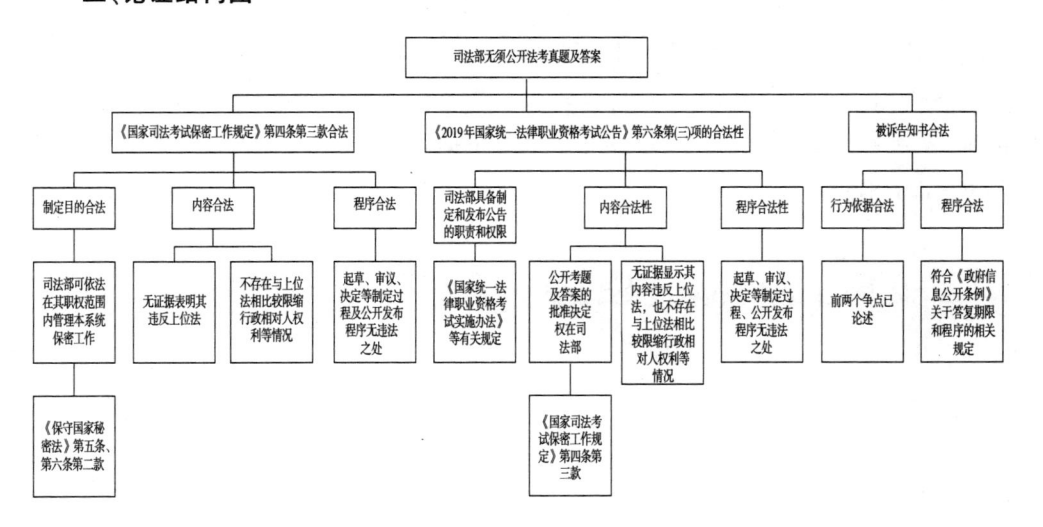

```
                          司法部无须公开法考真题及答案
     ┌────────────────────────────┼────────────────────────────┐
《国家司法考试保密工作规定》  《2019年国家统一法律职业资格考试公告》    被诉告知书合法
   第四条第三款合法         第六条第(三)项的合法性
 ┌──────┼──────┐      ┌────────┼────────┐         ┌──────┴──────┐
制定目的  内容   程序    司法部具备制定  内容   程序合法性      行为依据合法  程序合法
 合法   合法   合法    和发布公告的    合法性
                      职责和权限
  │      │      │         │         │       │              │          │
司法部可  无证据  不存在与  《国家统一  公开考题 无证据显示其  起草、审议、  前两个争点已  符合《政府信
依法在其  表明其  上位法相  法律职业资  及答案的 内容违反上位  决定等制定过  论述        息公开条例》
职权范围  违反上  比较限缩  格考试实施  批准决定 法,也不存在   程、公开发布                关于答复期限
内管理本  位法    行政相对  办法》等    权在司   与上位法相比   程序无违法                 和程序的相关
系统保密          人权利等  有关规定    法部     较限缩行政相   之处                       规定
工作             情况                          对人权利等
                                              情况
  │
《保守国家                                    《国家司法考
秘密法》第五条、                              试保密工作规
第六条第二款                                  定》第四条第
                                              三款
```

四、说理评析

在争议总结上,该案一审法院准确抓住要点,而且要点之间逻辑性较强,环环相扣。一审法院首先将前两个争点定位在司法部作出具体行政行为的法律依据上,先审查该行为法律依据的合法性,为最后论证行政行为的合法性做好铺垫。当行政主体作出行政行为之依据的合法性得到充分论证后,再对行政行为的程序合法性加以论证,就能够完成较为充分的说理了。该裁判文书的亮点在于,争点排列的逻辑顺序比较严谨,使得裁判文书的可读性、说理性得到强化。

在事实认定上,该裁判文书说理的论证角度较为充分。针对第一个和第二个争点,一审法院论证的角度全面。首先论证制定权限的合法性,一审法院通过引用相关上位法论证了《国家司法考试保密工作规定》第四条第三款和《2019年国家统一法律职业资格考试公告》第六条第(三)项的制定权限和制定目的合法。其次审查了该规定和公告不违反现行有效的上位法规定,也不存在与上位法相比较限缩行政相对人权利等情况。最后论证制定程序合法,其起草、审议、决定等制定过程及公开发布程序无违法之处。

在法律适用上,该裁判文书引用全面、正确。尤其体现在论证第三个争点时,一审法院正确援引法律依据,论证了2019年国家统一法律职业资格考试真题及答案是否公开的批准决定权在司法部。由于国家司法考试改为国家统一法律职业资格考试,因此在援引相关法律时要注意法律适用的时效性,法院准确依据《2019年国家统一法律职业资格考试公告》第六条第(三)项,国家统一法律职业资格考试组织实施相关规定出台前,适用原国家司法考试的相关规定。随即依据《国家司法考试保密工作规定》,判定司法部具有批准权。

31. 被告人张纪伟、金鑫危险驾驶案*

一、案情简介

(一)基本案情

2012年2月3日20时20分许,被告人张纪伟、金鑫相约在上海市浦东新区乐园路

---

* 源自(2012)浦刑初字第4245号刑事判决书。

99号铭心赛车服务部碰面后,二人分别驾驶大功率二轮摩托车自该车行出发,行至杨高路、巨峰路路口掉头后,沿杨高路由北向南行驶,经南浦大桥至陆家浜路接人。行驶途中,张纪伟、金鑫为追求驾驶大功率二轮摩托车的刺激,在多处路段超速行驶,在多个路口闯红灯行驶,曲折变道超越其他车辆,以此相互显示各自的驾车技能。当行驶至陆家浜路、河南南路路口时,张纪伟、金鑫遇执勤民警检查,遂驾车沿河南南路经复兴东路隧道、张杨路逃离,并于当晚21时许驾车回到张纪伟住所。民警接群众举报后,通过调取街面监控录像,锁定张纪伟有重大犯罪嫌疑。2012年2月5日21时许,民警在上海市浦东新区栖山路1555弄33号5B室将张纪伟抓获到案,张纪伟如实交代其伙同金鑫追逐竞驶的犯罪事实,并向民警提供了金鑫的手机号码。2012年2月6日21时许,金鑫接公安机关电话后投案自首,如实供述上述犯罪事实。其中,在杨高南路浦建路立交(限速60km/h)张纪伟驾驶速度达115km/h、金鑫驾驶速度98km/h;在南浦大桥桥面(限速60km/h)张纪伟驾驶速度达108km/h、金鑫驾驶速度达108km/h;在南浦大桥陆家浜路引桥下匝道(限速40km/h)张纪伟驾驶速度大于59km/h、金鑫驾驶速度大于68km/h;在复兴东路隧道(限速60km/h)张纪伟驾驶速度102km/h、金鑫驾驶速度99km/h。

(二)主要争议

本案的争议焦点为:如何理解和认定《刑法》第一百三十三条之一规定的"在道路上驾驶机动车追逐竞驶,情节恶劣"。

二、说理思路

对于是否构成危险驾驶罪,应当围绕"追逐竞驶""情节恶劣"两个方面进行说理论证。

第一,二被告人是否构成"追逐竞驶",一审法院分别从主观心态、实际路线和客观行为三个方面进行说理。主观心态上,二被告人的供述当中反复出现的"手痒""刺激""享受刺激感""超车"等字眼足以认定其追逐竞驶的主观心态。客观行为上,二被告人驾驶改装大功率摩托车的行为,以及在驾驶当中的超车、随意变道、大幅度超速等均可认定其存在追逐竞驶的行为。此外,从二被告人的驾驶路线来看,二人的驾驶路线相同,证明了二被告人共同约定了竞相行驶的起点和终点。从以上三个方面,足以认定其行为构成追逐竞驶。

第二，二被告人的行为是否"情节恶劣"，一审法院从驾驶的车辆、驾驶的速度、驾驶的方式、对待执法的态度、行驶的路段五个角度综合认定，上述行为对不特定多数人的生命健康及财产安全造成相当程度的威胁，实际上将道路交通公共安全置于危险状态之下，故可以认定二被告人在道路上驾驶机动车追逐竞驶的行为属"情节恶劣"。

综上，认定二被告人构成危险驾驶罪。

三、论证结构图

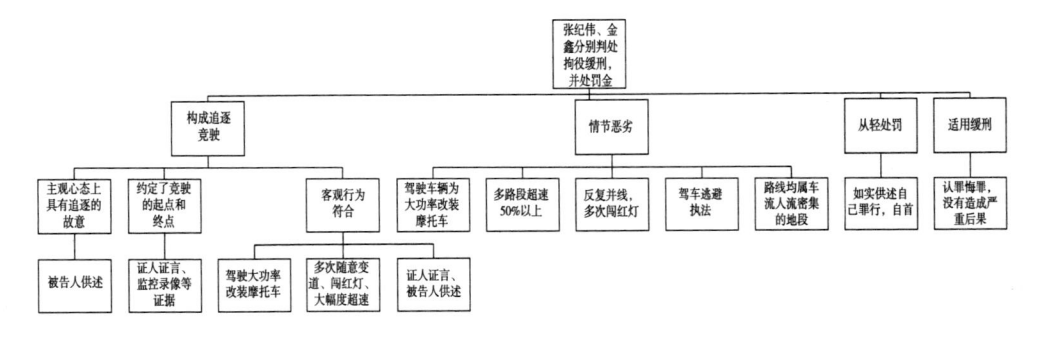

```
                          张纪伟、金
                          鑫分别判处
                          拘役缓刑，
                          并处罚金
    ┌──────────┬───────────────┴──────────┬──────────┐
 构成追逐                               情节恶劣        从轻处罚    适用缓刑
   竞驶
 ┌──┼──┐         ┌────┬──────┬──────┬──────┐      │         │
主观心态上 约定了竞驶 客观行为 驾驶车辆为 多路段超速 反复并线， 驾车逃避 路线均属车  如实供述自  认罪悔罪，
具有追逐 的起点和 符合   大功率改装 50%以上  多次闯红灯  执法   流人流密集  己罪行，自首 没有造成严
的故意   终点          摩托车                          的地段              重后果
  │       │        │       │
被告人供述 证人证言、 驾驶大功率 多次随意变  证人证言、
        监控录像等 改装摩托车 道、闯红灯、 被告人供述
        证据             大幅度超速
```

四、说理评析

本案事实清楚，证据确实、充分，在定罪量刑方面并无争议。且被告人认罪态度较好，能够主动供述自己的罪行，适用认罪认罚从宽制度。作为最高人民法院的指导性案例，本判决书难能可贵之处在于，对犯罪构成以及法律适用进行细致入微的说理论证。对于是否构成"追逐竞驶"，一审法院通过对被告人的主观心态、客观行为以及危险驾驶的实际路线逐一进行论述。主观心态的论证是某些案件的重点和难点，本案中法院对二被告人的供述"心里面想找点乐子和刺激""在道路上穿插、超车、得到心理满足"；在面临红灯时，"刹车不舒服、逢车必超""前方有车就变道曲折行驶再超越"等供词进行列举，辅以相关视听资料相互印证，可以反映出其追求刺激、炫耀驾驶技能的竞技心理，理由充分，逻辑严密，说服力强；并且将二被告人的实际路线单独陈述，意在加强上述对被告人心态分析的合理性，各部分之间相互联系，相互印证，体现了刑事审判重事实、重证据的裁判原则。对于是否构成"情节恶劣"，一审法院从驾驶车辆、驾驶速度、驾驶路线、驾驶方式和对待执法的态度这五个

方面综合认定该追逐竞驶行为导致公共交通安全处于危险状态之下,对不特定多数人的生命健康及财产安全造成相当程度的威胁。上述说理,能够与在案证据相互印证,形成完整的证据链、证明链,理由充分,判决结果能够为社会公众和被告人所接受,尤其是没有任何法律基础的一般公众也能够清晰准确地了解到法律的边界,能够更好地发挥法律的教育作用。另外,本判决书在说理过程中,始终强调有相应的证据予以证明,突出了刑事审判的程序正义,做到实体正义与程序正义相统一,值得参考。此外,该文书的说理,即被告人的行为是否符合相应犯罪构成的论证,会对办理类似案件发挥良好的示范作用。

32. 李某某等诉中安科股份有限公司等证券虚假陈述责任纠纷案[*]

一、案情简介

（一）基本案情

被告中安科股份有限公司(以下简称"中安科公司")系在上海证券交易所上市的公司。2014年,中安科公司实施重大资产重组,通过向深圳市中恒汇志投资有限公司(以下简称"中恒汇志公司")非公开发行股票的方式购买后者持有的被告中安消技术有限公司(以下简称"中安消公司")100%的股权。被告瑞华会计师事务所出具了审计报告和盈利预测审核报告;被告招商证券股份有限公司(以下简称"招商证券")就该项重大资产出售、发行股份购买资产并募集配套资金暨关联交易出具独立财务顾问报告;被告广东华商律师事务所(以下简称"华商律师事务所")就同一事项出具了法律意见书。2014年6月11日,中安科公司公告了上述报告和意见书。后来,中安科公司、中安消公司、中恒汇志公司及相关责任人员等因"班班通""智慧石拐"和"BT"等项目中的虚假陈述行为受到证监会的行政处罚。原告(被上诉人)李某某等在中安科公司虚假陈述行为实施日至揭露日期间买入中安科公司的股票,后由于中安科公司虚假陈述行为被揭露致股价大跌而产生巨额经济损失。一审法院判决中安科公司应向李某某等支付投资差额及佣金和印花税损失,中安消公司、招商证券、瑞华会计师事务所对中安科公司的上述付款义务承担连带责任。宣判后,招商证券、瑞华会计师事务所

---

[*] 源自(2020)沪民终666号民事判决书。

不服，提起上诉。

（二）主要争议

二审法院将争议焦点概括为：

1. 证券服务机构承担证券虚假陈述民事责任是否以受到行政处罚或刑事判决为前提；

2. 招商证券、瑞华会计师事务所及华商律师事务所是否勤勉尽责；

3. 招商证券和瑞华会计师事务所的赔偿责任范围应如何确定。

二、说理思路

首先，针对招商证券等提出的"未受到行政处罚，因而不应承担民事责任"这一主张，二审法院根据《旧虚假陈述赔偿规定》第六条和《证券法》第一百七十三条的规定，认为行政处罚决定系法院受理案件的依据，而非确定诉讼被告的依据，因而招商证券等的抗辩，依法不能成立。

其次，针对招商证券、瑞华会计师事务所及华商律师事务所提出的"已经尽到了勤勉之责"这一主张，二审法院认为招商证券仅根据中安消公司提供的框架协议和当地的有关政策性文件，便出具了独立财务顾问报告，而未对该重点项目的实际进展情况予以审慎核查；且在知悉"班班通"项目的真实情况后，未及时采取有效的行动；因此，招商证券未充分尽到勤勉尽责义务。而瑞华会计师事务所虽然向包头市石拐区政府发《企业询证函》，但并未收到回复；且并未实际关注"智慧石拐"项目的真实情况；据此，瑞华会计师事务所也并未勤勉尽责。另外，华商律师事务所对涉案重大资产重组作出的结论是基于专业评估机构对相关资产定价的评估确定，其仅是从合法性、合规性角度对该定价作出评价，因此华商律师事务所不应承担连带责任。

最后，在赔偿范围这一问题上，二审法院认为根据相关法律规定，证券服务机构和瑞华会计师事务所的注意义务和应负责任范围，应限于各自的工作范围和专业领域，综合考量其过错程度、造成投资者损失的原因力等因素，分别确定各自应当承担的法律责任，而不是全额连带赔偿。

三、论证结构图

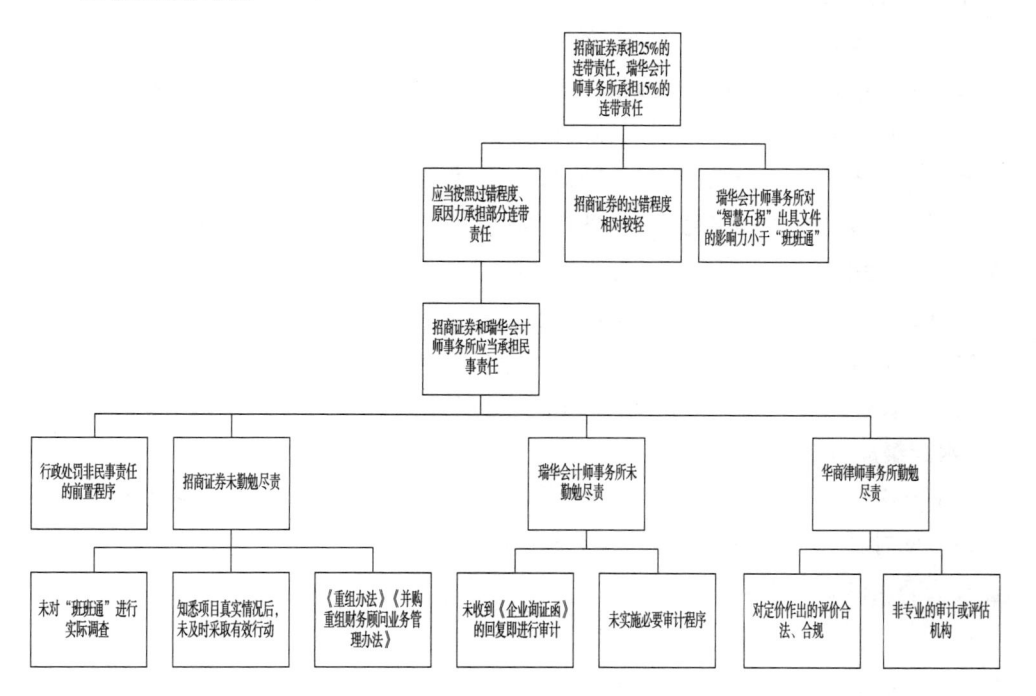

```
                        ┌─────────────────────┐
                        │ 招商证券承担25%的    │
                        │ 连带责任,瑞华会计     │
                        │ 师事务所承担15%的    │
                        │ 连带责任              │
                        └──────────┬──────────┘
              ┌────────────────────┼────────────────────┐
   ┌──────────┴──────┐  ┌──────────┴──────┐  ┌──────────┴──────┐
   │应当按照过错程度、│  │招商证券的过错程度│  │瑞华会计师事务所对│
   │原因力承担部分连带│  │相对较轻          │  │"智慧石拐"出具文件│
   │责任              │  │                  │  │的影响力小于"班班通"│
   └──────────────────┘  └──────────────────┘  └──────────────────┘
                                  │
                        ┌─────────┴─────────┐
                        │招商证券和瑞华会计 │
                        │师事务所应当承担民 │
                        │事责任              │
                        └─────────┬─────────┘
      ┌───────────┬───────────────┼───────────────┬───────────┐
┌─────┴─────┐┌────┴────┐   ┌──────┴──────┐┌──────┴──────┐
│行政处罚非民││招商证券未│   │瑞华会计师事务│华商律师事务所勤勉│
│事责任的前置││勤勉尽责  │   │所未勤勉尽责  │尽责              │
│程序        ││          │   │              │                  │
└────────────┘└────┬─────┘   └──────┬───────┘└──────┬──────────┘
         ┌─────┬───┴──┬─────┐   ┌───┴────┐   ┌─────┴─────┐
      ┌──┴─┐┌──┴──┐┌──┴──┐         ┌──┴──┐┌──┴──┐  ┌──┴──┐┌──┴──┐
      │未对││知悉项││《重组         │未收到││未实施│ │对定价││非专业│
      │"班班││目真实││办法》         │《企业││必要审│ │出的评││的审计│
      │通"进││情况后││《并购         │询证函││计程序│ │价合法││或评估│
      │行实际││,未及 ││重组财         │》的回│       │、合规││机构 │
      │调查  ││时采取││务顾问         │复即进│       │     ││     │
      │     ││有效行││业务管         │行审计│       │     ││     │
      │     ││动    ││理办法         │     │       │     ││     │
      │     ││      ││》             │     │       │     ││     │
      └─────┘└──────┘└──────┘         └──────┘       └─────┘└─────┘
```

四、说理评析

案件争议焦点的认定是判断裁判文书说服力和可读性的重要指标,反映了法官对案件的熟悉程度、法律素养和归纳总结能力。本案二审法院根据上诉人的诉请及案件事实将本案的争议焦点归纳为三个层层递进的问题:首先,证券服务机构承担虚假陈述民事赔偿责任是否以受到行政或刑事处罚为前提;其次,招商证券、瑞华会计师事务所及华商律师事务所作为证券服务机构,在案涉重大资产重组中是否勤勉尽责,即判断其主观上是否存在过错;最后,如果其未勤勉尽责,那么如何确定其应承担的赔偿责任范围。以上争点均涉及对法律规则的理解和适用。总的来说,争议焦点归纳准确、针对性强且逻辑严密,有利于后续说理的展开。

本案说理的亮点还体现在二审法院对争议焦点的回应上,对第一个争议焦点,证券服务机构错误地认为无行政处罚则无民事责任,因此其并非适格被告。法院综合《旧虚假陈述赔偿规定》第六条和《证券法》第一百七十三条的规定,认为行政处罚决定系法院受理案件的依据,而非确定诉讼被告的依据,故法律并不要求责任主体受到行政处罚后才能被列为被告。对第二个争议焦点,证券服务机构认为已经尽到了必要的审慎核查义务,法院从招商证券和瑞华会计师事务所并未进行实际调查、知悉实际情况后未及时改正等多个角度论证其并未尽到相应的勤勉尽责义务,论证充分,增强了判决的说服力。同时,二审法院指出,虽然华商律师事务所对涉案重大资产重组作出的定价结论有失公允,但鉴于其业务范围和注意义务,认为其已尽到了相应的法律义务,责任认定准确,维护了当事人的合法权益。在责任分配上,二审法院全面梳理了责任分配的相关法律规定,首先指出证券服务机构应当承担部分连带责任,而非全额连带赔偿;而后综合考量招商证券和瑞华会计师事务所的主观过错程度、原因力大小等因素确定各方当事人的具体责任范围。总体来看,说理思路清晰,推理缜密,层次分明,层层递进,最后得出的裁判结论顺理成章,水到渠成,可读性非常强。

通观全文,内容重点突出,文字表述简洁流畅,文章结构层次清晰、逻辑严密,一气呵成。同时,二审法院充分论证了裁判结果的合理性和正当性,产生了让当事人接受、让社会公众信服的效果。

33. 李岑等诉上海熊猫互娱文化有限公司其他合同纠纷案*

一、案情简介

(一)基本案情

2018年2月28日,上海熊猫互娱文化有限公司(以下简称"熊猫公司")作为甲方与作为乙方的昆山播爱游信息技术有限公司(以下简称"播爱游公司")及作为丙方的李岑签订《熊猫直播主播独家合作协议》(以下简称《合作协议》),就三方权利义务、违约责任、合同解除、合同变更等达成协议。2018年6月1日,熊猫公司延迟履行报酬支付义务2个月后,播爱游公司向熊猫公司发出主播催款单。2018年6月27日、28日,李岑以及斗鱼直播平台微博内容分别表明李岑将至斗鱼平台进行直播;李岑微博同时称"BIU团队"受斗鱼平台邀请进行合作。之后,李岑实际在斗鱼平台进行直

---

* 源自(2020)沪02民终562号民事判决书。

播,并在微博上发布有关斗鱼平台的内容。播爱游公司也于官方微信公众号上发布李岑在斗鱼平台的直播间链接。李岑在斗鱼平台直播后,熊猫公司与李岑、播爱游公司就合同解除及违约责任产生纠纷。

一审法院判决播爱游公司向熊猫公司支付违约金260万元,李岑对播爱游公司上述付款义务承担连带清偿责任,熊猫公司向播爱游公司支付相应合作费用,并驳回播爱游公司的其他反诉请求。李岑以违约金过高为由提起上诉,二审审理后认为一审判决并无不当,依法予以维持。

(二)主要争议

二审法院将争议焦点归纳为:

1. 系争《合作协议》及其第11.1条违约责任条款是否无效;

2. 李岑至斗鱼平台直播是否构成违约;

3. 一审认定的违约金是否过高。

二、说理思路

一审法院认为《合作协议》系三方真实意思表示,且不违反法律法规的强制性规定,应当认定为有效。李岑、播爱游公司擅自终止《合作协议》,并在直播竞品平台上进行相同或类似合作的行为,构成根本违约,应当承担违约责任;熊猫公司逾期付款的行为则属于履行瑕疵,而非根本违约。最后,在违约金数额问题上,一审法院基于网络直播行业的特点,综合考虑李岑的过错程度及履行行为、直播平台损失的统计方式等因素,根据公平原则和诚实信用原则,将熊猫公司主张的300万元违约金调整为260万元。李岑以违约金过高为由提出上诉。

二审法院在确认一审认定事实的基础上,根据另查明的事实,将争议焦点归纳为三点,并进行有针对性的回应。首先,法院从自愿原则出发,判定合同合法有效,李岑认为合同无效的主张没有法律依据。其次,法院从三个方面论证了违约金条款并非显失公平的格式条款。再次,法院对当事人提出的三项争议进行逐一论述,认定熊猫公司存在履行瑕疵但不足以构成根本违约,而李岑、播爱游公司违反了协议中的独家合作条款,构成根本违约,应当承担违约责任。最后,对于违约金是否过高的问题,二审法院在认可一审法院认定违约金方式的基础上,根据另查明的事实指出李岑除了游戏主播的身份外,还担任播爱游公司的股东,其直播阵地的转移,导致"BIU 团队"的整体"跳槽",故而认定违约金数额合理。综上,二审法院判决驳回李岑的上诉,维持原判。

三、论证结构图

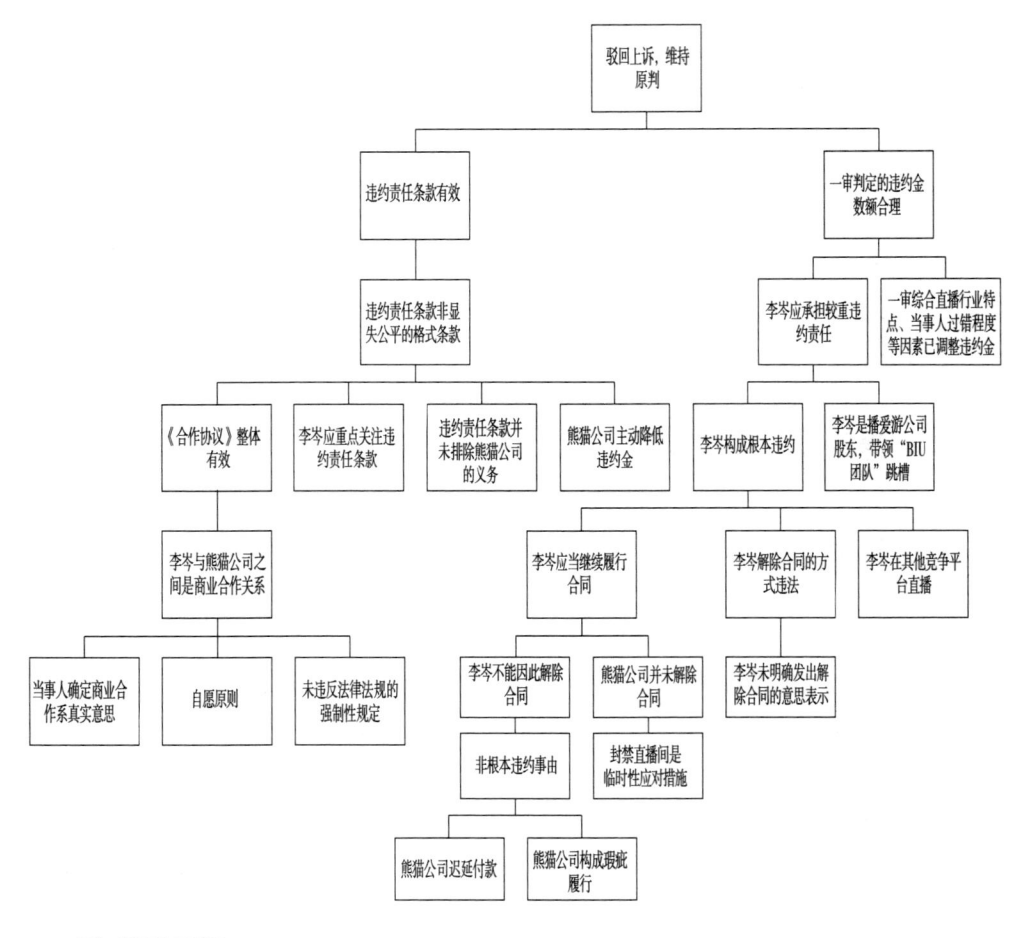

```
                                    驳回上诉,维持原判
                          ┌──────────────────┴──────────────────┐
                  违约责任条款有效                        一审判定的违约金数额合理
                          │                            ┌───────────┴───────────┐
              违约责任条款非显失公平的格式条款        李岑应承担较重违约责任   一审综合直播行业特点、
                          │                                │                当事人过错程度等因素
      ┌──────┬──────┬──────┬──────┐              ┌────────┴────────┐         已调整违约金
  《合作协议》 李岑应重点  违约责任条款  熊猫公司    李岑构成        李岑是播爱游公司
   整体有效   关注违约   并未排除熊猫   主动降低   根本违约        股东,带领"BIU
              责任条款   公司的义务     违约金                      团队"跳槽
      │                                    ┌─────────┬──────────┬──────────┐
   李岑与熊猫公司之间                 李岑应当继续  李岑解除合同  李岑在其他竞争
   是商业合作关系                       履行合同    的方式违法    平台直播
 ┌────┬────┬────┐              ┌─────────┴─────────┐    │
当事人确定 自愿原则 未违反法律法规   李岑不能因此  熊猫公司并未    李岑未明确发出解
商业合作系         的强制性规定     解除合同      解除合同        除合同的意思表示
真实意思                                │
                                  ┌─────┴─────┐
                              非根本违约事由  封禁直播间是
                                             临时性应对措施
                              ┌─────┴─────┐
                          熊猫公司       熊猫公司构成瑕
                          迟延付款       疵履行
```

四、说理评析

本案裁判文书争议点归纳全面,回应充分,说理逻辑清晰,其最突出的说理亮点在于,在确定了网络直播行业中主播构成根本违约的情况下,法官裁判案件时调整违约金的思路和裁判规则。

一审裁判文书在此方面的论证说理充分展现了一审法官较高的辩证思维能力。

一方面，法院准确识别出主播是网络直播平台的核心资源，并一针见血地指出基于这个特点，网络直播行业存在各大平台"高薪挖角"频现、各主播频繁"跳槽"的行业乱象进而肯定了网络直播平台通过约定高额违约金以短暂约束无序、非理性竞争的无奈。同时，法院基于公平原则论证了主播"跳槽"所致损失难以量化，因而不应苛求网络直播平台承担过重的举证责任。另一方面，法院辩证地指出，频繁挖角、层层加码的非理性竞争，使得主播的市场价值泡沫化，高额违约金就是典型表现之一，而且高额违约金还妨碍了网络直播行业内主播的合理流动，因而应对畸高的违约金予以合理调整，以"建立稳定、有序、健康的网络直播行业业态，为网络直播平台营造良好的营商环境，促使主播市场价值回归理性"。

值得肯定的是，一审法院在确定违约金数额时，不仅指出主播违约跳槽导致平台的损失，不能仅限于实际发生的具体损失，还要考虑到平台整体估值的降低，预期利益的损失，特定对象广告收益的减损等因素；还要从情理出发，点明冰冻三尺非一日之寒，熊猫公司在停止运营前产生为数较多的"欠薪"事件，这一在先违约行为使得主播合理怀疑熊猫公司存在无法正常履行《合作协议》的风险，因而其在协议有效期内违约"跳槽"也情有可原。这些全面的考虑兼顾了直播平台和主播的合法权益。最终一审法院支持了熊猫公司主张的 260 万元违约金，这大约是李岑在熊猫公司直播期间所获得全部费用的 2 倍。

二审裁判文书在此方面的说理亮点在于，增强了一审判决的违约金的可接受度。二审法院首先肯定一审法院评估违约金时综合考虑的多个因素；进而根据李岑兼具高人气主播和播爱游公司股东身份的事实，认为李岑从熊猫公司跳至其他公司直播的过程中，扮演着"BIU 团队"组织者和带头者的角色，其直播阵地的转移，导致"BIU 团队"的整体"跳槽"，因而李岑应当承担相对较重的违约责任。

随着网络直播平台的蓬勃发展，主播违约涉诉案件层见叠出。鉴于法律的抽象性和稳定性特征，在司法实践中，不同法院对违约金的调整思路和裁判规则存在不同倾向。本案作为指导性案例，对此类争议起到了定分止争的作用，值得类似案件参考借鉴。

34. 北京新画面影业有限公司诉窦骁表演合同纠纷案*

一、案情简介

（一）基本案情

本案上诉人（原审被告）北京新画面影业有限公司（以下简称"新画面公司"），被上诉人（原审原告）窦骁。2010年3月23日，窦骁与新画面公司签订《合约》，合约期8年，双方约定新画面公司于合约期内作为窦骁演艺工作代理方，凡窦骁有意参加的演艺活动，均由新画面公司代表窦骁出面洽谈及签约，并就双方的权利义务、收入分配、违约责任等作出约定。2012年9月26日，窦骁委托律师向新画面公司发出律师函称，新画面公司无营业性演出经营主体资格，双方合约应视为无效。新画面公司主张已取得营业许可并履约，且窦骁未经公司许可，擅自参演59场演艺活动，应承担违约责任。窦骁随后提起诉讼，请求法院确认合同无效或解除。一审法院经审理，判决合同有效，但于判决生效之日起解除。新画面公司不服判决，提起上诉。

（二）主要争议

二审法院认为本案争议焦点如下：

1.涉案的某某项演艺活动是否为新画面公司履行《合约》的行为；

2.窦骁是否应当向新画面公司承担因其擅自参加59场活动而产生的违约责任以及违约金如何确定；

3.涉案《合约》是否应当予以解除；

4.解除涉案《合约》后，新画面公司要求窦骁赔偿因其恶意毁约给新画面公司造成的经济损失2000万元的请求是否应予支持。

二、说理思路

二审法院首先对一审法院查明的事实及二审新查明的事实予以确认，并明确涉案《合约》系双方当事人的真实意思表示，合法有效，进而归纳出上述四大争议焦点。

针对争点一，二审法院首先依据《民法通则》（已失效）第六十三条及《合同法》（已

---

* 源自（2013）高民终字第1164号民事判决书。

失效)第五十条明确了代理人权限,并结合本案《审核报告》的内容,判定涉案某某项演艺活动系以新画面公司某代表之名义进行安排,效力及于公司,进而根据民事案件中优势证据的认定规则判定本案在案证据已形成基本证据链,且无新证据足以破坏该证据链,一审法院举证责任分配错误,该活动应认定为新画面公司的履约行为。

针对争点二,二审法院从涉案《合约》的内容出发,结合基本商业常识,认定窦骁参与59场活动但未获报酬不合常理,且根据《民事诉讼证据规定》第七十五条,窦骁未就"未获报酬"进行举证,应负举证不利后果。基于此,二审法院综合考量各方因素,酌定窦骁赔偿违约损失100万元。

针对争点三,二审法院将其拆分为"应否解除"和"因何解除"两大问题。首先,二审法院明确《合约》为综合性合同,不存在单方解除权。其次,其从《合同法》第一百一十条所处位置、规范对象,以及本案《合约》内容及现实情况等多个角度论述了一审法院适用法律错误,应予纠正。与此同时,基于《合约》的人身依赖性及演艺经纪行业特殊性论证了解除合同具有合理性。最后,二审法院从《合同法》第九十四条的立法目的出发,并结合契约自由、平等自愿原则及在案情况,阐明解除合同符合双方当事人的利益,《合约》应依《合同法》第九十四条解除。

针对争点四,二审法院明确《合约》解除系窦骁根本违约所致,其应承担责任,并综合考虑各因素,认定新画面公司要求的2000万元赔偿额过高,酌定赔偿200万元。

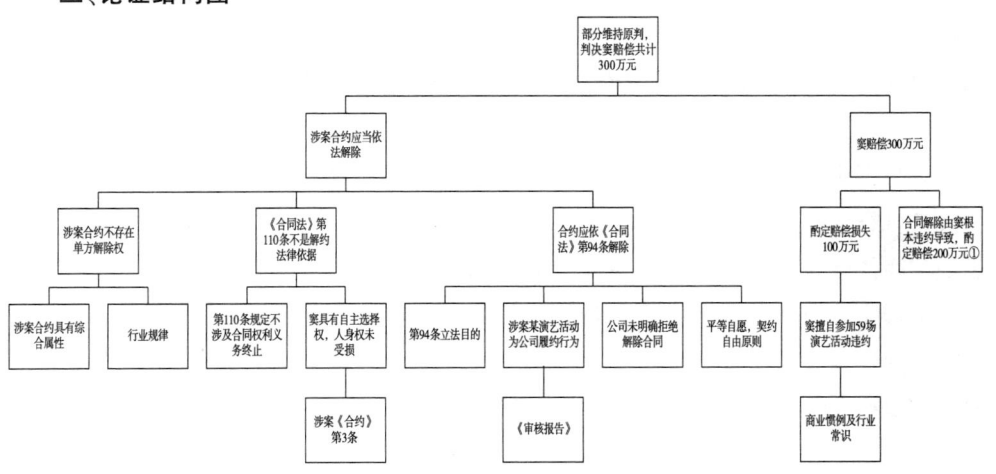

三、论证结构图

```
                        部分维持原判,
                        判决窦赔偿共计
                           300万元
                    ┌──────────┴──────────┐
              涉案合约应当依            窦赔偿300万元
                  法解除
        ┌───────────┼───────────┐          ┌───────────┼───────────┐
   涉案合约不存在  《合同法》第  合约应依《合同   酌定赔偿损失  合同解除由窦根
    单方解除权   110条不是解约  法》第94条解除    100万元     本违约导致,酌
                 法律依据                                  定赔偿200万元①
    ┌────┬────┐     ┌────┬────┐    ┌────┬────┬────┐    ┌────┐   ┌────┐
  涉案合约具 行业规律  第110条规定 窦具有自主选择 第94条立法目的 涉案某演艺活动 公司未明确拒绝 平等自愿、契约 窦擅自参加59场
   综合属性           不涉及合同权利义 权,人身权未               为公司履约行为   解除合同      自由原则      演艺活动违约
                      务终止           受损
                                                            《审核报告》                商业惯例及行业
                         涉案《合约》                                                      常识
                          第3条
```

[点评]

①对酌定赔偿金额的说理不充分。

四、说理评析

本案二审判决书格式规范，形式完整、正确，判决主文语言流畅，论述繁简得当，其对上诉人新画面公司与被上诉人窦骁的诉辩主张进行了完整简要的概括，对二审期间提交的新证据列载清晰，并对二审新查明的事实予以认定，在争议焦点的归纳上更加直接明确。

本案二审判决的优秀之处在于，其不仅对一审法院在法律适用、举证责任分配等方面的错误予以纠正，还对"依法解除合同"究竟依"何法"进行了充分说理。在回应"涉案《合约》是否应当予以解除"这一争点时，二审法院首先明确《合约》具有综合属性，不能依据《合同法》关于代理合同或行纪合同规定的单方解除权予以解除，并在此基础上以演艺行业特殊性补充之，阐明"在演艺合同中单方解除权应当予以合理限制"，否则将对合同双方及行业整体产生不良影响。其次，二审法院就一审判决适用《合同法》第一百一十条认定合同解除是否正确予以回应。二审法院指出，第一百一十条系关于非金钱债务的违约责任的规定，并不涉及合同权利义务终止的认定，显然适用错误，且根据《合约》规定，该合同虽具有一定人身依赖性，但窦骁对所有演艺活动具有自主选择权，本案不存在直接损害其人身权的情况，进一步论证了《合同法》第一百一十条在本案中并不适用。最后，结合上述反向论证，二审法院又正向阐明了本案可适用的法律依据，即《合同法》第九十四条，其从第九十四条的立法目的入手，明确该法律规定是"为了保障合同守约方具有继续履行的自主选择权"，进而抓住本案中守约方新画面公司未明确拒绝解除合同这一态度，认定其存在解除合同的意向，从而结合平等自愿原则及本案双方的利害得失，判定"依法解除涉案《合约》将有利于双方当事人各自合同利益"，本案符合《合同法》第九十四条的适用条件，其可作为解除合同的正确法律依据，并就致使合同解除的违约方窦骁应负的违约责任予以认定和说理，使判决更加完整合理，有利于增强判决结果的社会认可度。

综观本判决文书的说理过程，其体现了二审法院在法律适用、举证责任分配上的熟稔，在情与法上的贯通，具有一定的参考价值。

35. 苏州蜗牛数字科技股份有限公司诉成都天象互动科技有限公司、北京爱奇艺科技有限公司著作权侵权纠纷案*

一、案情简介

（一）基本案情

苏州蜗牛数字科技股份有限公司（以下简称"蜗牛公司"）开发的手机游戏《太极熊猫》最早版本于 2014 年 10 月 31 日上线；成都天象互动科技有限公司（以下简称"天象公司"）、北京爱奇艺科技有限公司（以下简称"爱奇艺公司"）开发的手机游戏《花千骨》最早版本于 2015 年 6 月 19 日上线。2015 年 8 月 5 日，蜗牛公司向一审法院提起诉讼，主张《花千骨》手机游戏"换皮"抄袭《太极熊猫》，其仅更换了《太极熊猫》游戏中的角色图片形象、配音配乐等，而在游戏的玩法规则、数值策划、技能体系、操作界面等方面与《太极熊猫》游戏完全相同或者实质性相似。蜗牛公司要求天象公司、爱奇艺公司立即停止侵权行为，在公开媒体上赔礼道歉、消除影响，并赔偿经济损失 3000 万元。

法院查明，《花千骨》游戏中有 29 个玩法在界面布局和玩法规则上与《太极熊猫》基本一致或构成实质性相似；47 件装备的 24 个属性数值与《太极熊猫》游戏呈现相同或者同比例微调的对应关系；《花千骨》V1.0 版游戏软件的计算机软件著作权登记存档资料中，功能模块结构图、功能流程图以及封印石系统入口等全部 26 张 UI 界面图所使用的均为《太极熊猫》游戏的元素和界面。同时，在新浪微博以及 iOS 系统《花千骨》游戏用户评论中，亦有大量游戏玩家评论两款游戏非常相似。

（二）主要争议

二审法院认为，本案争议焦点如下：

1.《太极熊猫》游戏是否属于著作权法保护的作品；

2.《花千骨》游戏是否侵害《太极熊猫》游戏的著作权；

3.一审法院确定的赔偿数额是否适当。

二、说理思路

一审法院首先从涉案《太极熊猫》游戏整体的表现形态，认定涉案网络游戏是以类

---

* 源自(2018)苏民终 1054 号民事判决书。

似摄制电影的方法创作的作品,而游戏玩法规则的特定呈现方式是著作权保护的客体,因而应受著作权法的保护。其次,法院根据涉案两款网络游戏的游戏玩法规则的特定呈现方式及其选择、安排、组合上"相同或者实质性相似"这些查明的事实,认定《花千骨》游戏侵害了《太极熊猫》游戏著作权人享有的改编权。最后,法院根据天象公司、爱奇艺公司运营《花千骨》所获利润、两被告的侵权行为性质、侵权情节等因素,全额支持了蜗牛公司主张的损害赔偿责任。

二审法院在认可一审法院事实认定的基础上,释明了著作权中不受保护的"思想"和受保护的"表达"的含义和界限,并据此对案涉游戏中所包含的游戏规则进行解构,指出游戏规则包含多个抽象层次,其中,具体到一定程度的游戏规则属于"表达",应被归入著作权保护的范畴。

三、论证结构图

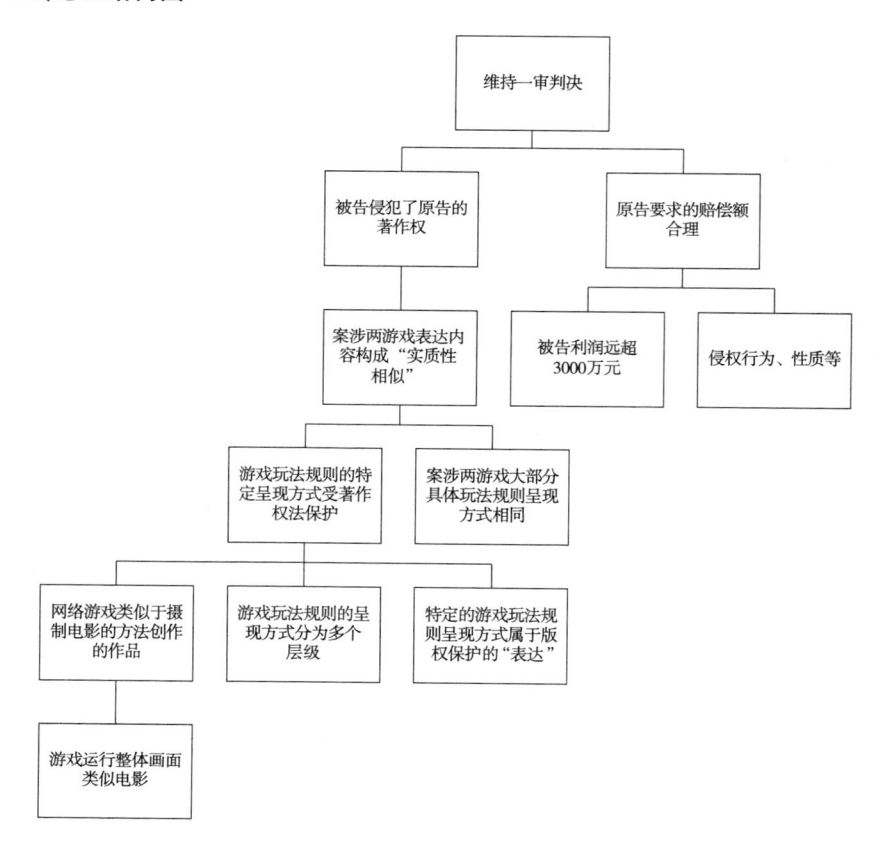

```
                        维持一审判决
                       /            \
        被告侵犯了原告的              原告要求的赔偿额
             著作权                        合理
              |                        /        \
        案涉两游戏表达内           被告利润远超      侵权行为、性质等
        容构成"实质性                3000万元
             相似"
            /        \
   游戏玩法规则的特定       案涉两游戏大部分
   呈现方式受著作            具体玩法规则呈现
       权法保护                  方式相同
       /      |      \
  网络游戏类似于摄   游戏玩法规则的呈    特定的游戏玩法规
  制电影的方法创作   现方式分为多个      则呈现方式属于版
      的作品            层级            权保护的"表达"
       |
  游戏运行整体画面
     类似电影
```

四、说理评析

著作权法的基本原理是只保护"表达",而不保护"思想"。在我国的司法实践中,一些法院笼统地认为游戏规则属于"智力活动的规则",即"思想"的范畴,而非外在的"表达",故对于游戏规则"换皮"抄袭的行为,倾向于以《反不正当竞争法》第二条作为兜底条款"曲线救国"[①]。但在该类案件逐渐类型化的今天,或可探索著作权法保护的可能。

该裁判文书说理的突出亮点便是将游戏规则具体化,指出游戏规则类似包含多个层次的三角形,顶端的层次是最为清晰的"思想",底端的层次则属于"表达",从而开拓性地对其中的游戏具体玩法规则赋予著作权保护。对此,法院首先在承认"思想"和"表达"的界限并非泾渭分明的基础上,指出为合理保护权益,界限不能划得过低或者过高,而需要个案分析。其次,法院对"太极熊猫"游戏中所包含的游戏规则一一解构分析,指出游戏的界面基本布局、界面具体内容是对游戏具体玩法规则的特定呈现方式,体现了游戏玩法规则设计者的独创性劳动成果,构成应受著作权法保护的独创性"表达"。最后,法院对比两款游戏的具体玩法规则,认定存在"实质性相似",导致作品整体"实质性相似",即《花千骨》游戏侵犯了《太极熊猫》游戏的著作权。该裁判文书将游戏规则具象化,并将其中的具体玩法规则纳入著作权保护范畴的做法,具有里程碑意义。

另外,该文书还探索了对网络游戏进行整体保护的可能。网络游戏是集文字、音乐、图片、视频以及特定玩法规则等多种元素于一体的集合体,虽然拆分保护更有利于保护开发者的智力成果,但也面临着割裂游戏整体性、仅比对部分元素而导致侵权认定"一叶障目"的缺陷,且增加了维权成本。本案一审和二审法院对游戏运行的整体画面进行比对,认定网络游戏是具有交互性的、以类似摄制电影的方法创作的作品,以期实现对网络游戏的整体保护,是保护网络游戏开发者权利的有益探索,对之后的司法裁判具有借鉴意义。

---

① 源自(2014)沪一中民五(知)初字第22、23号民事判决书。

36. 上诉人高光与被上诉人三亚天通国际酒店有限公司、海南博超房地产开发有限公司、三亚南海岸旅游服务有限公司、北京天时房地产开发有限公司第三人撤销之诉案*

一、案情简介

（一）基本案情

上诉人高光是海南博超房地产开发有限公司（以下简称"博超公司"）的股东，持有50%的股权。高光认为自己的权益受到（2012）琼民一初字第3号民事判决（以下简称"3号民事判决"）的影响，因为该判决确认了三亚天通国际酒店有限公司（以下简称"天通公司"）对天通国际酒店享有房屋所有权和土地使用权，而该酒店是博超公司承建的项目，占用了博超公司和三亚南海岸旅游服务有限公司（以下简称"南海岸公司"）的土地。高光认为3号民事判决是基于恶意串通和伪造的《协议书》，属于虚假诉讼，其有权提起第三人撤销之诉。高光还提供了新证据，证明博超公司已经终结清算程序，其作为股东可以成为本案当事人。高光请求撤销3号民事判决，将酒店的房屋和土地返还给博超公司。一审裁定驳回高光的起诉，认为高光不是3号民事判决案件的第三人，没有诉讼主体资格，也没有提供足够的证据证明3号民事判决存在错误。高光不服，提起上诉，请求二审法院支持上诉请求。一审裁定的其他被告方均未提交答辩意见。二审法院依照《民事诉讼法》的相关规定，裁定驳回高光的上诉，维持一审裁定，裁定为终审裁定。

（二）主要争议

高光是否具备提起第三人撤销之诉的诉讼主体资格。

二、说理思路

首先，本案裁定高光不符合以第三人参加3号民事判决案件的身份条件，不具有提起撤销3号民事判决之诉的主体资格。理由是：高光对3号民事判决案件的诉讼标的无独立请求权，不属于该案有独立请求权的第三人；高光也不属于该案无独立请求权的第三人，因为他与3号民事判决的处理结果不存在直接或间接的利害关系，他的

---

* 源自（2017）最高法民终63号民事判决书。

利益和意见已经在诉讼过程中由博超公司所代表和表达。

其次，高光主张的邹春金利用博超公司的名义转让博超公司的全部财产，未经股东会同意签订《协议书》，从而损害了股东高光的权益等问题，属于股东之间的内部法律关系，可以依法另行处理，不属于第三人撤销之诉实体审理的范畴。

最后，高光上诉所主张的3号民事判决存在事实认定错误，属于虚假诉讼，天通公司、博超公司、南海岸公司和北京天时房地产开发有限公司（以下简称"天时公司"）存在恶意串通等问题，均属于第三人撤销之诉实体审理的范畴。但是，由于高光不具有第三人撤销之诉的主体资格，不符合起诉的条件，故本案无须再对前述实体问题作审理。

三、论证结构图

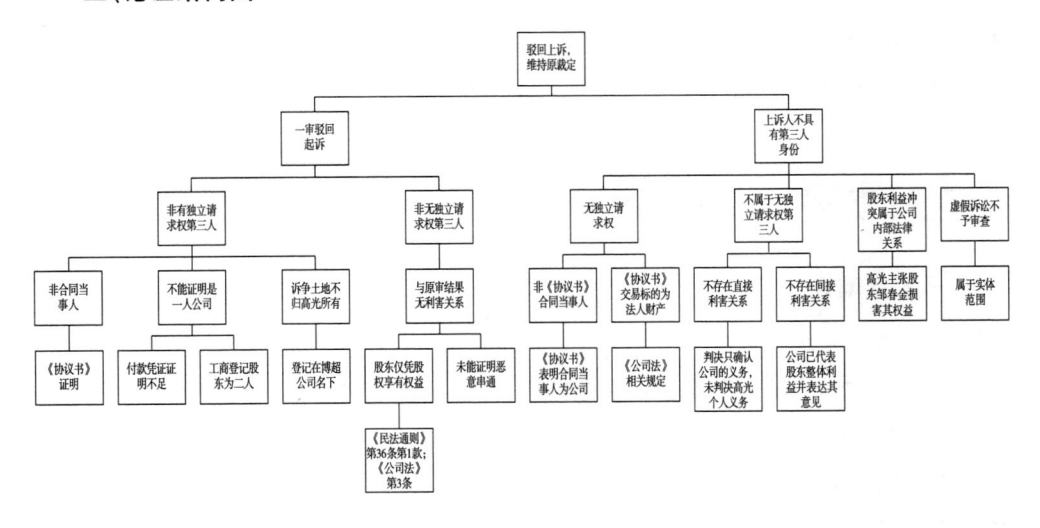

四、说理评析

本案判决的说理综合运用了法律依据、事实依据和法理依据，符合法律的基本原则和价值目标，体现了司法的公正和效率。说理逻辑清晰、条理分明、论证充分，说理语言简洁、准确、通顺、易懂，体现了司法的专业性和规范性。

本案判决正确地界定了第三人撤销之诉的主体资格，即本应参加原诉的第三人，包括有独立请求权的第三人和无独立请求权的第三人。本案判决根据高光与3号民事判决案件的诉讼标的和处理结果的关系，分别从两个角度否定了高光的第三人身份,即高光无独立请求权,也无直接或间接的利害关系。本案判决的说理符合《民事诉讼法》第五十六条的规定,具有法律依据。

相比于一审判决,二审判决区分了两个关键问题。其一,区分了公司内部法律关系和公司对外法律关系,指出高光主张的邹春金利用博超公司的名义转让博超公司的全部财产,未经股东会同意签订《协议书》,从而损害股东高光的权益等问题,属于股东之间的内部法律关系,可以依法另行处理,不属于第三人撤销之诉审理的范畴。本案判决的说理体现了公司法人独立地位和股东有限责任的原则,也体现了对股东权利的保护,具有法理依据。其二,区分了第三人撤销之诉的主体资格审理和实体审理,指出高光上诉所主张的3号民事判决存在事实认定错误,属于虚假诉讼,天通公司、博超公司、南海岸公司和天时公司存在恶意串通等问题,均属于第三人撤销之诉实体审理的范畴。但是,由于高光不具有第三人撤销之诉的主体资格,不符合起诉的条件,故本案无须再对前述实体问题作审理。本案判决的说理体现了诉讼程序的合理性和效率,避免了重复审理和无效诉讼。

37. 被告人陈乐林妨害公务案*

一、案情简介

（一）基本案情

2016年12月,津市市西毛某泵站工程建设指挥部通知国网津市市电力公司,要求该公司对毛某镇大山居委会开山口段的200kVA变压器和10kV的高压线路进行迁转。被告人陈乐林系毛某镇大山居委会居民,因该电力线路迁转有两根电线杆需移栽到陈乐林承包的责任田里,毛某镇及大山居委会工作人员找陈乐林协商补偿事宜,但协商未果。2017年3月26日8时许,施工队进入陈乐林承包的责任田从事电力线路迁转工程施工,陈乐林及其妻子刘某3认为未得到合理补偿,要求施工单位停止施工,并抱住移栽的电线杆加以阻止。毛某镇党委书记获悉后,联系毛某派出所所长王某2,要求派警处理。王某2随即安排民警、协警赶到现场了解情况。经现场协商,大山社区治调主任何毅承诺负责处理好占用陈乐林夫妇承包责任田的补偿事宜,至此,陈乐林夫

---

* 源自(2017)湘07刑终251号刑事判决书。

妇同意施工单位继续施工,并于10时许离开施工现场,并来到湘北公路上。稍许,毛某派出所所长王某2、教导员朱某驾车赶到,在湘北公路上遇到陈乐林及刘某3,王某2通知陈乐林到派出所说明情况,陈乐林表示同意,王某2即先行离开现场。与此同时,毛某派出所教导员朱某以刘某3阻工为由,口头传唤刘某3到派出所接受处理,刘某3以事情已协商处理好为由予以拒绝。朱某见状决定采取强制传唤,抓住刘某3的手和衣领,将刘某3带上警车。陈乐林见状欲上前制止,与现场民警发生肢体冲突,并用脚踹踢警车,踢坏警车右尾灯,踹瘪警车右前方外壳,同时将民警的执法记录仪摔坏在地上。公安民警合力将陈乐林反铐塞进警车,陈乐林在挣扎反抗中用双腿将警车的左后车窗玻璃踹碎。经津市市价格认证中心鉴定,被损坏的财物价值为1768元。

原审法院经审理,判决被告人陈乐林犯妨害公务罪,判处有期徒刑六个月。陈乐林不服,向湖南省常德市中级人民法院提出上诉。

(二)主要争议

陈乐林阻止施工和损坏警用执法记录仪、警车玻璃、尾灯的行为是否构成妨害公务罪。

二、说理思路

针对本案,二审法院从陈乐林的行为性质、传唤行为的必要性、阻止强制传唤行为的严重程度几个方面进行说理。

首先,陈乐林阻止施工行为的性质是维权行为,方式也可以理解。依据《农村土地承包法》第九条、第五十三条以及第十六条第(二)项的规定,陈乐林及其妻子对承包的土地享有承包经营权,受法律保护,任何组织和个人均不得侵犯。在未征得陈乐林夫妇同意的情况下,占用其承包的土地架设两根电线杆,影响生产和耕作,妨害了陈乐林夫妇的土地承包经营权。在此情况下,陈乐林用身体抱住电线杆和用棍子放入电线杆洞的方式阻止施工,方式并不过分,不属于违反《治安管理处罚法》的行为。

其次,阻止施工的行为已经停止,传唤没有必要性和紧迫性。出警后,现场民警与基层组织相关工作人员对陈乐林进行了劝导,在此之后,陈乐林已经停止了阻止施工,并离开了现场,施工也得以继续进行并顺利架设了电线杆,事情已经得到了妥善处理。此后的强制传唤并没有必要性和紧迫性,刘某3也并不符合《治安管理处罚法》适用口头传唤的情形,因此对刘某3的口头传唤也没有法律依据。

最后，陈乐林阻止强制传唤刘某3事出有因，情节显著轻微。阻止施工的直接行为人并非刘某3，而是陈乐林。在此情况下，陈乐林阻止民警强制传唤其妻属于事出有因，且情节和后果显著轻微，尚未达到犯罪的程度。

综上，二审法院认为陈乐林阻止施工和损坏警用执法记录仪、警车玻璃、尾灯的行为不构成妨害公务罪，最终撤销原审判决，改判上诉人陈乐林无罪。

三、论证结构图

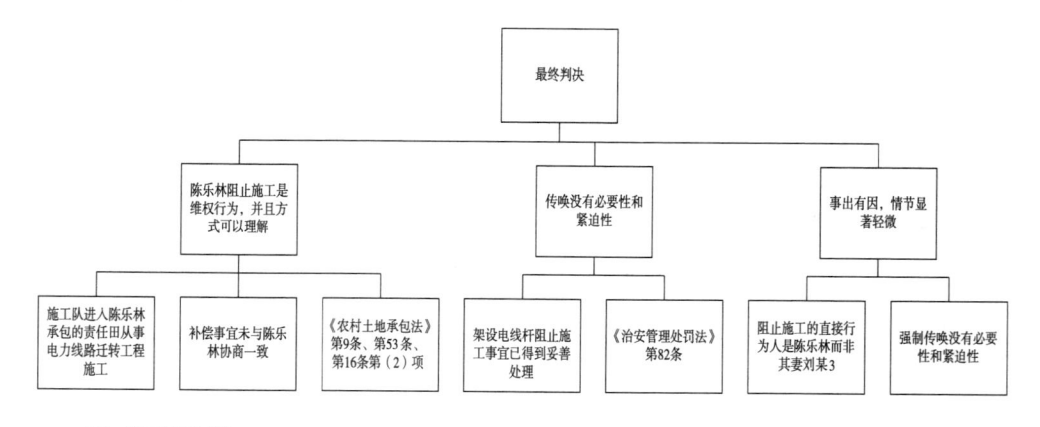

```
                           ┌─────────────┐
                           │   最终判决   │
                           └──────┬──────┘
              ┌───────────────────┼───────────────────┐
    ┌─────────┴─────────┐  ┌──────┴──────┐  ┌─────────┴─────────┐
    │ 陈乐林阻止施工是   │  │传唤没有必要性│  │ 事出有因，情节显   │
    │ 维权行为，并且方   │  │   和紧迫性   │  │    著轻微          │
    │    式可以理解      │  │              │  │                    │
    └─────────┬─────────┘  └──────┬──────┘  └─────────┬─────────┘
       ┌─────┼─────┐         ┌────┴────┐         ┌────┴────┐
   ┌───┴─┐┌──┴──┐┌─┴──┐   ┌──┴──┐  ┌──┴──┐   ┌──┴──┐  ┌──┴──┐
   │施工队││补偿事││《农村││架设电│  │《治安│   │阻止施│  │强制传│
   │进入陈││宜未与││土地承││线杆阻│  │管理处│   │工的直│  │唤没有│
   │乐林承││陈乐林││包法》││止施工│  │罚法》│   │接行为│  │必要性│
   │包的责││协商一││第9条、││宜已得│  │第82条│   │人是陈│  │和紧迫│
   │任田从││致    ││第53条、││到妥善│  │      │   │乐林而│  │性    │
   │事电力││      ││第16条第││处理  │  │      │   │非其妻│  │      │
   │线路迁││      ││(2)项  ││      │  │      │   │刘某3 │  │      │
   │转工程││      ││      ││      │  │      │   │      │  │      │
   │施工  ││      ││      ││      │  │      │   │      │  │      │
   └─────┘└─────┘└────┘   └─────┘  └─────┘   └─────┘  └─────┘
```

四、说理评析

围绕本案事实，二审法院结合相关法律规定，从被告人的行为性质到行为的危害程度进行了逐渐深入的说理，最终形成行为人不构成妨害公务罪这一判决结果，令人信服。

首先，本案说理逻辑清晰，层次分明。犯罪具有严重的社会危害性、刑事违法性以及应受刑罚处罚性。本案法官的说理首先论证了陈乐林行为性质的正当性，即其阻止施工的行为属于面临土地承包经营权受到妨害时的维权行为，且行为未对他人人身和财物造成损害，方式既不过分也不偏激，并不具有严重的社会危害性这一犯罪的本质特征。在此基础上，法官又对民警传唤行为的必要性、紧迫性甚至合法性进行了质疑，对妨害公务罪中的"公务"加以否定。此外，本案说理的第三点理由还对陈乐林阻止强制传唤刘某3的行为进行了事理和情理的论述，"虽然不妥，但事出有因"显示出法官对事理和人情的理解，还体现出法官对刑法谦抑性的信念与坚守。

其次，本案事实认定客观中立，说理用语简洁易懂。在事实认定部分，二审法院并未照搬原审法院的论述,而是重新以中立的视角对案件事实进行了客观描述,剔除一审法院事实认定中使用的如"刘某3'明知'朱某是派出所教导员的情况下不接受其传唤""陈乐林'又'用脚踹碎警车的左后车窗玻璃""'还'言语威胁执法民警"等稍带偏见的用语,做到了判案立场的中立。同时,本案判决书中详细列明了各证据及其证明目的,使得认定的案件事实都有相关证据作为支撑。

同时,本案说理中法律规范引用到位。在论证陈乐林阻止施工行为的性质时,该案法官引用《农村土地承包法》第九条、第五十三条、第十六条第(二)项等规定,结合本案陈乐林夫妇土地承包经营权受到妨害的事实,得出陈乐林阻止施工行为的性质是维权行为这一结论。在论证传唤行为的正当性时,该案法官引用《治安管理处罚法》第八十二条,指明本案中刘某3并不适用口头传唤的法律规定,对派出所教导员强制传唤的必要性、紧迫性甚至合法性进行了否定。法律规范的准确引用使本案说理论证有力,于法有据。

但是,本案说理也存在一定可完善之处。例如,在第二点理由,即"阻止施工已经结束,传唤没有必要性和紧迫性"一段中,末尾数行显然在论证对刘某3口头传唤的合法性问题,而段首的结论性中心句仅提及必要性和紧迫性程度的描述,对口头传唤缺乏法律依据这一更为关键的结论则没有提及。同时,判决书中证据的列示过于详细,可仅写明存有争议的证据以及与事实对应的证据,做到繁简得当。

总体来看,本案判决结果公正合理,考虑因素全面,平衡利益到位,是一篇值得借鉴的裁判文书。

38. 沈战备诉如东嘉木园茶庄买卖合同纠纷案*

一、案情简介

(一)基本案情

2022年10月1日,沈战备在如东嘉木园茶庄(以下简称"嘉木园茶庄")购买大红袍茶叶8盒,价款为2240元;购买牡丹王茶饼10个,价款8600元,被告开具两张发票,货物名称分别为"＊茶及饮料＊ 大红袍"。沈战备于当日支付10840元至被告经营

---

* 源自(2023)苏0263民初108号民事判决书。

者账户。2022年10月10日,沈战备以嘉木园茶庄涉嫌销售未经许可无证生产、过期茶叶向如东县市场监督管理局投诉举报并提交了相关商品图片。如东县市场监督管理局于当日向原告沈战备进行询问调查、证据拍摄,并于2022年10月25日前往被告经营所在地进行检查并拍摄了现场照片。检查情况显示,当事人现场正在营业,且执法人员在当事人经营场所内未发现有投诉材料中所述"牡丹王"茶饼和"大红袍"茶罐。对被告经营者黄华喜进行询问调查的笔录显示,案涉两张发票是"当时顾客特地要求这么打印的,我也不知道顾客为什么要这么干"。

同时,南通市崇川区人民法院在原告与南通八佰伴商贸股份有限公司、佳格投资(中国)有限公司买卖合同纠纷中,认定原告购买食用油达60瓶之多系以牟利为目的,明知食用油不符合食品安全标准而购买。而南通市崇川区(2021)苏0602民初1335号民事判决中查明,截至该案审理时,原告在江苏省全省的关联案件已达68件,其中一审涉及买卖合同纠纷的共计19件,涉及网络购物合同纠纷的共计17件,消费者权益纠纷1件,产品责任纠纷2件。原告皆为沈战备,被告皆为产品生产或销售单位。该判决认定沈战备购买案涉茶叶的行为并非为了生活消费目的,而是为了牟利,该行为不属于《消费者权益保护法》调整的生活消费行为,故对沈战备要求按照《消费者权益保护法》的相关规定获得十倍价款的惩罚性赔偿的请求,不予支持。

(二)主要争议

法院将争议焦点概括为:本案是否适用《消费者权益保护法》。

二、说理思路

本案法官对案件事实进行梳理后,由基础法律关系到请求权基础进行了较为清晰的论证。

首先,双方就涉案商品成立买卖合同关系。原告向被告购买涉案商品并支付价款,被告向原告交付商品,二者之间存在较为清晰的买卖合同关系。

其次,案涉牡丹王茶饼包装无生产者名称,亦无许可证编号,应认定为属于不符合我国食品安全标准的商品。而案涉大红袍茶叶生产日期为2012年10月16日,保质期6年,原告购买的时间为2022年10月1日,故该茶叶已过保质期,应认定为禁止销售的食品。

最后,原告的案涉行为具有以牟利为目的而购买商品的特征。原告在包括本案在内的诉讼中,购买的商品数量远超正常个人或家庭消费的合理范围,同时,原告曾因产品质量问题多次起诉至法院,在商品买卖过程中本应能更好地保障自身权益。因此,原告的案涉行为具有以牟利为目的而购买商品的特征。

综上,对原告要求支付价款十倍的诉讼请求,本案法官未予支持;而对于原告要求退还货款的请求,本案法官予以支持。

三、论证结构图

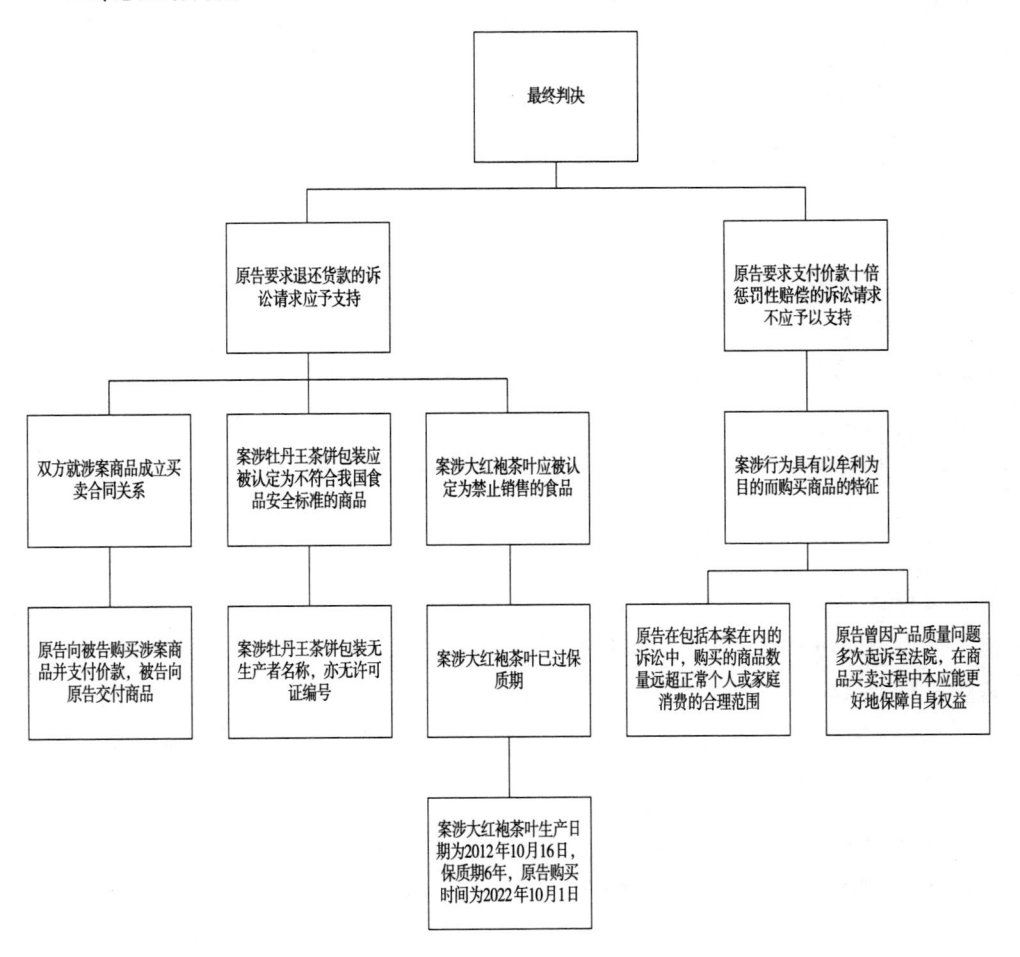

```
                              ┌──────────────┐
                              │   最终判决    │
                              └──────┬───────┘
                         ┌───────────┴───────────┐
              ┌──────────┴─────────┐   ┌─────────┴──────────┐
              │ 原告要求退还货款的诉 │   │ 原告要求支付价款十倍 │
              │   讼请求应予支持    │   │ 惩罚性赔偿的诉讼请求 │
              │                    │   │    不应予以支持     │
              └──────────┬─────────┘   └─────────┬──────────┘
        ┌──────────┬─────┴──────┐                │
  ┌─────┴────┐ ┌───┴──────┐ ┌───┴──────┐  ┌──────┴───────┐
  │双方就涉案 │ │案涉牡丹王 │ │案涉大红袍│  │案涉行为具有以│
  │商品成立买│ │茶饼包装应 │ │茶叶应被认│  │牟利为目的而购│
  │卖合同关系│ │被认定为不 │ │定为禁止销│  │买商品的特征  │
  │          │ │符合我国食 │ │售的食品  │  │              │
  │          │ │品安全标准 │ │          │  │              │
  │          │ │的商品    │ │          │  │              │
  └─────┬────┘ └─────┬────┘ └─────┬────┘  └──────┬───────┘
        │            │            │         ┌────┴────┬─────────┐
  ┌─────┴────┐ ┌─────┴────┐ ┌─────┴────┐ ┌──┴──────┐ ┌────────┴──┐
  │原告向被告│ │案涉牡丹王│ │案涉大红袍│ │原告在包括│ │原告曾因产 │
  │购买涉案商│ │茶饼包装无│ │茶叶已过保│ │本案在内的│ │品质量问题 │
  │品并支付价│ │生产者名称│ │质期      │ │诉讼中,购 │ │多次起诉至 │
  │款,被告向 │ │,亦无许可 │ │          │ │买的商品数│ │法院,在商  │
  │原告交付商│ │证编号    │ │          │ │量远超正常│ │品买卖过程 │
  │品        │ │          │ │          │ │个人或家庭│ │中本应能更 │
  │          │ │          │ │          │ │消费的合理│ │好地保障自 │
  │          │ │          │ │          │ │范围      │ │身权益     │
  └──────────┘ └──────────┘ └─────┬────┘ └─────────┘ └───────────┘
                                  │
                            ┌─────┴──────┐
                            │案涉大红袍茶│
                            │叶生产日期为│
                            │2012年10月  │
                            │16日,保质期 │
                            │6年,原告购  │
                            │买时间为2022│
                            │年10月1日   │
                            └────────────┘
```

四、说理评析

本案判决说理部分在紧扣案件事实、严格适用法律的基础上，对各方利益进行了权衡，结构清晰、表达简洁明了，具有说服力。

首先，本案说理思路清晰，表达准确。本案法官从法律关系入手，判断原被告双方就涉案商品成立买卖合同关系，在此基础上再具体判断双方行为存在的偏差。针对被告的销售行为，其未能提交证据证明案涉商品的合法来源，属于销售明知不符合安全标准的食品，应当承担相应法律责任，故法院判决支持了原告退还货款的请求。而针对原告的购买行为，本案法官并未径直依据《消费者权益保护法》进行认定，而是全面考察原告购买行为的主客观方面以及原告以往的涉讼情况，综合各种因素，最终判断原告的购买行为不属于生活消费行为，故对其要求支付价款十倍惩罚性赔偿的请求未予支持。

其次，本案裁判事实认定清楚，法律适用准确。在事实和证据方面，本案法官对案件事实认定准确、完整，对当事人的证据和质证意见也进行了回应。在法律逻辑和法律依据方面，本案法官合理、准确地运用了相关法律条文和法律原则，符合法律逻辑。例如，《食品安全法》第六十七条关于预包装食品包装上标签的规定、第一百四十八条第二款关于赔偿金的规定等，使裁判说理于法有据，令人信服。

最后，本案的裁判说理考虑了多种因素，对多方利益进行了权衡。虽然被告作为案涉商品的经营者，负有保证食品来源安全的基本义务，而被告未能提交证据证明涉案商品的合法来源，属于经营明知是不符合安全标准的食品。从客观上看，本案原告似乎符合《食品安全法》规定的主张赔偿金的条件。但是，从本案的具体事实来看，原告购买商品的数量远超正常个人或家庭消费的合理范围，同时，从以往的诉讼来看，原告作为因产品质量问题多次起诉至法院的购买者，其在商品买卖过程中本应能更好地保障自身权益。原告虽确与被告存在买卖关系，但原告的购买行为具有以牟利为目的的特征。最终权衡多种因素之下，本案法官作出了较为公正的判决。

综上，本案判决结果公正合理，考虑因素全面，平衡利益到位，是一篇值得借鉴的裁判文书。

39. 马田田、南通户浩网络科技有限公司合同纠纷案*

一、案情简介

（一）基本案情

本案上诉人（原审被告）马田田，被上诉人（原审原告）南通户浩网络科技有限公司（以下简称"户浩公司"）。2021年10月7日，户浩公司、马田田签订《抖音直播主播合作协议》，约定2021年10月7日至2022年10月6日，户浩公司为马田田直播活动排他、独家的合作公司，马田田将网络直播活动独家委托给户浩公司代理和经营管理，该协议就马田田在合作期间的直播时长、直播行为准则、现金奖励、考核制度等进行了约定，并约定若马田田未遵守户浩公司为实施本协议而制定的规定，则户浩公司可以随时解除协议，违约方应向非违约方承担违约责任，赔偿范围包括但不限于诉讼费、律师费、差旅费等。同日，户浩公司、马田田签订了《直播间使用协议》《主播直播设备借用协议》，约定若马田田提前解除合同，应按直播间的使用成本支付使用费，并支付户浩公司设备租用费。协议签订后，户浩公司以马田田违约为由诉至法院，请求解除与马田田签订的三份协议，并判令马田田支付违约金。一审法院支持户浩公司的诉求，马田田不服判决，遂提起上诉。

（二）主要争议

本案二审的争议焦点为：户浩公司与马田田之间的法律关系应当认定为合作关系还是劳动关系。

二、说理思路

本案二审法院首先就户浩公司的经营范围、户浩公司与马田田协议的具体内容及"抖音"与MCN（Multi-Channel Network）公司间的费用结算方式进行查明与梳理，进而明确上述争议焦点，并指出认定当事人之间法律关系属于合作关系还是劳动关系，应当考察双方协议所设立的权利义务内容以及实际履行情况，并从身份关系性质、收益分配方式、协议事项属性三个方面把握和分析。相较于更为平等的合作关系，劳动关系在以上三个方面均具有明显的从属性。

---

* 源自（2023）苏06民终915号民事裁定书。

二审法院结合户浩公司与马田田所订协议的具体内容及实际履行情况,从上述三个方面展开分析:从身份关系性质上看,马田田的直播活动、直播间、直播设备均受户浩公司约束,且协议约定了考勤管理制度,当事人之间具有明显的人身从属性;从收益分配方式上看,马田田的收入实际上由户浩公司安排或发放,且双方约定了首月保底收入、季度扶持奖励等,具有劳动报酬性质,并非共担风险、共享收益的合作分配模式,存在经济从属性;从协议事项属性上看,马田田的直播工作是户浩公司生产组织体系的组成部分,其直播成果属户浩公司资产,具有组织从属性。故而,马田田与户浩公司之间的法律关系符合用人单位与劳动者之间关系的基本特征,存在劳动关系,二审法院撤销一审判决,驳回户浩公司的起诉。

三、论证结构图

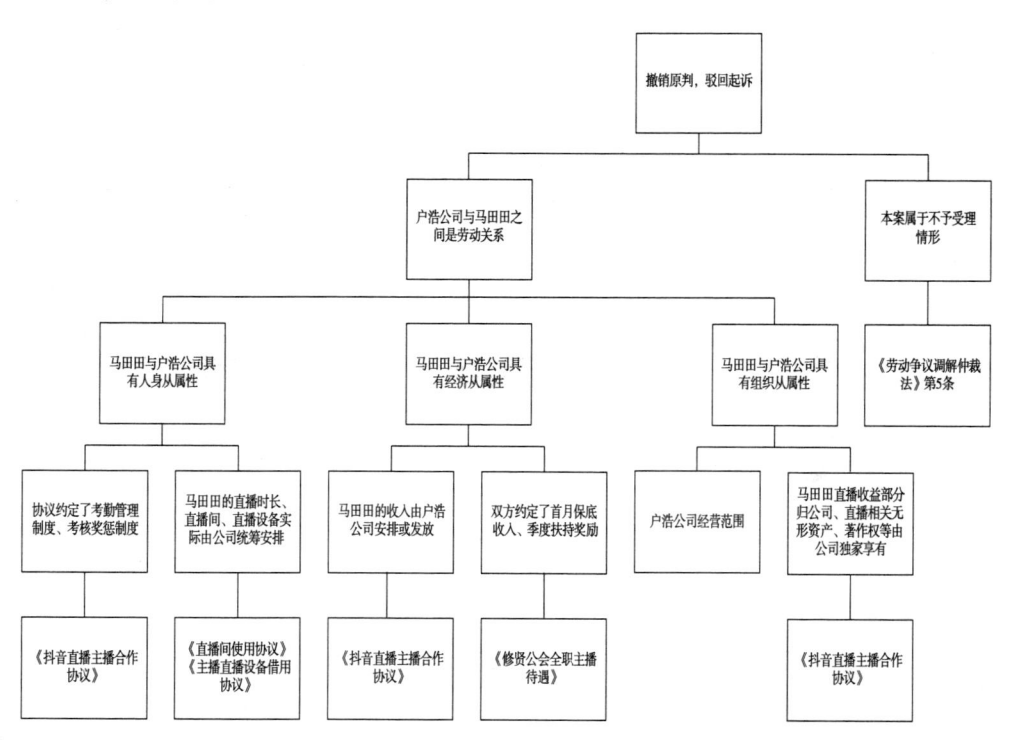

```
                        ┌─────────────────┐
                        │ 撤销原判,驳回起诉 │
                        └────────┬────────┘
                ┌────────────────┴────────────────┐
        ┌───────┴───────┐                  ┌──────┴──────┐
        │ 户浩公司与马田田 │                  │ 本案不属于不予 │
        │  之间是劳动关系  │                  │   受理情形   │
        └───────┬───────┘                  └──────┬──────┘
     ┌─────────┼─────────┬─────────┐              │
 ┌───┴───┐ ┌───┴───┐ ┌───┴───┐              ┌────┴────┐
 │马田田与 │ │马田田与 │ │马田田与 │              │《劳动争议│
 │户浩公司 │ │户浩公司 │ │户浩公司 │              │调解仲裁法│
 │具有人身 │ │具有经济 │ │具有组织 │              │》第5条  │
 │从属性  │ │从属性  │ │从属性  │              └─────────┘
 └───┬───┘ └───┬───┘ └───┬───┘
     │         │         │
  ┌──┴──┐   ┌──┴──┐   ┌──┴──┐
  │协议约│   │马田田│双方约│   │户浩公│马田田直│
  │定了考│马田田│的收入│定了首│   │司经营│播收益部│
  │勤管理│的直播│由户浩│月保底│   │范围 │分归公司│
  │制度、│时长、│公司安│收入、│         │、直播相│
  │考核奖│直播间│排或发│季度扶│         │关无形资│
  │惩制度│、直播│放   │持奖励│         │产、著作│
  │     │设备实│     │     │         │权等由公│
  │     │际由公│     │     │         │司独家享│
  │     │司统筹│     │     │         │有    │
  │     │安排 │     │     │         │      │
  └──┬──┘   └──┬──┘   └──┬──┘
     │         │         │
  ┌──┴──┐   ┌──┴──┐   ┌──┴──┐
  │《抖音│《直播│《抖音│《修贤│   │《抖音直│
  │直播主│间使用│直播主│公会全│   │播主合作│
  │合作协│协议》│合作协│职主播│   │协议》 │
  │议》 │《主播│议》 │待遇》│   │       │
  │     │直播设│     │     │
  │     │备借用│     │     │
  │     │协议》│     │     │
  └─────┘ └─────┘ └─────┘ └─────┘   └───────┘
```

四、说理评析

近年来,我国互联网与经济深度融合,网络直播迅猛发展,催生出不同于传统的

"企业+员工"劳动关系的新兴模式。MCN 公司与网络主播之间究竟是何种法律关系，成为司法实践中较为常见的新议题。本案即为这一争议的典型案件，且本案一、二审法院对该争点的回应不尽相同，其说理过程值得关注。

为解决"户浩公司与马田田之间应当认定为合作关系还是劳动关系"这一核心问题，二审法院在说理之初即切中肯綮，其指出"应当考察双方协议所设立的权利义务内容以及实际履行情况，并从身份关系性质、收益分配方式、协议事项属性三个方面把握和分析二者区别"，并就合作关系与劳动关系在以上三个方面的具体区别展开阐述，指明若二者之间为劳动关系，则在以上三个方面均应具有明显的从属性特征。具体到本案，二审法院在深入了解网络主播这一新型就业形态的基础上，剖析了马田田与户浩公司签订的三份协议及双方的工作状态，从身份关系性质、收入分配方式、协议事项属性三大维度展开分析，其认为马田田与户浩公司签订的《抖音直播主播合作协议》看似削弱了传统用工关系中的从属性，但透过现象看本质，在人身关系上，马田田仍须遵守户浩公司的管理制度，对直播活动缺乏自主决定权；在收益分配上，马田田的收入由户浩公司安排或发放，具有劳动报酬性质；在协议事项属性上，马田田直播活动的部分收益归属于户浩公司，其直播所形成的艺术形象、表演形象等无形资产，相关音视频内容及关联著作权均由户浩公司独家享有，并非合作关系下独立从事业务或经营活动。故而，马田田与户浩公司之间符合用人单位与劳动者之间的人身从属性、经济从属性和组织从属性，应认定为劳动关系。至此，二审法院已基于其确立的认定标准完成本案法律关系的认定。本案二审法院释法说理的另一亮点在于，其在完成基本说理的基础上，针对该类法律关系纠纷进行进一步阐释，即"既不能随意扩张合作内容含义草率认定劳动关系，不合理加重公司负担；又不能忽视用人单位利用优势地位'以合作之名行劳动之实'，弱化新就业形态下劳动者合法权益保障，进而影响直播行业的健康可持续发展，而应顺应'互联网+'时代要求，以穿透式思维灵活考察各个维度，审查探究双方关系的实质合意。实现依法平等保护、平衡保护"。充分发挥了裁判文书的指引性作用。

综上，本案二审判决能够在具体分析案情之前率先确立明确的事实认定标准，并在具体认定后进行指引性说理，不仅能让本案法律关系的认定更加清晰明了，还能为统一该类纠纷的裁判尺度起到一定指导作用，体现出二审较高的说理水平与素养，值得肯定。

40. 张灵芝、北京市自行车运动协会等与康涛、潘佩锋等生命权、健康权、身体权纠纷案[*]

一、案情简介

（一）基本案情

上诉人张灵芝和周淑芹（原审原告），二者分别为死者刘某某的配偶和母亲。被上诉人为汤斌、李万杰、蔡锐、夏松岐、熊建中、潘佩锋、康涛（原审被告），均为与刘某某共同参与骑行活动的人员，以及北京市自行车运动协会（以下简称"自行车协会"）。事件发生于2015年9月12日，上诉人因不服一审判决，提起上诉，二审法院于2017年2月8日立案。刘某某与汤斌等七人及其他骑行爱好者自发组织参与了一次往返门头沟的骑行活动，刘某某在活动中发生单方交通事故，经抢救无效死亡。张灵芝、周淑芹认为汤斌等七人未尽安全保障义务，应承担侵权责任。

张灵芝、周淑芹向一审法院提出的诉讼请求是判令汤斌等七人及自行车协会共同赔偿医疗费、丧葬费、被扶养人生活费、死亡赔偿金等共计1467568元。一审法院驳回了张灵芝、周淑芹的诉讼请求，认为汤斌等七人及自行车协会不应对刘某某的死亡承担侵权责任。

张灵芝、周淑芹上诉请求撤销一审判决，依法改判支持其一审诉讼请求。二审法院部分支持了上诉请求，对一审判决进行了变更。同时，二审法院维持了一审判决中自行车协会不承担责任的部分。

（二）主要争议

二审法院认为本案争议焦点为：

1. 汤斌等七人是否应对刘某某的死亡负侵权责任；
2. 自甘风险原则是否适用于本案，能否作为汤斌等人的免责事由；
3. 如果成立侵权责任，汤斌等七人之间的责任应如何划分。

二、说理思路

本案二审法院的说理思路紧密结合了争议焦点的认定，具体如下：

---

[*] 源自（2017）京01民终1536号民事判决书。

1.注意义务的存在与否:二审法院首先聚焦于汤斌等七人是否对刘某某负有特定的注意义务。法院认为,尽管骑行活动是自发组织的,但作为组织者的汤斌和作为参与者的其他六人,基于共同参与的活动性质,应对刘某某承担一定程度的安全保障和帮助义务。

2.注意义务的违反情况:接着,法院分析了汤斌等七人是否违反了这些注意义务。二审法院指出,尽管汤斌在活动前提醒了安全,但在活动中特别是在饮酒问题上未尽到足够的提醒和规劝义务,而其他参与者也未对饮酒过量的刘某某尽到照看或帮助的义务。

3.自甘风险原则的适用性:针对汤斌等人提出的自甘风险抗辩,二审法院认为,自甘风险原则不适用于本案。法院认为,骑行活动固有的风险并不意味着参与者放弃了所有获得安全保障的权利,特别是在没有直接加害人的情况下,不能免除组织者和参与者的注意义务。

4.责任划分的合理性:二审法院进一步讨论了责任划分问题。法院认为,刘某某自身存在重大过失,应承担主要责任。对于汤斌等七人的责任,法院根据他们在活动中的角色和行为,判定汤斌作为组织者承担较大责任,其他六人作为参与者承担较小责任。

5.判决结果的确定:最终,二审法院根据上述分析,对一审判决进行了改判,判决汤斌赔偿 8000 元,其他六人各赔偿 5000 元,同时驳回了张灵芝、周淑芹的其他诉讼请求。

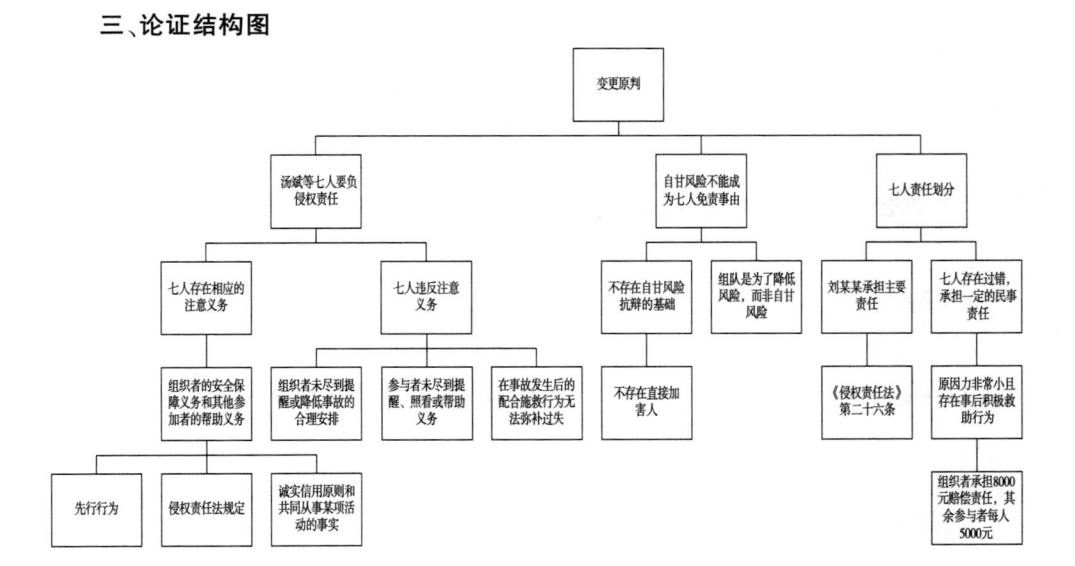

三、论证结构图

四、说理评析

说理逻辑方面,二审法院首先明确了争议焦点,并对一审判决进行了评析,在此基础上展开自己的分析和论证。二审法院重点讨论了汤斌等七人是否应对刘某某的死亡负侵权责任、自甘风险是否成为免责事由,以及责任划分问题,逻辑清晰,层次分明。

在事实和证据梳理论证上,二审法院对一审法院查明的事实进行了确认,并对当事人提交的证据进行了详细的审查和认证,包括证人证言、微信聊天记录、照片、通话记录等,证据链条完整,论证充分。相比于一审法院,二审法院在判决中更加注重对当事人之间法律关系的分析,特别是对汤斌等七人与刘某某之间的权利义务关系进行了深入探讨,明确了自发式户外运动中组织者和参加者应尽的注意义务,体现了对案件的细致审理和审慎态度。

可改进之处在于,虽然二审法院对事实和证据进行了充分论证,但在判决中对一些关键事实的认定仍存在一定的模糊性,如刘某某饮酒的具体数量、汤斌等七人对饮酒行为的态度等,这些细节的进一步明确将有助于提高判决的说服力。

总体而言,二审法院的说理思路清晰地体现了从争议焦点出发,逐步深入分析,最终作出合理判决的过程。法院在判决中既考虑了骑行活动的自发性质,又充分考虑了参与者之间的相互注意义务,体现了对生命权、健康权、身体权的尊重和保护。这份法律文书在格式、说理、用词、事实论证等方面表现优秀,二审法院在审理中展现出了较高的法律素养和专业水平,对一审判决进行了有力的补充和修正,体现了司法公正和法治精神。

41. 被告人贾圣培等危害珍贵、濒危野生动物案*

一、案情简介

(一)基本案情

2021年7月至2022年11月间,被告人贾圣培明知画眉鸟是国家重点保护野生动物,在未取得行政许可的情况下,为出售牟利,仍通过在野外捕捉或向他人收购等方式

---

* 源自(2023)苏0682刑初352号刑事判决书。

获得画眉鸟共 1263 只。2021 年 7 月至 2022 年 11 月间，被告人贾圣培多次向被告人付昌祥及梁生根、陈凌、谢传超、覃基跃、彭武光（均另案处理）收购画眉鸟共计 422 只；2022 年 11 月 16 日，被告人贾圣培在湖南省保靖县迁陵镇附近山上，采用诱鸟扩音器张网诱捕的方式抓捕画眉鸟 20 余只。后被告人贾圣培利用快手、抖音等短视频社交软件展示宣传，在微信群、朋友圈予以售卖，向被告人梁福涛及刘花玲、钟江华、王继明、韩金洋、许培栋等 30 余人（均另案处理）出售画眉鸟共计 1165 只，并采取快递邮寄、货车带货等方式运往山东、河南及南通市崇川区等地交付。被告人贾圣培违法所得共计 249616 元。

2021 年 8 月至 2022 年 10 月间，被告人梁福涛明知画眉鸟系国家重点保护野生动物，在未取得相关行政许可的情况下，以牟利为目的，多次向被告人贾圣培购买画眉鸟共 206 只。经鉴定，共价值 103 万元。2022 年 10 月至 11 月间，被告人付昌祥明知画眉鸟系国家重点保护野生动物，在未取得相关行政许可的情况下，在湖南省永顺县少哈村附近山上，通过张网诱捕方式抓捕画眉鸟 87 只，并出售给被告人贾圣培。被告人付昌祥违法所得为 3480 元。

2022 年 10 月至 11 月间，被告人李汉青作为快递点经营人员，明知被告人贾圣培向各地邮寄的系国家重点保护野生动物画眉鸟，在未取得相关行政许可的情况下，在其开设的快递点揽件并寄出画眉鸟 145 只。被告人李汉青违法所得为 2900 元。

（二）主要争议

1.鉴定意见的合法性；

2.关于画眉鸟物种及数量的认定问题；

3.能否以案发当地的画眉鸟种群数量判定被告人的行为未对生物多样性造成损害。

二、说理思路

针对辩护意见中的焦点问题，法院作出如下说理：

1.案涉鉴定意见明确、形式完备、鉴定程序合法，检材真实可靠，鉴定结论科学可信。理由包括：(1)鉴定机构与鉴定人具备相应资质。(2)鉴定检材系本案查扣的涉案画眉鸟，检材真实可靠。(3)鉴定人按照《野生动物及其产品的物种鉴定规范》行业标准的要求进行了可靠的鉴定。

2. 指控被告人贾圣培涉案画眉鸟为 1263 只、价值 631.5 万元并无不当。 理由包括：(1)已形成证据链，能够证明被告人贾圣培猎捕、收购、运输、出售的物种为画眉鸟。(2)公诉机关在充分考虑了 2021 年出台的《国家重点保护野生动物名录》过渡期的情况下，从有利于被告人角度进行了就低指控。

3. 案发当地的画眉鸟种群数量无法使被告人脱罪，但量刑应考虑行为人的认知程度和人民群众的法感情。 理由包括：(1)对生物多样性造成的损害大小并不影响对被告人犯罪行为的定性。(2)种群数量的多少并不是判断生物多样性是否遭受破坏的唯一因素。(3)画眉鸟保护级别的调整时间并不长，认知调整的适应期是量刑考虑的因素之一。

三、论证结构图

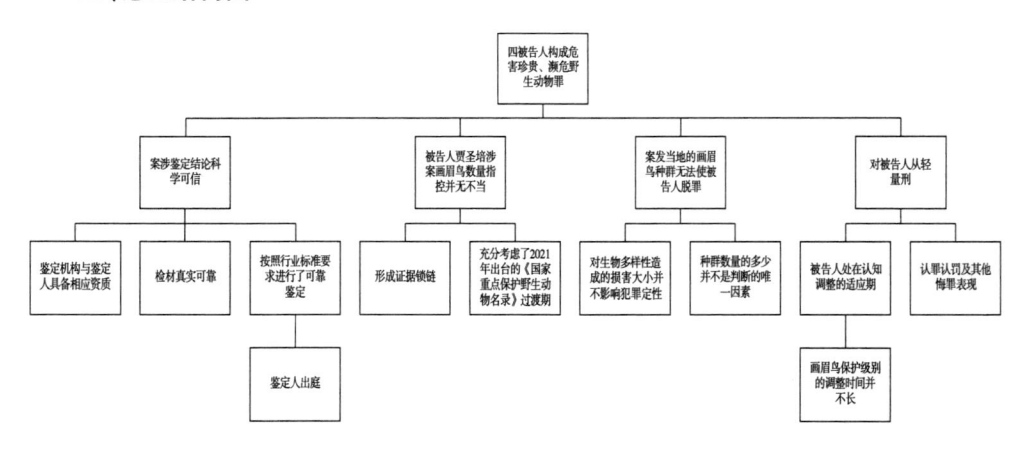

```
                          四被告人构成危
                          害珍贵、濒危野
                            生动物罪
        ┌──────────────┬──────────────┼──────────────┬──────────────┐
   案涉鉴定结论科      被告人贾圣培涉      案发当地的画眉       对被告人从轻
     学可信          案画眉数量指         鸟种群无法使被           量刑
                      控并无不当            告人脱罪
   ┌────┬────┐      ┌────┬────┐       ┌─────┬─────┐      ┌─────┬─────┐
 鉴定机构  检材  按照行业标准要  形成证据  充分考虑了2021   对生物多样性造  种群数量的多少  被告人处在认知  认罪认罚及其他
 与鉴定人  真实  求进行了可靠     链锁性   年出台的《国家   成的损害大小并  并不是判断的唯  调整的适应期    悔罪表现
 具备相应  可靠    鉴定                  重点保护野生动   不影响犯罪定性     一因素
   资质                                  物名录》过渡期
            │                                                          │
         鉴定人出庭                                                画眉鸟保护级别
                                                                   的调整时间并
                                                                        不长
```

四、说理评析

本案涉及危害珍贵、濒危野生动物罪，法官在基本案件事实清楚的情况下作出了层次分明、逻辑较为严密的说理。

在对四被告人的行为进行评价后，法官对辩护意见进行了较为全面的回应，对于相反观点的辩驳能够有力提高说理的可接受性。值得注意的是，辩护人以案发当地的画眉鸟种群数量判定被告人的行为未对生物多样性造成损害，认为画眉鸟在当地只是"普通鸟类"。而对此法官确认，危害珍贵、濒危野生动物犯罪的定罪量刑是以涉案野生动物的价值为标准，而被告人危害行为对生物多样性造成的损害大小并不影响对被告人犯罪行为的定性。在这里，法官实质上分离了定性与定量，将危害程度纳入量刑考虑。在量刑环节，法院考虑行为人的认知程度和人民群众的法感情，认为"画眉鸟保护级别的调整时间并不长"，群众的认知尚属于调整适应期，由此支持从轻量刑的裁判结果。

另外，本案法官说理注重语言的流畅优美。法官认为，"锁在金笼内的画眉叫声不管如何动听，也远远比不上畅游林中时的自在啼唱。因此，必须充分发挥法治力量，织密法网，保护优先、规范利用，坚决杜绝非法盗猎、买卖野生画眉的犯罪行为"，以此呼吁司法加强对珍稀野生动物的保护，实现了法律和情理、惩罚与教育的有机统一。

第二节　法律原则的适用

法律原则的司法适用有着严格的条件。没有明确的法律规则作为裁判直接依据的，法官应当首先寻找最相类似的法律规则作出裁判；如果没有最相类似的法律规则，法官可以依据习惯、法律原则等作出裁判，并合理运用法律方法对裁判依据进行充分的论证和说理。此外，在有规则可用，但该规则的应用可能导致严重不正义的情况下，法官亦可依据原则裁判。在运用法律原则时，法官需要对法律原则的内涵进行具体化、明确化，也需要对其运用过程进行论证。

42. 北京百度网讯科技有限公司诉青岛奥商网络技术有限公司等不正当竞争纠纷案[*]

一、案情简介

（一）基本案情

原告北京百度网讯科技有限公司（以下简称"百度公司"）是一家专门从事互联网

---

[*] 源自（2010）鲁民三终字第 5-2 号民事判决书。

信息服务业务的知名搜索引擎的运营商。被告 1 为联通青岛公司,其经营范围主要是提供互联网接入服务。被告 2 青岛奥商网络技术有限公司(以下简称"奥商公司")的主要经营业务是运营互联网网站、进行计算机软件开发。被告 3 是联通山东公司,主要从事互联网接入服务。第三人为鹏飞航空公司,经营航空机票销售代理业务。奥商公司的网站(www.og.com.cn)上有一项名为"网络直通车"的服务,购买该服务后便可轻松在其他网站强制插入广告网页,另外奥商公司还有一款"搜索通"产品,在其他搜索框中输入关键词,便会弹出网络直通车的广告位,点击该广告可一键到达新网站。被告 1 和被告 2 共同开发了一项业务,其主要特色是可以使用语音进行搜索。经法院查证,被告 2 的"网络直通车"和"搜索通"服务所跳转的网站与被告 1 的网站具有相同域名,而被告 2 联通青岛公司的网站又隶属于被告 3 联通山东公司,因为被告 2 是被告 3 在青岛的分公司。

2009 年,百度公司向青岛市中级人民法院提起诉讼,称三被告利用互联网接入网络服务,在青岛用户使用百度网站查询时,广告窗口会强制跃入用户正在搜索的页面。该广告窗口会直接打断百度网站显示的搜索结果,因此大部分使用青岛联通网络的用户都会不小心点入广告从而跳转至被告运营的网站。该行为一方面截走了原属于百度网站的流量,给百度公司造成了重大经济损失;另一方面,也违背了用户的意志,给百度公司带来了重大商誉损失。综上,被告构成不正当竞争行为。请求法院判定三被告的行为构成不正当竞争行为。同时请求法院判令三被告赔偿损失,并消除其对原告商誉所造成的不良影响。一审法院支持了原告的诉讼请求。被告 1 联通青岛公司不服一审判决,于 2010 年提起上诉。

(二)主要争议

一审法院根据原被告的主张和答辩将争议焦点概括为:

1.全体被告是否实施了原告所指控的行为;

2.该行为是否构成不正当竞争;

3.全体被告应当承担怎样的民事责任以及如何承担民事责任。

二审法院根据上诉人的抗辩将争议焦点概括为:

1.涉案网站 http://air.qd.sd.cn 是否属于上诉人联通青岛公司所有;

2.上诉人之一联通青岛公司是否实施了涉案被控侵权行为;

3.被上诉人百度公司在本案中是否具备诉讼主体资格;

4.上诉人之一联通青岛公司与被上诉人百度公司之间是否存在竞争关系,其行为是否构成不正当竞争。

二、说理思路

一审法院的说理思路:

首先,一审法院先对原被告提交的证据进行了详细的分析,给出了采信与不采信的理由。然后根据现有证据和各方的陈述,细致提炼并高度概括了案件事实,行文条理清晰。其次,在总结本案的争议焦点时,指出本案的争议焦点必须层层递进来认定,第一步要以事实为基础梳理各被告之间的关系,由此来确定三被告是否存在原告所指控的行为;在满足第一步的基础上,再来判断三被告的行为是否构成不正当竞争行为,即是否符合《反不正当竞争法》第二条的原则性规定。最后,则是从责任承担的角度来确定三被告应当承担何种民事责任以及责任承担的方式。

针对第一个争议焦点——被告是否实施了原告所指控的行为,一审法院根据原告提供的公证保全证据确认了被告2奥商公司在其主页介绍的广告强制弹出业务是原告所指控的业务,且广告跳转到的网站经法院查询认定,其经营者为被告2奥商公司。特定的网络接入服务为奥商公司能够在被告网站随意弹出广告提供技术支持,除非被告1能够证明奥商公司采取非法手段(比如木马侵入)使用了其服务,但是其没有提供证据证明。而广告跳转到的某一网站的域名的实际使用人是联通青岛公司。此外,联通青岛公司还同奥商公司一起合作经营电话实名业务。根据上述事实,可以认定奥商公司和联通青岛公司均为原告所指控行为的实施主体。

针对第二个争议焦点——被告的行为是否构成不正当竞争,法院对《反不正当竞争法》第二条进行了详细的解释,指出联通青岛公司和奥商公司在明知百度网站受众基数大,是知名搜索引擎的情况下,仍然使用技术手段在用户进行搜索时强制截取流量,把用户转移到自己经营的网站,该行为明显有悖于公认的商业伦理规范,能够被认定为《反不当竞争法》下的不正当竞争行为。

针对第三个争议焦点——被告如何承担民事责任,一审法院根据《民法通则》(已失效)第一百三十条、第一百三十四条和《反不正当竞争法》第二十条的规定,认为联通青岛公司和奥商公司的行为属于共同侵权行为,应当停止投放广告、赔偿原告经济损失并在知名报刊上登报道歉,三侵权主体承担连带责任。

二审法院的说理思路：

二审法院在一审法院说理的基础上，主要针对上诉人联通青岛公司的抗辩进行回应。

首先，上诉人主张其未实施也未帮助实施被控侵权行为。法院一方面根据计算机域名识别规则，认定涉案域名 air.qd.sd.cn 是 qd.sd.cn 的子域，而上级域名对子域享有分配和管理权。上诉人既然拥有子域的上级域名，那么对涉案的子域自然拥有控制、使用或者转让给他人使用的权利。另一方面，法院指出奥商公司利用互联网接入服务实施侵权行为必须得到互联网接入服务提供商的支持和配合，上诉人并未提出证据证明奥商公司使用互联网接入服务是采取非法手段，因此联通青岛公司对奥商公司的侵权行为是知情的并且提供了支持。

其次，上诉人主张其行为不构成不正当竞争，因为原审原告百度公司的搜索服务不收取费用，《反不正当竞争法》规定的"经营者"是指开展业务、赚取利润的个人或企业，百度公司不符合条件，没有起诉资格。针对该主张，二审法院对百度公司的商业运作模式进行了分析，指出百度公司针对普通用户，为了推广和便民而不收取费用，但是企业用户想借助其搜索引擎投放广告，必须支付相应的费用。因此可以认定百度公司是《反不正当竞争法》意义上的经营者，有权提起反不当竞争之诉。

最后，上诉人主张其与一审原告百度公司的经营范围不同，不存在竞争，因而其行为合法。法院针对该抗辩指出，虽然二者主要经营的业务不同，但是上诉人联通青岛公司有意识地为奥商公司提供必要服务，使得奥商公司能够在用户搜索页面投放广告的行为，影响了百度网站的正常运转，用户被广告烦扰，进而归因于百度网站，对网站的信任度也因此降低。至于上诉人的最后一项主张——其行为不构成不正当竞争，二审法院的说理与一审法院一致，均从《反不正当竞争法》第二条的原则性条款出发，提炼出构成不正当竞争的要件，在没有具体条文规定的情况下，成功地将被告的行为认定为互联网不正当竞争行为，极具借鉴意义。

三、论证结构图

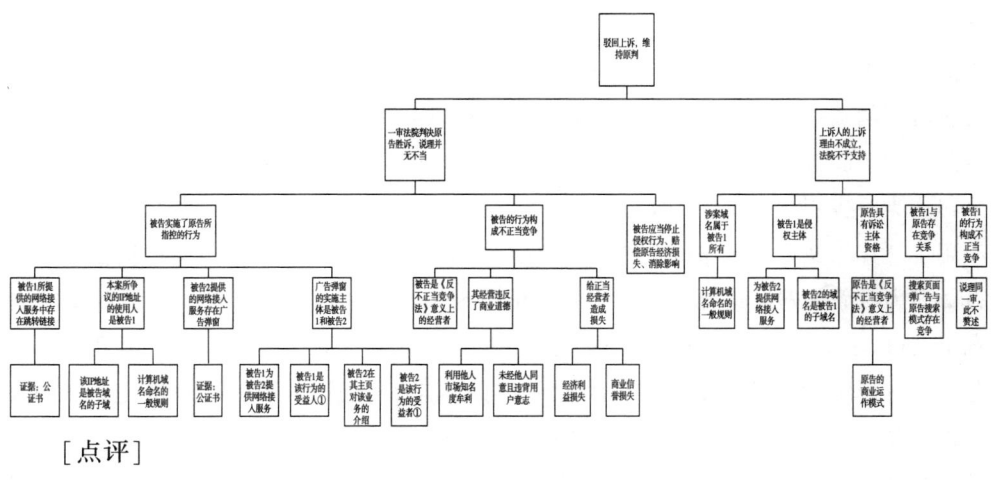

[论证结构图]

[点评]

① 论述不充分。

四、说理评析

本案系最高人民法院发布的指导案例 45 号。本判决书在证据采信、法律适用说理方面均存在许多亮点,是一篇品质上乘的判决书。其能被选为最高人民法院的指导性案例,一方面是由于该案所确定的裁判规则对其他法院判案具有普遍指导意义,另一方面是因为本案法官对法律规则的熟练运用以及令人信服的说理。

本案各方当事人提交的证据繁多且大多涉及复杂的计算机技术原理,一审法院能够从证据的三个性质和证明目的的角度对其进行详细分析,并给出采信或者不采信的理由,足见一审法官的敬业与专业。一审法院对证据进行取舍的过程十分细致且有条理,为后续基本事实的认定打下坚实的基础。

接着,一审法院围绕各方当事人的主张和抗辩以及采信的证据对案件事实进行了准确的概括提炼,然后再根据提炼的案件事实对本案的争议焦点进行了准确的判断。从上述论证结构图中可以看出,一审法院对第一和第二个争议焦点的说理占据主导地位,难点也集中在这两个部分,第三个部分的说理则建立在前两个部分成立的基础之上。

针对第一个争议焦点——被告是否实施了原告所指控的行为,一审法院根据原告提供的公证保全证据确认了被告 2 奥商公司在其主页介绍的广告强制弹出业务是原告所指控的业务,且广告跳转到的网站的实际经营人确为奥商公司。特定的网络接入服务是支撑奥商公司在原告网站随意弹出广告的核心技术需求,除非被告 1 能够证明奥商公司采取非法手段(比如木马侵入)使用了其服务,但是其没有提供证据证明。广告跳转到的某一网站的域名的实际使用人是联通青岛公司。此外,联通青岛公司还同奥商公司一起合作经营电话实名业务。根据上述事实,可以认定奥商公司和联通青岛公司均为原告所指控行为的实施主体。在对第一个争议焦点进行说理的过程中,法院运用了计算机域名命名与认定的一般规则(如论证结构图所示),最终确认被告 1 和被告 2 同为对原告网站进行干预的实施主体。因为本案主要涉及计算机领域的不正当竞争之诉,法院运用计算机域名与认定的一般规则加以佐证使得判决书的说理更加充分且具有说服力。但该部分说理存在一个小缺陷,如论证结构图所示,在论证被告 1 和被告 2 是否为网络干预行为的主体时,法院提出了一个论据——"被告 1 和被告 2 均从该行为中受益"。然而,无法仅从两被告获益角度直接推导出被告 1 和被告 2 实施了网络干预行为,该论据说服力不足,需要其他论据的支持才能推导出上一层论点。

针对第二个争议焦点——被告的行为是否构成不正当竞争,法院对《反不正当竞争法》第二条进行了详细的解释,指出联通青岛公司和奥商公司在明知百度网站受众基数大,是知名搜索引擎的情况下,仍然使用技术手段在用户进行搜索时强制截取流量,把用户转移到自己经营的网站,该行为明显有悖于公认的商业伦理规范,能够被认定为《反不正当竞争法》下的不正当竞争行为。本段说理的精彩之处在于法官对《反不正当竞争法》第二条的解释,通过解释将本案中被告实施的网络干预行为纳入法律打击的不正当竞争行为中。本案发生于 2001 年,法院适用的还是 1993 年《反不正当竞争法》,其制定时互联网行业正处于起步阶段,此时国内能使用互联网查询资料的人少之又少。因此该法并未对与互联网相关的不正当竞争行为作出具体规定,对互联网之外的其他不正当竞争行为也仅采取列举式的规定。在没有具体条文支持的情况下,法院只能援引该法第二条的原则性规定来判断被告的行为。本案二审法官通过对该条的解释,将构成不正当竞争行为的要件归纳为:(1)该行为的实施主体须为经营者;(2)该经营者违反了公认的商业伦理;(3)其行为给正当经营者造成损失。本案中,被告的行为明显符合上述条件,因此可以认定其行为构成不正当竞争。本案涉及如何对同时具备上述三个特征,但未作为具体不正当竞争行为列入法条的行为进行定性的问题,通过层层解释,本案一审法院对法律适用过程展开充分的说理。另外,随着21世纪互联网行业进入快速发展期,1993年的旧法已经不能涵盖层出不穷的新型不正当竞争手段,因此我国在2017年和2019年分别对其进行了两次重大修改,修改后的新法增设了专门的法条来应对本案的情形,并且新增了兜底条款。本案法官在没有具体条文可依的情况下,采用法律解释的方式将被告的行为成功归纳为不正当竞争行为,具有前瞻性,打击了利用互联网实施的不正当竞争行为,也为后来的法律修订提供了思路。

针对第三个争议焦点——被告如何承担民事责任,一审法院在前两个争议焦点已经捋顺的基础上,准确地援引了《民法通则》(已失效)第一百三十条、第一百三十四条和《反不正当竞争法》第二十条的规定,认定联通青岛公司和奥商公司的行为属于共同侵权行为,应当停止投放广告、赔偿原告的经济损失并在知名报刊上登报道歉。三侵权主体承担连带责任。

整体来说,本判决书严格遵守判决书的格式规范,形式完整、正确,语言表述流畅,文字精练。证据采信环节环环相扣,对每一项证据的三性和证明目的均给出了具有说服力的评价。事实认定部分精简凝练,彰显了法官对法言法语的准确掌握和熟练运用能力。在法律适用部分,法院对条文的援引正确无误,针对相关法条所作的解释亦体现了法官的前瞻性,为后来的案例确立了裁判规则。争议总结部分法院紧扣各方当事人的上诉理由和答辩意见,根据采信的证据和查明的事实准确归纳出焦点问题。说理论证部分清晰且逻辑分明,充分回应了双方当事人的主张和抗辩。本判决书首次通过对原则性条款的解释,将利用互联网进行网络干预的行为纳入不正当竞争行为的范畴,为司法实践提供了参考,顺应了时代潮流,达到了良好的法律效果和社会效果。

43. 闫佳琳诉浙江喜来登度假村有限公司平等就业权纠纷案*

一、案情简介

(一)基本案情

2019年7月,浙江喜来登度假村有限公司(以下简称"喜来登公司")通过智联招聘平台向社会发布了一批公司人员招聘信息,其中包含"法务专员""董事长助理"两个

---

* 源自(2019)浙0192民初6405号民事判决书。

岗位。2019年7月3日，闫佳琳通过智联招聘手机软件针对喜来登公司发布的前述两个岗位分别投递了求职简历。闫佳琳投递的求职简历中包含姓名、性别、出生年月、户口所在地、现居住城市等个人基本信息，其中户口所在地填写为"河南南阳"，现居住城市填写为"浙江杭州西湖区"。据杭州互联网公证处出具的公证书记载，公证人员使用闫佳琳的账户、密码登录智联招聘客户端，显示闫佳琳投递的前述"董事长助理"岗位在2019年7月4日14时28分被查看，28分时给出岗位不合适的结论，"不合适原因：河南人"；"法务专员"岗位在同日14时28分被查看，29分时给出岗位不合适的结论，"不合适原因：河南人"。闫佳琳因案涉公证事宜，支出公证费用1000元。闫佳琳向杭州互联网法院提起诉讼，请求判令喜来登公司赔礼道歉、支付精神抚慰金以及承担诉讼相关费用。

（二）主要争议

一审法院将争议焦点概括为：

1.被告喜来登公司的被诉侵权行为是否构成对原告闫佳琳平等就业权的侵害；

2.若侵权行为成立，被告喜来登公司应承担何种民事责任。

二、说理思路

首先，法院根据《侵权责任法》（已失效）规定的侵权行为构成要件，从喜来登公司是否存在就业歧视行为、闫佳琳的就业机会是否受到侵害、就业歧视与不利后果之间是否存在因果关系及是否存在主观过错四个层面判断被告喜来登公司是否侵害了原告的平等就业权。

其次，在认定被告喜来登公司实施了侵害原告闫佳琳平等就业权的基础上，法院根据《侵权责任法》（已失效）和《最高人民法院关于确定民事侵权精神损害赔偿责任若干问题的解释》的相关规定，酌情确定被告喜来登公司赔偿原告闫佳琳精神抚慰金及合理维权产生的损失共10000元。

最后，法院进行价值判断，强调了平等就业的重要意义，认为用人单位用工自主权的行使不能突破法律的红线。

三、论证结构图

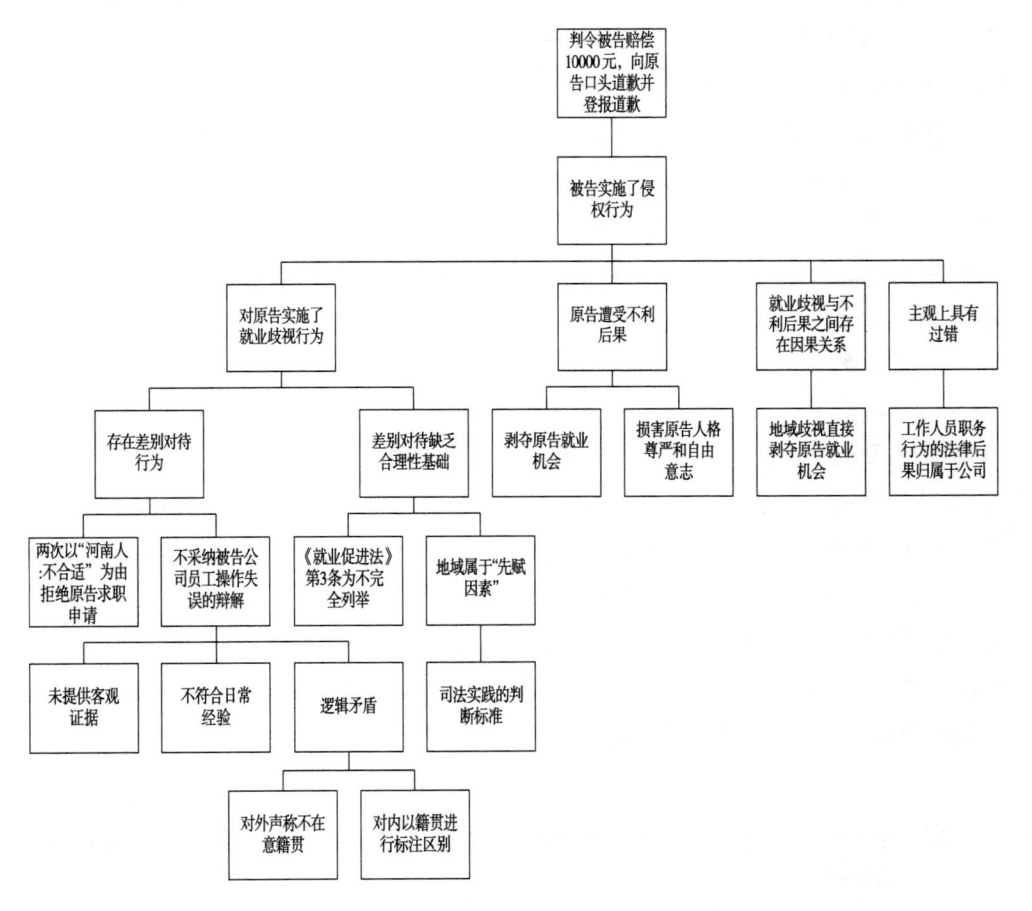

```
                              判令被告赔偿
                              10000元,向原
                              告口头道歉并
                              登报道歉
                                   │
                              被告实施了侵
                              权行为
        ┌──────────────┬──────────────┼──────────────┬──────────────┐
   对原告实施了        原告遭受不利      就业歧视与不        主观上具有
   就业歧视行为            后果           利后果之间存         过错
                                        在因果关系
    ┌────┴────┐       ┌────┴────┐        │              │
  存在差别对待   差别对待缺乏   剥夺原告就业  损害原告人格   地域歧视直接   工作人员职务
     行为      合理性基础      机会       尊严和自由      剥夺原告就业   行为的法律后
                                         意志           机会         果归属于公司
    ┌────┐  ┌────┬────┬────┐
 两次以"河南人 不采纳被告公 《就业促进 地域属于"先赋
 :不合适"为由  司员工操作失  法》第3条  因素"
 拒绝原告求职  误的辩解     为不完全列举
   申请
    │        │          │         │
 未提供客观  不符合日常   逻辑矛盾   司法实践的判
   证据      经验                  断标准
                      ┌────┴────┐
                  对外声称不  对内以籍贯进
                   在意籍贯   行标注区别
```

四、说理评析

本案一审裁判文书格式规范,充分回应了双方的争议点,适用法律正确,论证层次清晰、逻辑严谨,对案件的核心问题进行了详尽的说理。

本篇裁判文书亮点颇多,整体论证思路十分清晰,如论证结构图所示,该裁判文书首先按照一般侵权损害赔偿责任的四要件认定被告侵犯了原告的平等就业权,应当承担民事责任,之后根据《侵权责任法》(已失效)第二十二条以及《最高人民法院关于确定民事侵权精神损害赔偿责任若干问题的解释》第十条的规定,酌情确定被告赔偿的金额以及赔礼道歉的方式。

其次,该裁判文书在解释不采纳被告辩解的原因时,不仅从举证责任的角度分析了被告未提供客观证据证实其主张,还进一步运用经验法则和逻辑法则论证被告辩解的不合理性,增强了裁判结论的正当性和可接受性。

再次,由于我国法律并未明确规定"地域歧视"这一就业歧视类型,该裁判文书对《就业促进法》第三条"等"的含义进行了极为精彩的解释,其指出本条以"等"字结尾,表明该条款是不完全列举的开放性条款,认为被告将与"工作内在要求"没有任何关联性的"先赋因素"地域作为就业区别对待的标准,既不具有正当性,又属于法定禁止事由。

最后,该裁判文书深入分析了深藏于法律规范下的价值,强调平等就业的重要意义,认为"平等的劳动就业权是公民最重要、最基本的生存权利,是公民生存和发展的基础,依法受到法律保护",并且准确把握企业用工自主权和劳动者平等就业权的关系,指出虽然用人单位合理、合法的自主权应当受到尊重,但"用人单位的用工自主权不应突破法律的红线"。该裁判文书运用法理说理,展示了价值判断的过程。

本篇裁判文书体现了法理、事理、情理的有机统一,明确了认定地域歧视的法律依据和法理基础,展示了严谨的法律逻辑,同时宣示了重视平等就业的价值取向,体现了司法的温度与情怀,有利于引导职场减少地域歧视行为,从而形成公平的就业环境,是一篇法律效果和社会效果俱佳的裁判文书。

44. 徐工集团工程机械股份有限公司诉成都川交工贸有限责任公司等买卖合同纠纷案[*]

一、案情简介

(一)基本案情

本案例于2013年入选最高人民法院指导性案例,股东王永礼等人分别注册成立成都川交工程机械有限责任公司(以下简称"川交机械")、四川瑞路建设工程有限公司(以下简称"瑞路建设")和成都川交工贸有限责任公司(以下简称"川交工贸"),三家

---

[*] 源自(2011)苏商终字第0107号民事判决书。

公司均由王永礼等人实际控制。在与徐工集团工程机械股份有限公司(以下简称"徐工机械")交易往来时,三家公司也共同向徐工机械表明,瑞路建设和川交工贸是川交机械为扩张业务而另外注册的公司,并要求将三家公司与徐工机械的往来账目均记在川交工贸的名下。原告徐工机械诉称:川交工贸拖欠其货款未付,而川交机械、瑞路建设与川交工贸人格混同,三家公司的实际控制人王永礼以及川交工贸股东等人的个人资产与公司资产混同,均应承担连带清偿责任。

一审法院判决川交机械和瑞路建设对川交工贸的上述债务承担连带清偿责任。三被告不服一审判决,提起上诉。

(二)主要争议

二审法院将争议焦点概括为:

川交机械、瑞路建设与川交工贸是否人格混同,是否应对川交工贸的债务承担连带清偿责任。

二、说理思路

法院首先根据采信的证据指出,川交工贸与川交机械、瑞路建设之间构成人格混同,主要体现在三个方面:一是人员混同。三家公司的经理、财务负责人、出纳会计、工商手续经办人均相同,其他管理人员亦存在交叉任职的情形,川交工贸的人事任免存在由川交机械决定的情形。二是业务混同。三家公司实际经营中均涉及工程机械相关业务,经销过程中存在共用销售手册、经销协议的情形,对外宣传时信息混同。三是财务混同。三家公司使用共同的账户,以王永礼的签字作为具体用款依据,无法证明已对其中的资金及支配作区分;三家公司与徐工机械之间的债权债务、业绩、账务及返利均计算在川交工贸名下。因此,三家公司之间表征人格的因素(人员、业务、财务)高度混同,导致各自的财产无法区分,已丧失独立人格,构成人格混同。

在认定三家关联公司之间存在人格混同后,法院参照适用《公司法》第二十条第三款规定的法人人格否认制度并结合《民法通则》(已失效)第四条规定的诚实信用原则,判定川交机械、瑞路建设应当对川交工贸的债务承担连带清偿责任。

三、论证结构图

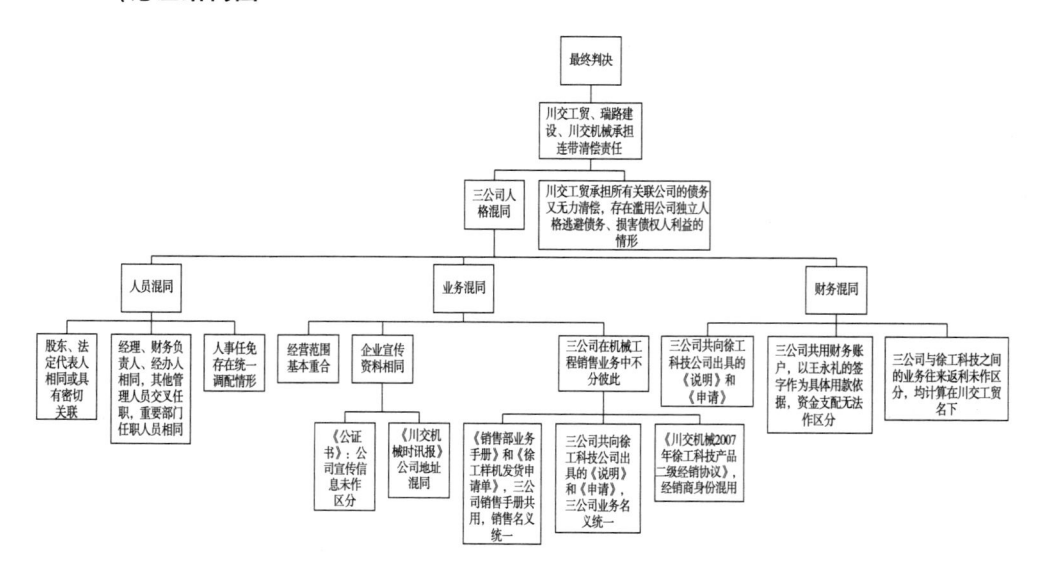

```
                          最终判决
                             │
                  川交工贸、瑞路建
                  设、川交机械承担
                    连带清偿责任
                             │
         ┌───────────────────┴───────────────────┐
      三公司人                              川交工贸承担所有关联公司的债务
      格混同                                又无力清偿，存在滥用公司独立人
                                            格逃避债务、损害债权人利益的
                                                      情形
         │
   ┌─────┼──────────────────────┬──────────────────────┐
 人员混同                    业务混同                 财务混同
   │                            │                       │
 ┌─┴──┬────┐          ┌─────┬───┴──┬─────┐         ┌───┴───┐
股东、  经理、  人事任免   经营范围  企业宣传  三公司在机械工  三公司共向徐  三公司共用财务账  三公司与徐工科技之间
法定代  财务负  存在统一   基本重合  资料相同  程销售业务中不  工科技公司出  户，以王永礼的签  的业务往来返利未作区
表人相  责人、            分彼此            具的《说明》  字作为具体付款依  分，均计算在川交工贸
同或具  经办人、                            《申请》        据，资金支配无法  名下
有密切  其他管                                              作区分
关联   理人员
      交叉任
      职，重要
      部门任
      职人员
      相同
```

四、说理评析

我国在2005年修订《公司法》时引入了法人人格否认制度，但该法第二十条第三款仅规定了股东与公司人格混同这一最常见的情形，因此在审判实践中，法官要对人格混同的关联企业实行人格否认，只能依据民法的基本原则准用公司法人人格否认理论，在个案中实现这一制度规则公平正义的价值目标，而不能直接适用第二十条的规定。

但是关联公司人格混同的原因大多是股东滥用了公司法人独立地位和股东有限责任，否认关联公司各自的独立人格，将关联公司视为一体。本条款是对公司股东行为的规制，实质就是将滥用关联公司人格的股东责任延伸至完全由其控制的关联公司，由此来救济利益受损的债权人。因此，本案的说理亮点在于，二审法院在没有具体法律条文可以援引的情况下，参照适用了《公司法》第二十条第三款规定的法人人格否认制度，并结合诚实信用原则，最终认定作为被告的三关联公司对债务承担连带责任。

本判决书针对关联公司人格混同的认定及法律责任承担问题生成的裁判规则，对其他法院参照适用《公司法》第二十条处理关联公司人格混同问题有较强的指导意义，有利于进一步完善我国公司法人人格否认制度并防止关联公司滥用公司法人独立地位和股东有限责任，恶意逃避债务，损害公司债权人的利益。

45. 强静延诉曹务波股权转让纠纷案*

一、案情简介

（一）基本案情

2011年4月26日，瀚霖公司、瀚霖公司的法定代表人曹务波和公司股东强静延，三方共同签订了《增资协议书》及《补充协议书》。其中，《增资协议书》中约定：强静延向瀚霖公司增资3000万元，持有瀚霖公司0.86%的股权。《补充协议书》中约定：曹务波承诺使瀚霖公司于2013年6月30日前"合格IPO"，否则，强静延有权要求曹务波以现金方式回购强静延持有的目标公司股权，回购价格为强静延实际投资额再加上每年8%的内部收益率溢价，且瀚霖公司为曹务波的回购提供连带责任担保。《增资协议书》及《补充协议书》落款处有三方签章。上述协议签订后，强静延于2011年4月29日将3000万元转入瀚霖公司的账户，瀚霖公司将强静延登记在其股东名单中。

2012年5月31日，强静延与曹务波签订了《股权转让协议》，约定曹务波按照约定回购股权，但曹务波未履行回购义务。2014年4月2日，强静延书面通知曹务波、瀚霖公司支付股权转让款并承担违约责任，但曹务波、瀚霖公司未履行付款义务。

（二）主要争议

再审法院认为本案的争议焦点是：案涉《补充协议书》所约定瀚霖公司担保条款的效力问题。

二、说理思路

根据再审范围有限原则，人民法院审理再审案件应当围绕再审请求进行，因强静延请求再审增判瀚霖公司承担连带清偿责任，故再审法院仅对瀚霖公司是否承担连带清偿责任的问题进行审查，也即案涉《补充协议书》所约定的瀚霖公司担保条款的效力问题。

在这一诉请上，一审、二审和再审法院作出不同裁判：

一审法院将证明公司提供担保通过股东决议的证明责任分配给强静延，认为：因强静延与曹务波均系瀚霖公司的股东，且曹务波为公司的法定代表人，基于此情

---

* 源自(2016)最高法民再128号民事判决书。

形,强静延应当提交瀚霖公司为股东曹务波提供担保的事宜已经股东会决议通过的相关证据;结合强静延与曹务波的股东身份以及瀚霖公司并非为经营发展向公司以外的第三人提供担保的事实,该约定损害了公司、公司其他股东以及公司债权人的利益,应认定为无效。

二审法院从公司法的法理出发,认为:瀚霖公司为曹务波回购强静延股权的股权转让款支付提供担保,其实质为不管瀚霖公司经营业绩如何,股东强静延均可以从瀚霖公司获取收益,该约定使股东获益脱离了公司的经营业绩,背离了公司法的法理精神,最终使得股东强静延规避了交易风险,将瀚霖公司可能存在的经营不善及业绩不佳的风险转嫁给瀚霖公司及其债权人,严重损害了瀚霖公司其他股东和债权人的合法利益,应当认定瀚霖公司承担担保责任的约定无效。

最高人民法院从判定合同无效的法定主义出发,否定了二审从法理角度展开的论证,进而指出对于瀚霖公司提供担保经过股东会决议一事,强静延已尽到审慎注意和形式审查义务,且强静延的投资全部用于公司的经营发展,瀚霖公司全体股东因而受益,故应当承担担保责任。

三、论证结构图

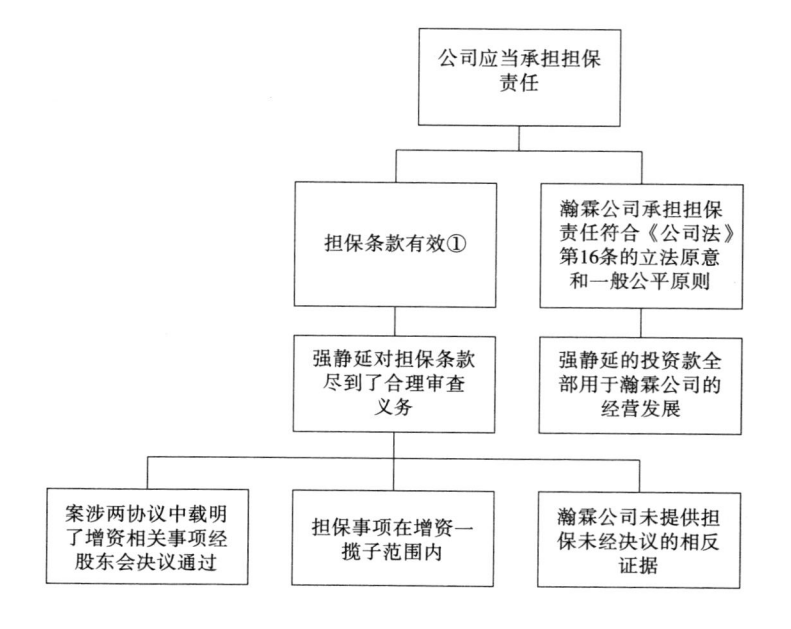

```
                    公司应当承担担保
                          责任
                    ┌─────┴─────┐
                    │           │
              担保条款有效①   瀚霖公司承担担保
                    │         责任符合《公司法》
                    │         第16条的立法原意
                    │          和一般公平原则
                    │              │
              强静延对担保条款   强静延的投资款全
              尽到了合理审查    部用于瀚霖公司的
                  义务              经营发展
        ┌───────────┼───────────┐
        │           │           │
   案涉两协议中载明  担保事项在增资一  瀚霖公司未提供担
   了增资相关事项经    揽子范围内      保未经决议的相反
   股东会决议通过                         证据
```

[点评]

①未引用《公司法解释(四)》第六条或者《民法典担保制度解释》第七条。

四、说理评析

在司法实践中,现有的法律条款尚不能明确应如何在对赌协议中平衡投资人和融资公司的利益。本案再审裁判文书的意义在于,明确了在公司法定代表人承担回购义务、公司为此承担连带担保责任的情况下,该如何确定担保条款的效力这一问题。

我国《民法典》第六条规定,"民事主体从事民事活动,应当遵循公平原则,合理确定各方的权利和义务"。同时,《公司法》第十六条规定,"公司向其他企业投资或者为他人提供担保,依照公司章程的规定,由董事会或者股东会、股东大会决议"。与语义模糊的《民法典》第六条法律原则相比,《公司法》第十六条的法律规则具有确定性程度高、可操作性强的特征。无疑,在通常情况下,应当优先适用《公司法》第十六条。但《公司法》第十六条的具体性和明确性特征同时可能使其适用导致公平正义的实质缺失。这时,我们就需要溯源立法目的,适用法律原则代替法律规则,以追求实质上的判决公正。

本案案涉《补充协议书》担保条款未经瀚霖公司的股东会决议,依照《公司法》第十六条的规定,应当认定担保条款无效,但最高人民法院从该条款的立法目的出发,认为第十六条实质上是为了"防止公司大股东滥用控制地位,出于个人需要、为其个人债务而由公司提供担保,从而损害公司及公司中小股东权益"。本案的投资资金系供瀚霖公司经营发展使用,有利于瀚霖公司提升持续盈利能力,本项担保虽未经股东会决议通过,但符合公司全体股东的利益,并未违背第十六条的立法目的。因而,应当突破法律规则,采取一般公平原则认定瀚霖公司的担保责任。

但本案说理存在两个问题。一是,最高人民法院认为,应当从整体上分析公司担保条款的效力。虽然《增资协议书》和《补充协议书》仅载明增资相关事项经股东会决议通过,但对投资人而言,"增资扩股、股权回购、公司担保属于链条型的整体投资模式"。在公司未提供相反证据的情况下,投资人有理由相信以上一揽子事项都通过了股东会决议。有鉴于此,最高人民法院认定投资人已尽到审慎注意和形式审查义务,瀚霖公司应当承担担保责任。根据这一论证,就已经可以得出担保合同有效的结论,而无须适用法律原则。二是,在以上两书未明确载明担保协议的情况下,当然解释为投资人有理由相信担保协议通过了股东会决议,这一认定的说理性不足,还需要进一步论证。

本案裁判文书通过法律原则的适用,颠覆了以往与股东之间的回购协议有效、与公司之间的回购协议无效的社会认知,向公众传达了"鼓励投资,契约自由"的理念,有利于建设良好的营商环境,但在担保合同有效性上的说理稍显不足,而且在说理时存在漏引法条的情况。

46. 康成投资(中国)有限公司诉赤壁市新店镇大润发平价超市侵害商标权及不正当竞争纠纷案*

一、案件简介

(一)基本案情

原告康成投资(中国)有限公司(以下简称"康成公司")是台湾润泰集团旗下的企业。2013年11月27日,康成公司经核准受让了案外人上海大润发有限公司第5091186号"大润发"注册商标,取得了该注册商标专用权。2015年1月,原告第5091186号"大润发"注册商标被评为上海市著名商标。2017年1月25日,江苏省高级人民法院作出(2015)苏知民终字第00303号民事判决,认定第5091186号"大润发"注册商标为驰名商标。

案外人程前勇分别于2006年1月4日、2010年9月19日先后向岳阳市工商行政管理局云溪分局、赤壁市工商行政管理局申请登记注册云溪区大润发平价超市路口店(注册号为430603600015775)和赤壁市新店大润发平价超市(注册号为422302600138444)。

2017年7月27日,上海市徐汇公证处公证员李某与该处工作人员马文华及原告委托人徐进来到被告赤壁新店镇夜珠桥村村民委员会斜对面招牌显示为"大润发平价超市"的超市内,发现被告经营的店面招牌、地面宣传贴、购物袋、购物小票等使用了"大润发"字号并留存照片。

(二)主要争议

法院将本案的争议焦点归纳为:

1.被告对其名称中的"大润发"字号是否享有登记注册在先的相关权利;

---

* 源自(2019)鄂12知民初407号民事判决书。

2.被告在其超市店面招牌中及超市内多处使用"大润发"字号是否侵害了原告的注册商标专用权;

3.被告将包含"大润发"字号的超市名称进行登记注册并使用是否构成不正当竞争;

4.如果被告构成商标侵权或不正当竞争,则应当如何承担民事责任。

二、说理思路

法院围绕上述争议焦点进行了说理:

首先,对于被告对其名称中的"大润发"字号是否享有登记注册在先的相关权利这一争议焦点,法院根据企业名称权之效力仅及于登记注册的主管机关的辖区范围、程前勇在赤壁市新店登记注册超市名称的时间在"大润发"被注册为商标之后,认定案外人程前勇对其2010年9月19日在赤壁市新店镇设立超市时使用的名称中的"大润发"字号不享有合法的在先权;法院还根据《个体工商户条例》(已失效)中关于个体工商户受让取得相关权利的规定,结合两超市登记名称与时间不一致的事实,认定被告对其2014年7月1日在赤壁市新店设立的超市使用的"大润发"字号,不享有登记注册在先的相关权利。

其次,对于被告在其超市店面招牌及超市内多处使用"大润发"字号是否侵害了原告的注册商标专用权,法院分别分析了被告的两类行为。其一,根据《最高人民法院关于审理商标民事纠纷案件适用法律若干问题的解释》第一条的规定,被告在其超市店面招牌中使用"大润发"字号的行为,应当认定为突出使用,并足以使相关公众对被告提供的商品及服务来源产生误认,侵害了原告"大润发"的注册商标专用权。其二,根据《商标法》第五十七条第(一)、(二)项和《商标法实施细则》(已失效)第二条第二款的规定,被告在其店内的地面宣传贴、货价卡、购物袋、购物小票上突出使用了与原告注册商标相同的"大润发"字号,容易使相关公众误认为被告经营的超市与原告存在某种关联,侵害了原告的注册商标专用权。

再次,对于被告将包含"大润发"字号的超市名称进行登记注册并使用是否构成不正当竞争,法院从商业标识保护的角度出发,强调经营者在注册和使用其企业名称时应当遵循诚实信用原则、合理避让他人使用在先且具有一定知名度的注册商标,并结合原告"大润发"商标在超市零售行业具有较高知名度的事实,认定被告主观上存在攀附"大润发"品牌的意图，客观上容易导致消费者对被告服务的来源与原告的注册商标产生混淆或者误认，违背诚实信用原则，其行为构成不正当竞争。法院还对被告辩称在案外人程前勇及其设立超市时法律对企业名称与注册商标的冲突没有规定，援引《民法通则》(已失效)、《商标法》《反不正当竞争法》《最高人民法院关于当前经济形势下知识产权审判服务大局若干问题的意见》不予支持。

最后，关于被告民事责任的承担，法院根据《侵权责任法》(已失效)第十五条判令被告立即停止在其店面招牌、地面宣传贴、购物袋、购物小票上使用"大润发"字号，并充分考量事实酌定只支持原告诉请赔偿范围中合理的部分；根据《最高人民法院关于审理注册商标、企业名称与在先权利冲突的民事纠纷案件若干问题的规定》第四条，判令被告停止使用名称中含有"大润发"字号的诉讼请求。

三、论证结构图

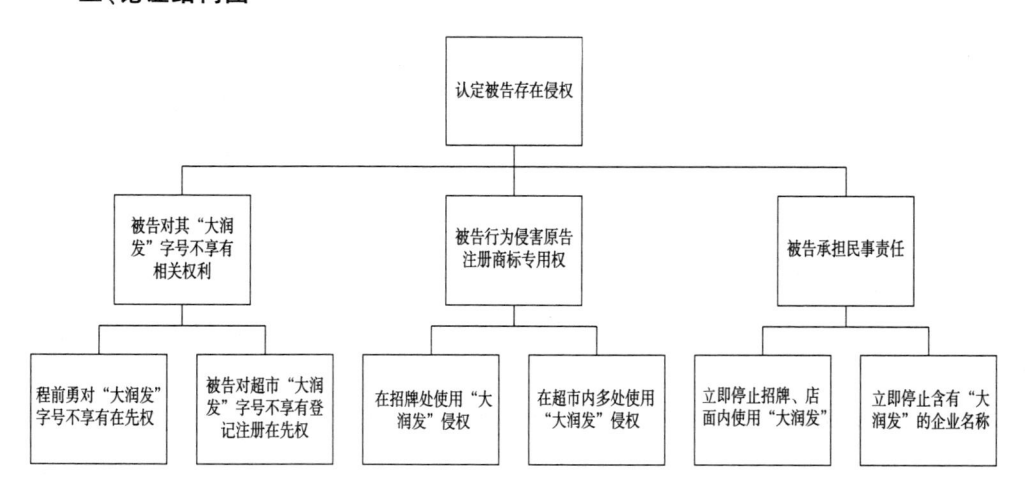

```
                        认定被告存在侵权
           ┌──────────────────┼──────────────────┐
   被告对其"大润           被告行为侵害原告         被告承担民事责任
   发"字号不享有           注册商标专用权
   相关权利
      ┌────┴────┐          ┌────┴────┐          ┌────┴────┐
  程前勇对    被告对超市    在招牌处      在超市内多处    立即停止招牌、   立即停止含有"大
  "大润发"    "大润发"      使用"大       使用"大润发"   店面内使用       润发"的企业名称
  字号不享    字号不享有     润发"侵权     侵权           "大润发"
  有在先权    登记注册在先权
```

四、说理评析

本判决书入选最高人民法院发布的第四届"百篇优秀裁判文书"。在本案中，法院适用的法律精准，并援引若干部门规章、司法解释，从而使得说理全面。法院将本案定位为商标权及不正当竞争纠纷后，主要引用《商标法》《反不正当竞争法》，并针对四个具体争议焦点，分别引用《个体工商户条例》(已失效)、《最高人民法院关于审理商标民事纠纷案件适用法律若干问题的解释》《商标法实施细则》(已失效)、《最高人民法院关于当前经济形势下知识产权审判服务大局若干问题的意见》《最高人民法院关于审理注册商标、企业名称与在先权利冲突的民事纠纷案件若干问题的规定》等规范性文件进行说理,令人信服。

本案是基于商业标识而产生的纠纷,法院在援引相关法律时,直接阐明其背后的法理,即企业名称与注册商标均属于商业标识,均有经法定程序确认的权利,有各自的保护范围。经营者在注册和使用其企业名称时应当遵循诚实信用原则,合理避让他人使用在先且具有一定知名度的注册商标,避免使用含有他人注册商标的企业名称或字号而造成相关公众的混淆误认。如此显化法律的主旨,不仅穿透被告主观攀附知名商标并图谋利益的侥幸心理,更是对市场经营主体的警示,也为其他法院处理相关案件提供了借鉴。

47. 饶国礼诉某物资供应站等房屋租赁合同纠纷案*

一、案情简介

(一)基本案情

2011年7月27日,晶品酒店通过公开招标程序中标,获得租赁某物资供应站所有的南昌市青山南路1号办公大楼的权利。同年8月,晶品酒店与物资供应站签订《租赁合同》,其中第五条特别约定:"1.租赁物经有关部门鉴定为危楼,加固后方能使用。晶品酒店对租赁物的前述问题及瑕疵已充分了解。晶品酒店承诺对租赁物进行加固,确保租赁物达到商业房产使用标准,晶品酒店承担全部费用。2.加固工程方案的报批、建设、验收均由晶品酒店负责,物资供应站根据需要提供协助。3.晶品酒店如未经加固合格即擅自使用租赁物,则应承担全部责任。"合同签订后,物资供应站依照约定交付了租赁房屋。晶品酒店向物资供应站给付20万元履约保证金,1000万元投标保证金。中标后物资供应站退还了800万元投标保证金。2011年10月26日,晶品酒店将租赁的房屋发包给某加固技术工程公司进行加固改造。2012年1月3日,在加固施工过程中,案涉建筑物大部分垮塌。

江西省建设业安全生产监督管理站于2007年6月18日出具《房屋安全鉴定意见》,认定该房屋属于存在较严重结构隐患,或将造成重大安全事故,应予以拆除的D

* 源自(2019)最高法民再97号民事判决书。

级危房,并建议对大楼加强观察,采取措施确保大楼安全过渡至拆除,同时建议尽快拆除全部结构。

一审法院经审理,判决解除《租赁合同》,同时判令物资供应站向饶国礼返还投标保证金 200 万元、饶国礼向物资供应站赔偿损失 804.3 万元。判决后,饶国礼不服,提起上诉。二审法院判决:维持一审法院解除《租赁合同》以及物资供应站返还投标保证金 200 万元的判决,同时判决物资供应站还应返还履约保证金 20 万元,而饶国礼向物资供应站赔偿损失的数额变更为 182.4 万元。判决后,饶国礼、物资供应站均不服,向最高人民法院申请再审。

(二)主要争议

法院将本案的主要争议焦点归纳为以下两方面:

1.晶品酒店与物资供应站签订的《租赁合同》的效力问题;

2.案涉房屋倒塌后物资供应站支付给他人的补偿费用的承担问题。

二、说理思路

针对本案的主要争议,最高人民法院的基本说理思路如下:

关于双方当事人签订的《租赁合同》的效力,最高人民法院根据有权机构出具的鉴定意见,确认案涉房屋属于存在严重结构隐患,或将造成重大安全事故,应当尽快拆除的 D 级危房,且不具有可在加固后继续使用的可能。依据《商品房屋租赁管理办法》第六条,不符合安全、防灾等工程建设强制性标准的房屋不得出租。虽然部门规章一般不影响合同的效力,但是本案中的双方当事人违反行政规章签订租赁合同,约定将经鉴定机构鉴定的危房出租用于经营酒店,危及不特定公众的人身及财产安全,属于损害社会公共利益、违背公序良俗的行为,故最高人民法院依据相关法律规定确认《租赁合同》无效。

关于案涉房屋倒塌后物资供应站支付给他人的补偿费用如何承担的问题,由于案涉《租赁合同》已确认无效,最高人民法院依据《合同法》(已失效)第五十八条"双方都有过错的,应当各自承担相应的责任"的规定,分别认定了物资供应站和饶国礼的责任:物资供应站对案涉合同的无效承担主要责任,对于支付给他人的补偿费用应由其自行承担;而饶国礼对于合同的无效亦有过错,其损失也应由其自行承担。

三、论证结构图

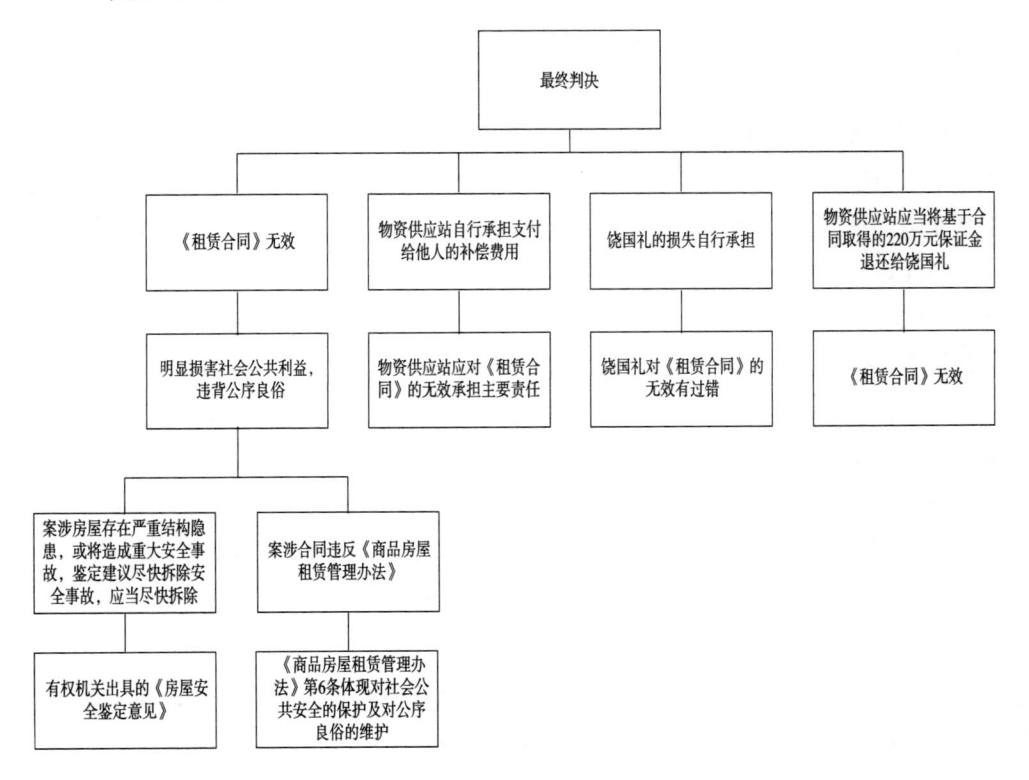

```
                              ┌──────────┐
                              │ 最终判决 │
                              └────┬─────┘
        ┌──────────────┬──────────┴──────────┬──────────────┐
┌───────┴───────┐ ┌────┴─────┐ ┌────┴─────┐ ┌──────┴──────┐
│《租赁合同》    │ │物资供应站 │ │饶国礼的   │ │物资供应站应 │
│   无效        │ │自行承担支付│ │损失自行承担│ │当将基于合同 │
│               │ │给他人的   │ │           │ │取得的220万元 │
│               │ │补偿费用   │ │           │ │保证金退还给 │
│               │ │           │ │           │ │饶国礼       │
└───────┬───────┘ └────┬─────┘ └────┬─────┘ └──────┬──────┘
┌───────┴───────┐ ┌────┴─────┐ ┌────┴─────┐ ┌──────┴──────┐
│明显损害社会公共│ │物资供应站 │ │饶国礼对   │ │《租赁合同》  │
│利益,违背公序  │ │应对《租赁 │ │《租赁合同》│ │   无效      │
│良俗           │ │合同》的无效│ │的无效有过错│ │             │
│               │ │承担主要责任│ │           │ │             │
└───┬───────┬───┘ └──────────┘ └──────────┘ └─────────────┘
┌───┴────┐┌─┴─────────┐
│案涉房屋 ││案涉合同违反│
│存在严重 ││《商品房屋  │
│结构隐患,││租赁管理办法│
│或将造成 ││》          │
│重大安全 ││           │
│事故,鉴定││           │
│建议尽快 ││           │
│拆除安全 ││           │
│事故,应当││           │
│尽快拆除 ││           │
└───┬────┘└─────┬─────┘
┌───┴────┐┌─────┴─────┐
│有权机关 ││《商品房屋  │
│出具的   ││租赁管理办法│
│《房屋安 ││》第6条体现 │
│全鉴定意 ││对社会公共安│
│见》     ││全的保护及对│
│         ││公序良俗的维│
│         ││护          │
└────────┘└───────────┘
```

四、说理评析

本案判决的说理过程体现出最高人民法院对相关法律规定背后的法理的熟练掌握和灵活适用。

本案判决的说理整体做到以事实为依据、以法律为准绳。在事实认定方面,详略得当、重点突出。案件基本情节概括简明,重点着墨于当事人之间签订的《租赁合同》关键部分以及有权机构出具的《房屋安全鉴定意见》对案涉房屋危房性质的认定,与后文的说理重点相对应。在法律适用方面,在论证过程中具体列明了适用的法律,主要有《民法总则》(已失效)第一百五十三条第二款以及《合同法》(已失效)第五十二条第(四)项、第五十八条(现行有效的法律为《民法典》第一百五十三条、第一百五十七条)。

对于《商品房屋租赁管理办法》的效力层级问题,最高人民法院指出,《商品房屋租赁管理办法》虽属于部门规章,原则上不影响合同的效力,但是其第六条的规定体现的是对社会公共安全的保护以及对公序良俗的维护。案涉合同违反该条规定,正说明该合同相关内容损害了社会公共利益、违背了公序良俗,从法律规范的效力层级问题自然回归到案涉合同的效力问题,又分别列举《民法总则》(已失效)和《合同法》(已失效)中关于民事法律行为无效情形和合同无效情形的规定,直接确认了案涉合同效力上的缺陷。可见,法院说理始终紧扣案件事实,剑指案涉合同的效力问题。同时,以上说理还体现出法院对合同稳定性、当事人经济利益以及公共利益和公序良俗的权衡——"司法不应支持、鼓励这种为追求经济利益而忽视公共安全的有违社会公共利益和公序良俗的行为"。

值得肯定的是,在一审和二审法院均判决解除合同、未质疑合同效力的情况下,最高人民法院首先即重新认定了合同效力,指出案涉合同存在法律规定的无效情形,而之后的说理均以此为基础进行,足见判案思路之清晰、对合同生效要件掌握之熟练。

综上,本案裁判文书的说理部分详略得当,重点突出,灵活适用法律,紧扣案件基本事实,展示出法官扎实的法律知识基础,说理思路尤其值得借鉴。

48. 上海××××××有限公司(A公司)诉上海××××××有限公司(B公司)、上海××律师事务所(律所)其他合同纠纷案*

一、案情简介

(一)基本案情

2017年7月20日,崇明法院就B公司作为原告起诉T公司等服务合同纠纷一案作出判决,判令T公司向B公司支付顾问服务费7684950元及违约金。T公司不服,提起上诉。2017年11月2日,上级法院裁定撤销原判、发回重审。

2017年12月,B公司作为甲方、A公司作为乙方,C律所作为丙方共同订立《诉讼投资合作协议》,约定:乙方作为中国首家法律金融公司,为法律服务提供金融解决方案,以诉讼投资、不良资产处置为主要业务范围。乙方接受甲方的委托,为甲方与T公

---

* 源自(2021)沪02民终10224号民事判决书。

司等服务合同纠纷一案提供诉讼投资服务,协调丙方独立提供法律服务。甲方与乙方协商一致,指定由乙方的关联方丙方争议解决部惠某某律师、许某某律师作为标的案件的重审一审、重审二审、再审(若有)、强制执行等诉讼程序至案件终结的代理人,采取风险代理收费方式。若乙方、丙方对标的案件存在恶意串通或因乙方、丙方故意或重大过失,而对标的案件产生不利或给甲方造成损失,乙方、丙方都应承担甲方的损失责任,且甲方有权解除本协议和《委托代理合同》。《诉讼投资合作协议》还约定:甲方有权参与对案件的调解、和解与诉讼行为制定最终决策,甲、乙、丙三方应尽最大努力做好保密与风控工作等。

同日,B公司作为甲方、C律所作为乙方订立《委托代理合同》,合同约定:甲方就标的案件聘请乙方提供法律服务;乙方接受甲方的委托,指派律师惠某某(出庭陈述)、许某某担任甲方标的案件重审一审、重审二审、再审(若有)、强制执行等法律程序/阶段的代理人。双方协商同意使用风险代理收费方式支付律师费。2018年2月5日,崇明法院对标的案件进行重审,审理中由委托诉讼代理人惠某某、许某某到庭参加诉讼。崇明法院经审理判决T公司支付B公司顾问服务费3045000元及相应的逾期违约金,对B公司的其余诉讼请求均不予支持。B公司、T公司均不服前述判决,分别提起上诉。2019年2月20日,B公司为标的案件缴纳上诉费65595元。2019年3月5日,法院立案受理上诉案件。经审理,法院于2019年5月17日判决驳回上诉,维持原判。B公司向上海市高级人民法院提起再审申请,该院于2019年12月30日裁定驳回B公司的再审申请。A公司因向B公司催讨投资收益未果,向法院提起诉讼。

(二)主要争议

二审法院认为,本案的核心争议焦点在于A公司、B公司和C律所签订的《诉讼投资合作协议》的效力认定问题。

二、说理思路

本案二审法院说理结构清晰,整体以案涉《诉讼投资合作协议》无效为线,从四个方面进行了论证,最终得出判决结果。

首先,二审法院指出本案中交易模式的特殊性,认为应当审慎认定其效力。就这一观点,二审法院从正反两个方面进行了论证:第一,案涉行为模式是一种诉讼投资交易;第二,域外认可的投资模式在我国并不当然有效。

其次，二审法院论证了本案中《诉讼投资合作协议》的内容有损公共秩序。第一，《诉讼投资合作协议》中诉讼投资方与诉讼代理人高度关联，缺乏利益隔离设置，妨害诉讼代理制度基本原则的实现与保障；第二，案涉协议过度控制 B 公司的诉讼行为，侵害 B 公司的诉讼自由；第三，案涉协议设置保密条款，信息不披露，危害了诉讼秩序。最终二审法院对一审法院关于案涉诉讼投资模式可能导致诉讼的透明度受损、妨害诉讼秩序的观点予以肯定。

再次，二审法院认为案涉协议所约定的交易模式有违善良风俗，主要表现为有违司法活动服务社会公众利益的公共属性，还有违和谐、友善的核心价值。二审法院指出，公序良俗是判断合同效力的法定事由，即便是基于真实意思表示而自由订立的合同仍应受到公序良俗的规范与制约，而案涉协议不仅有损公共秩序，还有违善良风俗，应当被认定为无效。

最后，针对 A 公司上诉提出的理由，二审法院逐一进行了回应。关于 A 公司提出的一审法院对合同无效的认定，纵容和包庇了 B 公司有违诚实信用原则的违约行为，二审法院指出，违约的前提是合同成立且有效，合同无效后即不涉及违约的认定问题，双方责任应当按无效后果处理。而关于一审程序违法的问题，二审法院从争议焦点归纳、C 律所的诉讼地位以及 10 万元律师费的返还主体三个方面进行了论证，最终对该上诉意见未予采纳。

三、论证结构图

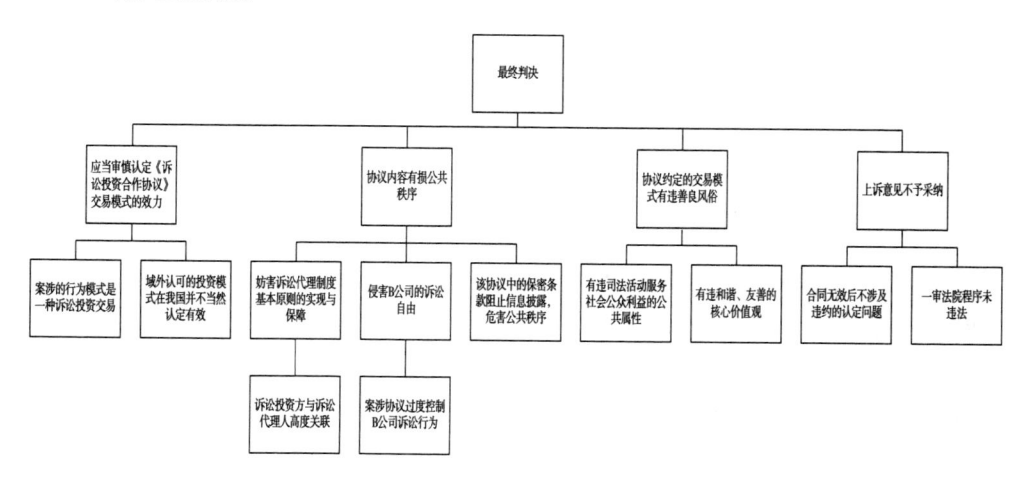

```
                              ┌─────────────┐
                              │  最终判决   │
                              └──────┬──────┘
       ┌──────────────┬──────────────┼──────────────┬──────────────┐
┌──────┴──────┐ ┌─────┴─────┐ ┌──────┴──────┐ ┌─────┴─────┐
│应当审慎认定 │ │协议内容有 │ │协议约定的交 │ │上诉意见不 │
│《诉讼投资合 │ │损公共秩序 │ │易模式有违善 │ │予采纳     │
│作协议》交易 │ │           │ │良风俗       │ │           │
│模式的效力   │ │           │ │             │ │           │
└──┬───────┬──┘ └─────┬─────┘ └──────┬──────┘ └─────┬─────┘
   │       │          │               │              │
┌──┴──┐ ┌──┴──┐  ┌────┼────┐    ┌────┼────┐    ┌────┼────┐
│案涉的│ │域外认│  │妨害 │侵害│    │有违司│有违和│    │合同无│一审法│
│行为模│ │可的投│  │诉讼代│B公司│    │法活动│谐、友│    │效后不│院程序│
│式是一│ │资模式│  │理制度│的诉讼│    │服务社│善的核│    │涉及违│未违法│
│种诉讼│ │在我国│  │基本原│自由 │    │会公众│心价值│    │约的认│      │
│投资交│ │并不当│  │则的实│     │    │利益的│观    │    │定问题│      │
│易    │ │然认定│  │现与保│     │    │公共属│      │    │      │      │
│      │ │有效  │  │障    │     │    │性    │      │    │      │      │
└──────┘ └──────┘  └──┬──┘ └──┬──┘    └──────┘└──────┘    └──────┘└──────┘
                       │        │
                  ┌────┴────┐ ┌─┴────────┐
                  │诉讼投资 │ │案涉协议过│
                  │方与诉讼 │ │度控制B公 │
                  │代理人高 │ │司诉讼行为│
                  │度关联   │ │          │
                  └─────────┘ └──────────┘
                         该协议中的保密条款
                         阻止信息披露，
                         危害公共秩序
```

四、说理评析

本案判决说理以法律原则为立足点,内容丰富、条理清晰,从多方面有层次地对判决结果进行了论证,使判决整体在缺乏明确法律规则的情况下具有较强说服力。

本案裁判说理具有清晰的论证结构。本案二审法院以案涉《诉讼投资合作协议》的效力问题为线,从四个方面逐渐深入地进行了论证。首先,二审法院指出本案中交易模式的特殊性,认为应当审慎认定其效力。其次,二审法院分别论证了本案中《诉讼投资合作协议》的内容有损公共秩序,以及案涉协议所约定的交易模式有违善良风俗两个核心观点。最后,针对A公司上诉提出的"一审法院对合同无效的认定纵容和包庇了B公司有违诚实信用原则的违约行为"与"一审法院存在程序违法"两个上诉意见,二审法院也分别进行了回应。在各个论点之下,又列有不同层次的论点作为支撑。总体看来,本案的说理极具层次感,具有较强的可读性。

同时,本案裁判说理做到了以法律为准绳。本案作为全国首例诉讼投资合作协议无效案,在缺乏先例的情况下,法官根据法律原则与相关制度背后的法理进行说理与判决,既具有探索的意味,又显示出对我国法律体系与相关国情的充分考量以及具体问题具体分析的态度。表面上看,案涉《诉讼投资合作协议》属于双方基于真实意思表示而自由签订的合同,属于意思自治的范畴。但是,本案法官犀利地指出,对合同效力的评价体现的是国家对私法行为的干预原则,而在我国第三方诉讼投资领域规范未建立的情况下,司法更应当保持谨慎,进而以公序良俗原则为分析视角,论证了案涉协议在效力上的漏洞,具有说服力。

此外,本案裁判说理具有良好的示范作用。法官在说理部分多角度、详尽地阐述了判决理由,为此后的类似案件提供了良好的示范。

综上,本案判决的说理体现了法官对基本法理的熟稔,对类似案件具有示范功能,值得肯定。

49. 被告人余金平交通肇事案*

一、案情简介

（一）基本案情

2019年6月5日晚，被告人余金平酒后驾驶白色丰田牌小型普通客车从北京市海淀区五棵松附近前往门头沟区居住地。21时许，被告人余金平驾车由南向北行驶至北京市门头沟区河堤路附近1公里处时，车辆前部右侧撞到被害人宋绪春致其死亡，撞人后，余金平未停车并逃离现场。被告人余金平驾车至其居住地地下车库，擦拭车身血迹，又步行回现场观望，之后逃离。经北京民生物证科学司法鉴定所鉴定，被害人宋绪春为颅脑损伤合并创伤性休克死亡。经北京市公安局门头沟分局交通支队认定，被告人余金平发生事故时系酒后驾车，且驾车逃逸，应负事故全部责任。2019年6月6日5时许，被告人余金平到公安机关投案，如实供述了其酒后驾车发生事故致被害人死亡并逃逸的犯罪事实。2019年6月6日5时30分许，被告人余金平经呼吸式酒精检测，血液酒精浓度为8.6mg/100mL。2019年6月17日，被告人余金平的家属赔偿被害人宋绪春的近亲属各项经济损失共计160万元，获得了被害人近亲属的谅解。

一审法院经审理，以交通肇事罪判处被告人余金平有期徒刑二年。宣判后，北京市门头沟区人民检察院提出抗诉，被告人余金平提出上诉，北京市第一中级人民法院经二审撤销原判，改判余金平有期徒刑三年六个月。北京市人民检察院于2020年5月8日向北京市高级人民法院提出抗诉，北京市高级人民法院于2021年9月30日作出（2020）京刑抗3号刑事裁定，撤销（2019）京01刑终628号刑事判决和（2019）京0109刑初138号刑事判决，发回北京市门头沟区人民法院重新审判。

（二）主要争议

综合案件抗辩各方与审理法院的意见，本案的争议焦点为：应否对余金平适用缓刑。围绕该焦点，抗辩各方与一审法院在逃逸情节的评价及缓刑适用的条件等多方面存在分歧。

二、说理思路

重审法院在对案件事实进行梳理后，从罪名的确定到刑罚的裁量进行了较为清晰

---

* 源自（2021）京0109刑初244号刑事判决书。

的论证。

首先，被告人余金平违反交通运输管理法规，驾驶机动车造成重大事故，致一人死亡，应负事故全部责任，且在肇事后逃逸，因此，其行为构成《刑法》第一百三十三条规定的交通肇事罪。

其次，被告人余金平系酒后驾驶机动车辆，涉嫌危险驾驶罪，而又发生交通事故，构成交通肇事罪，作为重罪吸收危险驾驶罪，应在对其定交通肇事罪的同时酌予从重处罚。

再次，被告人余金平自动投案，到案后如实供述了其酒后驾车发生事故致使被害人死亡并驾车逃逸的犯罪事实，应认定为自首，可依法对其减轻处罚。同时，被告人余金平的家属积极赔偿被害人近亲属的经济损失并取得谅解，可酌情对其从轻处罚。此外，被告人余金平自愿认罪认罚，可依法对其从宽处理。

综上，重审法院采纳了公诉机关的公诉意见及量刑建议，以及辩护人的相应辩护意见，以交通肇事罪判处被告人余金平有期徒刑二年。

三、论证结构图

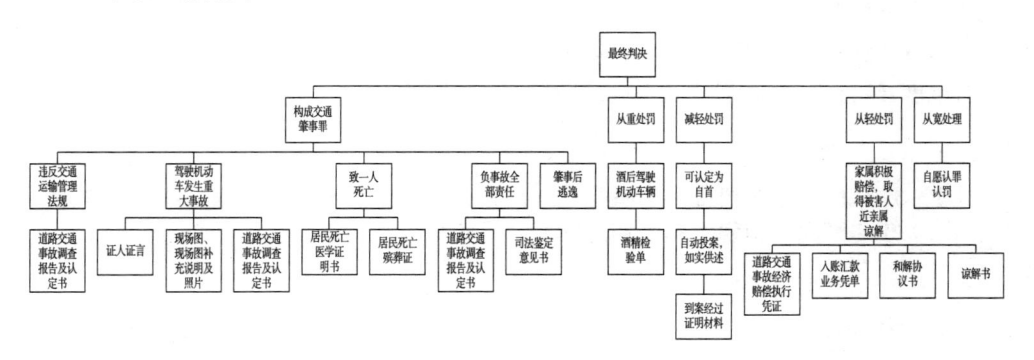

四、说理评析

本案事实清楚、证据充分，一审、二审法院均对案件事实作出正确认定，重审法院在此基础上再次对案件事实进行梳理，并列明相应证据作为支撑，裁判说理整体思路清晰，表达简洁准确。

在罪名的认定方面，重审法院严格依照《刑法》第一百三十三条对交通肇事罪的概念与构成要件的规定，与案件事实进行对应。客观方面，依据证据，被告人违反交通运输管理法规,驾驶机动车发生重大事故,致一人死亡,应负事故全部责任,且在肇事后逃逸,符合《刑法》第一百三十三条规定的交通肇事罪客观方面的构成要件。主观方面,重审法院依据《道路交通事故调查报告及认定书》等证据,认定被告人存在过失且故意违反交通运输管理法规。因此,认定余金平构成交通肇事罪并无疑义,重审法院适用法律认定罪名正确。

在本案的量刑方面,重审法院既严格依据法定量刑情节量刑,又考虑到了酌定量刑情节。法定量刑情节方面,本案法院正确适用认罪认罚从宽原则,并依法认定了自首这一法定量刑情节。而酒后驾驶机动车辆又构成法定的从重处罚事由。同时,重审法院还考虑到犯罪后的态度这一酌定量刑情节,即被告人余金平的家属赔偿被害人宋绪春的近亲属各项经济损失共计160万元,体现出积极赔偿的态度,获得被害人近亲属的谅解,因此可以对余金平酌情从轻处罚,重审法院量刑得当。

本案二审法院在二审判决书通篇都没有提及上诉不加刑原则,最后的判决结果却加重了被告人的刑罚。两级检察院的抗诉理由都是应当判处被告人较轻刑罚,并不认为一审法院量刑较轻。虽然从《刑事诉讼法》第二百三十七条第二款的规定来看,二审法院的处理结果似乎符合该条规定,但是,该条文所规定的上诉不加刑原则是基于对被告人人权的保障,二审法院的判决结果并不符合该规则背后的目的。重审法院据此全面审度、综合平衡,纠正了二审法院在量刑上的错误。

50. 广东加多宝饮料食品有限公司与广州王老吉大健康产业有限公司擅自使用知名商品特有包装装潢纠纷案*

一、案情简介

(一)基本案情

2012年7月6日,广州医药集团有限公司(以下简称"广药集团")与广东加多宝饮料食品有限公司(以下简称"加多宝公司")分别向法院提起诉讼,双方均主张对"红罐王老吉凉茶"知名商品的特有包装装潢享有权益,并指控对方生产销售的红罐凉茶产品构成侵权。

---

* 源自(2015)民三终字第2号民事判决书。

一审法院认定,"红罐王老吉凉茶"包装装潢的权益归广药集团所有,广州王老吉大健康产业有限公司(以下简称"大健康公司")经广药集团授权生产销售的红罐凉茶不构成侵权。鉴于加多宝公司不享有该包装装潢的权益,其生产销售的红罐凉茶,无论是"一面王老吉一面加多宝"还是"两面加多宝"的产品,均构成侵权。一审法院判决加多宝公司停止侵权行为,刊登声明以消除影响,并赔偿广药集团经济损失 1.5 亿元及合理维权费用 26 万余元,同时驳回加多宝公司的诉讼请求。

加多宝公司不服一审判决,向最高人民法院提起上诉。最高人民法院在终审判决中,仔细审视了红罐王老吉凉茶产品的包装设计。法院指出,广药集团及其前身、加多宝公司及其关联企业在"红罐王老吉凉茶"特有包装装潢的形成和发展过程中均作出重要贡献。若将该权益完全判归一方,不仅显失公平,而且有可能损害公众利益。基于诚实信用原则及维护消费者认知的原则,在不损害他人合法权益的情况下,法院认为该特有包装装潢的权益应由广药集团与加多宝公司共同享有。

(二)主要争议

二审法院将争议焦点概括为:

1.涉案知名商品特有包装装潢的内容和指向;

2.涉案知名商品特有包装装潢权益归属的确定;

3.大健康公司的被诉侵权行为是否构成不正当竞争;

4.一审法院是否存在违反法定程序的行为。

二、说理思路

首先,法院对涉案知名商品特有包装装潢的内容进行明确界定,认为涉案包装装潢产品具有特有性,且涉案包装装潢依附的商品在中国境内有市场知名度。

其次,法院在分析加多宝公司与广药集团对于"红罐王老吉凉茶"的包装装潢权利时,详细考虑了历史沿革、商标许可协议的终止及两家公司在"红罐"凉茶产品包装装潢商誉积累中的贡献。法院强调,尽管广药集团在法律上收回了"王老吉"商标的使用权,但加多宝公司在包装装潢的形成过程中也起到重要作用。基于诚实信用原则,法院作出了两家公司应当共享这一包装装潢权益的判决,否定了一方完全排除另一方使用该包装装潢的诉求。

再次,法院认为,广药集团的"王老吉"品牌是红罐凉茶知名度的重要基础,而加多宝公司在长期使用"王老吉"商标的过程中,其包装装潢也成为消费者认知的一部分。商标许可终止后,加多宝公司无权继续使用"王老吉"商标,其红罐凉茶已退出市场,广药集团授权大健康公司使用该商标生产红罐凉茶不构成侵权。虽然消费者可能因包装近似产生混淆,但这是商标许可历史背景下的正常现象,随着双方的品牌推广,混淆将逐渐消退。加多宝公司对大健康公司的侵权指控缺乏事实与法律依据,因此法院驳回其主张。

最后,法院认定一审法院在庭审当日接受大健康公司补充证据的做法没有违反法律规定,对加多宝公司的上诉请求不予支持。

三、论证结构图

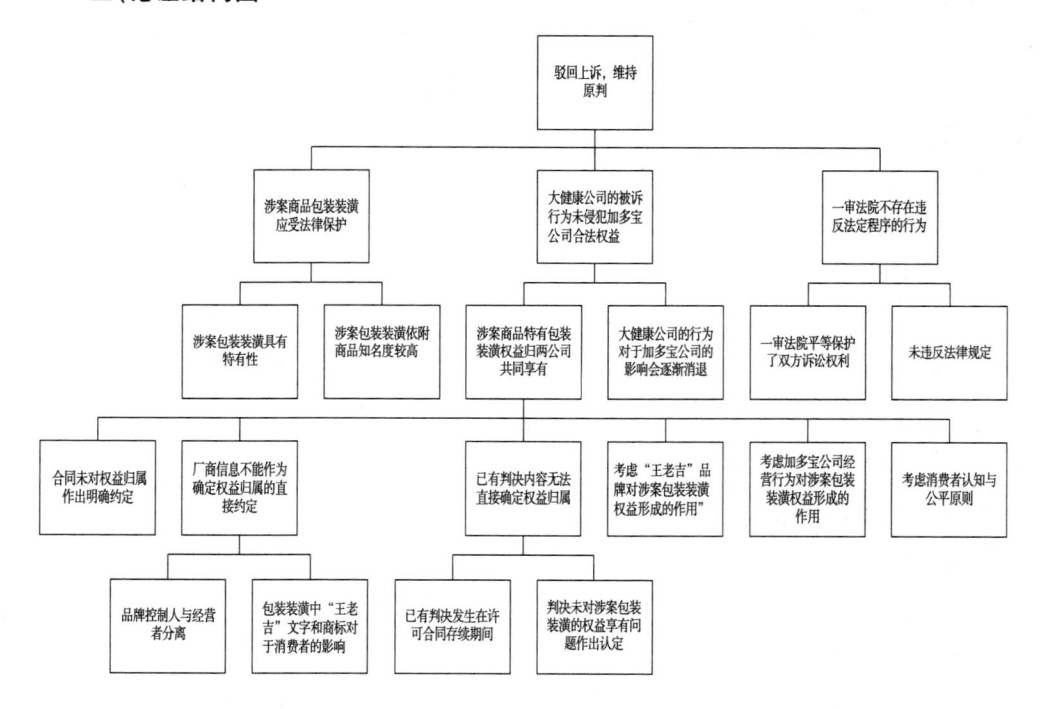

```
                              驳回上诉,维持原判
          ┌──────────────────────┼──────────────────────┐
   涉案商品包装装潢          大健康公司的被诉            一审法院不存在违
   应受法律保护              行为未侵犯加多宝            反法定程序的行为
                             公司合法权益
      ┌──────┬──────┐         ┌──────┬──────┐         ┌──────┬──────┐
  涉案包装  涉案包装      涉案商品特有包装  大健康公司的行为    一审法院平等保护  未违反法律规定
  装潢具有  装潢依附      装潢权益归两公司  对于加多宝公司的    了双方诉讼权利
  特有性    商品知名度较高  共同享有          影响会逐渐消退
   ┌──┬──┐  │            ┌────┬────┐        ┌────┐         ┌────┐
合同未对  厂商信息不能作为              已有判决内容无法  考虑"王老吉"品  考虑加多宝公司经  考虑消费者认知与
权益归属  确定权益归属的直              直接确定权益归属  牌对涉案包装装潢  营行为对涉案包装  公平原则
作出明确约定  接约定                                    权益形成的作用    装潢权益形成的作用
   │          ┌──┐                    ┌──┐         ┌──┐
  品牌控制人与经营  包装装潢中"王老       已有判决发生在许  判决未对涉案包装
  者分离            吉"文字和商标对       可合同存续期间    装潢的权益享有问
                    于消费者的影响                         题作出认定
```

四、说理评析

法院明确了案件的核心争议点,即"红罐王老吉凉茶"的知名商品特有包装装潢权益,因此法院须决定该权益的归属问题。本篇裁判文书的亮点在于,在认定权利归属的过程中,法院运用了公平原则和诚实信用原则进行考量,这些法律原则成为法院权衡双方权利义务分配的重要基石。

传统上,包装装潢权属于商品的实际经营者或权利人。在本案中,广药集团拥有"王老吉"商标的所有权,加多宝公司则通过长期的市场推广和销售积累了广泛的市场认知和商誉。如果法院仅依据商标权判定权利归属,则广药集团可能获得全部权益,但这将剥夺加多宝公司多年来在市场推广中的实际贡献和经济投入。这种结果显然不公平,且与案件的实际情况相悖。因此,法院通过法律原则的介入,决定双方共同享有该包装装潢的权益,使判决更加符合实质公平。

法院详细梳理了"红罐王老吉凉茶"包装装潢的历史发展过程、合作背景及市场推广情况,探讨了广药集团、加多宝公司及其关联企业在该产品包装装潢形成、发展中的贡献。法院认为,在长达数十年的合作过程中,广药集团与加多宝公司对"红罐王老吉凉茶"的包装装潢都作出重要贡献。广药集团作为"王老吉"商标的持有者,提供了品牌基础,加多宝公司则通过持续的市场推广和运营,赋予这一品牌巨大的市场价值。通过回溯双方的合作历史,法院试图厘清各方对包装装潢设计的贡献,进而判断在包装装潢权益上的份额划分。

法院还运用了诚实信用原则,指出在权利使用过程中,各方应遵守诚实信用,尊重市场实际情况及公众认知。在案件的分析过程中,法院指出消费者对"红罐王老吉凉茶"包装装潢的认识已经固化,且加多宝公司与广药集团在包装装潢的市场推广中都发挥了重要作用。因此,在这种消费者认知已经形成的背景下,将包装装潢权益判给一方显然会导致市场混淆并显失公平。这种对消费者认知的分析,体现了法院在不正当竞争案件中对市场实质影响的关注。这种法律原则的引用为法院的判决提供了强有力的法律支撑。

在判决中,法院还考虑了判决可能对市场和社会公众利益的影响。法院指出,完全将包装装潢权益判给广药集团,将会破坏加多宝公司多年积累的市场声誉,同时可能会误导消费者,影响市场的公平竞争秩序。

本案中,法院通过综合运用公平原则和诚实信用原则,不仅解决了复杂的权益归属问题,而且有效地避免了市场秩序的混乱和公众利益的受损。公平原则的引入,确保了双方贡献得到合理承认,诚实信用原则则保障了历史和市场实际情况得到尊重。法律原则的运用为判决的合理性和可执行性提供了坚实的基础,确保了法律与市场秩序的有机结合。

第四章

援引法外因素说理

根据性质与内容的差异,理由可以分为法律理由与非法律理由(法外因素)。法律理由在法律人说理论证中的重要地位不言而喻。在法律说理论证的理由体系中,法律理由具有优先性和排他性。在就某一判断给出理由时,法律人应优先考虑法律理由,如有法律理由,则无需提供其他规范理由。例如,法官在判定成年子女对年老的父母承担赡养义务时,援引《民法典》第二十六条即可,无须列举道德、习俗等非法律理由。但在许多情形下,法律条文不足以成为论述的正当化基础。法律事实的建构、法律条文含义的确定都需要提供进一步的理由:规范含义的确定需要结合字义、习俗、道德、立法文献、司法判例等多种因素;法律事实的建构需要从证据出发,结合经验法则(如自然规律、心理规律、社会规律等)进行必要的推理。根据《释法说理指导意见》第十三条,在法律之外,还存在习俗、惯例、判例、学理、情理等大量法外因素。

需要特别指出的是,本书所称法律理由仅限于规范内容业经明文确定的制定法,其余未由制定法明文规定的规范,以及确定规范含义时援引的非法律理由统归法外因素。长期以来,法外因素在裁判文书说理中的地位未得到充分承认,这与实证主义对我国司法界的影响有关。在实证主义的影响下,法官倾向于只认可法律体系内部的论证资源,对于法外因素则持消极保守的态度。事实上,"在法律的正式渊源之外允许大量的社会渊源的存在,这既是顺应人的法制生活及人性基本需求,也是法律发展永远无法摆脱的社会因素;只有较好地处理了法律的正式渊源与社会渊源之间的关系,人们良性的法制生活才得以可能"[①]。

第一节　习惯

《民法典》第十条规定:"处理民事纠纷,应当依照法律;法律没有规定的,可以适用

[①] 胡玉鸿、彭东:《试论法律社会渊源的理论基础》,载《中国法学》2001年第3期。

习惯,但是不得违背公序良俗。"本条开创性地明确了习惯在民事审判中作为法的渊源的地位。在刑事、行政审判中,习惯也会涉及当事人行为合理性的认定等。但由于习惯的识别、认定均无明文依据,习惯的运用对法官提出了较高的适用要求,法官既需就习惯的具体内容进行确认,也需就某一规范的习惯属性进行说明,并确认其符合公序良俗。换言之,习惯属于认知渊源而非效力渊源(狭义的法),故本书拟作为法外因素讨论。

51. 刘某诉罗某婚约财产纠纷案*

一、案情简介

（一）基本案情

本案上诉人（原审原告）刘某,被上诉人罗某（原审被告）、叶某（原审第三人）,罗某、叶某为父女关系。2015年1月1日,刘某之子刘子清与叶某经人介绍相识谈婚。2月3日,上诉人方给付叶某金饰品一组。3月24日,刘某向罗某支付彩礼169000元,后刘子清与叶某二人登记结婚并于5月1日举行结婚仪式,取得礼金及三金。8月15日,两人产生矛盾,刘子清殴打叶某致其轻微伤,叶某遂诉至法院请求离婚,并获得准许。离婚判决生效后,刘某以骗婚为由提起诉讼,要求罗某、叶某返还彩礼。一审法院支持其部分诉讼请求,刘某不服判决,提起上诉。

（二）主要争议

二审法院认为,本案争议焦点为被上诉人应否返还全部彩礼。

二、说理思路

本案二审法院全面梳理了案件事实,并围绕当事人的上诉请求进行释法说理。首先,法官阐明"不当得利"这一法律概念,并明确双方当事人的给付行为系自愿约定,存在合法基础,肯定了一审法院释明并变更案由的做法。其次,二审法院依据当地风俗习惯,并结合案件事实论证了"支付彩礼""登记结婚"均遵循双方意思自治,并不存在"包办、买卖婚姻""借婚姻索取财物"的情形,因此上诉人刘某要求返还彩礼的理由不

---

* 源自(2017)赣07民终950号民事判决书。

能成立。再次,二审法院进一步说明在案证据不足以证明给付彩礼会导致上诉人方生活困难,根据《民诉证据规则》,上诉人举证未达到证明标准,对其请求不予支持。最后,由于被上诉人罗某已申请撤回"要求改判不予返还彩礼"的上诉,故维持一审判决。

三、论证结构图

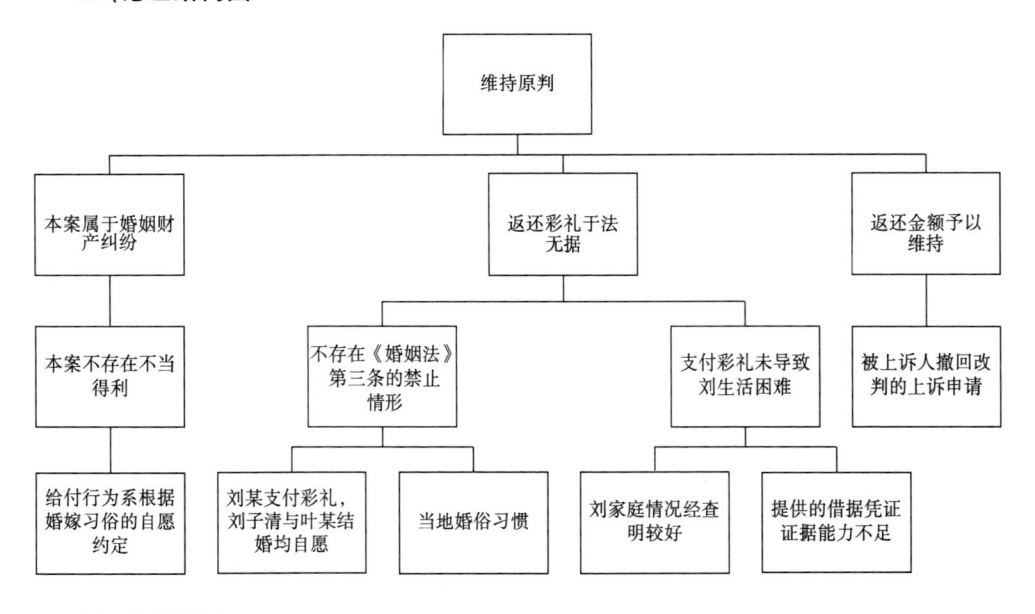

```
                          ┌─────────┐
                          │ 维持原判 │
                          └────┬────┘
         ┌─────────────────────┼─────────────────────┐
    ┌────┴────┐          ┌─────┴─────┐          ┌────┴────┐
    │本案属于 │          │返还彩礼于法│          │返还金额 │
    │婚姻财产 │          │   无据    │          │予以维持 │
    │  纠纷   │          │           │          │         │
    └────┬────┘          └─────┬─────┘          └────┬────┘
         │               ┌─────┴──────┐               │
    ┌────┴────┐    ┌─────┴─────┐ ┌────┴────┐   ┌─────┴─────┐
    │本案不存在│   │不存在《婚姻│ │支付彩礼未│   │被上诉人撤 │
    │ 不当得利 │   │法》第三条的│ │导致刘生活│   │回改判的上 │
    │         │    │ 禁止情形  │ │  困难   │   │  诉申请   │
    └────┬────┘    └─────┬─────┘ └────┬────┘   └───────────┘
         │          ┌────┴────┐       │
    ┌────┴────┐ ┌───┴───┐ ┌───┴────┐┌─┴──────┐┌─────────┐
    │给付行为 │ │刘某支付│ │当地婚俗││刘家庭情││提供的借据│
    │系根据婚 │ │彩礼,刘││ 习惯  ││况经查明││凭证证据能│
    │嫁习俗的 │ │子清与叶││        ││ 较好  ││ 力不足  │
    │自愿约定 │ │某结婚均││        ││        ││         │
    │         │ │ 自愿  ││        ││        ││         │
    └─────────┘ └───────┘ └────────┘└────────┘└─────────┘
```

四、说理评析

本案二审判决书用语规范,判决主文语言流畅,全面概括了双方当事人的诉辩主张。对二审期间新提交的证据进行了举证、质证、认证,证据说理要素齐全,论述较为充分,既为后续进一步展开说理奠定了基础,也直接回应了上诉人提出的部分上诉理由。但未明确归纳本案的争议焦点,文书结构不够完整。

本判决书的亮点在于,在回应当事人诉求时,充分考虑并合理运用了风俗习惯作为认定案件事实和证据的理由。判决书指出,"彩礼"最早源于古代六礼程序之"纳征",即订盟之后男方将聘礼送往女方家的仪式,经过千年流传,逐渐演变为当代的"彩礼"婚俗,因此"给付彩礼"以及"彩礼"的金额、形式、范围等本属地方风俗习惯的一部分。二审法院在论证本案不存在"包办、买卖婚姻"和"借婚姻索取财物"的情形时,充分考虑了当地婚嫁的风俗习惯,明确了无论是支付彩礼、登记结婚,还是举办婚宴,均出于双方的真实意愿,属自愿约定,不存在强迫、欺诈。且上诉人家庭生活水平高于当地普通群众,其提供的银行借款凭证系双方离婚后产生,时间及用途上无法认定与支付彩礼存在因果关系,亦不能证明支付彩礼导致其生活困难。因此,《婚姻法》(已失效)第三条、《婚姻法司法解释(二)》(已失效)第十条均不能作为返还彩礼的合法依据。

综观本案的说理过程,二审法院在涉及风俗习惯的案件中,将风俗习惯与法律条文有机结合,充分发挥出习惯在裁判说理中的补强作用,论证了裁判结果的正当性,提高了裁判说理的可接受性,具有一定借鉴意义。

第二节　情理

《释法说理指导意见》第二条规定:"裁判文书释法说理,要阐明事理,说明裁判所认定的案件事实及其根据和理由,展示案件事实认定的客观性、公正性和准确性;要释明法理,说明裁判所依据的法律规范以及适用法律规范的理由;要讲明情理,体现法理情相协调,符合社会主流价值观;要讲究文理,语言规范,表达准确,逻辑清晰,合理运用说理技巧,增强说理效果。"在这四理中,文理关注的是语言表达,即如何陈述理由的问题,而法理、事理、情理才涉及真正的裁判理由。

与法理、事理相比,情理较为特殊,这是一类极具中国特色的理由。西方思想史的传统是将情感与理性分立,即情与理分开讨论。中国的思想史却往往情理结合。在儒学主导的传统伦理哲学中,情感是伦理的逻辑起点。儒家的伦理规范体系基本依情而立。情感堪称中国古代社会秩序的基础。① 孔子的仁者爱人,孟子的"恻隐之心,仁之端也"(《孟子·公孙丑上》)都是以情感作为伦理规范的依据。中国人信仰的是"情通理方至,情阻理难达",即寓情于理。《释法说理指导意见》要求讲情理时要"体现法理情相协调,符合社会主流价值观",主要是强调法官的价值判断应符合社会主流价值

---

① 参见徐忠明:《情感、循吏与明清时期的司法实践》,译林出版社2019年版,第4页以下。

观,不能与民众的情感发生严重背离,做到法理情理相协调。① 《释法说理指导意见》并未就情理给出明确定义。因此,有学者在谈及用情理说理时,将情理定为与法理、政策并列的人情事理,包括经验法则、善良风俗、习惯法、常识、商业惯例、利益衡平等内容,将情理与事理视为一体。② 的确,法理、事理、情理只是一个大致的分类,并非泾渭分明。由于理是根本,法理、事理、情理皆归于理,有可能同一个理由既是情理,也是事理和法理。

52. 王秋容诉厦门安宝医院有限公司医疗服务合同纠纷案*

一、案情简介

(一)基本案情

原告王秋容与配偶王某2于2015年12月15日登记结婚。2018年,原告夫妇与被告安宝医院达成医疗服务合同,约定由被告安宝医院为原告夫妇实施胚胎冷冻、保管、移植服务。之后,安宝医院为原告提取并冷冻保存了两枚卵裂胚和两枚囊胚。2019年10月4日,原告夫妇到安宝医院就两枚卵裂胚胎实施胚胎移植手术,但最终未能成功受孕。2020年4月,原告夫妇再次到安宝医院检查身体,并准备在2020年5月针对剩余的两枚囊胚实施胚胎移植手术,但王某2却于2020年5月6日因工伤意外去世。原告多次向安宝医院要求继续实施胚胎移植手术,但安宝医院医学伦理委员会对原告能否解冻移植胚胎事项进行伦理审查,并作出《厦门安宝医院医学伦理审查意见》,载明:"本院伦理会讨论结果:依据176号文件法规规定,本院不给予移植",同时伦理委员会主任审批意见为"本院依从法院判决执行"。原告遂向法院提起诉讼,请求判令安宝医院继续履行医疗服务合同,实施胚胎移植手术。法院认为原告要求被告安宝医院继续履行医疗服务合同,进行胚胎移植手术,符合双方合同约定,具备客观履行的条件,也不违反法律和行政法规的禁止性规定及社

---

① 参见雷磊:《从"看得见的正义"到"说得出的正义"——基于最高人民法院〈关于加强和规范裁判文书释法说理的指导意见〉的解读与反思》,载《法学》2019年第1期。

② 参见胡昌明主编:《裁判文书释法说理方法——〈最高人民法院裁判文书释法说理指导意见〉的案例解读》,人民法院出版社2018年版,第178页。

* 源自(2020)闽0203民初12598号民事判决书。

会公序良俗，应予以准许。

（二）主要争议

本案判决书并未直接概括争议焦点，根据其说理内容，可将争议焦点总结为：

1. 继续履行原告夫妇与被告所订立的人工辅助生殖技术医疗服务合同是否违反知情同意原则；

2. 继续履行合同是否有违社会公益原则；

3. 继续履行合同是否违反保护后代原则。

二、说理思路

本案法院根据原告的诉讼请求以及被告的答辩，对三个争议焦点逐一进行解释。

第一个争议焦点是来自医院的抗辩理由。王某2因故身亡，未能在即将实施的胚胎移植手术中签署《冷冻胚胎解冻复苏-移植情况知情同意书》，医院因此不敢直接进行手术。法院认为签署知情同意书的意义在于：一是确定王某2对胚胎处置使用的同意意见，二是确定女方（原告）在接受医疗手术时面临的医疗风险的同意意见。第一层意义上胚胎处置使用上的知情同意可从王某2对体外受精-胚胎移植医疗服务合同的整体性同意、第一次胚胎移植之时对后续胚胎移植的同意以及原告夫妇第二次胚胎移植前的准备工作情况来进行判断，继续进行胚胎移植手术符合王某2生前的意愿，而第二层的知情同意则附属于胚胎移植手术的直接对象原告，故未签署第二份知情同意书不影响安宝医院继续履行实施胚胎移植手术的义务。

第二个争议焦点，被告安宝医院称原告丧偶后属于"单身女子"，院方依照176号文不能对其实施辅助生殖技术，否则有违社会公益原则。法院认为妇女有按照国家相关规定生育子女的权利，也有不生育的自由，目前对于丈夫死亡后是否允许对丧偶妇女实施人工辅助生殖技术法律并无禁止性规定，讼争涉及的医疗伦理原则系卫生行政部门对于医疗机构的管理性规范，不宜作为限制公民享有的基本生育自由的依据。本案人工生殖方式除与自然生殖在生殖方式上有所不同外，与一般因丧偶而发生的"遗腹子"生育并无不同，不存在对社会秩序产生冲击的后果。原告作为丧偶单身妇女，有别于一般的单身妇女。原告在王某2去世后自愿继续实施胚胎移植手术为其生育子女，延续家族血脉，符合一般的社会伦理道德，理应得到尊重。

第三个争议焦点是继续履行合同是否有违保护后代原则，法院认为单亲怀孕生子带来的精神、经济、社会压力以及生育风险主要是由母亲承受,单亲家庭中子女能否顺利成长,母爱因素至关重要,因此母亲才是选择胚胎移植的最大利益攸关者,也是子女将来能否顺利健康成长的关键因素,是否进行胚胎移植,应首先尊重母亲的选择权。原告父母以及公婆作为长辈均年纪尚轻,有帮助原告抚育子女的能力,其均明确表态支持原告继续进行胚胎移植生育子女,并同意配合原告抚养子女,能够为将来可能出生的子女的健康成长提供帮助。因此,继续履行合同不违反保护后代的原则。

三、论证结构图

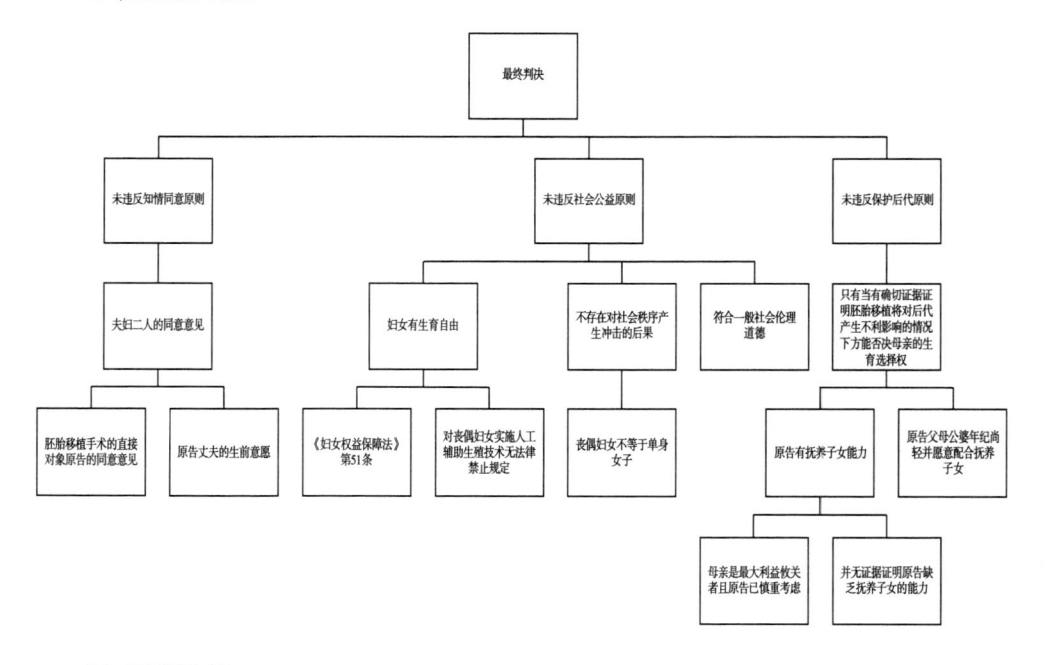

```
                                最终判决
                ┌──────────────────┼──────────────────┐
          未违反知情同意原则      未违反社会公益原则      未违反保护后代原则
              │              ┌───────┼───────┐              │
          夫妇二人的        妇女有生育自由  不存在对社会秩序  符合一般社会伦理  只有当确切证据证
          同意意见                        产生冲击的后果     道德            明胚胎移植将对后代
                                                                           产生不利影响的情况
                                                                           下方能否决母亲的生
                                                                           育选择权
          ┌───┴───┐      ┌───┴───┐      │                    ┌────┴────┐
       胚胎移植  原告丈夫 《妇女权 对丧偶妇 丧偶妇女不                原告有抚养   原告父母公婆年纪尚
       手术的直接 的生前  益保障法》女实施人 等于单身                 子女能力    轻并愿意配合抚养
       对象原告的 意愿    第51条   工辅助生 女子                                 子女
       同意意见                   殖技术无
                                 法律禁止
                                 规定
                                         ┌────┴────┐
                                      母亲是最大利益  并无证据证明原告缺
                                      攸关者且原告已  乏抚养子女的能力
                                      慎重考虑
```

四、说理评析

本案涉及冷冻胚胎移植。2014年全国首例人体冷冻胚胎权属纠纷在江苏省无锡市中级人民法院宣判,2017年全国首例冷冻胚胎移植案件在浙江省舟山市中级人民法院宣判,该类型案件一直颇具法理争议,现行法律并未对相关问题进行明确规定,且具有一定社会影响力,各地法院的判决结果也不同,这便给法官留有说理空间和挑战。本案判决书入选第四届全国法院"百篇优秀裁判文书",是一篇逻辑清晰、兼顾法理与情理的判决书,社会反响较好。

本案说理的几个亮点在于:(1)由于原告丈夫已经死亡,法官从原告丈夫生前的行为逻辑推断其意愿、从法理层面对被告的担忧进行回应;(2)法官认为本案原告属于丧偶单身妇女,有别于一般的单身妇女,对单身女性胚胎移植的限制应考虑其限制目的。本案原告想要继续生育的愿望,不仅体现女性生育自由的原则,也符合传统伦理道德,应得到法律的尊重;(3)只有当有确切证据证明胚胎移植将对后代产生严重不利影响时,方可否决母亲的生育选择权。本案判决最大程度保障了母亲的生育选择权,同时,也从侧面体现了法律对单亲家庭出生的小孩的尊重。

53. 蒋劲夫诉天津唐人影视股份有限公司合同纠纷案*

一、案情简介

（一）基本案情

本案上诉人(原审原告、反诉被告)蒋劲夫,被上诉人(原审被告、反诉原告)天津唐人影视股份有限公司(以下简称"唐人影视")。2011年3月5日,蒋劲夫与上海唐人电影制作有限公司(以下简称"上海唐人公司")签订《经理人合约》,合约期8年。2013年,经各方当事人同意,上海唐人公司将其在合约中的权利义务转让给唐人影视,蒋劲夫与唐人影视签订《经理人合约》,合约期5年,双方约定唐人影视于合约期间内作为蒋劲夫的独家及唯一经理人,并就双方权利义务、收入分配、违约责任等作出约定。同年,唐人影视、蒋劲夫及蒋劲夫投资的蒋劲夫工作室签订《合作协议》,就《经理人合约》的履约事宜进行约定。签约后,各方开始履行合同。2015年8月6日,蒋劲夫委托律师事务所向唐人影视发出律师函称,鉴于唐人影视严重违反合同约定,存在实质性违约行为,现通知唐人影视解除《经理人合约》及《合作协议》,律师函等同于蒋劲夫的解约通知函。唐人影视表示不同意解除双方的合同关系。后蒋劲夫于2015年8月向一审法院起诉,请求确认《经理人合约》于2015年8月7日解除,要求唐人影视向其支付演艺酬劳并承担诉讼费用。一审法院驳回其诉讼请求。宣判后,蒋劲夫不服,提起上诉。

---

* 源自(2016)京03民终13936号民事判决书。

(二)主要争议

二审法院将争议焦点概括为:

1.《经理人合约》性质认定及蒋劲夫是否具有任意解除权;

2.唐人影视是否存在违约行为及蒋劲夫能否据此解除合同;

3.蒋劲夫是否构成违约及是否需要承担违约责任。

二、说理思路

二审法院首先对一审法院查明的事实予以确认,并就二审期间新提交的证据开展举证质证及证据采信,查明新的事实,明确《经理人合约》及《合作协议》为双方当事人的真实意思表示,合法有效,进而归纳出三个争议焦点。

针对争点一,二审法院从合同内容出发判定其为综合性合同,并结合《合同法》(已失效)相关规定,判定蒋劲夫不具有任意解除权。

针对争点二,二审法院首先引出蒋劲夫行使解除权之法律依据,即《合同法》(已失效)第九十四条第四款,进而结合现有证据及已查明的案件事实,从《经理人合约》中条文含义的通常理解出发,对蒋劲夫提出的唐人影视之"违约行为"逐一展开具体阐述,论证了唐人影视不存在违约行为。其中,对蒋劲夫提出的"双方因缺乏信任导致合同无法继续履行"的观点,其更从法理与情理两个角度切入论证:在法理上,双方虽然在履约过程中产生分歧,但不存在合同无法履行的法定情形,且上诉主张的《合同法》(已失效)第一百一十条也仅是关于非金钱债务违约责任的规定,不涉及合同权利义务终止的认定,主张解除合同于法无据;从情理上,若允许艺人成名后即以人身依附性为由随意行使解除权,经纪公司将处于不对等的合同地位,亦违背公平及诚实信用的基本原则,不利于演艺行业的良性发展,故在距合同期限届满仅一年有余时解除合同,于情不合。

针对争点三,二审法院首先明确依据《合同法》(已失效)第一百零七条,进而结合前述判定的合同未解除,认定蒋劲夫擅自开展演艺活动属于违约,应赔偿唐人影视的利益损失,且原审法院确定的金额参考因素全面,并无不当。综上,二审法院遂判决:驳回上诉,维持原判。

三、论证结构图

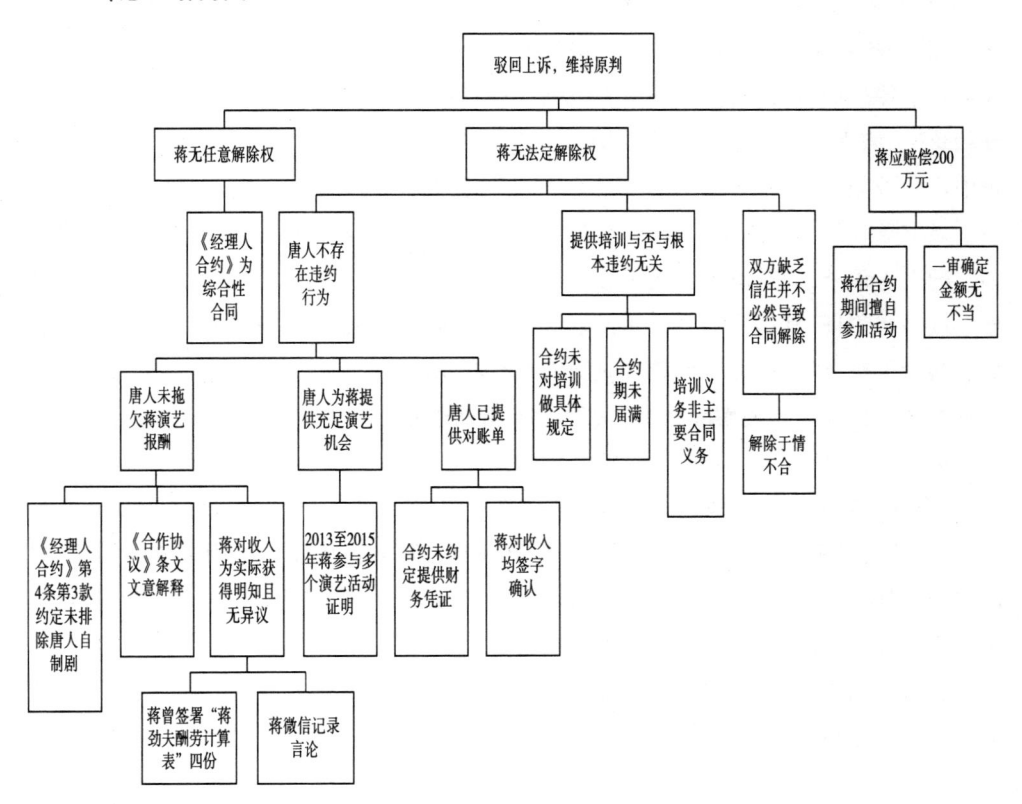

```
                          驳回上诉，维持原判
           ┌──────────────────────┼──────────────────────┐
      蒋无任意解除权            蒋无法定解除权          蒋应赔偿200万元
      ┌────┬────┐         ┌──────┬────────┬──────┐      ┌──────┬──────┐
   《经理人  唐人不存       提供培训与否与   双方缺乏       蒋在合约   一审确定
   合约》为  在违约         根本违约无关    信任并不       期间擅自   金额无
   综合性    行为                          必然导致       参加活动   不当
   合约                                    合同解除
   ┌──┐   ┌────┬────┐   ┌────┬────┬────┐  ┌──┐
 唐人未拖 唐人为蒋 唐人已提 合约未 合约 培训义  解除于情
 欠蒋演艺 提供充足 供对账单 对培训 期未 务非主  不合
 报酬    演艺机会         做具体 届满 要合同
                          规定       义务
 ┌──┬──┬──┐  ┌──┐  ┌──┐   ┌──┐  ┌──┐
《经理人《合作协 蒋对收入 2013至2015 合约未约 蒋对收入
合约》第 议》条文 为实际获 年蒋参与多 定提供财 均签字
4条第3款 文意解释 得明知且 个演艺活动 务凭证   确认
约定未排        无异议   证明
除唐人自
制剧
        ┌──────┐ ┌──────┐
       蒋曾签署"蒋 蒋微信记录
       劲夫酬劳计算 言论
       表"四份
```

四、说理评析

本案二审判决文书格式规范，形式完整、正确，判决主文语言流畅、文字精炼准确无歧义，论述繁简得当。其对上诉人蒋劲夫与被上诉人唐人影视的诉辩主张进行了完整准确的概括，对一审期间提交的旧证据以及二审期间提交的新证据列载清晰，且简明记述各组证据的举证质证意见，并能充分论述法院采信与否及相应理由，进而对一审法院查明的事实予以确认，对新查明的事实予以认定。

相较于本案的一审判决，二审法院法律适用得当，在争议焦点的归纳上更直接、明确，逻辑性更强。其内含逻辑为：蒋劲夫是否具有合同解除权（包括任意解除权和法定解除权）以实现解除合同的效果，若其无解除权，合同应否解除，若合同不应解除，则蒋劲夫是否构成违约，违约责任应如何承担。如此确定争议焦点，能使它们环环相扣，从而全面地回应当事人的诉辩主张。如上述结构图所示,二审判决说理的优秀之处还在"合同应否解除"这一问题上,其并非如一审判决所述"信任本身并不具有合同法上的法律意义,蒋劲夫以双方之间缺乏信任为由主张其享有合同解除权缺乏法律依据",仅停留在法律层面,而是援引法外因素,从法律和情理两个层面予以论述,以使法理与情理相统一,增强判决说服力,提高判决接受度。二审法院首先指出,合同双方在履约过程中产生分歧,不必然存在合同无法履行的法定情形,且《合同法》(已失效)第一百一十条属于违约责任一章,不涉及合同权利义务终止的认定,从法律上直接回应了蒋劲夫的上诉请求,即其解除合同于法无据。进而,二审法院提出"值得说明的是",从情理上进一步论证,其指出演艺人员从新人发展至成名艺人,经纪公司的培养、宣传、策划等起着关键作用,亦会付出较大时间成本和商业代价,"如若允许艺人成名后即以人身依附性为由随意行使解除权,将使经纪公司处于不对等的合同地位,亦违背公平及诚实信用的基本原则,不利于演艺行业的良性发展"。此外,二审法院还敏锐地指出,涉案合同距合同期届满仅一年有余,且唐人影视表示会继续为蒋劲夫提供演艺经纪服务,这两处细节使得"不应解除合同"进一步合理化。援引法外因素进行说理,在使说理更加充分,判决结果社会认可度更高的同时,亦有利于发挥裁判文书的指引作用。

综观本判决文书的说理过程,其体现了二审法院在裁判事实论证上的熟稔,在情与法上的贯通,具有一定参考价值。

54. 被告人闫现朋盗窃案*

一、案情简介

(一)基本案情

本案原审被告闫现朋于 2019 年 2 月 20 日 18 时许,骑电动车路过水西门大街云锦路地铁 3 号口,见失主蔡某与其同事高某在非机动车道边聊天,二人身旁的地上有一部手机(经鉴定价值人民币 3174 元),便折返回来走到二人身边捡起手机离开,蔡某目睹闫现朋捡拾手机的全过程。后蔡某准备进地铁站时发现手机丢

---

* 源自(2021)苏刑再 1 号刑事判决书。

失,即用高某手机拨打自己的电话,闫现朋未接,并将手机关机。原公诉机关江苏省南京市建邺区人民检察院指控闫现朋犯盗窃罪,2019年2月27日,闫现朋被公安机关抓获,并如实供述上述事实。一审法院判定其犯盗窃罪,判处罚金2000元。宣判后,闫现朋不服,提出上诉。二审法院裁定驳回上诉,维持原判。裁判发生法律效力后,闫现朋向江苏省高级人民法院提出申诉,高院经复查,决定提审本案。

(二)主要争议

再审法院将争议焦点概括为:

1.涉案手机价格的认定是否有效;

2.闫现朋的行为是否构成盗窃罪;

3.闫现朋的行为是否属于非法侵占他人遗失物。

二、说理思路

再审法院就闫现朋及其辩护人的辩护意见、检察员的出庭意见逐一进行评析回应。首先,根据现有证据及证据线索确认原审法院的审判程序合法。其次,严格对照盗窃罪主客观要件,并结合社会一般观念,判定闫现朋的行为不构成盗窃罪——由于涉案手机属小件物品,失落于人流量较大的非机动车道上,且失主蔡某目睹了闫现朋捡拾手机的全过程而未意识到自己的手机已遗失,故涉案手机不符合盗窃罪的犯罪对象(即他人实际控制或占有的公私财物)之特征,闫现朋的行为也不具备秘密窃取的性质。此外,闫现朋认为涉案手机为遗失物符合一般社会公众认知,现有证据不足以证明其具有盗窃他人财物的主观故意。因此,闫现朋的行为不符合盗窃罪的构成要件,不构成盗窃罪。最后,再审法院确认闫现朋的行为属于非法侵占他人遗失物,给予否定性评价,但由于涉案手机价值未达犯罪数额标准,且闫现朋主动归还并表示后悔,故不予刑事处罚。遂判决:撤销原判,改判原审被告人闫现朋无罪。

三、论证结构图

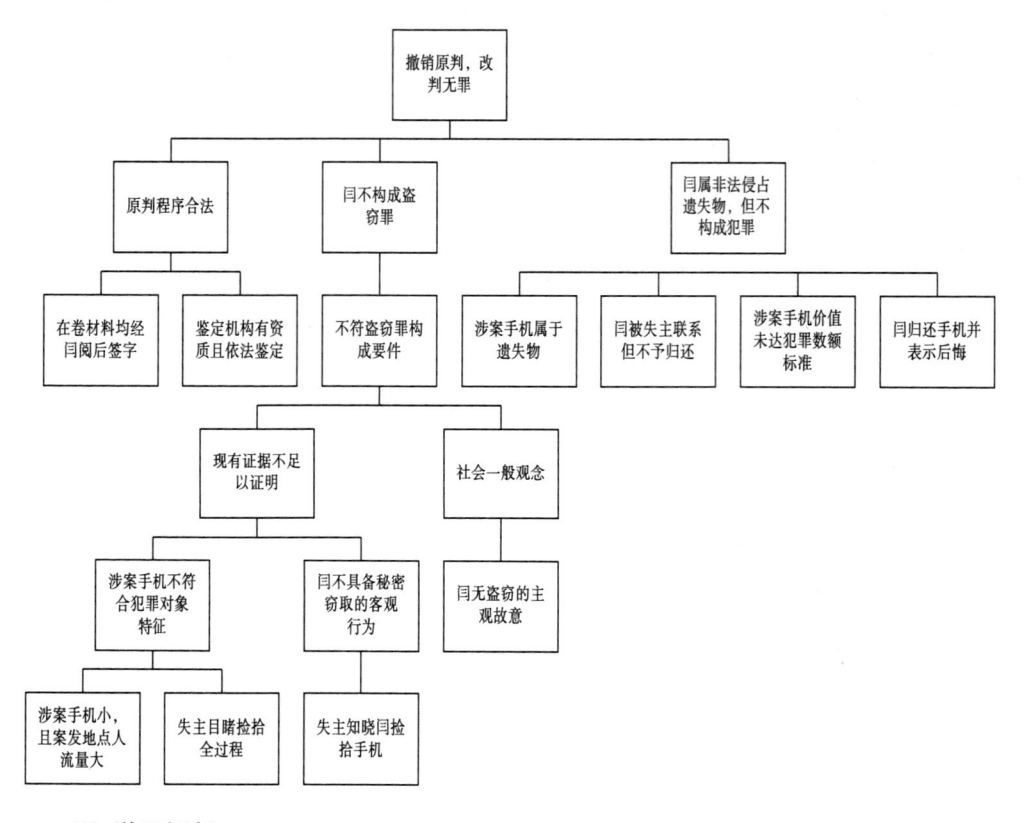

```
                          撤销原判,改判无罪
           ┌──────────────────┼──────────────────────┐
      原判程序合法          目不构成盗窃罪         目属非法侵占遗失物,
                                                     但不构成犯罪
       ┌─────┴─────┐              │         ┌──────────┼──────────┬──────────┐
  在卷材料均经  鉴定机构有资   不符盗窃罪构  涉案手机属于  目被失主联系  涉案手机价值  目归还手机并
  目阅后签字    质且依法鉴定   成要件        遗失物        但不予归还    未达犯罪数额  表示后悔
                                                                        标准
                                 ┌────────┴────────┐
                           现有证据不足        社会一般观念
                           以证明
                           ┌────┴────┐              │
                     涉案手机不符  目不具备秘密    目无盗窃的主
                     合犯罪对象    窃取的客观      观故意
                     特征          行为
                     ┌────┴────┐    ┌────┴────┐
                涉案手机小,  失主目睹捡拾  失主知晓目捡
                且案发地点人 全过程        拾手机
                流量大
```

四、说理评析

本案再审判决文书格式规范,形式完整、正确,判决主文语言表述无歧义,准确归纳并充分回应了庭审争议焦点,逻辑清晰、重点突出、表达准确、证据列载清楚完整、说理充分,严格落实以审判为中心的刑事诉讼改革要求,突出了"重在纠错"的审监理念。

相较于本案的一、二审判决,再审判决的优秀之处可归结为两个方面,体现为上述结构图中的内容。其一,在判定被告人的行为是否构成盗窃罪时,能更加全面深入地认定案件事实,重点关注证据的证明力与可信度,综合考量案发时的时空环境、涉案财物的物理特征及被害人认识等因素,严格对照盗窃罪的主客观条件,结合案件事实逐一分析。具体而言,相较于一、二审法院,再审法院在认定案件事实时,更加敏锐地关注到"蔡某目睹闫现朋捡拾手机的全过程"这一点,而此正是判定涉案手机不符合盗窃罪犯罪对象之特征及闫现朋客观上不具有"秘密窃取"性质的关键。此外,再审法院还能坚持一般人视角,结合社会公众的一般观念,从主观上论证现有证据不足以证明闫现朋具有盗窃的主观故意,从而使"不构罪"之结论得到更加全面有力的支持。江苏省高级人民法院从案件事实中精准定位关键点,并以此切入,结合法理与情理的论述,得出社会认可度高的结论,进而厘清了"捡拾他人遗失物占为己有"与"窃取他人财物"行为之间的界限,对日常生活中此类行为的分析评价具有较强的指导意义,充分发挥了刑事审判监督依法全面纠错的核心职能。其二,再审法院不止步于"改判无罪",而是更进一步,在判决中对不合法的非罪行为给予否定性评价。其明确指出,闫现朋的行为属于非法侵占他人遗失物,但因为涉案手机价值未达犯罪数额标准,且主动归还手机并认识到行为错误,方对其不予以刑事处罚。由于明确此点非该判决之必要,因此更能体现出再审法院充分关注到刑事裁判文书的评价和指引功能,由此有利于弘扬社会主义核心价值观,体现法理与情理的统一。

综观本判决文书的说理过程,其体现了江苏省高级人民法院坚持罪刑法定原则、秉持刑法谦抑性、全面依法纠错的刑事审判监督理念,具有典型意义。

55. 韩文强诉北京市海淀区人力资源和社会保障局工伤认定纠纷案*

一、案情简介

(一)基本案情

2018年11月13日8时15分左右,中国教科院职工郭红霞,在单位餐厅进食时突感枕部疼痛,出现双手麻木、面色苍白、双下肢麻木无力无法行走的症状,单位同事驾车将其送往北医三院就诊,2018年11月13日8时48分医生应诊,9时35分开始实施抢救。11月15日5时55分,郭红霞血压下降,深度昏迷,双侧瞳孔等大,对光反射消失,疼痛刺激无反应。此时,郭红霞的死亡已具有不可逆

---

* 源自(2019)京0108行初1045号行政判决书。

性，持续救治只能延缓心肺死亡的时间，但其家属不愿放弃抢救。郭红霞最终于15日9时01分经抢救无效被医生宣告死亡。海淀区人力资源和社会保障局（以下简称"海淀区人保局"）认定2018年11月13日8时48分，医生对郭红霞予以应诊，郭红霞经抢救无效于15日9时01分死亡，郭红霞死亡时已超过48小时，不符合《工伤保险条例》第十四条、第十五条认定工伤或者视同工伤的情形，决定不予认定或视同工伤。郭红霞之夫韩文强认为"48小时"应自抢救时间——9时35分起算，故而不服海淀区人保局作出的不予认定工伤的决定，向法院提起行政诉讼。

（二）主要争议

郭红霞的情形是否属于"在48小时之内经抢救无效死亡"。

二、说理思路

首先，法院对《工伤保险条例》和《北京市工伤认定办法》的相关规定进行梳理和解释，并根据海淀区人保局的认定结论，综合各方诉辩意见，将本案的争议焦点定为"郭红霞的情形是否属于'在48小时之内经抢救无效死亡'"。

其次，法院对《工伤保险条例》第十五条及《北京市工伤认定办法》第十一条规定中的"48小时之内"的起算时间进行了界定。法院通过对《工伤保险条例》及《北京市工伤认定办法》进行文义解释、目的解释和整体解释，支持了海淀区人保局的观点，即医生的应诊时间是医疗机构的初次诊断时间，应以此作为"48小时"的起算点。

最后，法院对郭红霞的实际死亡时间进行了论证。法院结合《工伤保险条例》第十五条第一款第（一）项"在48小时之内经抢救无效死亡"之规定的立法本意，及郭红霞经抢救无效死亡的具体过程，判断郭红霞的实际死亡时间是2018年11月15日5时55分，此时尚处在48小时之内。法院同时指出，家属坚持抢救导致郭红霞被宣布临床死亡的时间超过48小时，属于人之常情，对此不应过于苛责。

三、论证结构图

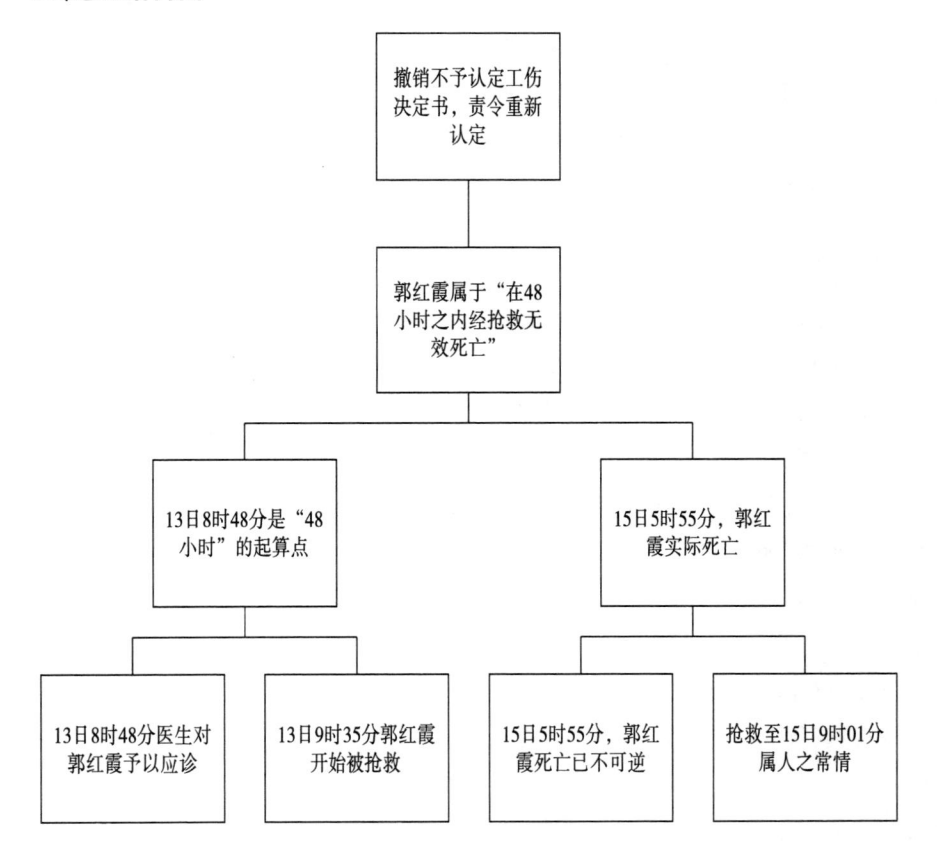

```
                    ┌─────────────────┐
                    │ 撤销不予认定工伤 │
                    │ 决定书，责令重新 │
                    │      认定       │
                    └────────┬────────┘
                             │
                    ┌────────┴────────┐
                    │ 郭红霞属于"在48 │
                    │ 小时之内经抢救无 │
                    │     效死亡"     │
                    └────────┬────────┘
                 ┌───────────┴───────────┐
        ┌────────┴────────┐     ┌────────┴────────┐
        │ 13日8时48分是"48│     │ 15日5时55分，郭红│
        │   小时"的起算点 │     │   霞实际死亡    │
        └────────┬────────┘     └────────┬────────┘
          ┌─────┴─────┐           ┌─────┴─────┐
   ┌──────┴──────┐┌───┴───────┐┌──┴────────┐┌─┴──────────┐
   │13日8时48分医生对││13日9时35分郭红霞││15日5时55分，郭红││抢救至15日9时01分│
   │ 郭红霞予以应诊 ││ 开始被抢救   ││霞死亡已不可逆││  属人之常情   │
   └─────────────┘└───────────┘└───────────┘└────────────┘
```

四、说理评析

本案判决文书格式规范，结构严谨，准确归纳了本案的争议焦点及审查重点，全面充分地回应了双方当事人的诉请。说理部分结合立法目的、法律规定、社会伦理道德，申明了工伤保险相关法律法规所保护的权益，界定了相关规则的界限，保护了当事人的合法权益，实现了法理与情理的平衡。

本案判决书的说理亮点之一在于法院对《工伤保险条例》及《北京市工伤认定办法》的"48 小时"的起算点进行准确的界定和充分的说理。双方当事人对上述规定"48 小时"的起算点有不同的理解：原告韩文强认为，鉴于《工伤保险条例》第十五条规定的是"在 48 小时之内经抢救无效死亡"，因此起算点应为抢救开始的时间；而海淀人保局依据《北京市工伤认定办法》第十一条的规定,认为应当从医疗机构的初次诊断时间起算。法院首先从文义解释出发明确了《北京市工伤认定办法》第十一条规定的"48小时之内"的起算点为医疗机构的初次诊断时间,而初次诊断时间应为医生的应诊时间。法院进而结合上述规定的立法目的和上下文的文义,解释《工伤保险条例》并未限定"48小时"应从职工进入医院抢救室抢救起算,《北京市工伤认定办法》所规定的初次诊断时间亦未将起算时间限定为确诊时间。

  本案裁判文书的最大说理亮点在于,运用情理这一法外因素对职工死亡时间的认定进行了充分的论证说理。双方虽然在职工死亡时间的认定上没有争议,但法院根据《工伤保险条例》第十五条第一款第(一)项规定的立法本意和郭红霞经抢救无效死亡的具体过程,综合裁量判断认为,虽然医生于11月15日9时01分宣布郭红霞临床死亡,但考虑到郭红霞的死亡在11月15日5时55分已具有不可逆性,持续救治只是延缓其心肺死亡时间,因而此时才是郭红霞的真正死亡时间。郭红霞的临床死亡时间之所以超过48小时13分钟,是因为其家属在其已无存活可能的情况下依然坚持抢救、不离不弃的结果,这符合人情和社会伦理道德,对此法律不应强人所难。

  法律具有抽象性,普通民众乃至于法律从业者都可能对法律规定有不同的理解,即使理解相同也可能是发生了同种偏差。因而,法官在适用法律时,往往需要对法律进行解释,化抽象为具体,从而公平、公正、合理地裁判案件。在本案中,法官从文义解释、目的解释、人理常情的角度,准确而又逻辑严谨地界定了《工伤保险条例》及《北京市工伤认定办法》的"48小时"的起算点和职工的死亡时间,不仅论证充分,说服力强,而且充满司法温度,体现了人文关怀,实现了法律定分止争的目标和公平正义的价值,是一篇兼备法理、情理的优秀裁判文书,对此后的类案的处理具有较高的参考价值。

56. 中卫市神风快运有限公司诉张某2劳动争议纠纷案*

一、案情简介

（一）基本案情

2021年2月1日，中卫市神风快运有限公司（以下简称"神风快运公司"，协议甲方）与张某2（协议乙方）签订《合作协议》，约定：合作为美团外卖平台提供配送服务；甲方负责配送团队的日常组织、管理、质量监控，乙方负责订单配送；配送费标准参照《配送费结算标准》。结算方式为甲方每月20日前统一为乙方结算上月配送费。此协议自甲乙双方签字后生效，合作有效期至2022年1月12日；工作时间不固定，乙方在接到电脑派送指令后，启动车辆向业务地点出发时，进入工作状态，将货物送达客户后，本次合作履行终止；鉴于美团外卖这一新生事物的特殊性，乙方在非执行配送任务期间，不受本合同约束，发生的损害后果或致第三人损害，由乙方自行承担法律后果，但甲方有协助处理的义务；乙方可以选择甲方提供的现有电瓶车，并每月承担300元或者450元租赁费用，费用由甲方自配送费中扣除；乙方需要保证每月除2天公休（周六、周日、节假日不得排休，如强休则双倍计时）外的其他时间全部在岗；签订本协议15日内，如乙方单方面终止本协议，乙方须自行承担服装清洗费50元，工资减半发放等。同日，张某2办理了从业人员预防性健康体检合格证。同日，张某2交纳领取工装、头盔、餐箱押金、租车押金共计1300元。

2021年2月3日，张某2驾驶二轮电动车，在某路段处与同向前方驾驶的二轮电动车左转弯时发生碰撞，造成张某2受伤，车辆不同程度受损的道路交通事故。2021年4月21日，张某2向中卫市劳动人事争议仲裁委员会申请仲裁，该仲裁委裁决：张某2与神风快运公司在2021年2月1日至2021年2月13日期间存在事实劳动关系。神风快运公司对该裁决不服，遂提起诉讼。一审法院认为神风快运公司与张某2之间的关系符合劳动关系的特征，应认定为双方之间存在劳动关系，神风快运公司不服，提起上诉。

（二）主要争议

二审法院将争议焦点概括为：

---

* 源自（2021）宁05民终1403号民事判决书。

1.张某2对神风快运公司是否具有从属性;
2.神风快运公司向张某2提供的工作是否具有稳定性。

二、说理思路

二审法院首先确定了神风快运公司具有用工主体资格,其经营范围包括外卖递送服务,张某2与神风快运公司签订的《合作协议》(以下简称《协议》)关于依托互联网平台从事网约配送员工作,该工作是神风快运公司业务的组成部分。

随后,法院认为,要判定双方之间是否构成事实劳动关系,应当对张某2对神风快运公司是否具有从属性和神风快运公司向张某2提供的工作是否具有稳定性两个方面进行考虑。

关于争点一,法院认为,张某2在人格上、组织上、经济上对神风快运公司具有从属性。首先,在人格上,神风快运公司的行为足以使社会公众在观念上认为张某2是美团配送人员,而神风快运公司作为美团在中卫地区配送工作的组织方,张某2在人格上对美团、神风快运公司具有从属性。其次,在组织上,应当认定张某2接受神风快运公司的劳动管理,张某2在组织上对神风快运公司具有从属性。最后,在经济上,神风快运公司按月结算配送费,应当认定为神风快运公司安排张某2从事有报酬的劳动,张某2在经济上对神风快运公司具有从属性。

关于争点二,法院认为,神风快运公司向张某2提供的工作具有稳定性。首先,近年来,外卖配送已经成为新兴行业,社会公众对外卖配送员这一群体已经形成了固定的职业认知,属于一种稳定的职业。其次,双方签订的《协议》约定张某2除每月2天休息外,其他时间包括周末、节假日须全部在岗,双方也陈述张某2从事的是全职工作。且张某2的工作时间、工作地点、工作内容相对固定,双方形成了稳定的劳动关系。最后,神风快运公司和张某2都形成了张某2持续为神风快运公司提供劳动、神风快运公司获得一名稳定职工的合理预期。

据此,二审法院认为,神风快运公司与张某2签订的《合作协议》具备劳动合同的部分要素,神风快运公司上诉称其与张某2之间系合作共赢的关系,与查明的事实不符,其上诉理由不能成立。

三、论证结构图

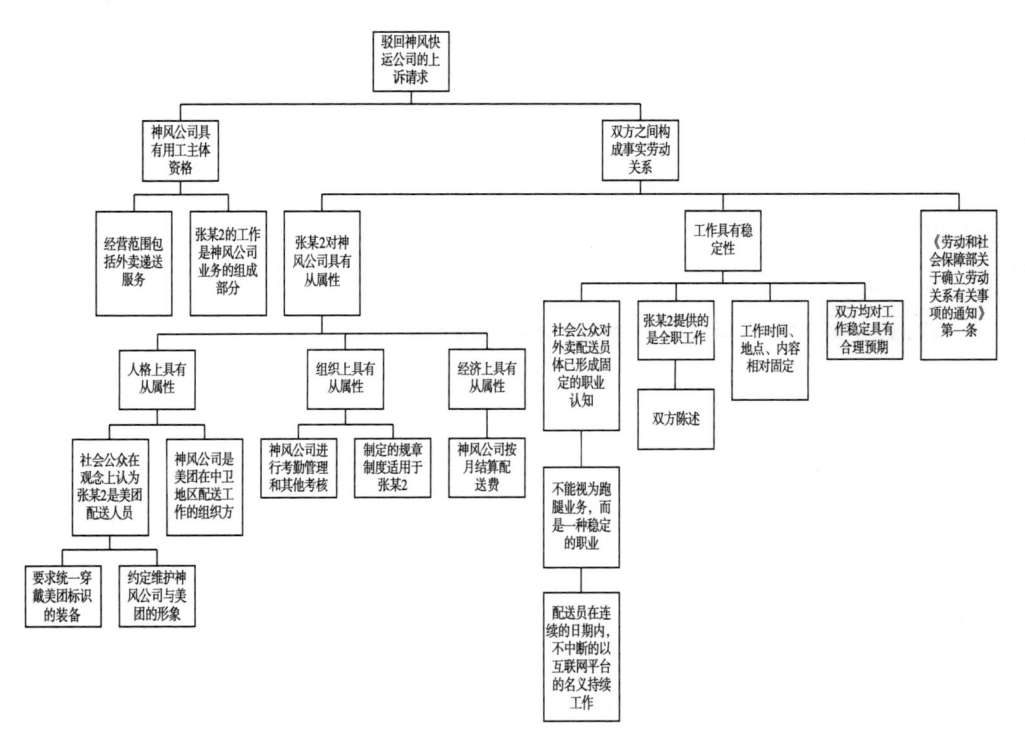

```
                                        驳回神风快
                                        运公司的上
                                        诉请求
                        ┌───────────────┴───────────────┐
                神风公司具                          双方之间构
                有用工主体                          成事实劳动
                   资格                                关系
            ┌────────┴────────┐        ┌──────────────┼──────────────┐
      经营范围包      张某2的工作    张某2对神           工作具有稳          《劳动和社
      括外卖递送      是神风公司    风公司具有            定性             会保障部关
         服务        业务的组成     从属性                               于确立劳动
                       部分                                           关系有关事
                                                                      项的通知》
                                                                       第一条
      ┌────────┬────────┐      ┌────┬────┬────┐
    人格上具有  组织上具有  经济上具有  社会公众对  张某2提供  工作时间、  双方均对工
     从属性     从属性     从属性   外卖配送员  的是全职工  地点、内容  作稳定具有
                                 体已形成固   作        相对固定   合理预期
                                 定的职业
                                   认知
    ┌────┬┐  ┌────┬────┐ ┌────┐              双方陈述
  社会公众在 神风公司是 神风公司进 制定的规章 神风公司按
  观念上认为 美团在中卫 行考勤管理 制度适用于  月结算配   不能视为跑
  张某2是美团 地区配送工 和其他考核   张某2     送费     腿业务,而
   配送人员   作的组织方                              是一种稳定
                                                    的职业
  ┌────┐ ┌────┐
  要求统一穿 约定维护神                                配送员在连
  戴美团标识 风公司与美                                续的日期内,
    的装备    团的形象                                 不中断的以
                                                   互联网平台
                                                   的名义持续
                                                      工作
```

四、说理评析

本案说理的重点突出、结构清晰。案件的核心问题是双方《合作协议》的性质,二审法院依据《劳动和社会保障部关于确立劳动关系有关事项的通知》第一条的规定,从该工作的从属性与稳定性两个方面出发展开说理。在论述工作的从属性时,二审法院遵循了一定的分析框架,从人格、组织、经济三个方面进行说理;论述提供工作的稳定性时,法院从配送工作的基本性质、固定性以及本案双方的心理预期方面将理由逐一展开,最终得出《合作协议》具备劳动合同的要素的结论。神风快运公司上诉称其与张某2之间系合作共赢的关系,与查明的事实不符,其上诉理由不能成立。

本案说理是外卖行业兴起背景下对配送员与配送组织方关系问题的回应,认定了名为"合作关系"的劳动关系性质,有效地保护了劳动者的权益,体现了社会主义的基本价值取向,具有良好的社会效果。

值得一提的是，法院在论述中两次运用了"社会公众"的观点：一是美团发放的统一装配"足以使社会公众在观念上认为张某2是美团配送人员"；二是"社会公众对外卖配送员这一群体已经形成了固定的职业认知"，以此说明配送工作具有稳定性。但如上结构图所示，本案二审法院尝试运用"社会公众"或者"一般人"进行说理时，没有将其直接作为终局性的理由，而是进一步就"公众观点"提供支撑依据，为其提供合理性的证明，延长了逻辑链条，有效地提高了说理的可信度与可接受度。总之，本案说理是利用"一般人"进行说理论证的较好示例。

57. 俞明诉宁夏医科大学总医院医疗损害责任纠纷案*

一、案件简介

（一）基本案情

1987年6月9日，申诉人俞明（一审原告、二审上诉人）骑自行车与他人相撞倒地后，被内蒙古自治区阿拉善左旗运输公司客车碾压至臀部受伤，当天由阿拉善盟左旗的医院转送至被申诉人宁夏医科大学总医院（以下简称"宁医大总院"，一审被告，二审被上诉人），即原宁夏医学院附属医院，进行救治。俞明于1987年9月5日出院，出院诊断为：(1)失血性休克；(2)骨盆骨折、左侧耻骨上支骨折、左侧上下耻骨骨折、坐骨支骨折、左侧骶髂关节分离；(3)左侧股骨颈骨折；(4)膀胱广泛挫裂伤；(5)膀胱尿瘘。出院时骨盆愈合尚可，左股骨骨折愈合良好，褥疮愈合，尿瘘治疗尚需时日。1988年4月16日，俞明经尿道修复手术未获成功。1992年9月5日，经内蒙古自治区司法鉴定中心鉴定，俞明为一级伤残。

2001年5月至9月，俞明在首都医科大学附属北京友谊医院（以下简称"北京友谊医院"）进行人造可控膀胱、尿道改道术，术后持续使用导尿管，并膀胱会阴瘘。2004年3月，俞明将宁医大总院诉至宁夏回族自治区银川市中级人民法院，以俞明的身体损伤与宁医大总院的医疗过错之间存在因果关系为由，要求宁医大总院赔偿各项经济损失951840元。银川市中级人民法院根据宁夏医学会医疗事故鉴定"此病例不属医疗事故"、俞明起诉已超过法定诉讼时效为由，驳回了俞明的诉讼请求。俞明不服上诉至宁

---

* 源自（2020）最高法民再66号民事判决书。

夏回族自治区高级人民法院,该院在审理过程中委托最高人民法院司法鉴定中心再次对俞明的病情进行鉴定,鉴定结论认为:宁医大总院在治疗过程中遗漏了俞明因骨盆骨折所致尿路损伤的诊断,在拔除(入院1月后)导尿管后,没有及时采取有效的尿液引流措施,增加了俞明发生会阴感染及会阴瘘的可能,医院的护理工作失误,也是俞明褥疮生成的原因之一,而褥疮的产生,又影响了骨盆的复位,导致了脊柱的畸形。

(二)主要争议

法院将本案的争议焦点归纳为:

1.宁医大总院是否应承担相应的损害赔偿民事责任;

2.导尿管费用应否予以赔偿及其赔偿标准;

3.俞明主张的其他各项费用应否予以赔偿。

二、说理思路

法院围绕上述争议焦点进行了说理:

1.宁医大总院是否应承担相应的损害赔偿民事责任。

根据查明事实,俞明因交通事故产生严重伤害入宁医大总院治疗,其人身损害后果源于交通事故。2003年11月4日,宁夏医学会出具了《医疗事故技术鉴定书》(宁医鉴〔2003〕24号),鉴定宁医大总院对俞明的治疗不属于医疗事故。后在俞明第一次起诉宁医大总院的二审时,中国科学技术咨询服务中心出具《鉴定书》,鉴定结论:宁医大总院对俞明实施的医疗行为存在过失,医疗行为的过失与现有损害结果存在一定的因果关系。故俞明的损害结果既有交通事故的原始创伤原因,也有宁医大总院医疗行为过失的原因,且交通事故是俞明尿道损伤的直接和主要原因,宁医大总院的过失主要与会阴瘘有一定可能的因果关系。综合上述鉴定书、《侵权责任法》(已失效)第十二条和《人身损害赔偿解释》第三条第二款的规定,应当认定宁医大总院存在一定过错,并承担相应的民事责任。但对于俞明造成一级伤残的后果,主要原因在于交通事故,宁医大总院的过错及原因力处于次要地位,判令宁医大总院承担30%的赔偿责任合理合法。

2.导尿管费用应否予以赔偿及其赔偿标准。

(1)关于导尿管及辅助器材费用的性质。本案俞明使用的导尿管系维持其生存所必需的医疗器具,其所产生的费用属于医疗费,而非残疾辅助器具费。北京友谊医院出具的数份《诊断证明书》证明俞明的病症需要终身治疗,导尿管需要终身持续使用,其费用属于必然发生的医疗费用,鉴于本案的实际情况,依照《人身损害赔偿解释》第十九条第二款的规定对该后续医疗费一并处理。

(2)关于导尿管及其辅助器材赔偿标准。俞明认为应当按照价格为119.9元的导尿管,每日使用4根的标准计算。但俞明对该主张所提供的证据并不能证明俞明每天实际发生的医疗费用和将来必然发生的后续医疗费用,一审法院曾向宋某做的调查笔录和俞明自2001年9月手术后使用导尿管至今的购买事实,也证明俞明最多每天更换一次。因此,俞明和抗诉机关关于该事实的主张缺乏证据证明,有悖客观事实,实难支持。尽管如此,再审法院秉持刚柔相济、帮扶伤残的人文关怀和悯恤之心,对俞明关于其使用导尿管及其辅助器材的费用请求,在法律原则许可和司法裁量权范围内予以最大限度的支持:一是导尿管及其辅助器材费用就高计算;二是确定俞明每天使用导尿管4根;三是确定使用期限为20年。判令宁医大总院向俞明支付导尿管及其辅助器材费共计420480元(48元×4根×365天×20年×30%责任比例)。

3.俞明主张的其他各项费用应否予以赔偿。

(1)关于残疾赔偿金和护理费。原审根据《人身损害赔偿解释》第三十二条的规定,判令宁医大总院按责任比例赔付,已依法维护了俞明的民事权益。至再审,俞明要求计期至2047年,并按2018年的全国城镇居民人均可支配收入计算,既不符合法律规定,也超出原审诉讼请求。

(2)关于俞明在北京租房的相关费用。根据已查明事实,俞明既无必要在北京友谊医院接受伤口感染处理等后续治疗,也无必要在北京租房,事实上只是在本案诉讼期间仅数次到北京友谊医院进行过门诊治疗,故该费用并非因医疗损害产生的合理且必要的费用。

(3)关于俞明的误工费和抚养费。俞明受伤时至定残日系未成年学生,无收入来源,而误工费是以侵权行为所造成的实际收入减少为条件,故不支持误工费请求。且当时俞明本身不可能为抚养人,也没有需要抚养的人员,故关于被抚养人生活费的请求亦无法予以支持。

(4)关于伙食补助费等费用。内蒙古自治区高级人民法院(2000)内法民再字第3号民事判决书、宁夏回族自治区高级人民法院(2004)宁民终字第66号民事判决书已经充分考虑了俞明的困难,依法予以适当照顾。

（5）关于精神损害抚慰金。再审法院对俞明遭遇深表同情，根据宁夏地区的实际情况，额外加判宁医大总院 5 万元的精神损害抚慰金，对俞明要求 500 万元精神损害抚慰金的诉讼请求不予支持。

三、论证结构图

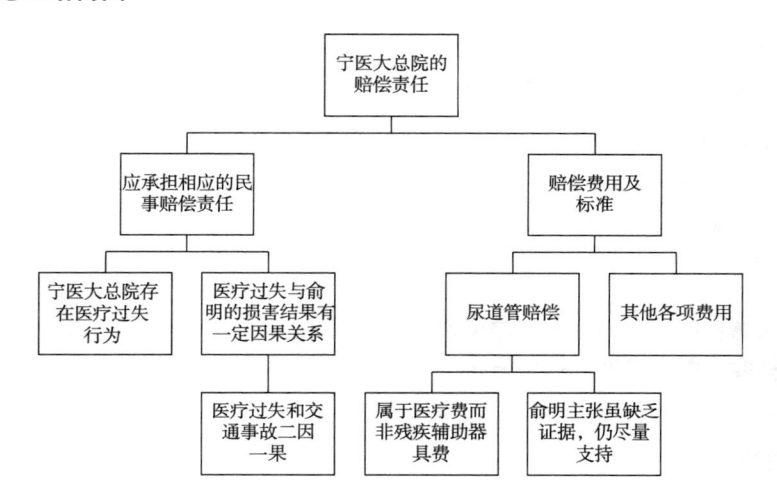

```
                    宁医大总院的
                      赔偿责任
                    ┌─────┴─────┐
              应承担相应的民      赔偿费用及
                事赔偿责任          标准
              ┌────┴────┐       ┌────┴────┐
          宁医大总院存  医疗过失与俞    尿道管赔偿   其他各项费用
          在医疗过失    明的损害结果有
              行为      一定因果关系
                            │              ┌────┴────┐
                        医疗过失和交      属于医疗费而   俞明主张虽缺乏
                        通事故二因        非残疾辅助器    证据，仍尽量
                          一果              具费            支持
```

四、说理评析

在本案中，再审法院通过适用侵权责任的一般构成要件，即侵权行为、损害结果、过错和因果关系这四个要件，确定了宁医大总院应当承担侵权责任。同时通过对因果关系中的原因力占比进行分析，阐释俞明的损害结果主要由交通事故造成，医疗过失属于次要原因，并据其 30% 的原因力占比确定了宁医大总院应当承担的民事赔偿责任份额。

在具体的赔偿费用与标准中，再审法院适用法律清晰，尤其通过说明尿道管的必需属性，厘清尿道管应当适用医疗费赔偿而非残疾辅助器具费，使得赔偿费用的法律适用清晰准确、计算清楚得当。

同时，我们不难通过本裁判文书观察到，再审法院对人文关怀和司法结果可接受度的重视。比如，俞明主张以每天使用 4 根导尿管获得赔偿，再审法院认为，尽管维持俞明生命所需的更换导尿管的频率的确未必如俞明所言，但在可能的情况下，法律允许患者获得更好的救助与治疗，故确定了一天 4 根的标准；又比如对于俞明的其他费用再审请求，尽管原审已经作了正确合法的认定与处理，最高人民检察院也未就此提出抗诉,再审法院本无须再重复论述,但为更好地释明法律真意,纾解俞明及其母亲徐萍多年来的执着、不满与愤懑,再审法院还是择要说明。

而且,再审法院在平衡法律与情理上也做得非常好,没有任凭同情心泛滥一味地支持法律上弱势方的所有请求。比如在俞明请求 500 万元的精神损害抚慰金时,法院对其幼年遭遇交通事故的不幸和其母四处求医、长年陪伴的不易,深表同情,但作为司法机关,人民法院不能以情感替代法律或僭越法律,更不能法外加重对方的责任,对被申请人加判 5 万元精神损害抚慰金合理又合法。

通读本案的案情,我们可以想象医疗侵权损害责任纠纷就像压在不幸的人身上的一座山,近二十年的漫长索赔真的会消磨掉本就苦短的人生。再审法院的法律适用、结合情理的细致说明,都让人感觉贴切适当、不偏不倚、刚柔并济。

58. 内黄县中豫电力部件有限公司诉内黄县人力资源和社会保障局劳动和社会保障行政管理纠纷案*

一、案情简介

(一)基本案情

原告内黄县中豫电力部件有限公司(以下简称"中豫公司"),被告内黄县人力资源和社会保障局(以下简称"人社局")。齐顺平系原告中豫公司的门岗门卫,主要负责公司白天的安全巡逻,平时不点名不签到,工作地点流动,工作时间自己掌握,下午下班后把公司大门关上,回公司院内家属楼休息,门岗房间南侧为使用中豫公司房屋开办的百世汇通快递,百世汇通快递朝外面向大路、朝内面向中豫公司院内各一个门。2017 年 3 月 7 日上午 11 时许,齐顺平因身体不适从公司院内门进入百世汇通快递,后于 12 时 20 分左右,由其外甥女代某送往内黄县人民医院治疗,2017 年 3 月 8 日凌晨 6 时因抢救无效死亡。2017 年 3 月 8 日,原告中豫公司向被告人社局提出工伤认定申请,人社局于 2017 年 6 月 21 日对中豫公司作出编号为 20175159 的不予认定工伤决定。原告中豫公司认为,齐顺平的死亡事故符合《工伤保险条例》第十五条第一款规定的视同工伤情形,应认定为工伤,故请求法院撤销人社局作出的 20175159 号不予认定

---

* 源自(2017)豫 0526 行初 18 号行政判决书。

工伤决定,判令其对齐顺平的死亡事故进行重新确认。

(二)主要争议

本案的争议焦点:齐顺平的死亡是否应认定为工伤。

二、说理思路

本案法院综合分析在案证据及双方当事人理由,从事实认定、法律适用两个方面展开说理。在事实认定上,法院从证据角度阐明本案认定案件事实的主要证据不足。首先,被告人社局仅依据齐顺平住院病案首页显示的入院时间及病情记录认定齐顺平发病时间为12时20分,忽视了齐顺平的入院证时间为12时28分,且与证人代某的陈述相悖,证据支撑不足。其次,齐顺平工作的地点本就具有流动性质,且原告中豫公司确认百世汇通快递办公室的安全巡逻属于齐顺平的职责范围,故被告人社局认定病发地点非工作地点的证据不足。再次,在案证据不足以证明齐顺平为百世汇通快递负责人,且没有证据证明齐顺平发病时正在从事百世汇通快递业务,不能否定其在工作岗位和工作时间发病。在法律适用上,法院结合《工伤保险条例》第十四、十五条,以及《工伤保险条例意见》的相关规定,指出齐顺平从在工作时间、工作岗位病发,到就诊直至抢救无效死亡过程连续,去百世汇通快递找外甥女代某求助亦合情理,应作出有利于保障工伤职工合法权益的解释,故被告人社局作出的不予认定工伤决定错误。综上,20175159号决定应予撤销。

三、论证结构图

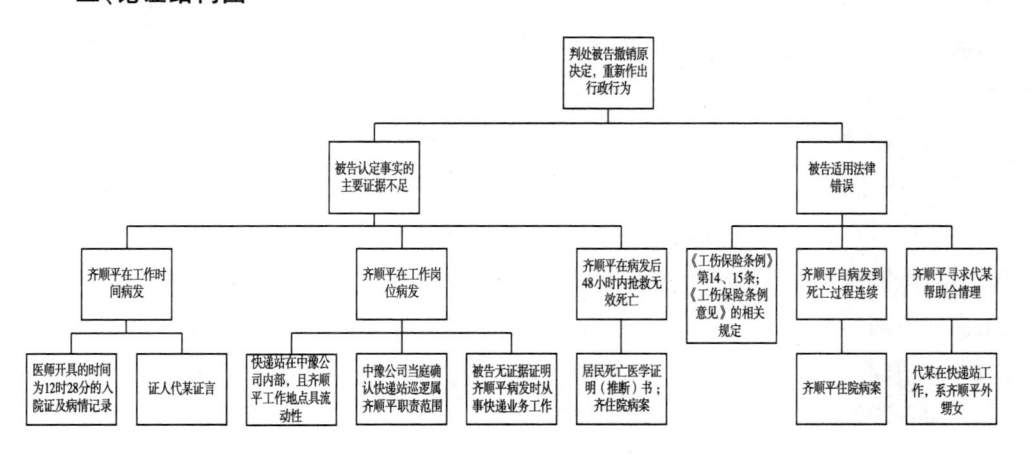

四、说理评析

本案判决书形式规范,语言流畅,证据说理要素完整,为后续依托在案证据认定案件事实提供了良好的基础,美中不足的是,法院的释法说理虽围绕"人社局所作20175159号不予认定工伤决定是否应予撤销"展开,但未直接明确地归纳本案的争议焦点。

纵观我国"突发疾病死亡认定视同工伤"的现状,行政部门与司法机关出现不同认定结论的现象时有发生。正如人力资源和社会保障部对政协十三届全国委员会第一次会议第4099号(社会管理类374号)提案的答复文件中所指出的,"同时考虑到职工在工作时间、工作岗位突发疾病可能与工作劳累、工作紧张等因素有关,第十五条又增设了突发疾病死亡情形可以视同工伤。上述规定,实际上扩大了工伤保险的保障范围"。故而,在"突发疾病死亡视同工伤"的认定上不应无限度扩大,而应充分分析案件事实,综合考虑多种因素,把握亡故者、用人单位、社会保险基金等主体间的利益平衡,作出合理认定。在本案中,法院面对原告"撤销不予认定工伤决定"的诉请,能够回归法律条款本身,深入剖析在案证据,排除人社局所提供"事实"的干扰,正确建构案件事实并作出判决,实为本篇裁判说理之亮点。总言之,首先,针对齐顺平何时发病的问题,法院全面分析在案证据后指出,尽管齐顺平在内黄县人民医院的住院病案首页显示其入院时间为12时50分,但同天住院证上开具的入院时间为12时28分,根据正常住院流程,应认定齐顺平于更早的12时28分已入院,故依据齐顺平的就诊记录可推断,其最迟在12时前就已经病发,这一推断与证人代某的陈述(即齐顺平11时30分左右因身体不适进入百世汇通快递求助)相吻合,应认定齐顺平在安全巡逻时(工作时间内)突发疾病。其次,关于齐顺平病发时所在的百世汇通快递办公室是否属于其工作岗位的问题,法院认为根据双方当事人提供的证据,齐顺平的工作地点本身具有流动性,原告中豫公司亦当庭确认"百世汇通快递办公室的安全巡逻属于齐顺平的职责范围"。此外,齐顺平的外甥女代某是百世汇通快递的工作人员,齐顺平在身体不适后到距离较近的百世快递寻求亲人的帮助符合情理。因此,可以认定齐顺平是在工作岗位上突发疾病。最后,法院指出"齐顺平3月7日感觉身体不适至次日早上6时经抢救无效死亡,其间是一个连续的过程,不能因为齐顺平是被从值班室南面的百世汇通快递办公室送往医院抢救而否定其在工作时间和工作岗位上突发疾病的事实",被告人社局认定案件事实的主要证据不足。

综上,本案法院根据双方当事人提供的及法院调查所得的证据,结合"突发疾病死亡视同工伤"的三大认定要素,重新建构了案件的事实,综合考虑保障工伤职工合法权益要求与各主体间的利益平衡作出判决,其说理过程具有一定借鉴意义。

第三节 法律学说

根据《释法说理指导意见》第十三条的规定,法官在说理时,除了依据法律法规、司法解释,还可以援引法理及通行学术观点。据此,法学通说明确成为一类判决理由。首先,法学通说应当具有文本基础。其次,法学通说应当逻辑自洽。最后,法学通说应当有一定共识基础。法学通说不是任意的、惟一的,也不是固定不变的。在价值多元的社会,学者们往往基于不同的价值观念和分析工具来阐释问题。在司法实践中,当法官将某种法律学说作为通说加以援引时,基于效率的考虑,只要这种学说不存在显见的问题,我们就可以推定该学说是通说,允许法官不再就该学说系通说提供理由。

59. 刘广明诉张家港人民政府行政复议案*

一、案情简介

(一)基本案情

一审法院审理查明,2015年张家港市发改委向金沙洲公司作出〔2015〕823号《关于江苏金沙洲旅游投资发展有限公司金沙洲生态农业旅游观光项目备案的通知》(以下简称"823号通知")。该通知内容涉及项目名称、主要功能及建设内容、项目选址、项目总投资及资金筹措、有效期等五个方面。刘广明于2016年1月通过信息公开的方式取得上述通知,认为该通知将其位于江苏省张家港市锦丰镇福利村悦丰片一、二组拥有承包经营权的土地纳入其中,存在重大违法情形,遂向张家港市政府提起行政复

---

* 源自(2017)最高法行申169号行政裁定书。

议，要求确认该通知违法并予以撤销。张家港市政府经审查认为，刘广明与823号通知不具有利害关系，作出驳回行政复议申请的决定。刘广明不服，向一审法院提起行政诉讼。一审法院认为，本案中，823号通知系对建设项目的备案行为，该行为产生实体影响的利害关系人是备案申请人金沙洲公司，对其他人的合法权益并不产生直接影响。故刘广明与823号通知并不具有利害关系。因此，张家港市政府作出驳回行政复议申请的决定符合法律规定，遂判决驳回刘广明的诉讼请求。江苏省高级人民法院以基本相同的事实与理由，驳回上诉，维持一审判决。后刘广明向最高人民法院申请再审。

（二）主要争议

再审法院将争议焦点概括为：如何理解行政诉讼法规定的"利害关系"，即原告主体资格问题。

二、说理思路

法院首先将"利害关系"的范围限缩到，只有公法上的权利和利益因受到行政行为影响而存在受损可能性的当事人，才与行政行为具有法律上的利害关系。理由是：(1)《行政诉讼法》第二十五条当中的"利害关系"应限于法律上的利害关系，不宜包括反射性利益受到影响的当事人。(2)行政诉讼乃公法诉讼，其法律上的利害关系，一般也仅指公法上的利害关系，只有公权利，即公法领域的权利和利益因受到行政行为影响而存在受损可能性的当事人，才与行政行为具有法律上的利害关系，才形成行政法上的权利义务关系，并因此获得原告主体资格。

法院进而就如何判断公法上的利害关系，引入保护规范理论或保护规范标准。所谓保护规范理论是指，行政机关作出行政行为时所依据的行政实体法和所适用的行政实体法律规范体系，是否要求行政机关考虑、尊重和保护原告诉请保护的权益，作为判断是否存在公法上利害关系的重要标准。主要理由有：(1)对行政实体法某一法条或者数个法条保护的权益范围的界定，不宜单纯以法条规定的文义为限，可参酌整个行政实体法律规范体系、行政实体法的立法宗旨以及作出被诉行政行为的目的、内容和性质进行判断。(2)参考保护规范理论也与行政行为合法性审查原则相互契合。(3)参考保护规范理论与现行公益诉讼的立法和实践相一致。

本案中823号通知在设计之初，并无任何条文要求发展改革部门必须保护或者考量项目用地范围内的土地使用权人的权益保障问题,相关立法宗旨也不可能要求必须考虑类似于刘广明等个别人的土地承包经营权的保障问题。

综上所述,再审申请人刘广明不具有原告资格,驳回其再审申请。

三、论证结构图

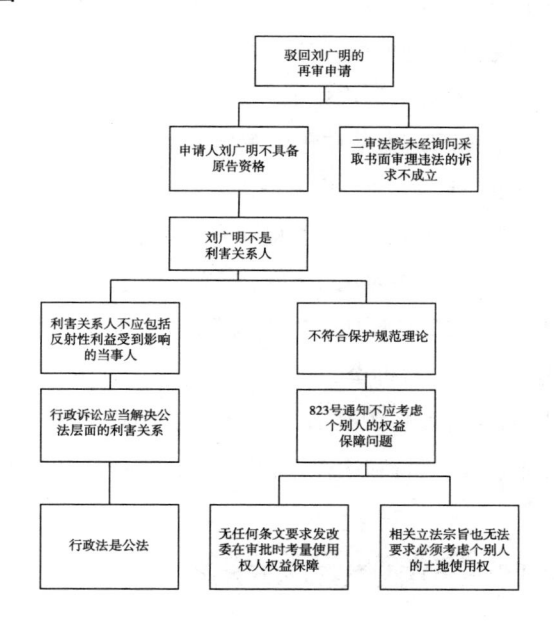

```
                         驳回刘广明的
                           再审申请
                    ┌──────────┴──────────┐
          申请人刘广明不具备              二审法院未经询问采
            原告资格                    取书面审理违法的诉
                                          求不成立
                │
          刘广明不是
          利害关系人
         ┌──────┴──────┐
    利害关系人不应包括        不符合保护规范理论
    反射性利益受到影响
        的当事人
          │                      │
    行政诉讼应当解决公        823号通知不应考虑
    法层面的利害关系          个别人的权益
                              保障问题
          │              ┌──────┴──────┐
      行政法是公法    无任何条文要求发改   相关立法宗旨也无法
                      委在审批时考量使用   要求必须考虑个别人
                      权人权益保障         的土地使用权
```

四、说理评析

"是否具有利害关系"是确认行政诉讼原告资格的核心问题。在面对这一问题时,部分判决书、裁定书的论述极为简短,难以令人信服。本案的一审、二审法院均将申请人刘广明是否具有原告资格作为案件的争议焦点并展开充分论述,只是当事人始终不能信服。本裁定书由最高人民法院制作,基于最高人民法院的地位,其作出的判决对类案具有指导性意义,而本裁定书将心证过程完整陈述,也将对类似争议焦点的处理起到积极作用。

就保护规范理论是否应当被引用这一问题,学界存在很大争议。反对的观点认为,保护规范理论本身具有一定的局限性,比如,限制行政诉权以及具有高度不确定性。[1] 赞

---

[1] 参见成协中:《保护规范理论适用批判论》,载《中外法学》2020年第1期。

成的观点则认为,保护规范理论的批评者并未提出更为客观也更为确定的方法。① 此外,还有赞成者认为,引用保护规范理论这一决策促进了我国行政审判中当原告资格由"不利影响"标准到"主观公权力"的转变。② 虽然最高人民法院仅以反射性利益为由否定当事人原告资格的做法有待商榷,且因 823 号通知而被剥夺的土地承包经营权能否被归类为反射性利益仍有待学理上的进一步区分。但这并非保护规范理论不应当被引用的理由,保护规范理论的引用在一定程度上规范了行政法保护权益的范围,对于我国司法实务界理解行政诉讼中的"权利"的范围具有规制作用。诚然,最高人民法院所采纳的保护规范理论未来在我国本土化的进程中仍然有进一步解释的余地,然而在本裁定书中的尝试不失为一次里程碑式的开端。

本判决书就"保护规范理论"这一大前提展开的论述逻辑严密,层层递进、言语清晰、通俗易懂。第一,引出"利害关系"的范围,将该范围缩到公法领域,进而为适用保护规范理论提供基础。第二,在论述保护规范理论时,列举了"法律解释体系""行政行为合法性审查原则""现行公益诉讼的立法和实践"三个范畴,将"保护规范理论"与上述三个范畴的关联性、互促性作为其引用的合理性依据,强化了说理效果。同时也展现了法官对法律体系、立法宗旨和法理概念全方位、多层次的深刻理解。

60. 被告人李某 1 以危险方法危害公共安全案*

一、案情简介

(一)基本案情

2013 年 9 月 23 日晚,被告人李某 1 与刘某 1 等人一起饮酒后,由李某 2 驾驶被告人李某 1 的速腾牌轿车(车牌号:京 P7NX 某某)将李某 1 送回家。之后,被告人李某 1 不听李某 2 的言语劝阻,又驾驶汽车到舜泽园小区接上高某向延庆县第七中学方向行驶。当晚 21 时 10 分左右,被告人李某 1 超速行驶到延庆县第七中学门口处时,恰逢学生下晚自习,大量学生陆续走出校园,李某 1 未避让行人,其车辆前部将走人行横道过

---

① 参见王天华:《有理由排斥保护规范理论吗?》,载《行政法学研究》2020 年第 2 期。
② 参见赵宏:《保护规范理论的历史嬗变与司法适用》,载《法学家》2019 年第 2 期。
* 源自(2015)一中刑终字第 1797 号刑事判决书。

马路的北京市延庆县第一中学高三学生张某1撞飞,致张某1受伤。被告人李某1发现发生事故后,驾车从道路前方断口处返回,将车辆停在道路北侧非机动车道上,用自己的手机拨打120,说自己在第七中学门口撞人,后来到事故现场。民警和急救车赶到现场后,将张某1送往北京市延庆县医院急救。李某1向民警承认是其饮酒后驾车撞人。后张某1因闭合性颅脑损伤经抢救无效于当日死亡。经鉴定,在案发当时,被告人李某1体内血液的酒精含量为227.1mg/100ml。被告人李某1负此次交通事故的全部责任。

(二)主要争议

二审法院将争议焦点概括为:

案发时李某1究竟是持放任危害后果发生的间接故意,还是持轻信能够避免发生危害后果的过于自信的过失。

二、说理思路

二审法院从事实及证据认定、量刑情节和法律适用、情与法的抉择四个方面展开分析。

首先,二审法院从事实及证据认定方面展开论述,通过道路交通事故认定书、视频资料和现场勘查情况进行分析,采纳一审判决文书对案发现场状况的描述。之后根据通话记录认定被告人不存在因案发前仍在打电话导致发生事故的情形。再根据监控视频以及相关司法解释的规定,认为被告人不构成肇事后逃逸。

其次,从量刑情节方面展开论述,基于《刑法》及相关司法解释的规定以及在案证据,得出李某1构成自首的结论,认定赔偿这一从轻处罚情节。

再次,对法律适用这一核心问题进行说理论证,二审法院通过引用著名法学家观点、一般刑法理论和我国《刑法》以及司法解释的相关规定,并根据本案案情,结合经验规则和逻辑规则,认定被告人主观上不存在故意,只是过于自信的过失,所以应当以交通肇事罪处理。

最后,二审法院将合议庭成员在情与法之间艰难抉择的心路历程呈现出来,面对罪刑法定原则和个人情感接受度之间的冲突,合议庭最终还是选择坚守罪刑法定原则,严格依据法律作出决定。

三、论证结构图

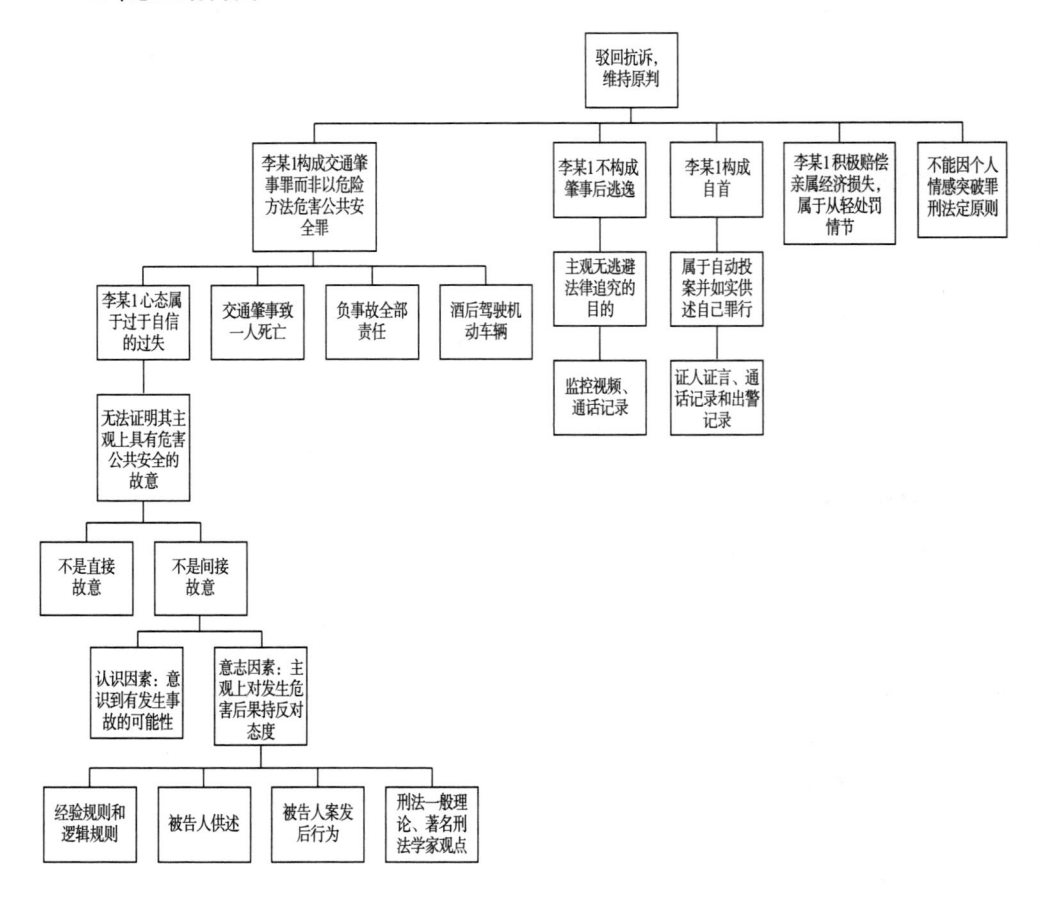

论证结构图（顶端为"驳回抗诉，维持原判"，下分五个主要分支）：

- **李某1构成交通肇事罪而非以危险方法危害公共安全罪**
  - 李某1心态属于过于自信的过失
    - 无法证明其主观上具有危害公共安全的故意
      - 不是直接故意
      - 不是间接故意
        - 认识因素：意识到有发生事故的可能性
        - 意志因素：主观上对发生危害后果持反对态度
          - 经验规则和逻辑规则
          - 被告人供述
          - 被告人案发后行为
          - 刑法一般理论、著名刑法学家观点
  - 交通肇事致一人死亡
  - 负事故全部责任
  - 酒后驾驶机动车辆
- **李某1不构成肇事后逃逸**
  - 主观无逃避法律追究的目的
    - 监控视频、通话记录
- **李某1构成自首**
  - 属于自动投案并如实供述自己罪行
    - 证人证言、通话记录和出警记录
- **李某1积极赔偿亲属经济损失，属于从轻处罚情节**
- **不能因个人情感突破罪刑法定原则**

四、说理评析

从论证结构图中可以看出，引用刑法一般理论和著名法学家观点说理是本篇裁判文书的一大特点。我国裁判文书注重"面向社会"进行说理，虽然司法解释对交通肇事罪和以危险方法危害公共安全罪的区分给出了较为明确的标准，但是公众并不理解其背后的法理，法律学说在其中可以扮演一个居中翻译的功能性角色。[1] 在本案中，法官通过引用德国刑法学家汉斯·韦尔策尔和我国刑法学家陈兴良教授的观点，向公众解

---

[1] 参见杨帆：《司法裁判说理援引法律学说的功能主义反思》，载《法制与社会发展》2021年第2期。

释由于"意欲是一种原始的、终极的心理现象,无法从其他感性或知性的心理流程中探索出来",因而在刑法理论中,间接故意和过于自信的过失的区分一直是一个难点问题,在司法实践中,只能根据外在的客观现象,运用经验规则和逻辑规则推定行为人的主观心态。法官引入刑法一般理论,将《刑法》第十四条和第十五条对间接故意与过于自信的过失的定义分解为认识因素和意志因素,之后分别进行分析,在区分二者的认识因素时,援引刑法学家王作富教授的观点,指出"间接故意是明知危害结果发生的现实可能性,过于自信的过失是预见到危害结果发生的假定可能性",使公众对法理逻辑有更为清晰的认知。法官并未援引具有争议的法学学说进行说理,而是引用具有普遍意义的法学通说,起到了在法律语言与公众认知之间进行沟通的作用,让公众更好地理解法律推理的过程。

相比于一审裁判文书寥寥数笔便对被告人定罪量刑,二审法院对相关法理进行了十分详尽的分析。除此以外,还将合议庭成员在情与法之间艰难抉择的心路历程展现了出来,"近在咫尺的母亲目睹女儿被车撞击的过程,这一场景对于任何具有正常情感和同情心的人来说,都是可以想象到的最为悲伤的画面之一",虽然从一般社会情感来说,对被告人的处罚无法与受害人父母遭受的痛苦相匹配,但二审法院在经历情与法的纠结和挣扎后,仍然要遵循罪刑法定原则,不能因个人的同情之心就突破法律规定。

对于法律人来说,在本案中根据法律规定和相关司法解释不难得出结论,但这样的判决理由对被害人亲属来说过于冰冷无情,所以二审法院综合了法、理、情的因素。本篇裁判文书情理法交融,在向公众清晰、翔实、理性地阐明道理的同时体现了浓厚的人文关怀,有助于实现大众和司法之间的有效沟通,提升司法裁判的法律认同、社会认同和情感认同。

第四节　社会后果

为了保证法的安定性,后果推理的适用有严格的条件限制,通常只在有多种前提或推理方式适用,且各种方案之间难分高下时,法官才能通过后果的权衡来选择结论。我们有必要对后果的认定详加考察。后果推理中的后果既可以是对现实世界产生的影响，也可以是对法律规范产生的影响，即事实后果与规范后果。在成文法国家，基于社会效果的考虑而进行的后果推理较为多见；在判例法国家，由于案例具有规范性，因此法官们常常会基于判决可能产生的规范性影响进行后果推理。由于规范后果主要是考量个案确立的裁判规则与现有法律体系的一致性，而现有法律体系整体明确，因此规范后果相对清楚。事实后果则有所不同，事实后果的考量需要综合运用各学科、各行业的知识。

61. 丁某一、李某等诉合肥市第四人民医院医疗服务合同纠纷案*

一、案情简介

（一）基本案情

2017年10月17日，王某某以抑郁症、糖尿病、动脉硬化伴斑块形成、脑梗塞疾病入住合肥市第四人民医院（以下简称"合肥四院"）心一科治疗。王某某由于近来情绪波动急剧不稳，家人将其送至被告处治疗，其在被告处治疗28天。2017年11月14日早晨，王某某于被告膳食楼坠楼身亡。经了解被告处基础安全设施建设不够完善，是导致王某某坠楼死亡的根本原因。患者被医院收治后，双方已形成医疗服务合同关系。医疗服务合同以为患者治疗疾病为目的，医院一方应当以足够的勤勉和高度的注意谨慎行事，但医院在履行医疗服务合同的过程中，并未尽到谨慎注意义务。在死者住院期间，院方数次以不同形式提醒死者家属需要对死者进行24小时不间断看护，且家属和患者本人均签署了《自愿住院治疗申请表》《自愿住院治疗入院知情同意书》《医患沟通记录》《开放病房住院协议》《陪护风险告知书》等协议，但并未引起家属重视。法院在审理前尝试调解无果，后王某某的家属向法院提起诉讼，要求被告承担50%的赔偿责任，共计388835元。

（二）主要争议

一审法院将争议焦点归纳为：

1. 院方是否有过错；
2. 院方是否尽到了安全保障义务。

---

* 源自(2018)皖0104民初1367号民事判决书。

二、说理思路

就原告的诉讼请求，法院不予支持并给出三点理由。第一，将案件定性为侵权损害纠纷，并根据侵权行为的构成要件加以分析，自患者入院治疗至离世，院方于不同场合、采取不同形式、以不同表述反复提醒和告知其家属患者需要 24 小时不间断陪护，否则有自杀之风险。患者家属亦签字认可并知晓，告知内容已经属于医患双方医疗服务合同的约定，患者家属应当予以遵守。但家属及其雇佣人员并未按约定做好预防和陪护工作。因此，院方已经尽到提醒义务，并不具备过错。第二，通过解释安全保障义务的"合理限度范围"来论证院方已经尽到合理保障的义务。死者的自杀地点显然是经过有意选择，且不属于医院诊疗区域内，因此院方在合理的限度范围内已经尽到了安全保障义务。第三，法官选择从社会效果的角度加以解释，即只要有患者在医院自杀，无论院方是否尽到了安全保障的义务都要被判决支付死者家属的全部或部分索赔，那么医院可能会出于"不出事"的需要而增加成本，最终传导至广大患者及家属一端，损害社会公共利益。

三、论证结构图

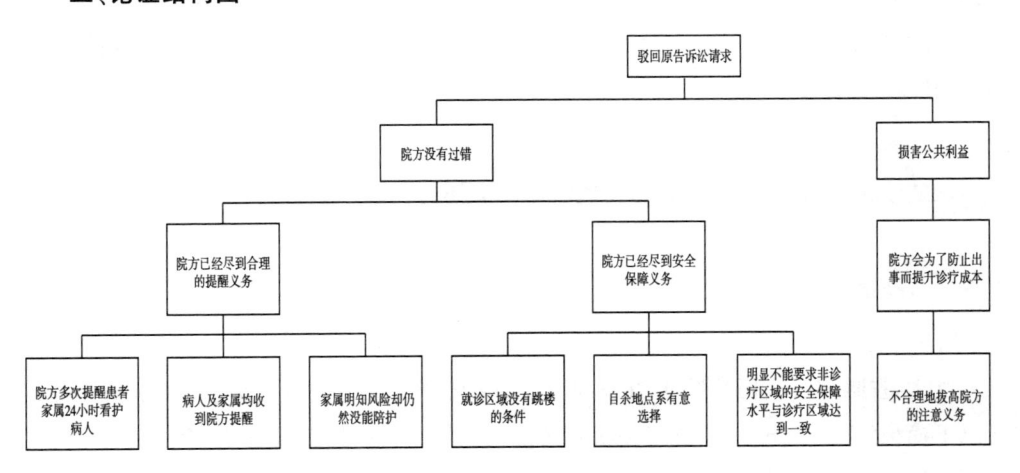

```
                            驳回原告诉讼请求
                          /                    \
                  院方没有过错              损害公共利益
                 /           \                    |
        院方已经尽到合理    院方已经尽到安全    院方会为了防止出
          的提醒义务         保障义务         事而提升诊疗成本
         /     |     \        /      \              |
    院方多次  病人及家属均  家属明知风险却仍  就诊区域没有跳  自杀地点系有意  明显不能要求非诊  不合理地拔高院方
    提醒患者  收到院方提醒  然没能陪护      楼的条件        选择           疗区域的安全保障   的注意义务
    家属24小时                                                          水平与诊疗区域达
    看护病人                                                                到一致
```

四、说理评析

该文书的判决理由论述细致入微，其细致程度足以让一般人充分认识和理解法律。该文书理由充分，言语通俗易懂，符合法理和社会的一般情理，并且充分理解原告家属悲痛的心情，通过细致的说理起到定分止争的作用，同时彰显了法律温情的一面。

法官运用后果主义推理来论证：如果支持原告的诉讼请求，会给社会公共利益造成损害，因此对于原告的诉讼请求不予支持。其中，一审法院通过列举几种可以预见的后果来论证支持被告赔偿的社会危害性："院方有无可能自行对开放式病房的患者进行全天候监管？如实现，患者又将额外支付成本几何？院方有无可能预见一抑郁病情正在好转、已反复多次提醒家属注意陪护且确有人员陪护的患者于清晨自行离开病区行至非医疗功能辅助建筑楼顶天台纵身跳下？即便确能预见此风险，则这一风险与关闭辅助建筑天台的安全出口而可能导致的紧急情况下逃生困难的风险，孰轻孰重？或者，如为了预防这种风险，院方在开放式病房设立门禁，则是否又将导致包括王某某在内的抑郁症患者精神压力增大，治疗效果削弱，继而引发广大患者产生更多的厌世情绪？"这种融入了价值判断、社情民意、社会道德的论述，可以与演绎推理相互补充，不仅能增强说服力，而且有助于实现个案正义。本判决书更加注重判决后果，由于近些年来"医闹"一直是社会的敏感话题，任何一个个案当中都应当兼顾法的适用的公正性、准确性与法的社会效果，一旦某判决出现明显违背社会一般认知，明显不符合社会主义道德的情况，是否会再次造成社会道德倒退的现象，在此值得思考。本案中，法官给出的第三点理由充分论证了这一问题，如果不合理地拔高院方的义务，会使医院一方在诊疗过程中因害怕"出事"而选择自保或者为患者创设更多成本，从而最终损害公共利益。

62. 江苏苏醇酒业有限公司及关联公司实质合并破产重整案[*]

一、案情简介

（一）基本案情

江苏省睢宁县人民法院于 2018 年 1 月 12 日分别裁定受理江苏苏醇酒业有限公司（以下简称"苏醇公司"）以及其关联公司徐州得隆生物科技有限公司、徐州瑞康食品科技有限公司三家公司的破产重整申请。因三家公司在经营、财务、人员等方面出现高度混同，依据管理人的申请，于 2018 年 6 月 25 日裁定三家公司实质合并破产重整。2019 年 12 月 2 日，睢宁法院批准苏醇公司由重整投资人徐州常青生物科技有限公司

---

[*] 源自（2018）苏 0324 破 1 号之一民事裁定书。

先行投入部分资金恢复企业部分产能的重整计划,裁定终结重整程序。

(二)主要争议

1.是否允许苏醇公司、徐州得隆生物科技有限公司、徐州瑞康食品科技有限公司三家公司实行实质合并破产重整;

2.是否允许投资人徐州常青生物科技有限公司进行试生产。

二、说理思路

在案涉三家公司存在人格高度混同并由此实行实质合并破产重整的基础上,作为企业核心资产的酒精许可证面临灭失风险,技术人员流失严重,公司原管理层陷入瘫痪状态,且公司账面已无可用资金。因此,本案中法院的说理主要围绕破产管理人提出的"试生产"方案展开,从试生产的必要性、利益平衡机制、法律和理论依据以及社会价值四个方面进行论证。在缺乏具体法律规定及相关司法解释的背景下,基于我国破产审判的实际需求,恢复一定规模的生产有利于投资人充分了解企业的运营能力,在化解企业危机的同时充分保障债权债务人的利益,推动当地经济高质量发展,维护社会稳定发展,符合破产保护理念。因此,经各方主体同意,法院批准投资人提前进场试生产。

三、论证结构图

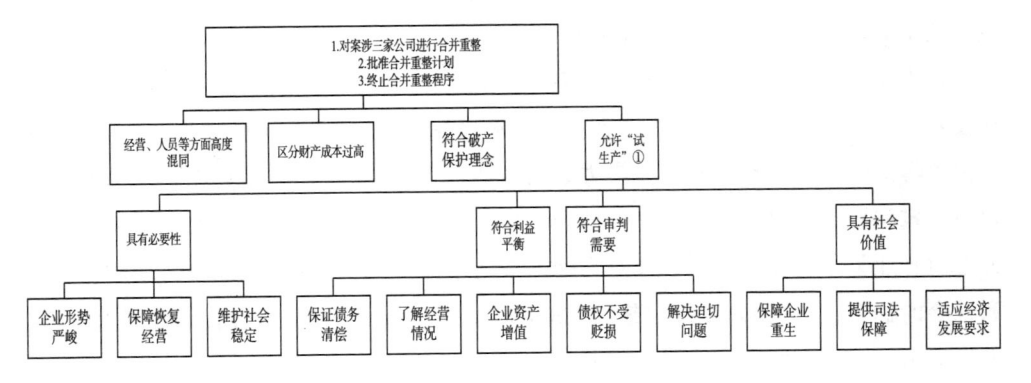

```
          1.对案涉三家公司进行合并重整
          2.批准合并重整计划
          3.终止合并重整程序

   经营、人员等方面高度混同   区分财产成本过高   符合破产保护理念   允许"试生产"①

                                              具有必要性    符合利益平衡   符合审判需要   具有社会价值

   企业形势严峻  保障恢复经营  维护社会稳定   保证债务清偿  了解经营情况  企业资产增值  债权不受贬损  解决迫切问题  保障企业重生  提供司法保障  适应经济发展要求
```

[点评]

①说理逻辑不清晰。

四、说理评析

我国的《公司法》《企业破产法》及相关司法解释并未对实质合并破产制度作出立法层面的规定。最高人民法院于2018年3月4日出台的《全国法院破产审判工作会议纪要》以及北京市第一中级人民法院于2022年4月出台的《关联企业实质合并重整工作办法(试行)》，对实质合并重整的认定标准、债权债务的内外部区分以及出资人的权益调整事项等作出了实践经验总结及创新性规定，但上述文件并不具有立法层面的效力，只能在法院的后续审理中作为参考意见。因此，无法从现行法律及司法解释中找到有关企业实质合并破产的明确规定。

在本案中，最高人民法院认定三家公司在人员、财务、管理、经营等方面出现高度混同，且区分各关联企业成员财产的成本过高，因此满足《全国法院破产审判工作会议纪要》第三十二条规定的两个标准，据此裁定三家公司进行实质合并破产重整。从漏洞填补的方式来看，法院同时采取了体系内填补和体系外填补两种手段，即在利用《企业破产法》本身的法律原则对适用标准进行解释的同时引入社会价值等法律体系之外的要素，对法律漏洞进行填补。考虑到案涉企业对地方经济发展的重要影响，在企业经营管理陷入瘫痪、无资金可用于化解危机的情况下，为充分保障各方当事人的利益，管理人提出由投资人先投入部分资金进行"试生产"的重整方案。由于这一做法在实践中尚无先例，无法从类案中获得审判经验，最高人民法院从"试生产"方案的必要性等四个方面入手进行论证，批准了该重整方案。

在本案的说理过程中，法院多次援引法外因素，其中包括试生产方案期待达到的社会效果、利益平衡的核心价值理念——公平与效率、灵活性与可预见性、试生产的社会价值等。但在对是否批准试生产方案的论述过程中，法院在论证顺序和论证逻辑上存在一定问题。在对试生产的必要性和法律及理论依据进行论述时，法院反复提及该方案对企业复工的保障作用以及对当地经济的推动作用，且有利于经济的高质量发展和社会的稳定，这些正面评价与最后"试生产的社会价值"的论述过程高度重合，不能展现清晰的论证思路和完整的论证逻辑。最后，从整体篇幅来看，对于企业实质合并破产重整以及试生产方案的可行性这两部分的论证存在体量上的不对称，在详细程度上也存在较大差异。

63. 楼彦熙诉北京微梦创科网络技术有限公司等肖像权纠纷案*

一、案情简介

（一）基本案情

原告楼彦熙，被告北京微梦创科网络技术有限公司（以下简称"微梦创科公司"），案件于 2021 年 7 月 27 日立案，于 2021 年 11 月 8 日公开开庭审理。被告杜某某在新浪微博上使用原告楼彦熙的照片，并配以误导性文字，声称照片中的女孩是日本地铁上的乘客，引发网友广泛讨论和批评。原告认为此行为侵犯了其肖像权和民族感情。原告楼彦熙要求被告杜某某公开赔礼道歉，赔偿精神损害赔偿金 5 万元、律师费 5000 元，并要求被告微梦创科公司披露涉案微博用户的真实身份信息，同时要求两被告承担诉讼费用。

一审判决被告杜某某在判决生效后五日内通过在《法治日报》刊登道歉声明的方式向原告楼彦熙赔礼道歉，若逾期不履行，法院将代为刊登判决书主要内容，费用由被告承担；被告杜某某需在判决生效后五日内赔偿原告楼彦熙精神损害抚慰金 10000 元、合理维权费用 5000 元；驳回原告楼彦熙的其他诉讼请求。

（二）主要争议

法院将本案的争议焦点归纳为以下两点：

1.被告杜某某的行为是否侵害了原告楼彦熙的肖像权；

2.若侵权行为成立，被告杜某某应承担何种民事责任。

二、说理思路

本案二审法院的说理紧密围绕争议焦点，具体如下：

1.关于肖像权的侵害：法院首先确认原告对其肖像享有肖像权，根据《民法典》的相关规定，自然人享有肖像权，未经本人或其监护人的同意，他人不得使用其肖像。法院认定被告杜某某未经原告法定代理人同意，擅自使用原告肖像，构成侵权。

针对侵权行为的性质，法院进一步指出，被告杜某某的行为不仅是未经同意使用肖像，而且是在特殊纪念日使用原告的肖像并配以误导性文字，损害了原告的国家认

---

* 源自（2021）浙 0192 民初 5556 号民事判决书。

同感和民族自豪感,构成对原告肖像的丑化,严重侵害了原告的肖像权。

2.赔礼道歉的责任:法院认为,被告侵害了原告的肖像权,应当承担赔礼道歉的责任。考虑到被告微博账号已被注销,法院判决被告通过在《法治日报》刊登道歉声明的方式进行赔礼道歉。

3.精神损害赔偿和维权费用:法院根据《民法典》的相关规定,认为被告的行为给原告造成了严重的精神损害,因此判决被告赔偿精神损害抚慰金。同时,原告为维权支出的律师费等合理费用也应由被告承担。

4.社会价值和法律教育意义:法院在判决中还强调了爱国情感和民族尊严的重要性,指出被告的行为伤害了民族情感和国家尊严,应当受到道德谴责和法律惩戒。法院呼吁网络平台加强内容管理,维护网络环境。

三、论证结构图

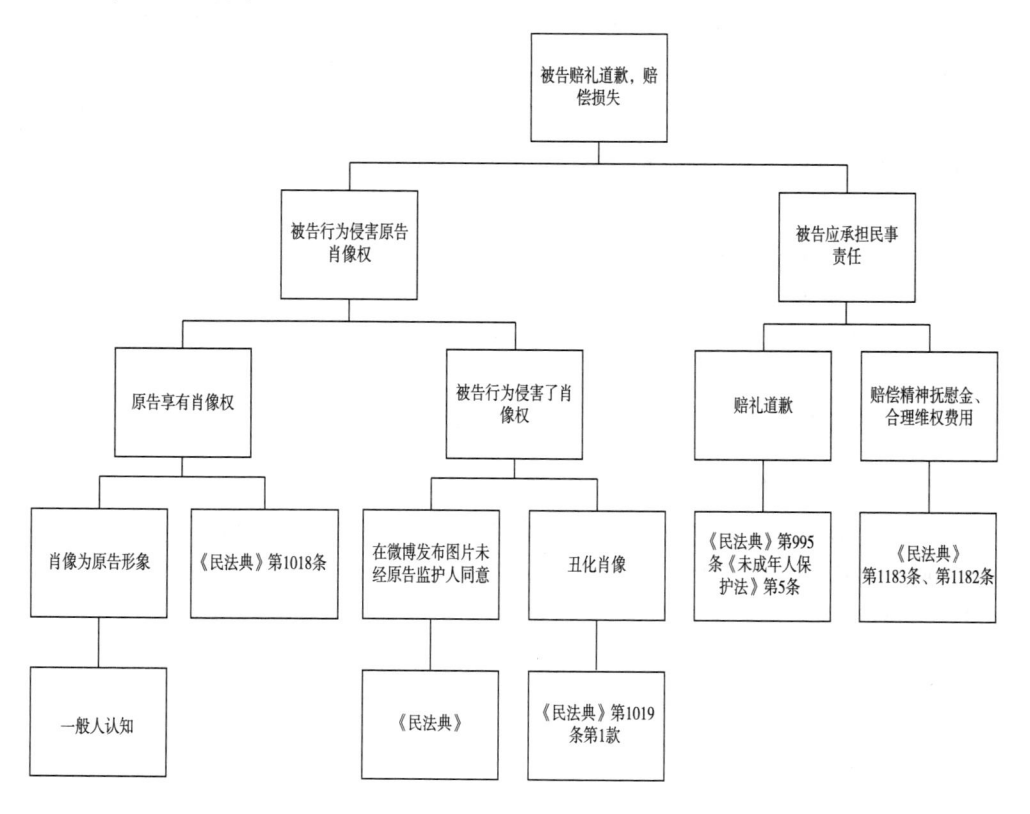

```
                        被告赔礼道歉,赔偿损失
                        ┌──────────┴──────────┐
                  被告行为侵害原告              被告应承担民事
                      肖像权                      责任
              ┌──────────┴──────────┐       ┌──────┴──────┐
         原告享有肖像权        被告行为侵害了         赔礼道歉      赔偿精神抚慰金、
                                 肖像权                          合理维权费用
         ┌──────┴──────┐    ┌──────┴──────┐      │            │
    肖像为原告形象  《民法典》   在微博发布图片未  丑化肖像  《民法典》第995   《民法典》
                  第1018条    经原告监护人同意           条《未成年人保  第1183条、第1182条
                                                        护法》第5条
         │                        │          │
      一般人认知              《民法典》   《民法典》第1019
                                           条第1款
```

四、说理评析

这篇法律文书在格式上遵循了法律文书的一般规范，结构清晰、层次分明。该文书从当事人信息、案件审理经过、诉讼请求、辩方观点、证据材料、法院认定事实、法院认为、裁判结果等方面逐一展开，符合法律文书的写作要求。

在说理逻辑上，该文书体现了较为严密的思维。它首先明确了争议焦点，然后围绕焦点逐一分析，从法律依据到具体案情，逐步深入，使得判决理由具有说服力。特别是在肖像权侵害的认定上，法院不仅考虑了未经同意使用肖像的事实，还深入分析了被告行为对原告人格权益的影响，体现了对法律精神的深刻理解。

用词方面，该文书使用了专业且准确的法律术语，如"肖像权""赔礼道歉""精神损害抚慰金"等，确保了文书的专业性和权威性。同时，该文书在表达时也注意到了语言的通俗易懂，使得非法律专业人士也能够理解判决的主要内容。

在对事实和证据的梳理论证上，法院展现了较高的水平。该文书详细列举了原告提交的证据，并对证据的真实性、合法性及关联性进行了确认，体现了法院对证据审查的严谨态度。此外，法院还主动调取了相关证据，如向微梦创科公司和支付宝公司调取用户信息，显示了法院在事实查明方面的积极作为。该文书不仅对法律条文进行了解释，还结合案件具体情况进行了分析，使得判决更加贴近实际，更具有针对性。同时，该文书在强调法律效果的同时，也注重了社会效果，体现了法院在维护法律尊严和社会正义方面的责任感。

总体来说，这篇法律文书在格式、说理逻辑、用词、事实和证据梳理论证等方面都表现出较高水准，体现了法院在审理案件时的专业性和严谨性。

第五节 社会主义核心价值观

鉴于最高人民法院专门发布《核心价值观释法说理意见》，我们有必要将社会主义核心价值观融入裁判文书的说理中。社会主义核心价值观进入司法裁判的基本方式是"融入"，这意味着沿循释法说理的原有轨道，同时注入新的思想渊源。社会主义核心价值观融入释法说理的主要方式是精神指引，社会主义核心价值观大多不能直接作为裁判依据。社会主义核心价值观的精神指引作用是通过法律方法的运用来体现。在司法裁判过程中注入道德要素，需要留意区分道德的不同层次。因此，法官还应当把握社会主义核心价值观的内在层次。一般而言，底线道德距离法律更近，而尽量避免将社会美德转化为法律义务，否则会有制造道德的(司法)法律强制之危险。

64. 柳芳诉张莲莲等生命权、身体权、健康权纠纷案*

一、案情简介

（一）基本案情

位于江苏省江阴市青山路88号的摩尔大厦为商住两用楼，张莲莲是摩尔大厦的业主，有一名两岁宝宝，因所在小区游乐设施较少，征得伯伍德公司（物业公司）同意后，张莲莲自费购置一整套儿童滑梯（含脚垫）放置在摩尔大厦一楼大厅公共区域，供小区内儿童免费玩耍。滑梯放置后，滑梯区域的卫生以及滑梯被儿童游玩乱后的归整等工作由伯伍德公司负责，但伯伍德公司并未设置有关地滑等安全警示或提醒的标识。柳芳家住江阴市，因健康需要，经常会前往位于摩尔大厦的一家商户做身体保养。2020年11月22日10时01分许，柳芳如往常般至摩尔大厦做身体保养时途经摩尔大厦一楼大厅，踩到张莲莲所购置滑梯配套的脚垫，因垫子下面有积水不慎滑倒。当日，她被送至江阴市中医院治疗，诊断为L12骨折。

（二）主要争议

法院将本案的争议焦点概括为：

1.柳芳在本案中所主张的各项损失费用应否予以支持；

2.案涉的赔偿责任应如何确定。

二、说理思路

法院首先分析是否应当支持柳芳在本案中所主张的各项损失费用。综合全案证据，法院支持医疗费3101.6元，误工费24491.10元，护理费6000元，残疾赔偿金

---

* 源自(2021)苏0281民初16802号民事判决书。

111724.8 元,精神损害赔偿金 5000 元和交通费 500 元,共计 150817.5 元。

法院继而确定各方的责任,对于伯伍德公司一方,因为其同意将张莲莲购置的滑梯游乐设施放置在相应区域供业主免费使用,其应承担日常维护、管理和安全防范的义务,但其并未设置任何警示标志和提醒,其未能做好安全防范工作的过失是导致本案事故发生的主要原因,所以物业公司应对柳芳的损失承担主要的赔偿责任。对于柳芳一方,其作为成年公民,由于自身疏忽而摔倒,自身对于损害发生有一定过错,所以可以适当减轻物业公司的赔偿责任。对于张莲莲一方,其出于改善小区人居环境、便利小区儿童快乐游玩等善良目的购置游乐设施,主观上无过错,且其购置游乐设施的行为与本案事故发生并无必然因果关系,因此要求张莲莲承担赔偿责任于法无据、于理不合。

三、论证结构图

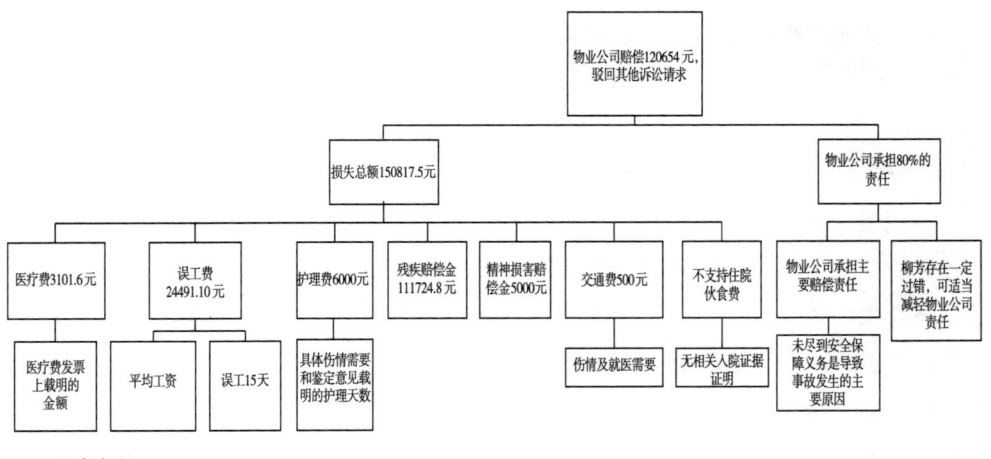

```
                                物业公司赔偿120654元,
                                驳回其他诉讼请求
                    ┌───────────────────────┴───────────────────────┐
              损失总额150817.5元                              物业公司承担80%的
                                                                    责任
    ┌────┬────┬────┬────┬────┬────┬────┐                   ┌────────┴────────┐
  医疗费  误工费  护理费  残疾赔偿金  精神损害赔  交通费  不支持住院          物业公司承担主    柳芳存在一定
  3101.6元 24491.10元 6000元 111724.8元 偿金5000元 500元  伙食费              要赔偿责任       过错,可适当
                                                                                              减轻物业公司
                                                                                              责任
    │       │       │       │       │       │       │                 │
  医疗费发票 平均工资 误工15天 具体伤情需要 伤情及就医需要 无相关人院证据                未尽到安全保
  上载明的          和鉴定意见载                    证明                              障义务是导致
  金额              明的护理天数                                                     事故发生的主
                                                                                    要原因
```

[点评]

①必然因果说存在争议。

四、说理评析

法院在充分查明案件事实的基础上,准确归纳了争议焦点,并紧紧围绕争议焦点进行说理,对于案件相应主体是否应当承担责任以及是否存在减轻责任的因素进行了较为深入的分析。

本案说理论证方面最大的亮点在于评析张莲莲的责任承担部分，法官引入"友善"这一社会主义核心价值观，认为"与人为善"是传统文化与核心价值观的重要体现，张莲莲自发购买游乐设施放置在小区供小区居民免费玩耍是出于善意，其善举是值得弘扬、表扬并予以保护的社会正能量。法官践行了"友善"的社会主义核心价值观，摒弃"和稀泥"的裁判理念，对张莲莲的行为给予正向评价，通过司法裁判表明司法的态度和温度，引领了友善的社会风尚。法官将社会主义核心价值观融入裁判说理，将社会主义核心价值观作为重要的说理资源，提高了裁判结论的正当性和可接受性。

本案判决好心业主无须担责，引导公民与邻为善、邻里互助，向公众呈现了一堂生动形象的"法治公开课"。法官释明了法理，严格依据侵权责任的构成要件，以各方的过错程度进行责任分配。此外，本判决还讲明了情理，从社会公众普遍接受的常识、常理出发，对善举予以肯定，真正做到了良法善治弘正气，法理兼顾润人心。

65. 锐捷网络股份有限公司诉福州乐捷电子科技有限公司其他合同、准合同纠纷案*

一、案情简介

（一）基本案情

2012年7月27日，锐捷网络股份有限公司（以下简称"锐捷公司"）和福州乐捷电子科技有限公司（以下简称"乐捷公司"）签署《采购协议》和《诚信廉洁合作协议》，双方在《采购协议》中约定乐捷公司成为锐捷公司的供应商，锐捷公司从乐捷公司处采购需要的商品。2014年6月9日，为了维持公正透明的交易环境，甲方锐捷公司和乙方乐捷公司签订《供应商廉洁协议》，该协议就"避免利害关系""禁止商业贿赂"等廉洁义务以及违约责任予以约定。其中第二条规定如果乙方与甲方人员存在本协议第一条所述的利害关系，经甲方查证属实的，乙方向甲方支付采购总额30%的违约金。双方实际于2011年11月开始履行上述《采购协议》，后双方于2019年1月停止交易，累计交易金额为27867716.58元。

之后锐捷公司发现乐捷公司的大股东林壮（持有乐捷公司95%的股份）是苏春

---

* 源自（2020）京0108民初4460号民事判决书。

水妻子林丽的哥哥,而苏春水于 2009 年至 2014 年 3 月在锐捷公司工作,担任"策略采购工程师"职务,并且苏春水的上级同为锐捷公司员工的李毅经苏春水介绍入股乐捷公司担任隐名股东,因此锐捷公司向北京市海淀区人民法院提出诉讼请求,请求判令乐捷公司:(1)支付违约金 836 万元;(2)承担律师费损失 5 万元;(3)承担本案诉讼费。

(二)主要争议

法院将本案的争议焦点概括为:

1.《供应商廉洁协议》的效力;

2.乐捷公司是否违约;

3.违约金数额是否过高。

二、说理思路

首先,法院考察了《供应商廉洁协议》的效力,其先论证案涉协议具有法律保护利益,之后根据合同成立要件和合同生效要件对案涉协议的效力进行分析,认为案涉廉洁协议虽然为格式合同,但乐捷公司对案涉协议盖章的行为系其对协议认可并承诺,表明双方达成合意。由于该协议中不存在其他合同无效或可撤销的情形,因此法院认定该协议合法有效。

其次,法院通过分析苏春水、李毅和乐捷公司的关联关系,苏春水违法犯罪行为的影响以及其他诉讼案件的影响,认为能够认定乐捷公司存在违反《供应商廉洁协议》的违约行为。

最后,法院确定了违约责任并对违约金进行调整。法院认为采购活动正常履行未造成实际损失并非违反廉洁协议的免责条款,因此乐捷公司应承担违约责任。鉴于我国违约金制度的性质是"以补偿为主,以惩罚为辅",法院认为本案确实属于违约金约定过高的情形,在综合考虑结合损害后果和合同履行情况、当事人的过错程度、预期利益等因素后,判令乐捷公司向锐捷公司支付违约金 140 万元。

三、论证结构图

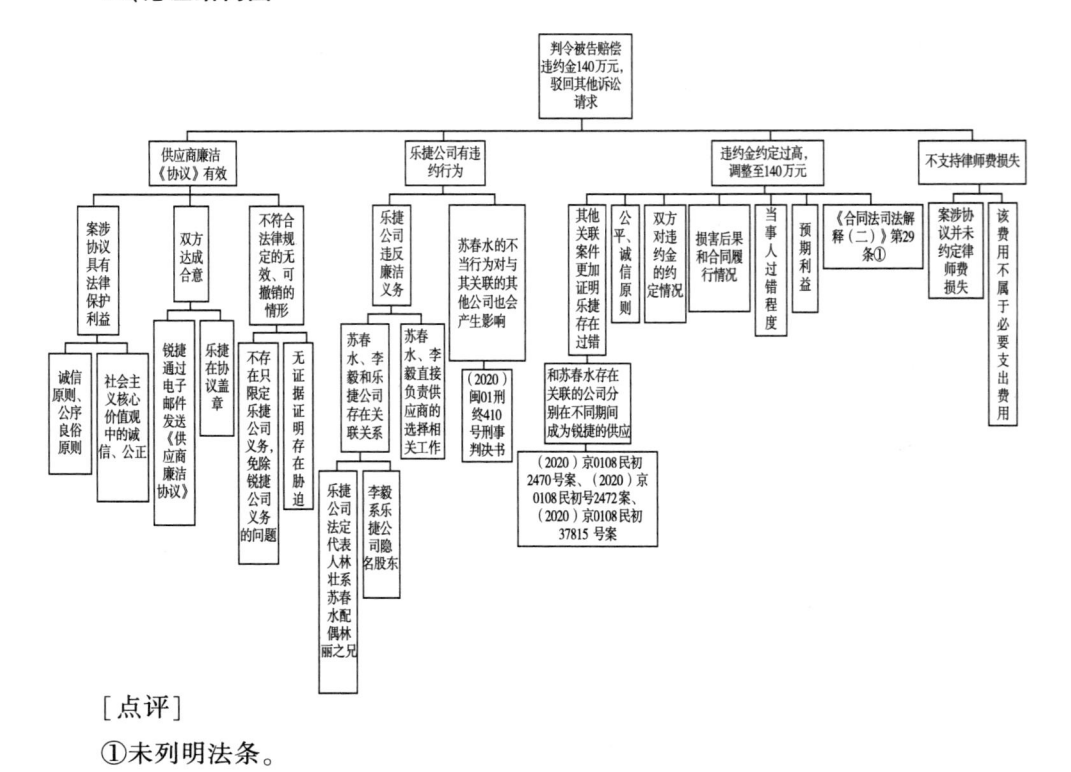

[论证结构图：以"判令被告赔偿违约金140万元，驳回其他诉讼请求"为根节点，分为四大分支]

分支一：供应商廉洁《协议》有效
- 案涉协议具有法律保护利益
  - 诚信原则、公序良俗原则
  - 社会主义核心价值观中的诚信、公正
- 双方达成合意
  - 锐捷通过电子邮件发送《供应商廉洁协议》
  - 乐捷在协议盖章
- 不符合法律规定的无效、可撤销的情形
  - 不存在只限定乐捷公司义务，免除锐捷公司义务的问题
  - 无证据证明存在胁迫

分支二：乐捷公司有违约行为
- 乐捷公司违反廉洁义务
  - 苏春水、李毅和乐捷公司存在关联关系
    - 乐捷公司法定代表人林壮系苏春水配偶林丽之兄
    - 李毅系乐捷公司隐名股东
  - 苏春水、李毅直接负责供应商的选择相关工作
- 苏春水的不当行为对与其关联的其他公司也会产生影响
  - （2020）闽01刑终410号刑事判决书

分支三：违约金约定过高，调整至140万元
- 其他关联案件更证明乐捷存在过错
  - 和苏春水存在关联的公司分别在不同期间成为锐捷的供应（2020）京0108民初2470号案、（2020）京0108民初2472号案、（2020）京0108民初37815号案
- 公平、诚信原则
- 双方对违约金的约定情况
- 损害后果和合同履行情况
- 当事人过错程度
- 预期利益
- 《合同法司法解释（二）》第29条①

分支四：不支持律师费损失
- 案涉协议并未约定律师费损失
- 该费用不属于必要支出费用

[点评]
①未列明法条。

四、说理评析

近年来，为了防范利害关系交易、商业贿赂，越来越多的企业在商事交易中签订"廉洁协议"。然而由于相关法律规定的空白，廉洁协议的效力认定、廉洁违约金条款的性质以及违约金数额的确定一直困扰着司法实践。本案属于因违反廉洁协议所约定的义务而被判承担违约金的新类型合同纠纷案件，判决书说理部分十分翔实，可作为同类案件裁判的参考。

本案判决书说理论证的独到之处在于首先论述该协议所涉及的廉洁义务属于法律所保护的利益。法官将民法规定的帝王条款——诚实信用原则作为论证的起点，认为诚信原则要求民事主体"应在不损害他人利益的前提下追求自己的利益，否则将获得不利的法律评价"。而由于《供应商廉洁协议》中规定的廉洁义务与诚信原则紧密关联,所以"其具有法益,亦应在法律框架下得到有效保护"。之后法官从社会主义核心价值观的角度加以论证,指出"廉洁对应于社会主义核心价值观中的诚信、公正内容",认为只有商事主体"通过个体层面的诚信行为,在交易活动中做到平等公平",才能实现社会公正。

此外,本案中关于违约责任的确定和违约金调整的说理部分也有诸多可圈可点的地方。首先,针对乐捷公司提出的"采购活动正常履行未造成实际损失"这一抗辩,法官认为《供应商廉洁协议》中所涉及的法益"并非仅基于交易中的商品或者货币损失,而是无形利益",被告违反廉洁义务,"损害的是供应商选择活动的公平性以及其他参选供应商的平等被选择权等经济秩序",法官正确地区分了廉洁义务和关联合同履行义务,强调违反廉洁义务造成无形损失也应当承担相应的违约责任。而后,针对无形损失的违约金数额认定这一难题,法官认为虽然廉洁违约金兼具惩罚和补偿的作用,但考虑到合同的履行情况、当事人过错以及预期利益等综合因素,根据公平原则和诚实信用原则,本案确实属于违约金约定过高的情形,因此法官综合考量上述因素,并参照不正当竞争纠纷中损害赔偿金额的确定方式,最后确定了较为合理的违约金赔偿数额。本案对违约金裁判标准的确定,也值得裁判类似案件的法官参考借鉴。

综合来看,本案判决书论证充分,善用法律原则以及社会主义核心价值观增强说服力和判决结果的可接受性,取得了良好的法律效果和社会效果。

第五章

说理的基本方法

法律说理的方法主要运用于建构大前提。大前提的建构是指准备好可适用的法律规范,它不仅包括发现法律规范、选择法律规范、确定规范含义等多项工作,还涉及解决法律冲突、填补法律漏洞等。在有多个法律规范可适用的情形下,法律人需要仔细甄别应适用的规范,并就规范冲突提出解决方案。在法律应规定而未规定的情形下,应运用类推等方法对法律漏洞进行填补。在确定了法律规范之后,法律人还应对规范的含义进行解释,以使其能与具体的案件事实相对应。在这一过程中,不论是为什么选择某个法律规范,还是为什么对某个规范做某种理解,抑或是为什么认定存在法律漏洞等,都需要说理。大前提的建构是一项永续存在的工作,不会随着立法的不断完善、判例的日益丰富就消失。法律的一般性、滞后性、语义模糊性、有限理性等局限性决定了作出法律判断时往往需要对大前提进行建构。只要这些缺陷不能根除,大前提的建构就始终必要,说理就必须及时跟进。大前提的建构是一个依循法律方法,综合运用各种素材的过程,而方法与素材的适用都必须合乎逻辑。

第一节　法律解释

法律解释是指对法律的内容和含义进行说明。释义存在多种可能,究竟应当如何解释,必须经过说理。具体包括:(1)运用文义解释的说理。在对法律进行文义解释时,应当按以下顺序:法定含义、法学含义、专业含义、日常含义。(2)运用体系解释的说理。在对法律进行体系解释时,要把法律条文视作某一法律文件、法律部门或法律体系的一个部分,从整体的角度来确定体系的价值追求。(3)运用历史解释的说理。就历史解释而言,实践中常见的理由有以下几种:法案起草者的解释、立法草案、记载立法情况的文献。(4)运用目的解释的说理。在讨论法律的客观目的时,法官一般可以以下素材为理由:法律明文规定、涉争法律所调整的关系的性质及相关法律、涉争法律的立法背景、现行法律体系的基本原则。此外,还应就解释方法的选择进行说理、就解释对象的选择进行说理。

66. 钟汝更诉夏文成、梁德财动产质权纠纷案[*]

一、案情简介

（一）基本案情

本案再审申请人（一审被告、二审上诉人）夏文成、梁德财，再审被申请人（原审原告）钟汝更。夏文成、梁德财系夫妻关系，2008年1月23日，钟汝更作为交画人与收画人夏文成共同签署字条，重新确认至2008年1月23日止，用作借款抵押的存于夏文成手上的字画有29幅（具体画名略）。2008年1月24日，梁德财立下字条两份，确认至2008年1月24日止，用作借款抵押的存于梁德财手上的画共20幅（具体画名略），同日，钟汝更与夏文成、梁德财共同立下借据，确认2003年11月25日和2004年1月15日的两笔借款，至2008年1月24日共欠夏文成钱款共253100元，定于2008年7月24日还清，每月计息13000元；2008年1月23日之前所有借夏文成、梁德财的借款本息应全部结清。立据后，钟汝更分文未还，夏文成、梁德财也没有向其催收。2017年，钟汝更以夏文成、梁德财超期未行使质权为由提起诉讼，请求撤销质权、返还质物（49幅字画）。一审、二审法院均判决支持钟汝更诉讼请求。夏文成、梁德财不服判决，遂申请再审。

（二）主要争议

本案再审的争议焦点为：再审申请人夏文成、梁德财在债务履行期限届满后至被申请人钟汝更提起本案诉讼长达九年时间一直未行使质权，以涉案49幅画设定的动产质权是否仍受人民法院保护。

二、说理思路

本案再审法院首先明确上述争议焦点，并从有关质权形式法律规定的理解与适用、法律适用的价值取向和社会导向，以及质押动产返还请求权的诉讼时效三方面展开分析。

首先，再审法院从质权行使相关条款的演变角度，对比抵押权、留置权行使的相关规定，分析本案中应如何理解与适用质权行使的法律规定。其指出1995年施行的《担保法》（已失效）并未就担保物权的行使期限作出规定，尽管2000年施行的《最高人民

---

[*] 源自(2019)粤民再32号民事判决书。

法院关于适用〈中华人民共和国担保法〉若干问题的解释》(以下简称《担保法司法解释》,已失效)第十二条第二款有担保物权行使期间的规定,但其未被2007年施行的《物权法》(已失效)全数吸收,《物权法》(已失效)第二百二十条仅就出质人的救济手段作出规定,且该规定与《担保法司法解释》(已失效)第十二条第二款有所重复及冲突,本案借款及设立动产质权均发生在《物权法》(已失效)实施之后,故应当适用《物权法》(已失效)的规定和精神。其次,在适用法律的价值取向和社会导向方面,在债务到期而债务人未清偿债务的情况下,质权人占有质物符合一般人对权利保护的认知,亦符合民法的自愿、公平、诚信原则,故钟汝更撤销质权、返还质物的请求不应支持。最后,再审法院还依据《民法总则》(已失效)及《最高人民法院关于审理民事案件适用诉讼时效制度若干问题的规定》(以下简称《诉讼时效制度规定》,已修改)的相关规定,就申请人提出的质权动产返还请求权的诉讼时效抗辩作出明确回应,即该请求权可适用诉讼时效制度,但申请人未在一审期间提出,法院依法不予支持。综上,再审法院判决撤销一、二审判决,驳回钟汝更的诉讼请求。

三、论证结构图

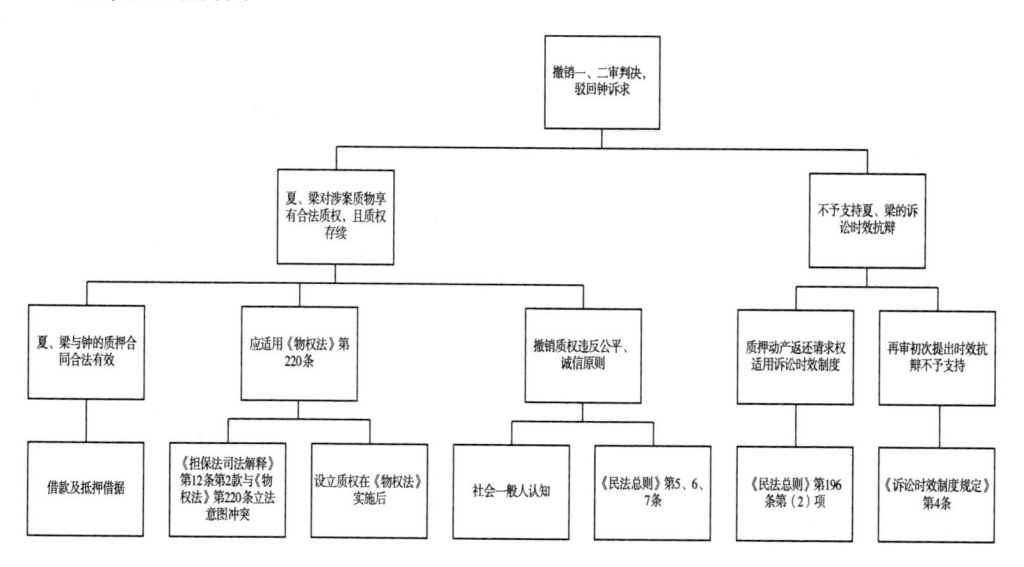

```
                        撤销一、二审判决,
                          驳回钟诉求
            ┌───────────────────┴───────────────────┐
    夏、梁对涉案质物享                          不予支持夏、梁的诉
    有合法质权,且质权                              讼时效抗辩
         存续
    ┌────────┬──────┬─────────┐              ┌──────────┬──────────┐
夏、梁与钟的质押合  应适用《物权法》第  撤销质权违反公平、      质押动产返还请求      再审初次提出时效抗
   同合法有效           220条           诚信原则          权适用诉讼时效制度      辩不予支持
    │              │           │            │           │              │
借款及抵押借据   《担保法司法解释》  设立质权在《物权法》  社会一般人认知   《民法总则》第5、6、  《民法总则》第196   《诉讼时效制度规定》
              第12条第2款与《物             实施后                      7条              条第(2)项              第4条
              权法》第220条立法
                 意图冲突
```

四、说理评析

本案再审判决书语言精炼,结构完整,说理流畅,能够针对双方当事人的诉辩意见

正确归纳争议焦点,并有效运用法律解释方法作出合理、完整的回应,说理亮点突出。

目前,"法无解释不得适用"已经成为共识,法律解释作为将案件事实与法律规范融合统一的关键环节,在裁判文书释法说理中发挥着重要作用,运用法律解释方法将"目光在事实与规范之间往返流盼"成为法官应对争议、定分止争的有效路径之一。本案中,再审法院能够综合运用多种法律解释方法,充分回应本案争议焦点,具有一定示范意义。

为分析"以涉案49幅画设定的动产质权是否仍受人民法院保护"这一问题,再审法院详细梳理了我国有关担保物权行使的法律规范的演进过程,即1995年施行的《担保法》(已失效)并无相关条款,2000年施行的《担保法司法解释》(已失效)在总则部分对担保物权行使期限作出一般性规定(即"担保物权所担保的债权的诉讼时效结束后,担保权人在诉讼时效结束后的二年内行使担保物权的,人民法院应当予以支持"),但2007年施行的《物权法》(已失效)并未直接吸收相关条款,仅就抵押权行使期限作出规定(即第二百零二条)。基于以上梳理,再审法院综合运用体系解释与目的解释,就本案法律规定的理解与适用展开说理。其指出,对比法律之间的前后变化可以看出,后施行的《物权法》(已失效)在担保物权的行使期限上明确区分了不转移占有的抵押权与转移占有的质权、留置权,是对《担保法司法解释》(已失效)有选择性地吸收。与此同时,《物权法》(已失效)第二百二十条还就"质权人怠于行使质权时,出质人主动主张权利和寻求救济"作出了规定,这实际上与第二百零二条有关抵押权行使期限的规定相呼应,两者均以"促使物的利用尽快趋于稳定安全"为目的,体现了立法的统一性。反之,若担保物权的行使期限仍适用于质权,则会架空第二百二十条有关出质人主动救济的规定。再审法院熟练运用法律解释方法,深入结合抵押权和质权的特性与区别,系统分析法律有关质权行使的规定,考量相关条款的立法目的,逻辑清晰、重点突出地回应了本案争点,即《物权法》(已失效)实施后,动产质权不宜再适用行使期限规定,"应适用物权法的规定与精神"。在此基础上,再审法院还从适用法律的价值取向和社会导向上展开分析,指出一、二审法院支持钟汝更的诉讼请求,"未能体现均衡保护双方当事人合法权益,不利于倡导诚实守信的社会风尚,也使《物权法》第二百二十条规定的立法目的落空",有助于进一步增强说理的可接受性。

本案再审判决书精准抓住争点背后的核心问题,通过体系解释、主客观目的解释方法的综合运用,充分展现了裁判结果的形成过程,实现了"目光在事实与规范之间往返流盼",有助于进一步激发法律解释方法在司法实践中的生命力。

67. 渤海财产保险股份有限公司天津分公司诉杨滨等机动车交通事故责任纠纷案*

一、案情简介

（一）基本案情

渤海财产保险股份有限公司天津分公司（以下简称"渤海保险天津分公司"）与杨滨等机动车交通事故责任纠纷上诉案案情信息：李某某驾驶津E2××××号汽车，沿新开路自北向西右转华龙道时，遇左前方杨滨驾驶共享单车沿华龙道自东向西行驶至此后突然倒地。由于事发突然，李某某驾驶的小型汽车前部右侧及右前轮与呈倒地状态的自行车驾驶员杨滨身体接触后，造成杨滨受伤的交通事故。事故责任认定情况：交通意外事故，各方均无责任。事故车辆所有者：天津市联众出租汽车服务中心南开分部（李某某）。事故车辆驾驶员：李某某。事故车辆交强险保险公司：渤海保险天津分公司。事故车辆商业三者险保险公司：渤海保险天津分公司。杨滨向一审法院起诉请求：（1）渤海保险天津分公司、李某某赔偿杨滨医疗费117923.79元、营养费9000元、住院伙食补助费1400元、误工费20025.6元、护理费15019.2元、伤残赔偿金92238元、交通费1180元、精神损害抚慰金5000元、衣物赔偿费2100元、资料复印费78元、鉴定费1500元；（2）诉讼费由渤海保险天津分公司、李某某承担。一审法院认为，本案属于交通事故，且杨滨受伤系李某某驾车造成，杨滨不存在过错，渤海保险天津分公司应承担赔偿责任。渤海保险天津分公司不服，提起上诉。

（二）主要争议

二审法院将本案的争议焦点概括为：

1.案涉事故是否属于机动车交通事故范畴；

2.本案纠纷应适用的归责原则；

3.上诉人是否应在交强险及商业三者险范围内承担赔偿责任以及具体赔偿责任的确定。

二、说理思路

二审法院首先根据《道路交通安全法》的有关规定认定案涉事故属于机动车交通事

---

* 源自（2022）津02民终1905号民事判决书。

故。其次论证机动车一方应当按照无过错归责原则承担全部责任。法官通过文义解释、目的解释的方法对《道路交通安全法》第七十六条进行阐释，明确了本条真正含义为：在非机动车驾驶人、行人没有过错的情况下，由机动车一方承担赔偿责任，此时不考虑机动车一方的过错，即无论机动车有无过错，均应承担全部赔偿责任。最后根据《机动车交通事故责任强制保险条例》第二十一条、《最高人民法院关于审理道路交通事故损害赔偿案件适用法律若干问题的解释》第十六条和《中国保险行业协会机动车商业保险示范条款》第二十条的明确规定，要求上诉人在交强险和商业险的范围内承担赔偿责任。

三、论证结构图

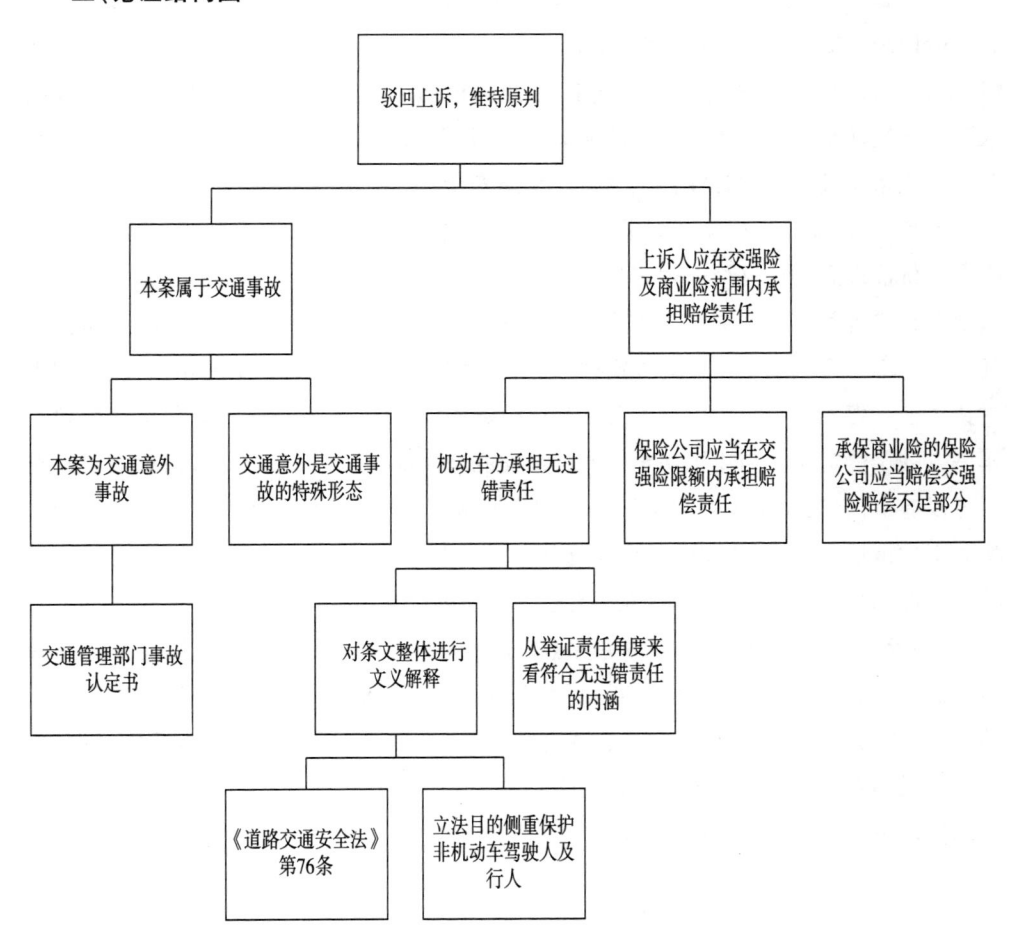

```
                          ┌──────────────────┐
                          │  驳回上诉，维持原判  │
                          └─────────┬────────┘
              ┌─────────────────────┴─────────────────────┐
              │                                           │
      ┌───────┴───────┐                         ┌─────────┴─────────┐
      │  本案属于交通事故  │                         │ 上诉人应在交强险    │
      │                │                         │ 及商业险范围内承    │
      │                │                         │ 担赔偿责任         │
      └───────┬───────┘                         └─────────┬─────────┘
       ┌─────┴─────┐                    ┌─────────────────┼─────────────────┐
  ┌────┴───┐  ┌────┴─────┐       ┌──────┴──────┐  ┌──────┴──────┐  ┌──────┴──────┐
  │ 本案为交通 │  │ 交通意外是交 │       │ 机动车方承担无 │  │ 保险公司应当在 │  │ 承保商业险的保 │
  │ 意外事故   │  │ 通事故的特殊 │       │ 过错责任      │  │ 交强险限额内承 │  │ 险公司应当赔偿 │
  │          │  │ 形态        │       │              │  │ 担赔偿责任     │  │ 交强险赔偿不足 │
  │          │  │            │       │              │  │              │  │ 部分          │
  └────┬───┘  └──────────┘       └──────┬──────┘  └──────────────┘  └──────────────┘
  ┌────┴───┐                     ┌──────┴──────┐
  │ 交通管理部门 │                 │ 对条文整体进行 │ ┌───────────────┐
  │ 事故认定书   │                 │ 文义解释      │ │ 从举证责任角度来 │
  │            │                 │              │ │ 看符合无过错责任 │
  └────────┘                     └──────┬──────┘ │ 的内涵          │
                                         │       └───────────────┘
                              ┌──────────┴──────────┐
                        ┌─────┴──────┐       ┌──────┴──────┐
                        │《道路交通安全│       │ 立法目的侧重保护│
                        │ 法》第76条   │       │ 非机动车驾驶人及│
                        │            │       │ 行人           │
                        └──────────┘       └──────────────┘
```

四、说理评析

本案判决书严格遵照裁判文书撰写规范、结构完整,准确归纳案件争议焦点,充分回应了双方当事人争议的问题。整个说理部分条理清晰、层次分明,不仅详细释明法律规定,还结合立法目的重申法律倡导和保护的基本价值。本案判决书认定保险人应当在交强险和商业险的范围内承担赔偿责任,有利于保护交通事故中受害人的利益,并且合理转移了机动车辆投保方的事故风险损失,凸显保险分散风险的功能,法律效果、社会效果良好。

本案判决书说理的亮点在于对机动车一方无过错时所应承担责任的比例进行了充分的说理。双方当事人对《道路交通安全法》第七十六条第(二)项规定存在不同理解:受害人认为在其没有过错的情况下,应当由机动车一方承担全部赔偿责任;而保险人认为在机动车一方没有过错的情况下,其只需要承担不超过10%的赔偿责任。法官首先对该条文进行目的解释,由于《道路交通安全法》的立法本意侧重保护非机动车驾驶人及行人,因而认定机动车根据无过错原则承担赔偿责任能够凸显以人为本、尊重生命的价值理念。法官继而对该条文进行文义解释,认为该条文规定的几种情形在逻辑上存在递进关系。在非机动车行人没有过错的情况下,由机动车一方承担赔偿责任。此时不考虑机动车一方的过错,即无论机动车有无过错,均是全部赔偿责任,即无过错责任归责原则。但非机动车行人存在过错时,依据其过错程度可以相应减轻机动车一方的赔偿责任。当非机动车行人过错程度增大到其应当承担全责时,此时机动车一方没有过错,机动车一方的赔偿责任相应递减至10%。因此,在发生交通意外双方均无责的情形时,并不能直接适用上述规定认定机动车一方没有过错,仅承担10%的赔偿责任,而应当从非机动车行人没有过错的角度来判断机动车应承担的责任。

《道路交通安全法》第七十六条第(二)项的规定对普通民众来说存在理解障碍,也易造成当事人断章取义从而利用其支持己方诉讼请求,在本案中,法官逻辑严谨地从整体文义分析该条文真实含义,并且结合立法目的进行说明,具有极强的说服力。此部分说理有助于帮助普通民众和法律专业人士深入理解条文含义,并且对于之后类案的处理也具有一定参考价值。

68. 孙德斌诉上海教育出版社有限公司著作权侵权纠纷案 *

一、案情简介

（一）基本案情

原告孙德斌为诗歌《西部畅想》的作者，该诗歌被选入上海世纪出版股份有限公司、上海教育出版社有限公司（以下简称"教育出版社"）出版的《九年义务教育课本语文八年级第一学期（试用本）》（2015年5月第4版，以下简称"语文课本"）的第五单元第十六课。该课文署名孙德斌，并配有"选自2002年2月20日《解放日报》，孙德斌，当代诗人、记者"的注释说明。2018年8月18日，孙德斌与教育出版社就《西部畅想》签订作品版权授权书及稿酬协议，约定相关事宜。之后，孙德斌发现上述两家出版机构出版的语文课本教辅图书《说题做题语文课后练习精讲（8年级上册）》（2014年6月第2版，2014年6月第1次印刷，以下简称"被控作品"）中部分使用了涉案诗歌，且既未署名，又未支付稿酬。为此，孙德斌于2019年6月提起本案诉讼，要求判令教育出版社就被控作品的侵权行为赔偿经济损失及合理维权费用。

（二）主要争议

再审法院将争议焦点概括为：被控作品对《西部畅想》的使用是否构成合理使用。

二、说理思路

一审法院认为，孙德斌拥有涉案诗歌的著作权，教育出版社未经其许可，在被控作品中使用涉案诗歌，明显超出合理使用范围，且具有营利性，不符合我国著作权法关于"法定许可"及"合理使用"的规定，侵犯了孙德斌对涉案诗歌所享有的著作权，依法应承担相应民事责任。教育出版社不服判决，提出上诉。

二审法院认为，被控作品系为配合语文课本使用的课后练习精讲，其中引用《西部畅想》部分内容是为了向读者介绍、评论和分析语文课本中的该作品，其使用方式在适度范围内且无其他不当损害作者利益的内容。此外，被控作品虽未表明作者姓名，但相关公众使用该书时必然结合语文课本中的《西部畅想》方能理解和掌握，语文课本中

---

* 源自（2020）沪民申2416号民事裁定书。

已列明作者信息，故被控作品符合我国著作权法规定的合理使用情形，不构成侵权，判决驳回孙德斌一审诉请。二审判决后，孙德斌不服，提请再审。

再审法院认为，本案争点为被控作品对《西部畅想》的使用是否构成合理使用。其首先指出应根据我国《著作权法》（已修改）第二十二条、《著作权法实施条例》第二十一条规定，判定被控作品是否构成"适当引用"的合理使用，且应从权利作品是否已经公开发表、被控作品引用权利作品的主要目的、被控作品引用权利作品的具体方式、被控作品是否依法指明作者姓名及作品名称、被控作品是否会对权利作品的正常使用和著作权人的合法利益造成负面影响五个要件予以综合认定。再审法院进一步明确五要件中诸如"指明""适当"等的内涵与边界，并结合本案具体情况作出具体判断，从而判定被控作品符合合理使用情形，不构成侵权。作为补充，再审法院还从目的解释出发，指出我国著作权法注重平衡保护作者合法权益与提升社会福祉之间的关系，因此本案被控作品虽有一定营利性，但未逾越合理使用的边界，著作权人理应予以容忍，以更好促进社会主义文化事业发展与繁荣。裁定驳回孙德斌的再审申请。

三、论证结构图

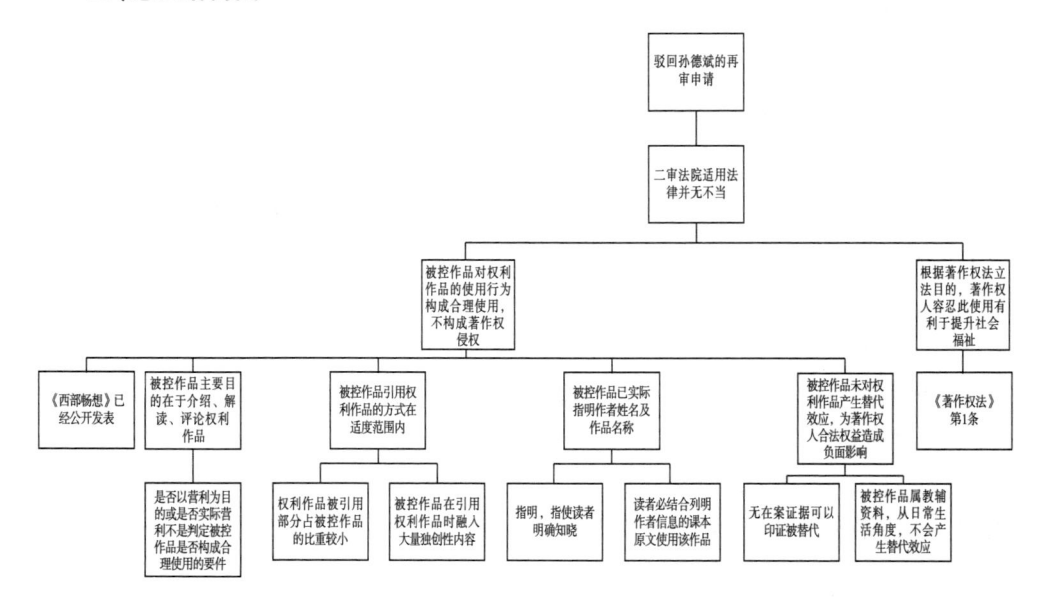

四、说理评析

本案再审裁定书格式规范,形式完整、正确,主文语言表述规范无歧义,文字精炼简明,语言流畅。其对再审申请人孙德斌与被申请人教育出版社的诉辩主张进行了简明准确的概括,并在此基础上,结合一审、二审判决清晰地归纳出本案争议焦点,即被控作品对权利作品《西部畅想》的使用是否构成我国《著作权法》(已修改)第二十二条第一款第(二)项规定的"适当引用"的合理使用情形,是否构成著作权侵权,换言之,"适当引用"的合理使用情形如何认定。

基于本案争议焦点,再审法院首先阐述了该法条中"适当引用"之内涵,又结合《著作权法实施条例》第二十一条规定,明确了具体认定该情形应当遵循的上述"五要件",从而使本案的争议焦点能够得到富有条理的、合乎逻辑的回应。此外,再审法院在以"五要件"为"骨",以本案案件事实及证据为"血肉"分别论述时繁简得当,对于"是否已公开发表""引用的主要目的"两个要件简要说明,对于其他三个争议较大,且孙德斌在再审申请中涉及的要件予以更加明确、合理的回应:第一,从引用的具体方式要件出发释明"适当"的内涵,即判定引用适当与否的关键并非引用内容占涉案诗歌的比重,而是引用内容占被控作品的比重及被控作品有无独创性内容。由于被控作品在引用时,融入大量具有独创性的介绍、解读和评论内容,且涉案诗歌占被控作品比重较小,故其具体引用方式合理。从所占比重和有无独创性两个角度切入,更加清晰、充分地回应被控作品"几乎将诗中主要诗句全部引用",并非"适当引用"这一观点。第二,明确了《著作权法》(已修改)"适当引用"规定中"应当指明作者姓名"的具体边界,即不限于在作品中标注、载明,能够使读者明确知晓被引作品的作者信息即可,从而通过论证被控作品与已列明作者信息的语文课本具有明确对应性和共同阅读必然性,有针对性地回应"被控侵权作品未指明权利作品作者姓名"这一观点。第三,指出"负面影响"主要指产生替代效应,而本案中既无在案证据印证已产生替代效应,又因被控作品为教辅资料,根据日常生活常识,其不会产生替代效应,反而会增进读者对涉案诗歌的理解。第四,明确了认定"适当引用"合理使用情形中,被控图书或作品是否以营利为目的并非判定要件,回应了"营利目的明确,且在各大销售渠道均有售"这一再审理由,弥补了二审判决文书说理的不足。综上,再审法院审理查明案件事实清楚,构成要件完整,且要件事实论述充分,争议焦点回应充分。

值得肯定的是,再审法院在完整论述"五要件"后,还从目的解释的角度切入进行补充说理,其以《著作权法》(已修改)第一条为引,阐释了既保护作者合法权利,又促进作品传播利用的一体两面特性,类似本案教辅参考材料的引用方式,尚未逾越《著作权法》(已修改)规定的著作权权利边界,亦未损害著作权人法定权益,仍在《著作权法》(已修改)"适当引用"的合理使用范畴内,教学课文的作者应对此予以容忍,以更好提升社会福祉、促进社会文化事业的发展与繁荣。鉴于本案涉及的诗歌及其作者在国内均具有一定影响力,这一补充说理更具积极意义。纵观本裁定文书的说理过程,其在适用法律规则时,能够剖析认定法律规定情形的具体要件,使之明确化,并对其中的重要概念予以较为清晰准确的释义,说理繁简适度,值得参考借鉴。

69. 北京搜狐新动力信息技术有限公司诉马筱楠劳动争议案*

一、案情简介

(一)基本案情

马筱楠(乙方)与北京搜狐新动力信息技术有限公司(甲方,以下简称"搜狐新动力公司")的劳动合同期限自2014年2月1日起至2017年2月28日止,2017年2月28日劳动合同到期,双方劳动关系终止。2014年2月1日双方签订《不竞争协议》,其中第3.1款约定:"甲方可以在双方的劳动关系解除或终止之日或之前,作出要求乙方承担本协议第2.4和2.5款所列竞业限制义务的选择,也可以作出放弃要求乙方承担本协议第2.4和2.5款所列竞业限制义务的选择。若乙方在离职之前或之后均没有收到甲方关于是否要求其承担本协议第2.4和2.5款(不得直接或间接参与或创办竞争企业)所列竞业限制义务的决定,则乙方有义务主动向甲方询问该决定。"第3.3款约定:"竞业限制补偿费的计算方法为:竞业限制补偿费=基数×1/2×竞业限制期限的月数。……乙方应履行竞业限制义务的期限,在扣除仲裁和诉讼审理的期限后,不应短于上述约定的竞业限制月数。"2017年3月9日,搜狐新动力公

---

* 源自(2018)京01民终5826号民事判决书。

司与马筱楠办理离职手续清单,其中该清单第19项人事手续一栏载明:"1.支付《竞业禁止协议》补偿金:否;2.支付其他款项:否。"此外,马筱楠于搜狐离职后即入职优酷公司。

一审法院认为,本案争议焦点有四:(1)马筱楠自搜狐新动力公司离职后是否应当遵守竞业限制义务;(2)如马筱楠应当遵守竞业限制义务,则竞业限制期限为多长时间;(3)如马筱楠应当遵守竞业限制义务,其自搜狐新动力公司离职后是否违反了竞业限制义务;(4)如马筱楠违反了竞业限制义务,其需承担何种违约责任。并作出如下判决:(1)马筱楠于判决生效之日起七日内向搜狐新动力公司双倍返还2017年3月、4月竞业限制补偿金共计177892元;(2)确认马筱楠无须继续履行对搜狐新动力公司的竞业限制义务。搜狐新动力公司不服提起上诉。

(二)主要争议

二审法院认为本案争议焦点为:《不竞争协议》第3.3款约定的竞业限制期限的法律适用。

二、说理思路

二审法院首先运用目的解释方法对竞业限制义务作出解释,并且释明法律通过效力性规定的方式对其加以限制,旨在保护企业的商业秘密和维护市场秩序的同时保护劳动者的权利。进而,二审法院通过两个方面进一步释明该《不竞争协议》第3.3款约定的竞业期限不应包括诉讼及仲裁的期间。从劳动者择业自由权的角度,诉讼、仲裁期间虽然有审限规定,但是将其纳入竞业限制约定期间不符合立法目的。且根据该类案件的特殊性,相当数量的案件要经历"一裁两审",这对择业自由权造成了影响。从劳动者司法救济权的角度,《不竞争协议》第3.3款可以人为操纵竞业限制期限,一定程度上免除了用人单位的责任。属于《劳动合同法》第二十六条第一款第(二)项规定的"用人单位免除其法定责任、排除劳动者权利"的情形,应属无效。因此驳回上诉,维持原判。

三、论证结构图

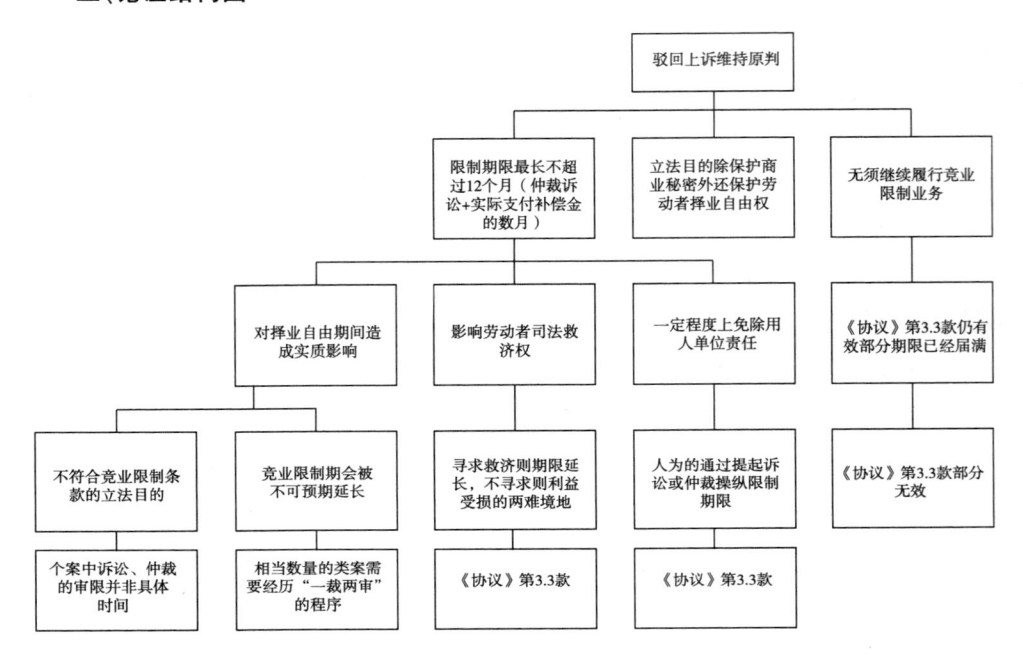

```
                          驳回上诉维持原判
          ┌──────────────────────┼──────────────────────┐
   限制期限最长不超        立法目的除保护商          无须继续履行竞业
   过12个月（仲裁诉        业秘密外还保护劳          限制业务
   讼+实际支付补偿金       动者择业自由权
   的数月）
      ┌────────┬─────────┬─────────┐           ┌────────┐
   对择业自由期间造   影响劳动者司法救   一定程度上免除用      《协议》第3.3款仍有
   成实质影响         济权               人单位责任            效部分期限已经届满
      ┌────┴────┐                          │                     │
   不符合竞业限   竞业限制期会   寻求救济则期限延   人为的通过提起诉   《协议》第3.3款部分
   制条款的立法   被不可预期延   长，不寻求则利益   讼或仲裁操纵限制   无效
   目的           长             受损的两难境地     期限
      │             │                │                │
   个案中诉讼、仲裁  相当数量的类案需   《协议》第3.3款    《协议》第3.3款
   的审限并非具体    要经历"一裁两审"
   时间              的程序
```

四、说理评析

本案的争议焦点在于《不竞争协议》第 3.3 款的规定，即竞业限制义务期限是否应当扣除诉讼与仲裁的期间，二审法院总结争议焦点准确无误。

《不竞争协议》作为当事人双方约定的竞业限制协议，除作为双方履行竞业限制权利义务的依据外，还在本案中作为证据以证明双方权利义务的边界。本案中，当事人双方对该协议项下的某些条款均有不同理解，因此需要法官对该协议项下的争议条款进行解释，并以此作为最终定案的依据。本案二审法院通过对《不竞争协议》第 3.3 款这一核心焦点进行解释，通过目的解释的方法，探明竞业限制协议的立法目的和保护对象，认定其不仅要保护用人单位的商业秘密和市场公平竞争的秩序，还要保护劳动者的择业自由权。二审法院通过劳动者择业自由权和劳动者司法救济权两个角度加以论证。从劳动者择业自由权来看，二审法院首先从不符合立法目的的角度反驳了原告的理由，进而通过论证劳动争议案件的特殊性来增强说服力，即相当数量的案件需要经过"一裁两审"程序，上述约定使得劳动者一旦与用人单位发生争议，则其竞业限制期限会被延长至不可预期且相当长的一段期间,甚至可达二年。这实质上造成了劳动者的择业自由权在一定期间内处于待定状态;从劳动者的司法救济权看,二审法院认为,如果该条款成立则被上诉人会陷入无论是否选择救济权利都会受损的"两难境地"且会一定程度的免除用人单位的法定责任。该事实构建的说理,理由充分,思路清晰,角度全面地回应了上文探明的立法目的,进而保障了劳动者的合法权益,防止用人单位滥用竞业限制协议。对于维护市场公平竞争秩序,充分保护劳动者的权益起到了积极的作用。

70. 杨建祥诉蒂森电梯有限公司北京分公司劳动争议案*

一、案情简介

(一)基本案情

原告杨建祥自2003年2月入职被告蒂森北京分公司,先后任电梯调试员、质量安全项目经理。双方签有劳动合同。2007年7月13日杨建祥因工受伤。2008年5月7日,北京市朝阳区劳动和社会保障局(以下简称"朝阳区社保局")认定杨建祥构成工伤并发给杨建祥工伤证。2009年11月27日,北京市朝阳区劳动能力鉴定委员会(以下简称"朝阳区劳动能力鉴定委员会")认定杨建祥已达到工伤与职业病致残等级标准一级。

原告杨建祥向本院提出诉讼请求,要求蒂森北京分公司支付其:(1) 2007年7月13日因工受伤至2015年12月31日社保及其他商业保险未予报销的医疗费用1230793.42元(含呼吸机、咳痰机等辅助器具费及维修费);(2)2010年1月1日至2016年4月25日期间的社会保险未予报销的护理费453408.52元[640800元-187391.48元(社保已支付)];(3)2009年12月1日至2016年4月30日生活津贴438900元(5700元/月×77个月);(4)2016年5月1日至2016年7月11日生活津贴13652元(5700元/月×2个月+2112元)。

(二)主要争议

一审法院将本案争议焦点概括为:

1.蒂森北京分公司作为用人单位是否应当负担杨建祥工伤保险基金报销范围外的医疗费;

2.蒂森北京分公司作为用人单位是否应当负担杨建祥停职留薪期后的生活津贴。

---

* 源自(2017)京0105民初5958号民事判决书。

二、说理思路

针对争议点一，法院指出，由于当前法律法规未直接明确地规定超出工伤保险基金支付范围的医疗费用由用人单位承担还是职工负担，因此法院从工伤保险立法精神、相关法律、司法解释以及法理进行综合、体系考量。首先，结合《工伤保险条例》的立法宗旨与立法目的，以及对该条例的当然解释，用人单位应该承担工伤职工的医疗费用；其次，法院根据《职业病防治法》（已修改）、《安全生产法》（已修改）等相关法律认定，立法对劳动者享有在工伤保险外主张民事赔偿的权利持肯定态度；再次，法院认为《人身损害赔偿解释》（已修改）中相关条款应理解为肯定劳动者享有向用人单位主张赔偿的实体权利；最后，从法律体系的内在逻辑与公平来看，《人身损害赔偿解释》（已修改）、《侵权责任法》（已失效）规定了雇员遭受人身损害适用无过错赔偿责任的规定，法律对劳动关系中劳动者的保护力度应大于对雇佣关系中雇员的保护力度。因此，法院认为应由用人单位按无过错原则负担医疗费、护理费等费用。

针对争议点二，法院认为原告已领取伤残津贴作为工伤职工收入损失的合理补偿，故未支持原告的该项诉求。

三、论证结构图

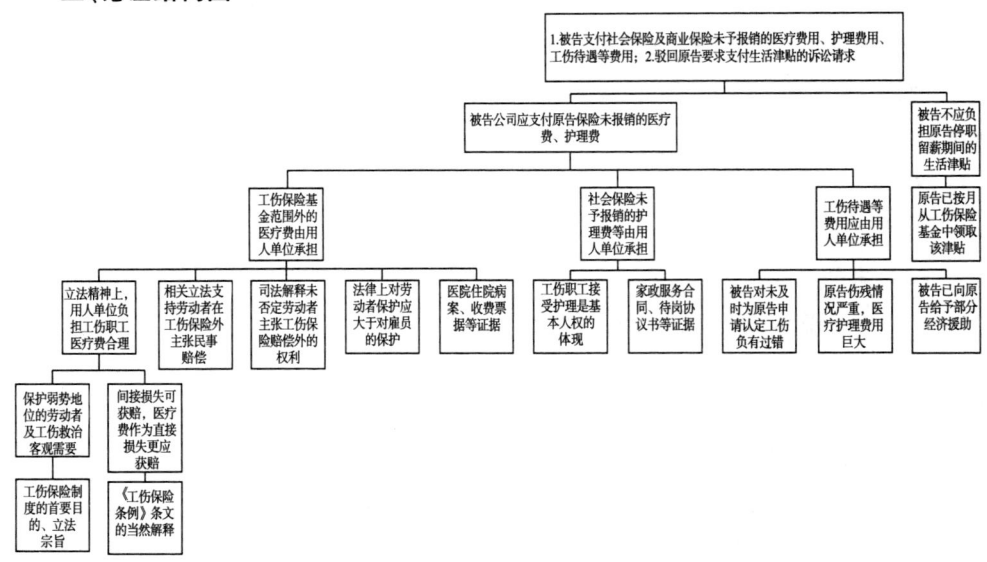

四、说理评析

本案得到了再审法院北京市高级人民法院的支持,由于再审法院的论述逻辑基本沿用一审法院之思路,于是此处选择对一审判决文书进行评析。

本案判决文书格式规范,形式完整,事实清晰,对原告杨建祥与被告蒂森北京分公司的诉辩主张及金额认定依时间线罗列井然有序。法院论述时直接将原告诉求概括归纳为争议焦点一一回应,在论述上逻辑性更强。本案判决书作为劳动争议裁判文书,处处流露对劳动者的人文关怀,也充分考量了劳动者与用人单位之间的责任平衡,如在依据工伤保险立法精神、法理展开说理时,法官考虑"保护处于弱势地位的劳动者以及工伤救治"的客观情况,认为被告作为"危险源的开启者、最有能力的危险源控制者和生产活动的受益者",对劳动者负有安全保障义务,且综合法律规定与司法解释评判,法官总结道"法律对劳动关系中劳动者的保护力度应大于对雇佣关系中雇员的保护力度"支持了原告请求工伤保险基金范围外的医疗费用的诉求;在具体金额认定上,因"接受护理是基本人身权利的体现",而护理与治疗也是抢救、维持生命之必需,因此由被告支付医疗费用并无不当,但法官通过证据也了解到被告曾为原告"给予一定的经济援助,体现了良好的社会责任感",故最后酌情判定被告需要支付的金额。

另外,裁判文书在论证裁判要点时也展现了法官极高的说理水平与对法律的全面理解。论证说理为本案之核心,法官从立法精神、相关法律、司法解释以及法理多维度进行综合、体系考量,精心雕琢,呈现了司法裁判法律适用的深度、广度与温度。首先,法官以劳动者处于弱势地位作为背景认知,论述工伤保险制度的首要目的与立法宗旨即"及时救治、补偿工伤职工";其次,因当前法律法规未就超出工伤保险基金支付范围的医疗费用作出直接明确的规定,法院援引《工伤保险条例》《安全生产法》(已修改)等工伤保险赔偿相关法律规范,佐以司法解释,并从法律对劳动关系中劳动者的保护力度展开法理论述,展现了法院对劳动者相关立法、司法全方位的理解;此外,法院以符合法律体系的内在逻辑及公平原则的视角对条例、司法解释作出当然解释,多次"举重以明轻"强调法律应有的对劳动者的保护。最后,法院在认定过错与具体金额时,综合考虑了案情、证据材料,充分考虑了原告背负沉重费用及被告已给予一定经济援助的事实,酌情认定被告赔偿金额,兼顾了合法性与合理性，使判决书更具人情味。

71. 中国平安财产保险股份有限公司江苏分公司诉江苏镇江安装集团有限公司保险人代位求偿权纠纷案*

一、案情简介

（一）基本案情

本案为最高人民法院发布的第 74 号指导案例。2008 年 10 月 28 日，被保险人华东联合制罐有限公司（以下简称"华东制罐公司"）、华东联合制罐第二有限公司（以下简称"华东制罐第二公司"）与被告江苏镇江安装集团有限公司（以下简称"镇江安装公司"）签订《建设工程施工合同》，约定由镇江安装公司负责整厂机器设备迁建安装等工作。该合同第三十八条约定未经发包人同意，承包人不得将承包工程的任何部分分包，工程分包不能解除承包人任何责任与义务等。该合同第四十条约定待安装设备由发包人办理保险，并支付保险费用。

2008 年 11 月 16 日，镇江安装公司与镇江亚民大件起重有限公司（以下简称"亚民运输公司"）公司签订《工程分包合同》，将前述合同中的设备吊装、运输分包给亚民运输公司。2008 年 11 月 20 日，就上述整厂迁建设备安装工程，华东制罐公司、华东制罐第二公司向中国平安财产保险股份有限公司江苏分公司（以下简称"平安财险公司"）投保了安装工程一切险。投保单中记载被保险人为华东制罐公司及华东制罐第二公司，并明确记载承包人镇江安装公司不是被保险人。投保单"物质损失投保项目和投保金额"栏载明"安装项目投保金额为 177465335.56 元"。附加险中，还投保有"内陆运输扩展条款 A"，约定每次事故财产损失赔偿限额为 200 万元。投保期限从 2008 年 11 月 20 日起至 2009 年 7 月 31 日止。投保单附有被安装机器设备的清单，其中包括：SEQUA 彩印机 2 台，合计原值为 29894340.88 元。

2008 年 12 月 19 日，亚民运输公司驾驶员操作失误致使彩印机设备侧翻滑落地面造成严重损坏。平安财险公司接险后，确定了受损标的清单。经镇江市公安局交通巡逻警察支队现场查勘，认定姜玉才负事故全部责任。平安财险公司作为保险人在出险

---

* 源自（2012）苏商再提字第 0035 号民事判决书。

后已依据保险合同向保险人支付了 1498431.32 元的赔偿款,被保险人以书面形式将已取得上述赔款部分保险标的的一切权利转让给平安财险公司,后平安财险公司诉至法院,请求判令镇江安装公司支付赔偿款和公估费。一审法院判决镇江安装公司向平安财险公司支付赔偿款,二审法院撤销一审判决,再审法院撤销二审判决,维持一审判决。

(二)主要争议

再审法院将本案的争议焦点概括为:

1. 保险代位求偿权的权利范围是否限于侵权损害赔偿请求权;

2. 承包人能否以建设工程施工合同中已约定发包人购买相关损失险为由,拒绝保险人对其行使保险代位求偿权。

二、说理思路

第一,再审法院对《保险法》(已修改)第六十条进行文义解释,结合保险代位求偿权制度的立法目的,认为该条中的"损害"既可由侵权行为引起,也可因违约行为引起,所以保险代位求偿权的权利范围不限于侵权损害赔偿请求权。

第二,法院认为承包人不能以建设工程施工合同中已约定发包人购买相关损失险为由拒绝保险人对其行使保险代位求偿权,原因如下:(1)根据保险利益区分原则认为承包人对本案所涉保险标的不具有所有权保险利益,不能成为适格的损失保险被保险人。(2)如果支持被告主张,会使《保险法》(已修改)第六十一条的立法目的落空,且会违反保险利益原则,不利于保险市场的健康发展。

综上,法院支持平安财险公司的再审请求,决定撤销二审判决,维持一审判决。

三、论证结构图

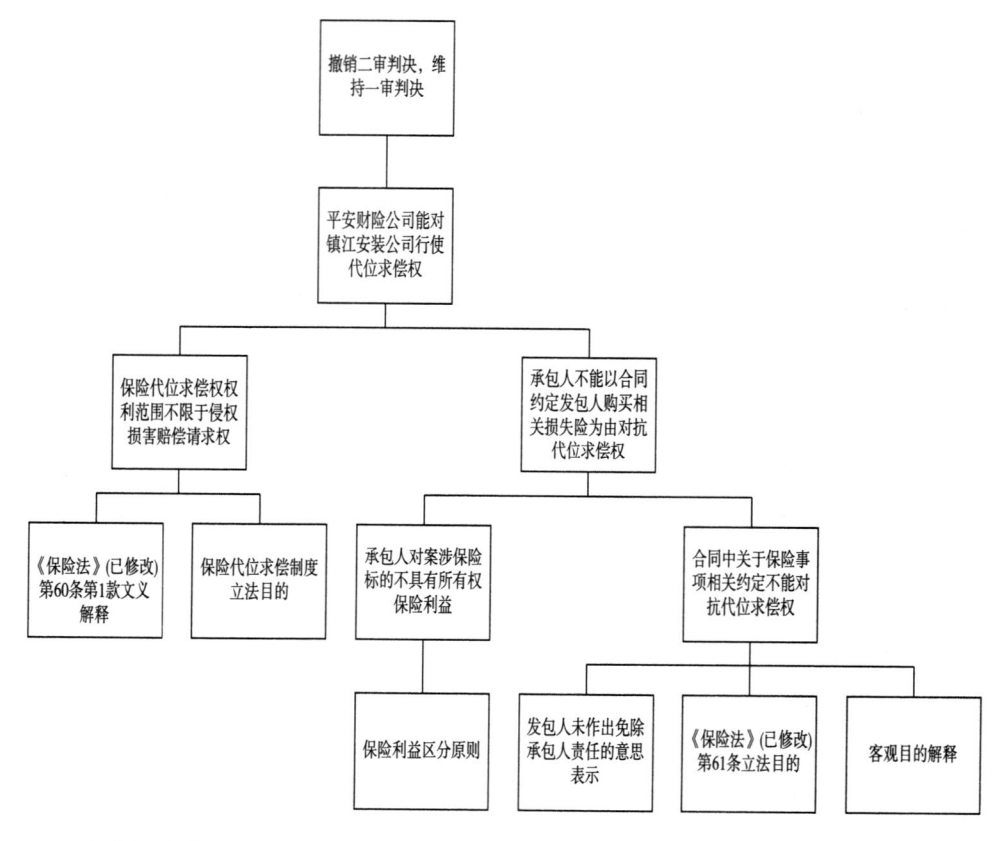

```
                    ┌─────────────────┐
                    │ 撤销二审判决，维 │
                    │   持一审判决     │
                    └────────┬────────┘
                             │
                    ┌────────┴────────┐
                    │ 平安财险公司能对 │
                    │ 镇江安装公司行使 │
                    │    代位求偿权    │
                    └────────┬────────┘
              ┌──────────────┴──────────────┐
    ┌─────────┴────────┐           ┌────────┴─────────┐
    │ 保险代位求偿权权 │           │ 承包人不能以合同 │
    │ 利范围不限于侵权 │           │ 约定发包人购买相 │
    │   损害赔偿请求权 │           │ 关损失险为由对抗 │
    │                  │           │    代位求偿权    │
    └────────┬─────────┘           └────────┬─────────┘
         ┌───┴────┐               ┌─────────┴─────────┐
 ┌───────┴──┐ ┌───┴──────┐ ┌──────┴───────┐ ┌─────────┴─────┐
 │《保险法》│ │保险代位求│ │承包人对案涉保│ │合同中关于保险事│
 │(已修改)  │ │偿制度    │ │险标的不具有所│ │项相关约定不能对│
 │第60条第1款│ │立法目的 │ │有权保险利益  │ │抗代位求偿权    │
 │文义解释  │ │          │ │              │ │                │
 └──────────┘ └──────────┘ └──────┬───────┘ └────────┬───────┘
                                  │          ┌───────┼────────┐
                            ┌─────┴────┐ ┌───┴───┐ ┌┴────┐ ┌──┴────┐
                            │保险利益区│ │发包人未│ │《保险│ │客观目 │
                            │分原则    │ │作出免除│ │法》  │ │的解释 │
                            │          │ │承包人责│ │(已修 │ │       │
                            │          │ │任的意思│ │改)第 │ │       │
                            │          │ │表示    │ │61条立│ │       │
                            │          │ │        │ │法目的│ │       │
                            └──────────┘ └────────┘ └──────┘ └───────┘
```

四、说理评析

本篇裁判文书格式规范、语言通顺流畅、案件事实记载全面、争议焦点归纳准确、说理逻辑层次清晰，且裁判要旨具有一定的指导意义，不失为一篇优秀的裁判文书。

本案再审裁判文书最大的亮点在于综合运用多种法律解释方法，对于争议问题作出了明确的回应。对"保险代位求偿权权利范围是否限于损害赔偿请求权"这一争议焦点，一审和二审给出了截然相反的结论，但均未进行充分的说理论证。一审认为《保险法》(已修改)第六十条第一款并未对"第三者"的范围作出特别限定，即保险公司有权依据便利原则根据具体情况进行选择，以确定其所主张权利的

"第三者"。而二审认为《保险法》(已修改)第六十条第一款所指的"第三者"应专指损害保险标的从而造成保险事故的责任人即侵权行为人。再审法院首先对《保险法》(已修改)第六十条第一款进行文义分析,认为该款使用的是"因第三者对保险标的的损害而造成保险事故"的表述,并未限制规定为"因第三者对保险标的的侵权损害而造成保险事故"。之后从立法目的分析,《保险法》(已修改)规定代位求偿权制度的目的在于贯彻财产保险之"损失补偿规则",避免被保险人因保险事故的发生获得双重赔付,取得超出实际损失的不当利益,并因此增加道德风险。因此法院认为将《保险法》(已修改)第六十条第一款中的"损害"理解为仅指"侵权损害",不符合保险代位求偿权制度设立的目的。相比于一审、二审法院对争议问题的简单说理,再审法院通过文义解释和目的解释方法对争议焦点进行了详细、周密的分析,说理更加充分。

再审法院对第二个争议焦点展开论述时,明确了保险利益区分原则,认为"承包人镇江安装公司对案涉保险标的具有责任保险利益,但不具有所有权保险利益,其应该投保与其责任利益相匹配的相关责任保险,而非损失保险。如果支持承包人的主张,便是认可可以一份损失保险代替发包人和承包人基于不同的保险利益而本应分别购买的两种不同性质的保险"。同时,再审法院认为如果允许承包人以建设工程施工合同中已约定发包人购买相关损失险为由,拒绝保险人对其行使保险代位求偿权,会使得《保险法》(已修改)第六十一条的立法目的落空,且违反了保险利益原则,会造成保险合同当事人的权利义务失衡,不利于保险市场的健康发展。

由于《保险法》(已修改)规则模糊不清,所以无法简单通过三段论方式解决实践中的疑难问题,而本篇裁判文书通过文义解释、主观和客观目的解释方法的综合运用,充分展现了裁判结果的形成过程,展现了法律解释运用的技巧和智慧,为之后类案裁判提供了很好的参照。

72. 闻巍等侵犯公民个人信息案*

一、案情简介

（一）基本案情

本案公诉机关上海市虹口区人民检察院，被告人闻巍、朱旭东、张江涛。2019年6月至2020年2月间，闻、朱二人先后经事先联系，以人民币6元/张的价格从微信、QQ名为"发乐""来立中""我怕冷风吹"处以百度网盘分享链接方式获取公民个人信息（居民身份证正反面照片）并存储于网盘内，后下载至电脑硬盘内，交由中银通工作人员用于批量注册激活联名预付费卡，朱旭东还以相同方式自张某处获取公民个人信息，张江涛则自他处购买公民个人信息后转卖给张某。经清点核实，三被告人网盘内的公民个人信息有三千至六万余组不等。三人分别于住处被公安人员抓获，均如实供述了上述犯罪事实。虹口区人民检察院遂对三人提起公诉。

（二）主要争议

法院认为本案争议焦点如下：

1.本案公民个人信息的种类问题；

2.被告人闻巍在共同犯罪中的作用。

二、说理思路

虹口区人民法院就各被告人及其辩护人的辩护意见、公诉机关的出庭意见总结本案争议焦点，逐一评析回应。首先，法官深入剖析《侵犯公民个人信息适用法律的解释》第五条第（四）项的规范内容，综合运用目的解释、当然解释等方法，判定本案公民个人信息应归属于《侵犯公民个人信息适用法律的解释》第五条第（四）项中的特定信息，而非第五条第（五）项中的普通信息。其次，就被告人闻巍在共同犯罪中的作用问题，法院结合已查明的案件事实，根据闻巍的主观状态（明知行为违法）、客观行为（伙同朱旭东积极获取"信息黄牛"非法提供的信息）、社会危害性及其在共同犯罪中所起作用认定其为主犯。在此基础上，充分考虑各被告人如实供述犯罪事实、认罪认罚等量刑情节，采纳公诉机关量刑建议，作出判决。

---

* 源自（2020）沪0109刑初957号刑事判决书。

三、论证结构图

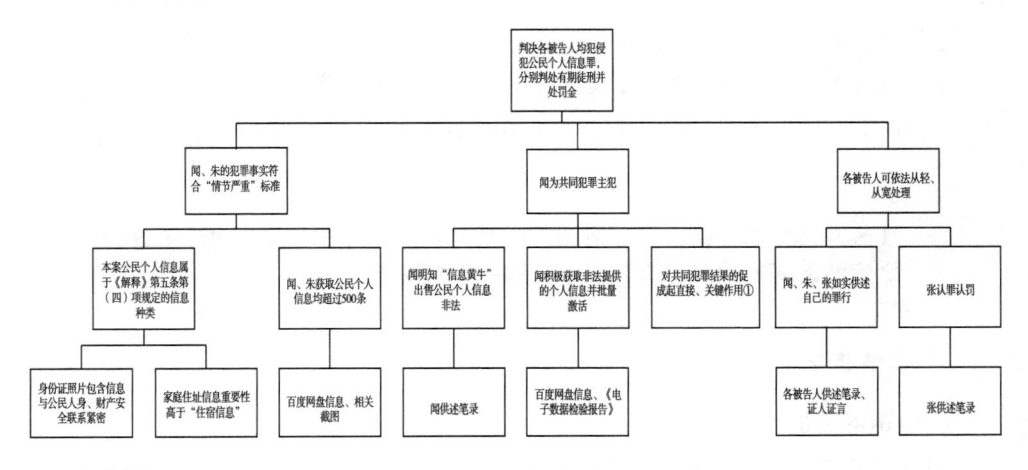

```
                    判决各被告人均犯
                    侵犯公民个人信息罪，
                    分别判处有期徒刑并
                    处罚金
         ┌──────────────────┼──────────────────┐
    闻、朱的犯罪事实符        闻为共同犯罪主犯       各被告人可依法从轻、
    合"情节严重"标准                              从宽处理
    ┌────┴────┐         ┌────┬────┬────┐      ┌────┬────┐
 本案公民个人  闻、朱获  闻明知  闻积极  对共同   闻、朱、 张认罪
 信息属于《解  取公民个  "信息  获取非  犯罪结   张如实  认罚
 释》第五条第  人信息均  黄牛"  法提供  果的促   供述
 （四）项规定  超过500  出售公  的个人  进起    自己的
 的信息种类    条       民信息  信息并  直接、   罪行
                       非法    批量    关键作
                              激活    用①
 ┌────┬────┐   │       │      │      │       │       │
身份证照 家庭住  百度   闻供   百度   各被告  张供
片包含信 址信息  网盘   述笔   网盘   人供述  述笔
息与公民 重要性  信息、  录    信息、  笔录、  录
人身、财 高于   相关          《电子  证人
产安全 "住宿   截图          数据检   证言
紧密关系 信息"                 验报告》
```

[点评]

①对"起直接、关键作用"的说理不充分，支持力不足。

四、说理评析

本案判决书形式完整，用语规范，逻辑严谨，法律适用尤其是法律解释上较为突出，富有条理和说服力，说理简明精炼。

由于本案各被告人对被指控的罪名及犯罪事实基本无异议，法院在定罪部分着墨不多，主要围绕控辩双方在量刑情节上的两大争点展开说理。其中，针对本案公民个人信息（居民身份证正反面照片）的归属种类这一问题的回应较为优秀。在《侵犯公民个人信息适用法律的解释》未直接规定居民身份证照片种类的情况下，法院深入剖析第五条第（四）项的规范内容及规范目的，合理运用法律解释方法确定该类信息的归属标准，其基于该项规定"严厉打击各类危害公民人身、财产安全的违法犯罪活动"的目的，指出规定中"等其他可能影响人身、财产安全的公民个人信息"可根据司法实践的具体情况作等外解释，并进一步明确该等外解释"应确保所适用的公民个人信息涉及人身、财产安全，且与'住宿信息、通讯信息、健康生理信息、交易信息'在重要性程度上具有相当性"。这一解释明晰了该项规定的信息门槛标准，符合合理性、整体性原则的要求。此外，法院在对本案身份证照片信息比照分析时，还运用了"举轻以明重"的当然解释方法予以补充,其指出居民身份证照片包含身份证号、家庭住址等信息,与公民及其家人的人身、财产安全联系紧密,其重要性"应高于作为公民临时性、过去性住所的'住宿信息'",因此,本案公民个人信息应归属于第(四)项的特定信息范围,各被告人的犯罪事实均符合"情节严重"的认定标准。但相较于综合运用多种法律解释方法,相比争点一细致有效的回应,争点二的说理则显简略,对判定的支持力有待增强。

73. 江苏万德力电缆有限公司诉淮安西区人力资源开发有限公司沭阳分公司、淮安西区人力资源开发有限公司追偿权纠纷案*

一、案情简介

（一）基本案情

2018年9月1日,江苏万德力电缆有限公司(以下简称"万德力公司")与淮安西区人力资源开发有限公司沭阳分公司(以下简称"沭阳公司")签订代理协议,约定万德力公司产生相关工伤劳动纠纷由沭阳公司处理,产生的费用由万德力公司负担,万德力公司委托沭阳公司以沭阳公司名义缴纳保险。双方还签订了补充协议,约定员工发生工伤后,由万德力公司电话通知沭阳公司,再由沭阳公司安排住院并承担工伤目录范围内的医疗费用,工伤保险基金内的费用由沭阳公司承担,工资等其他费用由万德力公司负担。

2018年10月至2019年1月,万德力公司员工张某成通过沭阳公司参加工伤保险。2018年10月28日,张某成在车间工作时突然晕倒,经治疗共支付医疗费78751.84元。2020年7月3日,经张某成申请工伤认定、万德力公司申请行政复议,沭阳县人民政府最终确认张某成所受伤害为工伤。2020年8月17日,张某成以万德力公司为被申请人向沭阳县劳动人事争议仲裁委员会申请劳动仲裁,该仲裁委员会作出仲裁调解书,由万德力公司分期支付张某成一次性伤残补助金、一次性工伤医疗补助金等共计65万元。万德力公司已依据仲裁调解书向张某成履行了支付60万元的义务。

万德力公司诉至法院称:其虽然没有依法到用工所在地的社会保险经办机构办理社会保险登记,但不能排除万德力公司依据与沭阳公司签订的代理协议主张医疗费。

---

* 源自(2022)苏13民终1181号民事判决书。

根据双方约定,一旦发生工伤,沭阳公司作为有经营资质的单位,应对万德力公司员工发生工伤后的损失承担赔付责任。此外,万德力公司自身虽未按照法定途径参加社会保险,但已通过沭阳公司为员工购买了工伤保险,并支出了保险费用,故即便发生工伤赔付,社会保险机构也没有因万德力公司自身未参加社会保险而承担额外责任。因此,不应禁止万德力公司就自身风险采取措施获得救济。

江苏省沭阳县人民法院经审理,判决驳回万德力公司的诉讼请求。万德力公司不服原审判决,提起上诉。江苏省宿迁市中级人民法院作出二审判决:驳回上诉,维持原判。

(二)主要争议

法院将本案的争议焦点概括为:

1.万德力公司与沭阳公司之间的代理协议是否有效;

2.万德力公司能否向沭阳公司追偿其已支付的相关费用。

二、说理思路

对于本案的主要争议,二审法院的基本说理思路如下:

针对万德力公司与沭阳公司之间的代理协议,二审法院依据《劳动法》《社会保险法》的相关规定,明确社会保险制度的建立以劳动关系为基础,应由用人单位和劳动者依法参加社会保险。以此为准绳,二审法院从本案的真正用工主体、第三方代缴机构的法律地位和代缴资格以及社会保险的法定开户和缴费单位三个角度分别论证,最终认定万德力公司与沭阳公司之间的代理协议应属无效。

关于万德力公司能否向沭阳公司追偿其已支付的相关费用,二审法院认为,沭阳公司直接以其公司名义为万德力公司职工缴纳社保,此种情形并非代理而应认定为代替。由于社保涉及人身性质,代缴公司不能代替用人单位为劳动者申请工伤待遇。从工伤认定以及工伤待遇支付的规定来看,工伤认定以存在真实的劳动关系(或用工关系)为前提,在代缴情况下,用人单位仍属未依法缴纳工伤保险费,依据《社会保险法》的相关规定,相应的工伤保险待遇应由用人单位即万德力公司承担。因此,万德力公司不能依据无效的代理协议就员工发生的医疗费、工伤赔偿金等直接向沭阳公司追偿。

三、论证结构图

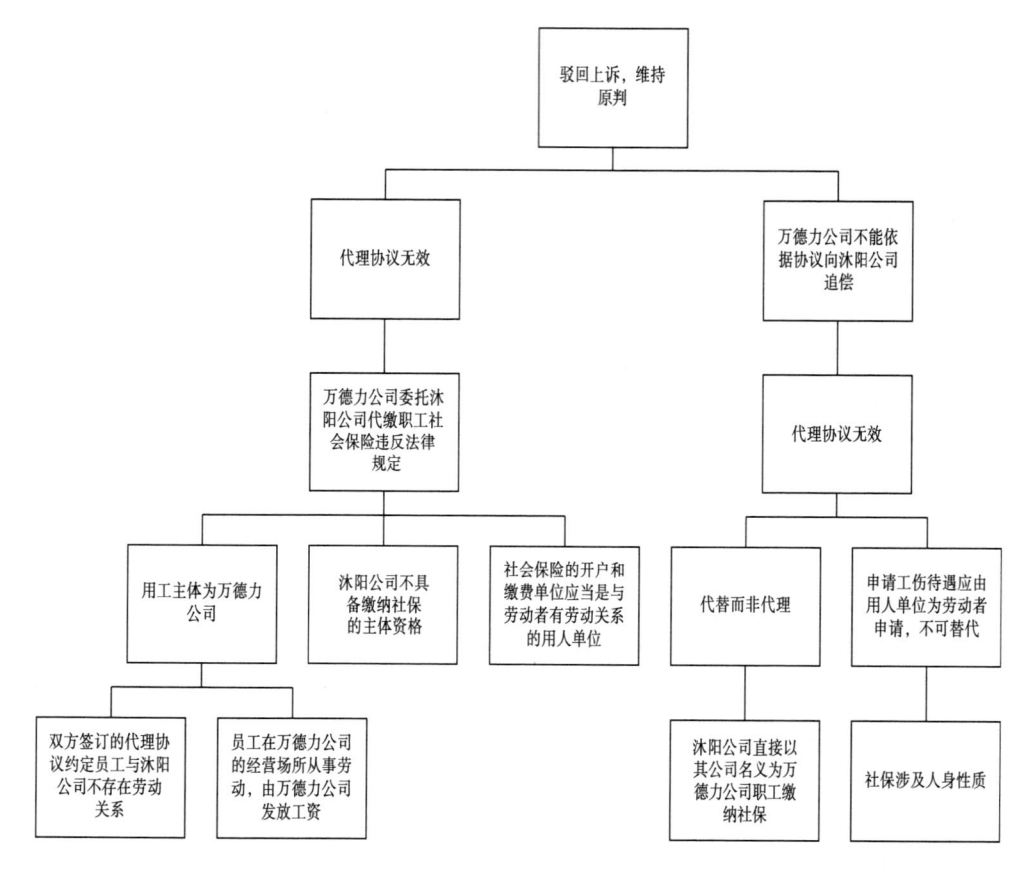

```
                          ┌─────────────┐
                          │驳回上诉，维持│
                          │    原判     │
                          └──────┬──────┘
                    ┌────────────┴────────────┐
              ┌─────┴─────┐            ┌──────┴──────┐
              │ 代理协议  │            │万德力公司不能依│
              │   无效    │            │据协议向沐阳公司│
              │           │            │    追偿      │
              └─────┬─────┘            └──────┬──────┘
                    │                          │
          ┌─────────┴─────────┐          ┌────┴────┐
          │万德力公司委托沐阳  │          │代理协议 │
          │公司代缴职工社会保  │          │  无效   │
          │险违反法律规定     │          │         │
          └─────────┬─────────┘          └────┬────┘
        ┌──────────┼──────────┐          ┌────┴────┐
  ┌─────┴────┐┌────┴────┐┌────┴────┐ ┌───┴──┐ ┌───┴──────┐
  │用工主体为││沐阳公司不││社会保险的││代替而││申请工伤待遇应由│
  │万德力公司││具备缴纳社││开户和缴费││非代理││用人单位为劳动者│
  │          ││保的主体资││单位应当是││      ││申请，不可替代 │
  │          ││   格    ││与劳动者有││      ││              │
  │          ││          ││劳动关系的││      ││              │
  │          ││          ││用人单位 ││      ││              │
  └────┬─────┘└─────────┘└─────────┘ └──┬───┘ └──────┬───────┘
  ┌────┴───┐┌─────────┐                ┌──┴────┐ ┌──┴────┐
  │双方签订││员工在万德│                │沐阳公司│ │社保涉及│
  │的代理协││力公司的经│                │直接以其│ │人身性质│
  │议约定员││营场所从事│                │公司名义│ │       │
  │工与沐阳││劳动，由万│                │为万德力│ │       │
  │公司不存││德力公司发│                │公司职工│ │       │
  │在劳动关││放工资   │                │缴纳社保│ │       │
  │  系   ││          │                │        │ │       │
  └────────┘└─────────┘                └───────┘ └───────┘
```

四、说理评析

本案原审法院经审理对案件事实进行了详细梳理，并列明了关键时间点；二审法院结合上诉人的上诉请求，从原审法院认定的案件事实中抓取关键部分，准确归纳出了万德力公司与沐阳公司之间的代理协议是否有效以及万德力公司能否向沐阳公司追偿其已支付的相关费用两个争议问题。同时，对于各个问题的说理都以总-分的结构，先指出问题的核心本质，再从不同角度加以全面论证，说理结构十分清晰。

在万德力公司与沐阳公司之间的代理协议是否有效这一问题上，法院围绕"社会保险制度的建立以劳动关系为基础,由用人单位和劳动者依法参加社会保险"这一核心要点,从本案的真正用工主体、第三方代缴机构的法律地位和代缴资格以及社会保险的法定开户和缴费单位三个角度进行了分析,角度全面,可谓极具说服力。对于万德力公司能否向沐阳公司追偿其已支付的相关费用这一问题,二审法院一针见血地指出万德力公司与沐阳公司之间名为代理,实为代替,从根本上否定了万德力公司向沐阳公司追偿的请求权基础。对问题分析精准,说理透彻。此外,两个争议问题都涉及代理协议效力问题,对同一问题的不同角度论证起到了相互强化作用。

本案法院全案审理均做到了以法律为准绳,在分析各当事人之间的法律关系时尤为突出:依据《劳动法》《社会保险法》相关规定,法院明确了两公司之间代理协议背后真正的劳动关系存在于万德力公司与包括张某成在内的员工之间;依据《工伤保险条例》,法院指出了两公司间代缴关系的违法性;依据《社会保险法》,法院明确了代缴情况下的工伤保险待遇仍应由用人单位即万德力公司承担。此外,"应为劳动者缴纳社会保险的主体"这一问题涉及多部法律法规,法院均一一列明,足见对法律条文运用之熟练。

值得一提的是,二审法院在论及第三方代缴机构时,除依据《工伤保险条例》的相关规定外,还结合了法院的审判经验,指出"实践中,第三方代缴机构为了完成委托事项,往往会与劳动者签订一份'虚构'的劳动合同,这也从侧面说明,第三方代缴机构明知其不具备用人单位主体资格,为了获取形式上的'资格'虚构劳动合同等文件",该法外因素的加入增强了裁判的说服力。

综上,本案法院的裁判文书说理部分争议点归纳到位,说理结构清晰、逻辑严谨,引用法律准确全面,运用法律灵活,同时结合了审判经验增强说服力,是一篇值得借鉴的裁判文书。

74. 央视国际网络有限公司诉暴风集团股份有限公司侵害著作权纠纷案*

一、案情简介

(一)基本案情

2014年6月13日至7月14日期间,中央电视台在从国际足球联合会取得"2014巴西世界杯"中国大陆地区独家转播权的基础上向中国大陆地区的电视观众实时转播该赛事,央视国际网络有限公司(以下简称"央视国际")在赛后通过互联网络向中国大陆观众提供全部完整赛事的电视节目(即涉案赛事节目)在线播放服务。暴风集团股份有限公司(以下简称"暴风公司")未经央视国际许可,在其网站及其研发的播放器上,通过互联网络直接向公众提供"2014巴西世界杯"赛事电视节目短视频的在线播放服务。央视国际认为涉案短视频属于"以类似摄制电影的方法创作的作品"(即"类电作品"),暴风公司此行为严重侵害了央视国际依法独占享有的通过信息网络向公众提供涉案赛事节目的权利,遂诉至法院。

一审法院认为涉案赛事节目所体现的独创性尚不足以达到构成我国著作权法所规定的"类电作品"的高度,应当认定为录像制品,且未全额支持央视国际提出的赔偿数额。一审审理后双方均提起上诉,二审对央视国际提出的赔偿数额全额支持,但同样认为涉案赛事节目属于录像制品而非"类电作品"。央视国际以二审法院对涉案赛事节目是否构成"类电作品"的判定在事实认定和法律适用上存在错误为由申请再审。再审判决支持央视国际的主张,认为涉案赛事节目构成我国著作权法保护的电影类作品,在维持二审判决结果的同时纠正了二审判决在相关事实认定、法律适用方面的错误。

(二)主要争议

再审法院认为本案再审阶段的争议焦点为:

1.如何理解电影类作品的构成要件;

2.涉案赛事节目是否构成以类似摄制电影的方法创作的作品。

---

* 源自(2020)京民再127号民事判决书。

二、说理思路

再审法院就争议焦点分别进行论述。就电影类作品的构成要件,再审法院主要围绕电影类作品独创性的要求以及电影类作品定义中"摄制在一定介质上"这一要求进行了分析。就独创性要求而言,再审法院首先从文义解释的角度指出,作品的独创性源自作者的创作,而创作是一种事实行为,对于是否存在创作这一事实行为,只能定性,而无法定量;同理,对于作品的独创性判断,只能定性其独创性之有无,而无法定量其独创性之高低。其次,再审法院还通过体系解释,对表现形式均为连续画面的电影作品和录像制品的实质性区别进行了分析。其认为我国著作权法对邻接权单独设置是为了拓展保护,而非限制保护,作品的判断标准并不因为单独设置了邻接权而提高。"电影类作品和录像制品分别作为著作权和邻接权的保护客体,其实质性区别在于连续画面的制作者是否进行了创作,所形成的连续画面是否具有独创性",从而得出"电影类作品与录像制品的划分标准应为有无独创性,而非独创性程度的高低"的结论。就"摄制在一定介质上"的要求而言,法院进行了目的解释,认为该项规定的目的在于"将被摄制的形象、图像、活动与摄制后的表达进行区分,明确该类作品保护的是智力创作成果而非被创作的对象,保护的是表达,而非思想或情感本身"。认为此规定的规范意义在于要求作品存在并且具有可复制性,而与作品是否"固定"或"稳固地固定"无关。最后,法院还指出,随着信息存储传播技术的进步,信息存储变得更加快捷、存储介质变得更加多元,考虑到这一点,也应当对"介质"作广义解释。

在此基础上,法院就涉案赛事节目是否构成以类似摄制电影的方法创作的作品进行了论述。就独创性而言,法院认为涉案赛事节目为向观众传递比赛的现场感,呈现足球竞技的对抗性、故事性,在制作过程中大量运用了镜头技巧、蒙太奇手法和剪辑手法,在机位的拍摄角度、镜头的切换、拍摄场景与对象的选择、拍摄画面的选取、剪辑、编排以及画外解说等方面均体现了摄像、编导等创作者的个性选择和安排,故而满足电影类作品的独创性要求。而就涉案赛事节目是否满足电影类作品定义中"摄制在一定介质上"的要求而言,法院认为,涉案赛事节目在网络上传播的事实足以表明其已经通过数字信息技术在相关介质上予以固定并进行复制和传播,既满足作品一般定义中"可复制性"的要求,亦满足电影类作品定义中"摄制在一定介质上"的要求。故而,法院认为,涉案赛事节目构成我国著作权法保护的电影类作品,而不属于录像制品。

三、论证结构图

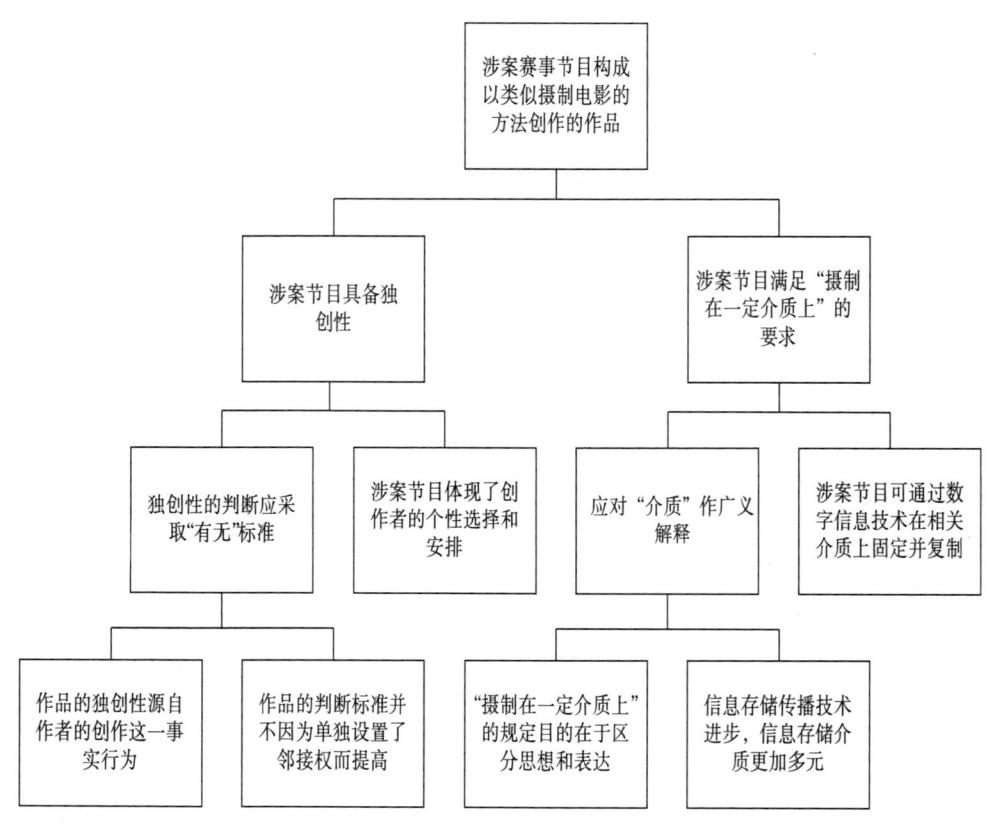

```
                    涉案赛事节目构成
                    以类似摄制电影的
                    方法创作的作品
                    ┌──────┴──────┐
            涉案节目具备独            涉案节目满足"摄制
            创性                    在一定介质上"的
                                    要求
            ┌────┴────┐            ┌────┴────┐
      独创性的判断应采    涉案节目体现了创    应对"介质"作广义    涉案节目可通过数字
      取"有无"标准       作者的个性选择和    解释              信息技术在相关
                        安排                                  介质上固定并复制
      ┌────┴────┐                          ┌────┴────┐
  作品的独创性源自  作品的判断标准并              "摄制在一定介质上"  信息存储传播技术
  作者的创作这一事  不因为单独设置了              的规定目的在于区    进步,信息存储介
  实行为           邻接权而提高                 分思想和表达       质更加多元
```

四、说理评析

本案再审阶段的争议焦点涉及著作权法学界和实务界都具有较大争议的独创性判断标准的问题,法院因此在判决中展开较大篇幅的教义学探讨。本案的说理部分框架清晰,逻辑严谨。法院先是对独创性和摄制介质两大要件进行解释,构建出了具体的、可适用的类电作品判断标准,再将涉案体育赛事节目的具体特征涵摄于此标准,呈现出较为明显的司法三段论结构。此外,法院能够灵活运用法律解释方法,法院在独创性判断的"有无标准"和"高低标准"之间,选择了前者,并通过对制定法的文义解释和体系解释证成了这一判断。在证成对"介质"的扩大解释时,法院主要采取了目的解

释的方法,指出制定法作出"介质"的规定的目的在于区分思想和表达,因此不应对"介质"做固定性理解。此外,法院还援引了《现代汉语词典》对"介质"一词的释义来佐证其扩大解释后的含义依然落在"介质"一词的含义之内。在涵摄过程中,法院对涉案赛事节目的特点进行了详细分析,对为何涉案赛事节目体现了作者的个性选择和安排进行了丰富的论证。此外,法院同样运用大量篇幅对二审判决的观点和论证进行分析,增强了法院说理论证的针对性和说服力。

本案再审判决明确界定了著作权法对电影类作品的独创性要求,从解释论的角度,灵活运用法律解释方法,既考虑到了法律条文的字面含义,又立足于法律规范的体系和立法演变,从整体上解释了相关法律条文的含义,具有较强的学理性,符合本案的特征。同时,法院又通过对我国著作权法规范的教义学阐释,对当事人的争议焦点以及二审判决均作出了正面回应,具有较强的说服力。

75. 成都金创盟科技有限公司诉成都爱华康复医院有限公司拍卖合同纠纷案*

一、案情简介

(一)基本案情

因成都爱华康复医院有限公司(以下简称"爱华医院")未履行生效法律文书确定的义务,郫都区法院于 2018 年 7 月 25 日发布《拍卖公告》,拍卖爱华医院所有的某地 18361.56 平米土地及土地上构筑物、机器设备(以下简称"案涉土地及设备")。该公告第六条载明"标的物过户登记手续由买受人自行办理。拍卖成交买受人付清全部拍卖价款后,凭法院出具的民事裁定书、协助执行通知书及拍卖成交确认书自行至相关管理部门办理标的物权属变更手续。办理过程中所涉及的买卖双方所需承担的一切税、费和所需补交的相关税、费(包括但不限于所得税、营业税、土地增值税、契税、过户手续费、印花税、权证费、水利基金费、出让金以及房产及土地交易中规定缴纳的各种费用)及物管费、水、电等欠费均由买受人自行承担,具体费用请竞买人于拍卖前至相关单位自行查询"。

2018 年 8 月 26 日至 2018 年 8 月 27 日,郫都区法院在该院淘宝网司法拍卖网络平

---

* 源自(2022)最高法民再 59 号民事判决书。

台,对案涉土地及设备依法进行拍卖。2018年8月27日,成都金创盟科技有限公司(以下简称"金创盟公司")以29339060元的最高价竞得案涉土地及设备。2018年10月30日,郫都区法院作出(2018)川0124执恢14号之二民事裁定书,裁定案涉土地及设备归金创盟公司所有,并裁定金创盟公司可凭该民事裁定书到相关部门办理上述不动产过户登记手续,相关过户费用由其自行承担。2019年7月5日,金创盟公司取得案涉土地使用权。

2019年12月17日,郫都区税务局向爱华医院出具《债权申报表》,其中一文件载明"……该公司(爱华医院)2009年及以后一直未申报城镇土地使用权税,我单位于2011年下发税务事项通知书,通知其申报缴纳2009年—2010年城镇土地使用税,但该公司一直未向我单位申报缴纳相关税款……根据税法相关文件规定,爱华医院作为纳税主体,相关纳税义务已经发生,但未向我单位履行相关涉税义务,我单位依法追征"。

爱华医院缴纳相应税款后向金创盟公司予以追偿。一审庭审中,金创盟公司对爱华医院主张的增值税、城市维护建设税、教育费附加收入等税费均无异议,但对上述税费产生的滞纳金和城镇土地使用税及滞纳金有异议。一审和二审法院均判决案涉城镇土地使用税应由金创盟公司承担。金创盟公司申请再审,诉至最高人民法院。

(二)主要争议

最高人民法院认为,本案争议焦点是:爱华医院欠缴的城镇土地使用税是否属于《拍卖公告》第六条"办理过程中所涉及的买卖双方所需承担的一切税、费和所需补交的相关税、费……均由买受人自行承担"中约定的"所需补交的相关税费"。

二、说理思路

本案裁判文书首先根据双方当事人纠纷发生时间,以及《最高人民法院关于适用〈中华人民共和国民法典〉时间效力的若干规定》的相关规定判断本案应适用的法律。之后,根据本案争议焦点,围绕争议焦点所涉《拍卖公告》中的格式条款第六条的约定,根据《合同法》(已失效)第一百二十五条第一款的规定,先后按照文义解释、体系解释、交易规则或者习惯、诚实信用等原则对其进行解释。最终得出结论认为,案涉城镇土地使用税属于与权属变更无关的税费,应由其法定纳税人爱华医院承担,而非买受人金创盟公司承担。

三、论证结构图

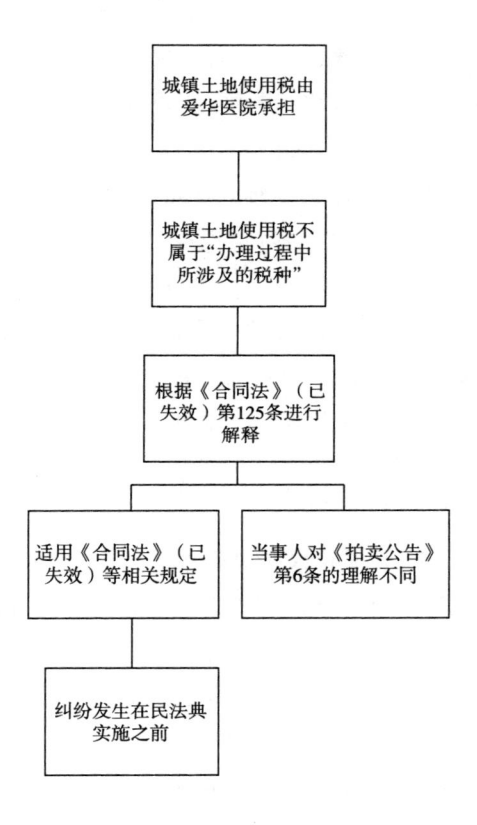

```
┌─────────────────┐
│ 城镇土地使用税由 │
│  爱华医院承担    │
└────────┬────────┘
         │
┌────────┴────────┐
│ 城镇土地使用税不 │
│ 属于"办理过程中  │
│  所涉及的税种"   │
└────────┬────────┘
         │
┌────────┴────────┐
│ 根据《合同法》（已│
│ 失效）第125条进行│
│      解释        │
└────────┬────────┘
         │
    ┌────┴────┐
┌───┴────┐ ┌──┴─────┐
│适用《合 │ │当事人对 │
│同法》（已│ │《拍卖公告》│
│失效）等 │ │第6条的理 │
│相关规定 │ │解不同   │
└───┬────┘ └────────┘
    │
┌───┴────┐
│纠纷发生在│
│民法典   │
│实施之前 │
└────────┘
```

四、说理评析

本案裁判文书的说理结构逻辑清晰，论点条理分明，推理过程连贯顺畅，文书具备高度的完整性和自足性，使得判决的合理性一目了然；且裁判结果有力地维护了司法的公正性，达到了法律效果和社会效果的有机统一。

第一，在说理结构上适用法律解决争议纠纷。首先，需要确定案件事实所应当适用的法律，再审法院根据纠纷事实发生在《民法典》施行前，判断应当适用当时有效的《合同法》（已失效）等相关规定。其次，法官围绕再审事由总结归纳出该案的争议焦点，而解决该争议焦点的核心是对《拍卖公告》第六条进行解释。解释规则确定于《合同法》（已失效）第一百二十五条第一款规定中，故而再审法院根据该规定，先后按照文义解释、体系解释、交易规则或者习惯、诚实信用等原则对当事人存在争议的合同条款进行解释。最后,再审法院根据前述解释方法得出统一的结论,并作出令人信服的判决。

第二,具体到合同条款解释的说理层面,本案裁判文书遵循《合同法》(已失效)第一百二十五条第一款规定的解释方法和顺序,从城镇土地使用税的性质、《拍卖公告》第六条的适用语境、竞买人的合理预见范围等角度出发,层层推进展开说理,雄辩地指出应当由爱华医院承担城镇土地使用税费。首先,再审法院明确指出,从文义解释上看,《拍卖公告》第六条约定买受人需自行承担税费的方式是"概括"加"列举"。在本案中,"列举"事项并不包括城镇土地使用税。"概括"规定所采取的语言是"办理过程中所涉及的买卖双方所需承担的一切税、费和所需补交的相关税、费"。法院认为这个表述明确表明,买受人需承担的仅限于"办理过程中所涉及的"。裁判文书继而从城镇土地使用税的性质分析,认为其与土地权属变更无关,不属于"办理过程中"的税费。其次,再审法院明确,税费负担的约定系在权属变更语境下,并不包括权属变更过程之外的城镇土地使用税。再次,再审法院根据《最高人民法院关于网络司法拍卖若干问题的规定》,点明拍卖财产的瑕疵和权利负担等类似信息不应超出竞买人的预见范围,而本案中城镇土地使用税费属于爱华医院纳税义务范畴,且是爱华医院未提供、当事人查询不到的信息,超出当事人的预见范围。最后,再审法院"举轻以明重",指出"网络司法拍卖本身形成的能够预见的权属变更税费,原则上尚且由法律规定的纳税义务人承担,与权属变更无关的超出竞买人预见的税费更应由法定纳税人承担。"

此外,本案裁判文书还具有语言清晰、准确、流畅,文书中的事实描述、法律引用和术语使用清晰且准确等优点,是一篇优秀的裁判文书。

76. 甘露诉暨南大学开除学籍决定案*

一、案情简介

(一)基本案情

甘露原系暨南大学华文学院语言学及应用语言学专业 2004 级硕士研究生。2005

---

* 源自(2011)行提字第 12 号行政判决书。

年间,甘露在参加现代汉语语法专题科目的撰写课程论文考试时,提交了《关于"来着"的历时发展》的考试论文,任课老师发现其提供的考试论文是从互联网上抄袭,遂对其进行批评、教育后,要求重写论文。甘露第二次向任课老师提供的考试论文《浅议东北方言动词"造"》,又被任课老师发现与发表于《江汉大学学报》2002年第2期《东北方言动词"造"的语法及语义特征》一文雷同。2006年3月8日,暨南大学作出决定,给予甘露开除学籍的处分。甘露不服,向广东省教育厅提出申诉,广东省教育厅以程序违法为由责令暨南大学对甘露的违纪行为重新作出处理。后暨南大学依相应程序作出暨学〔2006〕33号《关于给予硕士研究生甘露开除学籍处分的决定》(以下简称"开除学籍决定"),并于6月23日送达甘露。

2007年6月11日,甘露以暨南大学作出的开除学籍决定没有法律依据及处罚太重为由,向广州市天河区人民法院提起行政诉讼,请求撤销暨南大学作出的开除学籍决定并承担案件诉讼费。法院判决维持了开除学籍决定。甘露不服提起上诉,二审维持原判。后甘露向广东省高级人民法院申请再审,该院驳回其再审申请。后甘露向最高人民法院申请再审。

(二)主要争议

双方争议焦点:被诉开除学籍决定适用法律是否正确(课程论文抄袭是否属于"剽窃、抄袭他人研究成果")。

二、说理思路

首先,法院认为,暨南大学规定系依据《普通高等学校学生管理规定》(已失效)第五十四条第(五)项制定,故应遵循《普通高等学校学生管理规定》(已失效)相应条文的立法本意。根据立法原意,甘露行为不属于该项情形。理由为:(1)《普通高等学校学生管理规定》(已失效)第五十四条第(四)、(五)项区分了考试违纪与剽窃、抄袭;(2)第(五)项所称的"剽窃、抄袭他人研究成果"限定于毕业、学位论文以及公开发表成果;(3)"情节严重"指抄袭数量大、占比高、影响大等;(4)甘露的课程论文属于课程考核的一种形式,而非剽窃、抄袭他人研究成果的适用情形。

其次,法院认为,鉴于开除学籍决定已生效并已实际执行,甘露已离校多年且目前已无意返校继续学习,撤销开除学籍决定已无实际意义,故确认开除学籍决定的违法性。

最后，甘露在再审期间提出的其在原审期间未提出的赔偿请求，法院依法不予审查。

三、论证结构图

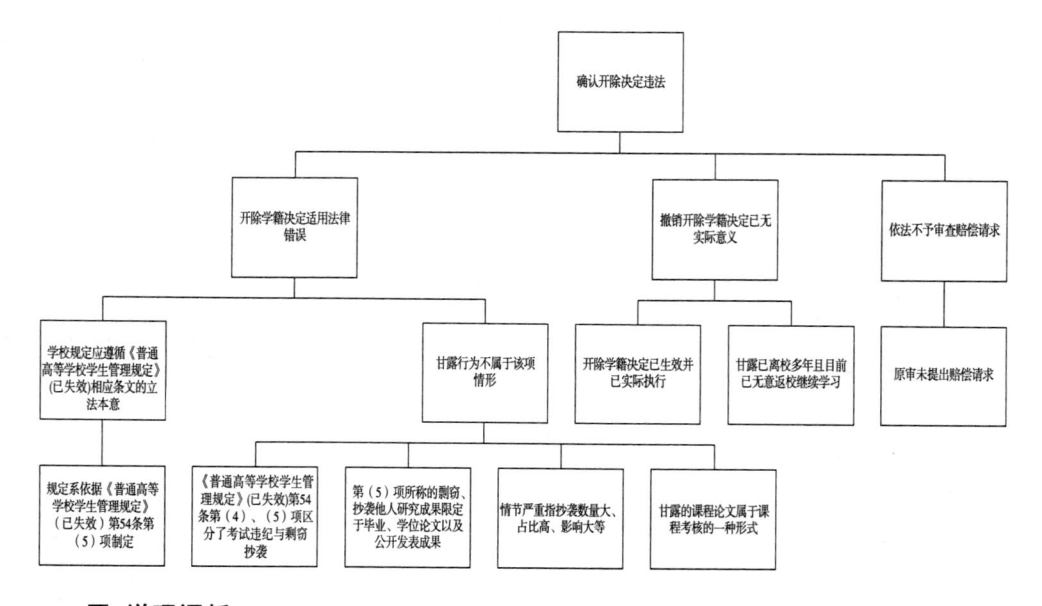

```
                          ┌─────────────────┐
                          │ 确认开除决定违法 │
                          └────────┬────────┘
              ┌────────────────────┼────────────────────┐
    ┌─────────┴─────────┐  ┌───────┴────────┐  ┌────────┴────────┐
    │ 开除学籍决定适用  │  │ 撤销开除学籍决 │  │ 依法不予审查赔偿│
    │ 法律错误          │  │ 定已无实际意义 │  │ 请求            │
    └─────────┬─────────┘  └───────┬────────┘  └────────┬────────┘
        ┌────┴────┐          ┌─────┴─────┐              │
   ┌────┴──┐ ┌────┴───┐  ┌───┴───┐ ┌─────┴─────┐   ┌────┴────┐
   │学校规定│ │甘露行为│  │开除学 │ │甘露已离校 │   │原审未提 │
   │应遵循《│ │不属于该│  │籍决定 │ │多年且目前 │   │出赔偿请 │
   │普通高等│ │项情形  │  │已生效 │ │已无意返校 │   │求       │
   │学校学生│ │        │  │并已实 │ │继续学习   │   │         │
   │管理规定│ │        │  │际执行 │ │           │   │         │
   │》(已失 │ │        │  │       │ │           │   │         │
   │效)相应 │ │        │  │       │ │           │   │         │
   │条文的立│ │        │  │       │ │           │   │         │
   │法本意  │ │        │  │       │ │           │   │         │
   └────────┘ └────────┘  └───────┘ └───────────┘   └─────────┘
```

（附带下层节点：规定系依据《普通高等学校学生管理规定》(已失效)第54条第(5)项制定；《普通高等学校学生管理规定》(已失效)第54条第(4)、(5)项区分了考试违纪与剽窃抄袭；第(5)项所称的剽窃、抄袭他人研究成果限定于毕业、学位论文以及公开发表成果；情节严重指抄袭数量大、占比高、影响大等；甘露的课程论文属于课程考核的一种形式）

四、说理评析

自"田永诉北京科技大学案"以来，法院通过在高校学位授予、纪律处分等领域作出的一系列重要判决，打破了"高校无讼"的局面，推进了高校法治化。"甘露案"作为最高人民法院审理的首个高校行政诉讼案件，并作为公报案例供参考，具有重要意义。本案进一步明确了高等学校开除学籍处分决定的可诉性，最高人民法院在判决摘要中指出："学生对高等院校作出的开除学籍等严重影响其受教育权利的决定可以依法提起诉讼。"

同时，本案裁判说理展现了法律方法（尤其是法律解释）的使用，体现了在证据事实本身无争议的情况下对事实的建构。在说理部分，法官诉诸"立法原意"，限缩解释了"剽窃、抄袭他人研究成果"的内涵，认为暨南大学处分决定"适用法律错误"，并据此否定了暨南大学作出的开除学籍处分决定的合法性。

然而,这种说理思路存在一定问题。首先,法律解释原则上应当以文义解释优先,法官在选用历史解释前,应当对文义的争议模糊予以证明,也即论证"剽窃、抄袭他人研究成果"的文义为何不能够涵摄甘露的抄袭行为。其次,即使遵循历史解释的方法,本案法官的论证仍有一定问题:(1)最高人民法院通过向教育部发函的方式得到了答复,并以此作为"立法原意",但这种将原制定机关事后对法条的解释意见视为立法原意之再现的做法让人存疑①;(2)法官诉诸《普通高等学校学生管理规定》(已失效)"相应条文"的立法原意,根据甘露行为性质,《普通高等学校学生管理规定》(已失效)第五十四条第(四)、(五)项都应属于解释对象,但法官并未对前者进行解释。因为根据第(四)项内容,可予以开除的作弊行为指由他人代替考试、替他人参加考试、组织作弊、使用通讯设备作弊及其他作弊行为严重的。可看出这里的"作弊"主要指考场严重违纪现象,无法直接得出是否包含论文考核,也无法直接判断甘露行为是否情节严重。因此,本案法官在对甘露行为的合法性按下不表的情况下,否认了处罚决定的合法性,导致其说理的可接受性有待商榷。

77. 牟某某虐待案*

一、案情简介

(一)基本案情

2018年8月,被告人牟某某与被害人刘某某(系化名,女,殁年24岁)确立恋爱关系。2018年9月至2019年10月,二人在北京市海淀区某大学的学生公寓以及牟某某位于北京的家中、刘某某的家中共同居住;2019年1月至2月,牟某某、刘某某先后到广东省东莞市、山东省青岛市与双方家长见面。

2019年1月起,被告人牟某某因纠结刘某某以往性经历,心生不满,多次追问刘某某性经历细节,与刘某某发生争吵,高频次、长时间、持续性辱骂刘某某,并表达过让刘某某通过"打胎"等方式以换取其心理平衡等过激言词。同年6月13日,刘某某与牟

---

① 参见施立栋:《立法原意、学术剽窃与司法审查——"甘露案"判决论理之检讨》,载《行政法论丛》2013年第27卷,第315—316页。

* (2023)京01刑终274号刑事附带民事裁定。

某某争吵后割腕自残。8月30日,刘某某与牟某某争吵后吞食药物,经医院采取洗胃等救治措施后下发了病危病重通知书。

2019年10月9日中午,刘某某与被告人牟某某在牟某某位于北京市朝阳区的家中再次发生争吵,并遭到牟某某的辱骂。当日15时17分许,刘某某独自外出,后入住北京市海淀区某宾馆,并于17时40分许网购盐酸地芬尼多片2盒,服用该药物自杀,被发现后,刘某某被送往医院救治。2020年4月11日,刘某某经救治无效死亡。

北京市海淀区人民法院于2023年6月15日以(2021)京0108刑初382号刑事附带民事判决,认定被告人牟某某犯虐待罪,判处有期徒刑三年二个月;被告人牟某某赔偿附带民事诉讼原告人马某某(系化名,被害人母亲)经济损失人民币七十三万二千六百九十九元五角二分。宣判后,被告人牟某某提出上诉。北京市第一中级人民法院于2023年7月25日以(2023)京01刑终274号刑事附带民事裁定,驳回上诉,维持原判。

(二)主要争议

本案控辩双方的争议焦点集中在以下三个方面:

1.犯罪构成的主体方面,即被告人牟某某与被害人之间是否属于虐待罪中所规定的家庭成员关系,牟某某是否符合虐待罪的犯罪主体要件;

2.犯罪构成的客观方面,即牟某某对被害人实施的辱骂行为是否属于虐待罪中的虐待行为且达到了情节恶劣的程度;

3.犯罪行为与危害后果之间的因果关系方面,即牟某某实施的辱骂行为与被害人自杀身亡这一结果之间是否存在刑法上的因果关系。

二、说理思路

本案的主要说理思路为通过被告人与行为人具有共同生活事实,处于较为稳定的同居状态,形成事实上的家庭关系,因此认定被告人为《刑法》(已修改)第二百六十条规定的"家庭成员";以及被告人持续实施精神虐待行为,造成或者增加被害人自残、自杀倾向的高风险状态,导致被害人自残、自杀,综合案件具体情况,认定虐待行为与危害结果之间存在因果关系。由此作出被告人牟某某构成虐待罪的裁定。

三、论证结构图

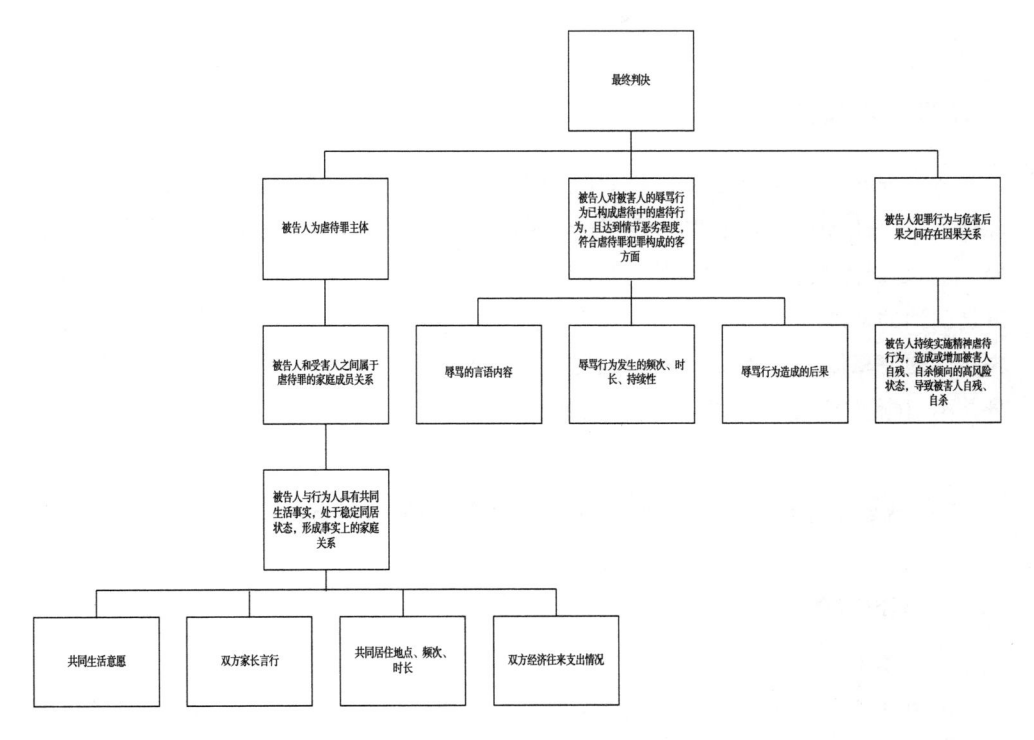

```
                                最终判决
                    ┌──────────────┼──────────────┐
              被告人为虐待罪   被告人对被害人的辱骂行   被告人犯罪行为与危害后
              主体           为已构成虐待行为中的虐待行   果之间存在因果关系
                            为,且达到情节恶劣程度,
                            符合虐待罪犯罪构成的各
                            方面
                    │      ┌───────┼────────┐         │
              被告人和受害  辱骂的  辱骂行为发生  辱骂行为  被告人持续实施精神虐待
              人之间属于   言语内容 的频次、时   造成的后果 行为,造成或增加被害人
              虐待罪的家庭            长、持续性            自残、自杀倾向的高风险
              成员关系                                  状态,导致被害人自残、
                                                      自杀
                    │
              被告人与行为人
              具有共同生活事
              实,处于稳定同
              居状态,形成事
              实上的家庭关系
         ┌──────┬────┴────┬──────┐
      共同生活  双方家长  共同居住地  双方经济往
      意愿     言行      点、频次、   来支出情况
                       时长
```

四、说理评析

从公众的朴素正义感出发,牟某某对同居女友反复实施高频次、长时间、持续性的辱骂行为,是典型的精神虐待,性质的确恶劣,但在案件刚发生时,人们一方面不敢断言牟某某的行为与被害人自杀是否存在直接的因果联系,另一方面也因为两人并非婚姻关系,难以认定牟某某犯有虐待罪。在情、理、法之间,法院谨慎地找到了恰当的平衡点,一方面认定牟某某长期的精神打压行为造成了受害者的自杀风险,且对自己制造的风险状态视而不见,另一方面认定二人共同居住等行为构成了实质上的家庭成员关系,牟某某符合虐待罪的犯罪主体要件,最终让牟某某受到了法律的制裁。

第二节 法律推理

从说理的视角看,推理的过程是一个不断给出理由的过程,包括:(1)基于演绎的说理,又称三段论推理,说理的重点是证明小前提的谓词能够为大前提的主词所涵摄,实质是回答概念归属的问题;(2)基于归纳的说理,在进行归纳推理的过程中,素材只是归纳的基础,从素材到结论还需要法官提供理由;(3)基于类比的说理,类案与待决案件为何相似,则需要承办法官进行专门的说明;(4)基于后果的说理,鉴于后果本身并不清晰确定,法官在以后果为理由时,尤其需要就后果的认定提供充足理由。

78. 被告人李某侵犯公民个人信息刑事附带民事公益诉讼案*

一、案情简介

(一)基本案情

2020年6月至9月间,被告人李某制作一款具有非法窃取安装者相册照片功能的手机"黑客软件",打包成安卓手机端的"APK安装包",发布于暗网"茶马古道"论坛售卖,并伪装成"颜某检测"软件发布于"芥子论坛"(后更名为"快猫社区")供访客免费下载。用户下载安装"颜某检测"软件使用时,"颜某检测"软件会自动在后台获取手机相册里的照片,并自动上传到被告人搭建的腾讯云服务器后台,从而窃取安装者相册照片共计1751张,其中部分照片含有人脸信息、自然人姓名、身份号码、联系方式、家庭住址等公民个人信息100余条。

2020年9月,被告人李某在暗网"茶马古道"论坛看到"黑客资料"帖子,后用其此前在暗网售卖"APK安装包"部分所得购买、下载标题为"社工库资料"数据转存于"MEGA"网盘,经其本人查看,确认含有个人真实信息。2021年2月,被告人李某明知"社工库资料"中含有户籍信息、QQ账号注册信息、京东账号注册信息、车主信息、借贷

---

* 源自(2021)沪0120刑初828号刑事附带民事判决书。

信息等，仍将网盘链接分享至其担任管理员的"翠湖庄园业主交流"QQ 群，供群成员免费下载。经鉴定，"社工库资料"去除无效数据并进行合并去重后，包含各类公民个人信息共计 8100 万余条。

上海市奉贤区人民检察院以社会公共利益受到损害为由，向上海市奉贤区人民法院提起刑事附带民事公益诉讼。被告人李某对起诉指控的基本犯罪事实及定性无异议，且自愿认罪认罚。

（二）主要争议

一审法院将本案的争议焦点概括为：

李某窃取公民"人脸信息"的行为是否构成侵犯公民个人信息罪。

二、说理思路

法院认为被告所窃取的人脸信息属于刑法规制范畴的"公民个人信息"。主要理由包括：第一，"人脸信息"与其他明确列举的个人信息种类均具有明显的"可识别性"特征。由公民个人信息涵括人脸信息，这是将其纳入公民个人信息的基础。第二，将"人脸信息"认定为公民个人信息遵循了法秩序统一性原理。从法律体系的角度出发，将民法等法律规定纳入考量。第三，采用"颜某检测"黑客软件窃取"人脸信息"具有较大的社会危害性和刑事可罚性。从社会影响的角度出发，考虑窃取公民人脸信息造成的危害性。

三、论证结构图

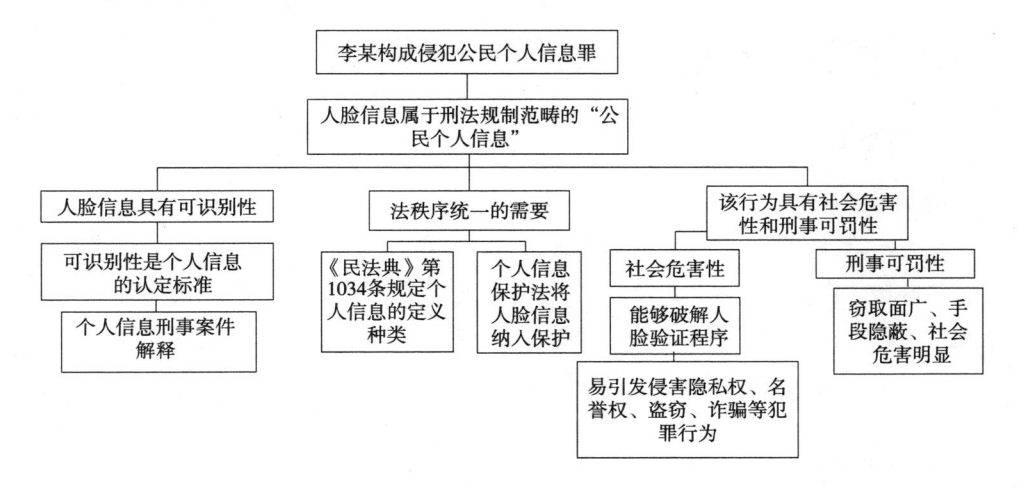

```
                  李某构成侵犯公民个人信息罪
                            │
                  人脸信息属于刑法规制范畴的"公
                       民个人信息"
         ┌──────────────────┼──────────────────┐
  人脸信息具有可识别性      法秩序统一的需要         该行为具有社会危害
                                                 性和刑事可罚性
  可识别性是个人信息    ┌──────┴──────┐      ┌──────┴──────┐
     的认定标准      《民法典》第   个人信息   社会危害性      刑事可罚性
                   1034条规定个  保护法将
  个人信息刑事案件    人信息的定义  人脸信息   能够破解人    窃取面广、手
        解释            种类      纳入保护   脸验证程序    段隐蔽、社会
                                                        危害明显
                                          易引发侵害隐私权、名
                                          誉权、盗窃、诈骗等犯
                                              罪行为
```

四、说理评析

本案的主要焦点在于李某的行为是否构成侵犯公民个人信息罪。该案判决文书的说理集中解决该争议焦点,其给出了三个理由。这三个理由从不同的角度出发,兼顾了法理和情理。第一个理由解决了规则适用的问题,采用了演绎推理方法。《侵犯公民个人信息适用法律的解释》中列举了公民个人信息的种类,虽未对"人脸信息"单独列举,但允许依法在列举之外认定其他形式的个人信息。《侵犯公民个人信息适用法律的解释》和《民法典》中规定的公民个人信息的特征为"可识别性",即法律规定的大前提为公民个人信息具有"可识别性"。接着说明小前提——人脸信息具有"可识别性"。"人脸信息"属于生物识别信息,其具有不可更改性和唯一性,人脸与自然人个体一一对应,无须结合其他信息即可直接识别到特定自然人身份,具有极高的"可识别性"。最后得出结论——人脸信息是公民个人信息。第二个理由从更宏观的法秩序角度出发,考虑到《个人信息保护法》已经将人脸信息纳入个人信息的保护范畴,因此刑法更应该与时俱进规制窃取人脸信息的行为,保持法律体系内部的和谐统一。第三个角度从行为后果的角度出发,考虑到当前社会中人脸信息的社交属性较强,罪犯能够利用人脸信息破解人脸识别验证程序,从而引发违法犯罪行为,社会危害性较大。

但该裁判文书美中不足在于法条引用不够具体,文中没有明确指出将人脸信息纳入保护的《个人信息保护法》的具体条文。

79. 蒋海燕、曾英诉覃维邱、苏燕弟生命权纠纷案*

一、案情简介

(一)基本案情

被告覃维邱和死者曾婷婷的爷爷曾开合均在佛山市南海区丹灶镇塱心石龙村租地种菜并居住在菜地工棚。2015年1月15日上午,被告苏燕弟到菜地捡菜时,将几个当地人俗称的大蕉给了覃维邱的孙子覃光典。覃维邱夫妇看到覃光典在吃大蕉,询问苏燕弟并确认大蕉是苏燕弟给的,覃维邱夫妇并没有提出异议,其后苏燕弟离开。上

---

* 源自(2015)佛中法民一终字第1211号民事判决书。

午 11 时许,曾婷婷来到覃维邱的菜地找覃光典一起玩耍,两人每人吃了一根大蕉。大约 14 时,覃光典和曾婷婷在菜地边的小路上玩耍,在菜地里装菜的覃维邱突然听到覃光典大叫,覃维邱夫妇跑到覃光典和曾婷婷身边,发现曾婷婷倒地压住覃光典的脚,不省人事,两手发抖,面色发青,口吐白沫,地上掉落一根没有吃完的大蕉。覃维邱呼叫在附近菜地干活的曾开合。曾开合夫妇跑到曾婷婷身边,发现其倒地不醒,在知道是吃了大蕉后,以为是中毒,遂拨打了报警和急救电话。后曾开合和覃维邱以及另一名老乡送曾婷婷到塱心卫生站进行救治。卫生站接诊医生及随后赶到的佛山市南海区第八人民医院医护人员对曾婷婷进行抢救,期间从曾婷婷喉咙挖出一块直径约 5 公分表面带血的大蕉,后于 15 时 20 分宣布曾婷婷死亡,死亡原因是异物吸入窒息。

曾婷婷的父母蒋海燕、曾英于 2015 年 1 月 26 日提起诉讼,以侵害生命权为由要求覃维邱和苏燕弟共同赔偿死亡赔偿金、丧葬费等合计 70 余万元,并承担诉讼费。一审法院驳回其诉讼请求,蒋海燕、曾英不服一审判决,遂提起上诉,二审法院经审理后驳回上诉、维持原判。

(二)主要争议

二审法院将争议焦点概括为:被上诉人覃维邱在本案中的行为是否存在过错。

二、说理思路

首先,法官将本案认定为人身损害赔偿纠纷,并根据《侵权责任法》(已失效)有关过错责任的相关规定,将本案的争议焦点归纳为被上诉人覃维邱在本案中的行为是否存在过错。

其次,法官根据已经查明的事实,确定被上诉人覃维邱对曾婷婷的死亡结果不存在故意,理由是覃维邱无故意加害曾婷婷的目的和行为,且本案也无证据证明覃维邱在明知曾婷婷有不能独立进食芭蕉的特殊体质的情况下,仍放任曾婷婷独立进食芭蕉,故覃维邱不存在故意侵权行为。同时,被上诉人覃维邱对曾婷婷的死亡结果也不存在过失,理由包括:(1)事发时,曾婷婷是已满五周岁的学龄前儿童,从一般生活经验来看,其已具备独立进食包括本案芭蕉在内的常见食物的能力,比曾婷婷年幼的覃维邱的孙子覃光典在事发当天也独立进食芭蕉,由此可见,覃维邱对于曾婷婷独立进食芭蕉的注意标准与其处理自己同样事务的标准一致;(2)对于并非曾婷婷临时监护人的覃维邱,不能苛求其一直照看曾婷婷,并且事发当日早上,曾婷婷已经与覃光典一起进食过芭蕉,当时并没有异常,而事发时为当日下午,才发现曾婷婷进食芭蕉窒息,对此后果无法预见,事后其也尽力协助救治曾婷婷,不能据此认为覃维邱存在疏忽或者懈怠;(3)从民法的基本价值立场出发,应鼓励民事主体积极地展开社会交往,如果将小孩之间分享无明显安全隐患食物的行为定性为过失,无疑限制人之行为自由,与过错责任原则的立法宗旨不符。

综上,法院认定曾婷婷是在进食过程中一时咬食芭蕉过多、吞咽过急等偶发因素而导致窒息死亡,应属于意外事件,覃维邱不存在故意或过失侵害曾婷婷的行为,对曾婷婷的死亡没有过错,在本案中无须承担侵权损害赔偿责任,一审判决认定事实清楚,适用法律正确,予以维持。

三、论证结构图

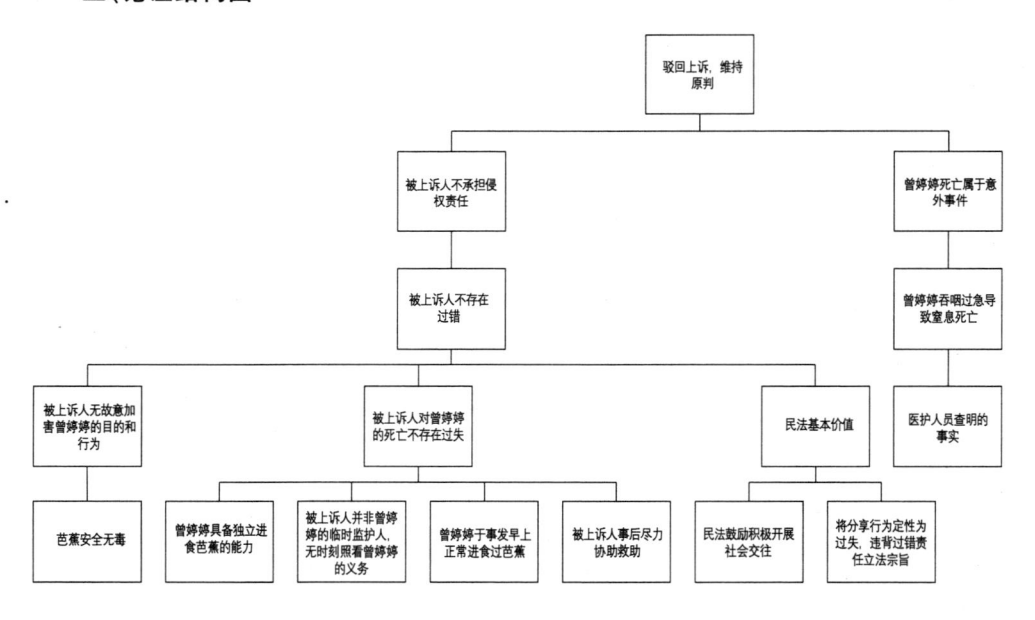

```
                         驳回上诉,维持原判
                              │
            ┌─────────────────┴─────────────────┐
      被上诉人不承担侵权责任                曾婷婷死亡属于意外事件
            │                                   │
       被上诉人不存在过错                  曾婷婷吞咽过急导致窒息死亡
            │                                   │
   ┌────────┼────────┐              ┌──────────┼──────────┐
被上诉人无  被上诉人对曾婷婷         民法基本价值        医护人员查明的事实
故意加害曾  的死亡不存在过失
婷婷的目的
和行为
   │           │                        │
 芭蕉    ┌────┼────┬────┬────┐    ┌────┴────┐
安全无毒 曾婷婷  被上诉人 曾婷婷  被上诉人  民法鼓励  将分享行为
        具备独立 并非曾婷 于事发  事后尽力  积极开展  定性为过失,
        进食芭蕉 婷的临时 早上正常 协助救助  社会交往  违背过错责
        的能力   监护人, 进食芭蕉                    任立法宗旨
                 无时刻照
                 看曾婷婷
                 的义务
```

四、说理评析

二审法院根据上诉人的诉讼请求和被上诉人的答辩理由,将本案的争议焦点归纳为被上诉人覃维邱的行为是否存在过错,然后对此层层递进展开论证。

首先,法官根据标的物(芭蕉)安全无毒、被上诉人对曾婷婷不能独立进食芭蕉的特殊体质不知情等事实来判定被上诉人不具有故意加害曾婷婷的目的和行为。其次,法官以"五岁幼童有能力独自进食芭蕉"这一生活常识作为论据,同时用"比曾婷婷年幼的被上诉人的孙子事发当天也独立进食芭蕉"这一事实来补强说理,论证被上诉人对曾婷婷已经尽到了合理注意义务。再次,法官指出被上诉人的身份并非曾婷婷的临时监护人,在事发后也尽力协助救助曾婷婷,进一步论证被上诉人对曾婷婷的死亡不存在疏忽或者懈怠。最后,如结构图所示,法官引用了民法的基本价值立场,从立法本意、立法宗旨的高度拔高了该判决书的层次,法官指出民法鼓励民事主体积极地展开社会交往,如果将小孩之间分享无明显安全隐患食物的行为定性为过失侵权行为,无疑与过错责任的立法宗旨相违背,同时也有悖于人们正常的社会交往目的,有悖于良好的社会风气。法官该部分的说理较好地把握了"行为自由"与"社会安全"的界限,充分体现了侵权责任法的社会价值。

通过以上三个层次的严密推理,法官最终认定曾婷婷是在进食过程中一时咬食芭蕉过多、吞咽过急等偶发因素而导致窒息死亡,应属于意外事件,被上诉人不存在故意或过失侵害曾婷婷的行为,对曾婷婷的死亡没有过错,因此无须承担侵权损害赔偿责任。

总体来说,该判决书不仅说理层次清晰,说理透彻,深入浅出,而且也鼓励了民事主体之间的善意分享行为,弘扬了良好的社会道德风尚,为民众的生活范式提供了良好的引导作用,达到了良好的社会效果,是一篇值得推荐的判决书。

80. 北京大学诉邹恒甫名誉权纠纷案*

一、案情简介

(一)基本案情

本案上诉人(原审被告)为邹恒甫,被上诉人(原审原告)为北京大学(以下简称"北大")。邹恒甫曾系北大教授,拥有超过10万的微博粉丝。其于2012年8月21日在其实名微博上先后发布两条内容涉及"北大院长主任教授与女服务员有不当关系"的微博,引起网民热议。北大于8月23日就此事成立专门工作组,希望邹恒甫提供相关证据以调查核实,但邹恒甫并未配合并继续发布相关微博,导致舆论进一步扩大。北大遂于8月31日以名誉权被侵害为由递交起诉状。一审法院经审理,判决邹恒甫停止侵权并负相应责任。邹恒甫不服判决,提起上诉。

---

* 源自(2014)一中民终字第9328号民事判决书。

（二）主要争议

二审法院认为本案的争议焦点如下：

1. 北大是否为适格主体；
2. 邹恒甫发布的微博内容是否构成名誉权侵权。

二、说理思路

二审法院就双方诉辩意见，明确本案两大争议焦点，并结合相关法条对争点给予充分回应。二审法院先将"北大是否为适格主体"问题拆分成"北大是否享有名誉权"和"北大是否与本案有直接利害关系"两点，进行逐一回应。二审法院阐明了北大作为事业单位法人并非教育行政主管部门，涉案微博内容不涉及公共政策及管理，且邹恒甫发布涉案微博时并非北大教师，故双方为平等民事主体，北大具有名誉权。此外，受学校特殊性的影响，学校与师生之间形成利益共同体，涉案微博内容足以让人联想指向北大，因此，北大是适格主体。针对"邹恒甫发布的微博内容是否构成名誉权侵权"这一争点，二审法院依据《名誉权案件解答》第七条明确了名誉权侵权的四大构成要件，并结合具体案情逐一分析。其充分结合证据效力、上诉人身份、网络舆情等多个因素，判定邹恒甫发布的微博内容致使北大的社会评价明显降低，侵害了北大的名誉权，并在此基础上就"邹恒甫发布涉案微博是否属于言论自由、能否免责"给予回应，明确表示"公民的言论自由并非无边界，仍须遵循法律制度及生活规则"，邹恒甫的行为构成侵权，不应成为免责事由。故，驳回上诉，维持原判。

三、论证结构图

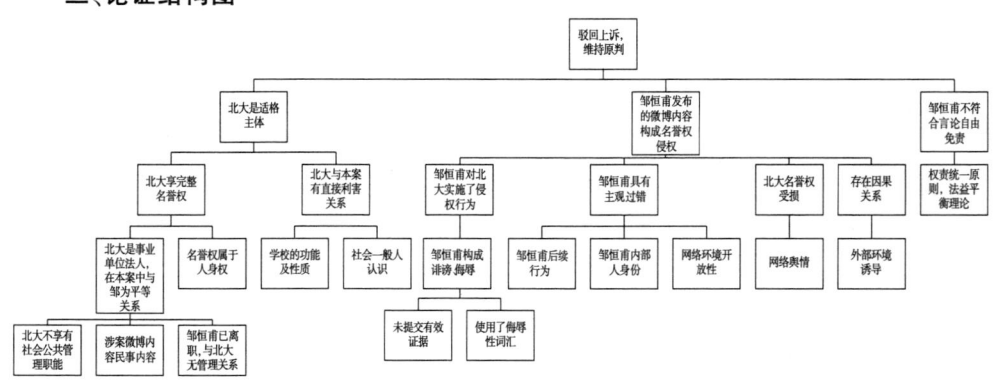

四、说理评析

本案二审判决书格式规范，形式完整，判决主文语言流畅、用词精炼准确，二审法院对上诉人邹恒甫与被上诉人北大的诉辩主张进行简要概括，争点归纳准确且合乎逻辑，重点突出、表达准确、回应充分，但证据说理部分有待加强。

在回应第一个争点时，二审法院首先从法律规范着手，明确《民法通则》（已失效）第五十条第二款、第一百零一条，《教育法》第八十二条第一款、第二款为判断"北大是否享有名誉权"的大前提，阐明法律并未否定学校这一事业单位法人享有名誉权，并明确认定权利人是否享有相应民事权利的两大前提条件。进而，如上述说理思路所阐明，法官结合具体案件事实说明小前提——北大在本案中符合"平等民事主体"及"法律关系为人身关系"的条件，从而得出"在本案中北大享有名誉权，且其名誉权不应受到限制或克减"这一结论，推理过程符合三段论，完整流畅，说服力强。

在回应第二个争点时，二审法院也采用演绎推理方法，层层递进展开论证：先根据《名誉权案件解答》第七条明确名誉权侵权的四大构成要件，而后结合具体案情对涉案行为及涉案微博内容是否符合各要件进行逐一分析。值得一提的是，法官在分析小前提时，充分关注到邹恒甫发布言论的场所（开放的网络环境）的特殊性，并依此作出诸如"邹恒甫在网络世界中拥有十几万粉丝，其言论容易得到更多人的关注与响应""相关话题微博投票数据足以表明绝大多数网络用户相信邹恒甫所发布的微博内容是真实的""本案中，广大网友所相信的事实离不开外部环境诱因"等合理推论，并最终得出"邹恒甫发布的微博内容构成名誉权侵权"的结论。此外，二审法院还就邹恒甫"发布微博是行使宪法保护的监督批评权，应成为免责事由"的主张予以回应，从宪法规定及精神、权责统一原则及法益衡平理论的角度出发，论证了涉案行为"已超出言论自由与批评监督权的范围，不应成为侵权的免责事由"，使裁判说理更加充分完整。

总体来说，本判决书不仅说理层次清晰，说理透彻，深入浅出，而且对互联网时代言论自由的限度与边界提供了有益引导，社会效果良好，具有参考价值。

81. 范外楼诉小米科技有限责任公司产品责任纠纷*

一、案情简介

(一) 基本案情

原告范外楼于2017年6月18日在"小米官方旗舰店"购买了1部小米手机,后其在使用过程中误触小米涉案浏览器App推广的广告,引发了"好看视频"App的自动下载,原告认为该行为违背其意愿且耗费了流量,对其构成财产损害。此外,原告发现在使用小米手机自带应用程序时,常会出现数量庞大的系统内置广告,而关闭广告的按钮名称为"关闭推荐内容"。原告认为出于对"关闭'推荐内容'"的一般理解,无法从一开始就点击该按钮以关闭广告,该行为侵害了其知情权。此外,手机自带的涉案浏览器App存在广告无法一键关闭,且关闭按钮非常不明显的情况。原告认为其因广告无法及时关闭而频受广告困扰,安宁权益受损害,向法院起诉请求被告停止侵害。

(二) 主要争议

一审法院将本案的争议焦点概括为:

1. 原被告是否适格;
2. 被告是否构成侵权;
3. 如构成侵权,被告应如何承担侵权责任。

二、说理思路

首先,法院根据原被告提供的证据以及诉辩意见,查明了基本事实并精准地归纳了争议焦点。其次,针对原被告是否适格这一争议焦点,法院根据涉案手机的用户手册及MIUI论坛声明,并结合实践中的一般做法,认定被告系本案的适格被告。再次,针对被告的行为是否侵害原告的私人安宁,法院解释了《民法典》中关于安宁权的定义,并指出了原告有选择关闭App推广的自由,综合认定被告未对原告私人生活安宁造成侵害。接着,针对被告的行为是否侵害原告的知情权,法院援引了《消费者权益保护法》中关于消费者知情权的规定和《互联网广告管理暂行办法》(已失效)中有关

---

* 源自(2019)京0491民初11970号民事判决书。

广告可识别性的规定,结合在案证据,认定被告的推送广告具有显著识别性,未向原告隐瞒广告属性,且原告可以通过设置对该种广告推荐进行关闭。但是,涉案浏览器 App 在上述广告链接中提供点击即下载应用的服务未经过原告的同意,侵害了原告的知情权。最后,法院根据《侵权责任法》(已失效)的相关规定,支持了原告主张的损失 1 元,对于其他诉讼请求,依法予以驳回。

三、论证结构图

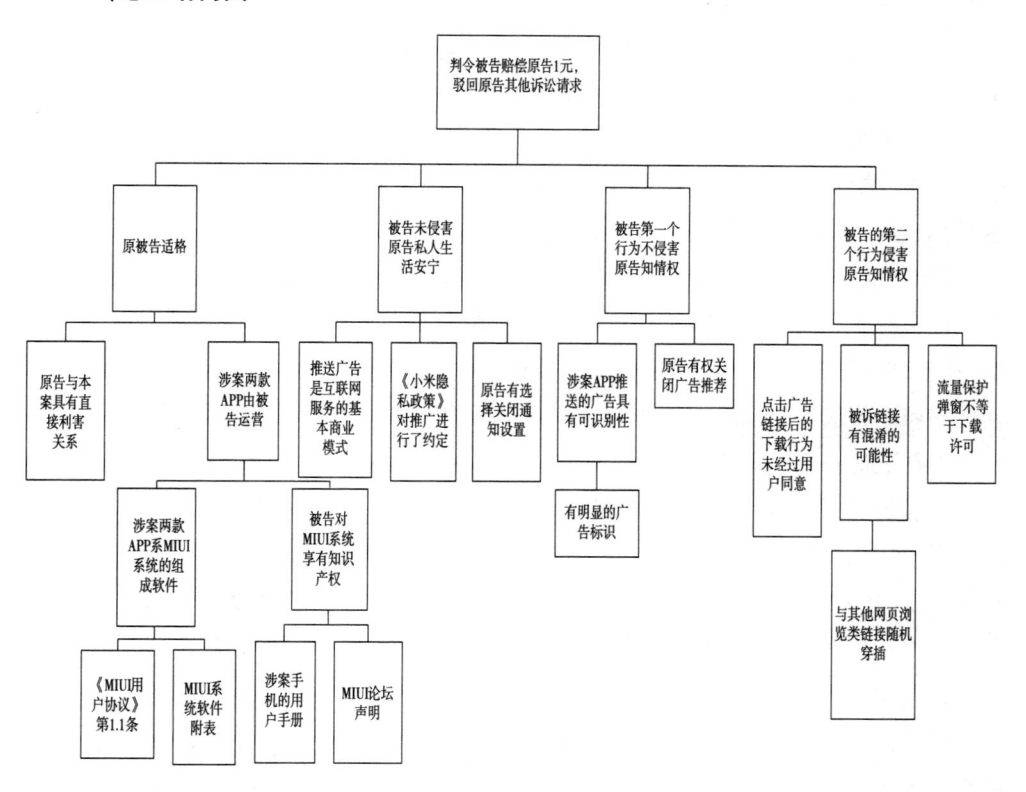

```
                    判令被告赔偿原告1元,
                    驳回原告其他诉讼请求
   ┌──────────┬────────────┬────────────┬────────────┐
 原被告适格  被告未侵害    被告第一个    被告的第二
            原告私人生    行为不侵害    个行为为侵害
            活安宁        原告知情权    原告知情权
```

（论证结构图：包含"原告与本案具有直接利害关系"、"涉案两款APP由被告运营"、"推送广告是互联网服务的基本商业模式"、"《小米隐私政策》对推广进行了约定"、"原告有选择关闭通知设置"、"涉案APP推送的广告具有可识别性"、"原告有权关闭广告推荐"、"点击广告链接后的下载行为未经过用户同意"、"被诉链接有混淆的可能性"、"流量保护弹窗不等于下载许可"；下层含"涉案两款APP系MIUI系统的组成软件"、"被告对MIUI系统享有知识产权"、"有明显的广告标识"、"与其他网页浏览类链接随机穿插"；最底层："《MIUI用户协议》第1.1条"、"MIUI系统软件附表"、"涉案手机的用户手册"、"MIUI论坛声明"）

四、说理评析

本案涉及 App 向用户推送广告的行为的合法性问题。法官首先结合原被告双方提供的证据和诉辩意见,对案件事实进行了简要概括,在案件事实中穿插了证据陈列和采信环节,使得提炼出的整个案件事实有足够的证据支撑,更加完整且可信。其次,法官基于案件事实和证据精准地归纳出了三个争议焦点,并针对每个争议焦点进行了详细的回应,层层递进且逻辑清晰。第一个争议焦点是原被告是否适格,原告作为手机的购买者但并非手机的经常使用者能否提起侵权之诉。法官从"侵权行为自始存在"及"原告与本案具有直接利害关系"这两点出发,确认了原告的起诉资格。关于被告主张其并非两款涉案 App 的运营者,故非适格被告的意见,法院从内置软件与操作系统的密切关系出发,对双方提供的证据进行抽丝剥茧的分析,最终认定被告是涉案两款 App 的运营方。法官对证据的熟练掌握与应用是完成精彩说理的前提。

本判决书最精彩的说理部分在于法官对第二个争议焦点的分析,即被告是否侵害了原告的私人生活安宁和知情权。关于生活安宁权,法官首先援引了相关法律法规对安宁权的定义和内容进行了解释,并给出了构成侵权的标准,为接下来的说理进行必要的铺垫。接着,法官指出推送广告是互联网服务"广告+免费"基本的商业模式,《小米隐私政策》对此予以明确约定,用户从生活常识出发,不可能对广告的存在不知情,完全可以对通知进行设置从而避免被广告打扰,基于此,法官层层递进最终得出被告未侵害原告私人生活安宁的结论。关于知情权,法官首先引用了《消费者权益保护法》中对知情权的普遍规定,然后引用《互联网广告管理暂行办法》(已失效)给出了互联网领域广告应具有显著识别性(广告能够被显著识别就相当于保证了消费者的知情权)的规定,完成了从共性到特性的说理。此后,说理聚集于涉案 App 推送的广告是否具有显著识别性,法官结合在案证据认定广告推送链接具有显著识别性,从而得出推送广告不侵犯知情权的结论。但是,对于在广告链接中提供点击即下载的服务是否侵犯知情权,法官给出了不同的答案,首先强调下载必须征得用户同意,其次对下载同意和流量保护提醒弹窗同意作出了区分,并通过情景假设强化了说理,最后得出结论,即广告链接中插入下载服务构成侵权。

总体来说,本判决书事实总结部分非常充分,说理部分翔实且逻辑清晰,法官提出的每一个论点都有足够的证据和法律支撑,是一篇值得学习和研读的判决书。

82. 中国农业银行股份有限公司北京海淀支行诉谭月英、王保梅侵权责任纠纷案*

一、案情简介

（一）基本案情

2021年1月29日上午11时，谭月英到中国农业银行股份有限公司北京海淀支行（以下简称"海淀支行"）办理业务，离开该行时，适遇王保梅欲进该行办理业务，王保梅手扶门帘让谭月英先行。谭月英迈出大门时，被一条未填平的地槽沟绊倒，致使其摔倒受伤。谭月英在北京积水潭医院行人工股骨头置换术，经该医院诊断为股骨颈骨折（右），重度骨质疏松、肺恶性肿瘤，后因股骨颈骨折术后在北京朝阳急诊抢救中心住院治疗19天。谭月英向一审法院起诉请求判令海淀支行赔偿其医药费、残疾赔偿金、护理费、精神损害抚慰金及其他必要支出。一审法院判决海淀支行于判决生效之日起7日内向谭月英支付医疗费等合计189419.78元。海淀支行提起上诉，要求撤销一审判决。二审法院酌定由海淀支行对谭月英的损害后果承担80%的赔偿责任，由谭月英对其自身损害承担20%的责任。

（二）主要争议

法院将本案的争议焦点概括为：

1. 海淀支行是否尽到安全保障义务，对于谭月英摔伤应否当承担侵权责任；
2. 王保梅是否具有过错，其行为与谭月英摔伤有无因果关系；
3. 谭月英自身是否具有过错，应否自行承担部分责任；
4. 谭月英主张的各项损失是否合理。

二、说理思路

二审法院的说理思路如下：关于争议焦点一，根据《民法典》第一千一百九十八条经营者安全保障义务之规定，海淀支行作为场所的经营者，在客户于银行办理业务的全程负有相应的安全保障义务。本案中，一方面，海淀支行在营业时间封锁固定一侧大门，导致门口通行空间变窄，增加了行人进出时可能存在的碰撞风险；另一方面，海

---

* 源自(2022)京02民终8132号民事判决书。

淀支行在明知门口地面有落差存在安全隐患的前提下，没有采取合理、有效的措施以防范风险的发生，故海淀支行对谭月英的摔伤应负侵权责任。

关于争议焦点二，根据《民法典》第一千一百六十五条侵权责任之规定，根据监控视频，王保梅欲进门时恰遇谭月英出门，其侧身为谭月英支撑门帘，并礼让谭月英先行，在谭月英身体失去平衡时，王保梅仍基本处于侧身状态，并未抢行冲撞谭月英。王保梅已尽到善良公众的合理注意义务，无主观故意或重大过失，故王保梅不应当承担侵权责任。

关于争议焦点三，根据《民法典》第一千一百七十三条侵权责任扩大之规定，本案中，谭月英作为完全民事行为能力人，在海淀支行已在地面设有警示标志的情况下，应对当下路况给予更高的注意，以防范危险发生。但谭月英并未对自身安全尽到足够的注意义务，故对损害的发生亦负有一定过错。

关于争议焦点四，根据《民法典》第一千一百七十九条侵权责任范围之规定，根据《司法鉴定意见书》，考虑到护理系其伤情的客观需要，一审法院综合谭月英的年龄、伤情等具体情况，酌情确定的护理费、交通费等各项损失数额并无明显不当，因此予以确认。

三、论证结构图

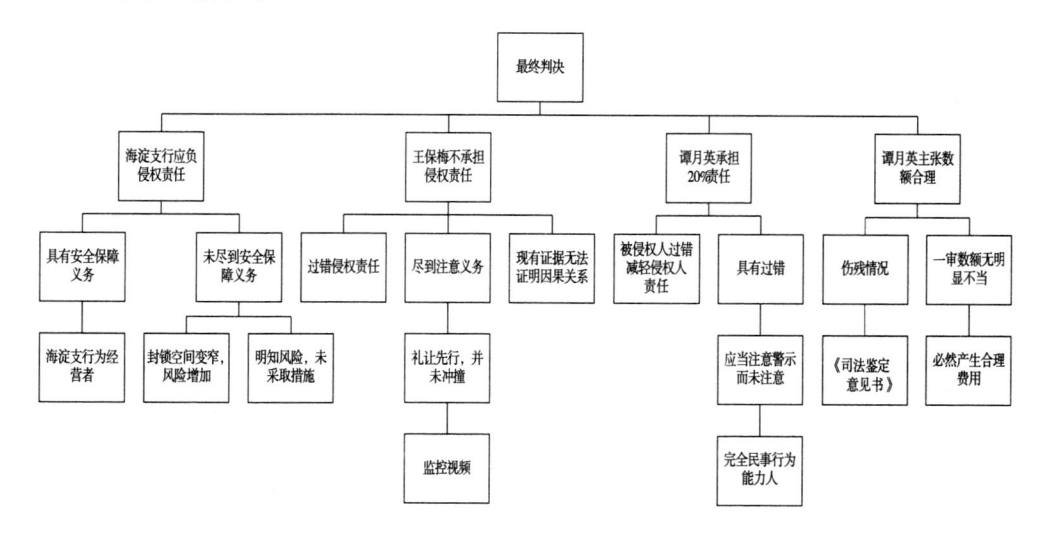

```
                                最终判决
        ┌───────────────┬────────────────┬───────────────┐
   海淀支行应负        王保梅不承担       谭月英承担        谭月英主张数
     侵权责任            侵权责任         20%责任           额合理
   ┌──────┬─────┐   ┌──────┬──────┐   ┌──────┬──────┐   ┌──────┬──────┐
 具有安全  未尽到安全  过错侵权  尽到注意  现有证据无法  被侵权人过错  具有过错  伤残情况  一审数额无明
 保障义务  保障义务    责任      义务      证明因果关系  减轻侵权人            显不当
                                                       责任
   │        │          │         │                      │         │          │
 海淀支行  封锁空间变窄  明知风险，未  礼让先行，并                应当注意警示  《司法鉴定  必然产生合理
 为经营者  风险增加     采取措施    未冲撞                        而未注意    意见书》    费用
                                    │                             │
                                  监控视频                      完全民事行为
                                                                  能力人
```

四、说理评析

本案作为典型的侵权案件,要求法官在说理时必须指出明确的请求权基础,即首先要写明确切的法律依据,从而与本案事实相对应。本案当事人的诉讼请求及诉辩意见均十分明确,共同指向侵权责任的承担主体及比例,实际上也就明确了本案判决的大前提,相关法条及内容均在对每一争议焦点展开论述的开头列出,为论述过程的展开提供了明确指引。

在具体论证过程中,二审法官在充分查明案件事实的基础上,围绕争议焦点层层推进。从经营者的安全保障义务和侵权责任的归责原则入手,对相关主体是否应当承担侵权责任、应当承担多大比例的侵权责任等因素展开详细论证,逻辑严密、层次分明。在价值取向上,在对一般人是否应当承担侵权责任进行探讨时,以现有证据证明其尽到善良公众的合理注意义务为前提,认定其不存在主观故意或重大过失,即不满足侵权责任的主观构成要件,进一步排除了侵权责任。该论述过程充分体现了司法审判过程中的公平正义原则,具有较强的借鉴意义,可以起到良好的法律效果和社会效果。

83. 王山与万得信息技术股份有限公司竞业限制纠纷案*

一、案情简介

(一)基本案情

2018年7月2日,上诉人(仲裁被申请人,原审原告)王山受雇进入被上诉人(仲裁申请人,原审被告)万得信息技术股份有限公司(以下简称"万得公司")工作,双方签订了劳动合同,约定王山担任智能数据分析岗位工作。

2019年7月23日,王山、万得公司签订《竞业限制协议》,约定:竞业限制期限为终止与万得公司劳动关系后的24个月、在竞业限制义务生效期间内王山的汇报义务和主动解除/终止的义务、在竞业限制义务生效期间万得公司按月向王山支付经济补偿、视为违反竞业限制义务的情形以及王山违反竞业限制协议应承担的责任。2020年7月27日,王山基于个人原因解除与万得公司的劳动合同。2020年8月5日,万得公司向王山发出《关

---

* 源自(2021)沪01民终12282号民事判决书。

于竞业限制的提醒函》。由于王山一直未向万得公司履行汇报义务,2020年10月12日,万得公司向王山发出《法务函》,再次要求王山履行竞业限制义务。之后万得公司了解到,王山已入职上海××有限公司(以下简称"××公司"),于是万得公司向上海市浦东新区劳动人事争议仲裁委员会申请仲裁,之后该仲裁委员会作出裁决:(1)王山按双方签订的《竞业限制协议》继续履行竞业限制义务;(2)王山返还万得公司2020年8月、9月支付的竞业限制补偿金6796元;(3)王山支付万得公司竞业限制违约金200万元。

王山不服仲裁裁决,向一审法院起诉。一审法院认为万得公司与××公司登记的经营范围存在重合,两家公司存在竞争关系,并且王山在万得公司处的工作岗位为智能数据分析,在××公司处的工作岗位为高级算法工程师,均系计算机领域内的相关岗位,王山的行为违反了《竞业限制协议》,遂判决:(1)王山继续履行与万得公司的竞业限制义务;(2)王山于本判决生效之日起十日内返还万得公司2020年7月28日至2020年9月27日竞业限制补偿金6796元;(3)王山于本判决生效之日起十日内支付万得公司违反竞业限制违约金240000元。

王山不服一审判决,上诉至上海市中级人民法院。二审法院判决:(1)维持一审判决第一项:王山与万得公司继续履行竞业限制义务;(2)撤销一审判决第二项、第三项;(3)王山无须向万得公司返还2020年7月28日至2020年9月27日竞业限制补偿金6796元;(4)王山无须向万得公司支付违反竞业限制违约金200万元。

(二)主要争议

二审法院将争议焦点概括为:

1.仲裁裁决、一审判决是否存在程序瑕疵;

2.上诉人是否违反了竞业限制协议;

3.上诉人是否应当继续履行竞业限制协议。

二、说理思路

针对第一个争议焦点,二审法院认为被上诉人以上诉人未向其提供工作情况说明为由主张其违反了竞业限制义务,表象虽为主张劳动者违反了报备义务,但其实质还是认为劳动者可能存在在竞争企业就职的情形。在此前提下,仲裁委、一审法院对劳动者在××公司就业是否构成违反竞业限制义务作出裁决,并无明显程序瑕疵。

针对第二个争议焦点,二审法院认为其核心是原用人单位与劳动者自营或者入职的单位之间是否形成竞争关系,这种竞争关系的审查,不应拘泥于营业执照登记的营业范围,否则对劳动者抑或对用人单位都有可能不公平。本案中,虽然万得公司与××公司的经营范围存在重合,但在判断是否构成竞争关系时,还应当结合公司实际经营内容及受众等因素加以综合评判,从上诉人举证的证据来看,万得公司目前的经营内容主要是提供金融信息服务,其主要受众为相关的金融机构或者金融学术研究机构,而反观××公司,其主营业务是文化社区和视频平台,即提供网络空间供用户上传视频、相互交流,两者对比,不论是经营模式、对应市场还是受众,都存在显著差距。因此,万得公司与××公司未形成竞争关系,故而上诉人也未违反竞业限制协议。

针对第三个争议焦点,二审法院认为上诉人与被上诉人签订的竞业限制协议不存在违反法律法规效力性强制规定的内容,故该协议合法有效,对双方均有约束力。目前尚在双方约定的竞业限制期限内,上诉人应继续履行竞业限制协议。

三、论证结构图

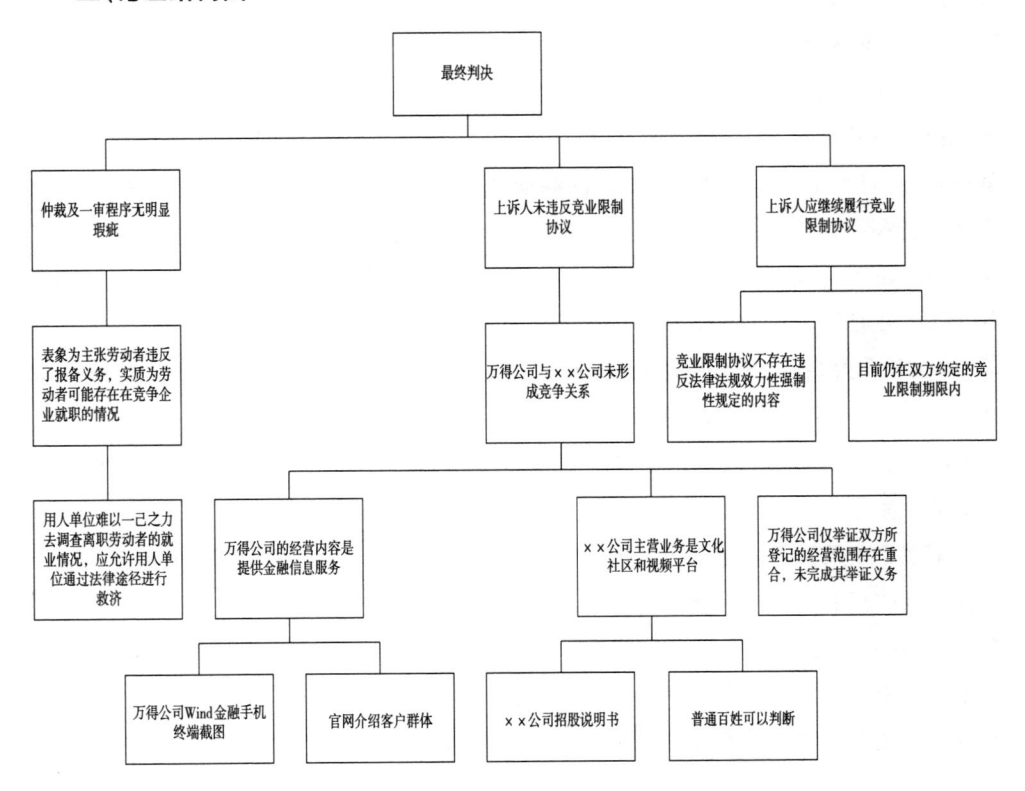

```
                                    ┌──────────┐
                                    │ 最终判决 │
                                    └────┬─────┘
              ┌──────────────────────────┼──────────────────────────┐
     ┌────────┴────────┐       ┌─────────┴─────────┐       ┌────────┴─────────┐
     │仲裁及一审程序无明显│       │上诉人未违反竞业限制│       │上诉人应继续履行竞业│
     │     瑕疵         │       │       协议        │       │    限制协议      │
     └────────┬────────┘       └─────────┬─────────┘       └────────┬─────────┘
              │                          │                ┌────────┴────────┐
              │                          │       ┌────────┴────────┐ ┌──────┴──────┐
     ┌────────┴────────┐                 │       │竞业限制协议不存在│ │目前仍在双方约│
     │表象为主张劳动者违│                 │       │反法律法规效力性强│ │定的竞业限制期│
     │反了报备义务,实质│                 │       │制性规定的内容   │ │限内          │
     │为劳动者可能存在在│                 │       └─────────────────┘ └─────────────┘
     │竞争企业就职的情况│                 │
     └────────┬────────┘       ┌─────────┴─────────┐
              │                │万得公司与××公司未│
     ┌────────┴────────┐       │   形成竞争关系     │
     │用人单位难以一己之│       └─────────┬─────────┘
     │力去调查离职劳动者│                 │
     │的就业情况,应允许│      ┌──────────┼──────────┬──────────────┐
     │用人单位通过法律途│      │          │          │              │
     │径进行救济       │ ┌────┴────┐┌────┴────┐┌────┴────┐┌────────┴────────┐
     └─────────────────┘ │万得公司的││××公司主││普通百姓 ││万得公司仅举证双方│
                         │经营内容是││营业务是文││可以判断 ││所登记的经营范围存│
                         │提供金融信││化社区和视││        ││在重合,未完成其举│
                         │息服务   ││频平台   ││        ││证义务           │
                         └────┬────┘└─────────┘└────────┘└─────────────────┘
              ┌───────────────┴────────┬──────────────┐
     ┌────────┴────────┐      ┌────────┴────────┐
     │万得公司Wind金融手│      │官网介绍客户群体 │
     │机终端截图       │      │                │
     └─────────────────┘      └─────────────────┘
```

四、说理评析

本案二审判决书对争议焦点归纳准确,说理层次清晰,表达明确。该判决书亮点在于:法官在缺少明确的法律规定作为大前提的情况下,援引法外因素进行说理,从当事人的行为逻辑、法理层面对每一个争议焦点进行回应,剥茧抽丝、层层递进,形成三段论严谨的结构形式,在增强判决书说理性的同时,也有利于当事人理解和接受。

第一个争议焦点是,在仲裁和一审中是否存在程序瑕疵。针对上诉人提出的"仲裁庭及一审法院不应当变更案由对实质竞业限制纠纷进行审理"的质疑,二审法院没有受限于表象上的"不告不理"原则,而是认为用人单位难以一己之力去调查离职劳动者的就业情况,故应当允许用人单位在无从了解劳动者就业情况的前提下,通过法律途径来进行权利救济,避免形成僵局、无法实质性化解矛盾。美中不足的是,对于上诉人提出的"一审法院没有依法组织法庭辩论、对有关证据没有依法质证"等程序性问题,二审判决书中没有作出回应。

在回应第二个争议焦点,即上诉人是否违反竞业限制协议时,二审判决书一针见血地指出该问题的核心是原用人单位与劳动者自营或者入职的单位之间是否形成竞争关系,同时阐明竞业限制制度设置的两面性:一方面要保护用人单位的合法权益,防止劳动者利用其所掌握的原用人单位的商业秘密为自己或为他人谋利,从而抢占原用人单位的市场份额,给原用人单位造成损失;另一方面由于签订竞业限制协议的劳动者掌握专业技能,如仅以注册登记的经营范围为据,会对劳动者再就业造成极大障碍,对社会人力资源造成极大的浪费,有悖于竞业限制制度的立法本意。以此为基础,结合双方当事人提交的证据(上诉人提交了相应证据证明万得公司与××公司无业务竞争,而被上诉人对该争议事项举证不足),二审判决以更为严谨的论证,证成与一审判决完全相反的结论,达到保证公平与解决纠纷的效果。

第三个争议焦点的论证难度低于前两个争议焦点。依据法律规定,上诉人与被上诉人签订的竞业限制协议不存在违反法律法规效力性强制规定的情形,故该协议合法有效,对双方均有约束力,且目前尚在双方约定的竞业限制期限内,故双方均应继续履行该竞业限制协议。论证完毕后,二审判决书中还以法官寄语的方式强调了本案系因上诉人不履行报备义务而导致被上诉人产生合理怀疑,进而产生了纠纷,还望上诉人在今后履行竞业限制协议时,恪守约定义务,诚信履行协议。

竞业限制纠纷案件中原告(一般为前用人单位)最常见的举证便是两个公司在网站或工商部门注册登记的经营范围存在重合,本案一审判决书也以此为据认为劳动者违反了竞业限制协议,但二审判决书所体现出的重实质的裁判倾向,更好地保护了用人单位和劳动者的利益,避免竞业限制的法律规定流于形式。本案二审判决书是一份说理层次清晰、逻辑结构缜密、富含人文关怀的优秀判决书。

84. 北京当当网信息技术有限公司诉高某某劳动争议案*

一、案情简介

（一）基本案情

本案上诉人(原审原告)北京当当网信息技术有限公司(以下简称"当当网公司"),被上诉人(原审被告)高某某。高某某原系当当网公司技术部产品总监。2018年6月26日,高某某因性别重置手术未再出勤,并请病假。当当网公司认为高某某未按规定办理请假手续,遂于2018年9月6日解除劳动合同。高某某不服,向北京市东城区劳动人事争议仲裁委员会申请仲裁,要求撤销解除劳动合同通知书,继续履行劳动合同,并要求当当网公司支付工资。仲裁委员会裁决支持高某某请求。当当网公司不服,向北京市东城区人民法院提起诉讼,请求确认解除劳动合同合法,不支付工资。一审法院判决当当网公司违法解除劳动合同,应继续履行劳动合同并支付工资。当当网公司不服,提起上诉。高某某亦提起上诉,请求改判支付更高工资。二审法院经审理,部分支持双方上诉请求,变更一审判决中的工资支付数额,维持其他判决内容。

（二）主要争议

二审法院认为本案争议焦点为：

1.解除劳动合同的合法性：当当网公司与高某某解除劳动合同的行为是否违法,即当当网公司解除合同所依据的规章制度是否合理、是否履行了法律规定的解除劳动合同程序、主张高某某旷工是否成立。

---

* 源自(2019)京02民终11084号民事判决书。

2.劳动合同是否应继续履行:在确认解除劳动合同违法的前提下,双方订立的劳动合同是否具备继续履行的条件,以及是否应于2019年4月12日到期终止。

3.工资支付问题:当当网公司是否应当支付高某某2018年6月26日至11月22日期间的工资,以及对上述期间的工资标准应当如何认定。

二、说理思路

二审法院针对问题焦点一一展开说理:

第一,解除劳动合同的合法性。法院首先审查了当当网公司解除劳动合同是否具备劳动规章制度方面的依据,确认了公司规章制度的实施时间和合理性。其次,法院考察了当当网公司是否履行了法律规定的解除劳动合同程序,包括是否向劳动者进行有效送达和是否通知工会。最后,法院分析了当当网公司关于高某某存在旷工行为的主张是否成立,从请假的合理性、病假条的合理性、休息时间的一致性以及病假期间的个人行为等方面进行了综合考量。

第二,劳动合同继续履行的条件。首先,法院分析了高某某原本的岗位是否已经被替代,并探讨了是否存在其他岗位可以安排,以及高某某是否愿意接受新的岗位。其次,法院考虑了高某某的身体条件是否能够适应当当网公司的工作强度,以及高某某的性别重置手术对工作的影响。最后,法院探讨了劳动合同是否因到期而自然终止,以及双方是否有意愿续订劳动合同。

第三,工资支付的标准。法院将工资支付争议分为两个时间段进行考虑:2018年6月26日至9月6日和2018年9月7日至11月22日。对于第一个时间段,法院依据《员工手册》和有利原则确定病假工资的计算方式,并对工资数额进行了调整。对于第二个时间段,法院认为当当网公司违法解除劳动合同导致高某某未能提供劳动,因此应赔偿工资损失,并核算了相应的工资数额。

综上,二审法院部分支持双方上诉请求,变更一审判决中的工资支付数额,维持其他判决内容。

三、论证结构图

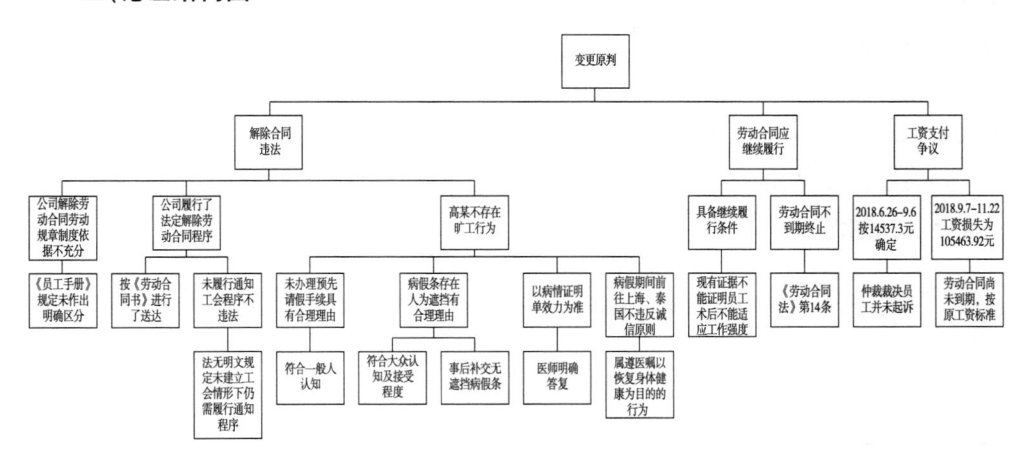

```
                                        变更原判
           ┌───────────────────────────────┼───────────────────────┐
        解除合同                                              劳动合同应            工资支付
          违法                                                继续履行               争议
  ┌──────┬──────┬──────┐                          ┌─────┬──────┐       ┌──────────┬──────────┐
公司解除劳 公司履行了 未履行通 高某不存在                     具备继续履 劳动合同不   2018.6.26-9.6  2018.9.7-11.22
动合同劳动 法定解除劳 知工会程  旷工行为                      行条件    到期终止    按14537.3元    工资损失为
规章制度依 动合同程序 序不违法                                                     确定          105463.92元
据不充分
  │        │                ┌────┬────┬────┐       │         │         │            │
《员工手册》按《劳动合 未办理预先 病假条存在 以病情证明 病假期间前 现有证据不 《劳动合 仲裁裁决员 劳动合同尚
规定未作出 同书》进行 请假手续具 人为遮挡有 单效力为准 往上海、泰 能证明员工 同法》第14条 工并未起诉 未到期,按
明确区分   了送达    有合理理由 合理理由              国不违反诚           术后不能适                原工资标准
                    │        │         │         信原则    应工作强度
               法无明文规 符合一般人 符合大众认 事后补交无 医师明确  属遵医嘱以
               定未建立工 认知      知及接受   遮挡病假条  答复    恢复身体健
               会情形下仍            程度                        康为目的的
               需履行通知                                        行为
               程序
```

四、说理评析

当当网公司与高某某劳动争议案件的二审判决书显示,法官在说理方面展现出较高的规范性和专业性。判决书遵循了标准的法律文书格式,条理清晰地列出了案件的基本信息、审理过程、法院的分析和判断,以及最终的判决结果。在形式上,二审法院的判决书严谨、全面,不仅对一审判决进行了复核,还对案件的事实和证据进行了细致的补充调查和分析。判决主文的语言规范、准确,使用了恰当的法律术语,体现了法律文书的权威性和专业性。在用词方面,二审法院力求精确,同时保持了中立和客观,避免了带有个人感情色彩的词汇。在概括上诉人和被上诉人的诉辩主张时,二审法院展现了较高的精准度,对双方的主张进行了详尽的记录和客观的呈现。对于案件中的每个论点,二审法院不仅都进行了充分的解释,还提供了详尽的法律依据和逻辑推理,使得判决的合理性得到了有力的支持。

相较于一审法院,二审判决书在多方面展现其亮点,特别是在处理劳动合同解除的合法性、劳动合同继续履行的条件以及工资支付标准等关键问题上,进行了更为深入的分析和更为细致的说理。此外,二审法院在判决中还特别强调了对多元文化的包容和尊重,体现了法律对于促进社会进步和文明发展的重要作用。

然而,尽管二审法院的判决书在多数方面都表现出色,仍存在一些可以改进的地方。例如,二审法院在维持一审判决的同时,如果能够对一审判决中存在的问题或不足给出明确的批评或指正,将有助于提升司法透明度,并对下级法院的审判工作提供指导。尽管如此,二审法院在本案中的说理整体上是充分、严谨的,为类似情况下的劳动者权益保护提供了有力的法律支持。

综上所述,二审法院的判决书在格式规范、形式、语言、用词等方面都体现了较高的水准,对上诉人和被上诉人的主张进行了准确概括和充分解释,相较于一审法院,二审判决书在法律适用、价值判断等方面有其独特亮点,展现了法院在案件审理上的专业性和权威性。

第三节　法的续造

当出现法律应当予以规定而未予规定的情形时,法官有必要进行法的续造,也称法律漏洞的填补。在法的续造过程中,漏洞识别与漏洞填补是至关重要的两个环节,这两个环节都对说理提出了很高的要求。一般而言,法律漏洞的识别分为两步。首先是确认涉争的生活事实属于法律应予调整的范围。其次是对现行法律进行检索,判断现行法律是否就该生活事实进行了明确而充分的规定。在识别漏洞的过程中,法律是否有规定,往往不是说理的重点,重点在于法律应不应当予以规定。一般而言,法官应对肯定性回答给出充分理由,对于否定性回答则可以简单说理。法律漏洞的填补是填补过程中可能运用的各种方法的总称,除方法运用应当说理外,用于填补的素材本身的内涵、地位和运用过程也需要论证。

85. 范之懿等诉重庆龙赢市政建设有限公司等侵权责任纠纷案[*]

一、案情简介

（一）基本案情

本案上诉人（原审原告）范之懿、范之俐,被上诉人（原审被告）重庆龙赢市政建设有

---

[*] 源自（2020）渝 01 民终 7122 号民事判决书。

限公司(以下简称"龙赢公司"),原审第三人范秋生,原审另一原告范之维。范之懿、范之维、范之俐、范秋生均为范绍增子女,范绍增在抗战时期及建国之后曾担任多个重要职务,具有一定社会地位,于1977年去世并火化,其骨灰、死亡证明一直由共同居住的范秋生保管。2018—2019年,范秋生与范之懿、范之俐等其他子女就范绍增骨灰安葬问题协商,但未达成一致意见,其于2019年4月30日与龙赢公司签订《协议书》,同意将范绍增骨灰安葬在龙赢公司旗下的重庆某纪念园中,并于同年5月4日将骨灰移交龙赢公司并举办了迎灵仪式。6月5日,范之懿等其他子女向龙赢公司发出律师函,随后提起诉讼,要求判令龙赢公司停止侵权行为,归还范绍增骨灰,并支付精神损害赔偿金10万元,一审法院经审理,驳回原告全部诉讼请求,范之懿、范之俐不服,提起上诉。

(二)主要争议

二审法院认为本案争议焦点如下:

1. 骨灰安葬权是否受到法律保护;
2. 骨灰安葬权应由谁行使;
3. 龙赢公司是否构成侵权。

二、说理思路

由于骨灰安葬权并无明确法律法规予以规范,因此二审法院从底层逻辑出发,即首先回应骨灰安葬权是否受法律保护的问题。其结合《民法典》第九百九十四条和相关司法解释,论证"遗体"明确受法律保护,从而得出"骨灰作为遗体火化后的特定物,亦应受法律保护"的结论。此外,结合公序良俗、伦理道德等因素,法院认为骨灰安葬权基于人格尊严产生,也应作为一般人格权进行保护。基于此,二审法院进一步就该权利如何行使展开说理。二审法院通过对比双方当事人主张的《民法典》"物权编""婚姻家庭编"和"继承编"的调整内容、价值侧重,以及骨灰的物理属性和情感承载,判定骨灰安葬权的行使参照"婚姻家庭编"和"继承编"为宜,从而结合《民法典》第八条、第十条及社会公众普遍认同的丧葬传统习惯,确定骨灰安葬权行使顺序的规则。最后,二审法院对龙赢公司持有并处置骨灰是否构成侵权作出回应。二审法院认为龙赢公司是否存在过错是评判其是否侵权的核心要素,并从范秋生能否行使骨灰安葬权及龙赢公司是否存在过错两方面进行评判。法院根据现有证据、公序良俗、传统习惯等肯定范秋生符合法院认定的权利行使规则,可以行使骨灰安葬权,并从龙赢公司的主体资格、现行殡葬行业规范、善良风俗三个角度出发,认定龙赢公司正当履行合同义务,不存在过错,无侵权行为。此外,法官还回应了上诉人提出的"落叶归根"问题,也即"范绍增在重庆居住生活多年,与重庆具有紧密关系",安葬在重庆亦有利于弘扬传承其爱国主义精神。二审法院最终判决:驳回上诉,维持原判。

三、论证结构图

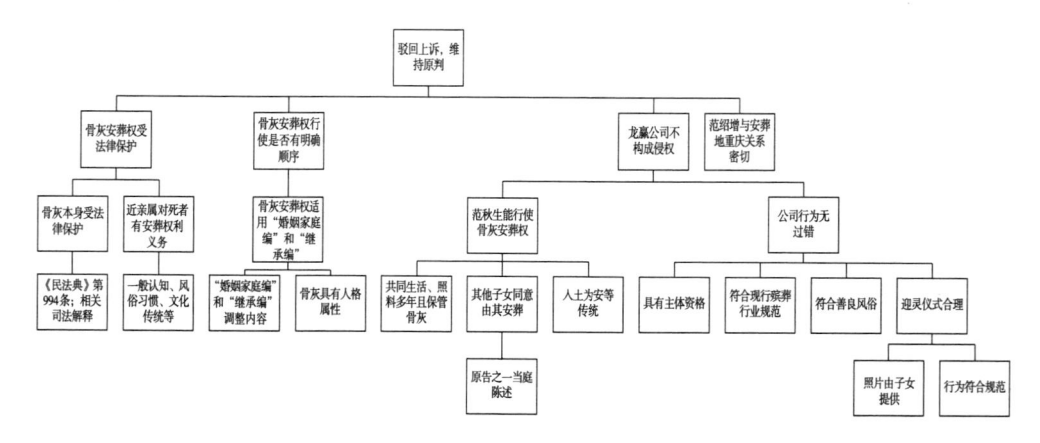

（论证结构图：驳回上诉,维持原判。主要分支包括：骨灰安葬权受法律保护；骨灰安葬权行使是否有明确顺序；龙赢公司不构成侵权；范绍增与安葬地重庆关系密切。

骨灰安葬权受法律保护下设：骨灰本身受法律保护（《民法典》第994条;相关司法解释）；近亲属对死者有安葬权利义务（一般认知、风俗习惯、文化传统等）。

骨灰安葬权行使是否有明确顺序下设：骨灰安葬权适用"婚姻家庭编"和"继承编"（"婚姻家庭编"和"继承编"调整内容；骨灰具有人格属性）。

龙赢公司不构成侵权下设：范秋生能行使骨灰安葬权（共同生活、照料多年且保管骨灰〔原告之一当庭陈述〕；其他子女同意由其安葬；入土为安等传统）；公司行为无过错（具有主体资格；符合现行殡葬行业规范；符合善良风俗〔照片由子女提供〕；迎灵仪式合理〔行为符合规范〕）。）

四、说理评析

本案二审判决书格式规范,形式完整、正确,判决主文语言流畅,准确且富逻辑地归纳了本案争议焦点,重点突出、表达准确,回应充分,证据列载要素完整,但质证、认证说理略显不足,应予加强。

相较于一审判决,二审法院在归纳争议焦点时更加注重突出本案的特殊性,即"骨灰安葬权"是否受法律保护,若应受保护,由谁来行使。由于我国并无法律规范对该权利作出直接规定,二审法院采用类推适用方式对该法律漏洞进行填补。其首先聚焦于与"骨灰"联系紧密、相似性高的"遗体"("骨灰作为遗体火化后的特定物"),并寻得明确遗体受保护的相关法律规范,从而认定骨灰亦受法律保护。而在面对骨灰安葬权应参照何种法律规范确定行使顺序这一重大分歧时,二审法院充分对比了《民法典》"物权编""婚姻家庭编""继承编"的调整内容与价值偏向,并提出"骨灰虽然是物理意义上的物,但并非物权编意义上的物""骨灰承载了死者亲属浓厚的精神情感因素,具有强烈的人格属性",认定应参照适用"婚姻家庭编"和"继承编",根据关系亲密程度及对死者生老病死承担义务的多寡确定权利行使人;并适用《民法典》中的原则性规定(第八条、第十条),为骨灰安葬权行使顺序的确定提供必要法律支撑。二审法院对"骨灰安葬权及其行使"这一漏洞的填补,为"龙赢公司行为是否构成侵权"这一核心争点的解决奠定了必要基础,有利于使说理链条更加清晰,从而增强说理的可接受性。此外,二审法院在说理时还重视对法外因素的援引,如二审法院在评判范秋生能否行使骨灰安葬权时,充分考虑其与范绍增的亲密程度和付出情况,认定其行使权利"符合权利义务一致原则,契合社会公众认知和常理常情",且由其行使权利更符合"入土为安"这一我国传统民间习惯和丧葬文化的重要内核。而在评判龙赢公司是否存在过错时,二审法院也基于善良风俗认为,死者近亲属不能达成一致意见时,"要求殡葬从业者一律拒绝接受骨灰,导致的伦理风险更大"。

纵观本判决书的说理过程,二审法院正确采用类推适用方法,将情、理、法三者充分融合,有效弥补了直接规范缺失的不足,更好地形成了说理逻辑的闭环,体现了二审法院处理特殊问题的敏锐度,以及运用法律方法和"寓情于理,情法结合"的熟练度,具有借鉴意义。

86. 倪某与徐某某、李某某探望权纠纷案*

一、案情简介

(一)基本案情

徐某某、李某某夫妇的独生子徐某与倪某原为夫妻。2013年3月4日,徐某身亡。后徐某某、李某某夫妇与倪某就徐某的身亡原因发生争执,双方为此产生矛盾。徐某死亡时,倪某已怀孕一个多月,倪某自徐某身故后即回娘家居住。徐某某、李某某、倪某均分得徐某的人身保险理赔款各7万余元。就倪某是否继续妊娠事宜,倪某及其家人与徐某某、李某某达成一致意见。后徐某某、李某某以怀孕营养费为由向倪某汇款4万元。

2013年10月29日,倪某产下一子倪宝。孩子出生当天及11月底,徐某某、李某某先后两次探望孙子。同年12月31日,徐某某、李某某第三次探望孙子时,双方产生口角,事后经当地妇联协调,双方矛盾有所缓解。此后,徐某某、李某某夫妇每月到倪某住所探望孙子一次。在探望过程中,徐某某、李某某也携带一些孩子的食品及生活用

---

* 源自(2015)锡民终字第01904号民事判决书。

品。2014年8月下旬,徐某某、李某某以近日将外出为由,要求提前探望孙子,被倪某以当月已探望为由拒绝。8月31日,徐某某、李某某夫妇与两个亲戚至倪某住所要求探望孩子,双方为此又产生口角并伴随肢体冲突。

事后,经当地派出所、妇联协调未果,徐某某、李某某遂诉至法院,要求判令:(1)其夫妇有权每月探望孙子三次。(2)倪某在其夫妇行使探望孙子的权利时应履行协助义务。一审法院曾多次组织双方调解,但因各执己见未果。一审判决:(1)自判决发生法律效力之日的次月起至倪宝十周岁时止,徐某某、李某某可每月探望倪宝一次,倪某负有协助配合义务;(2)驳回原告其他诉讼请求。倪某不服一审判决遂提起上诉,二审法院经审理后驳回上诉、维持原判。

(二)主要争议

二审法院将争议焦点概括为:

1.可否准许徐某某、李某某隔代探望倪宝;

2.如准许,应当采用何种方式。

二、说理思路

法院认为本案所涉及的问题在制定法中没有明确规定,应当从"法律规定之精神和中华民族文化传统"出发,对这一问题作出回应。

法院首先进行了制定法的漏洞填补,从普遍化、类型化的视角来创设规范。对于可否准许失独老人对未成年孙子女进行隔代探望的问题,法院援引法律原则,从未成年人保护和老年人权益保护两个角度进行了论证。从未成年人保护的角度来看,允许隔代探望对未成年人人格健全、身心发育成长有着积极意义,符合《未成年人保护法》的精神;从老年人权益保护的角度来看,允许隔代探望有助于失独老人获得精神慰藉,符合《老年人权益保障法》的精神,并且法院认为,老年人的隔代探望权也应当与孙辈的代位继承权相对应。就失独老人隔代探望权应当如何行使的问题,法院类推适用了监护权行使的代际位阶规则认为,一方面,在未成年人有法定监护人的情形下,其他近亲属探望须遵守监护权行使的代际位阶,不得妨碍序位在先的监护人履行监护职责;另一方面,监护人在行使监护权之时亦应为其他近亲属合理探视提供必要之便利。最后,法院对漏洞填补进行了总结,认为应当允许失独老人在不影响监护人履行法定监护职责的前提下隔代探望,也认为这一结论符合公序良俗和中华民族传统美德。

随后，法院针对本案的具体案情，结合漏洞填补的结论进行了分析。法院认为，徐某某、李某某虽然曾与倪某发生争执，但二人已承诺不再纠缠于过去矛盾，并主动缓和彼此关系，因而可以支持其采用适当方式探望，倪某也应为二人的探望提供便利。如果双方再次发生矛盾，则倪某可以通过法律途径维护其监护权的行使。

三、论证结构图

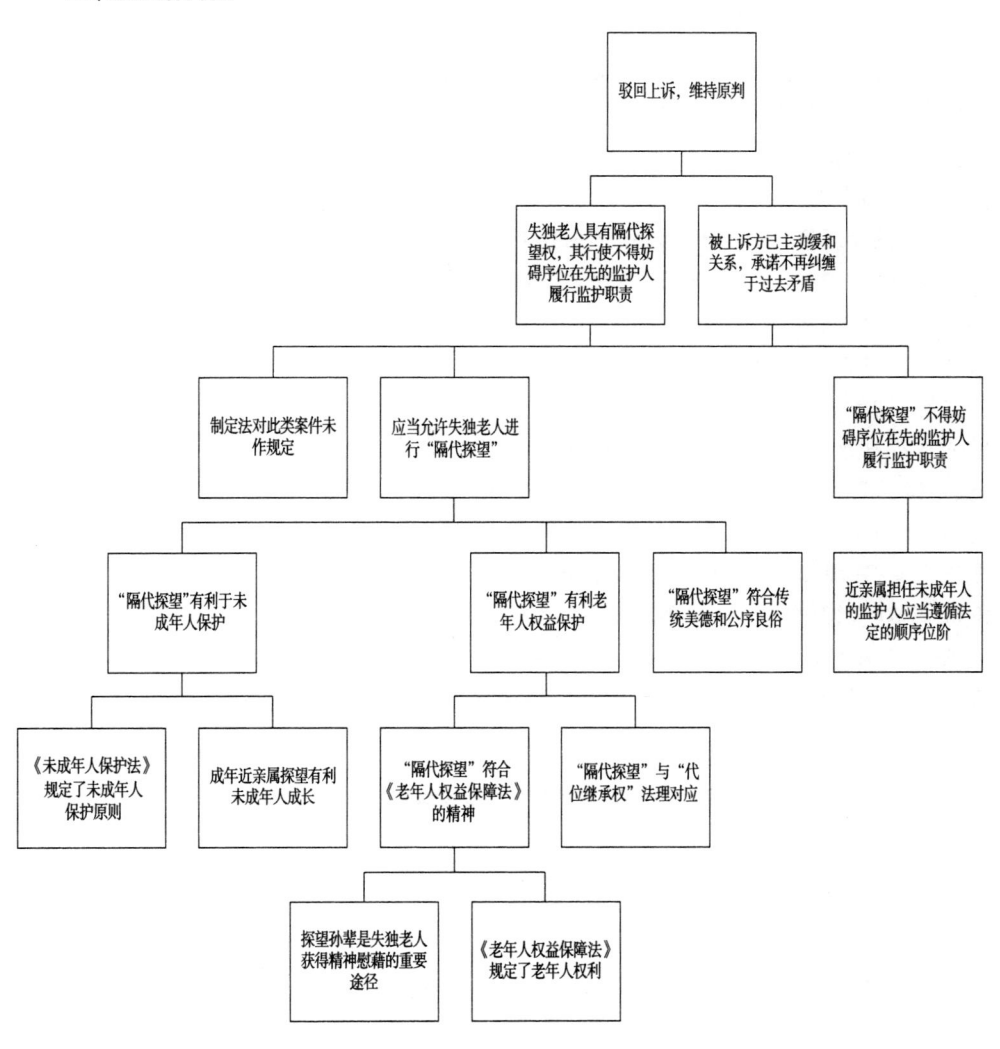

```
                          驳回上诉，维持原判
                           /            \
          失独老人具有隔代探望权，         被上诉方已主动缓和
          其行使不得妨碍序位在先的         关系，承诺不再纠缠
          监护人履行监护职责               于过去矛盾
              /      \                        
   制定法对此类    应当允许失独老人             "隔代探望"不得妨
   案件未作规定    进行"隔代探望"               碍序位在先的监护人
                                              履行监护职责
          /         |         \                |
  "隔代探望"    "隔代探望"   "隔代探望"符合     近亲属担任未成年人
  有利于未      有利老年     传统美德和公序     的监护人应当遵循法
  成年人保护    人权益保护   良俗               定的顺序位阶
    /    \         |
《未成年人  成年近亲属   "隔代探望"    "隔代探望"与"
保护法》    探望有利     符合《老年   代位继承权"
规定了未    未成年人     人权益保障   法理对应
成年人保    成长         法》的精神
护原则
                 |         |
           探望孙辈是失独老人  《老年人权益保障法》
           获得精神慰藉的重要  规定了老年人权利
           途径
```

四、说理评析

本案是典型的法律漏洞填补类案件。制定法对祖父母、外祖父母,尤其是失独老人是否有权探望年幼的孙子女、外孙子女并无明确规定,属于明显漏洞,需要法官完成漏洞填补的工作。在进行漏洞填补的过程中,就是否应当允许失独老人探望未成年孙子女的问题,法院以《未成年人保护法》《老年人权益保障法》的原则和精神进行裁判,认为承认"隔代探望权"有利于未成年人身心健康,也可以为失独老人提供心理慰藉,作出了允许失独老人探望未成年孙子女的法律判断;就"隔代探望权"的边界问题,法院又借监护权的顺序位阶进行了类比推理,划定了失独老人"隔代探望权"行使的边界,在逻辑上较为通畅,较好地完成了漏洞填补的任务。

本案所涉及的纠纷虽然在一定程度上具备类型化的特点,但诉讼双方倪某同徐某某、李某某的矛盾和冲突是无法用"失独老人隔代探望"概括的。法官在进行漏洞填补的过程中,针对已经类型化的"失独老人隔代探望"纠纷,构建了"失独老人具有隔代探望权,其行使不得妨碍序位在先的监护人履行监护职责"的规则。但是法官似乎并没有考虑到本案中双方曾经发生纠纷、争执甚至冲突的事实,而是径直使用了其所构建的,针对抽象的"失独老人隔代探望纠纷"的规则。虽然法官在说理中提到了诉讼双方的矛盾和冲突,但却随即话锋一转,称"鉴于徐某某、李某某已承诺不再纠缠过去矛盾,主动缓和双方关系,故可支持其采用适当方式探望倪宝",颇有"批评教育,下不为例"的感觉,而诉讼双方先前的矛盾和冲突,正是上诉人倪某请求驳回原审判决,不希望徐某某、李某某进行探望的重要理由。尽管法官很可能已经考虑到双方事先的矛盾和冲突,认为原审判决的探望频率、探望时间和探望方式已经是对徐某某、李某某探望权作出限制的结果,但法官的说理论证却显得其并没有将双方先前的冲突在实体判决中纳入考虑,使得本案的说理论证略显薄弱,(尤其是对上诉方而言)说服力较为有限。

87. 江某诉刘暖曦生命权、身体权、健康权纠纷案[*]

一、案情简介

(一)基本案情

刘暖曦在日本读书期间与陈世峰相识并确定恋爱关系,后二人因多次发生激烈争

---

[*] 源自(2022)鲁 02 民终 1497 号民事判决书。

执而分手。因陈世峰情绪过激,刘暖曦向好友江歌求助,江歌同意她到自己的住所同住。陈世峰对刘暖曦采取跟踪、发送恐吓信息、上门纠缠滋扰等手段。江歌提议报警,刘暖曦以合住公寓违反当地法律,不想把事情闹大为由加以劝阻,并请求江歌回来帮助解围。刘暖曦为摆脱纠缠,求助同事充当男友,再次向陈世峰明确表示拒绝复合,陈世峰愤而离开,随后又向刘暖曦发送多条纠缠信息,并两次声称"我会不顾一切"。其间,刘暖曦未将陈世峰纠缠恐吓的相关情况告知江歌。案发前一天晚上,应刘暖曦请求,江歌在地铁口等待其一起回家,二人前后进入公寓二楼过道,事先埋伏在楼上的陈世峰携刀冲至二楼,与走在后面的江歌遭遇并发生争执。走在前面的刘暖曦用钥匙打开房门,先行入室并将门锁闭。陈世峰在公寓门外,手持水果刀捅刺江歌颈部十余刀,随后逃离现场。此后,江歌之母江秋莲与刘暖曦因江歌死亡原因等产生争议,双方关系恶化。

江秋莲向山东省青岛市城阳区人民法院起诉,请求判令刘暖曦承担侵权责任,赔偿死亡赔偿金、丧葬费、误工费等各项经济损失及精神损害抚慰金,且诉讼费用由刘暖曦负担。刘暖曦辩称,江歌的遇害系陈世峰的犯罪行为造成,其并无过错,不应当承担侵权责任。一审法院经审理查明以上事实,判决刘暖曦承担40%的赔偿责任,并酌情判令刘暖曦赔偿江秋莲精神损害抚慰金20万元。

一审判决作出后,被告刘暖曦不服,提起上诉,并提供了一系列新证据。

(二)主要争议

二审法院认为本案争议焦点如下:

1.一审法院是否违反法定程序;

2.刘暖曦应否承担侵权损害赔偿责任;

3.一审判决确定的赔偿数额是否适当。

二、说理思路

首先,对于上诉人刘暖曦列举的证据和待证事实,二审法院依次释明两者之间的关系。其次,二审法院逐一回应刘暖曦提交的多项申请,并适当地阐述不予准许的各项理由。再次,对于当事人存在争议的一审法院认定的部分事实,二审法院根据一审法院认定的事实、二审期间双方当事人提供的证据以及双方当事人的质证意见综合予以分析,认同了一审法院的事实认定。最后,二审法院根据当事人的上诉请求、答辩情况及案件事实，将本案的争议焦点归纳为三点。在此基础上，法官对争议焦点进一步细分，根据法律规定和案件事实进行相应的说理分析，最终支持了一审法院的判决。

三、论证结构图

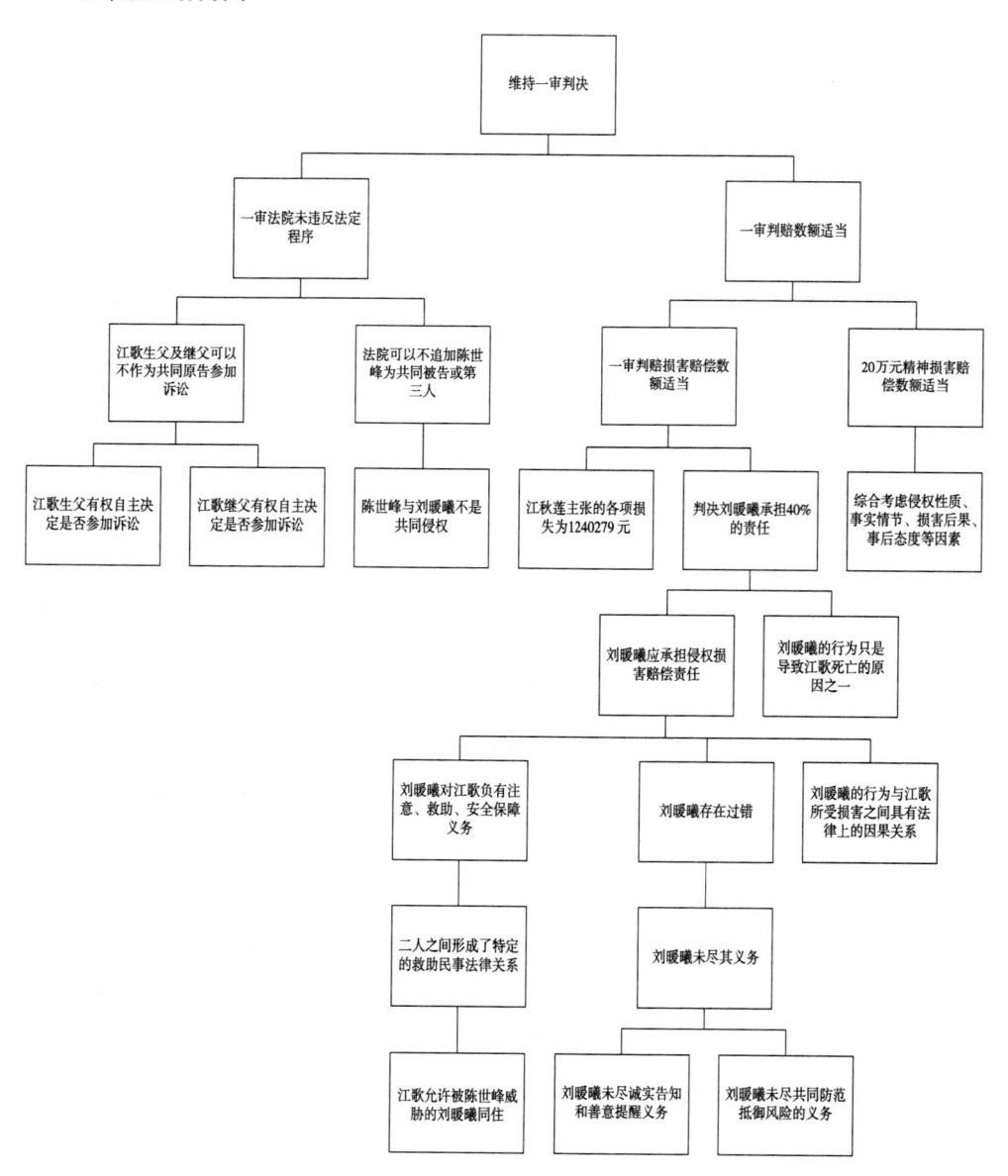

```
                            ┌─────────────────┐
                            │  维持一审判决    │
                            └────────┬────────┘
                      ┌──────────────┴──────────────┐
              ┌───────┴────────┐            ┌───────┴────────┐
              │一审法院未违反法定│            │ 一审判赔数额适当 │
              │     程序        │            │                │
              └───────┬────────┘            └───────┬────────┘
           ┌──────────┴──────────┐          ┌───────┴────────┐
   ┌───────┴────────┐  ┌─────────┴───────┐ ┌┴──────────┐ ┌──┴─────────┐
   │江歌生父及继父可以│  │法院可以不追加陈世│ │一审判赔损害│ │20万元精神损害│
   │不作为共同原告参加│  │峰为共同被告或第 │ │赔偿数额适当│ │赔偿数额适当 │
   │     诉讼        │  │      三人       │ │           │ │            │
   └───────┬────────┘  └─────────┬──────┘ └─────┬─────┘ └─────┬──────┘
      ┌────┴────┐                │          ┌───┴───┐        │
 ┌────┴───┐ ┌───┴────┐      ┌────┴────┐ ┌──┴──┐ ┌──┴──────┐ ┌┴───────────┐
 │江歌生父有│ │江歌继父有│      │陈世峰与刘│ │江秋莲│ │判决刘暖曦│ │综合考虑侵权│
 │权自主决 │ │权自主决 │      │暖曦不是共│ │主张的│ │承担40%的│ │性质、事实情│
 │定是否参加│ │定是否参加│      │同侵权   │ │各项损│ │责任     │ │节、损害后果│
 │诉讼     │ │诉讼     │      │         │ │失为12│ │         │ │、事后态度等│
 └─────────┘ └─────────┘      └─────────┘ │40279│ └────┬────┘ │因素        │
                                          │元   │      │      └────────────┘
                                          └─────┘      │
                                                ┌──────┴──────┐
                                          ┌─────┴────┐ ┌──────┴─────┐
                                          │刘暖曦应承 │ │刘暖曦的行为 │
                                          │担侵权损害 │ │只是导致江歌 │
                                          │赔偿责任   │ │死亡的原因之 │
                                          │           │ │一           │
                                          └─────┬─────┘ └─────────────┘
                        ┌───────────────────────┼───────────────────────┐
                 ┌──────┴──────┐        ┌───────┴──────┐        ┌───────┴──────┐
                 │刘暖曦对江歌负│        │刘暖曦存在过错│        │刘暖曦的行为与│
                 │有注意、救助、│        │              │        │江歌所受损害之│
                 │安全保障义务 │        │              │        │间具有法律上的│
                 │              │        │              │        │因果关系      │
                 └──────┬──────┘        └───────┬──────┘        └──────────────┘
                 ┌──────┴──────┐        ┌───────┴──────┐
                 │二人之间形成了│        │刘暖曦未尽其义│
                 │特定的救助民事│        │务            │
                 │法律关系     │        │              │
                 └──────┬──────┘        └───────┬──────┘
                                        ┌──────┴───────┐
                 ┌──────┴──────┐ ┌──────┴──────┐ ┌────┴────────┐
                 │江歌允许被陈 │ │刘暖曦未尽诚 │ │刘暖曦未尽共 │
                 │世峰威胁的刘 │ │实告知和善意 │ │同防范抵御风 │
                 │暖曦同住     │ │提醒义务     │ │险的义务     │
                 └─────────────┘ └─────────────┘ └─────────────┘
```

四、说理评析

本案二审判决书对争议焦点归纳准确,对上诉人的诉请回应全面,语言表达准确,说理逻辑较为清晰,说理较为充分有力。

具体而言,该判决书的说理亮点主要体现在二审裁判文书对"刘暖曦应否承担侵权损害赔偿责任"这一争议焦点的说理上。对于被害人自愿提供救助,并因为该救助行为而被第三人杀害时,被救助人在有过错的情况下是否应当承担责任、如何承担责任的问题,法律未作明确规定,法院需要通过释法说理来填补这一法律漏洞,准确认定被救助人的责任和义务。本案中,二审法院较好地完成了这一任务:

首先,二审法院根据侵权责任的常见构成要件,认为该焦点问题主要涉及三项内容:一是刘暖曦对江歌是否负有注意、救助、安全保障义务;二是刘暖曦对江歌遇害是否存在过错;三是刘暖曦的行为与江歌所受损害之间是否存在法律上的因果关系。其次,法院从《民法通则》(已失效)规定的原则出发,根据案件事实,认定受害人江歌和刘暖曦之间成立特定的救助民事法律关系,并通过类比《侵权责任法》(已失效)中的安全保障义务,认为刘暖曦对江歌负有注意、救助、安全保障义务。然后,二审法院根据本案查明的事实,认为刘暖曦未对江歌尽到必要义务,存在过错。最后,法院根据刘暖曦的行为与陈世峰的犯罪行为和江歌的死亡之间存在法律上的因果关系,根据《侵权责任法》(已失效)第六条认定刘暖曦应当承担相应的赔偿责任。总体而言,二审法院运用法律原则较好地填补了法律规则中存在的漏洞,对于定分止争具有一定的积极意义。

但二审判决书的说理还存在以下两个方面问题:第一,根据本案案件事实来看,陈世峰是侵犯江歌生命安全的直接侵权行为者,刘暖曦是侵害危险引入者,且刘暖曦在阻止江歌报警、未如实告知陈世峰的危险性、在案发时先行入室并将门上锁方面具有过错,对此,可以类比当时有效的《侵权责任法》(已失效)第二十八条,适用"第三人侵权责任",即如果受害人的损害是受害人和行为人之外的第三人造成的,或者对受害人的损害的发生和扩大具有主观过错,从而导致损害后果的发生,由该第三人承担一定的侵权责任。同时结合《侵权责任法》(已失效)第六条的规定,综合认定刘暖曦应当承担的责任。第二,道德层面的说理过多,有喧宾夺主之感。如在认定刘暖曦和江歌之间的关系时,二审判决书存在"在异国他乡留学的两人之间已经形成以友情和信赖为基础、以求助和施助为内容的特定的救助民事法律关系"的论述。就本案而言,救助关系的成立是江歌向刘暖曦提供可以在一定程度上逃避陈世峰滋扰的居所,加上"以友情和信赖为基础",有画蛇添足之感。

另外,二审判决书存在两个不影响整体判决的疏漏,一是法院在确认证据34-37的真实性、合法性和关联性的基础上,对为何其内容无法证明刘暖曦没有过错,应进行一定的说理。二是根据《民事诉讼法》第六十七条第二款和《民诉法解释》第九十六条第一款第(二)项的规定,涉及身份关系的事项属于人民法院调查收集的证据,因此江歌继父与江歌之间存在扶养关系的证据应当由法院依职权调查收集,而不应由刘暖曦举证证明。

88. 中信银行股份有限公司东莞分行诉陈志华等金融借款合同纠纷案*

一、案情简介

(一)基本案情

2013年12月31日,中信银行东莞分行与华丰盛公司、亿阳公司、高力信公司签订《综合授信合同》,约定中信银行东莞分行为上述三公司提供4亿元的综合授信额度,额度使用期限自2013年12月31日起,至2014年12月31日止。同日,中信银行东莞分行与陈志波、陈志华、陈志文、亿阳公司、高力信公司、华丰盛公司、怡联公司、力宏公司、同汇公司分别签订了《最高额保证合同》,约定上述中信银行东莞分行以外的主体为上述授信产生的债权提供连带保证责任。同时,中信银行东莞分行还分别与陈志华、陈志波、陈仁兴、梁彩霞签订了《最高额抵押合同》(以下简称《抵押合同》),约定上述中信银行东莞分行以外的主体为上述授信产生的债权提供最高额抵押,抵押物包括:陈志华的某房产(取得不动产登记证书)及某综合楼(未取得不动产登记证书);陈志波的某三项面积不等的土地使用权(均未取得不动产登记证书);陈仁兴的某房产;梁彩霞的某房产。以上不动产均未办理抵押登记。后中信银行东莞分行与华丰盛公司签订《人民币流动资金贷款合同》,约定中信银行东莞分行为华丰盛公司提供三笔合计7000万元的流动资金贷款。

---

* 源自(2019)最高法民再155号民事判决书。

2011年6月29日,东莞市房产管理局明确函告各金融机构:土地使用权人与房屋产权人不一致的房屋需办理抵押登记的,必须在房屋所有权与土地使用权权利主体取得一致后才能办理。

中信银行东莞分行依约向华丰盛公司发放了7000万元贷款,而华丰盛公司自2014年8月21日起未能按期付息。中信银行东莞分行提起诉讼,请求华丰盛公司归还全部贷款本金7000万元并支付贷款利息等;陈志波、陈志华、陈仁兴、梁彩霞在抵押物价值范围内承担连带赔偿责任。

(二)主要争议

法院将本案的争议焦点概括为:

1.中信银行东莞分行与陈志华等三人间《抵押合同》的效力;

2.陈志华等三人是否应当承担违约责任;

3.陈志华等三人损失赔偿额的具体确定。

二、说理思路

首先,案涉《抵押合同》属有效合同。虽然合同约定的部分抵押物未办理登记,但是依据《物权法》(已失效)第十五条第二款"未办理物权登记的,不影响合同效力",即"物债两分"之规定,该事实并不影响《抵押合同》的效力。本案中《抵押合同》内容系双方当事人的真实意思表示,内容不违反法律、行政法规的强制性规定,应为合法有效。

其次,陈志华等三人确有违约行为,应当依《抵押合同》承担违约责任。《抵押合同》既属双方当事人合意形成的有效合同,双方当事人就应恪守诚信原则严格履行合同义务。本案中,依据《抵押合同》第六条和第十二条之约定,陈志华等三人应确保案涉房产能够依法办理抵押登记,否则应承担相应的违约责任,而陈志华等三人尚未取得案涉房屋所占土地使用权证。因房地权属不一致,案涉房屋未能办理抵押登记,抵押权未依法设立,陈志华等三人构成违约,因此应依据合同约定赔偿由此给中信银行东莞分行造成的损失。

最后,应综合考虑案件事实认定损失赔偿额。《合同法》(已失效)第一百一十三条第一款规定,损失赔偿额应当相当于因违约所造成的损失,包括合同履行后可以获得的利益,但不得超过违反合同一方订立合同时预见到或者应当预见到的因违反合同可能造成的损失。本案中,抵押权因未办理登记而未设立,中信银行东莞分行无法实现抵押权,损失客观存在,其损失范围相当于在抵押财产价值范围内华丰盛公司未清偿债务数额部分,并可依约直接请求陈志华等三人进行赔偿。此外,在东莞市房管局明确函告各金融机构后,中信银行东莞分行未尽到合理的审查和注意义务,对抵押权不能设立亦存在过错。同时,中信银行东莞分行在知晓案涉房屋无法办理抵押登记后未采取措施防止损失扩大,依据《合同法》(已失效)第一百一十九条第一款的规定,可以适当减轻陈志华等三人的赔偿责任。

三、论证结构图

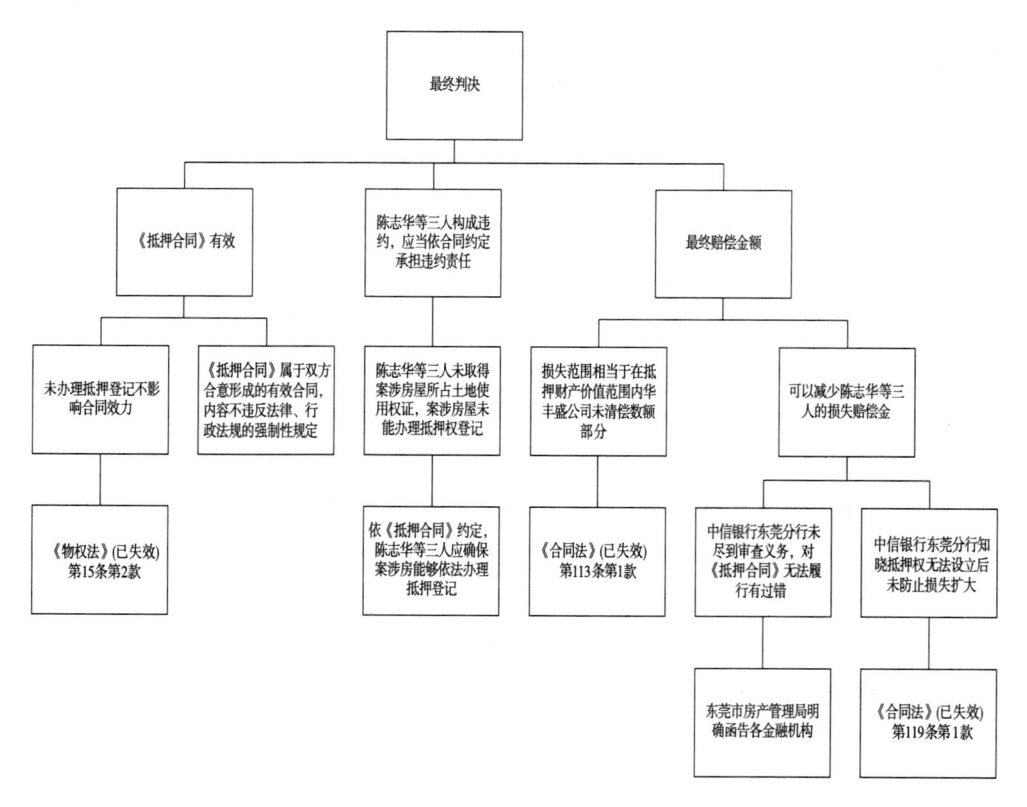

```
                          ┌─────────┐
                          │ 最终判决 │
                          └────┬────┘
          ┌────────────────────┼────────────────────┐
    ┌─────┴─────┐      ┌───────┴───────┐      ┌─────┴─────┐
    │《抵押合同》│      │陈志华等三人构成违│      │最终赔偿金额│
    │   有效    │      │约,应当依合同约定│      │           │
    │           │      │承担违约责任    │      │           │
    └─────┬─────┘      └───────┬───────┘      └─────┬─────┘
       ┌──┴──┐              ┌──┴──┐           ┌─────┴─────┐
  ┌────┴┐ ┌──┴────┐    ┌────┴┐ ┌──┴────┐  ┌───┴───┐  ┌────┴────┐
  │未办理│ │《抵押合│    │陈志华│ │损失范 │  │可以减少│            
  │抵押登│ │同》属于│    │等三人│ │围相当于│  │陈志华等│            
  │记不影│ │双方合意│    │未取得│ │在抵押财│  │三人的损│            
  │响合同│ │形成的有│    │案涉房│ │产价值范│  │失赔偿金│            
  │效力  │ │效合同, │    │屋所占│ │围内华  │  │       │            
  │      │ │内容不违│    │土地使│ │丰盛公司│  │       │            
  │      │ │反法律、│    │用权证│ │未清偿数│  │       │            
  │      │ │行政法规│    │,案涉房│ │额部分  │  │       │            
  │      │ │的强制性│    │屋未能│ │       │  │       │            
  │      │ │规定    │    │办理抵│ │       │  │       │            
  │      │ │       │    │押权登│ │       │  │       │            
  │      │ │       │    │记    │ │       │  │       │            
  └──┬───┘ └───────┘    └──┬──┘ └──┬───┘  └───┬───┘            
     │                     │        │          │
  ┌──┴──┐              ┌───┴───┐ ┌──┴──┐  ┌────┴─────┬──────────┐
  │《物权│              │依《抵押│ │《合同│  │中信银行东│中信银行东│
  │法》(已│              │合同》约│ │法》(已│  │莞分行未尽│莞分行知晓│
  │失效) │              │定,陈志 │ │失效) │  │到审查义务│抵押权无法│
  │第15条│              │华等三人│ │第113 │  │,对《抵押│设立后未防│
  │第2款 │              │应确保案│ │条第1款│  │合同》无法│止损失扩大│
  │      │              │涉房屋能│ │      │  │履行有过错│         │
  │      │              │够依法办│ │      │  │          │         │
  │      │              │理抵押登│ │      │  │          │         │
  │      │              │记      │ │      │  │          │         │
  └──────┘              └───────┘ └──────┘  └─────┬────┴────┬────┘
                                                    │         │
                                              ┌─────┴────┐ ┌──┴──────┐
                                              │东莞市房产│ │《合同法》│
                                              │管理局明确│ │(已失效) │
                                              │函告各金融│ │第119条  │
                                              │机构      │ │第1款    │
                                              └──────────┘ └─────────┘
```

四、说理评析

本案裁判说理整体思路清晰,逻辑严密。法官首先对《抵押合同》的有效性进行确认,其次依据违约责任构成要件对陈志华等三人的违约事实作出论证,认定其应当依合同承担违约责任,最后综合全案事实具体确定损失赔偿额,三部分说理环环相扣,说理过程一气呵成。

本案法官法律功底扎实，对我国物权和债权的划分原则了然于胸。在前两审法院均因抵押权未登记而对《抵押合同》相应部分不予考虑的情况下，最高人民法院并未想当然默认合同无效，而是察觉到合同效力认定上的漏洞，指出基于"物债两分"的原则，虽然抵押权无法实现，但是《抵押合同》实际上仍属有效合同，仍可依合同约定追究违约责任，依法维护了当事人的合法权益。

同时，本案法官做到了客观中立，不偏不倚。在具体赔偿额的认定方面，并未仅仅因陈志华等三人存在违约行为就判令其承担完全的违约责任，而是在依法确定赔偿额范围后全面考察案件事实，发现中信银行东莞分行在一方存在未尽到合理的审查和注意义务的情形下，对于抵押权无法设立亦存在过错；同时，还发现中信银行东莞分行在知晓案涉抵押房屋无法办理抵押权登记后，未及时采取措施防止扩大损失，最终依法减轻了陈志华等三人的赔偿责任，作出了公正裁判。

此外，本案裁判中法律条文适用准确，论证过程严密。说理全程处处有法律依据作为支撑：在认定合同有效性时，援引了《物权法》（已失效）第十五条物权债权相区分的规定（《民法典》第二百一十五条）；确定违约损失赔偿额时，适用《合同法》（已失效）第一百一十三条（《民法典》第五百八十四条）初步划定了赔偿额范围，又精准定位《合同法》（已失效）第一百一十九条（《民法典》第五百九十一条），认定受损害一方亦存在过错，完成了对最终赔偿额的修正。案件事实始终与法律规范准确对应，做到了以法律为准绳，具有说服力。

综上，本案的裁判文书说理各方面都值得称赞，体现出法官扎实的专业基础、公正的审判立场和丰富的审判经验，是一篇值得借鉴的裁判文书。

89.李晓艳诉北京智能研选科技有限公司劳动争议纠纷案*

一、案情简介

（一）基本案情

李晓艳于2019年4月入职北京智能研选科技有限公司（以下简称"智能研选公

---

* 源自(2022)京03民终9602号民事判决书。

司")负责产品运营,约定执行不定时工时制度,若其连续旷工3天,智能研选公司可解除劳动合同。2020年12月,智能研选公司以连续旷工3天以上为由解除了与李晓艳的劳动关系。

此后,李晓艳将智能研选公司告上法庭。在李晓艳的诉讼请求中,要求公司支付她在公司任职期间的加班费。李晓艳称,她在下班后、休息日及法定节假日共计加班了500余小时,但公司没有支付相关费用。为证明该主张,李晓艳提交了聊天记录、排班表和钉钉打卡记录截图,同时提交了《假期社群官方账号值班表》,以此主张智能研选公司安排其在周末及法定节假日定期加班。经查,李晓艳主张的加班系在微信或者钉钉等软件中与客户或者同事的沟通交流。智能研选公司表示,李晓艳是运营部门负责人,在下班之后与其他员工打电话不属于加班。对于李晓艳主张的周末及法定节假日值班的情况,智能研选公司表示,微信群里有客户也有公司其他员工,客户会在群里发问,其仅需要回复一下客户需要的信息,因此不属于加班的范畴。

一审法院经审理认为,李晓艳与智能研选公司在劳动合同中约定执行不定时工作制,因此不支持李晓艳要求智能研选公司支付休息日及延时加班费的请求。关于法定节假日加班,李晓艳仅提交了值班表予以证明,但其所主张的大部分日期并非法定节假日,且不能证明具体工作内容、工作时长,因此法院对李晓艳关于法定节假日加班工资的请求亦不予支持。李晓艳不服一审判决,提起上诉。

(二)主要争议

二审法院认为本案主要争议焦点是,智能研选公司是否应向李晓艳支付违法解除劳动关系经济赔偿金、2020年2月1日至12月11日的工资差额、未休年假工资及2019年12月21日至2020年12月11日期间的加班费。

二、说理思路

二审法院首先根据双方提供的证据和诉讼请求,确认了本案的争议焦点。其次,分别针对违法解除劳动关系经济赔偿金、工资差额、未休年假工资和加班事宜逐一进行说理。其中,针对违法解除劳动关系经济赔偿金,二审法院以李晓艳提供的证据不能证明公司违法解除劳动关系为由,驳回其诉讼请求。针对请求补偿工资差额的争议,法院根据智能研选公司发送的邮件和微信聊天内容分析认为,李晓艳提供的证据不能证明公司应当补发其工资。针对未休年假工资,法院从利益平衡的角度,认定公司无须支付年假未休部分的补偿金。针对加班事宜,法院首先引用了《劳动法》第三十九条的规定,认为劳动合同仍然为标准工作时间制度;之后,根据数字经济时代的工作特点,认为劳动者在非工作时间使用社交媒体开展工作属于"隐形加班";最终作出判决。

三、论证结构图

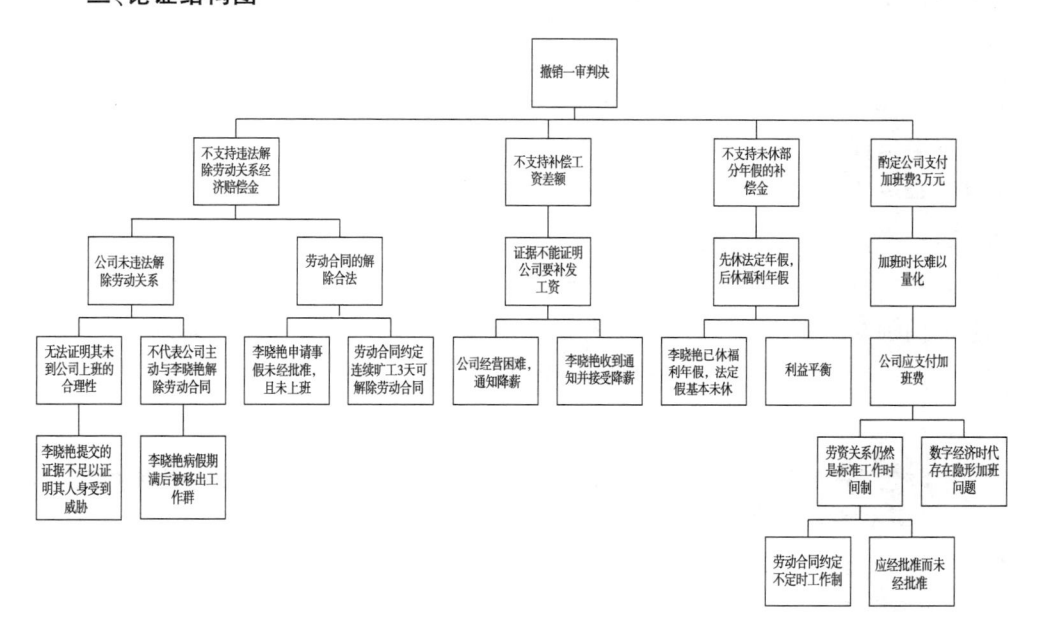

```
                            撤销一审判决
        ┌──────────────┬──────────────┬──────────────┐
   不支持违法解除    不支持补偿工     不支持未休部     酌定公司支付
   劳动关系经济      资差额          分年假的补       加班费3万元
   赔偿金                          偿金
   ┌────┬────┐      │              │              │
 公司未违法  劳动合同的    证据不能证明    先休法定年假,    加班时长难以
 解除劳动关系  解除合法     公司要补发     后休福利年假    量化
                          工资
 ┌───┐┌───┐  ┌───┐┌───┐       ┌───┐┌───┐    ┌───┐      ┌───┐
无法证明其未 不代表公司主 李晓艳申请事 劳动合同约定 公司经营困难, 李晓艳收到通  李晓艳已休福  利益平衡    公司应支付加
到公司上班的 动与李晓艳解 假未经批准, 连续旷工3天可 通知降薪     知并接受降薪  利年假,法定              班费
合理性      除劳动合同   且未上班    解除劳动合同                        假基本未休
   │          │                                              ┌──────┬──────┐
李晓艳提交的 李晓艳病假期                                     劳资关系仍然   数字经济时代
证据不足以证 满后被移出工                                     是标准工作时   存在隐形加班
明其人身受到 作群                                             间制          问题
威胁                                                         ┌────┐┌────┐
                                                           劳动合同约定  应经批准而未
                                                           不定时工作制  经批准
```

四、说理评析

本案裁判文书说理条理清晰,逻辑结构严密,法院首先确认裁判认定的案件事实;其次根据当事人的诉请明确了本案的争议焦点,即是否应支付违法解除劳动关系经济赔偿金、工资差额、未休年假工资和加班费;最后,根据裁判依据的法律规范,并采取逻辑推理和利益衡量的方法,逐一分析每个争议焦点后得出结论。本案的裁判结果和裁判依据令人信服,而且裁判文书写作上讲究文理,语言规范,表达准确。

本案的说理亮点主要在于明确了法律未予规定的"隐形加班"概念及其认定标准,填补了随着时代发展,法律在规范劳动者加班方面的漏洞。具体而言,对于劳动者在休息时间利用社交媒体工作是否构成加班的争议,二审法院指出,虽然双方约定执行不定时工作制,但是根据《劳动法》第三十九条的规定,本案并未满足法律要求的"企业实行不定时工作制必须经劳动保障部门审批"这一要件,故而认为原被告实行的仍然是标准工作时间制度。然后,法院从互联网时代劳动者的工作特点分析,认为当今劳动者工作模式灵活,不再拘泥于用人单位提供的工作地点、办公工位。因此,应虚化工作场所概念,综合考虑劳动者是否提供了实质工作内容认定加班情况。本案中,李晓艳在非工作时间使用社交媒体付出了实质性劳动内容,使用社交媒体工作具有周期性和固定性的特点,明显占用了休息时间,结合李晓艳的工作职责,应当认定构成加班。本案裁判结果体现了法院对社会责任的考量和对信息时代工作特点的准确把握,实现了法律效果和社会效果的有机统一。

本案是首例认定劳动者利用社交媒体工作构成加班的案件,裁判文书综合运用多种说理方法,论证充分、说理透彻,判决结果公正合理,尤其是确立了"隐形加班"的认定标准,是里程碑式的进步,对于理解数字经济时代的工作形态的变化,以及界定加班行为具有重要参考价值。对于保障劳动者的"离线休息权",以及劳动者牺牲休息时间加班获得报酬的权利具有重要意义,真正把劳动者的实质性权益落到实处。

90. 武汉市武昌城市环境建设有限公司与国通信托有限责任公司等申请执行人执行异议之诉纠纷*

一、案情简介

(一)基本案情

2014年3月25日,武昌城市环境建设有限公司(以下简称"武昌城环公司")与天下城建湖北投资管理有限公司(以下简称"天下城建公司")签订《商品房认购协议书》,约定武昌城环公司(乙方)认购天下城建公司(甲方)开发建设的商品房,用于武昌区房屋征收项目安置工作。2015年7月28日,天下城建公司经工商行政管理部门核准,变更名称为武汉缤购城置业公司。2014年4月1日至2016年1月28日期间,武昌城环公司按照合同约定,向武汉缤购城置业公司指定的账户支付了90%的购房款。

---

* 源自(2020)最高法民终934号民事判决书。

在一审法院审理国通信托公司诉武汉缤购城置业公司等的合同纠纷一案过程中,国通信托公司向一审法院申请财产保全,一审法院于 2018 年 9 月 14 日作出 (2018) 鄂执保 55 号协助执行通知书,查封武汉缤购城置业公司位于湖北省武汉市洪山区××街××路交汇处缤购城项目中的 440 套房产及项下对应土地使用权等。武昌城环公司对该项查封部分提出执行异议,请求中止对上述房屋及其项下土地使用权的执行程序并解除查封。

2019 年 4 月 19 日,湖北省武汉市洪山区人民法院作出 (2019) 鄂 0111 破申 1 号民事裁定书,裁定受理湖北安正矿业有限责任公司对武汉缤购城置业公司的破产清算申请。2019 年 4 月 10 日,一审法院作出 (2019) 鄂执异 4 号执行裁定书,裁定中止对上述房屋及其项下土地使用权的执行。国通信托公司对该执行裁定书不服,遂提起本案诉讼。

一审法院认为,武昌城环公司虽与武汉缤购城置业公司签订《商品房认购协议书》,但该协议书仅为团购住房认购协议,武昌城环公司不是消费型购房人,不享有消费者物权期待权。而且,本案中武汉缤购城置业公司已经进入破产程序,对债务人财产所采取的所有保全措施和执行程序都应解除和中止。因而,国通信托公司在本案中诉请要求撤销湖北省高级人民法院 (2019) 鄂执异 4 号执行裁定书,继续执行武汉缤购城置业公司位于武汉市洪山区××街××街交汇处的案涉房地产的诉讼请求不能成立。武昌城环公司对一审法院的裁判理由不服,上诉至最高人民法院。二审法院维持原判。

(二) 主要争议

二审法院认为本案争议焦点如下:

1. 武昌城环公司可否就本案一审判决的裁判理由提起上诉;
2. 武昌城环公司是否为消费型购房人,是否享有消费者物权期待权。

二、说理思路

对于当事人能否仅对裁判理由提出上诉这一争议焦点,法院根据武昌城环公司具有诉讼利益判断其为合格的当事人。在确认武昌城环公司是合格当事人,可以对一审判决理由提起上诉之后,法院参照《最高人民法院关于人民法院办理执行异议和复议案件若干问题的规定》第二十九条的规定,运用演绎推理论证武昌城环公司不是消费型购房人,不享有消费者物权期待权。

三、论证结构图

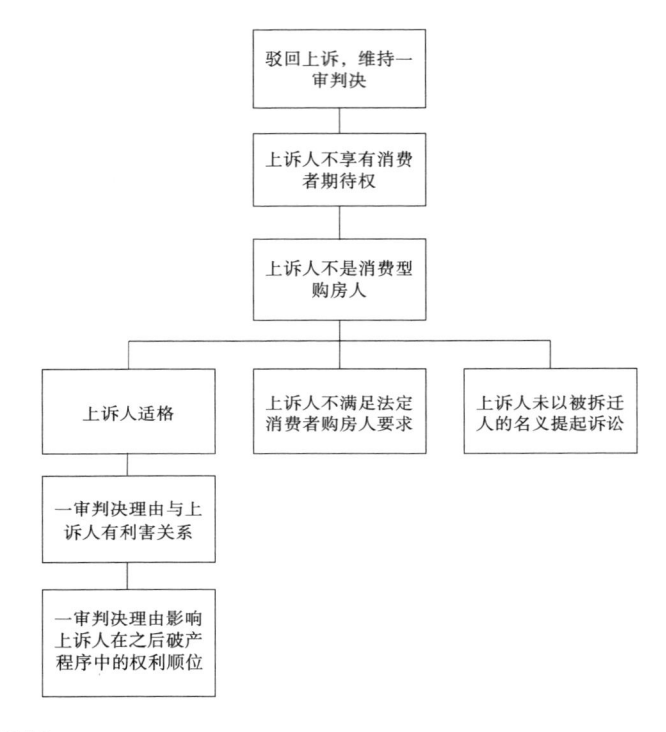

```
                    ┌──────────────┐
                    │驳回上诉,维持一│
                    │审判决        │
                    └──────┬───────┘
                           │
                    ┌──────┴───────┐
                    │上诉人不享有消│
                    │费者期待权    │
                    └──────┬───────┘
                           │
                    ┌──────┴───────┐
                    │上诉人不是消费│
                    │型购房人      │
                    └──────┬───────┘
           ┌───────────────┼───────────────┐
    ┌──────┴─────┐  ┌──────┴──────┐  ┌─────┴──────┐
    │上诉人适格  │  │上诉人不满足法│  │上诉人未以被拆迁│
    │            │  │定消费者购房人│  │人的名义提起诉讼│
    │            │  │要求          │  │            │
    └──────┬─────┘  └─────────────┘  └────────────┘
           │
    ┌──────┴─────┐
    │一审判决理由与上│
    │诉人有利害关系│
    └──────┬─────┘
           │
    ┌──────┴─────┐
    │一审判决理由影响│
    │上诉人在之后破产│
    │程序中的权利顺位│
    └────────────┘
```

四、说理评析

对于能否仅对裁判理由提出上诉,我国《民事诉讼法》及司法解释并没有明确规定。法学界通说认为,裁判理由是人民法院就其判决给出的理由,其本身并不构成裁判内容。因此,原则上裁判理由不具有既判力,不能对裁判理由提起上诉。但是,如果当事人因为裁判理由遭受不利益,即使当事人对裁判结果本身无异议,也可以仅就裁判理由进行上诉。本案二审法院根据这一理论及案件事实认为,本案一审判决驳回国通信托公司的诉讼请求主要是基于武汉缤购城置业公司已经进入破产程序,而非武昌城环公司是武汉缤购城置业公司的债权人,会影响其之后在破产程序中权利顺位的认定,故认定该判决理由与武昌城环公司具有法律上的利害关系,武昌城环公司具有上诉利益,可以提起上诉。这一判决建立了当事人对裁判理由提出上诉的标准,即当事人与裁判理由具有法律上的利害关系，具有诉的利益，而非当事人仅对裁判理由有异议。

在对争议焦点二进行说理时，二审法院主要根据《最高人民法院关于人民法院办理执行异议和复议案件若干问题的规定》第二十九条的规定。从该规定的目的出发，二审法院认为，"该条规定意在保护自然人的生存权，故规定了较为严格的要件，只有在全部满足几项要件时，才可依据该条规定主张消费者期待权"，进而根据本案当事人的主体性质、购买案涉房屋的目的不符合以上要件为由驳回了上诉人的诉请。之后，法院还从本案中武昌城环公司以自己的名义，而非被拆迁人的名义提起诉讼的角度，认定"其代表被拆迁人利益"的上诉理由不成立，增强了判决的说服力。

总体而言，本案裁判文书归纳争议焦点明确、逻辑清晰、论据严密、说理透彻，有利于提高司法公信力，息诉止争。

91. 北京银行股份有限公司建国支行等诉天津金吉房地产开发有限责任公司金融借款合同纠纷*

一、案情简介

（一）基本案情

2017年5月8日，北京银行（委托人）与北京分行（受托人）、金吉公司（资金使用方）共同签订《委托债权投资计划协议》，约定北京银行委托北京分行办理委托债权投资计划业务，即北京银行提供资金，北京分行按照其指定的资金使用方、用途、金额、期限、利率等代为开展委托债权投资计划并协助收回资金。协议约定了委托债权投资计划的金额、期限、年利率等事项。另外，协议第四十一条"费用"约定，因资金使用方违约而发生纠纷或诉讼的，解决纠纷的律师代理费、诉讼费及实现债权的费用等由资金使用方承担。2017年5月8日，金吉公司（抵押人）与建国支行（抵押权人）签订《抵押合同》，担保案涉《委托债权投资计划协议》，担保范围为主合同项下的全部债权。此后建国支行与金吉公司先后签订三份《抵押补充合同》，追加了相应土地使用权及在建工程的抵押物。

2017年5月26日，北京分行一次性向金吉公司发放贷款8.4亿元。还款期届

---

* 源自（2020）京04民初579号民事判决书。

满,金吉公司未能依约按期偿还本息。北京分行和建国支行诉至法院,要求金吉公司偿还拖欠的贷款本金、利息以及罚息。

诉讼期间,北京分行及建国支行提交了自行核算的利息、罚息计算表,其中2018年11月26日至2020年5月22日持续计算欠付本金69287万元的利息。此外,北京分行及建国支行主张金吉公司通过"抵扣差额"的方式补交利息,因为2017年8月26日至2018年11月26日结息时按照一年365天计算,与合同约定的一年360天有差异,导致少收利息1194561.09元。但是,北京分行及建国支行承认该主张未与金吉公司协商达成一致意见。

2020年6月30日,就本案诉讼事宜,北京分行及建国支行共同作为委托方,北京市善邦律师事务所作为受托方,签订《案件委托代理合同》。目前北京分行及建国支行已支付律师费5万元。此外,北京分行及建国支行已为本案支出财产保全申请费5000元。

（二）主要争议

一审法院认为本案争议焦点如下:

1.金吉公司违约拖欠的贷款本金、利息以及罚息的计算方式;

2.北京分行及建国支行主张的实现债权的费用是否应当由金吉公司承担;

3.北京分行及建国支行是否对抵押物享有优先受偿权。

二、说理思路

首先,对于原告关于2017年8月26日至2018年11月26日期间利息计算有误的主张,法院根据双方在合同履行期间的履约行为,认定双方就利息计算事宜已经达成合意,因此在原告未能举证证明双方当事人就此协商达成新的合意的情况下,不应当追溯调整利息。其次,对于原告主张被告按照合同支付案件受理费用、财产保全申请费和律师费的主张,法院根据这三种费用性质的差异分别论证说理:第一,基于案件受理费用性质属于法院依职权审查事项,不属于适格的诉讼请求,驳回了该诉请。第二,根据当事人合同中财产保全费由被告偿付的约定,支持了财产保全费转付的诉请。第三,从审慎选择律师是原告的附随义务,而原告未履行该义务的角度,驳回了律师费转付的诉请。

三、论证结构图

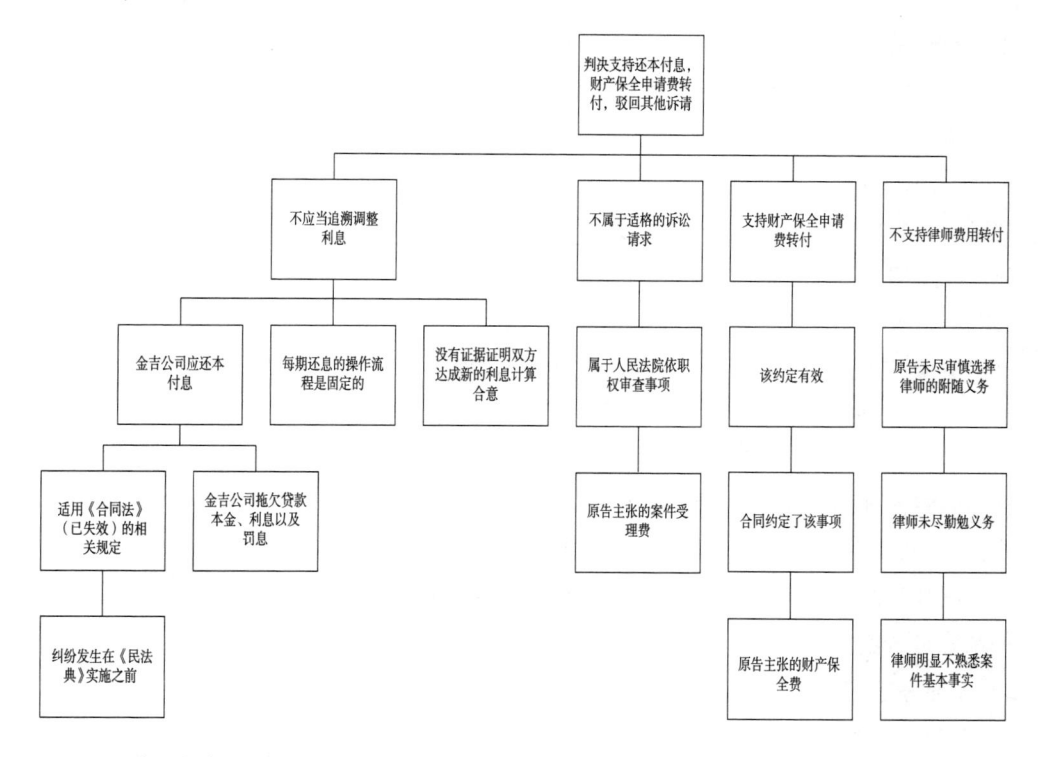

```
                          判决支持还本付息,
                          财产保全申请费转
                          付,驳回其他诉请
        ┌──────────────────┬──────────────┬──────────────┐
   不应当追溯调整          不属于适格的诉讼      支持财产保全申请      不支持律师费用转付
       利息                    请求              费转付
   ┌────┬────┐          ┌────┐              ┌────┐            ┌────┐
金吉公司应还本  每期还息的操作流  没有证据证明双方  属于人民法院依职  该约定有效       原告未尽审慎选择
   付息         程是固定的      达成新的利息计算   权审查事项                        律师的附随义务
                              合意
   ┌────┬────┐                              
适用《合同法》 金吉公司拖欠贷款                  原告主张的案件受   合同约定了该事项   律师未尽勤勉义务
(已失效)的相  本金、利息以及                        理费
关规定         罚息

纠纷发生在《民法                                   原告主张的财产保   律师明显不熟悉案
典》实施之前                                          全费             件基本事实
```

四、说理评析

本案裁判文书最引人注目的点在于对律师费由败诉方承担是否具有合理性的说理。首先,一审法院认可了民事合同中当事人的意思自治,明确表示贷款合同中约定的"资金使用方违约而发生纠纷或诉讼的,解决纠纷的律师代理费……由资金使用方承担"合法有效。

其次,法院指出此举存在道德风险,不是费用终局承担者的权利人,可能因疏于认真筛选律师,而放任增加不合理支出。这个观点入情入理,若合同一方当事人可以通过诉讼或仲裁将律师费转付给合同相对人,律师费收取的约定直接关系合同相对人的利益,而律师费用的数额完全由一方当事人和其委托代理人之间内部协商,合同相对人没有参与律师费的协商过程,也没有关于律师费用的评定机构。因此,如果司法放任当事人任意约定律师费用,则可能损害相对人利益。

法院在判决中指出,审慎选择律师,从而使得相应费用支出物有所值是胜诉方的附随义务。附随义务是指在法律并无明文规定,当事人亦无明确约定的情况下,根据合同的性质、目的、交易习惯以及诚信原则,为保护对方利益和稳定交易秩序,而在合同履行过程中自然衍生出来的辅助性义务。据此可见,将审慎选择诉讼代理人、约定合理的律师费用定义为附随义务合乎逻辑。之后法院结合本案原告的诉讼代理人在案件审理期间的表现,如明显不熟悉案件基本事实,书面文件存在多处关键错误,在法院提示之后仍然茫然无措等,认定原告诉讼代理人未尽勤勉尽责义务,进而认为北京分行及建国支行未尽到审慎选择律师的附随义务,故对其要求金吉公司承担律师费用的诉讼请求不予支持。

值得说明的是,有法律从业者认为,诉讼代理人是否尽责只能由当事人或者律协判断,言外之意,该案法官越权。但是,自1996年《律师法》第四十九条(2007年修订后改为第五十四条)正式确立"中国律师执业责任赔偿制度"以来,与律师承担民事责任有关的案件便日益增加。换言之,当事人当然可以对诉讼代理人是否尽责进行判断,但裁判权在法院。在本案被告答辩拒绝支付律师费的情况下,即使依据错误,法官也可以就具体案件事实分析律师费用由被告承担的合理性,进而决定支持或者驳回被告的答辩意见。还有观点认为,本案原告的诉讼请求经过两位代理律师的庭审代理活动,大部分已得到支持,足以认定原告的诉讼代理人是合格的。然而,在司法实践中,金融机构贷款合同案件事实清楚,原告败诉比例很低,即便不请律师,仅派一名银行普通职员出庭,法院也会依法判决,不会影响诉讼进程,也不会损害当事人的合法权益。本案事实清楚、证据确凿,庭审重点就是利息的计算方式,但是原告的委托代理人在庭前对是否计算复利并未梳理清楚,且当庭放弃复利,难以认为其维护了当事人的权利。

总体而言,本案对于律师费能否转付的说理较为透彻,要求胜诉方承担选任诉讼代理人失误的风险,有利于优化律师队伍的服务意识。但是本案裁判文书存在未归纳明确清晰的争议焦点的缺陷。

92. 罗某甲、谢某某诉陈某监护权纠纷案*

一、案情简介

（一）基本案情

罗某甲、谢某某系夫妻,婚生二女一子,长女罗A、次女罗丙、儿子罗乙。罗乙与陈某于2007年4月28日登记结婚,双方均系再婚,再婚前,罗乙育有一子一女,陈某未曾生育。婚后,罗乙与陈某购买卵子,并由罗乙提供精子,通过体外授精联合胚胎移植技术,出资委托代孕,生育了一对异卵双胞胎即罗某丁（男）、罗某戊（女）,两名孩子出生后随罗乙、陈某共同生活。2014年2月7日罗乙因病经抢救无效死亡,嗣后,陈某携罗某丁、罗某戊共同生活至今。2014年12月29日,罗某甲、谢某某提起本案监护权之诉。

（二）主要争议

法院总结本案的争议焦点为：

1.代孕所生子女的法律地位；

2.陈某与罗某丁及罗某戊是否成立拟制血亲关系；

3.罗某丁及罗某戊的监护权归属问题。

二、说理思路

法院对于争议焦点的说理如下：

第一,罗某丁、罗某戊生母为代孕者,生父为罗乙。(1)根据部门规章的规定,国家明确禁止代孕。(2)生母认定应遵循"分娩者为母"原则,该原则符合我国传统的伦理原则及价值观念,也与实践立场相一致。(3)由于代孕行为本身不具有合法性,不可类推适用《最高人民法院关于夫妻离婚后人工授精所生子女的法律地位如何确定的复函》。(4)生父认定应根据血缘关系而确定。

第二,陈某与两名孩子之间为有抚养关系的继父母子女关系。(1)由于欠缺收养成立的法定条件以及目前对代孕行为的积极禁止,不成立事实收养关系。(2)由于陈某知晓并接受该子女为其子女,且与该子女共同生活达相当期限,不论履行抚养义务

---

* 源自(2015)沪一中少民终字第56号民事判决书。

子女的出生时间在缔结婚姻之前还是之后,都应当成立有抚养关系的继父母子女关系。

第三,罗某丁、罗某戊的监护权应归于陈某。(1)陈某的监护权优先于罗某甲、谢某某。(2)考虑家庭结构、监护能力、情感需求,监护权归于陈某将有利于儿童利益最大化。

三、论证结构图

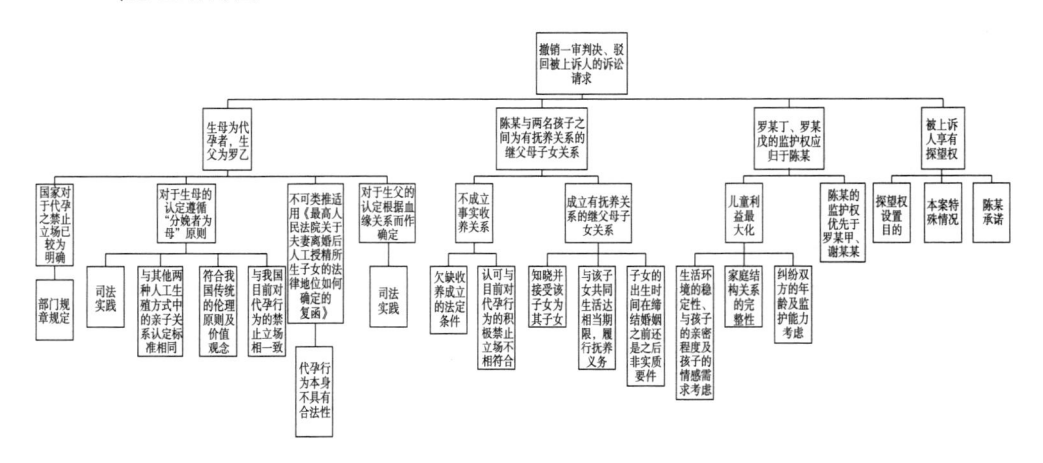

[论证结构图:撤销一审判决、驳回被上诉人的诉讼请求

- 生母为代孕者,生父为罗乙
  - 国家对于代孕之禁止立场已较为明确
    - 部门规章规定
  - 对于生母的认定遵循"分娩者为母"原则
    - 司法实践
    - 与其他两种人工生殖方式中的亲子关系认定标准相同
    - 符合我国传统的伦理原则及价值观念
    - 与我目前对代孕行为的禁止立场相一致
  - 不可类推适用《最高人民法院关于夫妻离婚后人工授精所生子女的法律地位如何确定的复函》
    - 代孕行为本身不具有合法性
  - 对于生父的认定根据血缘关系而作确定
    - 司法实践

- 陈某与两名孩子之间为有抚养关系的继父母子女关系
  - 不成立事实收养关系
    - 欠缺收养成立的法定条件
  - 成立有抚养关系的继父母子女关系
    - 认可当事人目前代孕行为的积极禁止立场不相符合
    - 知晓并接受该关系的继父母子女
    - 对该子女共同生活期间限、履行抚养义务
    - 子女的出生时间在缔结婚姻之前还是之后并非实质要件

- 罗某丁、罗某戊的监护权应归于陈某
  - 儿童利益最大化
    - 生活环境的稳定性、与孩子的亲密程度及孩子的情感需求考虑
  - 陈某的监护权优先于罗某甲、谢某某
    - 家庭结构的完整性
    - 纠纷方的年龄监护能力考虑

- 被上诉人享有探望权
  - 探望权设置目的
  - 本案特殊情况
  - 陈某承诺
]

四、说理评析

法官在法律无明确规定的情况下,遵循法律空白时法官不得拒绝裁判原则,对案涉争议作了充分的说理论证。面对新类型问题,本案法官着重考虑未成年人利益,作出既符合法律规定,亦合乎人伦常情、顺乎社会民意的判决,实现了法律效果与社会效果的统一。

值得注意的是,本案法官在认定子女生母时援引并检视了认定生母相关的法律学说。法官分别对理论上的"血缘说、分娩说、契约说(或称人工生殖目的说)、子女利益最佳说"进行了讨论,并最终基于民法原则、社会文化等因素认可了"分娩说"。

二审法官在裁判过程中,根据利益衡量理论确定了未成年子女利益的优先保护地位,并且得出了监护权归养育母亲更有利于两名孩子健康成长的结论。在此基础上,从现有法律规范框架内寻找裁判依据,运用扩大解释的方法,将"有抚养关系的继父母子女关系"这一法学概念进行法律适用,从而完成了裁判说理。①

本案母方既没有自己提供卵子,也没有由自己的身体孕育孩子,在生理上与代孕所生的子女毫无血缘关系。然而,代孕生育子女是配偶双方共同的意思,且陈某与子女已有抚养事实并产生亲情,法官通过认定陈某与孩子间为"有抚养关系的继父母子女关系",保护了母方的亲权。不过,本案说理过程同样存在一定瑕疵,如对我国代孕行为违法的论证不够有力(至少学界存在反对意见②),且在法律上认定多人为孩子的母亲有违法院所称"当前社会一般观念"。

另外,《婚姻法》(已失效)规定的探望权主体为离婚后不直接抚养子女的父母一方,祖父母通常只随同父母探望,不享有单独探望权。而基于本案特殊性质,法官采取目的解释,赋予被上诉人(祖父母)以"隔代探望权",对类似案件处理具有较大的参考价值。

第四节　指导性案例

指导性案例一般是引起社会广泛关注的、具有典型性的案例。实践中主要指由最高人民法院、最高人民检察院、公安部专文发布的指导性案例。从逻辑上讲,参照指导性案例的前提是证明该指导性案例与待决案件相似,那么在处理待决案件时,就需要检索是否有与之相似的指导性案例。按照《最高人民法院关于案例指导工作的规定》与《〈最高人民法院关于案例指导工作的规定〉实施细则》,如果待决案件在基本案情和法律适用方面与指导性案例相似,就应当参照指导性案例。在适用指导性案例的过程中,法官应主要运用类比推理,就待决案件与指导性案例是否相似、如何相似作出判断。

---

① 参见侯卫清(二审承办法官):《养育母亲获得代孕子女监护权之法律基础》,载《人民司法(案例)》2017年第2期,第4页。
② 参见朱晓峰:《非法代孕与未成年人最大利益原则的实现——全国首例非法代孕监护权纠纷案评释》,载《清华法学》2017年第1期。

93. 谷阳、杜永华诉崇川区辉田日用品超市生命权、健康权、身体权纠纷案[*]

一、案情简介

（一）基本案情

2020年6月13日下午，谷某（原告谷阳父亲，杜永华丈夫）进入被告崇川区辉田日用品超市（以下简称"辉田超市"）后挑选鸡蛋放入购物袋，并将个别鸡蛋放入自己裤子口袋中，该行为被被告员工罗红霞注意到。谷某在收银台结账完毕离开被告处时，罗红霞和谷某进行了对话，谷某返回超市内，多名被告员工和谷某交谈对话，其间罗红霞拉扯了一下谷某的衣服袖子并放开，被告员工周玉兰拉扯着谷某的衣服袖子并跟随谷某行走，在走至冰柜旁时，谷某突然倒地。被告员工周玉红拨打了报警和急救电话。其间，有两名路过的顾客对谷某进行胸外按压。之后，急救人员到达现场对谷某进行急救并将谷某送至南通市中医院急诊科进行抢救，未能成功，居民死亡医学证明（推断）书记载谷某死亡原因为心肌梗死。

原告诉至南通市崇川区人民法院，请求被告承担侵权责任。一审判决驳回原告的诉讼请求；原告不服一审判决，向南通市中级人民法院提出上诉。

（二）主要争议

二审法院将争议焦点概括为：

1. 辉田超市是否应对谷某因争执倒地承担侵权责任；
2. 辉田超市在谷某倒地后是否尽到安全保障义务。

二、说理思路

法院主要围绕其归纳的两个争议焦点来进行说理：

针对第一个争议焦点，法院认为，判断辉田超市是否应当承担侵权责任，应从行为人的过错、行为的违法性、行为与损害后果之间的因果关系等角度展开分析。

关于辉田超市是否存在过错的问题。辉田超市监控视频显示其员工在发现谷某的不当行为后，主要通过拉扯衣袖、语言交流的方式与其交涉。双方之间并无大幅度、过激的动作，谷某在双方交涉时仍可前后走动。辉田超市与谷某交涉的目的是维护超

---

[*] 源自（2021）苏06民终189号民事判决书。

市正常经营秩序,制止不当行为。辉田超市员工与谷某素不相识,更不清楚其身体状况,对其突发疾病倒地无法预见,辉田超市员工的劝阻行为也较为克制,因此对谷某倒地死亡不存在过错。

关于辉田超市的劝阻行为是否违法的问题,法院援引了最高人民法院第142号指导案例的裁判要旨。结合本案,辉田超市作为谷某不当行为的直接利益相关方,其员工拉扯谷某衣袖,继续与谷某交谈,制止不当行为的举措更具有正当性,更应受到法律的保护。从监控视频也可以看出双方没有发生肢体冲突,辉田超市员工的劝阻方式和内容均在合理限度之内。因此,该劝阻行为是正当的,不具有违法性,应认定为合法的自助行为。

关于劝阻行为与损害后果是否存在因果关系的问题。判断行为与损害后果的因果关系不仅应满足必要性,即无此原因必无此结果的条件关系,还需要考察是否具有相当性,即有此原因通常有此结果的相当性。本案中,从辉田超市员工与谷某交涉到谷某倒地,前后时间不到3分钟。辉田超市员工的劝阻方式、内容和时长均在合理限度内。故从社会一般观念来看,该行为通常并不会造成谷某突发疾病倒地。根据谷阳、杜永华陈述,谷某有高血压等基础病史,其倒地原因主要在于自身身体状况。综上,辉田超市员工的劝阻行为与谷某倒地之间不具有相当性,不能认定为存在法律上的因果关系。

针对第二个争议焦点。法院援引了《侵权责任法》(已失效)以及《消费者权益保护法》有关安全保障义务的相关规定,指出应首先确定辉田超市需承担的安全保障义务的范围。

接着法院援引了最高人民法院第140号指导案例的裁判要旨——"公共场所经营管理者的安全保障义务,应限于合理限度范围内,与其管理和控制能力相适应"。即确定安全保障义务的范围,应符合社会公众对安全保障的一般期待,既要为受害人提供必要的保护,也要避免对安全保障义务人课以过重责任。结合本案,在谷某倒地后,辉田超市员工第一时间报警求助。接出警民警提示后,辉田超市员工又迅速拨打急救电话。虽然辉田超市拨打急救电话系在谷某倒地后近19分钟,但鉴于谷某倒地前双方发生纠纷,谷某倒地又具有突发性,辉田超市员工在难以对谷某身体状况进行准确判断的情况下,通过报警处理纠纷,符合一般公众的社会认知,具有合理性,应认定辉田超市尽到了安全保障义务。

从救助行为与死亡结果的因果关系来看,医方推断谷某的死亡原因为心肌梗死。

辉田超市报警后,已有群众对谷某进行心肺复苏胸外按压抢救,仍未能挽救其生命。心肌梗死具有突发性和极高的致死率。即使辉田超市第一时间拨打急救电话,按照通常行驶时间,急救中心人员需要14分钟方能到达现场施救,也难以挽回谷某的生命。因此辉田超市在事发近19分钟时拨打急救电话与谷某的死亡后果之间亦不具有法律上的因果关系。

最后,法院在总结部分指出,侵权责任法须权衡和协调两种基本价值:保护合法权益和维护行为自由。相对于特定的受害人而言,行为自由关乎每个人的利益。只有法律保护每个人不被任意地要求承担责任时,才能避免动辄得咎,民事主体的行为自由才能得到充分保护,民事主体的人格才能全面发展。当损害发生后,如果不具有法律规定的理由,受害人不能随意要求他人承担责任,不能将自身应承担的风险转嫁他人承担。

三、论证结构图

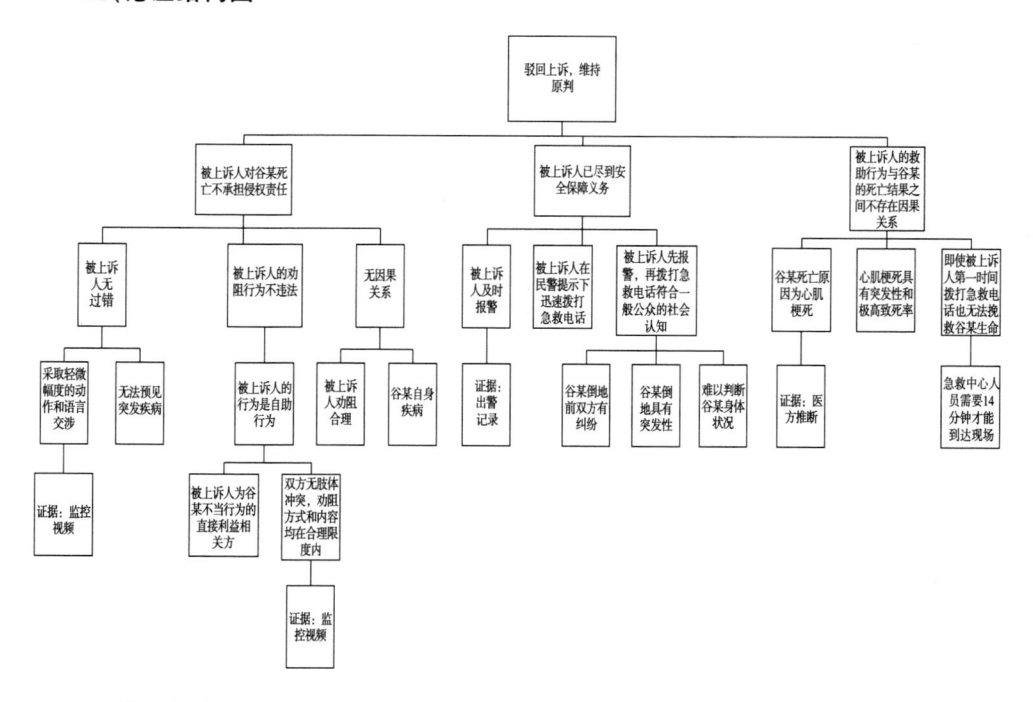

```
                          驳回上诉,维持原判
        ┌──────────────────────┼──────────────────────┐
  被上诉人对谷某死          被上诉人已尽到安            被上诉人的救
  亡不承担侵权责任           全保障义务                助行为与谷某
                                                      的死亡结果之
                                                      间不存在因果
                                                         关系
   ┌────┬────┬────┐       ┌────┬────┬────┐       ┌────┬────┬────┐
  被上  被上  无因        被上  被上  被上先        谷某  心肌  即使被上
  诉人  诉人  果关        诉人  诉人  报警,       死亡  梗死  诉人第一
  无过  的劝  系          及时  在民  再拨打        原因  具有  时间拨打
  错    阻行              报警  警提  急救电        为心  突发  急救电话
        为不                    示下  话符合        肌梗  性和  也无法挽
        违法                    迅速  一般公        死    极高  救谷某生
                                拨打  众的社              致死  命
                                急救  会认知              率
                                电话
  采取   被上   谷某                双方   难以   证据:  急救中心人
  轻微   诉人   自身                倒地   判断   医方   员需要14分
  幅度   劝阻   疾病                前双   谷某   推断   钟才能到达
  的动   合理                       方有   身体          现场
  作和                              纠纷   状况
  语言                              
  交涉                              谷某
                                    倒地
  无法                              具有
  预见                              突发
  突发                              性
  疾病

  被上诉人的
  行为是自助
  行为

  被上诉人为谷
  某不当行为的
  直接利益相
  关方

  双方无肢体
  冲突,劝阻
  方式和内容
  均在合理限
  度内

  证据:监控
  视频
```

四、说理评析

本判决书的说理亮点在于法院对侵权行为构成要件的熟练分析和运用。此外,这

份判决书在公布之初也掀起了广泛的社会讨论，在一定程度上弘扬了诚信、友善、文明的社会风尚。

根据被上诉人的诉讼请求和被上诉人的答辩情况，二审法院准确地将本案的争议焦点归纳为超市（被上诉人）是否应该承担侵权责任，以及超市在谷某倒地后是否尽到了安全保障义务。

针对第一个争议焦点，法院从行为人过错、行为的违法性，以及行为与损害后果之间的因果关系这三个角度逐步展开说理。关于超市是否存在过错，法院通过超市的监控视频梳理出了超市与谷某的交涉过程，超市员工主要以轻微动作和言语方式劝阻谷某，在不清楚谷某的身体状况的情况下，超市员工无法预料到谷某会突发疾病。法院因此认定超市对谷某的突然死亡不存在过错，具有说服力。关于辉田超市的劝阻行为是否违法，法院并没有援引《民法典》第一千一百七十七条关于自助行为的规定，而是援引了最高人民法院第142号指导案例的裁判要旨："行为人为了维护受伤害一方的合法权益，劝阻另一方不要离开碰撞现场且没有超过合理限度的，属于合法行为。被劝阻人因自身疾病发生猝死，其近亲属请求行为人承担侵权责任的，人民法院不予支持。"法院在此基础上指出，只要未超过合理限度，本人以外的其他主体也可以阻拦不当行为人。本案中是权益受损害者自己阻拦不当行为人，更加具有正当性。以上论证实际上是通过最高人民法院第142号指导案例的裁判要旨，导入了自助行为的法理，实现了同样的说理效果。关于超市的劝阻行为与谷某的死亡结果是否存在因果关系，法院首先区分了法律上的因果关系和事实上的因果关系，指出法律上的因果关系不仅需要满足条件关系，还需要具有相当性，然后再结合本案，从社会一般人的观念出发，认定超市员工的劝阻行为，尚不足以导致谷某因心梗猝死。

针对第二个争议焦点，法院首先援引了《侵权责任法》（已失效）和《消费者权益保护法》中关于安全保障义务的相关规定，然后结合本案事实细致地分析了谷某倒地之后超市员工的一系列救助行为，最终认定超市员工在难以判断谷某身体状况的情况下，先报警处理纠纷，后迅速拨打急救电话进行救助的行为符合一般公众的社会认知，具有合理性，因此可以认为超市尽到了安全保障义务。这种将法律判断标准与事实密切结合的分析方式，展现了很强的说服力，值得充分肯定。

法院在总结陈述段对侵权责任法的根本思想进行了如下的高度概括，极大地加强了本判决书的说服力，值得高度赞同，即"当前社会风险和损害无处不在，侵权责任法不能给所有的损害提供救济。侵权责任法须权衡和协调两种基本价值:保护合法权益和维护行为自由。相对于特定的受害人而言,行为自由关乎每个人的利益。只有法律保护每个人不被任意地要求承担责任时,才能避免动辄得咎,民事主体的行为自由才能得到充分保护,民事主体的人格才能全面发展。当损害发生后,如果不具有法律规定的理由,受害人不能随意要求他人承担责任,不能将自身应承担的风险转嫁他人承担"。

无论是在事实梳理部分、争议焦点归纳总结部分,还是在循序渐进的说理部分,本判决书都充分地体现了法官的思辨过程,展现了法官熟练运用法律规则的能力。同时本判决书对司法实践也有一定的表率和指导作用,即司法活动中不能一味强调有损害就要有人来填补,也不能局限于"人死为大"等道德观念,而是应当致力于实现权益保护和行为自由之间的平衡。

第六章

说理的辅助方法

裁判文书说理除前面论及的基本方法外,为了取得更好的说理效果,还可以采用可视化的表达方式或者附加法官寄语等辅助方法。尽管辅助方法不能直接增强判决的正当性,但可以通过增强判决的可理解性,进而增进社会公众对判决结果的认可。

第一节 可视化

《释法说理指导意见》第十四条明确规定:"为便于释法说理,裁判文书可以选择采用下列适当的表达方式:案情复杂的,采用列明裁判要点的方式;案件事实或数额计算复杂的,采用附表的方式;裁判内容用附图的方式更容易表达清楚的,采用附图的方式;证据过多的,采用附录的方式呈现构成证据链的全案证据或证据目录;采用其他附件方式。"该条文可以视为鼓励法官以"可视化"的方式增强裁判文书的文理表达效果。近年来,越来越多的法律人开始探索可视化表达[①],借助图表等形式更为直观地表达法律思想。

94. 海口一木海洋之家水产品有限公司、欧玉叶等危害珍贵、濒危野生动物刑附民公益诉讼案[*]

一、案情简介

（一）基本案情

2011年9月21日,欧玉叶、郑声祥未经批准将1只价值6000元的玳瑁出售给王毅强。2011年11月4日,欧玉叶、郑声祥注册成立海口一木海洋之家水产品有限公司（以下简称"一木公司"）,2013年3月至2019年3月,一木公司未经批准多次非法收购野生海龟,将279只海龟出售给王毅强等个人和单位,上述海龟价值共计258.2万元。郑

[①] 参见蒋勇主编:《诉讼可视化》,法律出版社2017年版。
[*] 源自(2020)苏8601刑初12号刑事附带民事判决书。

春苗自2017年起负责一木公司部分海龟销售、发货和代收货款业务,共参与出售6只海龟,价值共计3.6万元。嘉禹公司于2009年11月4日成立,法定代表人为严辉。2016年7月至2019年4月间,嘉禹公司、严辉、姜国庆未经批准多次非法收购野生海龟,并委托诚润物流公司等公司进行运输,将120只海龟非法出售给王毅强等个人和单位,上述120只海龟价值共计80.83万元。2018年7月至10月,姜国庆、严辉以海南家宇海洋生物科技有限公司名义出售16只海龟,后被公安机关扣押,上述16只海龟价值共计8.4万元。诚润物流公司、陈涛、杨林广、李新、李明明未经批准,收取协调费为一木公司和嘉禹公司等代理涉案海龟航空运输,共非法运输60只海龟,价值共计68.53万元。

2019年4月11日,欧玉叶、郑声祥、郑春苗、严辉、姜国庆被抓获到案;2019年4月13日,杨林广、李明明被抓获到案;杨林广到案后劝说陈涛、李新投案,并于次日上午驾车带陈涛到公安机关投案;陈涛到案后劝说李新投案,杨林广于当日下午陪同李新到公安机关投案;九名被告人到案后如实供述了犯罪事实。2019年4月19日,杨林广退缴违法所得2万元,李新退缴违法所得5万元。2021年2月4日至3月16日,欧玉叶、郑声祥、陈涛、李明明、一木公司、诚润物流公司、郑春苗、杨林广、李新先后在公诉机关自愿签署认罪认罚具结书。

根据2021年2月1日公布的调整后的《国家重点保护野生动物名录》,海龟科所有种均列入国家重点保护野生动物名录。徐州铁路运输检察院在履行诉前公告程序、公告期满无适格主体后向法院提起刑事附带民事公益诉讼。审理期间,法院裁定准许对扣押在案的海龟予以救助,并放归海洋。截至2021年1月20日,海南热带海洋学院、海南省两栖爬行动物研究重点实验室共接收救治涉案海龟202只,已有49只健康海龟放归大海,共计支出费用99.45万元。由北京众益环境保护中心承担的海龟放归活动相关费用共计57.1224万元,死亡海龟无害化处理相关费用共计61.6864万元。

经公益诉讼起诉人提起诉讼保全申请,法院裁定查封、冻结附带民事公益诉讼被告相应银行存款,或同等价值的其他财产。此外,诚润物流公司、陈涛、杨林广、李新、李明明在本案审理期间主动承担民事责任,积极缴纳公益诉讼赔偿金200万元。

(二)主要争议

1.关于刑事部分的争议:

(1)关于本案鉴定机构及鉴定人的资质问题;

(2)关于未查获到海龟实物能否认定犯罪事实以及犯罪数额认定问题;

(3)关于被告单位诚润物流公司非法运输海龟犯罪事实的认定问题;

(4)关于被告单位、被告人量刑情节的认定问题。
2.关于附带民事公益诉讼部分的争议：
(1)关于附带民事公益诉讼主体的问题；
(2)关于本案评估机构及评估人的资质问题；
(3)关于各被告应否承担侵权责任的问题；
(4)关于公益诉讼起诉人的各项诉讼请求是否具有事实和法律依据的问题；
(5)关于违法所得能否抵扣本案生态损害赔偿数额的问题。

二、说理思路

本案法院从刑事和附带民事公益诉讼两部分归纳争议焦点，并分别进行了有针对性的说理。

针对刑事部分的争议，本案判决从鉴定机构及鉴定人的资质、未查获到海龟实物能否认定犯罪事实及犯罪数额、被告单位诚润物流公司非法运输海龟犯罪事实的认定问题，以及被告单位、被告人的量刑情节认定四个方面进行了说理。关于鉴定资质问题，判决分别对国家林业局森林公安司法鉴定中心及鉴定人员、浙江海洋大学的鉴定资质进行了认定。关于数量与数额认定问题，本案法官以发货单等证据为基础，结合买家饲养方法对犯罪数量进行认定，并依据权威文件，从产品价值与动物资源保护费两个方面对数额进行认定。关于非法运输问题，法官依据被告供述、证人证言与微信聊天记录等证据，认定诚润物流公司确实存在非法运输海龟的犯罪事实。关于各被告的量刑问题，法官针对各被告存在的可能影响量刑的情节一一进行分析判断，就量刑情节及共同犯罪中的身份和作用对各被告量刑作出认定。

针对附带民事公益诉讼部分的争议，关于评估资质，判决针对答辩意见，从江苏省海洋水产研究所及评估人员的资质、委托评估程序两方面，结合环境侵权责任司法解释进行了分析判断，最终未采纳答辩意见。关于各被告应否担责，判决从法律规定入手，以共同侵权的构成要件为线索，认定各被告应承担连带责任。关于公益诉讼起诉人的各项诉请是否具有事实与法律依据，判决就公益诉讼起诉人的五项诉讼请求一一进行详细说理，在损失赔偿金的认定方面，针对为何适用《水生野生动物及其制品价值评估办法》的说理尤为详细。关于公益诉讼请求依据以及违法所得能否抵扣，判决认为该违法所得系破坏生态所得之非法利益，与损害赔偿责任同质，认定可以抵扣本案的生态损害赔偿数额。

三、论证结构图

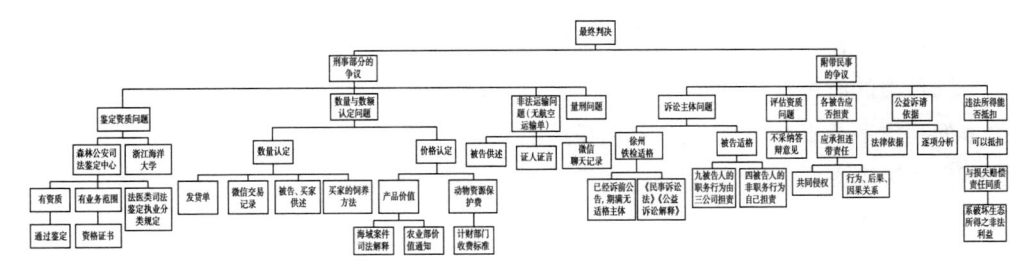

四、说理评析

本案的判决说理具有结构清晰、论证有力以及说理方式新颖的特点。

首先,本案判决在事实认定与争议归纳部分均展现出清晰的层次结构。

在事实认定方面,本案时间跨度较大、行为主体较多且专业性较强,案情相对复杂,法院从刑事诉讼和附带民事公益诉讼两部分对案件事实进行了梳理,各部分又从不同维度具体展开,将相对复杂的案件事实清晰地罗列于判决书中。

在争议焦点归纳方面,控方就刑事部分和附带民事诉讼部分对多个被告人分别提出了多项指控,各被告人及其辩护人也分别提出了不同意见,因此争议点的归纳存在一定难度。而本案判决从相关主体的资质到犯罪事实细节,再到量刑方面,对控辩双方的多项不同意见进行了归纳,准确提炼出了争议焦点,将繁多的争议汇总得较为清晰。

其次,本案判决的说理在内容上有理有据,具有较强的说服力。

一方面,判决认定的各项事实都有充分的证据对应。例如,针对欧玉叶、郑声祥在成立一木公司前非法出售一只玳瑁的事实,就有书证、物证、证人证言、被告人供述、鉴定意见等各类证据予以证明。又如,在一木公司非法出售279只海龟和海龟标本的事实下,37次具体的非法销售事实后均有对应且充分的证据罗列,足见事实认定之严谨准确,裁判事实有充分的证据事实作为基础。

另一方面,判决中的所有末端论据都是终局理由。例如,在犯罪事实中的数量认定方面,有发货单、微信交易记录、被告与买家供述等证据结合买家的饲养方法综合证明,确保数量认定准确无误;而在数额的认定问题上,产品价值直接根据海域案件司法解释和农业部价值通知确定,动物资源保护费则直接依据计财部门收费标准确定,各部分价格认定均有有效的权威文件支撑,无须进一步论证。同时,判决说理中相关法律法规的适用较为准确,尤其体现在针对附带民事公益诉讼部分争议的说理方面。

值得注意的是,本案法官运用了可视化的说理方法,这也是本案判决的亮点所在。本案中不仅存在多个被告,各被告的犯罪数量、犯罪数额和应赔偿数额不同的情形,而且不同种类的海龟价值也不同。面对这一较为复杂的情况,仅通过大段的文字表达与简单的列数字并不够直观,反而易使说理陷入混乱,令读者不明所以。对此,本案法官灵活运用说理方式,以表格的形式将各被告应承担的动物资源损失数额与海洋生态环境损失数额清晰地加以呈现(见表6-1、表6-2)。

表6-1　各被告应承担的动物资源损失数额

序号	姓名	涉案海龟只数	扣押活体海龟只数	死亡或灭失的海龟及标本		每只海龟价值/元	应赔偿数额/元
				种类	只数		
1	一木公司	279	216	幼体绿海龟	52	45300	3020000
				幼体玳瑁	11	60400	
2	诚润物流公司	60	36	幼体绿海龟	23	45300	1102300（与一木公司承担连带赔偿责任）
				幼体玳瑁	1	60400	
3	嘉禹公司	120	88	幼体绿海龟	28	45300	1510000
				幼体玳瑁	4	60400	
4	欧玉叶	1	0	幼体玳瑁	1	60400	60400
6	郑声祥						

表6-2　各被告应承担的海洋生态环境损失数额

序号	姓名	涉案海龟只数	种类	只数	每只海龟价值/元	系数	应赔偿数额/元
1	一木公司	279	幼体绿海龟	217	45300	0.5	7079700
			亲体绿海龟	33	75000		
			幼体玳瑁	21	60400		
			亲体玳瑁	3	100000		
			幼体蠵龟	3	45300		
			亲体蠵龟	2	75000		

（续表）

序号	姓名	涉案海龟只数	种类	只数	每只海龟价值/元	系数	应赔偿数额/元
2	嘉禹公司	120	幼体绿海龟	94	45300	0.5	3031100
			亲体绿海龟	14	75000		
			幼体玳瑁	10	60400		
			亲体玳瑁	2	75000		
3	诚润物流公司	60	幼体绿海龟	51	45300	0.5	1468650（其中1438450与一木公司承担连带赔偿责任，30200与嘉禹公司承担连带赔偿责任）
			亲体绿海龟	3	75000		
			幼体玳瑁	5	60400		
			亲体玳瑁	1	100000		
4	欧玉叶	1	幼体玳瑁	1	60400	0.5	30200
5	郑声祥						
6	严辉	16	幼体绿海龟	15	60400	0.5	377250
7	姜国庆		亲体绿海龟	1	75000		

以上表格大大提升了判决的可理解性，让相关数据一目了然。

综上，本案判决争议汇总清晰，事实与证据明确对应，逻辑清晰、有理有据，在可视化说理方法的运用方面尤其值得借鉴。

95. 琼瑶《梅花烙》与于正《宫锁连城》知识产权纠纷案[*]

一、案情简介

（一）基本案情

剧本《梅花烙》于1992年10月创作完成，共计21集，未以纸质方式公开发表。依据该剧本拍摄的电视剧《梅花烙》内容与该剧本高度一致，由怡人传播有限公司拍摄完成，共计21集，于1993年10月13日起在中国台湾首次通过电视播出，并于1994年4月13日起在中国大陆（湖南电视一台）首次通过电视播出。电视剧《梅花烙》的片头字

---

[*] 源自（2014）三中民初字第07916号民事判决书。

幕显示署名编剧为林久愉。林久愉在其声明中称,剧本《梅花烙》系由原告独立原创形成,原告自始独立享有剧本的全部著作权及相关权益。

小说《梅花烙》作者是本案原告陈喆(笔名琼瑶),小说《梅花烙》系根据剧本《梅花烙》改编而来,于1993年6月30日创作完成,1993年9月15日起在台湾地区公开发行,同年起在中国大陆地区公开发表,主要情节与剧本《梅花烙》基本一致。

被告余征(笔名于正)系剧本《宫锁连城》(又名《凤还巢之连城》)《作品登记证书》载明的作者,系电视剧《宫锁连城》的署名编剧,剧本共计20集。《作品登记证书》载明的剧本创作完成时间为2012年7月17日,首次发表时间为2014年4月8日,余征于2012年6月5日向被告湖南经视公司出具《授权声明书》。

之后,原告陈喆(笔名琼瑶)指称余征(笔名于正)未经其许可采用其电视剧剧本及同名小说《梅花烙》创作电视剧剧本《宫锁连城》,侵犯其改编权和摄制权。原告向北京市第三中级人民法院提起诉讼,主张余征、湖南经视文化传播有限公司、东阳欢娱影视文化有限公司、万达影视传媒有限公司和东阳星瑞影视文化传媒有限公司共同侵害了原告作品改编权及摄制权,请求法院判令五被告停止电视剧《宫锁连城》的一切电视播映、信息网络传播、音像制售活动以及要求被告余征在新浪网、搜狐网、乐视网、凤凰网显著位置发表经原告书面认可的公开道歉声明以及其他赔偿事宜。

(二)主要争议

一审法院概括的争议焦点为:

1.剧本《梅花烙》著作权的归属;

2.小说《梅花烙》与剧本《梅花烙》的关系;

3.原告主张被改编和摄制的内容是否受《著作权法》保护;

4.《宫锁连城》剧本是否侵害了《梅花烙》剧本及小说的改编权;

5.《宫锁连城》剧本是否侵害了《梅花烙》剧本及小说的摄制权;

6.侵害改编权及摄制权主体及民事责任的认定。

二、说理思路

一审法院对六个争议焦点一一论证。法院首先认定剧本《梅花烙》的作者及著作权人均为本案原告陈喆,拆分对比小说《梅花烙》与剧本《梅花烙》的关系,再认定小说《梅花烙》的作者及著作权人均为原告陈喆,确认了原告的诉讼主体地位。其次,表明作品中足够具体的人物设计、情节结构、内在逻辑串联是应受《著作权法》保护的重要元素,认为如果相关作品的内容足以认定为具体的表达,那么对于其是否属于特定情境、有限表达或公知素材,而非作者独立原创,这一举证责任应在被告。再次,通过事实细节推定各被告亦具有接触剧本《梅花烙》的机会和可能,从而满足了侵害著作权中的接触要件,再论述侵害改编权的相似性判断和改编与合理借鉴的关系。最后,聚焦于作品中具体的人物设置与人物关系比对,逐个对比原告主张的作品 21 个情节以及作品的整体,最终认定剧本《宫锁连城》作品涉案情节与原告作品剧本《梅花烙》及小说《梅花烙》的整体情节具有创作来源关系,构成对剧本《梅花烙》及小说《梅花烙》改编的事实,从而认为该摄制行为依然属于原告陈喆享有的摄制权的范围内,未经许可摄制电视剧《宫锁连城》侵害了原告陈喆享有的摄制权。最终,法院认定了各主体相应的民事责任。

三、论证结构图

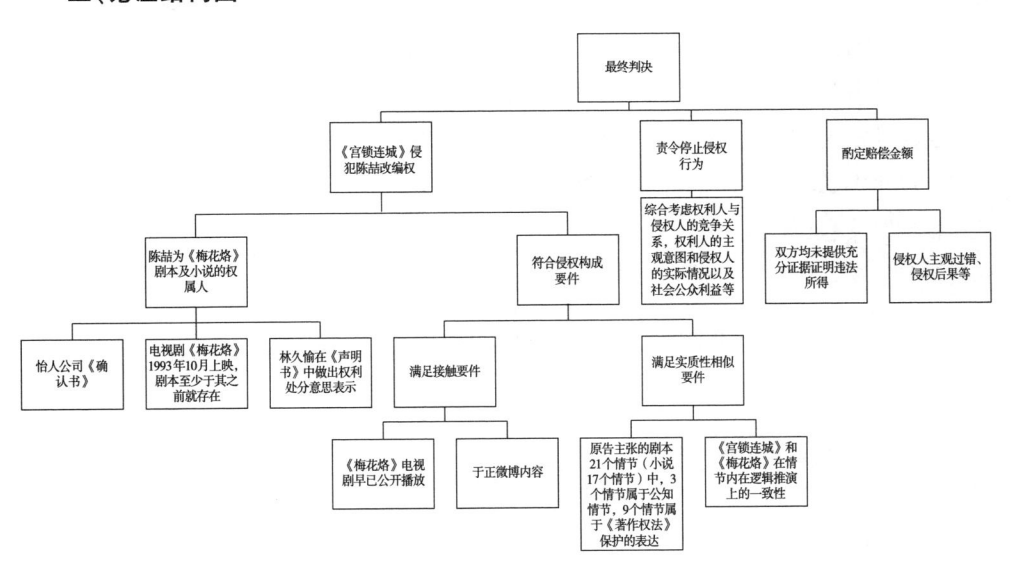

四、说理评析

本案属于文化娱乐领域的知识产权案件,原被告均在娱乐圈具有一定知名度,舆论关注度较高,本案裁判文书的说理会引起社会公众对于司法裁判公正性和合理性的广泛关注和讨论。本案二审判决书对事实认定清楚完整,说理逻辑清晰,采用了可视化图表辅助说理、引入专家辅助人等多种论证技巧,具有典型意义。

一审判决说理的亮点在于:(1)对作品情节的概述完整、准确,采用可视化的方式进行两个作品人物关系的对比,清晰明了地看出两个故事人物纠葛与情节推演上的相似性(见下图《梅花烙》与《宫锁连城》人物关系图)。(2)用较大篇幅完整概括了两个故事的主要情节,使得未关注作品仅关注知识产权保护的人也能通过判决书了解案情全貌,包括原告主张的21个剧情的具体情节详细对比以及在两个作品中的整体对比。(3)本案中,于正最主要的抗辩理由即"这些桥段(琼瑶诉于正抄袭的21个桥段)被告不承认是作为作品的表达,在本案中这些桥段也是原告根据自己的想象归纳出的思想,不是作品的表达"。划定侵权与合法的界限是一件极其困难的事情,因为实质性相似标准所划定的界线处于毫无相似之处和完全或近似完全的文字性相似这两个极端之间。本案判决书明确了"文学作品中思想与表达的区分标准,即文学作品的表达,不仅表现为文字性的表达,也包括文字所表述的故事内容,但人物设置及其相互的关系,以及由具体事件的发生、发展和先后顺序等构成的情节,只有具体到一定程度,即文学作品的情节选择、结构安排、情节推进设计反映出作者独特的选择、判断、取舍,才能成为著作权法保护的表达",从而确定文学作品保护的表达是不断进行抽象过滤的过程。二审法院认定实质性相似时,也将原告主张的情节分为"公知情节"和"受著作权法保护的表达"。一、二审判决书高度概括了作品情节的内在逻辑,这种抽象概括的方法不仅在本案中抽丝剥茧,令人信服,在其他类似案件中也可适用,使本案判决书更具有典型意义。(4)本案一审开启了在侵害著作权案件中引入专家辅助人的先例,使案件的审理和裁判契合行业特点和创作规律。

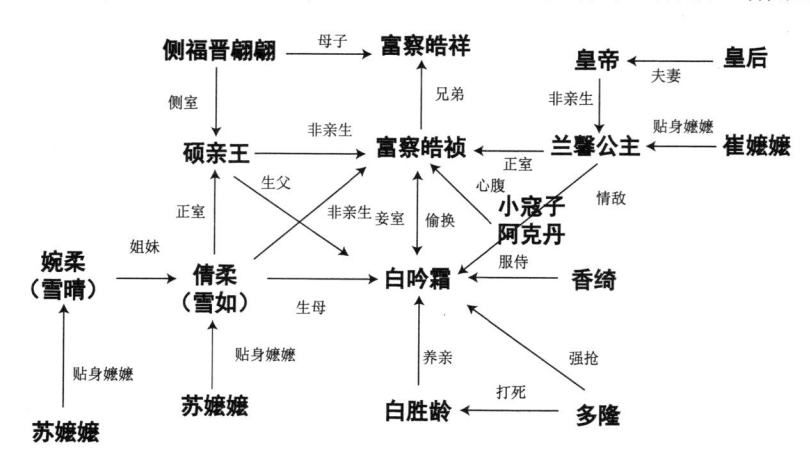

图6-1 《梅花烙》人物关系图

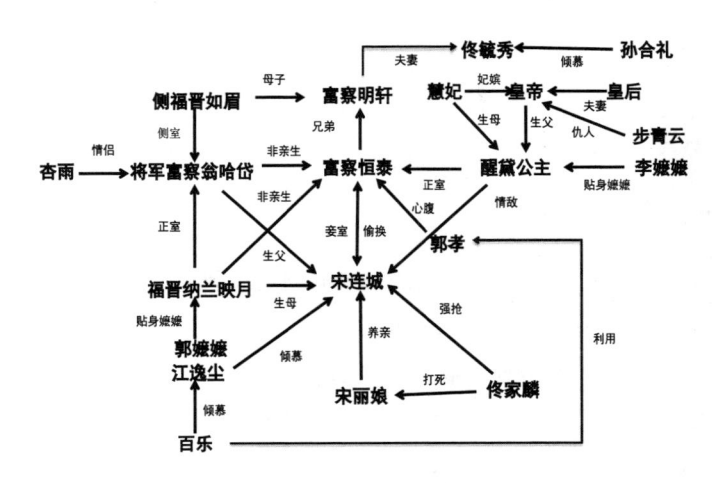

图 6-2 《宫锁连城》人物关系图

本案一审判决书从多方面论证作品成立侵权的构成要件,判决书中的详细说理展现了法官独到的法学思辨能力和深厚的文字功底,在娱乐作品被舆论诟病互相"借鉴""融梗"之风滥行时,这样一份说理细致的判决书表明了法律对原创者的保护。一审判决书查明的案件事实较为翔实,故二审判决书在进行论证时基本沿用一审的判决思路,最终作出维持原判的终审判决结果。美中不足的地方在于,相比于二审判决书,一审判决存在小论点的论证结果不够直接果断的问题。比如,对作品相似性进行判断的论证部分,最后结论是"不同的作者因所处年代、人生阅历、生活体验、写作风格、技巧与技法的不同,通过作品所要表达的主题思想也往往不甚相同,然而,在达到足够相似的比对结论时,思想维度上的差异并不直接导致比对结论的减弱或相似情形的消弭",未直接结合两个作品的内容进行相似性判断,虽然在判决书后文中有具体情节的对比,但也未直接结合上文"借鉴与抄袭的关系""相似性判断"进行说明,造成说理的衔接不够流畅的问题;又如,判决书中对"特定情境、有限表达及公知素材的关系"说理部分,结论为"这一举证责任应在被告",而未就被告是否未尽举证义务或举证不足进行进一步说明。

第二节　法官后语

2002年，上海市第二中级人民法院研究室开始尝试推行在裁判文书后附设法官后语，这一做法其实是对我国传统法律文化的继承。中国古代司法一直负有宣明教化的功能，素有"审毕宜加劝谕"的传统，法官在判决后会对当事人申明劝诫。法官后语的内容大多以普法、劝诫、教育、警告当事人为主题，多数法官后语以对当事人施以伦理道德教化、缓和当事人的矛盾与冲突为内容，也有个别法官后语以提醒、指导权利义务人遇事该如何应对为内容。一方面，法官后语不是裁判文书的必要内容，且法官后语本身并不能直接增进受众对判决的认同感；另一方面，法官后语能够增进受众对判决、法官以至法院的情感认同，有助于增强司法公信力，因此，倡导法官在有余力时，结合个案的具体情况撰写法官后语。写作时应当注意以下几点：其一，准确判定写作法官后语的必要性。如在判决有充分的正当性基础，判决本身不足以彻底解决案件纠纷的情况下，可尝试撰写后语。其二，控制法官后语的篇幅，确保内容流畅而简洁。其三，法官应从自身入手，提高个人的法律、道德、文学素养，以期后语能够得到更广泛的认可。

96. 李某1诉雷某1等生命权、健康权、身体权纠纷案[*]

一、案情简介

（一）基本案情

李某1、雷某1、马某系左权县寒王学校住校生。某日下课后，三人在学校前院打闹，马某手持银灰色、展开后约10cm长的小刀在雷某1面前挥舞后，将小刀递给雷某1。雷某1随即采取同样的姿势用小刀划向李某1，后划伤李某1右胳膊及手腕。三人打闹期间，学校保安人员路过，但未采取任何措施。李某1受伤后，当即被送往医院进行治疗，出院后经司法鉴定中心鉴定，李某1右前臂刀划伤，构成九级伤残。

---

[*] 源自（2019）晋07民终612号民事判决书。

本案一审法院根据事发现场的监控录像及当事人之间的质证查明了以上事实,判决李某1的医疗费、护理费、一次性伤残补助费等损失由雷某1承担40%,马某、学校和李某1本人各承担20%。雷某1和马某提起上诉,并未提出新的证据,二审经审理查明的事实与一审查明的事实一致,适用法律正确,故判决驳回上诉,维持原判。

(二)主要争议

二审法院将争议焦点概括为:本次事故责任如何分担。

二、说理思路

本案中各方当事人对一审判决认定的李某1所遭受的损失未提出异议,争议焦点主要是责任应当如何分担。对此,二审根据事发时的监控视频和公安机关的调查材料,确认一审认定的事实清楚、明确,适用法律正确。

一审在法理上说理已经十分透彻,但仍未能化解纠纷。鉴于此,二审在一审说理的基础之上融入情理,如"养不教,父之过;教不严,师之惰",使当事人更容易接受判决结果。审判人员考虑到案件中因未成年人打闹引发,为使各方当事人树立正确的观念,于是在法官后语中进行针对性的劝诫。

三、论证结构图

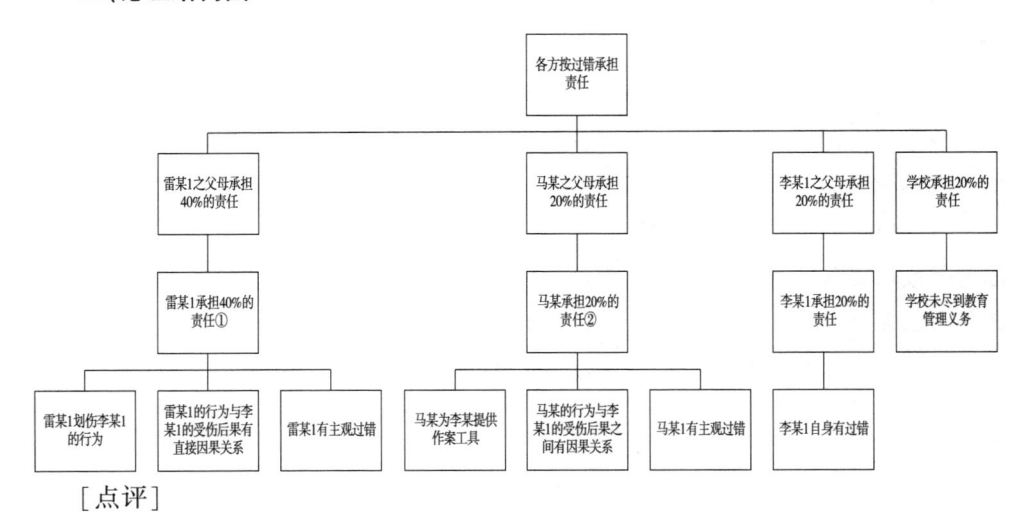

[点评]

①②漏引《侵权责任法》(已失效)第六条

四、说理评析

二审法院根据上诉人的上诉请求,简明准确地概括了当事人的争议焦点主要是责任应当如何分担。对此,二审法院根据事发时的监控视频和公安机关的调查材料,证明了上诉人雷某1关于校园霸凌的上诉主张不成立;而马某在李某1和雷某1争执时的递刀和示范使用行为有过错,二审法院有针对性地回应了上诉人马某未参与打闹,因此不应当承担责任的主张。法院争点归纳全面、清晰,争点回应充分,逻辑清晰。在法律适用上,本案二审法院列举法律依据完整清晰,适用、引用法律条文正确,但存在漏引法条的情况。

本案二审裁判文书最大的亮点是在法理之外,较多地融入了传统文化中的情理。本案案情简单,且有监控视频为证,在一审法院查清事实且合理分配各方责任的情况下,当事人本不应该上诉到二审法院。因此,当事人上诉这一行为体现了本案中单纯的法理说理并不足以定分止争,有必要在裁判文书中引入情理以增进认同。如判决文书中的"养不教,父之过;教不严,师之惰",对这一耳熟能详的谚语运用得当,会让当事人有醍醐灌顶之感。另外,审判人员还意识到家长可能苛责犯错的未成年人,三名未成年人也可能因此次判决而建立不正确的法律观念,因而在法官后语中指出本案是由孩子打闹引发,虽然引发了较为严重的后果,但考虑到孩子们正值青春期,心智发展尚不完全成熟,因此不应过多苛责,判决的目的也不是严惩,而是让每一个孩子可以明辨是非,树立正确的是非观;审判人员谆谆善诱,针对三个孩子的不同情况给出了真诚的劝诫和期望,这有助于当事人正确地认识法律的价值和功能。

诚然,并不是所有案件的说理都需要融入情理。必要时,适当的情理阐释不仅可以增强裁判文书的说服力,还可以增强司法的公信力和权威性。本案裁判文书中情理的融入如春风化雨,缓解了当事人的心理压力,缓和了社会矛盾,彰显了法治精神背后的伦理观念和人文关怀,是一篇社会效果较佳的裁判文书。

97. 罗某诉中央电视台名誉权纠纷案*

一、案情简介

(一)基本案情

本案上诉人(原审原告)罗某,被上诉人(原审被告)中央电视台(以下简称"央视")。罗某于2018年12月8日持乘车区间为武昌站至鄂州站的车票乘坐Z25次列车,但在鄂州站未下车,而是转移车厢继续乘车。在列车自鄂州站行驶至黄石站期间,列车乘务员、乘警、列车长先后要求罗某补票,但罗某拒不补票且与乘务人员发生争执,后于黄石站被当地公安机关查获,并获编号为武铁武公(治)行罚决字〔2018〕286号《处罚决定书》(以下简称《处罚决定书》),被处五日行政拘留。12月11日,CCTV-2、CCTV-4分别以《"霸座""霸铺"再现两人均被拘》《男子嚣张"霸铺"拒补票扰乱秩序被行拘》为题报道该事件,罗某认为央视的报道侵犯其名誉权并提起诉讼,要求判令央视赔偿损失、赔礼道歉,一审法院驳回其全部诉讼请求,罗某不服判决,提起上诉。

(二)主要争议

二审法院认为本案争议焦点为:央视的报道和评论行为是否侵害了罗某的名誉权。

二、说理思路

鉴于本案涉及新闻媒体的舆论监督权与自然人名誉权之间的冲突,二审法院针对权利冲突时的利益平衡及本案争点进行综合评判。二审法院首先从新闻媒体的职能入手,明确央视作为国家级媒体平台具有舆论监督的权利和责任,有权对社会事件进行报道和评论。其次,二审法院根据相关法律和司法解释的规定,确定新闻媒体侵犯名誉权的两大衡量因素,即事实层面是否尽到合理核实义务,以及评论意见层面是否使用侮辱性言辞等贬低他人名誉。

具体到本案,二审法院首先指出罗某因个人言行,已将本属私人领域的活动上升为新闻事件,央视的报道均依据已经罗某认可的《处罚决定书》的内容,使用的影像出自公安机关提供的执法记录仪,已尽到合理核实义务,客观上还原了事发当时的真相,又指出罗某不仅没有补票的意思表示,还扰乱了乘车秩序,列车工作人员正确履责,未侵害其权

---

* 源自(2020)京01民终3819号民事判决书。

利,罗某不构成其所称"正当防卫",央视涉诉报道行为具有真实性、合法性。其次,二审法院结合字词含义、报道语境等对"霸铺""扰乱社会公共秩序""大快人心"的使用进行评价,认为这些词句均非没有实据的任意评论,不属于贬低名誉的侮辱性言辞,报道评语客观、准确。加之,央视在进行报道时模糊了罗某的姓名及容貌,维护了罗某的合法权益,即使罗某的社会评价降低,与央视报道行为也无因果关系,因此央视对涉案事件的报道、评论,不构成对罗某名誉权的侵犯。综上,二审法院判决驳回上诉,维持原判。

三、论证结构图

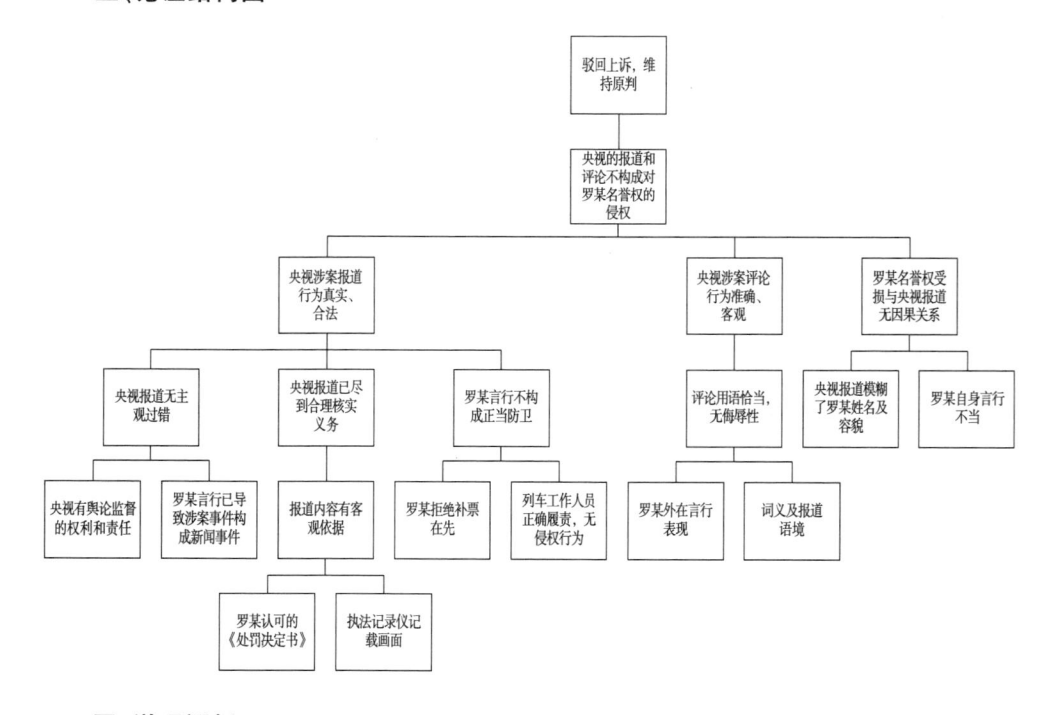

```
                    驳回上诉,维持原判
                         │
            央视的报道和评论不构成对罗某名誉权的侵权
      ┌──────────────────┼──────────────────┐
  央视涉案报道          央视涉案评论         罗某名誉权受损
  行为真实、            行为准确、           与央视报道
  合法                  客观                 无因果关系
   ┌────┬────┐         ┌────┬────┐         ┌────┬────┐
央视报道  央视报道  罗某言行    评论用语   央视报道模糊  罗某自身
无主观   已尽到合  不构成正    恰当,无    了罗某姓名   言行不当
过错     理核实义  当防卫      侮辱性     及容貌
         务
 ┌──┐   ┌──┐ ┌──┐ ┌──┐ ┌──┐   ┌──┐    ┌──┐
央视有   罗某言  报道内  罗某拒  列车工作   罗某外   词义及
舆论监   行记导  容有客  绝补票  人员正确   在言行   报道语境
督的权   致涉案  观依据  在先    履责,无   表现
利和责   事件构           侵权行为
任       成新闻
         事件
         ┌──────┬──────┐
         罗某认可的    执法记录仪
         《处罚决定书》 记载画面
```

四、说理评析

本案二审判决书格式规范,形式完整、正确,判决主文语言流畅精炼、用词准确严谨。二审法院对上诉人罗某与被上诉人央视的诉辩主张进行了简明准确的概括,并就对罗某申请调取证据不予准许的原因作出充分解释。其虽未在评判说理之初归纳本案争议焦点,但在说理过程中予以明确,并充分回应。

相较于一审法院以侵犯名誉权的构成要件为论述框架,以新闻报道的特征与要求、央视的机构特殊性等因素充实论述的说理方法,二审判决书的亮点在于,在此基础上进一步拆分与整合,采用"从一般到特殊,再到一般"的结构展开说理,更加突出本案中媒体舆论监督权与自然人名誉权的冲突与协调这一特征。

二审法院在回应本案争点前,先着眼于新闻媒体舆论监督的职能及行使职能的边界,明确"新闻媒体基于公共利益对社会事件进行舆论监督,是权利,也是履行社会责任的一种体现",可"在舆论监督的场合使自然人的名誉权受到必要限制",并由此引出评判新闻媒体是否侵犯他人名誉权的一般性标准,从而基于此标准,将说理收束到本案的具体争议焦点之上。

二审法院将新闻媒体侵权的两大衡量因素与侵犯名誉权的四大构成要件充分融合,逻辑清晰、重点突出地回应了上诉人请求及本案争点,并综合本案情节,认定央视的涉案报道、评论行为不构成对罗某名誉权的侵犯。

至此,二审法院对本案的回应已基本完整,其优秀之处还在于将说理又归于一般,即增加了"本案引发的思考"部分。该部分从本案中乘车补票这一小事入手,援引"勿以善小而不为,勿以恶小而为之""没有规矩不成方圆"的古谚,以小见大,循循善诱地阐明了"我们的言行举止应自觉接受社会公众的监督""用行动共同创建文明、和谐、友善、有序的良好社会环境,让社会主义核心价值观成为我们每个人言行举止的根本遵循",既彰显了法理与情理的统一,又有助于增强裁判文书的说服力和指引性。

本案二审裁判文书对说理结构的划分、对法外因素的适当援引,有利于增强释法说理的可接受性,对处理该类案件具有一定指导意义,可供参考借鉴。

98. 孟洋洋交通肇事案*

一、案情简介

(一)基本案情

2019年4月21日7时41分许,被告人孟洋洋驾驶小型轿车行驶至徐州市泉山区嘉美路碧水湾小学西侧,违规将车辆临时停靠在道路北侧的禁停区域内,打开驾驶室车门欲下车时未注意观察,适遇睢某骑行电动自行车搭载其女儿蒋某(2005年8月10

---

* 源自(2019)苏0311刑初359号刑事判决书。

日出生)沿道路右侧由东向西经过而被碰撞倒地,此时张某驾驶小型轿车同方向行驶随即赶到而再次相撞发生事故,致被害人睢某、蒋某受伤。接到急救电话后,急救人员赶到现场将睢某、蒋某送徐州市中医院抢救,睢某受伤较轻,蒋某经抢救无效于当日死亡。经徐州市公安局交通警察支队泉山大队认定,被告人孟洋洋承担事故的全部责任,张某及睢某、蒋某不承担事故责任。事故发生后,被告人孟洋洋当即电话报警,并在事故现场等候交通警察处理,到案后如实供述了自己的犯罪事实。案发后,被告人孟洋洋先行支付医疗费、丧葬费合计8万元。

经法院审理,根据被告人孟洋洋的犯罪事实性质、主观过失程度、肇事具体情节、社会危害程度以及其认罪悔罪表现等,判决被告人孟洋洋犯交通肇事罪,判处有期徒刑一年四个月,缓刑二年。

(二)主要争议

1.被告人孟洋洋是否应当承担事故全部责任;
2.对被告人孟洋洋如何适用刑罚。

二、说理思路

法院对于本案争议焦点问题分析如下:首先,关于被告人孟洋洋的责任承担问题,法院的认定依据是交警出具的道路交通事故责任认定书。法院认为,本案的道路交通事故认定书,系公安机关接到报警后,交警进行现场勘查,收集了与事故相关证据,依法委托鉴定,根据相关法律、法规和规定,经集体研究认定,该起事故因孟洋洋在停车开门时妨碍道路内正常行驶的车辆,致交通事故发生,是造成交通事故的原因,孟洋洋承担事故的全部责任,睢某、蒋某、张某不承担事故责任。公安机关将责任认定文书依法送达相关当事人,告知了权利义务,符合法定程序要求。本案所涉的道路交通事故认定书以及就责任认定所作的说明依据充分,且符合法律法规的规定,具备证据的客观性、关联性、合法性要求,能够证明本案事实,法院依法予以确认作为认定案件事实的证据。因此,确认被告人孟洋洋承担本起事故全部责任。

关于对被告如何适用刑罚的问题,由于被告人孟洋洋的行为构成交通肇事罪控辩各方均无异议,如何量刑则成为争辩焦点。法院认为,被告人孟洋洋犯罪以后主动报警,并在事故现场等候民警处理,到案后如实供述犯罪事实,符合自首的构成条件,并自愿认罪认罚,依法予以从轻从宽处罚。根据相关规定,考虑到被告人没有取得被害人法定代理人的谅解，将宣告刑定为十六个月。另外，被告人孟洋洋为过失犯罪，主观恶性较小，且系法定刑为三年以下有期徒刑或拘役，属轻罪范畴，在交通肇事犯罪过程中没有无证驾驶、酒后驾驶及肇事逃逸等不宜适用缓刑的恶劣情节，根据其犯罪事实、情节和认罪悔罪表现，结合社区考察及听证意见，对其适用缓刑。

三、论证结构图

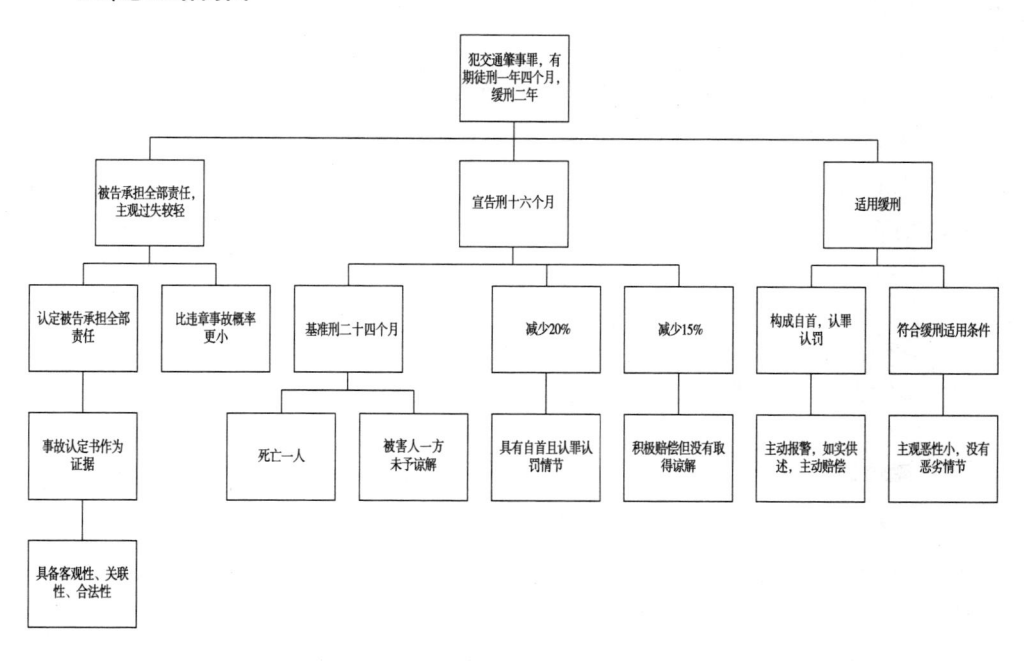

```
                    ┌─────────────────────────┐
                    │ 犯交通肇事罪，有           │
                    │ 期徒刑一年四个月，         │
                    │ 缓刑二年                 │
                    └─────────────────────────┘
         ┌───────────────────┼───────────────────────┐
         │                   │                       │
  ┌────────────┐      ┌────────────┐          ┌────────────┐
  │ 被告承担全部 │      │ 宣告刑十六  │          │ 适用缓刑    │
  │ 责任，主观  │      │ 个月        │          │            │
  │ 过失较轻    │      │            │          │            │
  └────────────┘      └────────────┘          └────────────┘
    │       │        ┌────┼────┬──────┐          │       │
  ┌────┐ ┌────┐   ┌────┐ ┌────┐┌────┐       ┌────┐ ┌────┐
  │认定│ │比违│   │基准│ │减少││减少│       │构成│ │符合│
  │被告│ │章事│   │刑二│ │20% ││15% │       │自首│ │缓刑│
  │承担│ │故概│   │十四│ │    ││    │       │，认│ │适用│
  │全部│ │率更│   │个月│ │    ││    │       │罪认│ │条件│
  │责任│ │小  │   │    │ │    ││    │       │罚  │ │    │
  └────┘ └────┘   └────┘ └────┘└────┘       └────┘ └────┘
    │              ┌────┴────┐┌────┐┌────┐     │       │
  ┌────┐          ┌────┐┌────┐│具有││积极│   ┌────┐ ┌────┐
  │事故│          │死亡││被害││自首││赔偿│   │主动││主观│
  │认定│          │一人││人一││且认││但没│   │报警││恶性│
  │书作│          │    ││方未││罪认││有取│   │，如││小，│
  │为证│          │    ││予谅││罚情││得谅│   │实供││没有│
  │据  │          │    ││解  ││节  ││解  │   │述，││恶劣│
  └────┘          └────┘└────┘└────┘└────┘   │主动││情节│
    │                                          │赔偿││    │
  ┌────┐                                        └────┘└────┘
  │具备│
  │客观│
  │性、│
  │关联│
  │性、│
  │合法│
  │性  │
  └────┘
```

四、说理评析

本文书入选最高人民法院发布的第四届"百篇优秀裁判文书"。本案中，被告的犯罪事实清楚，案件情况一目了然。审判的难点在于，在被告主动自首、认错认罚、积极赔偿，但因其犯罪行为给被害人家属造成难以承受的后果以致其拒不谅解的情况下，如何对其量刑以及是否应当对其适用缓刑。由于诉讼参与人之间的思维方式和价值取向各不相同，判决结果很难被所有人认同并接受。法院在裁判案件时，要依据事实、证据和法律，客观全面地裁判案件。既要依法维护被害人一方的合法权益，也要依法保障被告人的诉讼权利。"因职责所系，法官审理案件不能为感情所左右，必须依据事实、证据和法律，客观全面地裁判案件，感性的同情理解不得影响理性的思维判断",本案法官在法律适用的过程中,恪守司法理性,坚持罚当其罪,从犯罪构成、责任承担和刑罚适用方面层层剖析,一一作出回应。特别是在论证可否对被告人适用缓刑这一争议焦点时,坚持以全案事实为依据、以缓刑适用法定条件为基准,认定即使被害人坚决不予谅解,只要被告符合缓刑适用的条件,就应当对其适用缓刑。

本案裁判的结果,是在充分考虑公诉机关量刑意见、听取控辩双方意见、组织专门听证、进行社会调查、考量社情民意、反映类案裁判情况的基础上,居中裁量,认真审慎作出的。一份优秀的裁判文书,既要体现法治精神和法治意识,又要在说理中注重情理法充分融合的过程。正如法官在判决中所言:"睢某夫妇人到中年,痛失独生女儿,美好家庭于一夕之间破碎不全,其心也痛、其情也哀。然逝者不能复生,生者仍需前行,怨艾和仇恨都不能消弭内心之哀痛,唯有将时间与宽宥作为疗伤剂,慢慢抚平心底悲戚,方可使家庭趋于正常,生活步入正轨,亦是对逝者的告慰。"这充分体现了法官的司法良知,通过一纸文书传达了司法温度,让民众感受到一种力透纸背的情怀。

99. 沈某诉王某1离婚纠纷案*

一、案情简介

(一)基本案情

沈某(原告)与王某1(被告)于2016年经人介绍相识并恋爱,2017年7月28日登记结婚,2020年12月2日生育一子王某2。由于夫妻双方近年来缺乏沟通,经常因为家庭琐事争执,原告沈某曾于2022年1月4日提起离婚诉讼,法院审理后认为双方感情并未彻底破裂,判决不准予双方离婚。此后,原被告一直处于分居状态,夫妻关系并未得到改善,原告于2022年10月再次诉至该院要求离婚,被告亦表示同意,仅对孩子抚养权和探望权、财产分割等持有异议。

(二)主要争议

法院将本案的争议焦点概括为:

1.诉争房屋婚后还贷部分及8000元存款是否应当分割;

2.如何抚养及探望婚生子。

---

* 源自(2022)鄂0107民初8333号民事判决书。

二、说理思路

关于诉争房屋婚后还贷部分,因案涉房屋系被告婚前购买,属被告的婚前个人财产,故房屋产权应归被告个人所有。但双方在婚后用夫妻共同财产偿还该房屋的贷款,共同还贷部分属夫妻共同所有,故被告应给予原告相应的经济补偿金共计59496元(118992÷2)。房屋婚后还贷相应的增值部分,原告自愿放弃。庭审中,被告称婚后的房贷系由其父母出资偿还,但未提供充分证据予以证明,故对其辩论理由不予支持。

关于8000元存款是否应当分割的问题,因在起诉前已经消费且属于合理支出,故对于被告要求分割该笔款项的请求不予支持。

关于婚生子的抚养及探望问题,判决依据最有利于子女身心健康原则,对比双方的抚育条件后,认为原被告轮流直接抚养(轮流抚养期间为三个月)是最有利于王某2成长的抚养方式。

关于探望权的问题,判决书酌定不直接抚养的一方每月可探望王某2两次,具体探望的时间和方式为:每个月的第一、三周的周五晚上6时至对方家中接,周日晚上6时送回对方家中。

三、论证结构图

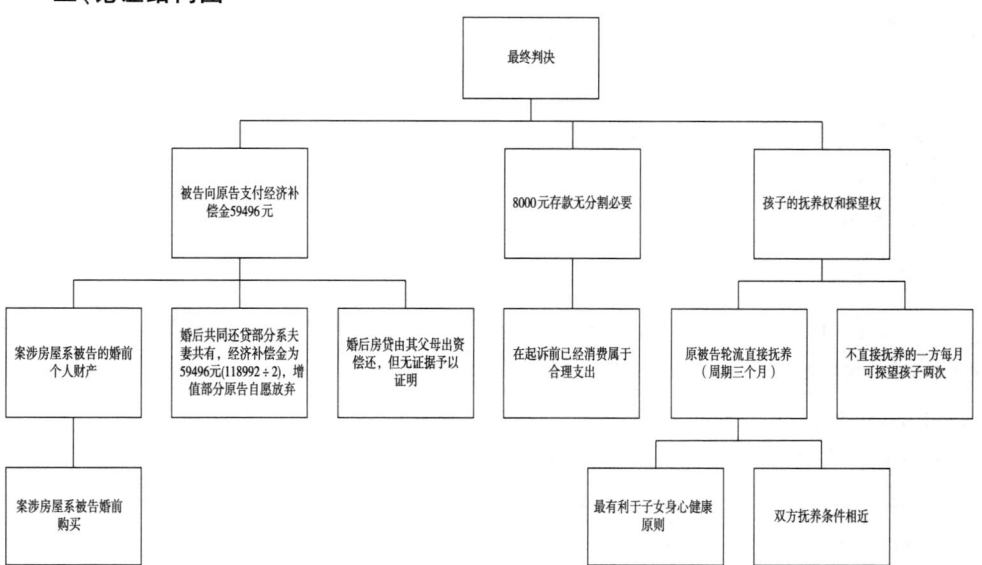

四、说理评析

对于婚姻家事案件的很多细节,法律并未具体规定,只能由法官进行自由裁量。本案中原被告双方均同意离婚,最大的裁判难点在于孩子的抚养和探视问题,本案法官依最有利于子女身心健康原则,对比双方的抚育条件后,认为原被告轮流直接抚养(轮流抚养期间为三个月)是最有利于王某2成长的抚养方式,不直接抚养的一方每月可探望王某2两次。

本案判决书最大的亮点在于法官寄语部分。法官在判决书最后单独附了一页"法官寄语",这页法官寄语关注的是判决之后的问题。判决离婚容易,但是离婚后孩子的养育殊为不易。寄语主要基于对未成年人的深深关爱,以一句"此后一别两宽,愿时时犹记稚子欢颜"开篇,全文切切叮嘱双方当事人"你们是孩子的父母,孩子永远是你们的骨肉。虽然你们从今以后,难以再给孩子一个完整的家,但却可以给孩子一份完整的爱……孩子幸福与否,并不取决于父母是否离婚,而是取决于你们是否尽到父母应尽的责任。希望你们将爱的教育和责任一直进行到底"。

这样一份寄语虽不属于判决内容,但与纠纷的妥善解决密切相关。如果双方都能领受法官的这份关心、爱心,那么一定会精心养育孩子,既不会再因孩子抚养滋生纠纷,也不会因离婚给孩子蒙上童年阴影。这样的寄语彰显了司法的人文关怀和社会责任,有助于增强司法的公信力。

100. 被告人于德水盗窃案*

一、案情简介

(一)基本案情

2013年10月30日20时30分许,被告人于德水用其邮政储蓄银行卡(卡号为6210××××5100271××××)到惠阳区新圩镇某商场旁邮政储蓄银行惠州市惠阳支行ATM柜员机存款时,于德水连续6次操作存款300元,均遇到现金退回的情况,手机信息显示账户余额相应增加。发现这一情况后,于德水尝试从该网点旁边的农业银

---

* 源自(2014)惠阳法刑二初字第83号刑事判决书。

行跨取 2000 元和 1000 元,获得成功,遂产生了恶意存款并窃取银行资金的念头。于是返回邮政储蓄柜员机,连续 10 次存款 3300 元,马上到附近银行柜员机跨取 1.5 万元,并转账 5000 元,再次返回,连续存款 5000 元 1 次、9900 元 3 次、10000 元 3 次,至 2013 年 10 月 30 日 21 时 58 分 59 秒,于德水共恶意存款 17 次,恶意存入人民币 97700 元,后被告人于德水到深圳市龙岗区其他网点陆续跨取和转账,至 2013 年 10 月 31 日 6 时 28 分 10 秒,于德水共窃取人民币 90000 元。中国邮政储蓄银行惠州市惠阳支行工作人员发现后,于 2013 年 11 月 4 日联系于德水无果后报警。2013 年 12 月 12 日于德水被公安机关抓获。至 2013 年 12 月 15 日于德水共退还人民币 92800 元。

(二)主要争议

本案判决主要争议在于:

1. 被告人的行为是否构成犯罪;
2. 若构成犯罪,应认定为盗窃罪还是侵占罪以及量刑的轻重。

二、说理思路

本案案情与广州许霆案有相似之处,因此,本案判决在论证罪与非罪时也对许霆案中部分专家的"ATM 机代表银行行为"说法进行了回应,认为 ATM 机并不是由银行设计生产,而是由专门的公司生产和维护,银行一般只是购买或租赁使用,机器故障是操作人产生犯意的前提之一,但绝不是操作人产生犯意的原因,银行管理即使有过错也不是被告人恶意存款的必然原因,也即,不能说银行对被告人的犯意存在过错,更不能说机器故障是银行在诱导被告人犯罪。所以,把机器自身故障视为银行对操作人恶意取款的配合和互动,显然有失偏颇。

再根据控辩双方的意见认为被告人的后续行为是非法的,存在明显的非法占有的故意,并且具有社会危害性,应当进入刑法规范的领域。被告人于德水主观意图发生的变化,导致先前合法行为后来转化成了非法行为,所以被告人的合法形式并不能掩盖其非法目的。同时,本案也是因 ATM 机故障让被告临时起意的犯罪,发生的概率较小,在盗窃方式上具有特殊性,但概率小和特殊性都不影响对被告人犯罪构成的分析。被告人于德水后来的多次操作行为,主观上具有非法占有银行资金的故意,客观上实施了窃取银行资金的行为,已经构成盗窃罪。

本案判决基于案件事实,认为被告人主观恶性较轻、行为方式平和、对社会秩序和公民的人身财产安全感并不会产生恶劣影响以及被告人的生活状况等综合认为,对被告人判处刑罚并宣告缓刑的量刑幅度,是适当的,能够达到刑罚报应与教育预防的目的。

三、论证结构图

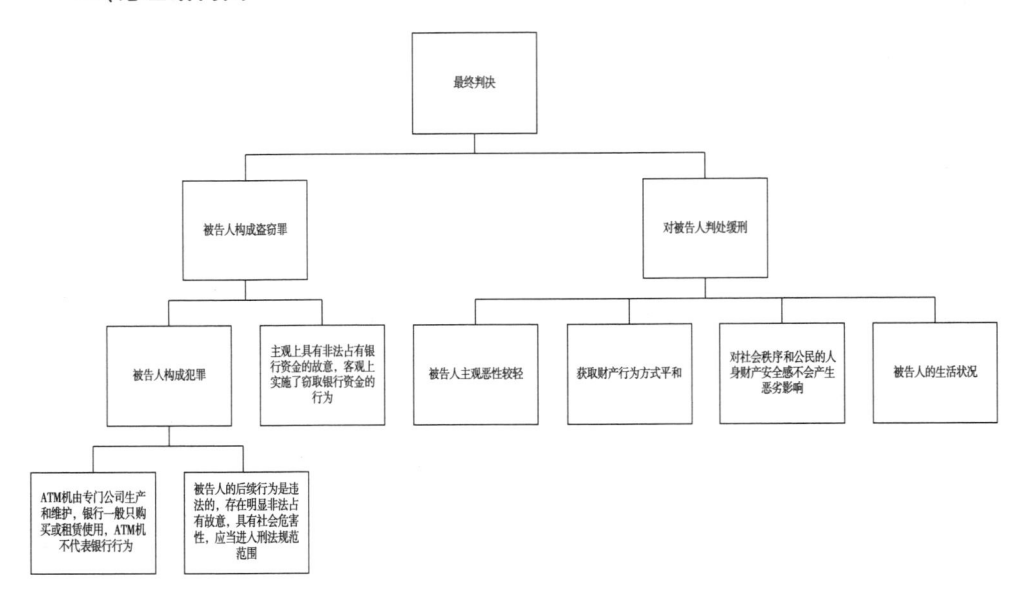

```
                          ┌──────────┐
                          │ 最终判决 │
                          └────┬─────┘
              ┌────────────────┴────────────────┐
      ┌───────┴────────┐                ┌───────┴────────┐
      │ 被告人构成盗窃罪│                │ 对被告人判处缓刑│
      └───────┬────────┘                └───────┬────────┘
         ┌────┴────┐                 ┌──────┬──┴───┬───────┐
 ┌───────┴──┐ ┌────┴─────┐      ┌────┴──┐┌──┴──┐┌──┴───┐┌──┴───┐
 │被告人构成│ │主观上具有非│     │被告人主││获取财││对社会秩序和││被告人││
 │  犯罪    │ │法占有银行资│     │观恶性较││产行为││公民的人身 ││的生活││
 │          │ │金的故意,客 │     │  轻   ││方式平││财产安全感不││状况  ││
 │          │ │观上实施了窃│     │       ││ 和  ││会产生恶劣影││      ││
 │          │ │取银行资金的│     │       ││     ││响          ││      ││
 │          │ │   行为     │     │       ││     ││            ││      ││
 └────┬─────┘ └────────────┘     └───────┘└─────┘└────────────┘└──────┘
 ┌────┴─────┬──────────────┐
┌┴────────┐┌┴──────────────┐
│ATM机由专││被告人的后续行为│
│门公司生产││是违法的,存在明│
│和维护,银││显非法占有故意,│
│行一般只购││具有社会危害性,│
│买或租赁使││应当进入刑法规范│
│用,ATM机 ││范围            │
│不代表银行││                │
│行为      ││                │
└─────────┘└────────────────┘
```

四、说理评析

本案判决书说理独具特色,一方面,由于本案案情与广州许霆案相似,法官在就"罪与非罪"说理时回应了许霆案中部分法律专家的意见,以及单独对控辩双方的意见进行评析。另一方面,法官在判决书最后附言"最后的说明",表示"对复杂的新类型案件作出正确的司法判断是件非常困难的事,对法官的各项能力甚至抗压能力要求都非常高,因为法律毕竟是一门应对社会的科学,司法判断面临的是纷繁复杂、日新月异的世界,面临的是利益交织、千差万别的社会矛盾和价值取向,面临的是当事人、公众、媒体、专业人士等的挑剔眼光和评价",以及谨慎地说明"我们也不能确认和保证本判决是唯一正确的,我们唯一能保证的是,合议庭三名法官作出的这一细致和认真的判断是基于我们的良知和独立判断,是基于我们对全案事实的整体把握和分析,是基于我们对法律以及法律精神的理解,是基于我们对实现看得见的司法正义的不懈追求"。这段文字充分地展现了法官说理的诚意与善意。

本案判决书的说理展现了审判法官独到的思辨能力和深厚的法理功底,最后的附言预先加载了法官对可能发生的舆论的回应,体现了说理的对话性。判决书不仅应承担释法说理的功能,也需要考虑社会影响力,平衡公平正义与舆论,在面对引起公众注意的新型案件时,法官的压力可想而知,将说理思路与承诺放在法官后语中,不失为一个好对策。

附 录

《最高人民法院关于加强和规范裁判文书释法说理的指导意见》

为进一步加强和规范人民法院裁判文书释法说理工作，提高释法说理水平和裁判文书质量，结合审判工作实际，提出如下指导意见。

一、裁判文书释法说理的目的是通过阐明裁判结论的形成过程和正当性理由，提高裁判的可接受性，实现法律效果和社会效果的有机统一；其主要价值体现在增强裁判行为公正度、透明度，规范审判权行使，提升司法公信力和司法权威，发挥裁判的定分止争和价值引领作用，弘扬社会主义核心价值观，努力让人民群众在每一个司法案件中感受到公平正义，切实维护诉讼当事人合法权益，促进社会和谐稳定。

二、裁判文书释法说理，要阐明事理，说明裁判所认定的案件事实及其根据和理由，展示案件事实认定的客观性、公正性和准确性；要释明法理，说明裁判所依据的法律规范以及适用法律规范的理由；要讲明情理，体现法理情相协调，符合社会主流价值观；要讲究文理，语言规范，表达准确，逻辑清晰，合理运用说理技巧，增强说理效果。

三、裁判文书释法说理，要立场正确、内容合法、程序正当，符合社会主义核心价值观的精神和要求；要围绕证据审查判断、事实认定、法律适用进行说理，反映推理过程，做到层次分明；要针对诉讼主张和诉讼争点、结合庭审情况进行说理，做到有的放矢；要根据案件社会影响、审判程序、诉讼阶段等不同情况进行繁简适度的说理，简案略说，繁案精说，力求恰到好处。

四、裁判文书中对证据的认定，应当结合诉讼各方举证质证以及法庭调查核实证据等情况，根据证据规则，运用逻辑推理和经验法则，必要时使用推定和司法认知等方法，围绕证据的关联性、合法性和真实性进行全面、客观、公正的审查判断，阐明证据采纳和采信的理由。

五、刑事被告人及其辩护人提出排除非法证据申请的,裁判文书应当说明是否对证据收集的合法性进行调查、证据是否排除及其理由。民事、行政案件涉及举证责任分配或者证明标准争议的,裁判文书应当说明理由。

六、裁判文书应当结合庭审举证、质证、法庭辩论以及法庭调查核实证据等情况,重点针对裁判认定的事实或者事实争点进行释法说理。依据间接证据认定事实时,应当围绕间接证据之间是否存在印证关系、是否能够形成完整的证明体系等进行说理。采用推定方法认定事实时,应当说明推定启动的原因、反驳的事实和理由,阐释裁断的形成过程。

七、诉讼各方对案件法律适用无争议且法律含义不需要阐明的,裁判文书应当集中围绕裁判内容和尺度进行释法说理。诉讼各方对案件法律适用存有争议或者法律含义需要阐明的,法官应当逐项回应法律争议焦点并说明理由。法律适用存在法律规范竞合或者冲突的,裁判文书应当说明选择的理由。民事案件没有明确的法律规定作为裁判直接依据的,法官应当首先寻找最相类似的法律规定作出裁判;如果没有最相类似的法律规定,法官可以依据习惯、法律原则、立法目的等作出裁判,并合理运用法律方法对裁判依据进行充分论证和说理。法官行使自由裁量权处理案件时,应当坚持合法、合理、公正和审慎的原则,充分论证运用自由裁量权的依据,并阐明自由裁量所考虑的相关因素。

八、下列案件裁判文书,应当强化释法说理:疑难、复杂案件;诉讼各方争议较大的案件;社会关注度较高、影响较大的案件;宣告无罪、判处法定刑以下刑罚、判处死刑的案件;行政诉讼中对被诉行政行为所依据的规范性文件一并进行审查的案件;判决变更行政行为的案件;新类型或者可能成为指导性案例的案件;抗诉案件;二审改判或者发回重审的案件;重审案件;再审案件;其他需要强化说理的案件。

九、下列案件裁判文书,可以简化释法说理:适用民事简易程序、小额诉讼程序审理的案件;适用民事特别程序、督促程序及公示催告程序审理的案件;适用刑事速裁程序、简易程序审理的案件;当事人达成和解协议的轻微刑事案件;适用行政简易程序审理的案件;适用普通程序审理但是诉讼各方争议不大的案件;其他适宜简化说理的案件。

十、二审或者再审裁判文书应当针对上诉、抗诉、申请再审的主张和理由强化释法说理。二审或者再审裁判文书认定的事实与一审或者原审不同的,或者认为一审、原审认定事实不清、适用法律错误的,应当在查清事实、纠正法律适用错误的基础上进行有针对性的说理;针对一审或者原审已经详尽阐述理由且诉讼各方无争议或者无新证据、新理由的事项,可以简化释法说理。

十一、制作裁判文书应当遵循《人民法院民事裁判文书制作规范》《民事申请再审诉讼文书样式》《涉外商事海事裁判文书写作规范》《人民法院破产程序法律文书样式(试行)》《民事简易程序诉讼文书样式(试行)》《人民法院刑事诉讼文书样式》《行政诉讼文书样式(试行)》《人民法院国家赔偿案件文书样式》等规定的技术规范标准,但是可以根据案件情况合理调整事实认定和说理部分的体例结构。

十二、裁判文书引用规范性法律文件进行释法说理,应当适用《最高人民法院关于裁判文书引用法律、法规等规范性法律文件的规定》等相关规定,准确、完整地写明规范性法律文件的名称、条款项序号;需要加注引号引用条文内容的,应当表述准确和完整。

十三、除依据法律法规、司法解释的规定外,法官可以运用下列论据论证裁判理由,以提高裁判结论的正当性和可接受性:最高人民法院发布的指导性案例;最高人民法院发布的非司法解释类审判业务规范性文件;公理、情理、经验法则、交易惯例、民间规约、职业伦理;立法说明等立法材料;采取历史、体系、比较等法律解释方法时使用的材料;法理及通行学术观点;与法律、司法解释等规范性法律文件不相冲突的其他论据。

十四、为便于释法说理,裁判文书可以选择采用下列适当的表达方式:案情复杂的,采用列明裁判要点的方式;案件事实或数额计算复杂的,采用附表的方式;裁判内容用附图的方式更容易表达清楚的,采用附图的方式;证据过多的,采用附录的方式呈现构成证据链的全案证据或证据目录;采用其他附件方式。

十五、裁判文书行文应当规范、准确、清楚、朴实、庄重、凝炼,一般不得使用方言、俚语、土语、生僻词语、古旧词语、外语;特殊情形必须使用的,应当注明实际含义。裁判文书释法说理应当避免使用主观臆断的表达方式、不恰当的修辞方法和学术化的写作风格,不得使用贬损人格尊严、具有强烈感情色彩、明显有违常识常理常情的用语,不能未经分析论证而直接使用"没有事实及法律依据,本院不予支持"之类的表述作为结论性论断。

十六、各级人民法院应当定期收集、整理和汇编辖区内法院具有指导意义的优秀裁判文书,充分发挥典型案例释法说理的引导、规范和教育功能。

十七、人民法院应当将裁判文书的制作和释法说理作为考核法官业务能力和审判质效的必备内容,确立为法官业绩考核的重要指标,纳入法官业绩档案。

十八、最高人民法院建立符合裁判文书释法说理规律的统一裁判文书质量评估体系和评价机制,定期组织裁判文书释法说理评查活动,评选发布全国性的优秀裁判文书,通报批评瑕疵裁判文书,并作为监督指导地方各级人民法院审判工作的重要内容。

十九、地方各级人民法院应当将裁判文书释法说理作为裁判文书质量评查的重要内容,纳入年度常规性工作之中,推动建立第三方开展裁判文书质量评价活动。

二十、各级人民法院可以根据本指导意见,结合实际制定刑事、民事、行政、国家赔偿、执行等裁判文书释法说理的实施细则。

二十一、本指导意见自2018年6月13日起施行。

《关于深入推进社会主义核心价值观融入裁判文书释法说理的指导意见》

为深入贯彻落实中共中央关于进一步把社会主义核心价值观融入法治建设的工作要求,正确贯彻实施民法典,充分发挥司法裁判在国家治理、社会治理中的规则引领和价值导向作用,进一步增强司法裁判的公信力和权威性,努力实现富强、民主、文明、和谐的价值目标,努力追求自由、平等、公正、法治的价值取向,努力践行爱国、敬业、诚信、友善的价值准则,结合审判工作实际,现提出如下意见。

一、深入推进社会主义核心价值观融入裁判文书释法说理,应当坚持以下基本原则:

(一)法治与德治相结合。以习近平新时代中国特色社会主义思想为指导,贯彻落实习近平法治思想,忠于宪法法律,将法律评价与道德评价有机结合,深入阐释法律法规所体现的国家价值目标、社会价值取向和公民价值准则,实现法治和德治相辅相成、相得益彰。

(二)以人民为中心。裁判文书释法说理应积极回应人民群众对公正司法的新要求和新期待,准确阐明事理,详细释明法理,积极讲明情理,力求讲究文理,不断提升人民群众对司法裁判的满意度,以司法公正引领社会公平正义。

（三）政治效果、法律效果和社会效果的有机统一。立足时代、国情、文化,综合考量法、理、情等因素,加强社会主义核心价值观的导向作用,不断提升司法裁判的法律认同、社会认同和情理认同。

二、各级人民法院应当深入推进社会主义核心价值观融入裁判文书释法说理,将社会主义核心价值观作为理解立法目的和法律原则的重要指引,作为检验自由裁量权是否合理行使的重要标准,确保准确认定事实,正确适用法律。对于裁判结果有价值引领导向、行为规范意义的案件,法官应当强化运用社会主义核心价值观释法说理,切实发挥司法裁判在国家治理、社会治理中的规范、评价、教育、引领等功能,以公正裁判树立行为规则,培育和弘扬社会主义核心价值观。

三、各级人民法院应当坚持以事实为根据,以法律为准绳。在释法说理时,应当针对争议焦点,根据庭审举证、质证、法庭辩论以及法律调查等情况,结合社会主义核心价值观,重点说明裁判事实认定和法律适用的过程和理由。

四、下列案件的裁判文书,应当强化运用社会主义核心价值观释法说理:

（一）涉及国家利益、重大公共利益,社会广泛关注的案件;

（二）涉及疫情防控、抢险救灾、英烈保护、见义勇为、正当防卫、紧急避险、助人为乐等,可能引发社会道德评价的案件;

（三）涉及老年人、妇女、儿童、残疾人等弱势群体以及特殊群体保护,诉讼各方存在较大争议且可能引发社会广泛关注的案件;

（四）涉及公序良俗、风俗习惯、权利平等、民族宗教等,诉讼各方存在较大争议且可能引发社会广泛关注的案件;

（五）涉及新情况、新问题,需要对法律规定、司法政策等进行深入阐释,引领社会风尚、树立价值导向的案件;

（六）其他应当强化运用社会主义核心价值观释法说理的案件。

五、有规范性法律文件作为裁判依据的,法官应当结合案情,先行释明规范性法律文件的相关规定,再结合法律原意,运用社会主义核心价值观进一步明晰法律内涵、阐明立法目的、论述裁判理由。

六、民商事案件无规范性法律文件作为裁判直接依据的,除了可以适用习惯以外,法官还应当以社会主义核心价值观为指引,以最相类似的法律规定作为裁判依据;

如无最相类似的法律规定，法官应当根据立法精神、立法目的和法律原则等作出司法裁判，并在裁判文书中充分运用社会主义核心价值观阐述裁判依据和裁判理由。

七、案件涉及多种价值取向的，法官应当依据立法精神、法律原则、法律规定以及社会主义核心价值观进行判断、权衡和选择，确定适用于个案的价值取向，并在裁判文书中详细阐明依据及其理由。

八、刑事诉讼中的公诉人、当事人、辩护人、诉讼代理人和民事、行政诉讼中的当事人、诉讼代理人等在诉讼文书中或在庭审中援引社会主义核心价值观作为诉辩理由的，人民法院一般应当采用口头反馈、庭审释明等方式予以回应；属于本意见第四条规定的案件的，人民法院应当在裁判文书中明确予以回应。

九、深入推进社会主义核心价值观融入裁判文书释法说理应当正确运用解释方法：

（一）运用文义解释的方法，准确解读法律规定所蕴含的社会主义核心价值观的精神内涵，充分说明社会主义核心价值观在个案中的内在要求和具体语境。

（二）运用体系解释的方法，将法律规定与中国特色社会主义法律体系、社会主义核心价值体系联系起来，全面系统分析法律规定的内涵，正确理解和适用法律。

（三）运用目的解释的方法，以社会发展方向及立法目的为出发点，发挥目的解释的价值作用，使释法说理与立法目的、法律精神保持一致。

（四）运用历史解释的方法，结合现阶段社会发展水平，合理判断、有效平衡司法裁判的政治效果、法律效果和社会效果，推动社会稳定、可持续发展。

十、裁判文书释法说理应当使用简洁明快、通俗易懂的语言，讲求繁简得当，丰富修辞论证，提升语言表达和释法说理的接受度和认可度。

十一、人民法院应当探索建立强化运用社会主义核心价值观释法说理的案件识别机制，立案部门、审判部门以及院长、庭长等应当加强对案件诉讼主体、诉讼请求等要素的审查，及时识别强化运用社会主义核心价值观释法说理的重点案件，并与审判权力制约监督机制有机衔接。

十二、人民法院应当认真落实《最高人民法院关于统一法律适用加强类案检索的指导意见（试行）》《最高人民法院关于完善统一法律适用标准工作机制的意见》等相关要求，统一法律适用，确保同类案件运用社会主义核心价值观释法说理的一致性。

十三、对于本意见第四条规定的案件，根据审判管理相关规定，需要提交专业法官会议或审判委员会讨论的，法官应当重点说明运用社会主义核心价值观释法说理的意见。

十四、各级人民法院应当定期组织开展法官业务培训，将业务培训与贯彻实施民法典结合起来，坚持学习法律知识、业务技能与社会主义核心价值观并重，增强法官运用社会主义核心价值观释法说理的积极性和自觉性，不断提升法官释法说理的能力水平。

十五、人民法院通过中国裁判文书网、"法信"平台、12368诉讼服务热线、中国应用法学数字化服务系统、院长信箱等途径，认真收集、倾听社会公众对裁判文书的意见建议，探索运用大数据进行统筹分析，最大程度了解社会公众对裁判文书的反馈意见，并采取措施加以改进。

十六、人民法院应当充分发挥优秀裁判文书的示范引领作用，完善优秀裁判文书考评激励机制，积极组织开展"运用社会主义核心价值观释法说理优秀裁判文书"评选工作，评选结果应当作为法官业绩考评的重要参考。

十七、最高人民法院、各高级人民法院应当定期收集、整理和汇编运用社会主义核心价值观释法说理的典型案例，加强宣传教育工作，进一步带动人民群众将法治精神融入社会生活，培育和营造自觉践行社会主义核心价值观的法治环境。

十八、各高级人民法院可以根据本意见，结合工作实际，制定刑事、民事、行政、国家赔偿、执行等裁判文书释法说理的实施细则，报最高人民法院备案。

十九、本意见自2021年3月1日起施行。

《最高人民法院关于印发〈人民法院民事裁判文书制作规范〉〈民事诉讼文书样式〉的通知》（节选）

人民法院民事裁判文书制作规范

为指导全国法院民事裁判文书的制作，确保文书撰写做到格式统一、要素齐全、结构完整、繁简得当、逻辑严密、用语准确，提高文书质量，制定本规范。

一、基本要素

文书由标题、正文、落款三部分组成。

标题包括法院名称、文书名称和案号。

正文包括首部、事实、理由、裁判依据、裁判主文、尾部。首部包括诉讼参加人及其基本情况，案件由来和审理经过等；事实包括当事人的诉讼请求、事实和理由，人民法院认定的证据及事实；理由是根据认定的案件事实和法律依据，对当事人的诉讼请求是否成立进行分析评述，阐明理由；裁判依据是人民法院作出裁判所依据的实体法和程序法条文；裁判主文是人民法院对案件实体、程序问题作出的明确、具体、完整的处理决定；尾部包括诉讼费用负担和告知事项。

落款包括署名和日期。

二、标题

标题由法院名称、文书名称和案号构成，例如："××××人民法院民事判决书（民事调解书、民事裁定书）+案号"。

（一）法院名称

法院名称一般应与院印的文字一致。基层人民法院、中级人民法院名称前应冠以省、自治区、直辖市的名称，但军事法院、海事法院、铁路运输法院、知识产权法院等专门人民法院除外。

涉外裁判文书，法院名称前一般应冠以"中华人民共和国"国名；案件当事人中如果没有外国人、无国籍人、外国企业或组织的，地方人民法院、专门人民法院制作的裁判文书标题中的法院名称无需冠以"中华人民共和国"。

（二）案号

案号由收案年度、法院代字、类型代字、案件编号组成。

案号＝"（"＋收案年度＋"）"＋法院代字＋类型代字＋案件编号＋"号"。

案号的编制、使用应根据《最高人民法院关于人民法院案件案号的若干规定》等执行。

三、正文

（一）当事人的基本情况

1.当事人的基本情况包括：诉讼地位和基本信息。

2.当事人是自然人的，应当写明其姓名、性别、出生年月日、民族、职业或者工作单位和职务、住所。姓名、性别等身份事项以居民身份证、户籍证明为准。

当事人职业或者工作单位和职务不明确的，可以不表述。

当事人住所以其户籍所在地为准;离开户籍所在地有经常居住地的,经常居住地为住所。连续两个当事人的住所相同的,应当分别表述,不用"住所同上"的表述。

3.有法定代理人或指定代理人的,应当在当事人之后另起一行写明其姓名、性别、职业或工作单位和职务、住所,并在姓名后用括号注明其与当事人的关系。代理人为单位的,写明其名称及其参加诉讼人员的基本信息。

4.当事人是法人的,写明名称和住所,并另起一行写明法定代表人的姓名和职务。当事人是其他组织的,写明名称和住所,并另起一行写明负责人的姓名和职务。

当事人是个体工商户的,写明经营者的姓名、性别、出生年月日、民族、住所;起有字号的,以营业执照上登记的字号为当事人,并写明该字号经营者的基本信息。

当事人是起字号的个人合伙的,在其姓名之后用括号注明"系……(写明字号)合伙人"。

5.法人、其他组织、个体工商户、个人合伙的名称应写全称,以其注册登记文件记载的内容为准。

6.法人或者其他组织的住所是指法人或者其他组织的主要办事机构所在地;主要办事机构所在地不明确的,法人或者其他组织的注册地或者登记地为住所。

7.当事人为外国人的,应当写明其经过翻译的中文姓名或者名称和住所,并用括号注明其外文姓名或者名称和住所。

外国自然人应当注明其国籍。国籍应当用全称。无国籍人,应当注明无国籍。

港澳台地区的居民在姓名后写明"香港特别行政区居民""澳门特别行政区居民"或"台湾地区居民"。

外国自然人的姓名、性别等基本信息以其护照等身份证明文件记载的内容为准;外国法人或者其他组织的名称、住所等基本信息以其注册登记文件记载的内容为准。

8.港澳地区当事人的住所,应当冠以"香港特别行政区""澳门特别行政区"。

台湾地区当事人的住所,应当冠以"台湾地区"。

9.当事人有曾用名,且该曾用名与本案有关联的,裁判文书在当事人现用名之后用括号注明曾用名。

诉讼过程中当事人姓名或名称变更的,裁判文书应当列明变更后的姓名或名称,变更前姓名或名称无需在此处列明。对于姓名或者名称变更的事实,在查明事实部分写明。

10.诉讼过程中,当事人权利义务继受人参加诉讼的,诉讼地位从其承继的诉讼地位。裁判文书中,继受人为当事人;被继受人在当事人部分不写,在案件由来中写明继受事实。

11.在代表人诉讼中,被代表或者登记权利的当事人人数众多的,可以采取名单附后的方式表述,"原告×××等×人(名单附后)"。

当事人自行参加诉讼的,要写明其诉讼地位及基本信息。

12.当事人诉讼地位在前,其后写当事人姓名或者名称,两者之间用冒号。当事人姓名或者名称之后,用逗号。

(二)委托诉讼代理人的基本情况

1.当事人有委托诉讼代理人的,应当在当事人之后另起一行写明为"委托诉讼代理人",并写明委托诉讼代理人的姓名和其他基本情况。有两个委托诉讼代理人的,分行分别写明。

2.当事人委托近亲属或者本单位工作人员担任委托诉讼代理人的,应当列在第一位,委托外单位的人员或者律师等担任委托诉讼代理人的列在第二位。

3.当事人委托本单位人员作为委托诉讼代理人的,写明姓名、性别及其工作人员身份。其身份信息可表述为"该单位(如公司、机构、委员会、厂等)工作人员"。

4.律师、基层法律服务工作者担任委托诉讼代理人的,写明律师、基层法院法律服务工作者的姓名,所在律师事务所的名称、法律服务所的名称及执业身份。其身份信息表述为"××律师事务所律师""××法律服务所法律工作者"。属于提供法律援助的,应当写明法律援助情况。

5.委托诉讼代理人是当事人近亲属的,应当在姓名后用括号注明其与当事人的关系,写明住所。代理人是当事人所在社区、单位以及有关社会团体推荐的公民的,写明姓名、性别、住所,并在住所之后注明具体由何社区、单位、社会团体推荐。

6.委托诉讼代理人变更的,裁判文书首部只列写变更后的委托诉讼代理人。对于变更的事实可根据需要写明。

7.委托诉讼代理人后用冒号,再写委托诉讼代理人姓名。委托诉讼代理人姓名后用逗号。

(三)当事人的诉讼地位

1.一审民事案件当事人的诉讼地位表述为"原告""被告"和"第三人"。先写原告,后写被告,再写第三人。有多个原告、被告、第三人的,按照起诉状列明的顺序写。起诉状中未列明的当事人,按照参加诉讼的时间顺序写。

提出反诉的,需在本诉称谓后用括号注明反诉原告、反诉被告。反诉情况在案件由来和事实部分写明。

2.二审民事案件当事人的诉讼地位表述为"上诉人""被上诉人""第三人""原审原告""原审被告""原审第三人"。先写上诉人,再写被上诉人,后写其他当事人。其他当事人按照原审诉讼地位和顺序写明。被上诉人也提出上诉的,列为"上诉人"。

上诉人和被上诉人之后,用括号注明原审诉讼地位。

3.再审民事案件当事人的诉讼地位表述为"再审申请人""被申请人"。其他当事人按照原审诉讼地位表述,例如,一审终审的,列为"原审原告""原审被告""原审第三人";二审终审的,列为"二审上诉人""二审被上诉人"等。

再审申请人、被申请人和其他当事人诉讼地位之后,用括号注明一审、二审诉讼地位。

抗诉再审案件(再审检察建议案件),应当写明抗诉机关(再审检察建议机关)及申诉人与被申诉人的诉讼地位。案件由来部分写明检察机关出庭人员的基本情况。对于检察机关因国家利益、社会公共利益受损而依职权启动程序的案件,应列明当事人的原审诉讼地位。

4.第三人撤销之诉案件,当事人的诉讼地位表述为"原告""被告""第三人"。"被告"之后用括号注明原审诉讼地位。

5.执行异议之诉案件,当事人的诉讼地位表述为"原告""被告""第三人",并用括号注明当事人在执行异议程序中的诉讼地位。

6.特别程序案件,当事人的诉讼地位表述为"申请人"。有被申请人的,应当写明被申请人。

选民资格案件,当事人的诉讼地位表述为"起诉人"。

7.督促程序案件,当事人的诉讼地位表述为"申请人""被申请人"。

公示催告程序案件,当事人的诉讼地位表述为"申请人";有权利申报人的,表述为"申报人"。申请撤销除权判决的案件,当事人表述为"原告""被告"。

8.保全案件,当事人的诉讼地位表述为"申请人""被申请人"。

9.复议案件,当事人的诉讼地位表述为"复议申请人""被申请人"。

10.执行案件,执行实施案件,当事人的诉讼地位表述为"申请执行人""被执行人"。

执行异议案件,提出异议的当事人或者利害关系人的诉讼地位表述为"异议人",异议人之后用括号注明案件当事人或利害关系人,其他未提出异议的当事人亦应分别列明。

案外人异议案件,当事人的诉讼地位表述为"案外人""申请执行人""被执行人"。

(四)案件由来和审理经过

1.案件由来部分简要写明案件名称与来源。

2.案件名称是当事人与案由的概括。民事一审案件名称表述为"原告×××与被告×××……(写明案由)一案"。

诉讼参加人名称过长的,可以在案件由来部分第一次出现时用括号注明其简称,表述为"(以下简称×××)"。裁判文书中其他单位或组织名称过长的,也可在首次表述时用括号注明其简称。

诉讼参加人的简称应当规范,需能够准确反映其名称的特点。

3.案由应当准确反映案件所涉及的民事法律关系的性质,符合最高人民法院有关民事案件案由的规定。

经审理认为立案案由不当的,以经审理确定的案由为准,但应在本院认为部分予以说明。

4.民事一审案件来源包括:

(1)新收;

(2)有新的事实、证据重新起诉;

(3)上级人民法院发回重审;

(4)上级人民法院指令立案受理;

(5)上级人民法院指定审理;

(6)上级人民法院指定管辖;

(7)其他人民法院移送管辖;

(8)提级管辖。

5.书写一审案件来源的总体要求是:

(1)新收、重新起诉的,应当写明起诉人;

(2)上级法院指定管辖、本院提级管辖的,除应当写明起诉人外,还应写明报请上级人民法院指定管辖(报请移送上级人民法院)日期或者下级法院报请指定管辖(下级法院报请移送)日期,以及上级法院或者本院作出管辖裁定日期;

(3)上级法院发回重审、上级法院指令受理、上级法院指定审理、移送管辖的,应当写明原审法院作出裁判的案号及日期,上诉人,上级法院作出裁判的案号及日期、裁判结果,说明引起本案的起因。

6.一审案件来源为上级人民法院发回重审的,发回重审的案件应当写明"原告×××与被告×××……(写明案由)一案,本院于××××年××月××日作出……(写明案号)民事判决。×××不服该判决,向××××法院提起上诉。××××法院于××××年××月××日作出……(写明案号)裁定,发回重审。本院依法另行组成合议庭……"。

7.审理经过部分应写明立案日期及庭审情况。

8.立案日期表述为:"本院于××××年××月××日立案后"。

9.庭审情况包括适用程序、程序转换、审理方式、参加庭审人员等。

10.适用程序包括普通程序、简易程序、小额诉讼程序和非讼程序。

非讼程序包括特别程序、督促程序、公示催告程序等。

11.民事一审案件由简易程序(小额诉讼程序)转为普通程序的,审理经过表述为:"于××××年××月××日公开/因涉及……不公开(写明不公开开庭的理由)开庭审理了本案,经审理发现有不宜适用简易程序(小额诉讼程序)的情形,裁定转为普通程序,于××××年××月××日再次公开/不公开开庭审理了本案"。

12.审理方式包括开庭审理和不开庭审理。开庭审理包括公开开庭和不公开开庭。不公开开庭的情形包括:

(1)因涉及国家秘密不公开开庭;

(2)因涉及个人隐私不公开开庭;

(3)因涉及商业秘密,经当事人申请,决定不公开开庭;

(4)因离婚,经当事人申请,决定不公开开庭;

(5)法律另有规定的。

13.开庭审理的应写明当事人出庭参加诉讼情况(包括未出庭或者中途退庭情况);不开庭的,不写。不开庭审理的,应写明不开庭的原因。

14.当事人未到庭应诉或者中途退庭的,写明经传票传唤,无正当理由拒不到庭或者未经法庭许可中途退庭的情况。

15.一审庭审情况表述为:"本院于××××年××月××日公开/因涉及……(写明不公开开庭的理由)不公开开庭审理了本案,原告×××及其诉讼代理人×××,被告×××及其诉讼代理人×××等到庭参加诉讼。"

16.对于审理中其他程序性事项,如中止诉讼情况应当写明。对中止诉讼情形,表述为:"因……(写明中止诉讼事由),于××××年××月××日裁定中止诉讼,××××年××月××日恢复诉讼。"

(五)事实

1.裁判文书的事实主要包括:原告起诉的诉讼请求、事实和理由,被告答辩的事实和理由,法院认定的事实和据以定案的证据。

2.事实首先写明当事人的诉辩意见。按照原告、被告、第三人的顺序依次表述当事人的起诉意见、答辩意见、陈述意见。诉辩意见应当先写明诉讼请求,再写事实和理由。

二审案件先写明当事人的上诉请求等诉辩意见。然后再概述一审当事人的诉讼请求,人民法院认定的事实、裁判理由、裁判结果。

再审案件应当先写明当事人的再审请求等诉辩意见,然后再简要写明原审基本情况。生效判决为一审判决的,原审基本情况应概述一审诉讼请求、法院认定的事实、裁判理由和裁判结果;生效判决为二审判决的,原审基本情况先概述一审诉讼请求、法院认定的事实和裁判结果,再写明二审上诉请求、认定的事实、裁判理由和裁判结果。

3.诉辩意见不需原文照抄当事人的起诉状或答辩状、代理词内容或起诉、答辩时提供的证据,应当全案考虑当事人在法庭上的诉辩意见和提供的证据综合表述。

4.当事人在法庭辩论终结前变更诉讼请求或者提出新的请求的,应当在诉称部分中写明。

5.被告承认原告主张的全部事实的,写明"×××承认×××主张的事实"。被告承认原告主张的部分事实的,写明"×××承认×××主张的……事实"。

被告承认全部诉讼请求的,写明:"×××承认×××的全部诉讼请求"。被告承认部分诉讼请求的,写明被告承认原告的部分诉讼请求的具体内容。

6.在诉辩意见之后,另起一段简要写明当事人举证、质证的一般情况,表述为:"本案当事人围绕诉讼请求依法提交了证据,本院组织当事人进行了证据交换和质证。"

7.当事人举证质证一般情况后直接写明人民法院对证据和事实的认定情况。对当事人所提交的证据原则上不一一列明,可以附录全案证据或者证据目录。

对当事人无争议的证据,写明"对当事人无异议的证据,本院予以确认并在卷佐证"。对有争议的证据,应当写明争议的证据名称及人民法院对争议证据认定的意见和理由;对有争议的事实,应当写明事实认定意见和理由。

8.对于人民法院调取的证据、鉴定意见,经庭审质证后,按照当事人是否有争议分别写明。对逾期提交的证据、非法证据等不予采纳的,应当说明理由。

9.争议证据认定和事实认定,可以合并写,也可以分开写。分开写的,在证据的审查认定之后,另起一段概括写明法院认定的基本事实,表述为:"根据当事人陈述和经审查确认的证据,本院认定事实如下:……"。

10.认定的事实,应当重点围绕当事人争议的事实展开。按照民事举证责任分配和证明标准,根据审查认定的证据有无证明力、证明力大小,对待证事实存在与否进行认定。要说明事实认定的结果、认定的理由以及审查判断证据的过程。

11.认定事实的书写方式应根据案件的具体情况,层次清楚,重点突出,繁简得当,避免遗漏与当事人争议有关的事实。一般按时间先后顺序叙述,或者对法律关系或请求权认定相关的事实着重叙述,对其他事实则可归纳、概括叙述。

综述事实时,可以划分段落层次,亦可根据情况以"另查明"为引语叙述其他相关事实。

12.召开庭前会议时或者在庭审时归纳争议焦点的,应当写明争议焦点。争议焦点的摆放位置,可以根据争议的内容处理。争议焦点中有证据和事实内容的,可以在当事人诉辩意见之后在当事人争议的证据和事实中写明。争议焦点主要是法律适用问题的,可以在本院认为部分,先写明争议焦点。

13.适用外国法的,应当叙述查明外国法的事实。

(六)理由

1.理由部分的核心内容是针对当事人的诉讼请求,根据认定的案件事实,依照法律规定,明确当事人争议的法律关系,阐述原告请求权是否成立,依法应当如何处理。裁判文书说理要做到论理透彻,逻辑严密,精炼易懂,用语准确。

2.理由部分以"本院认为"作为开头,其后直接写明具体意见。

3.理由部分应当明确纠纷的性质、案由。原审确定案由错误,二审或者再审予以改正的,应在此部分首先进行叙述并阐明理由。

4.说理应当围绕争议焦点展开,逐一进行分析论证,层次明确。对争议的法律适用问题,应当根据案件的性质、争议的法律关系、认定的事实,依照法律、司法解释规定的法律适用规则进行分析,作出认定,阐明支持或不予支持的理由。

5.争议焦点之外,涉及当事人诉讼请求能否成立或者与本案裁判结果有关的问题,也应在说理部分一并进行分析论证。

6.理由部分需要援引法律、法规、司法解释时,应当准确、完整地写明规范性法律文件的名称、条款项序号和条文内容,不得只引用法律条款项序号,在裁判文书后附相关条文。引用法律条款中的项的,一律使用汉字不加括号,例如:"第一项"。

7.正在审理的案件在基本案情和法律适用方面与最高人民法院颁布的指导性案例相类似的,应当将指导性案例作为裁判理由引述,并写明指导性案例的编号和裁判要点。

8.司法指导性文件体现的原则和精神,可在理由部分予以阐述或者援引。

9.在说理最后,可以另起一段,以"综上所述"引出,对当事人的诉讼请求是否支持进行评述。

(七)裁判依据

1.引用法律、法规、司法解释时,应当严格适用《最高人民法院关于裁判文书引用法律、法规等规范性法律文件的规定》。

2.引用多个法律文件的,顺序如下:法律及法律解释、行政法规、地方性法规、自治条例或者单行条例、司法解释;同时引用两部以上法律的,应当先引用基本法律,后引用其他法律;同时引用实体法和程序法的,先引用实体法,后引用程序法。

3.确需引用的规范性文件之间存在冲突,根据《中华人民共和国立法法》等有关法律规定无法选择适用的,应依法提请有决定权的机关作出裁决,不得自行在裁判文书中认定相关规范性法律文件的效力。

4.裁判文书不得引用宪法和各级人民法院关于审判工作的指导性文件、会议纪要、各审判业务庭的答复意见以及人民法院与有关部门联合下发的文件作为裁判依据,但其体现的原则和精神可以在说理部分予以阐述。

5.引用最高人民法院的司法解释时,应当按照公告公布的格式书写。

6.指导性案例不作为裁判依据引用。

(八)裁判主文

1.裁判主文中当事人名称应当使用全称。

2.裁判主文内容必须明确、具体、便于执行。

3.多名当事人承担责任的,应当写明各当事人承担责任的形式、范围。

4.有多项给付内容的,应当先写明各项目的名称、金额,再写明累计金额。如:"交通费……元、误工费……元、……,合计……元"。

5.当事人互负给付义务且内容相同的,应当另起一段写明抵付情况。

6.对于金钱给付的利息,应当明确利息计算的起止点、计息本金及利率。

7.一审判决未明确履行期限的,二审判决应当予以纠正。

判决承担利息,当事人提出具体请求数额的,二审法院可以根据当事人请求的数额作出相应判决;当事人没有提出具体请求数额的,可以表述为"按×××利率,自××××年××月××日起计算至××××年××月××日止"。

(九)尾部

1.尾部应当写明诉讼费用的负担和告知事项。

2.诉讼费用包括案件受理费和其他诉讼费用。收取诉讼费用的,写明诉讼费用的负担情况。如:"案件受理费……元,由……负担;申请费……元,由……负担"。

3.诉讼费用不属于诉讼争议的事项,不列入裁判主文,在判决主文后另起一段写明。

4.一审判决中具有金钱给付义务的,应当在所有判项之后另起一行写明:"如果未按本判决指定的期间履行给付金钱义务,应当依照《中华人民共和国民事诉讼法》第二百五十三条的规定,加倍支付迟延履行期间的债务利息。"二审判决具有金钱给付义务的,属于二审改判的,无论一审判决是否写入了上述告知内容,均应在所有判项之后另起一行写明上述告知内容。二审维持原判的判决,如果一审判决已经写明上述告知内容,可不再重复告知。

5.对依法可以上诉的一审判决,在尾部表述为:"如不服本判决,可以在判决书送达之日起十五日内,向本院递交上诉状,并按对方当事人的人数或者代表人的人数提出副本,上诉于××××人民法院。"

6.对一审不予受理、驳回起诉、管辖权异议的裁定,尾部表述为:"如不服本裁定,可以在裁定书送达之日起十日内,向本院递交上诉状,并按对方当事人的人数或者代表人的人数提出副本,上诉于××××人民法院。"

四、落款

（一）署名

诉讼文书应当由参加审判案件的合议庭组成人员或者独任审判员署名。

合议庭的审判长，不论审判职务，均署名为"审判长"；合议庭成员有审判员的，署名为"审判员"；有助理审判员的，署名为"代理审判员"；有陪审员的，署名为"人民陪审员"。独任审理的，署名为"审判员"或者"代理审判员"。书记员，署名为"书记员"。

（二）日期

裁判文书落款日期为作出裁判的日期，即裁判文书的签发日期。当庭宣判的，应当写宣判的日期。

（三）核对戳

本部分加盖"本件与原本核对无异"字样的印戳。

五、数字用法

（一）裁判主文的序号使用汉字数字，例："一""二"；

（二）裁判尾部落款时间使用汉字数字，例："二〇一六年八月二十九日"；

（三）案号使用阿拉伯数字，例："（2016）京0101民初1号"；

（四）其他数字用法按照《中华人民共和国国家标准GB/T15835—2011出版物上数字用法》执行。

六、标点符号用法

（一）"被告辩称""本院认为"等词语之后用逗号。

（二）"×××向本院提出诉讼请求""本院认定如下""判决如下""裁定如下"等词语之后用冒号。

（三）裁判项序号后用顿号。

（四）除本规范有明确要求外，其他标点符号用法按照《中华人民共和国国家标准GB/T15834—2011标点符号用法》执行。

七、引用规范

（一）引用法律、法规、司法解释应书写全称并加书名号。

（二）法律全称太长的，也可以简称，简称不使用书名号。可以在第一次出现全称后使用简称，例："《中华人民共和国民事诉讼法》（以下简称民事诉讼法）"。

（三）引用法律、法规和司法解释条文有序号的，书写序号应与法律、法规和司法解释正式文本中的写法一致。

（四）引用公文应先用书名号引标题,后用圆括号引发文字号;引用外文应注明中文译文。

八、印刷标准

（一）纸张标准,A4型纸,成品幅面尺寸为:210mm×297mm。

（二）版心尺寸为:156mm×225mm,一般每面排22行,每行排28个字。

（三）采用双面印刷;单页页码居右,双页页码居左;印品要字迹清楚、均匀。

（四）标题位于版心下空两行,居中排布。标题中的法院名称和文书名称一般用二号小标宋体字;标题中的法院名称与文书名称分两行排列。

（五）案号之后空二个汉字空格至行末端。

（六）案号、主文等用三号仿宋体字。

（七）落款与正文同处一面。排版后所剩空白处不能容下印章时,可以适当调整行距、字距,不用"此页无正文"的方法解决。审判长、审判员每个字之间空二个汉字空格。审判长、审判员与姓名之间空三个汉字空格,姓名之后空二个汉字空格至行末端。

（八）院印加盖在日期居中位置。院印上不压审判员,下不压书记员,下弧骑年压月在成文时间上。印章国徽底边缘及上下弧以不覆盖文字为限。公章不应歪斜、模糊。

（九）凡裁判文书中出现误写、误算,诉讼费用漏写、误算和其他笔误的,未送达的应重新制作,已送达的应以裁定补正,避免使用校对章。

（十）确需加装封面的应印制封面。封面可参照以下规格制作:

1.国徽图案高55mm,宽50mm。

2.上页边距为65mm,国徽下沿与标题文字上沿之间距离为75mm。

3.标题文字为"××××人民法院××判决书(或裁定书等)",位于国徽图案下方,字体为小标宋体字;标题分两行或三行排列,法院名称字体大小为30磅,裁判文书名称字体大小为36磅。

4.封面应庄重、美观,页边距、字体大小及行距可适当进行调整。

九、其他

（一）本规范可以适用于人民法院制作的其他诉讼文书,根据具体文书性质和内容作相应调整。

（二）本规范关于裁判文书的要素和文书格式、标点符号、数字使用、印刷规范等技术化标准,各级人民法院应当认真执行。对于裁判文书正文内容、事实认定和说理部分,可以根据案件的情况合理确定。

(三)逐步推行裁判文书增加二维条形码,增加裁判文书的可识别性。

民事诉讼文书样式

(略)

《最高人民法院办公厅关于实施〈法院刑事诉讼文书样式〉若干问题的解答》

(2001年6月15日 法办〔2001〕155号)

经最高人民法院审判委员会第1051次会议讨论通过的《法院刑事诉讼文书样式》(以下简称修订样式),自1999年7月1日施行以来,各地提出了一些问题。为正确理解和执行修订样式,现解答如下:

一、第一审刑事裁判文书

(一)首部

1.问:对于当事人基本情况中的"出生年月日"与"出生地",可否表述为"××××年××月××日出生于×××(地名)"?

答:为行文简洁,也可以采用这种合并的写法。

2.问:对不愿供述或者无法确定其真实姓名、出生地等基本情况的被告人,如何表述?

答:参照刑事诉讼法第一百二十八条第二款关于"对于犯罪事实清楚,证据确实、充分的,也可以按其自报的姓名移送人民检察院审查起诉"的规定,可以按照被告人自报的姓名和出生地等情况表述,并用括号注明"自报"。

3.问:被告人所受强制措施的情况,有的表述为"因本案于××××年××月××日被羁押";有的表述为"因涉嫌××犯罪于××××年××月××日被羁押";有的表述为"因涉嫌××于××××年××月××日被羁押";还有的表述为:"因涉嫌犯××罪于××××年××月××日被羁押",哪一种表述正确?

答:可以按最后一种方式表述,即"因涉嫌犯××罪于××××年××月××日被刑事拘留、逮捕(或者被采取其他羁押措施)"。

4.问:根据最高人民法院《关于严格执行审理期限制度的若干规定》,是否应当在案件由来和审理经过段,写明人民法院审查起诉后的立案日期和延期审理的情况?

答:为了客观反映公诉机关(或者自诉人)的起诉日期和人民法院审查起诉后的立案日期,便于当事人和有关部门监督、检查人民法院对案件审理期限制度的执行情况,体现审理案件的公开性和透明度,提高办案效率,应当在裁判文书中写明审理案件的起始日,即立案的日期。如公诉案件,可以在"×××人民检察院……于××××年××月××日向本院提起公诉"之后,续写:"本院于××××年××月××日立案,并依法组成合议庭………"。需要延长审限的,属于附带民事诉讼案件,应当写明:"经本院院长批准,延长审限两个月";有刑事诉讼法第一百二十六条规定的情形之一的,则应当写明:"经×××高级人民法院批准(或者决定),再延长审限一个月。"

5.问:依法不公开审理的案件,应否在审理经过段写明不公开审理的理由?

答:为了体现审理程序的合法性,应当写明不公开审理的理由。可表述为:"本院依法组成合议庭,因本案涉及国家秘密(或者个人隐私,或者被告人系未成年人),不公开开庭审理了本案"。

6.问:在案件由来和审理经过段,对指定管辖或者延期审理、简易程序转入普通程序等情形,应否具体表述?

答:应当具体表述,以客观反映案件的审理过程。

7.问:刑法第九十八条规定的"告诉才处理"的案件,如果被害人因受强制、威胁无法告诉而由人民检察院起诉或者由被害人的近亲属代为告诉的,对"控方"的称谓应当如何表述?

答:由人民检察院直接起诉的,表述为"公诉机关";由被害人的近亲属代为告诉的,表述为"自诉人",但应当注明与被害人的关系。

8.问:未成年人犯罪的案件,其法定代理人没有出庭的,是否还应当在首部当事人基本情况中列写"法定代理人"项?

答:应当列写。但在审理经过段出庭人员中,无须表述法定代理人未出庭的内容。

(二)事实和证据

9.问:在表述控辩双方的意见和经审理查明的"事实和证据"部分时,如何做到"繁简适当"?

答：应当因案而异。原则上可以控辩双方有无争议为标准。即：控辩双方没有争议的事实，可以扼要概括，检察机关指控的证据可以用"检察机关提供了相应的证据"一句来概括。在"经审理查明"的事实和证据部分，则应当具体写明经法庭审理认定的事实和证据。在证据的表述上可以首先写明："上述事实，有检察机关提交，并经法庭质证、认证的下列证据予以证明"。

控辩双方有争议的事实，则无论是"控辩意见"还是"经审理查明"的事实部分，都应当详细叙述，并对有争议的事实、证据进行具体的分析、认证，写明采信证据的理由。

10.问：对被告人一人或者多人多次犯同种罪的，事实和证据可否归纳表述？

答：控辩双方没有争议并且经庭审查证属实的同种数罪，事实和证据部分可以按犯罪的时间、地点、手段、对象等归纳表述。

11.问：修订样式要求在裁判文书中写明的"证据来源"的含意是什么？

答：主要指证据是由控辩双方的哪一方提供的。

12.问：在表述证据时，对被告人供述、被害人陈述、证人证言等言词证据应当用第一人称还是第三人称？

答：原则上应当用第三人称，涉及到证明案件事实的关键言词，也可以使用第一人称。

13.问：对隐私案件的被害人或者其他案件中不愿在裁判文书中透露真实姓名的证人，为保护其名誉和安全，可否只写姓不写名？

答：为了维护裁判文书的真实性和严肃性，在裁判文书中，应当写明证人的真实姓名；为了保护被害人的名誉，根据被害人的请求或者案件的具体情况，在裁判文书中，也可以只写姓、不写名，具体可以表述为"张某某"、"王某某"，但不宜表述为"张××"、"王××"。

14.问：对自首或者立功或者累犯等情节，在裁判文书中应当如何表述？

答：按照修订样式的要求，对自首、立功等情节的认定应当写在事实部分，并写明确认自首、立功等情节成立的证据；对具有自首、立功等情节的被告人如何处罚的论述，则应当在理由部分进行表述。

对涉及累犯的情形，则应当在首部被告人的基本情况中写明其原判刑罚的情况和刑满释放的日期。

15.问：对经审理确认指控的事实不清、证据不足而宣告无罪的案件，事实和证据部分应当如何表述?可否省略该部分而直接写"本院认为"?

答:不可以。对这类因证据不足不能认定被告人有罪的案件,应当在"经审理查明"的事实部分,针对指控的犯罪事实,通过对证据的具体分析、认证,写明"事实不清、证据不足"的具体内容,为判决理由作好铺垫。

16.问:对检察机关指控被告人犯数罪,经法庭审理后认为被告人只构成一罪时,在事实和理由部分应当如何表述?

答:在控辩意见部分,对检察机关指控的数罪仍应当客观概述;在经审理查明的事实和证据部分,则应当因案而异进行表述。经法庭审理查明检察机关指控的犯罪事实成立,但只构成一罪的,或者按照法律规定指控的"数罪"本属一罪的(如惯犯、结合犯、牵连犯、连续犯等),不构成数罪的理由宜在"本院认为"中表述;如果经庭审查明,指控的"数罪"中,有的指控的犯罪成立,有的因证据不足,指控的犯罪不能成立,只构成一罪的,则指控的犯罪不成立的证据的分析,宜在"事实和证据"部分予以表述,并在理由部分加以论证。

17.问:法庭经审理确认指控的犯罪事实成立,但控辩双方对犯罪性质的指控和辩护均不成立,被告人的行为构成他罪的,事实部分应当如何表述?

答:在指控的"犯罪事实"成立,只是指控的"犯罪性质"不当的情况下,应当据实表述经审理查明的事实和证据;在理由部分写明依法应当认定被告人的行为触犯了何种罪名的理由,以及控辩双方主张的罪名均不成立的理由。

(三)理由

18.问:对检察机关在法院宣告判决前要求撤回起诉并经法院准许的,在刑事裁定书上应当如何引用法律依据?

答:应当引用最高人民法院《关于执行〈中华人民共和国刑事诉讼法〉若干问题的解释》第一百七十七条作为裁定的依据。

19.问:一份裁判文书涉及对多个被告人定罪处刑的法律条款,其中,既有相同的,又有不同的,在制作裁判文书时,应当分别引用对每个被告人适用的法律条款,还是应当综合引用对整个案件都适用的法律条款?

答:为了充分体现对被告人适用法律条文的准确性和增强援引法律条文的针对性,在共同犯罪案件中,对共同犯罪的各被告人所适用的法律条款,应当逐人分别引用。

（四）判决结果

20.问：检察机关指控被告人犯数罪，经审理确认其中一罪因证据不足、指控犯罪不能成立的，判决结果部分是否予以表述？

答：只需在判决理由部分就证据不足、指控的犯罪不能成立予以充分论证即可，在判决结果中不再表述。

21.问：对同一被告人既判处有期徒刑又并处罚金刑的，其刑期起止日期和缴纳罚金的期限应当如何表述？

答：对同一被告人既被判处有期徒刑又并处罚金的，应当在判处的有期徒刑和罚金刑之后，分别用括号注明有期徒刑刑期起止的日期和缴纳罚金的期限。

22.问：适用数罪并罚"先减后并"的案件，对前罪"余刑"从何日起算？在裁判文书中如何表述？

答：前罪"余刑"的起算日期，可以从犯新罪之日起算。判决结果的刑期起止日期可表述为："刑期从判决执行之日起计算。判决执行以前先行羁押的，羁押一日折抵刑期一日，即自××××年××月××日（犯新罪之日）起至××××年××月××日止。"

（五）尾部

23.问：刑事自诉案件准许撤诉的，刑事裁定书书尾部是否可以不写明"如不服本裁定，可在接到裁定书的第二日起五日内，通过本院或者直接向×××人民法院提出上诉。书面上诉的，应提交上诉状正本一份，副本×份"的内容？

答：应当写明。虽然自诉人提出撤诉，人民法院裁定准许撤诉后，自诉人也可能不上诉，但是法律赋予当事人的诉讼权利应当依法保护，并应当在裁定书中予以明示。

二、第一审单位犯罪刑事判决书

24.问：单位犯罪案件，检察机关起诉到法院后，单位被注销或者被宣告破产的，在裁判文书中如何表述？

答：在首部应当列被告单位的名称，并用括号注明单位已被有关部门注销或者被人民法院宣告破产；在事实部分应当简要写明单位被注销或者被宣告破产的情况；在理由部分应当阐明对被告单位终止审理的理由；在判决结果的第一项先写："对被告单位××××终止审理"；第二项再写对被告人（即直接负责的主管人员和其他直接责任人员）作出的判决。

25.问：被告单位犯罪后变更名称的，被告单位如何列，判决结果如何表述？

答：一般应当列变更后的单位名称，但需括注单位的原名称。在判决结果中，应当根据庭审查明的事实和法律的有关规定，对变更后的单位定罪判刑（判处罚金），或者宣告无罪。

三、第一审适用简易程序制作的刑事裁判文书

26.问：人民法院决定或者检察机关建议或者同意适用简易程序的案件，是否应当在裁判文书的首部写明？

答：由于无论是人民法院决定适用简易程序，还是人民检察院建议或者同意适用简易程序，均另有书面材料附卷，故首部只要写明"本院依法适用简易程序，实行独任审判"即可。

27.问：对适用简易程序审理的案件，在裁判文书中如何体现"简易"的特点？

答：由于适用简易程序的前提是"事实清楚、证据充分"，且在通常情况下，控辩双方对指控的事实和证据没有原则分歧。因此，在制作这种裁判文书时，对控辩主张的内容可以高度概括；对"经审理查明"的事实可以概述，对定案的证据可以不写；对判决理由则可以适当论述。

四、第一审刑事附带民事判决书

28.问：对于既是刑事被告人又是附带民事诉讼被告人的，在"被告人"项之后，是否应当括注"附带民事诉讼被告人"？

答：刑事被告人同时为附带民事诉讼被告人时，在首部无需另括注"附带民事诉讼被告人"；如果不是同一个人，则需另列"附带民事诉讼被告人"。

29.问：如果附带民事诉讼原告人系隐私（强奸等）案件的被害人，在首部的"附带民事诉讼原告人"项是否应当写出其真实姓名？在判决结果中对其赔偿问题又应当如何表述？

答：为了保护隐私案件被害人的名誉，在裁判文书中可以只写姓，不写名，即用"李某某"来代替，以避免产生副作用。在判决结果中应当表述为："被告人（或者附带民事诉讼被告人）×××赔偿附带民事诉讼原告人李某某……（经济损失的具体数额）。"

30.问：在刑事附带民事诉讼中，附带民事诉讼原告人众多的，在判决书首部是否应当将附带民事诉讼原告人全部列出？

答：一般应当全部列出。提起附带民事诉讼是法律赋予被害人的一项诉讼权利。只要被害人及其近亲属或者其法定代理人依法提起附带民事诉讼，都应当在判决书首

部将他们一一列出,以体现对被害人合法诉讼权利的保护。但对于依照民事诉讼法的规定实行代表人制度的,则可以只列代表人及其委托代理人,并在裁判文书之后附上提起附带民事诉讼的原告人的名单。

31.问:在附带民事诉讼中,对被告人未明确辩护人在民事诉讼中的代理权限,而辩护人针对附带民事部分发表的意见,裁判文书中是否要加以表述?

答:被告人如果没有委托辩护人同时担任民事诉讼代理人的,辩护人就无权就附带民事诉讼部分发表代理意见;已发表的也不能在裁判文书中表述。

32.问:对成年(包括未成家但已成年)被告人的亲属自愿承担民事赔偿责任的刑事附带民事案件,在判决结果中可否表述为:"由被告人父母在家庭共同财产中支付"?

答:不可以。由于被告人已成年,在判决结果中仍应表述为:"被告人×××赔偿附带民事诉讼原告人×××……(写明受偿人的姓名、赔偿的金额和支付的日期)"。对于已由被告人的亲属自愿代为赔偿的,可以在裁判文书的事实部分予以表述。

33.问:对刑事附带民事案件,在判决结果中,能否表述"免予赔偿"或者单独列项"驳回附带民事诉讼原告人的诉讼请求"?

答:经过审理,确认被告人的犯罪行为(或者违法行为)给被害人造成物质损失(包括已经遭受的实际损失和必然遭受的损失)的,理应承担民事赔偿责任,一般不能判决"免予赔偿",以切实维护被害人的合法权益。依法判决后,在实际执行过程中,查明被告人确无财产可供执行的,则可以作出中止或者终结执行的裁定。如果判决确认被告人不应承担民事赔偿责任,不予赔偿的,按照修订样式的规定,在判决结果中应当表述为:"被告人×××不承担民事赔偿责任",而不宜表述为:"驳回附带民事诉讼原告人的诉讼请求。"

34.问:对公诉案件中附带民事诉讼部分调解结案的,应当如何制作刑事附带民事调解书?

答:对公诉的刑事附带民事诉讼案件,在判决宣告以前,经调解,双方当事人就经济损失的赔偿达成调解协议的,应当制作"刑事附带民事调解书"。制作时,可以参照一审自诉案件刑事附带民事调解书样式9及其说明。

35.问:附带民事诉讼原告人撤诉的,应否单独就附带民事诉讼部分作出准予撤诉的裁定?继续审理的刑事诉讼部分是制作刑事判决书还是刑事附带民事判决书?

答:附带民事诉讼原告人撤诉的,人民法院应当单独作出准予撤诉的裁定。由于附带民事诉讼部分已撤诉,刑事诉讼部分审理终结后,则应当制作刑事判决书。

36.问:刑事附带民事诉讼案件,刑事部分先判决,民事赔偿部分后处理的,使用何种裁判文书,能否使用同一案号?

答:根据刑事诉讼法第七十八条的规定,为了防止刑事案件的审判过分迟延,刑事部分先行判决的,应当制作刑事判决书;民事赔偿部分由同一审判组织继续审理、判决的,则应当制作刑事附带民事判决书,并在审理经过段写明刑事部分已先行判决,以便与本判决相衔接,并使用同一个案号。

五、未成年人犯罪刑事裁判文书

37.问:判令未成年被告人的监护人(父母)承担民事赔偿责任的,在首部可否将其列为附带民事诉讼被告人?在判决结果中如何表述?

答:应当将依法对未成年被告人享有监护权的监护人列为"法定代理人暨附带民事诉讼被告人",而不仅仅列为"法定代理人"或者"附带民事诉讼被告人"。在这种附带民事诉讼中,未成年被告人的监护人实际上具有双重诉讼地位和双重身份,他们既是未成年被告人的法定代理人,以维护被告人的合法权益,又是附带民事诉讼的被告人,以承担民事赔偿责任。在判决结果中,则应当表述为:"附带民事诉讼被告人×××赔偿附带民事诉讼原告人×××……(写明受偿人的姓名、赔偿的金额和支付的日期)。"

38.问:如何规范未成年人犯罪刑事裁判文书的制作?

答:未成年人犯罪有其特殊性。制作未成年人犯罪刑事判决书应当坚持"教育、感化、挽救"的方针和"教育为主,惩罚为辅"的原则,并注意充分反映未成年人犯罪的特点。人民法院应当根据刑事诉讼法和最高人民法院《关于审理未成年人刑事案件的若干规定》,按照新补充的一审未成年人刑事案件适用普通程序用的刑事判决书样式及其说明的要求制作(参见补充样式2)。

六、第二审程序刑事裁判文书

39.问:被告人和附带民事诉讼原告人均提起上诉的案件,对二审裁判文书的首部、事实和理由部分应当按何种顺序排列?

答:首部可以按先民事、后刑事的顺序排列,其他部分按先刑事、后民事的顺序排列。如果两个以上的附带民事诉讼原告人只有部分上诉的,对没有上诉的附带民事诉讼原告人,可以在"上诉人(原审附带民事诉讼原告人)"之后,再列"原审附带民事诉讼原告人"。

40.问:对一审判处被告人死刑(包括死缓)而只有附带民事诉讼原告人提起上诉的案件,二审法院的裁判文书应当如何制作?能否在二审的同时一并对原判死刑(死缓)予以核准或者予以改判?

答:这实际涉及两个程序,是应当制作一份还是两份刑事裁判文书的问题。应当视二审和复核案件的不同情况而定。如果经高级法院(或者解放军军事法院)二审审理,对附带民事赔偿部分维持原判;经高级法院复核,刑事部分核准死刑(包括死缓),为了简便,可以只制作一份刑事附带民事裁定书,程序的代字用"终"字即可。如果经高级法院二审审理,对附带民事赔偿部分需要改判,或者刑事部分需要改判,则应当制作两份刑事裁判文书(一份刑事附带民事判决书,一份刑事裁定书;或者一份刑事附带民事裁定书,一份刑事判决书)。

41.问:刑事附带民事诉讼中,一审判决后,如果刑事被告人不上诉,只是附带民事诉讼的当事人提出上诉的,二审裁判文书的首部是否还要表述"原公诉机关"?事实和证据部分是否应写明刑事部分内容?理由部分是否应写明"刑事部分已生效"?判决结果部分应否写明"维持刑事判决"?

答:在首部应当表述"原公诉机关",并在审理经过段写明,在法定期限内未提出上诉、抗诉,原审判决的刑事部分在上诉、抗诉期满后即发生法律效力;在事实和证据部分主要应当写明由于被告人的犯罪行为给附带民事诉讼原告人造成的经济损失的事实及其证据;理由部分着重论证上诉人对附带民事部分提出的上诉理由是否成立;判决结果部分只需对附带民事部分作出裁判,不再涉及刑事部分。

42.问:二审认定的事实和证据与一审没有出入,在二审刑事裁定书的事实和证据部分,应当详写一审还是二审认定的内容?如有出入时,又应当如何表述?

答:原则上应当因案而异。在一般情况下,如果二审认定的事实和证据与一审没有出入,且控辩双方对此也没有异议的,可以采取"此繁彼简"的方法,详述一审认定的事实和证据,对二审认定的事实和证据可以略述;如果二审认定的事实和证据与一审有出入,或者控辩双方对此有异议的,则应当侧重写明二审与一审有分歧的事实和证据,并针对控辩双方有异议的事实和证据进行分析、认证,写明是否采信的理由。如果根据案件的具体情况,认为采取"此简彼繁"的方法叙述比较适宜的,也可以略述一审,详述二审。总的要求是,繁简适当,避免一、二审之间事实部分不必要的重复。

43.问:二审(复核)案件刑事裁判文书的理由部分是否应当引用实体法(如刑

法)的条款?

答:应当区别不同情况予以援引。对裁定维持原判、发回重审或者核准一审判决的,可以只引用程序法的有关条文;撤销原判,予以改判的,或者一审引用法律条文错误的,则程序法、实体法的有关条文都应当引用,在顺序上,则应当先引用程序法,再引用实体法。但前述无论哪种情形,都应当在表述一审判决理由时,对一审判决适用的法律依据一并引用,这样才使二审(复核)裁判具有针对性。

44.问:一审判处死缓的案件,检察机关抗诉后在二审期间又撤回抗诉并经法院审查同意的,二审法院应当制作一份还是两份裁判文书?

答:应当制作两份裁定书。一是制作准许撤回抗诉的刑事裁定书,二是制作核准死缓的刑事裁定书或者改判的刑事判决书。

七、死刑复核刑事裁判文书

45.问:在共同犯罪的死刑复核案件中,既有判处死刑(死缓)的,又有判处无期徒刑、有期徒刑、拘役、管制等刑罚的,在制作复核死刑(死缓)的裁判文书时,是否还要写明原判无期徒刑和其他刑罚的被告人的基本情况?

答:根据最高人民法院《关于执行〈中华人民共和国刑事诉讼法〉若干问题的解释》第二百八十条的规定,在核准或者改判死刑的共同犯罪案件的裁判文书中,不需要写明原判无期徒刑、有期徒刑、拘役、管制等刑罚的被告人的基本情况。

46.问:核准死刑缓期二年执行的裁判文书,是否需要写明死刑缓期二年执行期间的起止时间?

答:不需要。死刑缓期二年执行的期限,只是对死缓犯是否执行死刑的考验期限,且对该犯是否执行死刑尚属不确定状态。

47.问:数罪并罚案件,既有判处死刑(死缓),又有判处其他刑罚或者没收财产、罚金等财产附加刑的,在核准死刑的裁判文书中,裁判结果可否只表述"核准×××中级(或高级)人民法院(××××)×刑初(或终)字第××号以××罪判处被告人×××死刑(死缓),剥夺政治权利终身的刑事判决"?

答:不可以。分别定罪量刑是数罪并罚的科学方法。人民法院核准死刑判决时,对数罪并罚案件而言,是在分别定罪量刑、然后决定执行刑罚的基础上进行的。因此,它不是只核准数罪中有死刑的判决,而是对原审法院整个判决(包括其他刑罚和没收财产、罚金财产附加刑)的核准。对犯一罪而被判处死刑并被判处财产附加刑的,也应当在裁判结果中一并写明。

八、再审刑事裁判文书

48.问：上级人民法院按再审程序提审后，发现原一审判决认定事实不清，证据不足，决定发回重审的，文书样式是否可以参照二审发回重审的样式制作？

答：可以。这种裁判文书，在首部应当体现再审案件的特点；在理由和裁定结果部分可以参照二审发回重审的样式16及其说明的要求制作。

49.问：对非因事实和证据方面的原因进行再审的案件，在制作裁判文书的"事实和证据"部分时，是详述原审认定的事实和证据，还是详述再审认定的事实和证据？

答：可以详述原审认定的事实和证据，略述再审认定的事实和证据。

50.问：按《再审决定书》的制作要求，尾部均应写明"再审期间不停止原判决（裁定）的执行"。但对于死刑案件和已经执行完毕的案件，《再审决定书》的尾部应当如何表述？

答：再审期间不停止原判决、裁定的执行，是对一般案件来说的。对于死刑案件、已执行完毕的案件和原判宣告无罪、免于刑事处罚的案件，则可以在《再审决定书》的尾部一律不作上述表述。

51.问：被判处死刑缓期二年执行的罪犯，在缓期二年执行期满后被减为有期徒刑，后又经再审将原判死缓改判为有期徒刑的，其刑期折抵在再审刑事判决书中应当如何表述？

答：刑期折抵的起始日仍应从被告人犯罪后被羁押之日起计算。

九、执行程序刑事裁判文书

52.问：减刑刑事裁定书中是否应当写明执行机关提出的建议减刑的幅度？

答：按照修订样式的要求，在裁定书中只需写明执行机关提出减刑建议书及其具体期日即可，不需写明建议减刑的幅度。

53.问：发现本院已生效的减刑、假释裁定确有错误，依法应当纠正，但人民检察院未提出的，在裁定理由部分应当引用什么法律作为裁定的依据？

答：应当根据生效裁定是认定事实上还是适用法律上确有错误，分别援引刑事诉讼法第二百零四条第（一）项或者第（三）项、刑法第七十九条或者第八十二条的规定作为裁定的法律依据。

54.问：对于执行机关提出的减刑、假释建议书，经合议庭审理，认为不符合减刑、假释条件的案件,人民法院应当以什么形式退卷?

答:应当以决定书的形式将案卷退回执行机关(参见补充样式5),并在决定书中简要写明不符合减刑、假释条件,不予减刑、假释的具体理由。

55.问:减刑、假释刑事裁定书尾部是否需要写明"本裁定为终审裁定"?

答:不需要。减刑、假释是刑罚执行过程中的刑罚变更制度,而不是审级制度。因此,在裁定书尾部不须写:"本裁定为终审裁定。"但必须写明:"本裁定送达后即发生法律效力。"

十、其他

56.问:对涉外刑事案件的被告人,人民法院决定限制其出境的,应当制作何种诉讼文书?

答:根据最高人民法院《关于执行〈中华人民共和国刑事诉讼法〉若干问题的解释》第三百二十二条、第三百二十三条的规定,对涉外刑事案件的被告人,人民法院决定限制其出境的,应当制作限制出境决定书。此决定书适用于人民法院认定的其他相关犯罪嫌疑人,并应另行具函,通报同级公安机关或者国家安全机关(参见补充样式4)。

57.问:对出庭的检察人员,有的表述为"出庭支持公诉",有的表述为"出庭履行职务",还有的表述为"出庭参加诉讼",哪一种表述正确?

答:根据最高人民法院《关于执行〈中华人民共和国刑事诉讼法〉若干问题的解释》第一百二十九条和修订样式的规定,对出庭的检察人员,在第一审程序中,应当表述为"出庭支持公诉";在第二审程序中,应当表述为"出庭履行职务"或者"出庭支持抗诉";在再审程序中,应当根据适用的程序不同,按照前述规定分别表述。

58.问:对判处死刑的被告人,第一审宣判后、上诉期届满前死亡的,根据刑事诉讼法第十五条的规定,应当裁定终止审理。但此时一审已结束,二审和死刑复核程序还未启动,终止审理的裁定书应当由谁制作,应如何表述?

答:由于一审判决已经宣告,即一审程序已经结束,因此,终止审理的裁定书应当由上一级人民法院制作;上一级人民法院可以参照修订样式41的样式制作刑事裁定书,并对有关部分作相应的改动。

59.问:人民法院同意人民检察院的建议决定延期审理的,应当采用什么形式?

答:根据最高人民法院《关于执行〈中华人民共和国刑事诉讼法〉若干问题的解释》第一百五十七条的规定,人民法院应当制作延期审理决定书(参见补充样式3)。

60.问:修订样式规定了裁判文书的字体、字号,而现在使用的微机字体有的与样式的规定不符,怎样处理?

答:字号大小应严格执行修订样式的规定。但由于不同微机(软件)对字体的设定不完全统一,因此,可以将文书的字体作适当变通,但务必做到庄重、美观、清晰。

《行政诉讼文书样式(试行)》(节选)

行政诉讼文书样式1:行政判决书
(一审请求撤销、变更行政行为类案件用)

×××× 人民法院
行政判决书
(一审请求撤销、变更行政行为类案件用)

(××××)×行初字第××号

原告×××,……(写明姓名或名称等基本情况)。

法定代表人×××,……(写明姓名、职务)。

委托代理人(或指定代理人、法定代理人)×××,……(写明姓名等基本情况)。

被告×××,……(写明行政主体名称和所在地址)。

法定代表人×××,……(写明姓名、职务)。

委托代理人×××,……(写明姓名等基本情况)。

第三人×××,……(写明姓名或名称等基本情况)。

法定代表人×××,……(写明姓名、职务)。

委托代理人(或指定代理人、法定代理人)×××,……(写明姓名等基本情况)。

原告×××不服被告×××(行政主体名称)……(行政行为),于××××年××月××日向本院提起行政诉讼。本院于××××年××月××日立案后,于××××年××月××日向被告送达了起诉状副本及应诉通知书。本院依法组成合议庭,于××××年××月××日公开(或不公开)开庭审理了本案。……(写明到庭参加庭审活动的当事人、行政机关负责人、诉讼代理人、证人、鉴定人、勘验人和翻译人员等)到庭参加诉讼。……(写明发生的其他重要程序活动,如:被批准延长本案审理期限等情况)。本案现已审理终结。

被告×××(行政主体名称)于××××年××月××日作出……(被诉行政行为名

称),……(简要写明被诉行政行为认定的主要事实、定性依据和处理结果)。

原告×××诉称,……(写明原告的诉讼请求、主要理由以及原告提供的证据、依据等)。

被告×××辩称,……(写明被告的答辩请求及主要理由。)

被告×××向本院提交了以下证据、依据:1.……(证据的名称及内容等);2.……。

第三人×××述称,……(写明第三人的意见、主要理由以及第三人提供的证据、依据等)。

本院依法调取了以下证据:……(写明证据名称及证明目的)。

经庭审质证(或庭前交换证据、庭前准备会议),……(写明当事人的质证意见)。

本院对上述证据认证如下:……(写明法院的认证意见和理由)。

经审理查明,……(写明法院查明的事实。可以区分写明当事人无争议的事实和有争议但经法院审查确认的事实)。

本院认为,……(写明法院判决的理由)。依照……(写明判决依据的行政诉讼法以及相关司法解释的条、款、项、目)的规定,判决如下:

……(写明判决结果)。

……(写明诉讼费用的负担)。

如不服本判决,可以在判决书送达之日起十五日内向本院递交上诉状,并按对方当事人的人数提出副本,上诉于××××人民法院。

审判长×××

审判员×××

审判员×××

××××年××月××日

(院印)

本件与原本核对无异

书记员×××

附:本判决适用的相关法律依据

【说明】

一、本判决书适用于《中华人民共和国行政诉讼法》第六十九条、第七十条、第七十七条等规定的情形。其他裁判文书可以参照本判决书式样和要求制作。

二、首部

首部应依次写明标题、案号、当事人及其诉讼代理人的基本情况,以及案件由来、审判组织和开庭审理过程等。

1.标题中的法院名称,一般应与院印的文字一致,但基层法院应冠以省、市、自治区的名称。

2.案号是不同案件的序列编号,应贯彻一案一号的原则。案号由立案年度、制作法院、案件性质、审判程序的代字和案件顺序号组成。例如,上海市黄浦区人民法院2014年第1号一审行政案件,表述为"(2014)黄行初字第1号"。

3.提起行政诉讼的原告包括公民、法人或者其他组织。

原告是公民的,写明姓名、性别、出生年月日、居民身份证号码、民族和住址,居民的住址应写住所地,住所地和经常居住地不一致的,写经常居住地。原告是法人的,写明法人的名称和所在地址,并另起一行列项写明法定代表人及其姓名和职务等。原告是不具备法人资格的其他组织的,写明其名称或字号和所在地址,并另起一行写明负责人及其姓名和职务。原告是个体工商户的,写明业主的姓名、出生年月日、居民身份证号码、民族、住址;起有字号的,在其姓名之后用括号注明"系……(字号)业主"。原告是无诉讼行为能力的公民,除写明原告本人的基本情况外,还应列项写明其法定代理人或指定代理人的姓名、住址,并在姓名后括注其与原告的关系。

群体诉讼案件,推选或指定诉讼代表人的,在原告身份事项之后写明"原告暨诉讼代表人……",并写明诉讼代表人的基本情况,格式与原告基本情况相同。如涉及原告人数众多的,可在首部仅列明诉讼代表人基本情况,原告名单及其基本身份情况可列入判决书附录部分。

4.行政判决书中的被告,应写明被诉的行政主体名称、所在地址;另起一行列项写明法定代表人或诉讼代表人姓名和职务;副职负责人出庭的在此不要列写,在交待到庭参加庭审活动的当事人及其他诉讼参加人情况时载明。法定代表人项下,另起一行列写委托代理人的基本事项。

5.有第三人参加诉讼的,第三人列在被告之后,第三人基本情况的写法同上。

6.委托代理人系律师或基层法律服务工作者的,只写明其姓名、工作单位和职务。当事人的代理人系当事人的近亲属的,应在代理人的姓名后括注其与当事人的关系。

代理人系当事人所在社区、单位以及有关社会团体推荐的公民的,应写明代理人的姓名、性别、出生年月日、居民身份证号码、民族、工作单位和住址。上述代理人应符合《最高人民法院关于适用〈中华人民共和国民事诉讼法〉的解释》第八十七条第一款的规定。

7.书写案件由来、审判组织、被告与第三人的应诉、当事人进行证据交换情况以及开庭审理过程,是为了表明法院的审判活动公开和透明。如有第三人参加诉讼,可选择使用:"因×××与本案被诉行政行为或与案件处理有利害关系,本院依法通知其为第三人参加诉讼(公民、法人或者其他组织申请作为第三人参加诉讼的写:因×××与本案被诉行政行为有利害关系,经×××申请,本院依法准许其为第三人参加诉讼)"的格式。如当事人经合法传唤无正当理由未到庭的,应当写明:"×告×××经本院合法传唤,无正当理由拒不到庭"。进行证据交换或召开庭前会议的应写明:"本院于××××年××月××日组织原、被告及第三人进行了证据交换(或召开庭前会议),并送达了证据清单副本"。如有被批准延长审理期限情况,应写明批准延长审理期限批复的文号。不公开开庭审理的,应写明不予公开的理由。有关程序活动可根据时间节点的先后顺序写明。

三、事实

广义的案件"事实"部分由以下几个部分组成:行政行为的叙述部分、当事人诉辩意见部分、当事人举证、质证和法庭认证部分、法庭"经审理查明"部分。这些不同的部分既可以互相独立,自成段落;也可以根据案情和证据、事实和当事人争议的具体内容,互相融合,而无需使用此固定的相互独立样式。特别是要灵活区分当事人有争议的事实和无争议的事实;事实问题是当事人争议焦点的,也可采取灵活方式处理,留待"本院认为"部分再予认定。

这一部分写法应当注意以下问题:

1.行政行为的叙述部分应当注意详略得当。一般应当写明行政行为认定的主要事实、定性依据以及处理结果等核心内容,通过简洁的表述说明案件的诉讼标的;行政行为内容较为简单的,也可以全文引用;行政行为理由表述有歧义,被告在答辩中已经予以明确的,也可以被告明确后的理由为准。

2.当事人诉辩意见与当事人提供的证据的撰写次序应当注意逻辑关系,因案而定。证据部分的撰写应当注意以下几个方面:

(1)一般情况下,写明当事人的诉辩意见后,即可写明其提供的相关证据。如果当事人提供的证据有较强的关联性,合并叙述更有利于综合反映案件证据情况的,也可酌情将当事人的证据合并叙述。总之,对证据的列举可以结合案情,既可以分别逐一列举证据,写明证据的名称、内容以及证明目的;也可以综合分类列举证据,并归纳证明目的。当事人提供的证据浩繁的,也可以概括说明。

(2)对于当事人超过法定举证期限提供的证据,人民法院予以采纳的,应当列明于判决并说明理由。对法院根据原告、第三人的申请调取的证据,可以作为原告、第三人提交的证据予以载明;对法院依职权调取的证据,则应当单独予以说明。当事人在法定期限内未提交证据的,应当予以说明。对于当事人在诉讼中申请调取证据,法院决定不予调取的,应当在判决书中予以记载;申请调取的证据较多,难以一一列举的,也可以概括说明。对于根据原告(或者第三人、被告)的申请,委托鉴定部门进行鉴定的,需写明鉴定部门、鉴定事项和鉴定结论以及当事人的意见。

3.当事人的诉辩意见部分,既要尊重当事人原意,也要注意归纳总结;既避免照抄起诉状、答辩状或者第三人的陈述,又不宜删减当事人的理由要点。对于原告、被告以及第三人诉讼请求的记载,应当准确、完整。

4."经庭审质证"和"认证如下"部分,应当注意因案而异、繁简得当。既可以一证一质一认,也可以按不同分类综合举证、质证和认证。对于当事人无争议的证据或者与案件明显无关联的证据,可以通过归纳概括等方式简要写明当事人的质证意见;对于证据浩繁的案件,可以归纳概括当事人的主要质证意见。法院对证据的认证意见应当明确,对于当事人有争议的证据,特别是对行政行为的合法性有影响的证据,应当写明采纳或者不予采纳的理由。案件的争议主要集中在事实问题的,也可将对证据的具体质证、认证意见与案件的争议焦点结合起来,置于"本院认为"部分论述。

5."经审理查明"部分需要注意:(1)生效裁判文书确认的事实一般具有法定的证明力,因此事实部分应当准确、清晰。认定的事实应当是法官基于全案的证据能够形成内心确信的事实;通过推定确认事实必须要有依据,符合证据法则。(2)事实的叙述可以根据具体案情采用时间顺序,也可以灵活采用其他叙述方式,以能够逻辑清晰地反映案件情况为原则。(3)避免事无巨细的罗列,或者简单地记流水账,应当结合案件的争议焦点等,做到繁简适当,与案件裁判结果无关的事实,可以不认定。(4)可以根据具体案情以及争议焦点,采取灵活多样的方式记载案件事实。比如,必要时可以摘抄证据内容;对于内容繁杂的,也可以在事实部分采用指引证据目录或证据名称等方式予以说明。(5)要通过组织当事人庭前交换证据或召开庭前会议等方式,及时确定当事人无争议的案件事实,发现当事人有争议的事实和法律适用等。根据《中华人民共和国民事诉讼法》相关规定和法释〔2015〕5号《最高人民法院关于适用〈中华人民共和国民事诉讼法〉的解释》第二百二十五条等规定,根据案件具体情况,庭前会议可以包括下列内容:①明确原告的诉讼请求和被告的答辩意见;②审查处理当事人增加、变更诉讼请求的申请和提出的反诉,以及第三人提出的与本案有关的诉讼请求;③根据当事人的申请决定调查收集证据,委托鉴定,要求当事人提供证据,进行勘验,进行证据保全;④组织交换证据;⑤归纳争议焦点;⑥进行调解。因此,如果庭审前经过证据交换或者庭前会议,或者在庭审辩论时当事人对合议庭归纳的无争议事实均认可,那么事实部分可以分为两个层次:一是写"对以下事实,各方当事人均无异议,本院依法予以确认";二是"本院另认定以下事实",主要写当事人可能有异议、本院依法认定的案件事实。

6.表述案件事实,应注意保守国家秘密,保护当事人的商业秘密和个人隐私。

四、理由

"本院认为"部分应当注意主次分明,重点突出、详略得当。理由部分要根据查明的事实和有关法律、法规和法学理论,就行政主体所作的行政行为是否合法、原告的诉讼请求是否成立等进行分析论证,阐明判决的理由。对于争议焦点,应当详细论述;对于无争议的部分,可以简写。阐述理由时,应当注意加强对法律规定以及相关法理的阐释,除非法律规定十分明确,一般应当避免援引规定就直接给出结论的简单论述方式。

原告请求对行政行为所依据的规范性文件一并进行合法性审查的,在对规范性文件进行审查后,应依照行政诉讼法及司法解释的规定,对规范性文件的合法性以及能否作为认定被诉行政行为合法性的依据予以阐明。

根据案件的不同需要,"本院认为"部分在援引法律依据时,既可以写明整个条文的内容,也可以摘抄与案件相关的内容;条文内容较多的,也可以只援引法律条款,将具体内容附在判决书的附录部分,兼顾表述的准确性和文书的可读性。对于在理由部分已经论述过的实体法律规范,在"判决如下"前可以不再重复援引。直接作为判决结果依据的法律规范,一般应当按照先行政诉讼法、后司法解释的次序排列,并写明具体规定的条、款、项、目。

五、判决结果

判决结果是人民法院对当事人之间的行政争议作出的实体处理结论。根据行政诉讼法第六十九条、第七十条、第七十七条等的规定，一审请求撤销、变更行政行为类判决可分为驳回诉讼请求判决、撤销或者部分撤销判决、变更判决等情形。

第一，驳回原告诉讼请求的，写：

"驳回原告×××的诉讼请求。"

第二，撤销被诉行政行为的，写：

"一、撤销被告×××(行政主体名称)作出的(××××)……字第×××号……(行政行为名称)；

二、责令被告×××(行政主体名称)在××日内重新作出行政行为(不需要重作的，此项不写；不宜限定期限的，期限不写)。"

第三，部分撤销被诉行政行为的，写：

"一、撤销被告×××(行政主体名称)作出的(××××)……字第××号……(行政行为名称)的第××项，即……(写明撤销的具体内容)；

二、责令被告×××(行政主体名称)在××日内重新作出行政行为(不需要重作的，此项不写；不宜限定期限的，期限不写)；

三、驳回原告×××的其他诉讼请求。"

第四，根据行政诉讼法第七十七条的规定，判决变更行政行为的，写：

"变更被告×××(行政主体名称)作出的(××××)……字第××号……(写明行政行为内容或者具体项)，改为……(写明变更内容)。"

六、尾部

尾部应依次写明诉讼费用的负担，交代上诉的权利、方法、期限和上诉审法院，合议庭成员署名，判决日期、书记员署名等内容。

判决书的正本，应由书记员在判决日期的左下方、书记员署名的左上方加盖"本件与原本核对无异"字样的印戳。

七、附录

根据案件的不同需要，可将判决书中的有关内容载入附录部分，如：将判决书中所提到的法律规范条文附上，以供当事人全面了解有关法律规定的内容。一般应当按照先实体法律规范，后程序法律规范；先上位法律规范，后下位法律规范；先法律，后司法解释等次序排列，并按1、2、3、4序号列明。另外，群体诉讼案件中原告名单及其身份情况、知识产权案件中的图案等均可以列入此部分。

行政诉讼文书样式2:行政判决书

(一审请求履行法定职责类案件用)

××××人民法院

行政判决书

(一审请求履行法定职责类案件用)

(××××)×行初字第××号

原告×××,……(写明姓名或名称等基本情况)。

法定代表人×××,……(写明姓名、职务)。

委托代理人(或指定代理人、法定代理人)×××,……(写明姓名等基本情况)。

被告×××,……(写明行政主体名称和所在地址)。

法定代表人×××,……(写明姓名、职务)。

委托代理人×××,……(写明姓名等基本情况)。

第三人×××,……(写明姓名或名称等基本情况)。

法定代表人×××,……(写明姓名、职务)。

委托代理人(或指定代理人、法定代理人)×××,……(写明姓名等基本情况)。

原告×××因认为被告×××(行政主体名称)……(写明不履行法定职责的案由),于××××年××月××日向本院提起行政诉讼。本院于××××年××月××日立案后,于××××年××月××日向被告送达了起诉状副本及应诉通知书。本院依法组成合议庭,于××××年××月××日公开(或不公开)开庭审理了本案。……(写明到庭参加庭审活动的当事人、行政机关负责人、诉讼代理人、证人、鉴定人、勘验人和翻译人员等)到庭参加诉讼。……(写明发生的其他重要程序活动,如:被批准延长本案审理期限等情况)。本案现已审理终结。

第一,针对原告的履行法定职责的请求,被告已经作出拒绝性决定的案件,可写:

××××年××月××日,原告×××向被告×××提出申请(写明申请的内容),被告×××于××××年××月××日对原告×××作出××号××决定(或其他名称),……(简要写明拒绝性决定认定的主要理由和处理结果)。

第二,针对原告的履行法定职责的请求,被告不予答复的案件,可写:

原告×××于××××年××月××日向被告×××提出……(写明申请内容)。被告在原告起诉之前未作出处理决定(当事人对原告是否提出过申请或者被告是否作出处理有争议的,或者属于行政机关应当依职权履行法定职责的情形,不写)。

原告×××诉称,……(写明原告的诉讼请求、主要理由以及原告提供的证据、依据等)。

被告×××辩称,……(写明被告的答辩请求及主要理由)。

被告×××向本院提交了以下证据、依据:1.……(证据的名称及内容等);2.……。

第三人×××述称,……(写明第三人的意见、主要理由以及第三人提供的证据、依据等)。

本院依法调取了以下证据:……(写明证据名称及证明目的)。

经庭审质证(或庭前交换证据、庭前准备会议),……(写明当事人的质证意见)。

本院对上述证据认证如下:……(写明法院的认证意见和理由)。

经审理查明,……(写明法院查明的事实。可以区分写明当事人无争议的事实和有争议但经法院审查确认的事实)。

本院认为,……(写明法院判决的理由)。依照……(写明判决依据的行政诉讼法以及相关司法解释的条、款、项、目)的规定,判决如下:

……(写明判决结果)。

……(写明诉讼费用的负担)。

如不服本判决,可以在判决书送达之日起十五日内向本院递交上诉状,并按对方当事人的人数提出副本,上诉于××××人民法院。

审判长×××

审判员×××

审判员×××

××××年××月××日

(院印)

本件与原本核对无异

书记员×××

附:本判决适用的相关法律依据

【说明】

一、本判决书适用于《中华人民共和国行政诉讼法》第七十二条等规定的情形。

二、判决书的首部、尾部(包括附录部分)和正文中有关证据的列举、认证、说理方式以及相关的写作要求等，可参考一审请求撤销、变更行政行为类判决书样式及其说明。

三、"本院认为"部分应当注意履行法定职责类案件的审理重点。（1）履行法定职责类案件的重点是原告请求行政机关履行法定职责的请求能否成立，行政机关针对原告的申请已经作出拒绝性决定的，案件的审查范围当然包含但不限于拒绝性决定的合法性。（2）判决书应当基于法院根据案件的已有的全部证据所能够确认的事实，以及相关法律依据，分析论述原告的请求能否成立，一般不限于原告、被告或者第三人的诉辩理由。（3）应当注意案件裁判的成熟性，对于行政机关已经没有任何判断和裁量空间的案件，法院可以直接判决行政机关作出原告请求的特定法定职责。如果行政机关尚需要另行调查或者仍有判断、裁量空间的，则应当判决行政机关针对原告的请求重新作出处理，避免当事人错误理解裁判主文，防止重复诉讼，及时化解争议。同时，应当在"本院认为"部分适当论述或者说明裁判的意见和观点。

四、判决结果。

1.对于行政机关已经作出拒绝性决定，原告的诉讼请求中未明确请求判决撤销，但法院判决行政机关履行原告请求的特定法定职责或者判决行政机关就原告的请求重新作出处理的，法院可以根据具体案情，遵循有利于明确法律关系的原则，酌情依职权一并判决撤销拒绝性决定。原告的诉讼请求中明确请求判决撤销的，一般应当在判决结果中判决撤销拒绝性决定。

2.行政机关尚需要另行调查或者仍有判断、裁量空间的案件，法院责令行政机关针对原告的请求重新作出处理的，对于行政机关能否履行职责的具体内容实质上法院尚未作出判断，对于原告相应的诉讼请求也就没有作出最终的裁判，因此应当注意在判决结果中不要采用"驳回原告其他诉讼请求"等表述。

3.原告请求履行法定职责的请求不成立，但行政机关存在违法情形且应当确认违法的，应当在确认违法的同时，判决驳回原告的其他诉讼请求。

4.原告请求履行法定职责的请求成立，但行政机关已经无法履行或者履行已无实际意义的，应当判决确认行政机关不履行法定职责违法，并酌情责令行政机关采取相应的补救措施。

5.根据行政诉讼法第七十二条等的规定，履行法定职责类案件的判决结果分为以下四种情况：

第一,判决驳回原告诉讼请求的,写:

"驳回原告×××的诉讼请求。"

第二,判决被告履行法定职责的,写:

"一、撤销被告×××(行政主体名称)作出的(××××)……字第××号……(行政行为名称),即……(写明撤销的具体内容;无拒绝性决定的,该项不写)。

二、责令被告×××在××日内(法律有明确规定履行职责期限的,也可写为"在法定期限内";不宜限定期限的,也可不写)作出……(写明履行法定职责的具体内容)。"

第三,判决被告针对原告的请求重新作出处理的,写:

"一、撤销被告×××(行政主体名称)作出的(××××)……字第××号……(行政行为名称),即……(写明撤销的具体内容;无拒绝性决定的,该项不写)。

二、责令被告×××(行政主体名称)在××日内(法律有明确规定履行职责期限的,也可写为"在法定期限内";不宜限定期限的,也可不写)……(可写对原告的申请重新作出处理,也可将原告的申请予以精炼概括并写明原告申请的内容)。"

第四,原告的请求成立,但行政机关已经无法履行或者履行已无实际意义的,写:

"一、确认被告(行政主体名称)不履行……(应当履行的法定职责内容)违法;

二、责令被告×××在××日内(不宜限定期限的,也可不写)……(写明补救措施的内容,无法采取补救措施的,该项可不写)。"

第五,原告的请求不成立,但行政机关有违法情形依法应当确认违法的,写:

"一、确认被告×××(行政主体名称)……违法;

二、驳回原告×××的诉讼请求(需要判决驳回原告诉讼请求的,予以写明)。"

行政诉讼文书样式3:行政判决书

(一审请求给付类案件用)

××××人民法院
行政判决书
(一审请求给付类案件用)

(××××)×行初字第××号

原告×××,……(写明姓名或名称等基本情况)。

法定代表人×××,……(写明姓名、职务)。

委托代理人(或指定代理人、法定代理人)×××,……(写明姓名等基本情况)。

被告×××,……(写明行政主体名称和所在地址)。

法定代表人×××,……(写明姓名、职务)。

委托代理人×××,……(写明姓名等基本情况)。

第三人×××,……(写明姓名或名称等基本情况)。

法定代表人×××,……(写明姓名、职务)。

委托代理人(或指定代理人、法定代理人)×××,……(写明姓名等基本情况)。

原告×××因要求被告×××(行政主体名称)履行(写明具体给付义务),于××××年××月××日向本院提起行政诉讼。本院于××××年××月××日立案后,于××××年××月××日向被告送达了起诉状副本及应诉通知书。本院依法组成合议庭,于××××年××月××日公开(或不公开)开庭审理了本案。……(写明到庭的当事人、行政机关负责人、诉讼代理人、证人、鉴定人、勘验人和翻译人员等)到庭参加诉讼。……(写明发生的其他重要程序活动,如:被批准延长本案审理期限等情况)。本案现已审理终结。

原告×××于××××年××月××日向被告×××提出……申请。被告在原告起诉之前未履行给付义务[写明具体义务,或者写于××××年××月××日对原告作出×号(拒绝给付)决定(或其他名称)]。

原告×××诉称,……(写明原告的诉讼请求、主要理由以及原告提供的证据、依据等)。

被告×××辩称,……(写明被告的答辩请求及主要理由)。

被告×××向本院提交了以下证据、依据:1.……(证据的名称及内容等);2.……。

第三人×××述称,……(写明第三人的意见、主要理由以及第三人提供的证据、依据等)。

本院依法调取了以下证据:……(写明证据名称及证明目的)。

经庭审质证(或庭前交换证据、庭前准备会议),……(写明当事人的质证意见)。

本院对上述证据认证如下:……(写明法院的认证意见和理由)。

经审理查明,……(写明法院查明的事实。可以区分写明当事人无争议的事实和有争议但经法院审查确认的事实)。

本院认为,……(写明法院判决的理由)。依照……(写明判决依据的行政诉讼法以及相关司法解释的条、款、项、目)的规定,判决如下:

……(写明判决结果)。

……(写明诉讼费用的负担)。

如不服本判决,可以在判决书送达之日起十五日内向本院递交上诉状,并按对方当事人的人数提出副本,上诉于××××人民法院。

审判长×××

审判员×××

审判员×××

××××年××月××日

(院印)

本件与原本核对无异

书记员×××

附:本判决适用的相关法律依据

【说明】

一、本判决书适用于《中华人民共和国行政诉讼法》第七十三条规定的情形。

二、判决书的首部、尾部(包括附录部分)和正文中有关证据的列举、认证、说理方式以及相关的写作要求等,可参考一审请求履行法定职责类案件判决书样式及其说明。

三、行政给付类案件的审理对当事人双方的举证要求与请求撤销、变更行政行为类案件有所区别,判决书应有所体现。原告应提供其已经向被诉行政机关提出申请的事实以及被诉行政机关不履行给付义务或者拒绝履行给付义务的证据和依据。被告应提供证据证明原告的申请事项是否属于其法定职责或者法定义务,其是否在法定期限内已经履行给付义务以及其不履行给付或者拒绝给付是否符合法律规定等。判决书要围绕行政实体法预先设定的有关条件,结合案件查明的事实,进行充分说理、论证,最后明确被告不履行给付或者拒绝给付是否合法,原告申请是否成立。

四、"本院认为"部分应当结合给付判决的特点,注意以下问题:1.写明应当适用的法律规范,并根据案情对法律、司法解释、行政法规、地方性法规及合法有效的规章等作必要阐释。2.可根据案情分析被告是否具有法定职权,是否存在未履行给付义务或者作出拒绝给付决定情况。3.分析原告申请的理由是否成立,确认原告的诉讼请求是否符合法定条件,阐明是否予以支持的理由。

五、判决结果

判决结果,可分为以下四种情况:

第一,判决驳回原告要求给付的诉讼请求的,写:

"驳回原告×××的诉讼请求。"

第二,判决被告履行给付义务的,写:

"责令被告×××(行政主体名称)……(写明被告应当在一定期限内履行给付义务的具体内容、方式及期限;因特殊情况难于确定的,可判决被告在一定期限内针对原告的请求作出处理;原告申请依法履行返还财产、排除妨碍、停止侵害、恢复原状等给付义务且无需被告再行作出处理的,可直接写明上述内容)。"

第三,判决撤销拒绝给付决定的同时,判决被告履行给付义务的,写:

"一、撤销被告×××(行政主体名称)于××××年××月××日对原告作出×号拒绝决定(或其他名称);

二、责令被告×××(行政主体名称)……(写明被告应当在一定期限内履行给付义务的具体内容、方式及期限;因特殊情况难于确定的,可判决被告在一定期限内针对原告的请求作出处理;原告申请依法履行返还财产、排除妨碍、停止侵害、恢复原状等给付义务且无需被告再行作出处理的,可直接写明上述内容)。"

第四,判决确认被告不履行给付义务行为或者于××××年××月××日对原告作出×号拒绝给付决定(或其他名称)违法的,写:

"确认被告×××(行政主体名称)……(不履行给付义务或者拒绝给付的决定)违法。"

第五,其他情形,可以照一审请求履行法定职责类判决结果。

行政诉讼文书样式4:行政判决书

(一审请求确认违法或无效类案件用)

××××人民法院

行政判决书

(一审请求确认违法或无效类案件用)

(××××)×行初字第××号

原告×××,……(写明姓名或名称等基本情况)。

法定代表人×××,……(写明姓名、职务)。

委托代理人(或指定代理人、法定代理人)×××,……(写明姓名等基本情况)。

被告×××,……(写明行政主体名称和所在地址)。

法定代表人×××,……(写明姓名、职务)。

委托代理人×××,……(写明姓名等基本情况)。

第三人×××,……(写明姓名或名称等基本情况)。

法定代表人×××,……(写明姓名、职务)。

委托代理人(或指定代理人、法定代理人)×××,……(写明姓名等基本情况)。

原告×××因要求确认被告×××(行政主体名称)于××××年××月××日作出的×××(行政行为名称)违法(或无效)[要求确认被告不履行法定职责违法的,表述为原告×××因要求确认被告×××不履行……(行政行为的内容)的法定职责违法],于××××年××月××日向本院提起行政诉讼。本院于××××年××月××日立案后,于××××年××月××日向被告送达了起诉状副本及应诉通知书。本院依法组成合议庭,于××××年××月××日公开(或不公开)开庭审理了本案。……(写明到庭的当事人、行政机关负责人、诉讼代理人、证人、鉴定人、勘验人和翻译人员等)到庭参加诉讼。……(写明发生的其他重要程序活动,如:被批准延长本案审理期限等情况)。本案现已审理终结。

被告×××(行政主体名称)于××××年××月××日作出……(被诉行政行为名称),……(简要写明被诉行政行为认定的主要事实、定性依据和处理结果)。原告×××诉称,……(写明原告的诉讼请求、主要理由以及原告提供的证据、依据等)。

被告×××辩称,……(写明被告的答辩请求及主要理由)。

被告×××向本院提交了以下证据、依据:1.……(证据的名称及内容等);2.……。

第三人×××述称,……(写明第三人的意见、主要理由以及第三人提供的证据、依据等)。

本院依法调取了以下证据:……(写明证据名称及证明目的)。

经庭审质证(或庭前交换证据、庭前准备会议),……(写明当事人的质证意见)。

本院对上述证据认证如下:……(写明法院的认证意见和理由)。

经审理查明,……(写明法院查明的事实。可以区分写明当事人无争议的事实和有争议但经法院审查确认的事实)。

本院认为,……(写明法院判决的理由)。依照……(写明判决依据的行政诉讼法以及相关司法解释的条、款、项、目)的规定,判决如下:

……(写明判决结果)。

……(写明诉讼费用的负担)。

如不服本判决,可以在判决书送达之日起十五日内向本院递交上诉状,并按对方

当事人的人数提出副本,上诉于××××人民法院。

审判长×××

审判员×××

审判员×××

××××年××月××日

（院印）

本件与原本核对无异

书记员×××

附:本判决适用的相关法律依据

【说明】

一、本判决书适用于《中华人民共和国行政诉讼法》第七十二条、第七十四条、第七十五条等规定的情形。

二、判决书的首部、尾部(包括附录部分)和正文中有关证据的列举、认证、说理方式以及相关的写作要求等,可参考一审请求撤销、变更行政行为类判决书样式及其说明。

三、对于原告要求确认行政行为(或确认不作为)违法或无效的案件,首先,应参照一审请求撤销、变更行政行为类案件的要求审查行政行为(或不作为)是否合法。其次,对于行政机关应依原告申请履职的情形,原告应提供其已经向被诉行政机关提出申请的事实以及被诉行政机关不作为的证据和依据。被告应提供证据证明原告的申请事项是否属于其法定职责或者法定义务,其是否在法定期限内已经履行法定职责或者义务以及其不作为是否符合法律规定等。对于被告应依职权主动履行法定职责的,被告应举证证明其有无履行法定职责;没有履行的,应证明其没有履行法定职责是否符合法律、法规规定。要求确认行政行为无效的,要具体分析被告有无实施被诉行政行为的主体资格、行政行为是否有依据等重大且明显违法的情形。如经过审理能够认定行政行为因缺乏职权依据而无效的,只需写明对法定职权的审查,并辅以相关的法理论证,而对被诉行政行为的执法程序、认定事实、适用法律的问题可不再赘述。

四、理由部分。根据此类案件的具体案情,要重点分析被告是否具有法定职权,是否存在拖延履行、不予答复或不主动履行、未完全履行等情况;要求确认行政行为无效的,要具体分析被告有无实施被诉行政行为的主体资格、行政行为是否有依据等重大且明显违法的情形。

五、判决结果

确认行政行为违法的判决,要注意区分行政诉讼法第七十四条第一款和第二款规定的不同情形,分别适用相应的款项。此类案件的判决结果分为以下三种情况:

第一,判决驳回原告诉讼请求的,写:

"驳回原告×××的诉讼请求。"

第二,判决确认被告作出的行政行为违法(或无效)的,写:

"一、确认被告×××作出的(××××)××字第××号……(行政行为名称)违法(或无效);

二、责令被告×××采取……(写明被告应当采取的具体补救措施。没有可采取的补救措施的,此项不写)。"

第三,判决确认被告不履行法定职责行政行为违法的,写:

"一、确认被告×××……(不履行法定职责的行为)违法;

二、责令被告×××采取……(写明具体的补救措施。没有或不需要采取补救措施的,此项不写)。"

行政诉讼文书样式5:行政判决书

(一审复议机关作共同被告类案件用)

××××人民法院

行政判决书

(一审复议机关作共同被告类案件用)

(××××)×行初字第××号

原告×××,……(写明姓名或名称等基本情况)。

法定代表人×××,……(写明姓名、职务)。

委托代理人(或指定代理人、法定代理人)×××,……(写明姓名等基本情况)。

被告(原行政机关)×××,……(写明行政主体名称和所在地址)。

法定代表人×××,……(写明姓名、职务)。

委托代理人×××,……(写明姓名等基本情况)。

被告(复议机关)×××,……(写明行政主体名称和所在地址)。

法定代表人×××,……(写明姓名和职务)。

委托代理人×××,……(写明姓名等基本情况)。

第三人×××,……(写明姓名或名称等基本情况)。

法定代表人×××,……(写明姓名、职务)。

委托代理人(或指定代理人、法定代理人)×××,……(写明姓名等基本情况)。

原告不服被告×××(原行政机关)……(原行政行为)及被告×××(复议机关)……(复议决定),于××××年××月××日向本院提起行政诉讼。本院于××××年××月××日立案后,于××××年××月××日向被告送达了起诉状副本及应诉通知书。本院依法组成合议庭,于××××年××月××日公开(或不公开)开庭审理了本案。……(写明到庭参加庭审活动的当事人、行政机关负责人、诉讼代理人、证人、鉴定人、勘验人和翻译人员等)到庭参加诉讼。……(写明发生的其他重要程序活动,如:追加共同被告或者第三人及被批准延长本案审理期限等情况)。本案现已审理终结。

被告×××(原行政机关)于××××年××月××日作出……(原行政行为名称),……(简要写明原行政行为认定的主要事实、定性依据和处理结果)。原告×××不服,向被告×××(复议机关名称)申请行政复议,被告×××(复议机关名称)于××××年××月××日作出……(复议决定名称),……(简要写明复议决定的处理结果)。

原告×××诉称,……(写明原告的诉讼请求、主要理由以及原告提供的证据、依据等)。

被告×××(原行政机关)及被告×××(复议机关)辩称,……(写明被告的答辩请求及主要理由)。

被告×××(原行政机关)及被告×××(复议机关)向本院提交了证明原行政行为合法性的以下证据、依据:1.……(证据的名称及内容等);2.……。

被告×××(复议机关)向本院提交了证明复议程序合法性的以下证据、依据:1.……(证据的名称及内容等);2.……。

第三人×××述称,……(写明第三人的意见、主要理由以及第三人提供的证据、依据等)。

本院依法调取了以下证据:……(写明证据名称及证明目的)。

经庭审质证(或庭前交换证据、庭前准备会议),……(写明当事人的质证意见)。

本院对上述证据认证如下:……(写明法院的认证意见和理由)。

经审理查明,……(写明法院查明的事实。可以区分写明当事人无争议的事实和有争议但经法院审查确认的事实)。

本院认为,……(写明法院判决的理由)。依照……(写明判决依据的行政诉讼法以及相关司法解释的条、款、项、目)的规定,判决如下:

……(写明判决结果)。

……(写明诉讼费用的负担)。

如不服本判决,可以在判决书送达之日起十五日内向本院递交上诉状,并按对方当事人的人数提出副本,上诉于××××人民法院。

审判长×××

审判员×××

审判员×××

××××年××月××日

(院印)

本件与原本核对无异

书记员×××

附:本判决适用的相关法律依据

【说明】

一、本判决书供各级法院在审理根据行政诉讼法第二十六条第二款规定的复议机关与作出原行政行为的行政机关作共同被告的一审案件时使用。

二、判决书的首部、尾部(包括附录部分)和正文中有关证据的列举、认证、说理方式以及相关的写作要求等,可参考一审请求撤销、变更行政行为类案件或者请求履行法定职责类及给付类案件判决书样式及其说明。

三、被诉行政行为叙述部分应注意详略得当。对于复议决定认定的事实、适用的依据等与原行政行为完全相同的,可简要写明复议决定的主要依据和处理结果;但复议决定改变原行政行为认定的事实或者适用的定性依据的,应当简要写明复议决定改变后的主要事实或者适用的定性依据。原行政机关不作为,复议机关驳回复议申请或者请求的,可参考一审请求履行法定职责类判决书样式写法。

四、"被告辩称"部分一般情况下应写明原行政机关和复议机关共同的答辩意见。如原行政机关与复议机关的答辩意见不一致,且无法协商一致的,在重点写明复议机关答辩意见的同时,可以载明原行政机关的不同意见。

五、"经审理查明"部分经法院审理确认的事实和证据。同时注意:复议决定与原行政行为认定的事实和适用的依据基本相同的,应当主要确认原行政行为认定的事实和适用的依据是否成立;复议决定改变原行政行为认定的事实或者适用的依据,但未改变处理结果的,应当主要确认复议决定改变后的事实及适用的依据是否成立。

六、被告举证部分应当注意体现原行政机关和复议机关对原行政行为合法性的共同举证责任。证明原行政行为合法性的证据,行政机关与复议机关协商后可以由一方单独向法院提交,视为是行政机关和复议机关共同举证责任的体现,一般不再区分;如果复议机关在复议程序中收集了原行政行为作出时未收集的新的证据,可以在列举证据时予以适当说明。

七、"本院认为"部分应当结合当事人的争议焦点,围绕原行政行为和复议决定的合法性进行论述。当事人对复议程序的合法性提出争议的,还应当就复议程序的合法性单独进行论述。同时注意:复议决定未改变原行政行为的处理结果,但已经改变原行政行为认定的事实和适用的依据的,一般应当基于复议决定改变后的事实和依据审查原行政行为是否合法。改变后的事实和依据合法的,一般应认定原行政行为及复议决定均合法(复议程序的合法性除外)。

八、"判决结果"部分应当注意对原行政行为与复议决定裁判的一致性。对被诉行政行为以及维持被诉行政行为的复议决定作审查后,可以针对不同情况分别采用以下判决方式;也可以根据具体案情,遵循有利于明晰法律关系及时定分止争的原则,适当调整:

第一,原行政行为及复议决定均合法的,写:

"驳回原告×××的诉讼请求。"

第二,原行政行为与复议决定均违法的,写:

"一、撤销(原行政行为,应写明行政机关、作出时间、文号及名称等,下同)及(复议决定,应写明复议机关、作出时间、文号及名称等,下同);

二、责令原行政机关在×日内重新作出行政行为(不需要重作的,此项不写;不宜限定期限的,期限不写)。"

第三,确认原行政行为违法的,写:

"确认(原行政行为)及(复议决定)违法。"

第四,确认原行政行为无效的,写:

"一、撤销(复议决定);

二、确认(原行政行为)无效。"

第五,变更原行政行为的,可写:

"一、撤销(复议决定);

二、(参照判决变更行政行为的主文)。"

第六,原行政机关对原告请求的履行法定职责或给付义务不予答复违法,写:

"一、撤销(复议决定)。(判决主文第二项已经使法律关系明确的,该项亦可不写);

二、(参照判决被告履行法定职责或者给付义务的判决主文)。"

第七,行政机关对原告请求的履行法定职责或给付义务予以拒绝违法,写:

"一、撤销(原行政行为)及(复议决定)。(如判决主文第二项已经使法律关系明确的,该项亦可不写);

二、(参照判决被告履行法定职责或者给付义务的主文)。"

第八,原行政行为合法,但复议决定违反法定程序的,写:

"一、确认(复议决定)程序违法;

二、驳回原告×××……(写明有关针对原行政行为)的诉讼请求"。

第九,原行政行为合法,但复议决定改变原行政行为的事实或依据错误的,写:

"一、撤销(复议决定);

二、驳回原告×××……(写明有关针对原行政行为)的诉讼请求。"

行政诉讼文书样式6:行政判决书

(一审行政裁决类案件用)

××××人民法院
行政判决书
(一审行政裁决类案件用)

(××××)×行初字第××号

原告×××,……(写明姓名或名称等基本情况)。

法定代表人×××,……(写明姓名、职务)。

委托代理人(或指定代理人、法定代理人)×××,……(写明姓名等基本情况)。

被告×××,……(写明行政主体名称和所在地址)。

法定代表人×××,……(写明姓名、职务)。

委托代理人×××,……(写明姓名等基本情况)。

第三人×××,……(写明姓名或名称等基本情况)。

法定代表人×××,……(写明姓名、职务)。

委托代理人(或指定代理人、法定代理人)×××,……(写明姓名等基本情况)。

原告×××不服被告×××于××××年××月××日作出的(××××)字第××号行政裁决(或其他法律规范规定的裁决类文书名称),于××××年××月××日向本院提起行政诉讼。本院于××××年××月××日立案后,于××××年××月××日向被告×××送达了起诉状副本及应诉通知书。本院依法组成合议庭,于××××年××月××日公开(或不公开)开庭审理了本案。……(写明到庭参加庭审活动的当事人、行政机关负责人、诉讼代理人、证人、鉴定人、勘验人和翻译人员等)到庭参加诉讼。……(写明发生的其他重要程序活动,如:被批准延长本案审理期限等情况)。本案现已审理终结。

被告×××于××××年××月××日作出(××××)字第××号行政裁决(或其他法律规范规定的裁决类文书名称),……(简要概述行政裁决认定的事实、适用的法律规范和裁决的内容)。

原告×××诉称,……(写明原告的诉讼请求、主要理由以及原告提供的证据、依据等)。

被告×××辩称,……(写明被告的答辩请求及主要理由)。

被告×××向本院提交了以下证据、依据:1.……(证据的名称及内容等);2.……。

第三人×××述称,……(写明第三人的意见、主要理由以及第三人提供的证据、依据等)。

本院依法调取了以下证据:……(写明证据名称及证明目的)。

经庭审质证(或庭前交换证据、庭前准备会议),……(写明当事人的质证意见)。

本院对上述证据认证如下:……(写明法院的认证意见和理由)。

经审理查明,……(写明法院查明的事实。可以区分写明当事人无争议的事实和有争议但经法院审查确认的事实)。

本院认为,……(写明法院判决的理由)。依照……(写明判决依据的行政诉讼法以及相关司法解释的条、款、项、目)的规定,判决如下:

……(写明判决结果)。

……(写明诉讼费用的负担)。

如不服本判决,可以在判决书送达之日起十五日内向本院递交上诉状,并按对方

当事人的人数提出副本,上诉于××××人民法院。

审判长×××
审判员×××
审判员×××
××××年××月××日
(院印)

本件与原本核对无异

书记员×××

附:本判决适用的相关法律依据

【说明】

一、本判决书适用于《中华人民共和国行政诉讼法》第六十一条等规定的情形。

二、判决书的首部、尾部(包括附录部分)和正文中有关证据的列举、认证、说理方式以及相关的写作要求等,可参考一审请求撤销、变更行政行为类样式及其说明。

三、行政裁决引发的行政案件,既不同于普通行政案件,也不同于因为《中华人民共和国行政诉讼法》第六十一条所规定行政许可、登记、征收、征用而引发的一并解决民事争议的案件,此类案件中行政机关作出的行政裁决本身就是解决原告与第三人之间的民事争议,行政机关根据法律规范的规定行使的是居中裁决的权力;行政裁决也是行政机关对民事权利义务关系进行的决定。故在行政裁决类案件的举证责任和事实认定部分,应有所体现。原告应重点提交与第三人存在民事权利争议方面及权利应归属于己方的证据,第三人也应重点提交与原告存在民事权利争议方面的证据,为法院解决原告与第三人之间的民事争议提供依据。当然,行政裁决合法性方面的证据主要仍应由被告提交。法院认定当事人民事争议的事实时,一般要查明原告与第三人民事争议产生的原因、经过和结果。

四、理由

如果行政裁决当事人争议焦点主要集中在民事争议部分而非行政裁决认定事实的合法性本身,那么理由部分要根据查明的事实和有关民事法律、法规,先就当事人民事纠纷的性质、当事人的责任以及如何解决纠纷进行说理,再就行政裁决是否合法、原告的诉讼请求是否合法和有理进行分析论证,并阐明判决的理由。在对行政裁决合法性进行审查时,要坚持行政诉讼的特点,由行政裁决机关对合法性承担举证责任。但在确定民事权利义务关系时,则应参照民事案件的写作方法,运用民事法律规范,结合查明的事实,对原告与第三人之间的民事争议的性质及处理意见作出分析与认定。对各方当事人的诉讼理由逐一分析,论证是否成立,表明是否予以支持或采纳,并说明理由。判决理由既要运用行政实体及程序法律规范,对行政裁决合法性进行分析论证,并得出是否合法的结论,也可能要运用民事实体和诉讼法律规范,最终依照行政及民事两方面的法律法规,包括实体法和程序法作出裁判。判决所依据的法律、法规,在引用时应当准确、全面、具体。涉及解决民事争议的,要引用相应的民事法律规范。

五、判决结果

根据行政诉讼法及相关司法解释的规定,行政裁决存在认定事实错误等违法情形的,人民法院可以判决撤销;如果人民法院依法可以对当事人之间的民事争议一并作出处理的,也可以直接判决变更行政裁决的处理结果。因此,判决结果可以分为以下三种情况:

第一,驳回原告诉讼请求的,写:

"驳回原告×××的诉讼请求。"

第二,撤销被诉行政裁决的,写:

"一、撤销被告×××作出的……(行政裁决的具体名称);

二、责令被告×××在……(限定重新处理的期限,不宜限定的也可不写)对原告×××(或第三人×××,写明行政裁决申请人的姓名或名称)提出的……(写明行政裁决的案由)行政裁决申请重新作出处理。"

第三,直接变更行政裁决结果的,写:

"变更被告×××作出的(××××)……字第××号行政裁决,改为……(写明变更后的具体内容)。"

行政诉讼文书样式7:民事判决书

(一并审理的民事案件用)

×××× 人民法院

民事判决书

(一并审理的民事案件用)

(××××)×行民初字第××号

原告×××,……(写明姓名或名称等基本情况)。

法定代表人×××,……(写明姓名、职务)。

委托代理人(或指定代理人、法定代理人)×××,……(写明姓名等基本情况)。

被告×××,……(写明姓名或名称等基本情况)。

法定代表人×××,……(写明姓名、职务)。

委托代理人(或指定代理人、法定代理人)×××,……(写明姓名等基本情况)。

第三人×××,……(写明姓名或名称等基本情况)。

法定代表人×××,……(写明姓名、职务)。

委托代理人(或指定代理人、法定代理人)×××,……(写明姓名等基本情况)。

当事人(写明当事人的姓名或名称)因不服(行政主体名称)(写明案由)一案,本院已以(××××)×行初字第××号(具体案号)立案。×××(申请人名称)依据行政诉讼法第六十一条第一款规定,向本院申请一并解决……(相关民事争议,写明具体民事纠纷的案由)。本院立案后依法组成合议庭(或依法由审判员×××独任审判),于××××年××月××日公开(或不公开)开庭进行了审理。…(写明本案当事人及其诉讼代理人等)到庭参加诉讼。本案现已审理终结。

原告×××诉称,……(写明原告的诉讼请求、主要理由以及原告提供的证据等)。

被告×××辩称,……(写明被告的答辩请求、主要理由以及被告提供的证据)。

第三人×××述称,……(写明第三人的意见、主要理由以及第三人提供的证据、依据等)。

本院依法调取了以下证据:……(写明证据名称及证明目的)。

经庭审质证(或庭前交换证据、庭前准备会议),……(写明当事人的质证意见)。

本院对上述证据认证如下:……(写明法院的认证意见和理由)。

经审理查明,……(写明法院认定的事实和证据。必要时可增加相关行政裁判认定的事实)。

本院认为,……(写明判决的理由。必要时可增加相关行政裁判理由)。依照……(写明判决依据的法律以及相关司法解释的条、款、项、目)的规定,判决如下:

……(写明判决结果)。

……(写明诉讼费用的负担)。

如不服本判决,可以在判决书送达之日起十五日内向本院递交上诉状,并按对方当事人的人数提出副本,上诉于××××人民法院。

审判长×××

审判员×××

审判员×××

××××年××月××日

（院印）

本件与原本核对无异

书记员×××

附：本判决适用的相关法律依据

【说明】

一、本判决书供审理行政许可、登记、征收、征用等行政案件时，依据行政诉讼法第六十一条规定对当事人申请一并审理民事案件作出民事判决用。

二、本判决书由首部、事实、理由、判决结果和尾部等五部分组成。制作判决书时，应当注意以下事项：

（一）首部

首部应依次写明标题、案号、诉讼参加人及其基本情况，以及案件由来、审判组织和开庭审理过程等，以体现审判程序的合法性。

1.标题中的法院名称，一般应与院印的文字一致，但基层法院应冠以省、市、自治区的名称。

2.案号由年度和制作法院、案件性质、审判程序的代字（如行民）以及案件的顺序号组成，年度应用阿拉伯数字。例如，北京市海淀区人民法院2015年受理的行政一并审理第5号民事案件，应写为："（2015）海行民初字第5号"。或者另行编立其他能够反映行政一并审查特点、并能与普通民事案件相区别的案号。具体案号可由各地根据最高人民法院相关规定精神予以确定。

3.被告提出反诉的案件，可在本诉称谓后用括号注明其反诉称谓。如："原告（反诉被告）"、"被告（反诉原告）"。

4.当事人是自然人的，写明其姓名、性别、出生年月日、居民身份证号码、民族、职业或工作单位和职务、住址。住址应写明其住所所在地；住所地与经常居住地不一致的，写经常居住地。当事人是法人的，写明法人名称和所在地址，并另起一行写明法定代表人及其姓名和职务。当事人是不具备法人条件的组织或起字号的个人合伙的，写明其名称或字号和所在地址,并另起一行写明代表人及其姓名、性别和职务。当事人是个体工商户的,写明业主的姓名、性别、出生年月日、身份证号码、民族、住址;起有字号的,在其姓名之后用括号注明"系……(字号)业主"。

5.有法定代理人或指定代理人的,应列项写明其姓名、性别、职业或工作单位和职务、住址,并在姓名后括注其与当事人的关系。

6.有委托代理人的,应列项写明其姓名、性别、职业或工作单位和职务、住址。如果委托代理人系当事人的近亲属,还应在姓名后括注其与当事人的关系。如果委托代理人系律师,只写明其姓名、工作单位和职务。

当事人及其诉讼代理人均出庭参加诉讼的,可按样式书写。当事人本人未出庭而由代理人出庭的,应写:"×告×××的××代理人×××"。当事人经合法传唤未到庭的,应写明:"×告×××经本院合法传唤无正当理由拒不到庭"。当事人未经法庭许可中途退庭的,应写明:"×告×××未经法庭许可中途退庭"。

(二)事实

事实部分应写明当事人的诉讼请求、争议的事实和理由,法院认定的事实及证据。

1.当事人的诉讼请求以及争议的事实和理由,主要是通过原告、被告和第三人的陈述来表述的。民事判决书的事实部分所以要写明这些内容,一是为了体现尊重当事人的诉讼权利,二是为了集中反映当事人的真实意思表示,明确纠纷的焦点,做到与以后各部分的叙事、说理和判决结果紧密联系,前后照应。对于这些内容的叙述,文句要简炼,内容要概括,切忌冗长和不必要的重复。如果当事人在诉讼过程中有增加或者变更诉讼请求,或者提出反诉的,应当一并写明。

2.法院认定的事实主要包括:①当事人之间的法律关系,发生法律关系的时间、地点及法律关系的内容;②产生纠纷的原因、经过、情节和后果。法院认定的事实,必须是经过法庭审理查证属实的事实。叙述的方法一般应按照时间顺序,客观地、全面地、真实地反映案情,同时要抓住重点,详述主要情节和因果关系;③必要时应当一并写明行政案件的审理情况和裁判结果。

3.认定事实的证据要有分析地进行列举,既可以在叙述纠纷过程中一并分析列举,也可以单独分段分析列举。叙述事实和列举证据时都要注意保守国家秘密,保护当事人的商业秘密和个人隐私。

(三)理由

理由部分应写明判决的理由和判决所依据的法律。

1.判决的理由,要根据认定的事实和有关法律、法规和政策,来阐明法院对纠纷的性质、当事人的责任以及如何解决纠纷的看法。说理要有针对性,要根据不同案件的具体情况,针对当事人的争执和诉讼请求,摆事实,讲法律,讲道理,分清是非责任。诉讼请求合法、有理的予以支持,不合法、无理的不予支持。对违法的民事行为应当严肃指明,必要时给予适当批驳,做到以理服人。

2.判决所依据的法律、法规,在引用时应当准确、全面、具体。

(四)判决结果

判决结果,是对案件实体问题作出的处理决定。判决结果要明确、具体、完整。根据确认之诉、变更之诉或给付之诉的不同情况,正确地加以表述。例如,给付之诉,要写明标的物的名称、数量或数额、给付时间以及给付方式。给付的财物,品种较多的可以概写,详情另附清单。需要驳回当事人其他之诉的,可列为最后一项书写。

(五)尾部

尾部应写明诉讼费用的负担,当事人的上诉权利、上诉期间和上诉法院名称以及合议庭成员署名和判决日期等。

行政诉讼文书样式8:行政判决书

(一审行政协议类案件用)

××××人民法院
行政判决书
(一审行政协议类案件用)

(××××)×行初字第××号

原告×××,……(写明姓名或名称等基本情况)。

法定代表人×××,……(写明姓名、职务)。

委托代理人(或指定代理人、法定代理人)×××,……(写明姓名等基本情况)。

被告×××,……(写明行政主体名称和所在地址)。

法定代表人×××,……(写明姓名、职务)。

委托代理人×××,……(写明姓名等基本情况)。

第三人×××,……(写明姓名或名称等基本情况)。

法定代表人×××,……(写明姓名、职务)。

委托代理人(或指定代理人、法定代理人)×××,……(写明姓名等基本情况)。

原告×××认为被告×××(行政主体名称)(不依法履行、未按照约定履行或者违法变更、解除政府特许经营协议、土地房屋征收补偿协议等协议),于××××年××月××日向本院提起行政诉讼。本院于××××年××月××日立案后,于××××年××月××日向被告送达了起诉状副本及应诉通知书。本院依法组成合议庭,于××××年××月××日公开(或不公开)开庭审理了本案。……(写明到庭参加庭审活动的当事人、诉讼代理人、证人、鉴定人、勘验人和翻译人员等)到庭参加诉讼。……(写明发生的其他重要程序活动,如:被批准延长本案审理期限等情况)。本案现已审理终结。

被告×××(行政主体名称)于××××年××月××日(变更、解除政府特许经营协议、土地房屋征收补偿协议等协议),……(简要写明被诉变更、解除协议等协议行为认定的事实、适用的法律规范和处理的内容。如果针对被告不依法履行、未按照约定履行协议提起诉讼的,该部分不写)。

原告×××诉称,……(写明原告的诉讼请求、主要理由以及原告提供的证据、依据等)。

被告×××辩称,……(写明被告的答辩请求及主要理由)。

被告×××向本院提交了以下证据、依据:1.……(证据的名称及内容等);2.……。

第三人×××述称,……(写明第三人的意见、主要理由以及第三人提供的证据、依据等)。

本院依法调取了以下证据:……(写明证据名称及证明目的)。

经庭审质证(或庭前交换证据、庭前准备会议),……(写明当事人的质证意见)。

本院对上述证据认证如下:……(写明法院的认证意见和理由)。

经审理查明,……(写明法院查明的事实。可以区分写明当事人无争议的事实和有争议但经法院审查确认的事实)。

本院认为,……(写明法院判决的理由)。依照……(写明判决依据的行政诉讼法以及相关司法解释的条、款、项、目)的规定,判决如下:

……(写明判决结果)。

……(写明诉讼费用的负担)。

如不服本判决,可以在判决书送达之日起十五日内向本院递交上诉状,并按对方

当事人的人数提出副本,上诉于××××人民法院。

审判长×××
审判员×××
审判员×××
××××年××月××日
（院印）

本件与原本核对无异

书记员×××

附:本判决适用的相关法律依据

【说明】

一、本判决书适用于《中华人民共和国行政诉讼法》第十二条第一款第(十一)项和第七十八条规定的情形。

二、判决书的首部、尾部(包括附录部分)和正文中有关证据的列举、认证、说理方式以及相关的写作要求等,可参考一审请求撤销、变更行政行为类案件和请求履行法定职责类或者请求给付类案件以及民事案件判决书样式及其说明。

三、事实部分。行政协议案件的审理对当事人双方的举证要求与一般行政案件有所区别,应在判决书中有所体现。原告应提供被诉行政机关不依法履行、未按照约定履行或者违法变更、解除政府特许经营协议、土地房屋征收补偿协议的初步证据和依据。被告应提供充分证据证明不依法履行、未按照约定履行或者变更、解除政府特许经营协议、土地房屋征收补偿协议是否符合法律规定等。判决书要围绕行政实体法预先设定的有关条件,结合案件查明的事实,进行充分说理、论证,最后明确被告不依法履行、未按照约定履行或者变更、解除政府特许经营协议、土地房屋征收补偿协议是否合法,原告请求是否成立。

四、"本院认为"部分,要写明协议的有效性和合法性,运用行政实体、程序法律规范以及有关民事合同法律规范,对不依法履行、未按照约定履行或者违法变更、解除政府特许经营协议、土地房屋征收补偿协议等协议合法性进行分析论证,对各方当事人的诉讼理由逐一分析,论证是否成立,表明是否予以支持或采纳,并说明理由。原告主张被告不依法履行、未按照约定履行协议或者变更、解除协议违法的理由成立,但被告无法继续履行或者继续履行已无实际意义的,应当在理由部分对被告行为的违法性予以阐述和确认。裁判所依照的法律依据部分,要写明判决依据的行政诉讼法、有关民事合同法律规定以及相关司法解释的条、款、项、目。

五、判决结果。

可以分为以下几种情形:

第一,协议有效,原告主张被告不依法履行、未按照约定履行协议或者变更、解除协议违法,理由成立的,可以采用以下判决方式,写:

"一、被告继续履行协议;(可写明具体内容)

二、被告×××(行政主体名称)于本判决生效之日起××日内赔偿原告……(写明赔偿的金额)。"(原告未请求赔偿的,该项不写)

对于被告无法继续履行或者继续履行已无实际意义的,可写:

一、被告×××采取相应的补救措施……(写明具体补救措施);

二、被告×××(行政主体名称)于本判决生效之日起××日内赔偿原告……(写明赔偿的金额)。"(原告未请求赔偿的,该项不写)

第二,原告请求解除协议或者确认协议无效,并要求赔偿理由成立的,写:

"一、确认(协议名称)无效或者自××××年××月××日解除(协议名称);

二、被告于本判决生效之日起××日内赔偿原告……(写明赔偿的金额)。"

(原告未提出赔偿请求的,第二项不写。)

第三,被告因公共利益需要或者其他法定理由变更、解除协议,给原告造成损失的,写:

"被告×××(行政主体名称)于本判决生效之日起××日内补偿原告……(写明赔偿的金额)。"

第四,其他情形,参照民事判决书的样式制作。

六、诉讼费用问题。对行政机关不依法履行、未按照约定履行协议提起诉讼的诉讼费用,按照民事诉讼法律规定执行;对行政机关变更、解除协议等与协议相关的单方行政行为提起诉讼的,按照行政诉讼法律规定执行。

行政诉讼文书样式9:行政赔偿判决书

(一审行政赔偿案件用)

××××人民法院
行政赔偿判决书
（一审行政赔偿案件用）

(××××)×行赔初字第××号

原告×××,……（写明姓名或名称等基本情况）。

法定代表人×××,……（写明姓名、职务）。

委托代理人（或指定代理人、法定代理人）×××,……（写明姓名等基本情况）。

被告×××,……（写明行政主体名称和所在地址）。

法定代表人×××,……（写明姓名、职务）。

委托代理人×××,……（写明姓名等基本情况）。

第三人×××,……（写明姓名或名称等基本情况）。

法定代表人×××,……（写明姓名、职务）。

委托代理人（或指定代理人、法定代理人）×××,……（写明姓名等基本情况）。

原告×××因与被告×××……（写明案由）行政赔偿一案,于××××年××月××日向本院提起行政赔偿诉讼。本院于××××年××月××日立案后,于××××年××月××日向被告送达了起诉状副本及应诉通知书。本院依法组成合议庭,于××××年××月××日公开（或不公开）开庭审理了本案（不公开开庭的,写明原因）。……（写明到庭参加庭审活动的当事人、行政机关负责人、诉讼代理人、证人、鉴定人、勘验人和翻译人员等）到庭参加诉讼。……（写明发生的其他重要程序活动,如:被批准延长审理期限等）。本案现已审理终结。

原告×××诉称,……（写明原告的赔偿诉讼请求、主要理由以及原告提供的证据、依据等）。

被告×××辩称,……（写明被告的答辩请求及主要理由）。

被告×××向本院提交了以下证据、依据:1.……（证据的名称及内容等）;2.……。

第三人×××述称,……（写明第三人的意见、主要理由以及第三人提供的证据、依据等）。

本院依法调取了以下证据:……（写明证据名称及证明目的）。

经庭审质证（或庭前交换证据、庭前准备会议）,……（写明当事人的质证意见）。

本院对上述证据认证如下:……（写明法院的认证意见和理由）。

经审理查明,……(写明法院查明的事实。可以区分写明当事人无争议的事实和有争议但经法院审查确认的事实)。

本院认为,……(写明法院判决的理由)。依照……(写明判决依据的行政诉讼法以及相关司法解释的条、款、项、目)的规定,判决如下:

……(写明判决结果)。

如不服本判决,可以在判决书送达之日起十五日内向本院递交上诉状,并按对方当事人的人数提出副本,上诉于××××人民法院。

审判长×××

审判员×××

审判员×××

××××年××月××日

(院印)

本件与原本核对无异

书记员×××

附:本判决适用的相关法律依据

【说明】

一、本判决书适用于根据《中华人民共和国国家赔偿法》、《中华人民共和国行政诉讼法》、《最高人民法院关于审理行政赔偿案件若干问题的规定》等法律及司法解释单独提起行政赔偿诉讼的情形用。

二、本判决书的首部、尾部(附录部分),正文中有关证据的列举、认证、说理方式以及相关的写作要求等,可参考一审请求撤销、变更行政行为类案件及请求履行法定职责类或者请求给付类案件判决书样式及其说明。经审理查明部分,如果被告已经作出行政赔偿处理决定的,应注意简要写明处理决定的主要内容和结论。

三、根据《最高人民法院关于审理行政赔偿案件若干问题的规定》第二十九条的规定,人民法院审理行政赔偿案件,应当就当事人之间的行政赔偿争议进行审理与裁判。行政赔偿案件中,人民法院仅就行政赔偿争议进行审理,行政行为的合法性则应当通过先行确认程序或者行政诉讼予以审查;经过先行确认程序,且行政赔偿义务机关已经作出行政赔偿处理决定的,行政赔偿处理决定并非行政赔偿案件的诉讼标的,人民法院仍然应当针对原告的赔偿请求能否成立进行审查。被告收到原告的赔偿申请后逾期不作赔偿决定的,审查的重点也应是原告主张的侵权事实是否存在,要求赔偿是否有法律依据,以及损害结果与行政行为之间是否有因果关系。

被告的行政行为违法,且给原告造成了实际损失的,判决被告予以赔偿;被告的行政行为违法但尚未对原告合法权益造成损害的,或者原告的请求没有事实根据或法律根据的,应当判决驳回原告的赔偿请求。

四、行政赔偿判决书在适用法律时,不仅要适用《中华人民共和国行政诉讼法》的相关规定,还应适用《中华人民共和国国家赔偿法》及《最高人民法院关于审理行政赔偿案件若干问题的规定》等行政赔偿司法解释的规定。判决结果可为以下三种情况:

第一、驳回原告赔偿请求的,写:

"驳回原告×××的赔偿请求。"

第二、判决被告予以赔偿的,写:

"被告×××于本判决生效之日起××日内赔偿原告×××……(写明赔偿的金额)。"

第三,如复议机关因复议程序违法给原告造成损失的,写:

"被告×××(复议机关名称)于本判决生效之日起××日内赔偿原告……(写明赔偿的金额)。"

五、行政赔偿诉讼不收取诉讼费用。

行政诉讼文书样式10:行政调解书

(一审行政案件用)

××××人民法院

行政调解书

(一审行政案件用)

(××××)×行初字第××号

原告×××,……(写明姓名或名称等基本情况)。

法定代表人×××,……(写明姓名、职务)。

委托代理人(或指定代理人、法定代理人)×××,……(写明姓名等基本情况)。

被告×××,……(写明行政主体名称和所在地址)。

法定代表人×××,……(写明姓名、职务)。

委托代理人×××,……(写明姓名等基本情况)。

第三人×××,……(写明姓名或名称等基本情况)。

法定代表人×××,……(写明姓名、职务)。

委托代理人(或指定代理人、法定代理人)×××,……(写明姓名等基本情况)。

原告×××不服被告×××(行政主体名称)(行政行为),于××××年××月××日向本院提起行政诉讼。本院于××××年××月××日立案后,于××××年××月××日向被告送达了起诉状副本及应诉通知书。本院依法组成合议庭,于××××年××月××日公开(或不公开)开庭审理了本案。……(写明到庭参加庭审活动的当事人、行政机关负责人、诉讼代理人、证人、鉴定人、勘验人和翻译人员等)到庭参加诉讼。……(写明发生的其他重要程序活动,如:被批准延长本案审理期限等情况)。本案现已审理终结。

经审理查明,……(写明法院查明的事实)。

本案在审理过程中,经本院主持调解,双方当事人自愿达成如下协议:

……(写明协议的内容)。

……(写明诉讼费用的负担)。

上述协议,符合有关法律规定,本院予以确认。

本调解书经双方当事人签收后,即具有法律效力。

审判长×××

审判员×××

审判员×××

××××年××月××日

(院印)

本件与原本核对无异

书记员×××

【说明】

一、本调解书适用于《中华人民共和国行政诉讼法》第六十条规定的情形。

二、调解应当根据当事人自愿的原则,在查清事实,分清是非的基础上进行。协议的内容不得违反法律的规定。

三、本调解书的首部、尾部(附录部分),正文中有关证据的列举、认证、说理方式以及相关的写作要求等,也可以参考一审请求撤销、变更行政行为类案件判决书样式及其说明。对当事人诉辩意见、审理查明部分应当与裁判文书有所区别,应当本着减小分歧,钝化矛盾,有利于促进调解协议的原则,对争议和法院认定的事实适当简化。

四、协议内容应明确、具体，便于履行。诉讼费用的负担，由当事人协商解决的，可以作为协议内容的最后一项；由法院决定的，应另起一行写明。

五、本调解书样式及说明，亦可供制作第二审和再审的行政案件调解书时参考。

六、第二审及再审行政调解书送达后，原一、二审判决、裁定不再执行。

行政诉讼文书样式11：行政赔偿调解书

（一审行政赔偿案件用）

××××人民法院
行政赔偿调解书
（一审行政赔偿案件用）

（××××）×行赔字第××号

原告×××，……（写明姓名或名称等基本情况）。

法定代表人×××，……（写明姓名、职务）。

委托代理人（或指定代理人、法定代理人）×××，……（写明姓名等基本情况）。

被告×××，……（写明行政主体名称和所在地址）。

法定代表人×××，……（写明姓名、职务）。

委托代理人×××，……（写明姓名等基本情况）。

第三人×××，……（写明姓名或名称等基本情况）。

法定代表人×××，……（写明姓名、职务）。

委托代理人（或指定代理人、法定代理人）×××，……（写明姓名等基本情况）。

原告×××因与被告×××……（写明案由）行政赔偿一案，于××××年××月××日向本院提起行政赔偿诉讼。本院于××××年××月××日立案后，于××××年××月××日向被告送达了起诉状副本及应诉通知书。本院依法组成合议庭，于××××年××月××日公开（或不公开）开庭审理了本案（不公开开庭的，写明原因）。……（写明到庭参加庭审活动的当事人、行政机关负责人、诉讼代理人、证人、鉴定人、勘验人和翻译人员等）到庭参加诉讼。……（写明发生的其他重要程序活动，如：被批准延长审理期限等）。本案现已审理终结。

经审理查明，……（写明法院查明的事实）。

本案在审理过程中，经本院主持调解，双方当事人自愿达成如下协议：

……（写明协议的内容）。

上述协议,符合有关法律规定,本院予以确认。

本调解书经双方当事人签收后,即具有法律效力。

审判长×××

审判员×××

审判员×××

××××年××月××日

(院印)

本件与原本核对无异

书记员×××

【说明】

一、本调解书适用于《中华人民共和国国家赔偿法》、《中华人民共和国行政诉讼法》第六十条以及《最高人民法院关于审理行政赔偿案件若干问题的规定》等法律及司法解释,单独提起行政赔偿诉讼的情形。

二、调解应当根据当事人自愿的原则,在查清事实,分清是非的基础上进行。协议的内容不得违反法律的规定。

三、本调解书的首部、尾部(附录部分),正文中有关证据的列举、认证、说理方式以及相关的写作要求等,也可以参考一审请求撤销、变更行政行为类案件判决书样式及其说明。对当事人诉辩意见、审理查明部分应当与裁判文书有所区别,应当本着减小分歧,钝化矛盾,有利于促进调解协议的原则,对争议和法院认定的事实适当简化。

四、协议内容应明确、具体,便于履行。审理赔偿案件不收取诉讼费用。

五、本调解书样式及说明,亦可供制作第二审和再审的行政赔偿案件调解书时参考。

六、第二审及再审行政赔偿调解书送达后,原一、二审判决、裁定即不再执行。

行政诉讼文书样式12:行政判决书

(二审维持原判或改判用)

××××人民法院

行政判决书

(二审维持原判或改判用)

(××××)×行终字第××号

上诉人(原审×告)×××,……(写明姓名或名称等基本情况)。

被上诉人(原审×告)×××,……(写明姓名或名称等基本情况)。

(当事人及其他诉讼参加人的列项和基本情况的写法,除当事人的称谓外,与一审行政判决书样式相同。)

上诉人×××因……(写明案由)一案,不服××××人民法院(××××)×行初字第××号行政判决,向本院提起上诉。本院依法组成合议庭,公开(或不公开)开庭审理了本案。……(写明到庭的当事人、诉讼代理人等)到庭参加诉讼。本案现已审理终结。(未开庭的,写"本院依法组成合议庭,对本案进行了审理,现已审理终结")。

……(概括写明原审认定的事实、理由和判决结果,简述上诉人的上诉请求及其主要理由和被上诉人的主要答辩的内容及原审第三人的陈述意见)。

……(当事人二审期间提出新证据的,写明二审是否采纳以及质证情况,并说明理由。如无新证据,本段不写)。

经审理查明,……(写明二审认定的事实和证据)。

本院认为,……(写明本院判决的理由)。依照……(写明判决依据的法律以及相关司法解释的条、款、项、目)的规定,判决如下:

……(写明判决结果)。

……(写明诉讼费用的负担)。

本判决为终审判决。

审判长×××

审判员×××

审判员×××

××××年××月××日

(院印)

本件与原本核对无异

书记员×××

附:本判决适用的相关法律依据

【说明】

一、本判决书供二审人民法院在收到当事人不服一审判决提起上诉的行政案件后,按照第二审程序审理终结,就案件的实体问题依法作出维持原判或者改判的决定时使用。

二、制作二审行政判决书,应当体现上诉审的特点,强调针对性和说服力。

三、上诉案件当事人的称谓,写"上诉人"、"被上诉人",并用括号注明其在原审中的诉讼地位。原告、被告和第三人都提出上诉的,可并列为"上诉人"。当事人中一人或者部分人提出上诉,上诉后是可分之诉的,未上诉的当事人在法律文书中可以不列;上诉后仍是不可分之诉的,未上诉的当事人可以列为被上诉人。上诉案件当事人中的代表人、诉讼代理人等,分别在该当事人项下另起一行列项书写。

四、"经审理查明"部分,包括上诉争议的内容以及二审查明认定的事实和证据。书写上诉争议的内容时,要概括简炼,抓住争议焦点,防止照抄原审判决书、上诉状和答辩状,但又要不失原意。二审审查认定的事实和证据,要根据不同类型的案件书写。如果原审判决事实清楚,上诉人亦无异议的,简要地确认原判认定的事实即可;如果原审判决认定事实清楚,但上诉人提出异议的,应对有异议的问题进行重点分析,予以确认;如果原审判决认定事实不清,证据不足,经二审查清事实后改判的,应具体叙述二审查明的事实和有关证据。

一般情况下,二审认定事实与一审一致的,可写"本院经审理查明的事实与一审判决认定的事实一致,本院予以确认。"与一审认定的主要事实基本一致,但在个别事实作出新的认定,可写"本院经审理查明的事实与一审判决认定的事实基本一致。但一审认定的……事实不当,应认定为……"。本院认定的事实是一审未认定的,可写"本院另查明:……"。

五、"本院认为"部分,要有针对性和说服力,要注重事理分析和法理分析,兼顾全面审查和重点突出。针对上诉请求和理由,重点围绕争议焦点,就原审判决及被诉行政行为是否合法,上诉理由是否成立,上诉请求是否应予支持等,阐明维持原判或者撤销原判予以改判的理由。具体写法可参照一审判决书理由部分。

六、"判决结果"部分可分为以下四种情形:

第一,维持原审判决的,写:

"驳回上诉,维持原判。"

第二,对原审判决部分维持、部分撤销的,写:

"一、维持××××人民法院(××××)×行初字第××号行政判决第×项,即……(写明维持的具体内容);

二、撤销××××人民法院(××××)×行初字第××号行政判决第×项,即……(写明撤

销的具体内容);

三、……(写明对撤销部分作出的改判内容。如无需作出改判的此项不写)。"

第三,撤销原审判决,驳回原审原告的诉讼请求的,写:

"一、撤销××××人民法院(××××)×行初字第××号行政判决;

二、驳回×××(当事人姓名)的诉讼请求。"

第四,撤销原审判决,同时撤销或变更行政机关的行政行为的,写:

"一、撤销××××人民法院(××××)×行初字第××号行政判决;

二、撤销(或变更)××××(行政主体名称)××××年××月××日(××××)×××字第××号……(写明具体行政行为或者复议决定名称或其他行政行为);

三、……(写明二审法院改判结果的内容。如无需作出改判的,此项不写)。"

七、关于二审诉讼费用的负担,要区别情况作出决定。对驳回上诉,维持原判的案件,二审诉讼费用由上诉人承担;双方当事人都提出上诉的,由双方分担。对撤销原判,依法改判的案件,应同时对一、二两审的各项诉讼费用由谁负担,或者共同分担的问题作出决定,相应地变更一审法院对诉讼费用负担的决定。

八、按本样式制作二审行政判决书时,注意参考一审行政判决书样式的说明。

行政诉讼文书样式13:行政判决书

(再审行政案件用)

××××人民法院

行政判决书

(再审行政案件用)

(××××)×行再字第××号

抗诉机关××××人民检察院(未抗诉的,此项不写)。

再审申请人(写明原审诉讼地位)×××,……(写明姓名或名称等基本情况)。

被申请人(写明原审诉讼地位)×××,……(写明姓名或名称等基本情况)。

原审第三人(或原审中的其他称谓)×××,……(写明姓名或名称等基本情况)。

(当事人及其他诉讼参加人的列项和基本情况的写法,除当事人的称谓外,与一审行政判决书样式相同。再审申请未提及的当事人,按原审判决书中诉讼地位列明。)

原审原告(或原审上诉人)×××与原审被告(或原审被上诉人)×××……(写明案由)一案,本院(或××××人民法院)于××××年××月××日作出(××××)×行×字第××号行政判决,已经发生法律效力。……(写明进行再审的根据)。本院依法组成合议庭,公开(或不公开)开庭审理了本案。……(写明到庭的当事人、代理人等)到庭参加诉讼。本案现已审理终结(未开庭的,写"本院依法组成合议庭审理了本案,现已审理终结")。

……(概括写明原审生效判决的主要内容;简述检察机关的抗诉理由,或者当事人的陈述或申请再审要点)。

经再审查明,……(写明再审确认的事实和证据)。

本院认为,……(写明本院判决的理由)。依照……(写明判决依据的行政诉讼法以及相关司法解释的条、款、项、目)的规定,判决如下:

……(写明判决结果)。

……(写明诉讼费用的负担)。

……(按第一审程序进行再审的,写明"如不服本判决,可以在判决书送达之日起十五日内向本院递交上诉状,并按对方当事人的人数提出副本,上诉于××××人民法院"。按第二审程序进行再审或者上级法院提审的,写明"本判决为终审判决")。

审判长×××

审判员×××

审判员×××

××××年××月××日

(院印)

本件与原本核对无异

书记员×××

附:本判决适用的相关法律依据

【说明】

一、本判决书供各级人民法院依照检察院抗诉或者当事人申请再审程序,对于一审或者二审判决、裁定已经发生法律效力的行政案件,经提起再审或者指令再审程序之后,依法组成或者另行组成合议庭,按照一审或者二审程序再审终结,就案件的实体问题作出处理决定时使用。

二、制作再审行政判决书,应当贯彻实事求是、有错必纠的原则,体现再审程序的特点。

三、判决书的首部,要写明对本案进行再审的根据。可分为四种情况表述:

第一,××××人民检察院于××××年××月××日提出抗诉。

第二,本院于××××年××月××日作出(××××)×行申(监)字第××号行政裁定,对本案提起再审。

第三,××××人民法院于××××年××月××日作出(××××)×行申(监)字第××号行政裁定,指令本院对本案进行再审。

第四,本院于××××年××月××日作出(××××)×行申(监)字第××号行政裁定,对本案进行提审。

四、"经审理查明"部分,包括再审争议的内容以及再审查明认定的事实和证据,要根据不同类型的案件书写。

一般情况下,如再审认定事实与原审一致的,写"本院经审理查明的事实与原审判决认定的事实一致,本院予以确认"。与原审认定的主要事实基本一致,但在个别事实作出新的认定的,写"本院经审理查明的事实与原审判决认定的事实基本一致。但原审认定的……事实不当,应认定为……"。本院认定的事实是原审未认定的,写"本院另查明:……"。

五、"本院认为"部分,要有针对性和说服力,要注重事理分析和法理分析,兼顾全面审查和重点突出。针对再审申请请求和理由,重点围绕争议焦点,就原审判决及被诉行政行为是否合法,再审申请理由是否成立,再审请求是否应予支持等,阐明维持原判或者撤销原判予以改判的理由。具体写法可参照二审判决书理由部分。检察院抗诉的,还应对检察院抗诉的请求和理由进行审查。

六、"判决结果"部分可分为以下三种情形:

第一,全部改判的,写:

"一、撤销××××人民法院××××年××月××日(××××)×行×字第××号行政判决(如一审判决、二审判决、再审判决均需撤销的,应分项写明);

二、……(写明改判的内容。内容多的可分项写)。"

第二,部分改判的,写:

"一、维持××××人民法院××××年××月××日(××××)×行×字第××号行政判决第×项,即……(写明维持的具体内容);

二、撤销××××人民法院××××年××月××日(××××)×行×字第××号行政判决第×项,即……(写明部分改判的具体内容;如一审判决、二审判决均需撤销的,应分项

写明)

三、……(写明部分改判的内容。内容多的可分项写)。"

第三,仍然维持原判的,写:

"维持××××人民法院××××年××月××日(××××)×行×字第××号行政判决。"

七、对全部改判或部分改判而变更原审诉讼费用负担的,写明原审诉讼费用由谁负担或者双方如何分担;对依照《诉讼费用交纳办法》第九条规定需要交纳案件受理费的,同时写明一、二审及再审诉讼费用由谁负担或者双方如何分担。对驳回再审申请,但依照《诉讼费用交纳办法》第九条规定需要交纳案件受理费的,写明再审诉讼费用的负担。

八、按本样式制作判决书时,注意参考一审、二审行政判决书样式的说明。

行政诉讼文书样式14:行政裁定书

(不予立案用)

××××人民法院

行政裁定书

(不予立案用)

(××××)×行初字第××号

起诉人……(写明姓名或名称等基本情况)。

××××年××月××日,本院收到×××的起诉状(口头起诉的,注明起诉方式),……(概括写明起诉的事由)。

本院认为,……(写明不予立案的理由)。依照……(写明裁定依据的行政诉讼法以及相关司法解释的条、款、项、目)的规定,裁定如下:

对×××的起诉,本院不予立案。

如不服本裁定,可在裁定书送达之日起十日内,向本院递交上诉状,并按对方当事人的人数提出副本,上诉于××××人民法院。

审判长×××

审判员×××

审判员×××

××××年××月××日

(院印)

本件与原本核对无异

书记员×××

【说明】

一、本裁定书适用于第一审人民法院接到起诉状或口头起诉后,经审查认为不符合起诉条件,依法决定不予立案的情形。

二、在裁定书正文中应当写明不予立案的理由。

……

《最高人民法院办公厅关于印发〈人民法院国家赔偿案件文书样式〉的通知》

(法办发〔2012〕11号)

各省、自治区、直辖市高级人民法院,解放军军事法院,新疆维吾尔自治区高级人民法院生产建设兵团分院:

《人民法院国家赔偿案件文书样式》(以下简称《样式》)已经最高人民法院审判委员会第1554次会议讨论通过,现予印发,并就有关学习贯彻事项通知如下:

一、要深刻领会修订和印发《样式》的重要意义。修订和印发《样式》是人民法院贯彻修改后国家赔偿法的一项重要举措,是推动国家赔偿工作自身发展的迫切需要。是满足人民群众日益增长的司法需求的客观要求。国家赔偿案件文书作为人民法院处理国家赔偿案件的载体,样式统一对于规范国家赔偿案件的处理,保护公民、法人和其他组织的合法权益,树立司法工作形象,具有重要意义。

二、要认真组织国家赔偿审判人员学习贯彻《样式》,尽快实现国家赔偿案件文书规范化。《样式》专业性强,内容丰富,既是国家赔偿审判人员制作裁判文书的规范,也是指导赔偿请求人申请国家赔偿的文书样本。各级人民法院要集中时间,在本辖区内以各种形式组织学习培训,使每一位审判人员能够深刻领会、准确运用,确保《样式》的顺利贯彻执行。

三、要以《样式》的印发为契机,规范国家赔偿案件文书的制作,加强文书的裁判说理,提高国家赔偿案件文书的办案质量,提升司法公信力。

四、《样式》自 2012 年 10 月 15 日起施行。我院于 2000 年 1 月 11 日印发的《国家赔偿案件文书样式(试行)》和 2004 年 8 月 16 日印发的《最高人民法院确认案件文书样式》同时废止。各级人民法院在《样式》试行中遇到的具体问题,请及时报告我院赔偿委员会办公室。

2012 年 9 月 20 日

人民法院国家赔偿案件文书样式
目录

一、人民法院办理本院作为赔偿义务机关的国家赔偿案件文书样式

1.国家赔偿申请书(向人民法院申请国家赔偿用)

2.申请国家赔偿登记表(向人民法院口头提出国家赔偿申请用)

3.×××人民法院国家赔偿申请收讫凭证(收到国家赔偿申请材料用)

4.×××人民法院补正通知书(通知赔偿请求人补正材料用)

5.×××人民法院受理案件通知书(受理国家赔偿申请用)

6.×××人民法院不予受理案件决定书(不受理国家赔偿申请用)

7.×××人民法院通知书(人民法院听取意见用)

8.×××人民法院决定书(准许撤回国家赔偿申请用)

9.×××人民法院决定书(决定中止审查用)

10.×××人民法院决定书(决定终结审查用)

11.×××人民法院决定书(程序性驳回国家赔偿申请用)

12.×××人民法院国家赔偿决定书(作出国家赔偿决定用)

13.×××人民法院支付国家赔偿金申请书(人民法院申请赔偿金用)

14.×××人民法院通知书(国家上年度职工平均工资公布后确定赔偿金额用)

二、人民法院赔偿委员会审理国家赔偿案件文书样式

15.国家赔偿申请书(向人民法院赔偿委员会申请国家赔偿用)

16.申请国家赔偿登记表(向人民法院赔偿委员会口头提出国家赔偿申请用)

17.×××人民法院国家赔偿申请收讫凭证(收到国家赔偿申请材料用)

18.×××人民法院补正通知书(通知赔偿请求人补正材料用)

19.×××人民法院受理案件通知书(一)(通知赔偿请求人用)

20.×××人民法院受理案件通知书(二)(通知赔偿义务机关或复议机关用)

21.×××人民法院不予受理案件决定书(不受理国家赔偿申请用)

22.×××人民法院通知书(通知参加质证用)

23.关于……一案的审理报告(承办人撰写审理报告用)

24.×××人民法院决定书(准许或不准许撤回国家赔偿申请用)

25.×××人民法院决定书(决定中止审理用)

26.×××人民法院决定书(决定终结审理用)

27.×××人民法院决定书(程序性驳回国家赔偿申请用)

28.×××人民法院决定书(指令复议机关或者作为赔偿义务机关的人民法院作出决定用)

29.×××人民法院国家赔偿决定书(作出国家赔偿决定用)

30.×××人民法院国家赔偿决定书(确认国家赔偿协议用)

31.×××人民法院决定书(指令下级人民法院受理案件用)

32.×××人民法院驳回申诉通知书(审查后驳回申诉用)

33.×××人民法院决定书(决定直接审理或指令重新审理用)

34.×××人民法院决定书(本院院长决定重新审理用)

35.×××人民法院决定书(上级人民法院赔偿委员会直接审理案件用)

36.×××人民法院决定书(人民法院赔偿委员会重新审理案件用)

37.×××人民法院通知书(国家上年度职工平均工资公布后确定赔偿金额用)

38.×××人民法院司法建议书

一、人民法院办理本院作为赔偿义务机关的国家赔偿案件文书样式

人民法院国家赔偿案件文书样式1

国家赔偿申请书

(向人民法院申请国家赔偿用)

赔偿请求人:……(写明姓名或名称等基本情况)。

赔偿义务机关:……(写明名称、住所地)。

法定代表人:……(写明姓名、职务)。

×××(赔偿请求人姓名或名称)因……(申请国家赔偿案由),申请×××(被申请人

民法院名称)……(申请国家赔偿的具体要求)。

……(事实与理由,主要是认为人民法院及其工作人员侵权造成赔偿请求人合法权益损害的事实和根据,申请国家赔偿的法律依据等)。

此致
×××人民法院

附:……(有关法律文书及证明材料目录)

赔偿请求人×××(签名或盖章)
××××年××月××日

附:

制作说明

一、本申请书样式供赔偿请求人向作为赔偿义务机关的人民法院申请国家赔偿时使用。

二、赔偿请求人是自然人的,写明其姓名、性别、有效身份证件号码(包括身份证号、军官证号、护照号等)、民族、职业(或工作单位和职务)、住址、送达地址、联系电话;有别名或者曾用名,应在姓名之后用括号标明。赔偿请求人是法人的,写明其名称、住所地,并写明法定代表人的姓名和职务、联系电话。赔偿请求人是依法成立的不具备法人资格的其他组织的,写明其名称和住所地,并写明负责人姓名和职务、联系电话。赔偿请求人有法定代理人,应写明其姓名、性别、职业(或工作单位和职务)及住址、联系电话。赔偿请求人有委托代理人的,应写明其姓名、性别、职业(或工作单位和职务)及住址、联系电话。

三、用A4纸打印或书写,书写时应字迹清楚,不要使用铅笔、圆珠笔或者红笔、纯蓝色墨水等易褪色不易长期保存的工具材料书写。

四、"附:有关法律文书及证明材料目录"根据具体情况分别列项标注,附件目录应与提交的有关法律文件及证明材料相符。

人民法院国家赔偿案件文书样式2

申请国家赔偿登记表

（向人民法院口头提出国家赔偿申请用）

申请国家赔偿日期	年月日	
赔偿请求人	姓名	性别
	民族	出生日期
	有效身份证件号码	
	职业	联系电话
	住址	
	送达地址	
赔偿义务机关	名称	
	住所地	
	法定代表人	
申请国家赔偿事项		
事实和理由		
备注		

填表人签名　　　　　　　　　　　赔偿请求人签名（捺印）

附：

制作说明

一、本登记表样式供人民法院对赔偿请求人口头提出的国家赔偿申请进行登记时使用。

二、本登记表只适用于书写有困难的自然人。

三、有效身份证件是指身份证、军官证、护照能证明身份的证件。

四、申请国家赔偿登记表由人民法院工作人员根据赔偿请求人口述的内容填写，填写后向赔偿请求人宣读，由赔偿请求人确认、签名，不能签名的，在"赔偿请求人签名（捺印）"后的空白处捺指纹，填表人在备注栏注明。

五、人民法院工作人员根据需要说明的具体情况在备注栏填写具体内容。

六、登记表内容可以用钢笔或毛笔填写，也可以用电脑录入方式填写。

人民法院国家赔偿案件文书样式3

×××人民法院国家赔偿申请收讫凭证

（收到国家赔偿申请材料用）

序号	材料名称	份数	原件	备注
1	国家赔偿申请书			
2	赔偿请求人身份证明			
3	提交的证据			
4				
5				
6				
7				
8				
9				
10				
11				
12				
提交人签名：		提交日期：		
签收人签名：		签收日期：		

附：

制作说明

一、本收讫凭证样式依照《中华人民共和国国家赔偿法》第十二条、第二十二条的规定制定，供人民法院收到赔偿请求人当面递交的国家赔偿申请材料时使用。

二、本收讫凭证一式二联，第一联由人民法院立案部门留存，第二联由当事人留存。

三、由于尚未立案，本收讫凭证无需编立案号。

四、人民法院收到赔偿请求人当面递交的国家赔偿申请后，无论材料是否齐全，都应当向请求人出具收讫凭证。申请材料不齐全的，人民法院应当当场或五日内一次性告知赔偿请求人需要补正的全部内容。

五、签收人签名的同时还应加盖人民法院收讫专用印章。

人民法院国家赔偿案件文书样式4

×××人民法院补正通知书

（通知补偿请求人补正材料用）

×××（赔偿请求人姓名或名称）：

你（你单位）于××××年××月××日以……（申请国家赔偿的案由）为由，向本院提出国家赔偿申请。经审查，你（你单位）的申请材料不齐全，依照《中华人民共和国国家赔偿法》第十二条、第二十二条的规定，你（你单位）应当补正以下材料：……（补正材料的内容）。补正申请材料所用时间不计入立案审查期限。

特此通知。

××××年××月××日

（印章）

附：

制作说明

一、本通知书样式依照《中华人民共和国国家赔偿法》第十二条、第二十二条的规定制定，供人民法院通知赔偿请求人补正材料时使用。

二、由于尚未立案，本通知书无须编立案号。

三、人民法院在补正通知书中应一次性告知赔偿请求人需要补正的全部内容。

四、标题中的人民法院名称，应当与人民法院院印的文字一致。基层人民法院应冠以省、自治区、直辖市名称；如系涉外案件，应在人民法院全称前冠以"中华人民共和国"字样。其他文书样式标题中的人民法院名称，参照本说明适用。

人民法院国家赔偿案件文书样式5

×××人民法院受理案件通知书

（受理国家赔偿申请用）

（××××）×法赔字第×号

×××（赔偿请求人姓名或名称）：

你（你单位）以……（申请国家赔偿的案由）为由，向本院申请国家赔偿。经审查，你（你单位）的国家赔偿申请符合立案条件，本院于××××年××月××日决定予以受理。（如有其他需要通知赔偿请求人的事项，写明"现将有关事项通知如下：……"）

特此通知。

××××年××月××日

（院印）

附：

制作说明

一、本通知书样式依照《最高人民法院关于国家赔偿案件立案工作的规定》第四条的规定制定,供人民法院受理国家赔偿案件后,通知赔偿请求人时使用。

二、人民法院受理赔偿案件后,编立"(××××)×法赔字第×号"案号。其中,括号内"××××"为年号,括号后"×"为受理案件的人民法院简称,"法赔字"代表本院作为赔偿义务机关的案件,"第×号"为该类案件顺序编号。

人民法院国家赔偿案件文书样式6

×××人民法院不予受理案件决定书
(不受理国家赔偿申请用)

(××××)×法赔立字第×号

赔偿请求人:……(写明姓名或名称等基本情况)。

赔偿请求人:……(姓名或名称)于××××年××月××日以……(申请国家赔偿的案由)为由,向本院申请国家赔偿。

经审查,本院认为,……(阐明不予受理的具体理由)。依照《最高人民法院关于国家赔偿案件立案工作的规定》第九条的规定,决定如下:

对赔偿请求人……(姓名或名称)的国家赔偿申请不予受理。

如不服本决定,可在决定书送达之日起三十日内,向×××(上级人民法院名称)人民法院赔偿委员会申请作出赔偿决定。

××××年××月××日
(院印)

附：

制作说明

一、本决定书样式依照《最高人民法院关于国家赔偿案件立案工作的规定》第九条的规定制定,供人民法院决定不予受理赔偿请求人的国家赔偿申请时使用。

二、人民法院不予受理案件决定书统一编立"法赔立字"案号,以与受理后的案件案号相区别。

三、赔偿请求人是自然人的,写明其姓名、性别、民族、职业(或工作单位和职务)、住址;有别名或者曾用名,应在姓名之后用括号标明。赔偿请求人是法人的,写明其名称、住所地,并写明法定代表人的姓名和职务。赔偿请求人是依法成立的不具备法人资格的其他组织的,写明其名称和住所地,并写明负责人姓名和职务。赔偿请求人有法定代理人,应写明其姓名、性别、职业(或工作单位和职务)及住址。赔偿请求人有委托代理人的,应写明其姓名、性别、职业(或工作单位和职务)及住址。

人民法院国家赔偿案件文书样式7

×××人民法院通知书

(人民法院听取意见用)

(××××)×法赔字第×号

×××(赔偿请求人姓名或名称):

本院受理的你(你单位)……(申请国家赔偿的案由)一案,定于××××年××月××日×时在……(地点)听取意见。请准时参加。

××××年××月××日

(院印)

附:

制作说明

一、本通知书样式依照《中华人民共和国国家赔偿法》第二十三条的规定制定,供人民法院通知赔偿请求人参加听取意见会时使用。

二、人民法院在听取意见时,如果认为需要给予赔偿的,可以与赔偿请求人就赔偿方式、赔偿项目和赔偿数额进行协商。

三、人民法院应当在听取意见前三日将通知书送达赔偿请求人。

人民法院国家赔偿案件文书样式8

×××人民法院决定书

(准许撤回国家赔偿申请用)

(××××)×法赔字第×号

赔偿请求人:……(写明姓名或名称等基本情况)。

赔偿请求人:……(姓名或名称)于××××年××月××日以……(申请国家赔偿的案由)为由,向本院申请国家赔偿。本案在审查过程中,……(赔偿请求人姓名或名称)以……为由,提出撤回国家赔偿申请。

经审查,本院认为,……(写明赔偿请求人撤回国家赔偿申请系其真实意思表示、

不违背法律规定等),决定如下:

准许……(赔偿请求人姓名或名称)撤回国家赔偿申请。

××××年××月××日

(院印)

附:

制作说明

一、本决定书样式供人民法院准许赔偿请求人撤回国家赔偿申请时使用。

二、赔偿请求人是自然人的,写明其姓名、性别、民族、职业(或工作单位和职务)、住址;有别名或者曾用名,应在姓名之后用括号标明。赔偿请求人是法人的,写明其名称、住所地,并写明法定代表人的姓名和职务。赔偿请求人是依法成立的不具备法人资格的其他组织的,写明其名称和住所地,并写明负责人姓名和职务。赔偿请求人有法定代理人,应写明其姓名、性别、职业(或工作单位和职务)及住址。赔偿请求人有委托代理人的,应写明其姓名、性别、职业(或工作单位和职务)及住址。

三、赔偿请求人应当在人民法院作出决定之前,提出撤回国家赔偿申请。

人民法院国家赔偿案件文书样式9

×××人民法院决定书

(决定中止审查用)

(××××)×法赔字第×号

赔偿请求人:……(写明姓名或名称等基本情况)。

本院在审查×××(赔偿请求人姓名或名称)申请国家赔偿一案中,……(中止审查的事实和理由)。依照……(法律及司法解释条文)的规定,决定如下:

本案中止审查。

××××年××月××日

(院印)

附:

制作说明

一、本决定书样式供人民法院中止审查国家赔偿案件时使用。

二、赔偿请求人是自然人的,写明其姓名、性别、民族、职业(或工作单位和职务)、住址;有别名或者曾用名,应在姓名之后用括号标明。赔偿请求人是法人的,写明其名称、住所地,并写明法定代表人的姓名和职务。赔偿请求人是依法成立的不具备法人资格的其他组织的,写明其名称和住所地,并写明负责人姓名和职务。赔偿请求人有法定代理人,应写明其姓名、性别、职业(或工作单位和职务)及住址。赔偿请求人有委托代理人的,应写明其姓名、性别、职业(或工作单位和职务)及住址。

三、对于决定中止审查的案件,在中止审查的法定事由消失后,即可依申请或依职权恢复审查,无需作出恢复审查的决定书。

人民法院国家赔偿案件文书样式10

×××人民法院决定书

(决定终结审查用)

(××××)×法赔字第×号

赔偿请求人:……(写明姓名或名称等基本情况)。

本院在审查×××(赔偿请求人姓名或名称)申请国家赔偿一案中,……(终结审查的事实和理由)。依照……(法律及司法解释条文)的规定,决定如下:

本案终结审查。

××××年××月××日

(院印)

附:

制作说明

一、本决定书样式供人民法院决定终结审查国家赔偿案件时使用。

二、赔偿请求人是自然人的,写明其姓名、性别、民族、职业(或工作单位和职务)、住址;有别名或者曾用名,应在姓名之后用括号标明。赔偿请求人是法人的,写明其名称、住所地,并写明法定代表人的姓名和职务。赔偿请求人是依法成立的不具备法人资格的其他组织的,写明其名称和住所地,并写明负责人姓名和职务。赔偿请求人有法定代理人,应写明其姓名、性别、职业(或工作单位和职务)及住址。赔偿请求人有委托代理人的,应写明其姓名、性别、职业(或工作单位和职务)及住址。

三、人民法院只需写明导致终结审查的法定情形,无需涉及申请国家赔偿的请求和理由等内容。

人民法院国家赔偿案件文书样式11

×××人民法院决定书
(程序性驳回国家赔偿申请用)

(××××)×法赔字第×号

赔偿请求人：……(写明姓名或名称等基本情况)。

×××(赔偿请求人姓名或名称)于××××年××月××日以……(申请国家赔偿的案由)为由,向本院申请国家赔偿。

经审查,本院认为,……(写明应予驳回国家赔偿申请的理由),依照……(法律及司法解释条文)的规定,决定如下：

驳回×××(赔偿请求人姓名或名称)的国家赔偿申请。

如不服本决定,可在决定书送达之日起三十日内向×××人民法院赔偿委员会申请作出赔偿决定。

××××年××月××日
(院印)

附：

制作说明

一、本决定书样式供人民法院程序性驳回赔偿请求人的国家赔偿申请时使用。

二、赔偿请求人是自然人的,写明其姓名、性别、民族、职业(或工作单位和职务)、住址;有别名或者曾用名,应在姓名之后用括号标明。赔偿请求人是法人的,写明其名称、住所地,并写明法定代表人的姓名和职务。赔偿请求人是依法成立的不具备法人资格的其他组织的,写明其名称和住所地,并写明负责人姓名和职务。赔偿请求人有法定代理人,应写明其姓名、性别、职业(或工作单位和职务)及住址。赔偿请求人有委托代理人的,应写明其姓名、性别、职业(或工作单位和职务)及住址。

三、人民法院决定驳回国家赔偿申请的理由,应根据案件的具体情况在"本院认为"部分进行充分的说理。

四、人民法院应告知赔偿请求人,不服本决定的,可以向上一级人民法院赔偿委员会申请国家赔偿。

人民法院国家赔偿案件文书样式12

×××人民法院国家赔偿决定书

（作出国家赔偿决定用）

（××××)×法赔字第×号

赔偿请求人：……（写明姓名或名称等基本情况）。

×××（赔偿请求人姓名或名称）于××××年××月××日以……（申请国家赔偿的案由）为由，向本院申请国家赔偿。……（人民法院依法审查的情况）。本案现已审查终结。

……（赔偿请求人申请事项及理由，人民法院听取赔偿请求人意见的，写明听取意见内容）。

经审查查明，……（人民法院认定的证据和查明的事实）。

……（如果与赔偿请求人达成协议的，写明协商事实和协议内容）。

本院认为，……（决定赔偿与否的理由或者认为协商协议内容合法有效）。依照……（法律及司法解释条文）的规定，决定如下：

（第一种情况，人民法院决定予以赔偿）

……（赔偿的方式及赔偿数额）。

（第二种情况，人民法院决定不予以赔偿）

驳回×××（赔偿请求人姓名或名称）关于……（申请事项）的国家赔偿申请。

（第三种情况，人民法院决定部分赔偿的）

一、……（赔偿的方式及赔偿数额）；

二、驳回×××（赔偿请求人姓名或名称）关于……（申请事项）的国家赔偿申请。

如不服本决定，可在本决定书送达之日起三十日内向×××人民法院赔偿委员会申请作出赔偿决定。

××××年××月××日

（院印）

附：

制作说明

一、本决定书样式供人民法院对案件实体作出决定时使用。

二、人民法院对国家赔偿案件实体作出决定的，文书名称为"国家赔偿决定书"。

三、赔偿请求人是自然人的，写明其姓名、性别、民族、职业（或工作单位和职务）、住址；有别名或者曾用名，应在姓名之后用括号标明。赔偿请求人是法人的，写明其名称、住所地,并写明法定代表人的姓名和职务。赔偿请求人是依法成立的不具备法人资格的其他组织的,写明其名称和住所地,并写明负责人姓名和职务。赔偿请求人有法定代理人的,应写明其姓名、性别、职业(或工作单位和职务)及住址。赔偿请求人有委托代理人的,应写明其姓名、性别、职业(或工作单位和职务)及住址。

四、人民法院作为赔偿义务机关与赔偿请求人达成协议的,在"经审查查明"之后说明达成协议的情况及协议内容,并在"本院认为"部分阐明依法赔偿的依据,对赔偿协议加以确认。

五、"本院认为"部分应注重说理,阐述赔偿或不予赔偿的理由和法律依据。如果涉及违法归责或过错归责的案件,则应在"本院认为"部分增加对违法或过错认定的内容。

六、决定主文根据是否赔偿的不同情况分别写明,如果人民法院对赔偿请求人申请国家赔偿事项予以部分赔偿的,应当先写予以赔偿的部分,后写不予赔偿的部分。

七、国家赔偿决定主文中赔偿金额涉及国家上年度职工平均工资标准,且作出决定时尚未公布该标准的,应当在决定主文后注明"本院于××××年度国家赔偿金标准公布后十五日内,以通知书的形式确定具体的赔偿数额"。

人民法院国家赔偿案件文书样式13

×××人民法院支付国家赔偿金申请书

(人民法院申请赔偿金用)

(××××)×法赔字第×号

××××(财政部门名称):

×××(赔偿请求人姓名或名称)申请国家赔偿一案,我院经审查于××××年××月××日作出(××××)×法赔字第×号国家赔偿决定(如系上级人民法院赔偿委员会决定的,则写明上级人民法院赔偿委员会作出国家赔偿决定的时间及案号),……(决定的赔偿金额等内容)。依照《中华人民共和国国家赔偿法》第三十七条、《国家赔偿费用管理条例》第八条的规定,我院向你部门申请支付国家赔偿金……(具体数额)元。

特此申请。

附:1.赔偿请求人支付国家赔偿金的申请书;

2.国家赔偿决定书;

3.赔偿请求人的身份证明。

××××年××月××日

(院印)

附：

制作说明

一、本申请书样式依照《中华人民共和国国家赔偿法》第三十七条、《国家赔偿费用管理条例》第八条的规定制作,供人民法院向有关财政部门申请赔偿金时使用。

二、作为赔偿义务机关的人民法院应当自收到赔偿请求人支付赔偿金申请之日起七日内,依照预算管理权限向有关财政部门提出书面的支付申请。

三、所附决定书是指发生法律效力的国家赔偿决定书,根据具体情况写明决定机关名称、案件编号和文书标题,如"×××人民法院赔偿委员会(××××)×法委赔字第×号国家赔偿决定书"。赔偿金如果涉及国家上年度职工平均工资标准的,且作出国家赔偿决定时尚未公布该标准的,则在附件中添加"(国家上年度职工平均工资公布后确定赔偿金额)通知书"。

四、附件应在正文下空一行、左右两格标识"附",后标冒号和名称。附件如有序号,使用阿拉伯数码(如"附:1.×××××"),并且附件名称后不加标点符号。

人民法院国家赔偿案件文书样式14

×××人民法院通知书

(国家上年度职工平均工资公布后确定赔偿金额用)

(××××)×法赔字第×号

×××:

本院审查的你(你单位)申请国家赔偿一案,已于××××年××月××日作出(××××)×法赔字第×号国家赔偿决定。由于国家××××年度职工平均工资尚未公布,本院作出的(××××)×法赔字第×号国家赔偿决定书中未确定具体的赔偿数额。依照最高人民法院××××年××月××日公布的××××年度国家赔偿金标准,……(根据赔偿决定和××××年度国家赔偿金标准确定相应的赔偿金额)。

特此通知。

××××年××月××日

(院印)

附：

制作说明

一、本通知书样式供人民法院在国家上年度职工平均工资公布后,确定赔偿金额时使用。

二、人民法院作出的国家赔偿决定,如果赔偿金额涉及国家上年度职工平均工资标准,且作出决定时尚未公布该标准的,应当在标准公布后十五日内作出通知。

三、本通知书的案号与原生效国家赔偿决定书的案号一致,不另设案号。

二、人民法院赔偿委员会审理国家赔偿案件文书样式

人民法院国家赔偿案件文书样式15

国家赔偿申请书
(向人民法院赔偿委员会申请国家赔偿用)

赔偿请求人:……(写明姓名或名称等基本情况)。

赔偿义务机关:……(写明名称、住所地)。

法定代表人:……(写明姓名、职务)。

复议机关:……(写明名称、住所地)。

法定代表人:……(写明姓名、职务)。

×××(赔偿请求人姓名或名称)因……(申请国家赔偿的案由),申请×××(赔偿义务机关名称)……(申请国家赔偿的具体要求)。

……(事实与理由:主要是认为赔偿义务机关及其工作人员侵权造成赔偿请求人合法权益损害的事实和根据;已经向赔偿义务机关申请国家赔偿、向复议机关申请复议,认为赔偿义务机关、复议机关作出决定错误的理由,或者预期不作出决定的事实和证据;根据有关法律规定应当获得国家赔偿的理由)。

……(证据和证据来源,证人姓名和住址)。

此致

×××人民法院赔偿委员会

附:……(本国家赔偿申请书副本三份和有关法律文书及证明材料目录)

赔偿请求人×××(签名或盖章)
××××年××月××日

附:

制作说明

一、本申请书样式供赔偿请求人向人民法院赔偿委员会申请作出赔偿决定时使用。

二、赔偿请求人是自然人的,写明其姓名、性别、有效身份证件号码(包括身份证号、军官证号、护照号等)、民族、职业(或工作单位和职务)、住址、送达地址、联系电话;有别名或者曾用名,应在姓名之后用括号标明。赔偿请求人是法人的,写明其名称、住所地,并写明法定代表人的姓名和职务、联系电话。赔偿请求人是依法成立的不具备法人资格的其他组织的,写明其名称和住所地,并写明负责人姓名和职务、联系电话。赔偿请求人有法定代理人,应写明其姓名、性别、职业(或工作单位和职务)及住址、联系电话。赔偿请求人有委托代理人的,应写明其姓名、性别、职业(或工作单位和职务)及住址、联系电话。

三、赔偿请求人依法应向复议机关申请复议的,应当写明复议机关的决定内容或逾期不作出决定的情形。

四、国家赔偿申请书尾部的"×××人民法院赔偿委员会"为申请指向的人民法院赔偿委员会名称。

五、"附有关法律文书及证明材料"根据具体情况分别列项标注。

六、赔偿请求人提交的国家赔偿申请书用 A4 纸打印或书写,书写时应字迹清楚,避免使用铅笔、圆珠笔或者红色、纯蓝色墨水等易褪色不易长期保存的工具材料书写。

人民法院国家赔偿案件文书样式 16

申请国家赔偿登记表

(向人民法院赔偿委员会口头提出国家赔偿申请用)

申请国家赔偿日期	年月日	
赔偿请求人	姓名	性别
	出生日期	民族
	有效身份证件号码	
	职业	联系电话
	住址	
	送达地址	
赔偿义务机关	名称	
	住所地	
	法定代表人	

(续表)

申请国家赔偿日期	年月日	
赔偿义务机关决定情况		
复议机关	名称	
	住所地	
	法定代表人	
复议机关复议情况		
申请国家赔偿事项		
事实和理由		
备注		

填表人签名　　　　　　　　赔偿请求人签名(捺印)

附：

制作说明

一、本登记表样式供人民法院对赔偿请求人口头提出的国家赔偿申请进行登记时使用。

二、本登记表只适用于书写有困难的自然人。

三、本登记表(一式四份)由人民法院工作人员根据赔偿请求人口述的内容填写，填写后向赔偿请求人宣读，由赔偿请求人确认、签名，不能签名的，在"赔偿请求人签名(捺印)"后的空白处捺指纹，填表人在备注栏注明。

四、人民法院工作人员根据需要说明的具体情况在备注栏填写具体内容。

五、登记表内容可以用钢笔或毛笔填写，也可以用电脑录入方式填写。

人民法院国家赔偿案件文书样式17

×××人民法院国家赔偿申请收讫凭证

(收到国家赔偿申请材料用)

序号	材料名称	份数	原件	备注
1	国家赔偿申请书			
2	赔偿请求人身份证明			
3	提交的证据			

（续表）

序号	材料名称	份数	原件	备注
4				
5				
6				
7				
8				
9				
10				
11				
12				
提交人签名：		提交日期：		
签收人签名：		签收日期：		

附：

制作说明

一、本收讫凭证样式依照《最高人民法院关于国家赔偿案件立案工作的规定》第三条的规定制作，供人民法院收到赔偿请求人当面递交的国家赔偿申请材料时使用。

二、本收讫凭证一式二联，第一联由人民法院立案部门留存，第二联由当事人留存。

三、由于尚未立案，本收讫凭证无须编立案号。

四、人民法院收到赔偿请求人当面递交的国家赔偿申请书后，无论材料是否齐全，都应当向请求人出具收讫凭证。申请材料不齐全的，人民法院应当当场或五日内一次性告知赔偿请求人需要补正的全部内容。

五、签收人签名的同时还应加盖人民法院收讫专用印章。

人民法院国家赔偿案件文书样式18

×××人民法院补正通知书

（通知赔偿请求人补正材料用）

×××（赔偿请求人姓名或名称）：

你（你单位）于××××年××月××日因……（申请国家赔偿的案由）申请×××（赔偿义

务机关名称)国家赔偿一案,向本院赔偿委员会申请作出赔偿决定。经审查,你(你单位)的申请材料不齐全,依照《最高人民法院关于人民法院赔偿委员会审理国家赔偿案件程序的规定》第三条的规定,请补正以下材料:……(补正材料内容)。补正申请材料所用时间不计入国家赔偿立案审查期限。

特此通知。

××××年××月××日

(印章)

附:

制作说明

一、本通知书样式依照《最高人民法院关于人民法院赔偿委员会审理国家赔偿案件程序的规定》第三条的规定制定,供人民法院通知赔偿请求人补正材料时使用。

二、由于尚未立案,本通知书无需编立案号。

三、人民法院在补正通知书中应一次性告知赔偿请求人需要补正的全部内容。

四、人民法院应当场或在收到国家赔偿申请后五日内作出通知。

人民法院国家赔偿案件文书样式19

×××人民法院受理案件通知书(一)

(通知赔偿请求人用)

(××××)×法委赔字第×号

×××(赔偿请求人姓名或名称):

你(你单位)以×××(赔偿义务机关名称)……(申请国家赔偿的案由)为由,向本院赔偿委员会申请作出赔偿决定。经审查,你(你单位)的申请符合立案条件,本院于××××年××月××日决定予以受理。(如有其他需要通知赔偿请求人的事项,写明"现将有关事项通知如下:……")

特此通知。

××××年××月××日

(院印)

附:

制作说明

一、本通知书样式依照《最高人民法院关于国家赔偿案件立案工作的规定》第五条、第六条、第七条、第八条、第九条的规定制定,供人民法院受理国家赔偿案件后,通知赔偿请求人时使用。

二、人民法院受理赔偿案件后,编立"(××××)×法委赔字第×号"案号。其中,括号内"××××"为年号,括号后"×"为受理案件的人民法院简称,"法委赔字"代表人民法院赔偿委员会审理的案件,"第×号"为该类案件顺序编号。

人民法院国家赔偿案件文书样式20

×××人民法院受理案件通知书(二)
(通知赔偿义务机关或复议机关用)

(××××)×法委赔字第×号

×××(赔偿义务机关或复议机关名称):

×××(赔偿请求人姓名或名称)以你单位(赔偿义务机关名称)……(申请国家赔偿的案由)为由,向本院赔偿委员会申请作出赔偿决定。经审查,×××(赔偿请求人姓名或名称)的申请符合立案条件,本院于××××年××月××日决定予以受理。

现随文发送国家赔偿申请书副本一份,并将有关事项通知如下:

一、你单位自收到国家赔偿申请书副本之日起十日内向本院提交书面答辩意见及你单位法定代表人身份证明书;需要委托代理人的,应提交授权委托书和委托代理人的身份证明书。

二、为便于公正审理该案,请你单位自收到国家赔偿申请书副本之日起十日内向本院递交……(具体写明要递交的有关案卷材料)。

特此通知。

附:1.国家赔偿申请书或者《申请国家赔偿登记表》副本一份;

2.证据清单副本一份。

××××年××月××日
(院印)

附:

制作说明

一、本通知书样式依照《最高人民法院关于国家赔偿案件立案工作的规定》第五条、第六条、第七条、第八条、第九条的规定制定,供人民法院受理国家赔偿案件后,通知赔偿义务机关、复议机关时使用。

二、人民法院受理赔偿案件后,编立"(××××)×法委赔字第×号"案号。其中,括号内"××××"为年号,括号后"×"为受理案件的人民法院简称,"法委赔字"代表人民法院赔偿委员会审理的案件,"第×号"为该类案件顺序编号。

人民法院国家赔偿案件文书样式21

×××人民法院不予受理案件决定书

(不受理国家赔偿申请用)

(××××)×法委赔立字第×号

赔偿请求人:……(写明姓名或名称等基本情况)。

赔偿义务机关:……(写明名称、住所地)。

法定代表人:……(写明姓名、职务)。

复议机关:……(写明名称、住所地)。

法定代表人:……(写明姓名、职务)。

×××(赔偿请求人姓名或名称)于××××年××月××日因……(申请国家赔偿的案由)申请×××(赔偿义务机关名称)国家赔偿一案,……(不服赔偿义务机关或复议机关的决定,或是赔偿义务机关、复议机关逾期不作出决定等情形),向本院赔偿委员会申请作出赔偿决定。

经审查,本院认为,……(阐明不予受理的具体理由)。依照《最高人民法院关于国家赔偿案件立案工作的规定》第九条的规定,决定如下:

对赔偿请求人……(姓名或名称)的国家赔偿申请不予受理。

本决定为发生法律效力的决定。

××××年××月××日
(院印)

附:

制作说明

一、本决定书样式依照《最高人民法院关于国家赔偿案件立案工作的规定》第九条的规定制定,供人民法院审查后,决定不予受理赔偿请求人的国家赔偿申请时使用。

二、人民法院不予受理案件决定书统一编立"法委赔立字"案号,以与受理后的案件案号相区别。

三、赔偿请求人是自然人的,写明其姓名、性别、民族、职业(或工作单位和职务)、住址;有别名或者曾用名,应在姓名之后用括号标明。赔偿请求人是法人的,写明其名称、住所地,并写明法定代表人的姓名和职务。赔偿请求人是依法成立的不具备法人资格的其他组织的,写明其名称和住所地,并写明负责人姓名和职务。赔偿请求人有法定代理人的,应写明其姓名、性别、职业(或工作单位和职务)及住址。赔偿请求人有委托代理人的,应写明其姓名、性别、职业(或工作单位和职务)及住址。

四、赔偿义务机关、复议机关的处理情况包括赔偿义务机关、复议机关不予受理、逾期不作出决定和作出决定的情形。

人民法院国家赔偿案件文书样式22

×××人民法院赔偿委员会通知书

(通知参加质证用)

(××××)×法委赔字第×号

×××(赔偿请求人或赔偿义务机关或复议机关):

本院赔偿委员会受理的×××(赔偿请求人姓名或名称,如果该通知书送达给赔偿请求人,则为你或你单位)申请×××(赔偿义务机关名称,如果该通知书送达给赔偿义务机关,则为你单位)国家赔偿一案,定于××××年××月××日××时在……(地点)进行质证,请准时参加。

特此通知。

××××年××月××日

(院印)

附:

制作说明

一、本通知书样式依照《最高人民法院关于人民法院赔偿委员会审理国家赔偿案件程序的规定》第十四条的规定制定,供人民法院赔偿委员会通知赔偿请求人、赔偿义务机关、复议机关参加质证时使用。

二、人民法院赔偿委员会根据案件审理的情况,可以通知复议机关参加质证。

三、人民法院赔偿委员会应在质证前三日将通知书送达赔偿请求人、赔偿义务机关、复议机关。

人民法院国家赔偿案件文书样式 23

关于……一案的审理报告
（承办人撰写审理报告用）

（××××）×法委赔字第×号

一、赔偿请求人、赔偿义务机关及复议机关的基本情况

赔偿请求人：……(写明姓名或名称等基本情况)。

赔偿义务机关：……(写明名称、住所地)。

法定代表人：……(写明姓名、职务)。

委托代理人：……(写明姓名等基本情况)。

复议机关：……(写明名称、住所地)。

法定代表人：……(写明姓名、职务)。

委托代理人：……(写明姓名等基本情况)。

二、案件由来及处理经过

×××(赔偿请求人姓名或名称)因……(申请国家赔偿的案由)申请×××(赔偿义务机关名称)国家赔偿一案，……(不服赔偿义务机关或复议机关的决定，或上述机关逾期不作出决定等情形)，向本院赔偿委员会申请作出赔偿决定。

三、申请国家赔偿事项及理由

……(写明赔偿请求人提出的申请事项及其理由、所陈述的事实及其依据。对此部分应作必要的归纳，力求简明扼要)。

四、赔偿义务机关的答辩意见以及复议机关的意见

……(对赔偿义务机关的答辩意见以及复议机关的意见，要作必要的归纳提炼)。

五、审理认定的案件事实

……(写明经审理认定的案件基本事实及所依据的证据。如果当事人对证据和事实互相存在争议的，应当有重点地逐项分析论证)。

六、其他需要说明的问题

……(写明与本案处理有关的问题)。

七、处理意见及理由

……(对赔偿请求人的申请理由能否成立作出分析评定，对赔偿义务机关及复议机关的决定是否正确作出分析评定，根据认定的事实和有关法律规定提出处理意见)。

承办人×××
××××年××月××日

附：

制作说明

一、本报告文书样式供人民法院赔偿委员会审理案件过程中,承办人撰写审理报告时使用。

二、标题中"关于……一案"按照"关于×××(赔偿请求人姓名或名称)申请×××(赔偿义务机关名称)……(申请国家赔偿的案由)一案"格式撰写。

三、赔偿请求人是自然人的,写明其姓名、性别、民族、职业(或工作单位和职务)、住址;有别名或者曾用名,应在姓名之后用括号标明。赔偿请求人是法人的,写明其名称、住所地,并写明法定代表人的姓名和职务。赔偿请求人是依法成立的不具备法人资格的其他组织的,写明其名称和住所地,并写明负责人姓名和职务。赔偿请求人有法定代理人的,应写明其姓名、性别、职业(或工作单位和职务)及住址。赔偿请求人有委托代理人的,应写明其姓名、性别、职业(或工作单位和职务)及住址。

四、人民法院作为赔偿义务机关办理的国家赔偿案件,人民法院赔偿委员会审查处理的申诉、检察机关提出检察意见以及重新审查的国家赔偿案件等,其审查或审理报告可参照本文书样式。

五、"案件由来"部分采取直接叙述案件来源的方式。

六、"申请国家赔偿事项及理由"系指向本院赔偿委员会申请的事项及理由。除不按照原文陈述不能准确表达之外,采用概括表述方式。

七、"其他需要说明的问题"系指对案件处理有影响,由承办人根据实际情况确定。

八、国家赔偿案件均应当撰写审查或审理报告。

人民法院国家赔偿案件文书样式24

×××人民法院赔偿委员会决定书
(准许或不准许撤回国家赔偿申请用)
(××××)×法委赔字第×号

赔偿请求人:……(写明姓名或名称等基本情况)。

赔偿义务机关:……(写明名称、住所地)。

法定代表人:……(写明姓名、职务)。

委托代理人:……(写明姓名等基本情况)。

复议机关:……(写明名称、住所地)。

法定代表人:……(写明姓名、职务)。

委托代理人:……(写明姓名等基本情况)。

×××(赔偿请求人姓名或名称)因……(申请国家赔偿的案由)申请×××(赔偿义务机关名称)国家赔偿一案,……(不服赔偿义务机关或复议机关的决定,或赔偿义务机关、复议机关逾期不作出决定等情形),向本院赔偿委员会申请作出赔偿决定。本案在审理过程中,×××(赔偿请求人姓名或名称)以……(具体理由)为由提出撤回国家赔偿申请。

经审查,本院赔偿委员会认为,……(准许撤回国家赔偿申请或不准许撤回国家赔偿申请理由)。依照《最高人民法院关于人民法院赔偿委员会审理国家赔偿案件程序的规定》第十六条的规定,决定如下:

(第一种情况,准许撤回国家赔偿申请的)

准许×××(赔偿请求人姓名或名称)撤回国家赔偿申请。

(第二种情况,不准许撤回国家赔偿申请的)

不准许×××(赔偿请求人姓名或名称)撤回国家赔偿申请,本案继续审理。

××××年××月××日
(院印)

附:

制作说明

一、本决定书样式依照《最高人民法院关于人民法院赔偿委员会审理国家赔偿案件程序的规定》第十六条的规定制定,供人民法院赔偿委员会准许赔偿请求人提出撤回国家赔偿申请时使用。

二、赔偿请求人是自然人的,写明其姓名、性别、民族、职业(或工作单位和职务)、住址;有别名或者曾用名,应在姓名之后用括号标明。赔偿请求人是法人的,写明其名称、住所地,并写明法定代表人的姓名和职务。赔偿请求人是依法成立的不具备法人资格的其他组织的,写明其名称和住所地,并写明负责人姓名和职务。赔偿请求人有法定代理人,应写明其姓名、性别、职业(或工作单位和职务)及住址。赔偿请求人有委托代理人的,应写明其姓名、性别、职业(或工作单位和职务)及住址。

三、赔偿请求人应当在人民法院赔偿委员会作出决定之前,提出撤回国家赔偿申请。

人民法院国家赔偿案件文书样式 25

×××人民法院赔偿委员会决定书
（决定中止审理用）

（××××）×法委赔字第×号

赔偿请求人：……（写明姓名或名称等基本情况）。

赔偿义务机关：……（写明名称、住所地）。

法定代表人：……（写明姓名、职务）。

委托代理人：……（写明姓名等基本情况）。

复议机关：……（写明名称、住所地）。

法定代表人：……（写明姓名、职务）。

委托代理人：……（写明姓名等基本情况）。

本院赔偿委员会在审理×××（赔偿请求人姓名或名称）申请×××（赔偿义务机关名称）……（申请国家赔偿的案由）一案中,……（中止审理的事实）。依照《最高人民法院关于人民法院赔偿委员会审理国家赔偿案件程序的规定》第十七条的规定,决定如下：

本案中止审理。

××××年××月××日
（院印）

附：

制作说明

一、本决定书样式依照《最高人民法院关于人民法院赔偿委员会审理国家赔偿案件程序的规定》第十七条的规定制定,供人民法院赔偿委员会决定中止审理时使用。

二、赔偿请求人是自然人的,写明其姓名、性别、民族、职业（或工作单位和职务）、住址；有别名或者曾用名,应在姓名之后用括号标明。赔偿请求人是法人的,写明其名称、住所地,并写明法定代表人的姓名和职务。赔偿请求人是依法成立的不具备法人资格的其他组织的,写明其名称和住所地,并写明负责人姓名和职务。赔偿请求人有法定代理人的,应写明其姓名、性别、职业（或工作单位和职务）及住址。赔偿请求人有委托代理人的,应写明其姓名、性别、职业（或工作单位和职务）及住址。

三、对于决定中止审理的案件,在中止审理的情况消失后,即可依申请或依职权恢复审理,无需作出恢复审理的决定书。

人民法院国家赔偿案件文书样式 26
×××人民法院赔偿委员会决定书
（决定终结审理用）

（××××）×法委赔字第×号

赔偿请求人：……（写明姓名或名称等基本情况）。

赔偿义务机关：……（写明名称、住所地）。

法定代表人：……（写明姓名、职务）。

委托代理人：……（写明姓名等基本情况）。

复议机关：……（写明名称、住所地）。

法定代表人：……（写明姓名、职务）。

委托代理人：……（写明姓名等基本情况）。

本院赔偿委员会在审理×××（赔偿请求人姓名或名称）申请×××（赔偿义务机关名称）……（申请国家赔偿的案由）一案中,……（终结审理的事实和理由）。依照《最高人民法院关于人民法院赔偿委员会审理国家赔偿案件程序的规定》第十八条的规定,决定如下：

本案终结审理。

××××年××月××日

（院印）

附：

制作说明

一、本决定书样式依照《最高人民法院关于人民法院赔偿委员会审理国家赔偿案件程序的规定》第十八条的规定制定,供人民法院赔偿委员会决定终结审理国家赔偿案件时使用。

二、赔偿请求人是自然人的,写明其姓名、性别、民族、职业（或工作单位和职务）、住址；有别名或者曾用名,应在姓名之后用括号标明。赔偿请求人是法人的,写明其名称、住所地,并写明法定代表人的姓名和职务。赔偿请求人是依法成立的不具备法人资格的其他组织的,写明其名称和住所地,并写明负责人姓名和职务。赔偿请求人有法定代理人,应写明其姓名、性别、职业（或工作单位和职务）及住址。赔偿请求人有委托代理人的,应写明其姓名、性别、职业（或工作单位和职务）及住址。

三、人民法院赔偿委员会只需写明导致终结审理的法定情形，无需涉及申请国家赔偿的请求和理由等内容。

人民法院国家赔偿案件文书样式27

×××人民法院赔偿委员会决定书
（程序性驳回国家赔偿申请用）
（××××）×法委赔字第×号

赔偿请求人：……（写明姓名或名称等基本情况）。

赔偿义务机关：……（写明名称、住所地）。

法定代表人：……（写明姓名、职务）。

委托代理人：……（写明姓名等基本情况）。

复议机关：……（写明名称、住所地）。

法定代表人：……（写明姓名、职务）。

委托代理人：……（写明姓名等基本情况）。

×××（赔偿请求人姓名或名称）因……（申请国家赔偿的案由）申请×××（赔偿义务机关名称）国家赔偿一案，……（不服赔偿义务机关或复议机关的决定，又或是上述机关逾期不作出决定等情形），向本院赔偿委员会申请作出赔偿决定。本院赔偿委员会依法对本案进行了审理，现已审理终结。

……（赔偿义务机关的处理情况、复议机关的复议情况，赔偿请求人申请事项及理由；人民法院赔偿委员会审理时进行过质证的，写明质证内容）。

经审理查明，……（人民法院赔偿委员会认定的证据和查明的事实）。

本院赔偿委员会认为，……（程序性驳回国家赔偿申请的理由）。依照……（法律依据或司法解释依据）的规定，决定如下：

（第一种情况，赔偿义务机关或者复议机关逾期不作决定的，人民法院赔偿委员会审理后程序性驳回的）

驳回×××（赔偿请求人姓名或名称）的国家赔偿申请。

（第二种情况，赔偿义务机关及复议机关作出不予受理决定，或者作出赔偿或不赔偿决定的，人民法院赔偿委员会受理后程序性驳回的）

一、撤销……（写明机关名称和文号）决定；

二、驳回×××（赔偿请求人姓名或名称）的国家赔偿申请。

(第三种情况,赔偿义务机关或者复议机关作出不予受理决定或者程序性驳回国家赔偿申请的,人民法院赔偿委员会决定维持的)

驳回×××(赔偿请求人姓名或名称)的国家赔偿申请。

本决定为发生法律效力的决定。

×××年××月××日

(院印)

附:

制作说明

一、本决定书样式供人民法院赔偿委员会程序性驳回赔偿请求人的国家赔偿申请时使用。

二、赔偿请求人是自然人的,写明其姓名、性别、民族、职业(或工作单位和职务)、住址;有别名或者曾用名,应在姓名之后用括号标明。赔偿请求人是法人的,写明其名称、住所地,并写明法定代表人的姓名和职务。赔偿请求人是依法成立的不具备法人资格的其他组织的,写明其名称和住所地,并写明负责人姓名和职务。赔偿请求人有法定代理人的,应写明其姓名、性别、职业(或工作单位和职务)及住址。赔偿请求人有委托代理人的,应写明其姓名、性别、职业(或工作单位和职务)及住址。

三、人民法院赔偿委员会决定驳回国家赔偿申请的理由,应根据案件的具体情况在"本院赔偿委员会认为"部分进行充分的说理。

人民法院国家赔偿案件文书样式28

×××人民法院赔偿委员会决定书

(指令复议机关或者作为赔偿义务机关的人民法院作出决定用)

(××××)×法委赔字第×号

赔偿请求人:……(写明姓名或名称等基本情况)。

赔偿义务机关:……(写明名称、住所地)。

法定代表人:……(写明姓名、职务)。

委托代理人:……(写明姓名等基本情况)。

复议机关:……(写明名称、住所地)。

法定代表人:……(写明姓名、职务)。

委托代理人:……(写明姓名等基本情况)。

×××（赔偿请求人姓名或名称）因……（申请国家赔偿的案由）申请×××（赔偿义务机关名称）国家赔偿一案，……（不服复议机关或者作为赔偿义务机关的人民法院的不予受理决定），向本院赔偿委员会申请作出赔偿决定。本院赔偿委员会依法对本案进行了审理，现已审理终结。

……（复议机关的复议情况后者作为赔偿义务机关的人民法院的处理情况，赔偿请求人申请事项及理由；人民法院赔偿委员会审理时进行过质证的，写明质证内容）。

经审理查明，……（人民法院赔偿委员会认定的证据和查明的事实）。

本院赔偿委员会认为，……（作出决定的理由）。依照《最高人民法院关于国家赔偿案件立案工作的规定》第十条的规定，决定如下：

一、撤销……（写明机关名称和文号）决定；

二、指令……（复议机关或者作为赔偿义务机关的人民法院）作出决定。

本决定为发生法律效力的决定。

××××年××月××日

（院印）

附：

制作说明

一、本决定书样式依照《最高人民法院关于国家赔偿案件立案工作的规定》第十条的规定制定，供人民法院赔偿委员会审理后认为应当指令复议机关或者作为赔偿义务机关的人民法院作出决定时使用。

二、赔偿请求人是自然人的，写明其姓名、性别、民族、职业（或工作单位和职务）、住址；有别名或者曾用名，应在姓名之后用括号标明。赔偿请求人是法人的，写明其名称、住所地，并写明法定代表人的姓名和职务。赔偿请求人是依法成立的不具备法人资格的其他组织的，写明其名称和住所地，并写明负责人姓名和职务。赔偿请求人有法定代理人，应写明其姓名、性别、职业（或工作单位和职务）及住址。赔偿请求人有委托代理人的，应写明其姓名、性别、职业（或工作单位和职务）及住址。

三、"经审理查明"部分按照时间逻辑顺序写明查明的案件事实。

人民法院国家赔偿案件文书样式29
×××人民法院赔偿委员会国家赔偿决定书
(作出国家赔偿决定用)

(××××)×法委赔字第×号

赔偿请求人:……(写明姓名或名称等基本情况)。

赔偿义务机关:……(写明名称、住所地)。

法定代表人:……(写明姓名、职务)。

委托代理人:……(写明姓名等基本情况)。

复议机关:……(写明名称、住所地)。

法定代表人:……(写明姓名、职务)。

委托代理人:……(写明姓名等基本情况)。

×××(赔偿请求人姓名或名称)因……(申请国家赔偿的案由)申请×××(赔偿义务机关名称)国家赔偿一案,……(不服赔偿义务机关或复议机关的决定,或赔偿义务机关、复议机关逾期不作出决定等情形),向本院赔偿委员会申请作出赔偿决定。本院赔偿委员会依法对本案进行了审理,现已审理终结。

……(赔偿义务机关的处理情况、复议机关的复议情况,赔偿请求人申请事项及理由;人民法院赔偿委员会审理时进行过质证的,写明质证内容)。

经审理查明,……(人民法院赔偿委员会认定的证据和查明的事实)。

本院赔偿委员会认为,……(作出国家赔偿决定的理由)。依照……(法律及司法解释条文的规定),决定如下:

(第一种情况,赔偿义务机关或者复议机关逾期不作决定,人民法院赔偿委员会决定赔偿的)

……(赔偿的方式及赔偿数额)。

(第二种情况,赔偿义务机关或者复议机关逾期不作决定,人民法院赔偿委员会决定不予赔偿的)

驳回×××(赔偿请求人姓名或名称)关于……(申请事项)的国家赔偿申请。

(第三种情况,赔偿义务机关或者复议机关不予受理或者程序性驳回国家赔偿申请,人民法院赔偿委员会作出决定的)

一、撤销……(机关名称和文号)决定;

二、……(赔偿的方式及赔偿数额)或者驳回×××(赔偿请求人姓名或名称)关于……(申请事项)的国家赔偿申请。

(第四种情况,人民法院赔偿委员会维持原复议决定或者赔偿义务机关决定的)

维持……(机关名称和文号)决定。

(第五种情况,人民法院赔偿委员会撤销复议决定或者赔偿义务机关决定,重新作出决定的)

一、撤销……(机关名称和文号)(国家赔偿)决定。

二、……(赔偿的方式及赔偿数额)或者驳回×××(赔偿请求人姓名或名称)关于……(申请事项)的国家赔偿申请。

(第六种情况,人民法院赔偿委员会变更复议决定或者赔偿义务机关决定的)

一、撤销……(原决定主文的事项);

二、维持……(原决定主文的事项);

三、……(其他决定的事项,如果变更决定的赔偿金额高于原赔偿决定且赔偿金已支付的,则应写明予以扣除)。

本决定为发生法律效力的决定。

××××年××月××日

(院印)

附:

制作说明

一、本决定书样式供人民法院赔偿委员会审理后,对案件实体作出决定时使用。

二、人民法院赔偿委员会对国家赔偿案件实体作出决定的,文书名称为"国家赔偿决定书"。

三、赔偿请求人是自然人的,写明其姓名、性别、民族、职业(或工作单位和职务)、住址;有别名或者曾用名,应在姓名之后用括号标明。赔偿请求人是法人的,写明其名称、住所地,并写明法定代表人的姓名和职务。赔偿请求人是依法成立的不具备法人资格的其他组织的,写明其名称和住所地,并写明负责人姓名和职务。赔偿请求人有法定代理人的,应写明其姓名、性别、职业(或工作单位和职务)及住址。赔偿请求人有委托代理人的,应写明其姓名、性别、职业(或工作单位和职务)及住址。

四、"经审理查明"部分按照时间逻辑顺序写明查明的案件事实。

五、"本院赔偿委员会认为"部分着重说理,阐述赔偿或者不予赔偿的理由和法律依据。经过审判委员会讨论的案件应当写明"经本院审判委员会讨论决定"字样。如果涉及违法归责或过错归责的案件,则应在"本院赔偿委员会认为"部分增加对违法或过错认定的内容。

六、国家赔偿决定主文中赔偿金额涉及国家上年度职工平均工资标准,且作出决定时尚未公布该标准的,应当在决定主文后注明"本院赔偿委员会于××××年度国家赔偿金标准公布后十五日内,以通知书的形式确定具体的赔偿数额"。

七、国家赔偿决定中涉及返还财产的,应当写明返还财产的履行期限。

人民法院国家赔偿案件文书样式30

×××人民法院赔偿委员会国家赔偿决定书

(确认国家赔偿协议用)

(××××)×法委赔字第×号

赔偿请求人:……(写明姓名或名称等基本情况)。

赔偿义务机关:……(写明名称、住所地)。

法定代表人:……(写明姓名、职务)。

委托代理人:……(写明姓名等基本情况)。

复议机关:……(写明名称、住所地)。

法定代表人:……(写明姓名、职务)。

委托代理人:……(写明姓名等基本情况)。

×××(赔偿请求人姓名或名称)因……(申请国家赔偿的案由)申请×××(赔偿义务机关名称)国家赔偿一案,……(不服赔偿义务机关或复议机关的决定,或赔偿义务机关、复议机关逾期不作出决定等情形),向本院赔偿委员会申请作出赔偿决定。本院赔偿委员会依法对本案进行了审理,现已审理终结。

……(赔偿义务机关的处理情况、复议机关的复议情况,赔偿请求人申请事项及理由)。

本案在审理过程中,×××(赔偿请求人姓名或名称)与×××(赔偿义务机关名称)自愿达成如下协议:

……(具体写明协议内容)。

本院赔偿委员会审查认为,上述协议不违反法律规定,依照《最高人民法院关于人

民法院赔偿委员会审理国家赔偿案件程序的规定》第十一条的规定,决定如下:

……(根据协议内容,写出决定主文)

本决定为发生法律效力的决定。

×××× 年 ×× 月 ×× 日

(院印)

附:

制作说明

一、本决定书样式依照《最高人民法院关于人民法院赔偿委员会审理国家赔偿案件程序的规定》第十一条的规定制定,供人民法院赔偿委员会对赔偿请求人和赔偿义务机关协商达成协议予以确认时使用。

二、人民法院赔偿委员会对协议予以确认所作出的决定,文书名称为"国家赔偿决定书"。

三、赔偿请求人是自然人的,写明其姓名、性别、民族、职业(或工作单位和职务)、住址;有别名或者曾用名,应在姓名之后用括号标明。赔偿请求人是法人的,写明其名称、住所地,并写明法定代表人的姓名和职务。赔偿请求人是依法成立的不具备法人资格的其他组织的,写明其名称和住所地,并写明负责人姓名和职务。赔偿请求人有法定代理人的,应写明其姓名、性别、职业(或工作单位和职务)及住址。赔偿请求人有委托代理人的,应写明其姓名、性别、职业(或工作单位和职务)及住址。

人民法院国家赔偿案件文书样式 31

×××人民法院赔偿委员会决定书

(指令下级人民法院受理案件用)

(××××)×法委赔监字第×号

申诉人:……(写明姓名或名称等基本情况)。

被申诉人:……(写明姓名或名称等基本情况)。

申诉人×××不服×××人民法院(××××)法委赔立字第×号不予受理案件决定,以……(申诉的主要理由)为由,向本院赔偿委员会提出申诉。

本院赔偿委员会审查认为,……(简要写明撤销不予受理案件决定的理由)。依照……(法律及司法解释条文)的规定,决定如下:

一、撤销×××人民法院(××××)×法委赔立字第×号不予受理决定;

二、指令××××人民法院予以受理。

××××年××月××日

（院印）

附：

制作说明

一、本决定书样式供人民法院赔偿委员会指令下级人民法院受理赔偿请求人的国家赔偿申请时使用。

二、申诉人是自然人的，写明其姓名、性别、民族、职业（或工作单位和职务）、住址；有别名或者曾用名，应在姓名之后用括号标明。申诉人是法人的，写明其名称和住所地，并写明法定代表人的姓名和职务。申诉人是依法成立的不具备法人资格的其他组织的，写明其名称和住所地，并写明负责人姓名和职务。申诉人有法定代理人的，应写明其姓名、性别、职业（或工作单位和职务）及住址。申诉人有委托代理人的，应写明其姓名、性别、职业（或工作单位和职务）及住址。被申诉人基本情况参照申诉人基本情况进行表述。

三、上级人民法院赔偿委员会指令受理的，决定书应当送达申诉人、被申诉人和下级人民法院。

人民法院国家赔偿案件文书样式32

×××人民法院赔偿委员会驳回申诉通知书

（审查后驳回申诉用）

（××××）×法委赔监字第×号

×××（申诉人姓名或名称）：

你（你单位）不服……（×××人民法院赔偿委员会×案号）决定（或国家赔偿决定），以……（申诉的主要理由）为由，向本院赔偿委员会提出申诉。

本院赔偿委员会审查认为，……（针对申诉的理由释明法律规定，说明原决定在认定事实和适用法律方面正确的理由）。你（你单位）的申诉事项及理由不能成立，本院赔偿委员会予以驳回。

特此通知。

××××年××月××日

（院印）

附：

制作说明

一、本通知书样式供人民法院赔偿委员会驳回赔偿申诉人的申诉时使用。

二、对于赔偿请求人或赔偿义务机关的申诉,人民法院予以立案的,统一编立"×法委赔监字"案号。

三、人民法院赔偿委员会驳回申诉的理由要有针对性,要进行充分说理。

四、驳回申诉通知书应当送达申诉人、被申诉人和下级人民法院。

人民法院国家赔偿案件文书样式33

×××人民法院赔偿委员会决定书

(决定直接审理或指令重新审理用)

(××××)×法委赔监字第×号

申诉人(赔偿决定案件中的地位):……

(第一种情况,赔偿请求人)

(赔偿请求人):……(写明姓名、性别、年龄、民族、职业或者住址等基本情况;如有委托代理人的,写明委托代理人的基本情况)。

(如为法人或者其他组织的,写明赔偿请求人的名称、住所地;另起一行写明法定代表人的姓名、职务)

(第二种情况,赔偿义务机关)

(赔偿义务机关):……(写明名称、住所地)。

法定代表人:……(写明姓名、职务)。

委托代理人:……(写明姓名等基本情况)。

被申诉人(赔偿决定案件中的地位):……

(第一种情况,赔偿请求人)

(赔偿请求人):……(写明姓名、性别、年龄、民族、职业或者住址等基本情况;如有委托代理人的,写明委托代理人的基本情况)。

(如为法人或者其他组织的,写明赔偿请求人的名称、住所地;另起一行写明法定代表人的姓名、职务)

(第二种情况,赔偿义务机关)

(赔偿义务机关):……(写明名称、住所地)。

法定代表人：……（写明姓名、职务）。

委托代理人：……（写明姓名等基本情况）。

申诉人×××不服……（×××人民法院赔偿委员会×案号）决定（或国家赔偿决定），以……（申诉的主要理由）为由，向本院赔偿委员会提出申诉。

本院赔偿委员会审查认为，……（简要叙述决定直接审理或指令重新审理的理由）。依照《中华人民共和国国家赔偿法》第三十条第二款的规定，决定如下：

（第一种情况，下级人民法院赔偿委员会作出程序性驳回申请决定或作出不予赔偿决定，上级人民法院赔偿委员会决定直接审理或指令下级人民法院赔偿委员会重新审理的）

本案由本院赔偿委员会直接审理（或指令×××人民法院赔偿委员会重新审理）。

（第二种情况，下级人民法院赔偿委员会作出赔偿决定，上级人民法院赔偿委员会决定直接审理或指令下级人民法院赔偿委员会重新审理的）

一、本案由本院赔偿委员会直接审理（或指令×××人民法院赔偿委员会重新审理）；

二、直接（或重新）审理期间，中止原赔偿决定的执行。

××××年××月××日
（院印）

附：

制作说明

一、本决定书样式供上级人民法院赔偿委员决定直接审理或指令下级人民法院赔偿委员会重新审理时使用。

二、"本赔偿委员会审查认为"部分应着重对原决定是否正确、申诉是否有理进行分析论证。

三、赔偿请求人、赔偿义务机关都提出申诉的，均列为"申诉人"。

四、作为赔偿义务机关的人民法院作出的赔偿决定已生效，赔偿请求人不服该决定而提出申诉的，参照本文书样式。

人民法院国家赔偿案件文书样式34

×××人民法院决定书

（本院院长决定重新审理用）

（××××）×法委赔监字第×号

赔偿请求人×××申请×××（赔偿义务机关名称）……（申请国家赔偿的案由）一案，本院赔偿委员会于××××年×月×日作出×××（案号）决定，该决定已发生法律效力。本案经本院院长提交审判委员会讨论认为，……（简要写明决定重新审理的理由）。依照《中华人民共和国国家赔偿法》第三十条第二款的规定，决定如下：

（第一种情况，本院赔偿委员会作出不予赔偿决定，院长决定重新审理的）

本案由本院赔偿委员会重新审理。

（第二种情况，本院赔偿委员会作出赔偿决定，院长决定重新审理的）

一、本案由本院赔偿委员会重新审理；

二、重新审理期间，中止原赔偿决定的执行。

院长×××
××××年××月××日
（院印）

本件与原本核对无异（印章）

书记员×××

附：

制作说明

一、本决定书样式根据《中华人民共和国国家赔偿法》第三十条的规定制定，供人民法院院长决定重新审理本院赔偿委员会已经审结的国家赔偿案件时使用。

二、本文书印本上加盖"本件与原本核对无异"印章。

三、在没有当事人申诉的情况下，上级人民法院赔偿委员会决定直接审理或指令重新审理的决定书，参照本文书样式。

四、人民检察院对人民法院赔偿委员会作出的决定提出意见的，人民法院赔偿委员会决定重新审理的，参照本文书样式。

人民法院国家赔偿案件文书样式35

×××人民法院赔偿委员会决定书

(上级人民法院赔偿委员会直接审理案件用)

(××××)×法委赔提字第×号

申诉人(赔偿决定案件中地位):……

(第一种情况,赔偿请求人)

(赔偿请求人):……(写明姓名、性别、年龄、民族、职业或者住址等基本情况;如有委托代理人的,写明委托代理人的基本情况)。

(如为法人或者其他组织的,写明赔偿请求人的名称、住所地;另起一行写明法定代表人姓名、职务)

(第二种情况,赔偿义务机关)

(赔偿义务机关):……(写明名称、住所地)。

法定代表人:……(写明姓名、职务)。

委托代理人:……(写明姓名等基本情况)。

被申诉人(赔偿决定案件中的地位):……

(第一种情况,赔偿请求人)

(赔偿请求人):……(写明姓名、性别、年龄、民族、职业或者住址等基本情况;如有委托代理人的,写明委托代理人的基本情况)。

(如为法人或者其他组织的,写明赔偿请求人的名称、住所地;另起一行写明法定代表人的姓名、职务)

(第二种情况,赔偿义务机关)

(赔偿义务机关):……(写明名称、住所地)。

法定代表人:……(写明姓名、职务)。

委托代理人:……(写明姓名等基本情况)。

申诉人×××与被申诉人×××……(申请国家赔偿的案由)一案,×××人民法院赔偿委员会于××××年××月××日作出(××××)×法委赔字第×号决定,该决定已经发生法律效力。××××年××月××日本院赔偿委员会作出(××××)×法委赔监字第×号决定书,决定对本案进行直接审理。……(依法受理的情况,若有质证的,写明质证参加人、时间)。本案现已审理终结。

……(原国家赔偿决定认定的事实、理由和决定的结果)。

经审理查明,……(直接审理认定的证据和查明的事实)。

本院赔偿委员会认为,……(根据直接审理查明的事实,着重论述原生效决定处理是否正确,阐明应予维持或者改变的理由)。依照……(法律及司法解释条文)的规定,决定如下:

(第一种情况,原决定为程序性驳回国家赔偿申请,上级人民法院赔偿委员会作出国家赔偿决定的)

一、撤销×××人民法院赔偿委员会(××××)×法委赔字第×号决定;

二、……(赔偿的方式及赔偿数额)或者驳回×××(赔偿请求人姓名或名称)关于……(申请的事项)的国家赔偿申请。

(第二种情况,维持原决定的)

维持××××人民法院赔偿委员会(××××)×法委赔字第×号(国家赔偿)决定。

(第三种情况,撤销原决定,重新作出决定的)

一、撤销××××人民法院赔偿委员会(××××)×法委赔字第×号(国家赔偿)决定;

二、……(赔偿的方式及赔偿数额)或者驳回×××(赔偿请求人姓名或名称)关于……(申请的事项)的国家赔偿申请。

(第四种情况,变更原决定的)

一、撤销……(原决定主文的事项);

二、维持……(原决定主文的事项);

三、……(其他决定的事项,如果变更决定的赔偿金额高于原赔偿决定且赔偿金已支付的,则应写明予以扣除)。

(第五种情况,赔偿请求人的国家赔偿申请应予程序性驳回,原审作出了国家赔偿决定,上级人民法院赔偿委员会撤销原决定,驳回国家赔偿申请的)

一、撤销×××人民法院赔偿委员会(××××)×法委赔字第×号国家赔偿决定;

二、驳回×××(赔偿请求人姓名或名称)关于……(申请的事项)的国家赔偿申请。

本决定为发生法律效力的决定。

××××年××月××日

(院印)

附：

<h2 style="text-align:center">制作说明</h2>

一、本决定书样式依照《中华人民共和国国家赔偿法》第三十条的规定制定,供上级人民法院赔偿委员会直接审理后作出决定时使用。

二、上级人民法院赔偿委员会对直接审理案件作出实体决定的,则文书的名称应为"国家赔偿决定书"。

三、上级人民法院赔偿委员会直接审理的国家赔偿案件,统一编立"×法委赔提"案号。

四、赔偿请求人、赔偿义务机关都提出申诉的,均列为"申诉人"。

五、"本院赔偿委员会认为"部分侧重论述原决定是否准确,阐明维持或改变决定的理由和法律依据。如果涉及违法归责或过错归责的案件,则应在"本院赔偿委员会认为"部分增加对违法或过错认定的内容。

六、国家赔偿决定主文中赔偿金额涉及国家上年度职工平均工资标准,且作出决定时尚未公布该标准的,应当在决定主文后注明"本院赔偿委员会于××××年度国家赔偿金标准公布后十五日内,以通知书的形式确定具体的赔偿数额"。

七、在没有赔偿请求人或赔偿义务机关申诉的情况下启动直接审理程序的,当事人只需列明赔偿请求人与赔偿义务机关,无需再列申诉人与被申诉人。

八、人民检察院对人民法院赔偿委员会作出的决定提出意见的,上级人民法院赔偿委员会审理后所作出的文书参照本文书样式。

人民法院国家赔偿案件文书样式36

×××人民法院赔偿委员会决定书
(人民法院赔偿委员会重新审理案件用)
(××××)×法委赔再字第×号

申诉人(赔偿决定案件中的地位):……

(第一种情况,赔偿请求人)

(赔偿请求人):……(写明姓名、性别、年龄、民族、职业或者住址等基本情况;如有委托代理人的,写明委托代理人的基本情况)。

(如为法人或者其他组织,写明赔偿请求人的名称、住所地;另起一行写明法定代表人姓名、职务)

（第二种情况，赔偿义务机关）

（赔偿义务机关）：……（写明名称、住所地）。

法定代表人：……（写明姓名、职务）。

委托代理人：……（写明姓名等基本情况）。

被申诉人（赔偿决定案件中的地位）：……

（第一种情况，赔偿请求人）

（赔偿请求人）：……（写明姓名、性别、年龄、民族、职业或者住址等基本情况；如有委托代理人的，写明委托代理人的基本情况）。

（如为法人或者其他组织的，写明赔偿请求人的名称、住所地；另起一行写明法定代表人的姓名、职务）

（第二种情况，赔偿义务机关）

（赔偿义务机关）：……（写明名称、住所地）。

法定代表人：……（写明姓名、职务）。

委托代理人：……（写明姓名等基本情况）。

申诉人×××与被申诉人×××……（申请国家赔偿的案由）一案，本院赔偿委员会于××××年××月××日作出（××××）×法委赔字第×号决定，该决定已经发生法律效力。××××年××月××日×××人民法院赔偿委员会作出（××××）×法委赔监字第×号决定书，指令本院赔偿委员会对本案进行重新审理（或者××××年××月××日本院作出（××××）×法委赔监字第×号决定书，决定对本案进行重新审理）。……（依法受理的情况，若有质证的，写明质证参加人、时间）。本案现已审理终结。

……（原国家赔偿决定认定的事实、理由和决定的结果）。

经审理查明，……（重新审理认定的证据和查明的事实）。

本院赔偿委员会认为，……（根据重新审理查明的事实，着重论述原生效决定处理是否正确，阐明应予维持或者改变的理由）。依照……（法律及司法解释条文）的规定，决定如下：

（第一种情况，原决定为程序性驳回国家赔偿申请，人民法院赔偿委员会作出国家赔偿决定的）

一、撤销本院赔偿委员会（××××）×法委赔字第×号决定；

二、……（赔偿的方式及赔偿数额）或者驳回×××（赔偿请求人姓名或名称）关于……(申请的事项)的国家赔偿申请。

(第二种情况,维持原决定的)

维持本院赔偿委员会(××××)×法委赔字第×号(国家赔偿)决定。

(第三种情况,撤销原决定,重新作出决定的)

一、撤销本院赔偿委员会(××××)×法委赔字第×号(国家赔偿)决定;

二、……(赔偿的方式及赔偿数额)或者驳回×××(赔偿请求人姓名或名称)关于……(申请的事项)的国家赔偿申请。

(第四种情况,变更原决定的)

一、撤销……(原决定主文的事项);

二、维持……(原决定主文的事项);

三、……(其他决定的事项,如果变更决定的赔偿金额高于原赔偿决定且赔偿金已支付的,则应写明予以扣除)。

(第五种情况,赔偿请求人的国家赔偿申请不属于国家赔偿受案的范围,原审作出了国家赔偿决定,人民法院赔偿委员会撤销原决定,驳回国家赔偿申请的)

一、撤销本院赔偿委员会(××××)×法委赔字第×号国家赔偿决定;

二、驳回×××(赔偿请求人姓名或名称)关于……(申请的事项)的国家赔偿申请。

本决定为发生法律效力的决定。

××××年××月××日

(院印)

附:

制作说明

一、本决定书样式依照《中华人民共和国国家赔偿法》第三十条的规定制定,供人民法院赔偿委员会重新审理后作出决定时使用。

二、人民法院赔偿委员会对重新审理案件作出实体决定的,则文书的名称应为"国家赔偿决定书"。

三、人民法院赔偿委员会重新审理的国家赔偿案件,统一编立"×法委赔再"案号。

四、赔偿请求人、赔偿义务机关都提出申诉的,均列为"申诉人"。

五、"本院赔偿委员会认为"部分侧重论述原决定是否准确,阐明维持或改变决定的理由和法律依据。如果涉及违法归责或过错归责的案件,则应在"本院赔偿委员会认为"部分增加对违法或过错认定的内容。

六、国家赔偿决定主文中赔偿金额涉及国家上年度职工平均工资标准，且作出决定时尚未公布该标准的，应当在决定主文后注明"本院赔偿委员会于××××年度国家赔偿金标准公布后十五日内，以通知书的形式确定具体的赔偿数额"。

七、在没有赔偿请求人或赔偿义务机关申诉的情况下启动重新审理程序的，当事人只需列明赔偿请求人与赔偿义务机关，无需再列申诉人与被申诉人。

人民法院国家赔偿案件文书样式37

×××人民法院赔偿委员会通知书

（国家上年度职工平均工资公布后确定赔偿金额用）

（××××）×法委赔（赔再或赔提）字第×号

×××（赔偿请求人姓名或名称、赔偿义务机关及复议机关名称）：

本院赔偿委员会审理的×××（赔偿请求人姓名或名称，如果该通知书送达给赔偿请求人，则为你或你单位）申请×××（赔偿义务机关名称，如果该通知书送达给赔偿义务机关，则为你单位）国家赔偿一案，已于××××年××月××日作出（××××）×法委赔（赔再或赔提）字第×号国家赔偿决定。由于国家××××年度职工平均工资尚未公布，本院赔偿委员会作出的（××××）×法委赔（赔再或赔提）字第×号国家赔偿决定书中未确定具体的赔偿数额。依照最高人民法院××××年××月××日公布的××××年度国家赔偿金标准，……（根据国家赔偿决定和××××年度国家赔偿金标准确定相应的赔偿金额）。

特此通知。

××××年××月××日

（院印）

附：

制作说明

一、本通知书样式供人民法院赔偿委员会在国家上年度职工平均工资公布后，确定赔偿金时使用。

二、人民法院赔偿委员会作出的国家赔偿决定，如果赔偿金额涉及国家上年度职工平均工资标准，且作出决定时尚未公布该标准的，应当在标准公布后十五日内作出通知。

三、本通知的案号与原生效国家赔偿决定书的案号一致，不另设案号。

人民法院国家赔偿案件文书样式38
　　　　　　×××人民法院司法建议书
　　　　　　　　　　　　　　　（××××）×法建字第×号
×××（主送单位名称）：
　　本院赔偿委员会在审理……（当事人姓名或者名称和案号、案由）一案中，发现……（有关单位存在的重要问题和提出建议的理由）。为此，特建议：
　　……（建议的具体事项）。
　　以上建议请研究处理，并将处理结果于收到本建议书之日起×日内函告本院赔偿委员会。
　　联系人：×××　　　　　　　　　　联系方式：××××
　　　　　　　　　　　　　　　　　　××××年××月××日
　　　　　　　　　　　　　　　　　　　　　（院印）

　　抄送：×××（单位名称）
　　附：相关××决定书×份及其他相关材料
　　附：

制作说明

　　一、本建议书样式依照《最高人民法院关于加强司法建议工作的意见》的规定制定，供人民法院赔偿委员会在赔偿案件审理过程中向相关单位提出书面建议时使用。

　　二、人民法院赔偿委员会提出司法建议的，统一编立"×法建字"案号。

　　三、司法建议书的抄送单位根据需要确定，一般抄送主送单位的主管机关。不需要抄送的，予以省略。

　　四、人民法院赔偿委员会建议的内容通常为追债、追责、解决问题和改进工作建议等。

　　五、存在的重要问题要明确，提出建议的理由要有法律依据，建议的事项要具体明确，切实可行。

后 记

古希腊哲学家芝诺有过一个比喻,他把说理比喻为摊开的手掌,而非攥紧的拳头。这可以理解为,说理是一个释放善意的过程。裁判文书说理就是要展现法官的善意,这个善意应当是对正义的执着、对法律的坚守、对人民的忠诚。同样,裁判文书说理的评价也必须是善意的,不应当成为限制、约束法官的禁锢,而应当成为激励法官释放善意的助推器。职是之故,本书的初衷毋宁是和读者探讨如何更好地说理。

本书中的结构图系点评人基于善意推定,对裁判文书说理思路的重构。同时,我们建议点评人根据《释法说理指导意见》的要求对裁判文书说理的形式、内容等方面进行全面评价。然后,根据点评意见的侧重点进行归类。需要说明的是,尽管我们在培训过程中尽量统一评定标准,但由于选录的案例涉及各种性质、各类案由,囿于专业知识、人生经验等限制,点评意见难免有点评人的主观评判。出于对点评人的尊重以及客观呈现结构图分析法应用之效的考虑,我们选择完整呈现点评人的意见,但不代表我们认同点评意见。

本书得以完成,要感谢对外经济贸易大学法学院的研究生刘一铭、刘又瑜、赵茂旭、张智超、刘心怡、罗文涛、吕泽汉、马子悦、周金环、罗亦成、李柯柳、汪文静、任静铭、孙晋莉、李玥、贺绢倪、宁荣旭等同学的辛勤付出,他们完成了各个案例的初步整理,为本书的成型奠定了重要基础。

由于裁判文书承载的信息有限,本书基于裁判文书重构的说理思路不一定是法官真实想法的体现,结构图不一定能精准再现每一份裁判文书的说理思路,只是为读者理解法官的思路,厘清不同理由在说理结构中的地位提供参考。欢迎各位读者通过微信公众号"司法判决研究中心"或者通过邮件(邮箱:sifapanjueyanjiu@126.com),就各个案例的说理与我们交流探讨并指正。